Grenzen unseres Wissens

GRENZEN UNSERES WISSENS

Verlag Das Beste Stuttgart · Zürich · Wien

Autoren
Jean Balthazar, Jean Batellier, Jean Bossy, Fabienne Bouloc, Olivier Brusset, Gabriel Camps, Pierre Cornillot, Anne Deburge, Alain Demurger, Michel Dessaint, Claire Dupré, Jérôme Grondeux, Rémi Kauffer, Azar Khalatbari, Pierre Lagrange, Valérie Landon, Philippe Lécrivain, Didier le Fur, Jean Lopez, François Luis-Blanc, Philippe Madelin, Betty Mamane, Florence Méa Batellier, Daniel Nony, Laure Panerai, Denise Péricard-Méa, Xavier Péron, Fabienne de Pierrebourg, David Pouilloux, Jean-Philippe Rémy, Agnès Rotschi, Albert de Surgy, Anne Taverne, Robert Vivian, Olivier Voizeux

Redaktion
Text: Susanne Straub (Projektleitung), Falko Spiller (Projektleitung), Jens Firsching
Korrektur: Siglinde Huber
Grafik: Martin Stiegeler
Bildresearch: Christina Horut
Produktion: Sanja Ančić, Sven Sost-Wolter

Freie Mitarbeit
Übersetzung: Christoph Arndt, Dr. Marion Papenbrok-Schramm, Margit Schäfer
Gutachten: Fabian Bergmann, Prof. Dr. Kai Brodersen, Dr. Wolfgang David, Dr. Lorenzo von Fersen, Jens Fliegner, Klaus Forstner, Dr. Peter Göbel, Isabel Koch, Walter-Jörg Langbein, Dr. Dagmar Lange, Dagmar Ortolf, Dr. Rupert Wild
Redaktion: Dr. Peter Göbel, Dagmar Ortolf, Sabina Piatzer, Birgit Scheel, Christine Unrath

Ressort Buch
Redaktionsdirektorin: Suzanne Koranyi-Esser
Redaktionsleiterin: Dr. Renate Mangold
Art Director: Rudi K.F. Schmidt

Operations
Direktor Operations: Joachim Forster
Leitung Produktion Buch: Joachim Spillner

Satz: Lihs, Satz und Repro, Ludwigsburg
Druck und Binden: Brepols N.V., Turnhout, Belgien

Die Texte dieses Buches wurden gemäß den Regeln der reformierten Rechtschreibung verfasst.

Printed in Belgium
ISBN 3 87070 769 0

Vorwort

Liebe Leser! Begleiten Sie uns auf eine faszinierende Reise, die Sie in weite Fernen, manchmal aber auch in Ihre unmittelbare Umgebung führen wird. Denn das Geheimnisvolle ist überall: in den kleinsten Dingen und in der Unendlichkeit des Weltraums; in längst vergangenen Zeiten und im täglichen Leben von heute; in kollektiven Phantasien und im Herzen eines jeden von uns.

Im Verlauf unserer Reise werden Sie viel über die Arbeitsmethoden der Forscher erfahren. Über ihre Erkenntnisse, aber ebenso über ihre Zweifel und Fragen. Denn auch für die moderne Wissenschaft gilt: Auf jedes gelöste Problem folgt bereits das nächste, das einer Antwort harrt.

Wir beginnen unseren Weg mit den Rätseln der Vergangenheit. Woher kommen wir? Was bedeuten die großen Mythen und die mehr oder weniger unverständlichen Rituale, die selbst in den heutigen Kulturen noch erhalten geblieben sind?

Danach werden wir versuchen, ein wenig Licht in das Dunkel zu bringen, das einige Phänomene der Gegenwart umgibt. Was verbergen Sekten und Mafia-Organisationen? Wie gelingt es internationalen Verbrechersyndikaten immer wieder, Milliardenbeträge aus dunklen Geschäften rein zu waschen?

Im dritten Teil wenden wir uns Themen zu, die Medizinern und Psychologen Kopfzerbrechen verursachen. Kann man aus dem Jenseits zurückkehren? Warum träumen wir? Woher nehmen die Propheten, Schamanen und Wunderheiler ihre Kräfte?

Am Schluss unserer Reise befassen wir uns mit Fragen der Naturwissenschaftler. Wie soll man bestimmte Verhaltensweisen erklären, die bei Tieren und sogar bei Pflanzen zu beobachten sind? Sind sie erlernt? Sind sie angeboren? Unser Planet Erde – welche Geheimnisse verbirgt er? Und gibt es außer uns noch andere Lebewesen in den Weiten des Weltalls?

Aber wollen wir tatsächlich auf alle diese Fragen eine Antwort? Ist es häufig nicht so, dass sich der Mensch einen Bereich erhalten möchte, den er mit dem Verstand nicht zu durchdringen vermag? Entscheiden Sie für sich selbst …

Rätsel der Vergangenheit

Mysteriöse Vorkommnisse unserer Zeit

AN DEN GRENZEN VON WISSEN UND LOGIK

Offene Fragen an Erde und Weltall

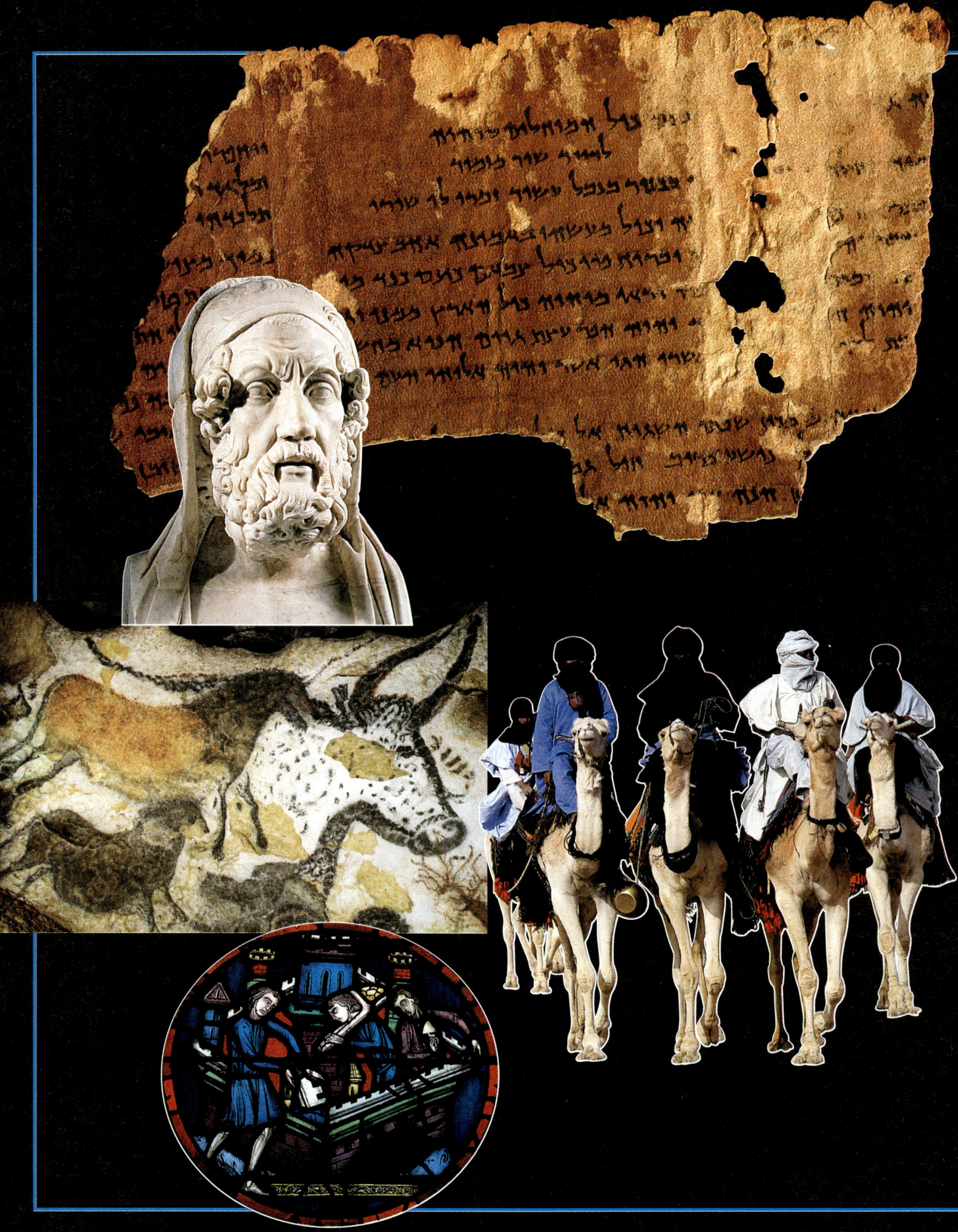

Rätsel der Vergangenheit

Die Menschheit geht einem neuen Jahrtausend entgegen. Aber während wir in eine recht ungewisse Zukunft blicken, gibt es immer noch genügend Fragen, die über die Vergangenheit gestellt werden müssen. Denn wer seine Herkunft nicht kennt, weiß auch wenig über sich selbst. So war die Vergangenheit schon immer der beste Lehrmeister für die Gegenwart und für kommende Zeiten – allerdings nur dann, wenn man ihre Geheimnisse richtig zu deuten vermag. Die Geschichte geht oft verschlungene Wege, denen zu folgen einem manchmal fast unmöglich erscheint. Aus diesem Grund führt uns das folgende Kapitel durch diesen Irrgarten. Unsere Reise durch die Jahrtausende zu alten Kulturen, außergewöhnlichen Völkern, zu sagenumwobenen Menschen, mythischen Orten und legendären Ereignissen beginnt auf dem Schwarzen Kontinent. Dort ist der Weg der Geschichte nur mehr ein Trampelpfad, auf dem lediglich noch einige Fußspuren zu erkennen sind: die von Lucy und Abel, die wahrscheinlich die Vorfahren des modernen Menschen waren.

Lucy und ihre Brüder

Die Wurzeln der Menschheit liegen in Afrika. Bis zum heutigen Tag bemühen sich Paläoanthropologen unablässig darum, den dort laufend neu entdeckten Fossilien das Geheimnis unserer Vorfahren zu entlocken. Aber noch haben die Forscher auf viele Fragen keine Antwort gefunden.

Die Afar-Senke in Äthiopien ist eine der unwirtlichsten Gegenden der Erde. Dennoch hat sie – gemeinsam mit anderen, wichtigen Regionen Afrikas – den Wissenschaftlern das Material geliefert, um eine der ersten Seiten im Buch der Menschheitsgeschichte schreiben zu können. Außer der berühmten, mehr als 3 Mio. Jahre alten Lucy und ihren Artgenossen *(Australopithecus afarensis)* wurden hier weitere zahlreiche fossile Überreste unserer Vorfahren entdeckt. Dazu gehören die derzeit ältesten Funde mit einem Alter von rund 4,4 Mio. Jahren *(Ardipithecus ramidus)* sowie die ältesten Vertreter der Gattung *Homo*. Die meisten Paläoanthropologen kamen deshalb zu dem Schluss, Afrika sei die eigentliche Wiege der Menschheit. Denn für mehr als die Hälfte der Zeitspanne, in der die Familie der Hominiden, d. h. der Menschenartigen, nachgewiesen ist, gibt es keinen einzigen Beleg für ein Vorkommen außerhalb Afrikas.

Die Heimat der Urahnen

Warum konzentrieren sich aber die Funde auf bestimmte Regionen des Kontinents? Herrschten dort andere Entwicklungsbedingungen vor als im übrigen Teil? Yves Coppens, Professor am Collège de France in Paris und Mitentdecker von Lucy, entwarf 1984 ein Szenario, das die weitgehende, wenn auch nicht ungeteilte Zustimmung der Wissenschaft fand, jedenfalls bis zu den Entdeckungen der jüngsten Zeit.

Vor etwa 8 Mio. Jahren entstand durch Verlagerungen der Erdkruste der Afrikanische Grabenbruch, der den östlichen Teil des afrikanischen Kontinents in einer Länge von mehr als 3000 km von Nord nach Süd spaltet. Dieser tiefe Riss, das so genannte Rift Valley, hat den Westen Afrikas, der weiterhin vom feuchten Klima bestimmt blieb, vom Osten abgetrennt, der sich allmählich zu einer offenen Savanne bis hin zur Trockensteppe entwickelte. Auf diese Weise entstanden zwei Regionen mit völlig verschiedenen Umweltbedingungen, an die sich die jeweiligen Bewohner anpassen mussten.

Während im Westen fernerhin tropischer Regenwald dominierte und bis heute den Lebensraum von Menschenaffen wie Schimpansen und Gorillas bildet, entstand im Osten das Merkmal des aufrechten Gangs. Dieses war in der weiten, nur spärlich mit Bäumen bestandenen Savanne von entscheidendem Vorteil. Die Entwicklung zu Zweibeinern gilt als Anfang der Menschwerdung. Erst viel später begann die Erkundung anderer Regionen: Zunächst zo-

Ungleichmäßig verteilte Fundstätten

Der Unterkiefer von Abel, eines Australopithecus, wirft ein neues Licht auf die Wurzeln der Menschheit. Er wurde im Tschad gefunden, 2500 km westlich des Rift Valley. Der Fund belegt, dass vor 3,5 Mio. Jahren die Vormenschen weiter als bisher angenommen über den afrikanischen Kontinent verteilt waren und sich nicht auf seinen Ostteil beschränkten, wie zeitgleiche Fossilien zu bezeugen schienen.

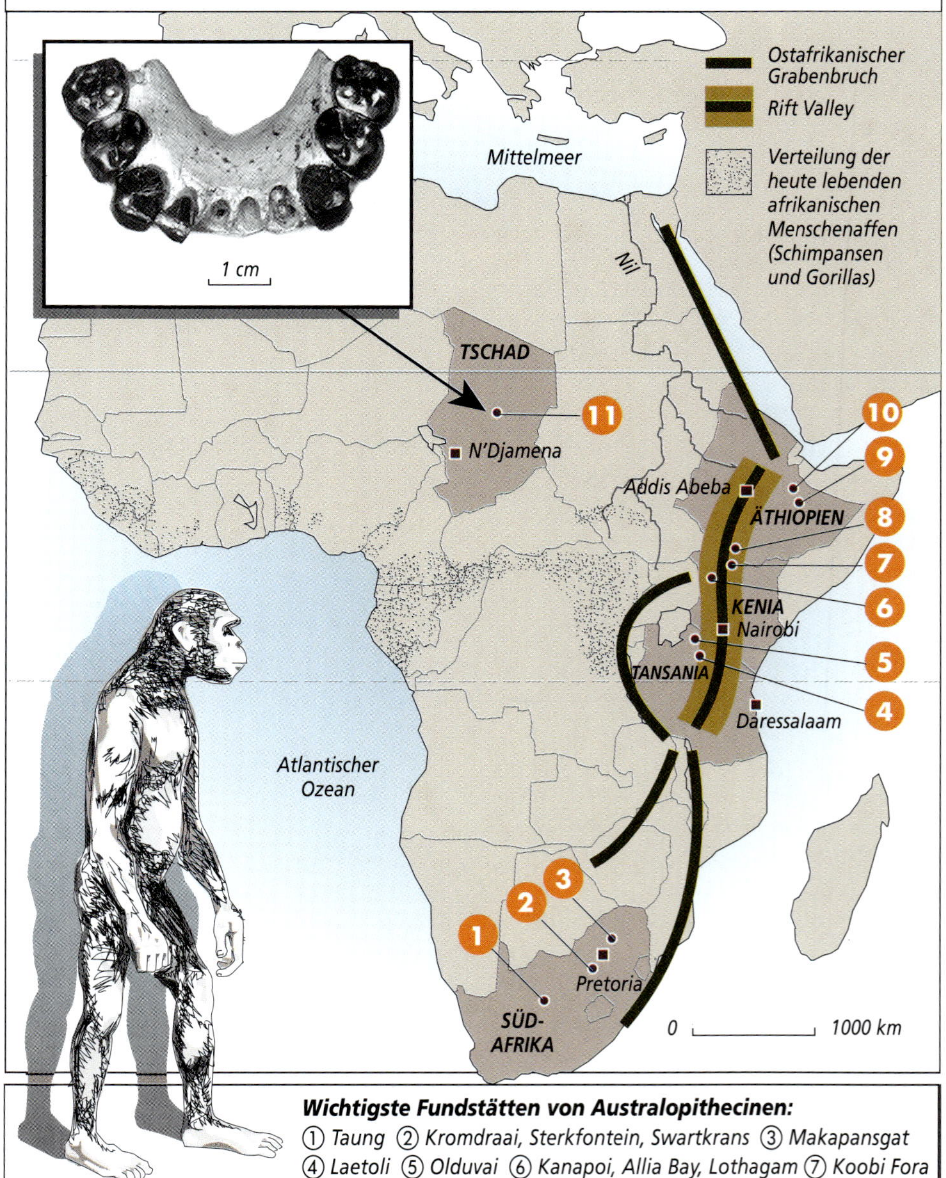

Wichtigste Fundstätten von Australopithecinen:
① Taung ② Kromdraai, Sterkfontein, Swartkrans ③ Makapansgat ④ Laetoli ⑤ Olduvai ⑥ Kanapoi, Allia Bay, Lothagam ⑦ Koobi Fora ⑧ Omo ⑨ Middle Awash ⑩ Hadar ⑪ Bahr el-Ghazal

Ist Lucy unsere direkte Urahnin oder gehört sie lediglich zu einer ausgestorbenen Seitenlinie der Vormenschen? Bislang sind noch viele Fragen offen.

gen unsere Vorfahren am Rift Valley entlang nach Süden, dann besiedelten sie den Rest des afrikanischen Kontinents und schließlich die ganze Welt.

Verwirrung in der Vorgeschichte

In der jüngsten Zeit wurde die Öffentlichkeit ständig mit neuen Stammbaumtheorien konfrontiert, als man eine Vormenschenart nach der anderen entdeckte.

Im September 1994 fand ein Wissenschaftlerteam unter der Leitung des Amerikaners Tom White im äthiopischen Awash-Becken etwa 4,4 Mio. Jahre alte Hominidenfossilien, die als neue Art unter dem Namen *Ardipithecus ramidus* eingeordnet wurden, was so viel wie ursprünglicher Bodenaffe bedeutet. Bei näherer Analyse zeigten die Funde große Unterschiede zu der jüngeren Art *Australopithecus afarensis*. Man nimmt an, dass jener Vormenschentyp zwar noch im Wald lebte, aber bereits auf zwei Beinen ging. Uneinigkeit herrscht allerdings in der Frage, ob er ein Bindeglied zwischen Menschenaffen und *Australopithecus afarensis* war oder einen erloschenen Seitenzweig darstellt.

Einige Monate später stieß die Paläoanthropologin Meave Leakey in Nordkenia westlich und östlich des Turkanasees auf eine ganze Anzahl hominider Fossilien, die zwischen 3,9 und 4,2 Mio. Jahre alt sind. Während ein recht gut erhaltenes Schienbeinfragment belegt, dass diese Vormenschenart, genannt *Australopithecus anamensis*, schon aufrecht gegangen ist, weisen andere Knochenfunde primitivere Merkmale als bei Lucy auf. Dazu zählt z.B. ein Unterkiefer, dessen Kinn weit zurückweicht und dessen Zahnreihen noch annähernd parallel zueinander verlaufen. Hier stimmen nun die Forscher weitgehend überein, dass es sich bei *Australopithecus anamensis* um den direkten Vorfahr von *Australopithecus afarensis* handelt.

Im Westen etwas Neues

1995 reiste schließlich der französische Paläoanthropologe Michel Brunet in den Tschad und fand am wüstenhaften Bahr el-Ghazal bei Koro Toro einen Unterkiefer. Er gehörte einem sehr alten Vormenschen, dem Brunet vor seiner endgültigen wissenschaftlichen Benennung den Namen Abel gab – zum Gedenken an seinen Kollegen Abel Brillanceau, der 1989 bei Ausgrabungen in Kamerun gestorben war.

Nach einer näheren Untersuchung der sieben noch vorhandenen Zähne konnten sich die Wissenschaftler bereits ein genaueres Bild machen: Abel war von ziemlich kräftiger Gestalt, hatte eine niedrige Stirn, ein stark zurückweichendes Kinn und ging wahrscheinlich auf zwei Beinen. Obwohl der 3–3,5 Mio. Jahre alte Unterkiefer dem des gleichzeitig lebenden *Australopithecus afarensis* stark ähnelt, sind auch wesentliche Unterschiede zu verzeichnen. So haben unter anderem die Backenzähne wie bei den heutigen Menschenaffen nur einen dünnen Schmelz, was auf eine Ernährung mit weicher Kost (Waldfrüchte, Knospen, junge Blätter) hindeutet. Wie dem auch sei: Dieser Kieferknochen wurde eindeutig westlich vom Rift Valley gefunden, 2500 km von der Stelle entfernt, die bisher als Urheimat des Menschen gegolten hatte.

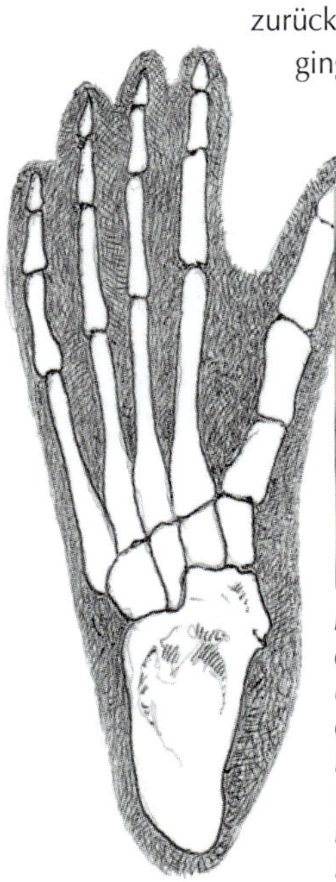

Hominidenfossilien wie diese vier Zehenknochen und der Eckzahn liefern den Forschern wertvolle Hinweise, wie unsere Vorfahren auf die Bäume kletterten und sich ernährt haben könnten.

Imaginäre Vorfahren

Ein fossiles Lebewesen zu rekonstruieren, wenn man nur ein paar Knochenteile besitzt, erweist sich oft als sehr schwierig. Neben verschiedenen Techniken und akribischer Spurensuche hat vor allem die subjektive Vorstellungskraft des Wissenschaftlers einen großen Einfluss darauf, wie das Bild zu vervollständigen ist. Bislang bestimmen häufig nur ansatzweise geklärte Faktoren, wie aufrechter Gang, Leben am Boden oder in den Bäumen, Fleisch- oder Pflanzenverzehrer, ob unsere Vorfahren einem Seitenzweig im menschlichen Stammbaum zugeordnet werden oder als direkte Ahnen gelten.

Verschiedene Theorien

Wie lassen sich diese großen Entfernungen erklären? In diesem Punkt sind sich die Forscher nicht einig. Manche halten die Theorie, das Rift Valley sei für die getrennte Entwicklung von Mensch und Affe verantwortlich, für überholt. Für den Entdecker von Abel haben sich die Australopithecinen schon lange vor Abel über den ganzen afrikanischen Kontinent verbreitet. Die ersten Vormenschen wären danach in den Wäldern westlich des Rift Valley ins Dasein getreten, hätten schnell ganz Afrika besiedelt und dabei verschiedene Stämme gebildet. Yves Coppens dagegen bleibt dabei: Ostafrika ist der Garten Eden. Denn zwischen der Entstehung des Afrikanischen Grabenbruchs vor 8 Mio. Jahren und dem Auftreten von Abel vor etwa 3,5 Mio. Jahren hätten andere Arten genügend Zeit gehabt zu entstehen und ihr Ursprungsgebiet zu verlassen, um neue, unbekannte Gebiete zu erschließen.

Ein Stammbaum entwickelt sich

Die ersten Australopithecinenfunde erfolgten bereits 1924 in Südafrika. In einer Höhle in der Nähe von Taung entdeckte man den Schädel eines kindlichen Individuums. Durch weitere Ausgrabungen vervollständigte sich das Bild dieses Vormenschentyps zum so genannten *Australopithecus africanus*, der vor 3–2 Mio. Jahren die Savanne bewohnte. Demselben Lebensraum gehörte eine weitere, jünger datierte Hominidenart an, der *Australopithecus robustus*. Jener besaß einen gewaltigen Kauapparat und

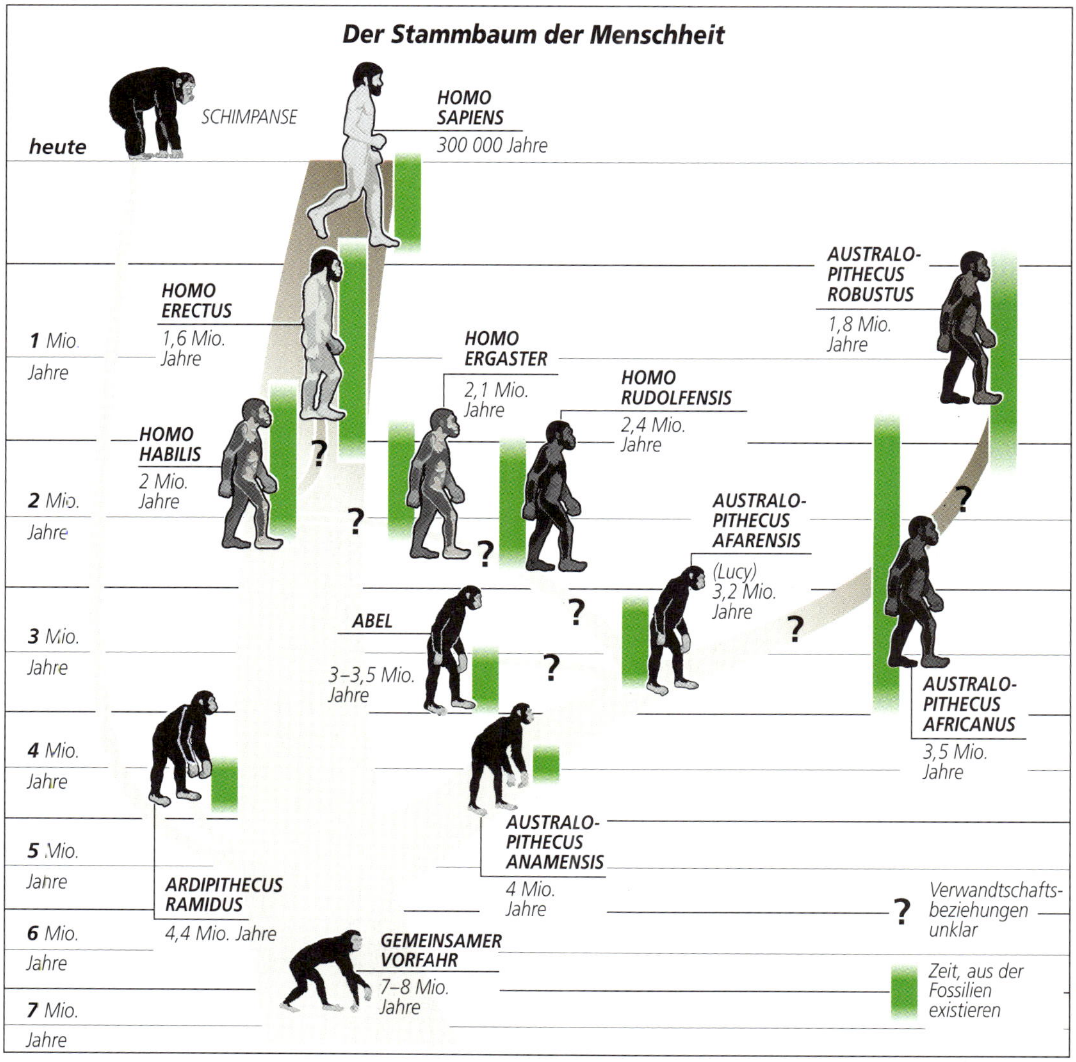

in seinem Kiefer steckten riesige Backenzähne. Er gilt deshalb als spezialisierter Pflanzenfresser.

Aus der Zeit zwischen 2,5 und 1,5 Mio. Jahren wurden dann in der Olduvai-Schlucht in Tansania Skelettreste der ältesten Spezies der Gattung *Homo*, des *Homo habilis*, gefunden. Sein stärker gerundeter Schädel, der im Vergleich zu den Australopithecinen einen relativ schwach ausgeprägten Knick am Hinterhaupt und weniger mächtige Überaugenwülste aufwies, erreichte ein Volumen von durchschnittlich 630 cm³ bei einer individuellen Variationsbreite von 509–752 cm³. Er stand fest auf zwei Beinen, war bis zu etwa 1,45 m groß, rund 40 kg schwer und stellte bereits Schneidwerkzeuge bzw. grobe Geröllmesser her. Gezielte Hiebe mit einem Hammer- auf einen Geröllstein ergaben solch scharfkantige Splitter.

Heute sind noch *Homo rudolfensis* und *Homo ergaster* bekannt; die Forschung kann aber nicht sicher sagen, aus welcher dieser Arten vor etwa 1,6 Mio. Jahren *Homo erectus,* der Urmensch, hervorging. Dieser besaß ein deutlich größeres Gehirnvolumen: Die ältesten auswertbaren Schädel hatten ein Gehirnvolumen von 800–1000 cm³, die jüngsten erreichten bereits 1250–1300 cm³. *Homo erectus* konnte mit dem Feuer umgehen, entwickelte symmetrisch gearbeitete Werkzeuge (Faust- und Spaltkeile) sowie vielfältige Geräte aus Holz und Knochen.

Auch wenn man sich weitgehend darüber einig ist, dass die Wiege der Menschheit in Afrika liegt, so bleibt die Frage nach unseren direkten Vorfahren bzw. nach ausgestorbenen Seitenzweigen noch offen.

Kreativität statt Daseinskampf

Vor 300 000–250 000 Jahren kam es zur Herausbildung des *Homo sapiens neanderthalensis* aus urmenschlichen Vorfahren. Diesen Hominidentyp mit auffallend großem Gehirn kennt man nur aus Europa und dem südwestlichen Asien. Er wird heute überwiegend als ein an Kälte angepasster Seitenzweig der Menschheit angesehen.

Seit 40 000–35 000 Jahren ist schließlich der anatomisch moderne Mensch oder Jetztmensch, der *Homo sapiens sapiens,* nachweisbar. Die Werkzeugtechnik machte wiederum enorme Fortschritte, Großwild wurde mit Pfeil und Bogen gejagt, man überquerte Meere und gewann die Fähigkeit sich in neuen, flexibleren sozialen Gemeinschaften zu organisieren. Die Kunst breitete sich als bislang nicht bekanntes Phänomen aus. Dann wurden unsere Vorfahren Viehzüchter und Bauern (vor rund 9000 Jahren), bauten Städte und erfanden die Schrift (vor etwa 5500 Jahren).

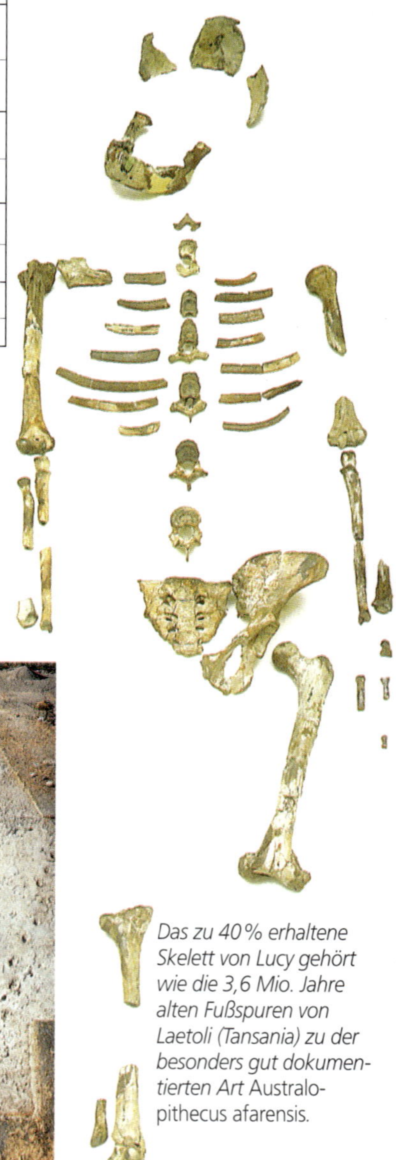

Das zu 40 % erhaltene Skelett von Lucy gehört wie die 3,6 Mio. Jahre alten Fußspuren von Laetoli (Tansania) zu der besonders gut dokumentierten Art Australopithecus afarensis.

Piltdown

Der Mensch von Piltdown ist eine der berühmtesten archäologischen Fälschungen. Dieser vermeintlich fossile Hominide, der belegen sollte, dass Menschen und Affen von einem gemeinsamen Vorfahren abstammen, wurde schließlich als geschickte Täuschung entlarvt. Wer aber war der Fälscher?

Eine Expertengruppe untersucht die Fossilien des Piltdown-Menschen: Unter ihnen befinden sich Charles Dawson (Dritter von rechts, stehend) sowie Arthur Smith-Woodward vom Britischen Museum (Zweiter von rechts, stehend).

Am 18. Dezember 1912 machten zwei Männer Schlagzeilen, nämlich Arthur Smith-Woodward, ein berühmter englischer Paläontologe vom Britischen Museum, und Charles Dawson, ein anerkannter Amateurarchäologe. Bei einer spektakulären Pressekonferenz gaben sie bekannt, in einer Kiesgrube nahe Piltdown Common in der englischen Grafschaft Sussex neben fossilen Resten ausgestorbener Tiere und einigen Steinwerkzeugen die Relikte eines prähistorischen, etwa 500 000 Jahre alten Menschen gefunden zu haben. Und dieser Mensch von Piltdown, den sie *Eoanthropus Dawsoni* – Dawsons Frühmensch – getauft hatten, sei etwas ganz Besonderes: das berühmte fehlende Bindeglied, der gemeinsame Vorfahr von Mensch und Affe!

Woraus bestanden nun diese Reste? Es handelte sich um kleine Fragmente einer menschenähnlichen Schädelkapsel und um einen stark verfärbten Kieferknochen. Letzterer stammte offensichtlich von einem Affen, zeigte aber eine auffällige Besonderheit: Seine Backenzähne waren so abgenutzt, wie es nur durch die mahlende Bewegung eines menschlichen Kiefers geschehen konnte. Allerdings fehlte ihm der Gelenkfortsatz, der bestätigt hätte, dass Kiefer und Schädel zusammengehörten. Deshalb musste man, um den Kopf zu vervollständigen, die fehlenden Teile aus der Vorstellung ergänzen. Die Forscher standen also vor der Aufgabe, entweder den Kiefer zu vermenschlichen oder den Schädel etwas primitiver zu gestalten.

Scheinbar allen Zweifeln enthoben

Angesichts dieser Art der Rekonstruktion zweifelten viele an der Echtheit der Knochen. Doch die kritischen Stimmen wurden durch neue Entdeckungen zum Schweigen gebracht. Dawson fand im Lauf der nächsten drei Jahre weitere Zähne, Knochen und Werkzeuge in der Kiesgrube. 1915 schließlich stieß er an einer anderen, 3 km entfernten Fundstelle auf Zähne und Schädelfragmente eines zweiten Menschen von Piltdown.

Jetzt schien kein Zweifel mehr möglich; dennoch hat *Eoanthropus Dawsoni* in der Folgezeit dem Fortschritt in der Anthropologie nicht standgehalten. In Europa und Asien, vor allem aber in Afrika, wurden überall Reste fossiler Hominiden gefunden. Alle zeigten eine gewisse Ähnlichkeit, doch keiner sah auch nur entfernt so aus wie der britische Urahn …

Wer ist der Schuldige?

Das Britische Museum weigerte sich lange Zeit, die Fossilien von Piltdown zu Vergleichszwecken herauszugeben. Als man sie dann 1949 dem Fluortest unterzog und ihnen ab 1953 mit neuen Methoden wie Röntgenstrahlen und Isotopmarkierung zu Leibe rückte, stellte sich heraus, dass es sich schlicht und einfach um eine Fälschung handelte. Erst wenige Jahrhunderte alt, waren die Schädelfragmente die eines modernen Menschen, der Kiefer gehörte einem Orang-Utan. Man hatte ihn nur gefärbt und die Zähne abgefeilt.

Wer steckte nun aber hinter dem ganzen Schwindel? Auf alle Beteiligten fiel Verdacht, doch vor allem der Entdecker Dawson geriet ins Zwielicht. Denn er hatte als Amateurarchäologe Zugang zu Fossilien und der Mensch von Piltdown hatte ihm wissenschaftlichen Ruhm gebracht. Nachweisen konnte man indessen niemandem etwas, die Motive blieben umstritten.

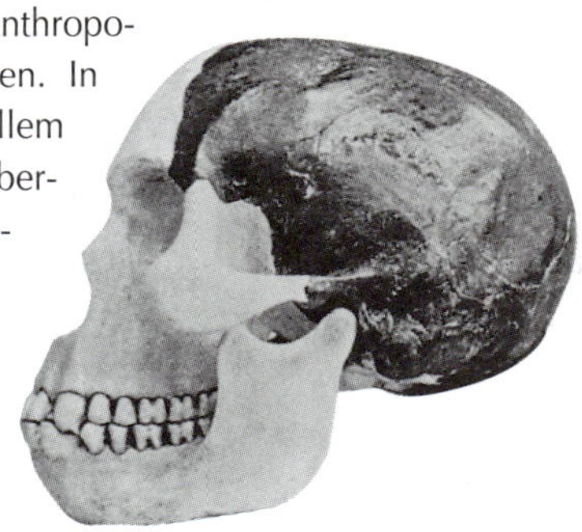

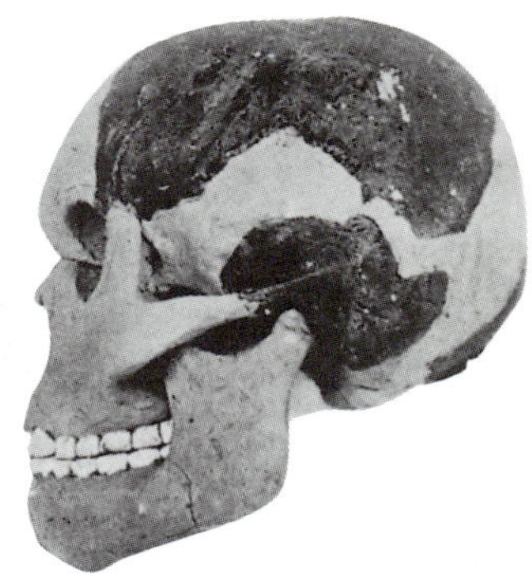

Ausgehend von denselben Elementen erschien der Schädel, den Smith-Woodward rekonstruierte (links), affenartig, während die Arbeit eines zweiten Forschers (rechts) zu einem menschenähnlichen Ergebnis führte …

… wodurch zwei sehr unterschiedliche Vorstellungen vom Piltdown-Menschen zustande kamen.

WAS GESCHAH MIT DEM NEANDERTALER?

Einige Zehntausend Jahre lang besiedelte der Neandertaler – benannt nach dem gleichnamigen Tal bei Düsseldorf, wo 1856 erstmals Relikte von ihm entdeckt worden sind – ganz Europa und den Vorderen Orient. Vor etwas mehr als 30 000 Jahren starb er jedoch aus. Der Frage nach der Ursache hofft man durch weitere Funde näher zu kommen.

Der Neandertaler lebte in einem komplexen Sozialgefüge aus kleinen Gemeinschaften. Die Jagd erfolgte in Gruppen, die Beute wurde über dem Feuer gegart.

Wer war der Neandertaler? Noch zu Beginn dieses Jahrhunderts herrschte unter Wissenschaftlern eine wenig schmeichelhafte Meinung über den frühen Menschentyp. So nahm z. B. Marcellin Boule, Professor am Naturkundlichen Museum Paris, kein Blatt vor den Mund, als er sein Bild vom Neandertaler wiedergab: eine ungeschlachte Erscheinung, ein schwerer, kraftvoller Körper, ein Kopf, dessen robuste Schädel- und Kieferknochen die Vorherrschaft der rein animalischen, instinktiven Funktionen über die geistigen Vorgänge manifestieren.

Der Neandertaler und seine Vorfahren *(Homo sapiens neanderthalensis)* sind seit ungefähr 400 000 Jahren in Europa nachweisbar. Spezialisierte Merkmale des Schädels – Knochenwülste über den Augenhöhlen, vorspringende Nase, flache Backenknochen, fliehendes Kinn sowie große, schaufelförmige Schneidezähne – und der robuste Knochenbau ließen eine sichere Diagnose dieses Menschentyps zu. Ob der Neandertaler sprechen konnte, war lange umstritten, aber das Leben in einer sozialen Gemeinschaft machte eine Kommunikation der Gruppenmitglieder untereinander notwendig. Er wusste mit dem Feuer umzugehen, stellte Stein- und Knochenwerkzeuge in ausgefeilter Technik her, machte Jagd auf große Pflanzenfresser und bestattete seine Toten auf sorgfältige Weise.

Geheimnisvolles Sterben

35 000–30 000 Jahre vor unserer Zeitrechnung verliert sich die Spur der Neandertaler. In dieser Phase hat eine andere Art, genannt *Homo sapiens sapiens,* möglicherweise vom Vorderen Orient aus begonnen, sich über Europa auszubreiten. Die ältesten Funde dieses ersten anatomisch modernen Menschen stammen vom felsigen Flussufer der Vézère in Frankreich. Dort entdeckte man 1868 in einer Höhle das Grab von drei Männern, einer Frau und einem Kind, die nach dem Namen der Fundstelle die Bezeichnung Cro-Magnon-Menschen erhielten.

Die beiden *Homo*-Arten haben ungefähr 10 000 Jahre lang nebeneinander existiert, unter anderem im Bereich des heutigen Israel und mindestens 5000 Jahre in Frankreich. Deshalb fragen sich manche Wissenschaftler, ob der moderne Konkurrent vielleicht dazu beigetragen hat, den lästigen Rivalen auszuschalten. Der Vorstellung von einem Völkermord widerspricht aber das lange Zusammenleben und bis heute wurde keine Spur von eventuellen Massakern gefunden. Oder waren es von *Homo sapiens sapiens* eingeschleppte Krankheiten, die die Zahl der Neandertaler dezimierten, weil diese nicht über entsprechende Abwehrkräfte verfügten? Auch diese Theorie ist nicht sehr wahrscheinlich, da die Populationen weit verstreut lebten und aus Gruppen von Jägern und Sammlern bestanden, die vermutlich nicht mehr als 30 Personen umfassten. Das Ansteckungsrisiko war demnach gering.

Technische Überlegenheit

Viele Forscher vertreten die Ansicht, dass die technische und kulturelle Überlegenheit des anatomisch modernen Menschen für den Untergang der Neandertaler verantwortlich war. Jener benutzte bereits Wurfgeschosse wie Spieße und zog neue Materialien, z. B. Knochen oder Rentiergeweih, heran. Vor allem aber hatte er die Technik der Feuersteinbearbeitung perfektioniert, sodass seine Werkzeuge effektiver waren.

Dank dieser technischen Leistungen konnte *Homo sapiens sapiens* bisher nie gekannte Jagderfolge erzielen, selbst als in Europa etwa um 32 000 v. Chr. eine neue Eiszeit begann und die Nahrungsbeschaffung erschwert wurde. Die Konkurrenz bei der Jagd und die Notwendigkeit das Territorium zu teilen könnten bei den Neandertalern zu einem Bevölkerungsrückgang geführt haben. Man weiß, dass eine zusätzliche Sterberate von 1–2 % innerhalb eines Jahrtausends das Aussterben einer Population bewirkt.

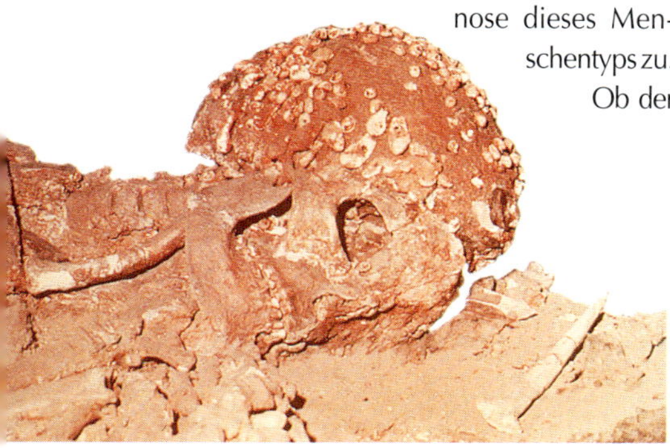

Der Cro-Magnon-Mensch (hier in Menton, Südfrankreich) hat mehrere Jahrtausende lang seinen Lebensraum mit dem Neandertaler geteilt.

Die Speerspitzen und Schaber, die der Neandertaler aus Feuerstein herstellte, sollten in ihrer Qualität von den Werkzeugen des modernen Menschen Homo sapiens sapiens übertroffen werden.

Das Geheimnis der Höhlenmalereien

Mit der Entdeckung der über 30 000 Jahre alten Grotte Chauvet in Südfrankreich trat ein neues Zeugnis prähistorischer Kunst ans Licht. Nachdem man in vergangenen Jahren bereits auf rund 17 000 Jahre alte Höhlenmalereien in Lascaux und etwa 28 000 Jahre alte Kunstwerke in Cosquer stieß, müssen die Anfänge der Kunst nun in noch frühere Zeiten zurückverlegt werden. Der bisher letzte Fund hat die Prähistoriker weltweit in großes Erstaunen versetzt.

Die drei Höhlenforscher können es nicht fassen: Nach einem langen und beschwerlichen Weg durch einen engen Gang kommen sie einige Dutzend Meter unter der Erde in eine riesige Galerie. Auf einer Wand entdecken sie drei mit Ocker gemalte Striche und ein kleines rotes Mammut. Vorsichtig dringen Jean-Marie Chauvet, Eliette Brunel-Deschamps und Christian Hillaire bis an das Ende der Grotte vor. Dort finden sie sich inmitten von Bisons, Nashörnern, Pferden, Bären, Raubkatzen, Mammuts und Hirschen wieder, die über die Wände der Höhle zu laufen scheinen.

Diese Szene spielte sich im Dezember 1994 im Südosten Frankreichs ab, genauer gesagt in der Schlucht des Arc, im Tal der Ardèche. Die Grotte Chauvet, wie sie nach einem ihrer Entdecker benannt wurde, ist einer der außergewöhnlichsten archäologischen Funde der letzten Jahre. Vor allem wegen der Bedeutung der Kunstwerke, die sie beherbergt, aber auch weil sie unseren bisherigen Kenntnisstand über prähistorische Kunst völlig veränderte. Die bemerkenswerten Funde haben dazu geführt, dass sich erneut die seit langem diskutierten Fragen über die ersten Künstler der Menschheit stellen. Wer waren diese Menschen? Wann und warum begannen sie zu malen?

Eine exakte Kopie

Aufgrund ihres Alters – etwa 17 000 Jahre – und wegen der außerordentlichen künstlerischen Qualität ihrer Malereien galt Lascaux lange Zeit als die berühmteste prähistorische Stätte. Deshalb wurde dieser Höhle in der Dordogne im Zentrum Frankreichs auch ein Höchstmaß an Aufmerksamkeit zuteil.

Um die wunderbaren Fresken zu schützen, deren Unversehrtheit die Wissenschaftler durch den großen Ansturm der Besucher gefährdet sahen, ließen die Forscher eine exakte Kopie der Höhle samt ihrer zahlreichen Kostbarkeiten anfertigen. Auch heute noch zieht die Nachbildung mehr als 2000 Bewunderer pro Tag an, die manchmal durch halb Europa reisen, um die perfekten Imitate der steinzeitlichen Meisterwerke zu betrachten.

Für den Laien wie den Experten ist der Anblick der Fresken unvergesslich. Jedes Tier scheint aus dem Felsen heraus zu entstehen. So verschmilzt die Rückenlinie eines Pferdes mit einer Spalte im Gestein, der Muskel eines Bisons verläuft an einer Felskante entlang und der Hals eines Stieres folgt den Umrissen eines Felsvorsprungs. Die Künstler von Lascaux nutzten jede Unebenheit in der Wand und verliehen ihren Malereien auf diese Weise eine einzigartige Plastizität. Im flackernden Licht der Kerzen scheinen sich die Stiere in Bewegung zu setzen und die Höhle mit Leben zu füllen.

Die Malwerkzeuge

Lascaux zu rekonstruieren bedeutete auch den Versuch, die geheimnisvollen Künstler der Vorgeschichte besser zu verstehen. Wie malten sie?

Hatte die Kunst unserer Vorfahren einen bestimmten Sinn? Ist dieser Auerochse aus Lascaux ein reines Kunstwerk oder ein Mittel sich den Geist des Tieres im Rahmen eines Jagdzaubers gewogen zu machen?

Woher hatten sie ihre Farben? Und auf welche Art und Weise trugen sie diese auf?

Um das Vorgehen unserer Ahnen besser nachvollziehen zu können, arbeiteten Maler und Archäologen eng zusammen. Ebenso wie die prähistorischen Künstler von Lascaux machten sich die Wissenschaftler auf die Suche nach Sienaerde, Mangan, Eisenoxid, Karbon, Hämatit und Lehm – Pigmente, die auch von den Höhlenmenschen verwendet wurden. In peinlich genauer Nachahmung von deren Methoden – oder dessen, was aus den Ergebnissen zu erschließen war – trugen dann die heutigen Künstler die Farben mit dem Daumen, mit Pinseln und Felltupfern auf oder applizierten sie als Pulver mit Blasrohren, die man aus Bambus oder Vogelknochen hergestellt hatte.

Oben: In der Grotte Chauvet fällt das Auge des Betrachters auf ungefähr 300 wunderbare Malereien und Ritzzeichnungen.

Rechts: Henri Cosquer, der Entdecker der Höhle, die seinen Namen trägt, fragt sich angesichts dieses Handabdrucks: Ist er vielleicht die Signatur eines prähistorischen Künstlers?

Die C-14-Methode

Mithilfe der Holzkohle, die unsere Vorfahren als Zeichenmaterial benutzten, lässt sich das Alter der Höhlenmalereien bis auf wenige Jahrhunderte exakt bestimmen. Holzkohle enthält nämlich das radioaktive Kohlenstoffisotop ^{14}C, das nach dem Absterben des Organismus zerfällt. Da seine Halbwertszeit und sein Verhältnis zu normalem Kohlenstoff (^{12}C) bekannt sind, kann man die Zeit, die seit dem Absterben des Baumes (der die Holzkohle lieferte) vergangen ist, relativ genau festlegen. Die C-14-Methode besitzt eine Reichweite von rund 50 000 Jahren.

Malereien unter dem Meer

Rund ein halbes Jahrhundert nach der Entdeckung der Höhle von Lascaux stößt der Berufstaucher Henri Cosquer 1985 im Süden Frankreichs zwischen Cassis und Marseille auf eine Grotte, deren Eingang 35 m unter dem Meeresspiegel liegt. Was er dort erblickt, sorgt in der Welt der Prähistoriker schon bald für großes Aufsehen. Zwar sind die ältesten bisher bekannten Skulpturen, die Menschen und Tiere darstellen, bereits 35 000 Jahre alt. Aber sie sind in ihrer Machart nicht vergleichbar mit den prächtigen Malereien, welche die Grotte Cosquer schmücken.

Die Datierung mithilfe der C-14-Methode ergibt, dass der älteste Teil der Höhle über 28 000 Jahre alt ist. Wie Lascaux und die anderen Beispiele von Höhlenmalerei stellt auch die Grotte Cosquer die großen Jagdszenen der Eiszeit dar. Die kleinen Pferde, die drei Pinguine, die Quallen, die großen Hirsche und alle anderen Tiere, die man in der Grotte findet, sind ebenso wie die seltsamen Zeichen – etwa die mit rotem Ocker umrahmten Handabdrücke – frühe Meisterwerke der Kunst.

Die Geburtsstunde der Kunst schlug früher als vermutet

Der Paukenschlag kommt im Jahr 1995, als die Datierung der ein Jahr zuvor entdeckten Grotte Chauvet die lange Zeit gültigen Vorstellungen vom erstmaligen Auftreten der Höhlenmalerei und ihrer Entwicklung revidiert. Von da an steht fest: Schon vor rund 33 000 Jahren, viel früher als bisher vermutet, hatte der *Homo sapiens* eine solche darstellerische Meisterschaft erreicht, dass er geniale Künstler hervorbringen konnte.

Angesichts dieser Entdeckung zeigten sich selbst die Experten für prähistorische Kunst derart beeindruckt, dass diese Höhlenmalereien mit den Werken Vincent van Goghs verglichen wurden; allerdings mit dem Unterschied, dass die Malereien der Grotte Chauvet – zumindest einige von ihnen – zu den ältesten der Welt zählen. Wie gesagt: einige von ihnen, denn neueste Untersuchungen haben ergeben, dass nach einer Pause von mehreren Jahrtausenden andere steinzeitliche Künstler das Werk ihrer Vorgänger fortgeführt haben.

Die alte Vorstellung, dass die Menschheit viele Jahrtausende gebraucht habe, um Kunstwerke hervorzubringen, gilt damit als überholt. Die Wissenschaftler, die bisher an eine eher langsame Entwicklung der künstlerischen Qualität bei der Höhlenmalerei geglaubt hatten, mussten zugeben, dass die Bilder aus der Grotte Chauvet – also die ältesten – auch zu den besonders sorgfältig gestalteten zählen. Die naturalistische Darstellung der Tiere, die scharfe Zeichnung oder das bewusste Verwischen der Konturen, der Gebrauch der Perspektive – all dies zeugt von großem Können. So groß war das künstlerische Talent der steinzeitlichen Maler, dass sie ihren Geschöpfen nicht nur Plastizität verleihen, sondern auch den Eindruck von Bewegung vermitteln konnten. Man fragt sich unwillkürlich, welche Wurzeln die Kunst dieser unbekannten Menschen hatte. Vielleicht finden wir die Antwort in einem der unterirdischen Museen, die noch auf ihre Entdeckung warten …

Die Kontroverse von Glozel

Seit mehr als einem halben Jahrhundert beschäftigt der Fundort Glozel im französischen Departement Allier die Öffentlichkeit. Handelt es sich bei den dort entdeckten Gegenständen um Reste einer untergegangenen Kultur oder lediglich um Fälschungen?

Eine der berühmten Schrifttafeln von Glozel

Am 1. März 1924 pflügt der junge Bauer Émile Fradin sein Feld, als plötzlich der Boden unter dem Gespann, das er führt, nachgibt. In dem Loch, das sich unvermittelt aufgetan hat, findet er alte Tongefäße. Voller Hoffnung, sie könnten einen Schatz enthalten, zerschlägt er diese. Doch umsonst: Nichts, auch nicht die kleinste Münze befindet sich darin. Émile Fradin sucht weiter und gräbt noch mehr Gefäße aus, dazu flache Steine, Knochen, Steinwerkzeuge und Tontafeln mit rätselhaften Schriftzeichen. Kurz darauf zeigt der Landwirt seinen Fund einem Lehrer, der großes Interesse an Altertümern hat. Die Nachricht von der Entdeckung verbreitet sich schnell und schon bald gibt Antonin Morlet, ein Hobbyarchäologe, sein Urteil ab: Es handelt sich um eine prähistorische Fundstätte und die Objekte sind mindestens 12 000–15 000 Jahre alt. Dieser Einschätzung widersprechen jedoch professionelle Archäologen aufs Heftigste, denn sie glauben an eine Fälschung. Morlet sieht darin nur Neid und eine Verdrehung der Tatsachen. Es kommt zu einer Reihe von Prozessen, zur Veröffentlichung von Pamphleten und offiziellen Verlautbarungen. Frankreich ist in zwei Lager gespalten: Das eine hält die Funde für echte Zeugnisse einer prähistorischen Kultur, das andere für Fälschungen.

Der Streit um die Tontafeln

Die Kontroverse ist von großer Tragweite, denn ein hohes Alter der gefundenen Gegenstände würde beweisen, dass die Schrift in Europa entstanden ist und nicht im Vorderen Orient, wo man einige Jahre zuvor die Schrift der Sumerer entdeckt hat – und zwar an Fundstätten, deren Alter auf ungefähr 5000 Jahre datiert wurde. Befürworter und Gegner dieser These stehen sich unversöhnlich gegenüber. Und so wird die Angelegenheit in die Rubrik der ungelösten Fälle eingeordnet, bis in den 70er-Jahren durch die Entwicklung und Anwendung neuer Untersuchungsverfahren eine wesentlich genauere Datierung möglich ist. So kann beispielsweise mithilfe der C-14-Methode das Alter organischer Materie bestimmt werden und die Thermolumineszenz gibt Aufschluss über den Zeitpunkt, an dem der Ton der Gefäße gebrannt wurde. Doch auch die modernen Verfahren zur Altersbestimmung können das Rätsel um die Funde von Glozel nicht lösen: Laut Untersuchungsergebnis sind die Tontafeln kaum 2000 Jahre alt und stammen aus gallorömischer Zeit, aber manche Knochen haben ein Alter von 15 000 Jahren. Doch das ist noch nicht alles: In die Steine und Knochen sind Zeichen eingeritzt, die offenbar aus der Steinzeit stammen.

Nun gibt es für die Vertreter der Fälschungstheorie keinen Zweifel mehr: Diese Ansammlung der verschiedensten Objekte zeigt eindeutig, dass Glozel keine echte prähistorische Fundstätte ist. Die Kritiker vermuten vielmehr, dass ein Unbekannter Objekte unterschiedlicher Herkunft und von teilweise sehr hohem Alter zusammengestellt und hier und da mit eigenen Zeichen versehen hat. Diese These stört jedoch diejenigen in keinster Weise, die an die Authentizität von Glozel glauben. Ihrer Meinung nach haben die Datierungsmethoden schließlich bewiesen, dass die Funde uralt sind. In den 80er-Jahren ordnet das Kultusministerium neue Ausgrabungen an. Aber solange keine Ergebnisse veröffentlicht werden, geht der Streit weiter …

Unten: Die Ausgrabungsstätte von Glozel zog in den 20er-Jahren Scharen von Besuchern an. Kleines Bild: Émile Fradin (rechts) untersucht zusammen mit seinem Großvater eines der Fundstücke.

Der Mythos von der Sintflut

Legenden von einer alles verschlingenden Sintflut gibt es in vielen Kulturen. Steht hinter diesem Mythos vielleicht eine Katastrophe, die wirklich stattgefunden und sich in das Gedächtnis der Menschen eingegraben hat?

Der im Abendland weitaus bekannteste Bericht über die Sintflut findet sich im Alten Testament. Die in der Bibel überlieferte Geschichte von Noah und der Arche setzt sich aus zwei Texten zusammen, die zwischen dem 8. und 6. Jh. v. Chr. in den Königreichen Israel und Juda abgefasst wurden. Die ältesten Berichte über die Sintflut kommen jedoch aus Mesopotamien. Eine sumerische Version aus dem 3. Jt. v. Chr. berichtet darüber genauso wie das aus Babylonien stammende berühmte *Gilgamesch-Epos*, das bereits um 2000 v. Chr. entstanden ist. Darin schildert der Babylonier Utnapischtim dem Helden Gilgamesch, wie er einer von den Göttern gesandten, alles vernichtenden Flut entkommen konnte.

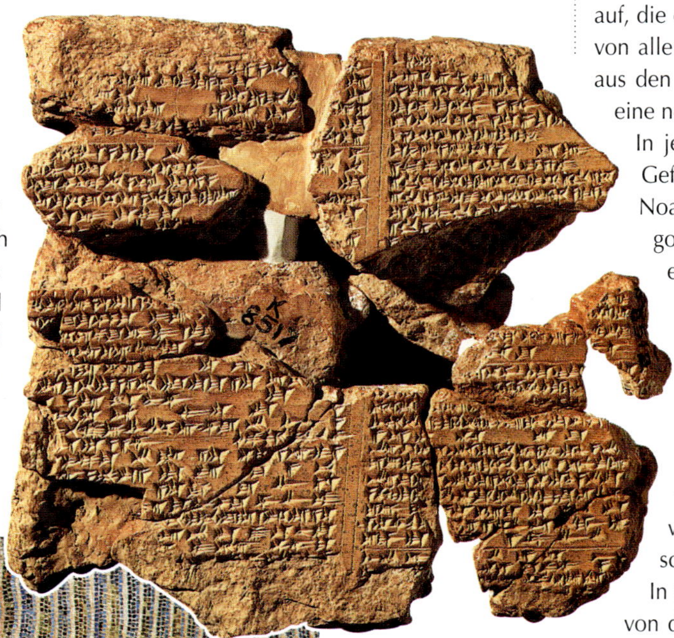

Auf der elften Tafel des Gilgamesch-Epos (oben) erzählt Utnapischtim dem Helden, wie er die tödlichen Fluten überleben konnte.

Dieses Mosaik in der Markuskirche in Venedig zeigt, wie die Menschen in den steigenden Wassermassen umkommen.

Doch daneben gibt es noch zahlreiche weitere Überlieferungen des Sintflutmythos: In den heiligen Schriften der Maya nimmt ein gottesfürchtiger Mann namens Tapi Noahs Platz ein, im Zentrum der Sintflutbeschreibung in der persischen Textsammlung *Vendidad* steht der Protagonist Yima; in einer indischen Quelle heißt der Held Manu und in der griechischen Sage Deukalion. Sintflutgeschichten finden sich aber auch in der chinesischen Mythologie, in der Südsee und Australien, bei den Inka und den Indianern Nordamerikas, dagegen nur selten in Afrika.

Rückkehr ins Chaos und Neubeginn

Der Mythos von der Sintflut birgt immer zwei Seiten in sich: Zerstörung und Wiedergeburt. Die Vernichtung der sündhaften Menschheit durch göttlichen Willen bedeutet zwar die Rückkehr zum Chaos, aber dieser Weltuntergang ist niemals endgültig und unwiderruflich. Denn aus den Fluten taucht als Symbol des einstigen Schöpfungsaktes eine jungfräuliche Erde auf, die durch die reinigende Kraft des Wassers von allen Sünden befreit ist. Und auf ihr wird aus den wenigen auserwählten Überlebenden eine neue Menschheit entstehen.

In jedem der Berichte wird die drohende Gefahr dem Helden vorher angekündigt. Noah und Yima erfahren es vom Schöpfergott selbst, die anderen Protagonisten von einem Mitglied der Götterwelt. So verrät der babylonische Gott Ea das Geheimnis an Utnapischtim, damit nicht alle Menschen unwiderruflich vernichtet werden. Auch in Griechenland finden wir dieses Motiv: Hier berichtet Prometheus seinem Sohn Deukalion vom Plan des Zeus. Manu dagegen wird von einem Gott in Gestalt eines Fisches gewarnt.

In fast allen Sintflutberichten ist die Rede von der göttlichen Anweisung ein Schiff zu bauen: Noah zimmert seine Arche, Deukalion und seine Frau Pyrrha eine schwimmende Lade und in den Legenden nordamerikanischer Indianer dient ein Floß aus Baumstämmen der Rettung. Eine Ausnahme stellt der persische Text dar: Hier retten sich die Auserwählten in ein umfriedetes Gelände, das vor Überschwemmungen sicher ist. Die meisten der Hel-

den schließen sich zusammen mit ihrer Familie und einer Auswahl von Pflanzen und Tieren in dem Schiff ein; Noah z. B. nimmt in seine Arche ein Paar von jeder Tierart mit.

Und dann kommt die große Flut. Im *Gilgamesch-Epos* wird sie von einem sieben Tage dauernden heftigen Regen verursacht, in der Bibel regnet es gar 40 Tage und Nächte ununterbrochen, bis das Meer die Gipfel der Berge erreicht. Im *Vendidad* wird die Sintflut durch Regen und die Schneeschmelze nach einem strengen Winter ausgelöst. Die Schiffe treiben auf den entfesselten Wassermassen und landen schließlich auf einem Berg. Im indischen Text schleppt der göttliche Fisch das Boot bis zu den Bergmassiven des Himalaya, wo er es an einem Baum festbindet.

Nachdem sich die Wasser verlaufen haben, erhalten die Überlebenden den Auftrag sich zu vermehren und eine neue Zivilisation hervorzubringen. Deukalion und Pyrrha werfen Steine hinter sich, die lebendig werden. Nach einem Opfer für die Götter wird Manu, der als Einziger entkommen ist, eine Gefährtin geschenkt. Im Alten Testament schließt Gott einen Bund mit Noah, dessen Familie und den Tieren der Arche, damit sie die Erde neu bevölkern.

Die Sintflut in der Bibel

Da sagte Gott zu Noach: „Mit den Menschen mache ich ein Ende ... Ich will sie alle vernichten; denn die Erde ist voll von dem Unrecht, das sie getan haben. Bau dir ein Schiff aus Holz ... Geh mit deiner Frau, deinen Söhnen und Schwiegertöchtern in das Schiff! Nimm von allen Tieren ein Männchen und ein Weibchen mit, damit sie mit dir gerettet werden" ... Vierzig Tage lang regnete es ununterbrochen. Das Wasser stieg immer höher ... Schließlich waren sogar die Berge bedeckt ... So vernichtete der Herr alles Leben auf der Erde. Nur Noach und alle, die bei ihm im Schiff waren, wurden gerettet. (1 Mose 6–7)

In der indischen Legende rettet ein göttlicher Fisch Manu vor den Fluten, indem er dessen Boot bis zum Himalaya schleppt, wo es keine Überschwemmungen gibt.

In dieser mittelalterlichen Handschrift (links) schwimmt die Arche Noah auf einem Meer, das sogar die höchsten Berge überflutet hat.

Der Standpunkt der Wissenschaft

Die Sintfluterzählungen stimmen offensichtlich in vielen Punkten überein. Bedeutet das, dass eine einzige Katastrophe riesigen Ausmaßes diesen Erzählungen zugrunde liegt, die von verschiedenen, weit voneinander entfernt lebenden Völkern miterlebt wurde und sich so in das Gedächtnis der Menschheit eingegraben hat? Zahlreiche Theorien unterstützen diese These durch unterschiedliche Erklärungsversuche.

Da alle Überlieferungen von ungewöhnlich starken, lang andauernden Niederschlägen berichten, schließen manche Wissenschaftler auf eine weltweite Klimaveränderung in der Jungsteinzeit. Doch nach ihrer Ansicht hätten Regenfälle allein, seien sie auch noch so heftig, nie ausgereicht, solch starke Überschwemmungen hervorzurufen. So vermuten die Anhänger der Klimatheorie, dass es am Ende der letzten Eiszeit, d. h. vor etwa 14 000–8000 Jahren, einen Temperaturanstieg gab, der für das Schmelzen der in Jahrtausenden gebildeten Eismassen verantwortlich war. Die dadurch freigesetzten Wassermassen hätten zu einem plötzlichen Anstieg des Meeresspiegels geführt und große Zerstörungen an allen Küsten der Welt angerichtet.

Der französische Klimatologe A. Capart geht sogar noch weiter: In seiner in Fachkreisen allerdings sehr umstrittenen Theorie macht er einen eiszeitlichen Gletscher über Skandinavien für die Überschwemmungen verantwortlich. Dieser soll aufgrund eines starken Temperaturanstiegs auseinander gebrochen sein, sodass ein Eisblock von ungeheuren Ausmaßen in die Ostsee stürzte. Die dadurch entstandene gigantische Flutwelle soll sich über Osteuropa bis zum Mittelmeer ausgebreitet haben.

Andere Forscher sehen dagegen im Mythos von der Sintflut auch die ersten Zeichen der jungsteinzeitlichen Revolution, in deren Verlauf es zu einem Wandel von der aneignenden zur produzierenden Wirtschaftsform kam, d. h., die umherziehenden Jäger und Sammler wurden zu sesshaften Bauern, die durch die Landwirtschaft ihr Überleben aktiv sicherten. In der biblischen Sintflutepisode stünde demnach Noah für den sesshaft werdenden Menschen, der in vorausschauendem Handeln die Arche baut, um dort Saatgut und Vieh zu bewahren, und der nach der Flut an einem bestimmten Platz siedelt.

WER SPRICHT INDO-EUROPÄISCH?

Wir wissen zwar eine Menge über die indo-europäischen Sprachen, aber kaum etwas über die allen zugrunde liegende Ursprache. Denn die Völker, die sie benutzten, lebten im Dunkel der Vorgeschichte, in einer Zeit, die vor der Geburt der Schrift lag.

Verglichen mit anderen Kontinenten zeichnet sich das heutige Europa – vom Atlantik bis zum Ural, vom Mittelmeer bis zum Schwarzen Meer und vom Kaukasus bis zum nördlichen Polarmeer – durch eine relative sprachliche Einheitlichkeit aus: Hier werden überwiegend indo-europäische Sprachen gesprochen. Was die praktische Bedeutung für die Verständigung der Europäer untereinander angeht, ist diese Einheitlichkeit jedoch kaum zu erkennen, denn schließlich sind für einen Deutschen die indo-europäischen Sprachen Russisch und Armenisch fast genauso unverständlich wie das Baskische oder Ungarische, die beide nicht zu dieser Sprachenfamilie gehören. Weshalb also spricht man überhaupt von einem einheitlichen indo-europäischen Sprachraum?

Siegel des Königs Mursili II. (ca. 1349 bis 1315 v. Chr.) mit einem Keilschrifttext in Hethitisch, einer inzwischen ausgestorbenen indo-europäischen Sprache (aus Ras Schamra/Syrien)

Jeder zweite Mensch ist Indo-Europäer

Rechnet man sie zusammen, machen die Indo-Europäer fast die Hälfte der Menschheit aus. Unter den insgesamt 200–300 von ihnen gesprochenen Sprachen finden sich neben den fünf „großen" (Englisch, Spanisch, Portugiesisch, Russisch und Hindi) auch zahlreiche „kleine" Sprachen, bei denen das Verbreitungsgebiet und die Zahl der Sprecher sehr viel geringer sind (etwa Isländisch oder Sardisch).

Durch die Entstehung von Kolonialreichen seit der Zeit der großen Entdeckungen ab dem 15. Jh. haben einige dieser Sprachen weltweite Verbreitung erlangt. Die germanischen Sprachen Englisch und Niederländisch sowie die romanischen Sprachen Spanisch, Portugiesisch und Französisch überschritten die Meere, die slawische Sprache Russisch breitete sich über den ganzen Norden des asiatischen Kontinents aus.

Die Schriftsysteme

Erstaunlicherweise stimmen die Regionen mit gemeinsamer Sprache und die mit gemeinsamer Schrift nicht überein. Dafür sind zum großen Teil die religiösen und sozial-politischen Traditionen verantwortlich. So benutzen von den fünf weltweit am weitesten verbreiteten Schriftsystemen die modernen indo-europäischen Sprachen vier: die lateinische, kyrillische, arabische und die Devanagari-Schrift.

Das lateinische Alphabet – das auf der Welt am meisten benutzte – wurde durch die römisch-lateinische Kirche vom Römischen Reich übernommen und an die von ihr geprägten Einflussgebiete, d. h. die westliche Welt, und später auch an die Protestanten und katholischen Slawen, weitergegeben. Das kyrillische Alphabet prägte den christlich-orthodoxen slawischen Raum; und selbst das Rumänische, das ja eigentlich eine isolierte romanische Sprachinsel in griechisch-slawischer Umgebung ist, wurde bis zur Mitte des 19. Jh. mit kyrillischen Buchstaben geschrieben. Das arabische Alphabet wurde mit der Ausbreitung des Islam von den Muslimen auch den Völkern aufgezwungen, die Persisch, Kurdisch oder Afghanisch sprachen, ja sogar den Sprechern indischer Sprachen in Pakistan. Von der Devanagari-Schrift, in der auch das Sanskrit geschrieben wird, leiten sich die Schriften ab, mit denen die modernen Sprachen im nördlichen Teil Indiens geschrieben werden. Schließlich haben noch einige sehr alte Schriftsysteme überlebt, wie etwa das griechische Alphabet, das Vorbild war für die lateinische, die kyrillische und die armenische Schrift.

Ein verzweigter Sprachstammbaum

Bei so vielen Unterschieden – worin besteht denn dann eigentlich das gemeinsame Element der indo-europäischen Sprachen?

Bereits zu Beginn des 19. Jh. fanden Sprachwissenschaftler Ähnlichkeiten zwischen Texten in Sanskrit und Altgriechisch. Vergleichende Forschungen brachten weitere phonetische und grammatikalische Übereinstimmungen zwischen Sprachen des europäisch-asiatischen Raumes zutage. So wurde bald die These von einer Ursprache aufgestellt, aus der mit der Zeit eine Reihe von eigenständigen Sprachen hervorgegangen ist. Genauso wie bei einem Stammbaum, der sich in einzelne Äste und Zweige aufteilt, entwickelte sich das Indo-Europäische – früher auch als Indo-Germanisch bezeichnet – in Unterfamilien (z. B. romanische, germanische, slawische oder indo-arische Sprachen) und diese wiederum in weitere mehr oder weniger eigenständige Sprachen (wie etwa Französisch, Italienisch, Spanisch und Portugiesisch in der romanischen Unterfamilie).

Wie aber klang das Indo-Europäische, wer sprach es und zu welcher Zeit existierte es noch als einheitliche Ursprache?

Übereinstimmungen

Hier haben wir ein Beispiel für die Übereinstimmung von fünf Sprachen aus der indo-europäischen Sprachfamilie, gezeigt anhand von drei Zahlwörtern (vereinfachte, lateinische Lautschrift).

Familie	Altirisch	Latein	Gotisch	Altgriechisch	Sanskrit
acht	okt	okto	ahtau	okto	asta
zehn	deik	dekem	taihum	deka	dasa
hundert	ket	kentum	hund	(he) katon	satam

Wo im Altirischen, Griechischen oder Lateinischen ein k steht, befindet sich im Gotischen ein h und im Sanskrit ein s.

Die Urheimat der Indo-Europäer

Zum Leidwesen der Linguisten gibt es keine schriftlichen Zeugnisse dieser gemeinsamen Ursprache, da sie zu einer Zeit gesprochen wurde, als die Schrift noch nicht erfunden war. Die ältesten Texte – mykenische, wedische und hethitische – stammen aus dem 2. Jt. v. Chr. und damit aus einer Zeit, in der sich die indo-europäischen Einzelsprachen schon merklich differenziert hatten. Vermutlich kann man aber davon ausgehen, dass die Grundsprache im 4. Jt. v. Chr. noch relativ einheitlich war und sich dann aufgrund der Wanderungsbewegungen ihrer Sprecher zuerst zu Dialekten und dann zu eigenständigen Sprachen entwickelte. Aus den wenigen indo-europäischen Vokabeln, die die Sprachwissenschaft inzwischen rekonstruieren konnte, wurde auch geschlossen, dass es sich bei den Ur-Indo-Europäern um eine Kultur handelte, deren Mitglieder Ackerbau und Viehzucht betrieben und in vaterrechtlich organisierten Großfamilien zusammenlebten. Ihre Sprache war stark flektiert, ihre Wörter mit vielen Endungen versehen und daher wesentlich länger als unsere heutigen.

Am schwierigsten zu beantworten ist die Frage nach der Urheimat der Indo-Europäer. Man versucht, durch den Vokabelvergleich sehr alter Sprachen die Wanderungswege des Urvolkes zurückzuverfolgen und damit ein Ausbreitungszentrum einzukreisen. Doch Menschen bewegen sich nicht immer nur in eine Richtung, sie vermischen sich, tauschen Waren, Nachrichten und damit auch Wörter aus. So verwischen sich die Grenzen zwischen den Kulturen und Sprachen. Deshalb ist es schwierig, die Region zu bestimmen, in der die ersten Sprecher des Indo-Europäischen lebten. Manche Forscher sehen in der prähistorischen Kurgan-Kultur, die ab dem 6. Jt. v. Chr. in den Steppen westlich des Ural beheimatet war, das indo-europäische Urvolk. Doch das ist genauso eine noch unbewiesene Theorie wie die Annahme, dass sich das ursprüngliche Siedlungsgebiet der Indo-Europäer in Mitteleuropa befand.

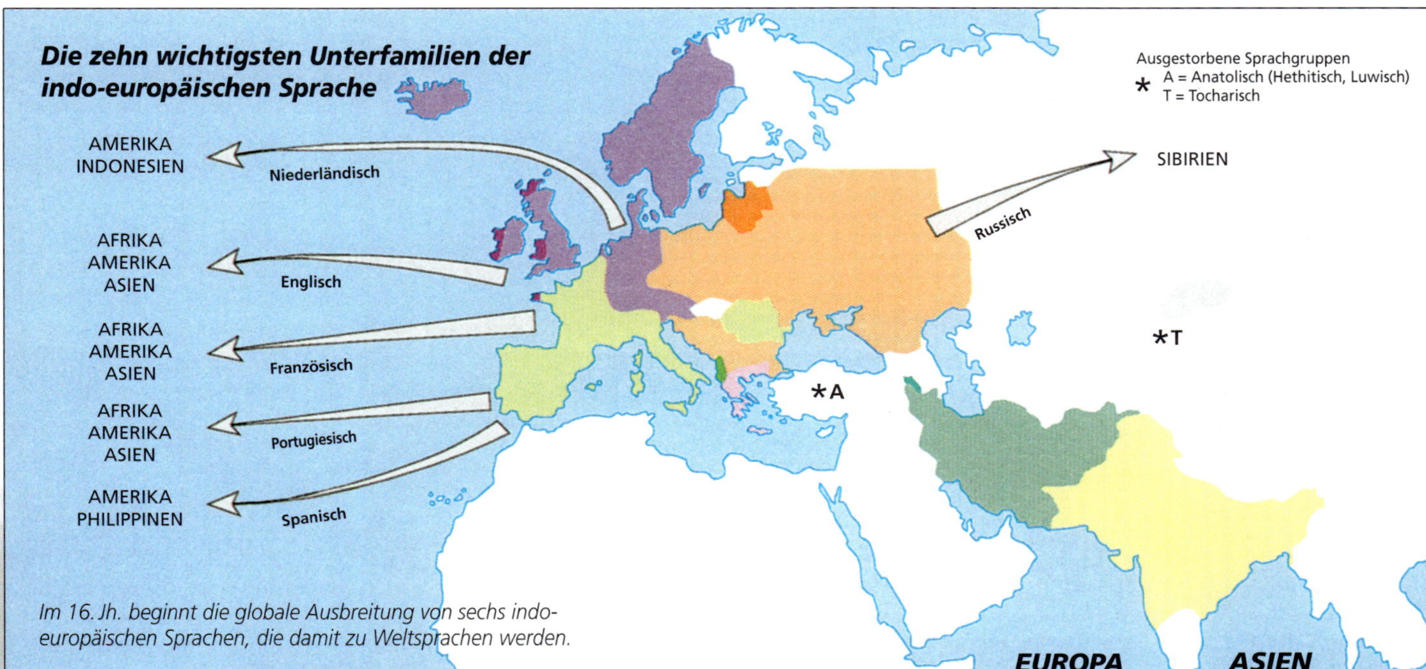

Im 16. Jh. beginnt die globale Ausbreitung von sechs indo-europäischen Sprachen, die damit zu Weltsprachen werden.

		EUROPA								ASIEN	
Unterfamilien		KELTISCH	ROMANISCH	GERMANISCH	BALTISCH	SLAWISCH	ALBANISCH	GRIECHISCH	ARMENISCH	IRANISCH	INDO-ARISCH
Älteste Überlieferungen	v. Chr.	Keltisch −4. Jh.	Latein −7. Jh.					Mykenisch −1400		Altpersisch − 6. Jh.	Wedisch −15. Jh.
	n. Chr.	Altirisch 6. Jh.		Gotisch 4. Jh.	Altbaltisch 16. Jh.	Kirchen-slawisch 9. Jh.	Alt-albanisch 15. Jh.		Alt-armenisch 5. Jh.		
Zahl der gesprochenen Sprachen		4	6 Haupt-sprachen	7 Haupt-sprachen	2	etwa 10	1	1	1	3 Haupt-sprachen	etwa 20
Hauptsächlich gesprochene Sprache		Gälisch	Spanisch	Englisch	Lettisch/ Litauisch	Russisch	Albanisch	modernes Griechisch	Armenisch	Persisch	Hindi
Zahl der Sprecher	in Europa	1,5 Mio.	Italienisch 60 Mio.	Deutsch 100 Mio.	je 3 Mio.	Russisch 100 Mio.	3 Mio.	10 Mio.	3,5 Mio.		
	weltweit		Spanisch 300 Mio.	Englisch 400 Mio.		300 Mio. davon Russisch 180 Mio.			6 Mio.	60 Mio.	400 Mio. davon Hindi 180 Mio.
heute verwendete Schriften		Lateinisch	Lateinisch	Lateinisch	Lateinisch	Lateinisch Kyrillisch	Lateinisch	Griechisch	Armenisch	Arabisch	Arabisch Devanagari

Die Mumie aus den Alpen

Auch mehrere Jahre nach der Entdeckung einer Gletschermumie in den Ötztaler Alpen gibt Ötzi, wie der Mann im Volksmund liebevoll genannt wird, den Wissenschaftlern noch immer zahlreiche Rätsel auf. So hat er das Geheimnis, was ihn in eine Höhe von über 3000 m trieb, mit in sein eisiges Grab genommen.

Der berühmte Südtiroler Bergsteiger Reinhold Messner und sein Begleiter Hans Kammerlander, die sich zufällig in der Nähe vom Fundort des Toten aufhielten, untersuchen die Mumie.

Am 19. September 1991 machen die deutschen Bergsteiger Erika und Helmut Simon am Hauslabjoch in den Ötztaler Alpen in rund 3200 m Höhe eine makabre Entdeckung: Aus dem Eis ragt ein auf dem Bauch liegender menschlicher Leichnam heraus. Das Gesicht ist in den Boden gedrückt, der Oberkörper ausgedörrt und mit einer pergamentartigen Haut überzogen. Durch die dünne Eisdecke hindurch ist außerdem das mit Stroh und Lederstreifen umwickelte rechte Bein zu sehen. An der Fundstelle, die sich innerhalb einer Felsrinne befindet, spüren Neugierige und Forscher kurz darauf auch allerlei Gegenstände auf, die im Umkreis von mehreren Metern um den Körper verstreut liegen. Dazu gehören ein Kupferbeil und eine komplette Jagdausrüstung. Einige Tage später wird der Körper schließlich offiziell geborgen und mit dem Hubschrauber nach Innsbruck gebracht.

Schnell sind sich die mit der Untersuchung betrauten Wissenschaftler einig, dass sie es mit einem sensationellen Fund zu tun haben. Auch was das Alter des Leichnams betrifft, herrscht recht früh Klarheit: Die Datierung mithilfe der C-14-Methode, die in verschiedenen Labors mit diversen Materialien durchgeführt wird, ebenso wie die stilistische Einordnung der Fundgegenstände weisen auf die Zeit um 3300 v. Chr. hin. Kopfzerbrechen bereiten den Wissenschaftlern zunächst aber andere Dinge. So stellen sie sich die Frage, warum Ötzi rund 5000 Jahre im Eis überdauerte, während die ältesten bis dahin bekannten Gletscherleichen lediglich ein Alter von mehreren Hundert Jahren aufwiesen.

Der Ort der Entdeckung

Die Erklärung für das Phänomen liegt darin, dass der Körper nicht mitten im Gletscher, sondern in einer Felsrinne an dessen Rand gefunden wurde. Hierbei handelte es sich um einen Bereich von sehr tiefem, gefrorenem Wasser. Da diese Senke keinen natürlichen Abfluss besaß, konnten sich die Eismassen nicht bewegen. Wäre der Leichnam den Kräften eines sich in Bewegung befindlichen Gletschers ausgesetzt gewesen, hätte man von Ötzi sicherlich nichts mehr gefunden.

Hier im Bild sieht man das in den Schuh gestopfte Stroh, das noch den rechten Fuß der Mumie umgibt. Rechts oben: das Kupferbeil mit seinem Stiel aus Eibenholz

Kleidung aus Fell und Gras

Der Gletschermann verfügte nach Ansicht der Forscher über eine Ausrüstung, die unter normalen Umständen zum Überleben ausreichte. Zu seiner Ausstattung gehörten eine Fellmütze und ein Umhang, der sich aus Grashalmen zusammensetzte und vermutlich als primitiver Regenmantel diente. Darunter trug er ein aus Pelzstücken gefertigtes Gewand. Die Beine steckten in Legwarmers, Hüllen aus Fell. Außerdem hatte er einen Lendenschurz sowie Schuhe aus stabilem Leder an, die er zur Isolierung mit einem dicken Graspolster ausgestopft hatte. Darüber hinaus führte der Gletschermann zahlreiche, für das tägliche Leben notwendige Gegenstände mit sich – beispielsweise Gerätschaften zum Feuermachen sowie ein Gefäß aus Birkenrinde, in welchem er die in mühsamer Arbeit entfachte Glut transportierte.

Pfeil und Bogen, die Ötzi bei sich hatte, versetzten ihn in die Lage Wild zu erlegen. Da aber zu dieser Zeit die Jagd eine geringere Rolle für die Menschen spielte als Ackerbau und Viehzucht, gehen die Wissenschaftler heute davon aus, dass Ötzi ein Hirte war, der zwar auch dem Wild nachstellte, hauptsächlich aber im Sommer sein Vieh auf die Hochweiden trieb.

Tod im Eis

Natürlich stellt sich die Frage, was Ötzi veranlasste allein den beschwerlichen Aufstieg ins Hochgebirge auf sich zu nehmen. Aufgrund der bei den Untersuchungen erlangten Erkenntnisse sind die Forscher der Ansicht, dass Ötzi entweder in einen heftigen Streit verwickelt oder sein Dorf zur Zielscheibe eines Überfalls wurde. Für diese Theorie spricht, dass er sich mehrere gebrochene Rippen zuzieht, bevor er überhastet in die Berge aufbricht, wo er sich als Hirte recht gut auskennt.

Trotz seiner Verletzungen steigt Ötzi immer höher hinauf, bis er, beinahe am Ende seiner Kräfte angelangt, schließlich die Gegend um das Hauslabjoch erreicht. Dort trifft ihn vermutlich ein Wetterumschwung: Starker Schneefall setzt ein, die Temperatur sinkt und Ötzi sucht Zuflucht unter einem Felsvorsprung. Er verzehrt etwas Trockenfleisch und versucht verzweifelt sich wach zu halten. Er weiß genau: Wenn er einschläft, bedeutet dies seinen sicheren Tod. Doch die Erschöpfung ist viel zu groß – Ötzi legt sich auf die Seite, schläft ein und wacht nie wieder auf. Und nur wenige Stunden später ist sein Körper bereits von einer dicken Schneedecke umhüllt.

Gilgamesch

In der Gestalt von Gilgamesch, dem Helden einer uralten babylonischen Legende, wird in der Weltliteratur zum ersten Mal die Suche nach Unsterblichkeit verkörpert. Doch gab es für diesen außergewöhnlichen Menschen genauso ein historisches Vorbild wie für andere berühmte Sagengestalten?

Seit undenklichen Zeiten hat die Menschheit von Heldengestalten geträumt, die in der Lage wären die Mysterien des Jenseits und das Geheimnis des ewigen Lebens zu ergründen. Gilgamesch war der Erste von ihnen – jedenfalls der Erste, der es versuchte.

Das *Gilgamesch-Epos,* das von diesem Helden berichtet, ist wesentlich älter als Homers *Ilias* oder das *Mahabharata,* das Nationalepos der Hindu. Es ist unbestritten der älteste epische Text der Welt, denn man weiß heute, dass seine erste Fassung im 2. Jt. vor unserer Zeitrechnung von den Sumerern niedergeschrieben wurde.

Die zahlreichen Fragmente des *Gilgamesch-Epos,* von dem nach und nach mehrere Versionen entstanden, wurden an unterschiedlichen Orten des Vorderen Orients gefunden. Den vollständigsten Text entdeckte man in Ninive, wo sich die berühmte Bibliothek des assyrischen Königs Assurbanipal befand. Diese Fassung der Legende stammt aus dem 7. Jh. v. Chr. und wurde auf zwölf Tontafeln geschrieben, von denen allerdings drei verschollen sind. Übrigens findet man in dieser Version auch den Bericht von der großen Flut, der babylonischen Variante der biblischen Sintflut.

Halb Gott, halb Mensch

Aber bei dem Helden des Epos handelt es sich nicht nur um eine Legendengestalt. Gilgamesch, der Gigant, dessen heroische Taten in vielen Reliefs sumerischer Tempel dargestellt sind, hat vermutlich wirklich gelebt, und zwar um das Jahr 2700 v. Chr. Er war der König von Uruk, einer Stadt im südlichen Zweistromland. Dass er ein bedeutender Herrscher gewesen sein muss, glaubt man daran zu erkennen, dass er in Uruk mächtige Stadtmauern und bedeutende Heiligtümer erbauen ließ, die heute noch zu sehen sind. Ob nur diese monumentalen Bauten den König unsterblich machten oder ob er sich auch durch andere große Taten und Werke hervorgetan hat, weiß man bis heute immer noch nicht. Fest steht nur, dass er in der mesopotamischen Literatur bald als Sohn der Göttin Ninsum zu einem übernatürlichen Wesen wird. Doch trotz seiner göttlichen Natur muss er sich damit abfinden sterblich zu sein und wird auch durch sein Wesen und seine Schwächen eher als Mensch denn als Gott dargestellt.

Gilgamesch, der übermenschliche Kräfte besitzt, begegnet uns hier als Bezwinger eines Löwen.

Freundschaft und Tod

Gilgamesch ist in seinem Epos zwar ein Held, gleichzeitig aber auch ein tyrannischer Herrscher, unter dessen ständigen Kriegszügen seine Untertanen leiden. Um sich seiner zu entledigen, stachelt ihn sein Volk dazu an, gegen Enkidu zu kämpfen – ein Wilder, halb Mensch, halb Tier, den die Götter als ebenbürtigen Gegner für Gilgamesch erschaffen haben. Das Duell findet statt, aber es geht unentschieden aus und die beiden Männer werden zu unzertrennlichen Freunden. Durch diese Freundschaft gelingen ihnen übermenschliche Großtaten: Gemeinsam töten sie den Riesen Humbaba, den Wächter des libanesischen Zedernwaldes, ebenso wie den Himmelsstier, der Gilgamesch im Auftrag der Göttin Ischtar umbringen sollte, weil dieser ihre Liebe verschmäht hatte. Daraufhin geraten die Götter in Zorn und beschließen die beiden Freunde zu strafen, indem sie Enkidu durch eine Krankheit sterben lassen. Entsetzt macht sich Gilgamesch beim Anblick der Leiche seines Freundes auf die Suche nach dem ewigen Leben.

Seine Reise führt ihn in ein Land jenseits der Wasser des Todes, zu Utnapischtim, einem alterslosen Weisen und Überlebenden einer großen Flut, dem die Götter Unsterblichkeit gewährt haben. Utnapischtim rät Gilgamesch zur Vorbereitung auf die Unsterblichkeit sieben Tage und sieben Nächte nicht zu schlafen; aber der Held besteht diese Prüfung nicht. Aus Mitleid zeigt Utnapischtim ihm trotzdem die Pflanze des ewigen Lebens, die „Jung wird der Mensch als Greis" genannt wird. Aber diese Pflanze wird von einer Schlange gestohlen und Gilgamesch bleibt sterblich. Allerdings lebt er sehr lange und regiert sein Volk 126 Jahre lang.

Ewige Fragen

Warum das Epos im gesamten Nahen Osten eine solche Verbreitung fand, erklärt sich dadurch, dass alle wichtigen Fragen des Menschen in diesem Text angesprochen werden: seine Beziehung zu den Göttern, die Macht der Freundschaft, Stolz und Zorn, die Verwundbarkeit, die Liebe, der Tod, ja der Sinn des Lebens überhaupt. Und dadurch, dass Gilgamesch in seinem Epos diesen Fragen nachgeht, die ja bis heute aktuell geblieben sind, ist er doch noch unsterblich geworden.

Die Ruinen des alten Uruk spiegeln den Ehrgeiz seiner Herrscher wider.

DIE CHEOPSPYRAMIDE – WELCHE GEHEIMNISSE VERBERGEN SICH DARIN?

Auch heute, beinahe fünf Jahrtausende nach ihrer Errichtung, stellt die in Ägypten stehende Cheopspyramide eine technische Meisterleistung dar. Aber ihre Erbauer haben keinerlei Aufzeichnungen hinterlassen, die einen Hinweis auf ihre Konstruktion geben könnten. Noch ist nicht völlig geklärt, zu welchem Zweck die Pyramide errichtet wurde – so als solle dieses Bauwerk auf ewig von einer Aura des Geheimnisvollen umgeben bleiben.

Schon von weitem sollte man sie erkennen und, je näher man kam, immer stärker in ihren Bann gezogen werden: Die Große Pyramide wurde auf Anweisung des Pharaos Cheops vermutlich um das Jahr 2580 v. Chr. auf dem Plateau von Gise südwestlich von Kairo erbaut. Doch bis heute haben Forscher selbst mit den modernsten Methoden der Wissenschaft nicht alle Geheimnisse des beeindruckenden Bauwerks enträtseln können.

Eine gewaltige Baustelle

Die Pyramide besitzt riesige Ausmaße. Sie ist auf einem viereckigen Grundriss mit 230 m Seitenlänge erbaut, ursprünglich knapp 147 m hoch (heute 138 m), nimmt eine Fläche von über 5 ha ein und erreicht ein Volumen von rund 2 600 000 m³. Die Zahl der verwendeten Steine ist enorm, ebenso deren Gewicht: mehrere Tonnen pro Steinblock. In Ermangelung geeigneten Werkzeugs – die Handwerker verfügten nur über Geräte aus Kupfer, das nicht sehr hart ist – wählten die Ägypter Blöcke aus, die man kaum bearbeiten musste. Dies legt die Vermutung nahe, dass es zwischen den Steinbrüchen und dem Verwendungsort sowie auf der Baustelle selbst ein an die Verhältnisse angepasstes, ausgeklügeltes System von Transport- und Hebevorrichtungen gab; diese Hypothese konnte aber bisher nicht belegt werden.

Zwei griechische Gelehrte – Herodot um 440 v. Chr. und Diodor um 50 v. Chr. – erweiterten wahrscheinlich frühzeitige Angaben von ägyptischen Autoren, hatten aber unterschiedliche Vorstellungen von dem tatsächlich benutzten System. Herodot ging davon aus, dass die Ägypter hölzerne Maschinen konstruiert hatten, mit deren Hilfe sie die Blöcke stufenweise aufeinander schichteten – von der Basis der Pyramide bis zu ihrer Spitze. Diodor dagegen hielt die Errichtung von Dämmen oder Erdrampen für wahrscheinlich.

Jahrhundertelange Suche nach des Rätsels Lösung

Im Mittelalter stellte man sich vor, die Erbauer der Pyramiden seien in der Lage gewesen zu schweben oder fliegende Teppiche zu benutzen.

Eine ungarische Wochenzeitung druckte zu Beginn des 20. Jh. diese Darstellung des Pyramidenbaus.

In heutiger Zeit stützen sich die Archäologen auf Texte, die wesentlich seriöser sind. Die Forscher folgten zunächst der Argumentation Herodots und vermuteten, dass die Pyramide mithilfe von mechanischen Vorrichtungen – ausgestattet mit Rollen und Winden, die man durch menschliche Gegengewichte oder Hebel bewegte – errichtet wurde.

Himmelwärts

Die früheste Pyramidenform stellt die Stufenpyramide des Pharaos Djoser dar, die um das Jahr 2600 v. Chr. in Sakkara errichtet wurde. Der Aufbau des Steinmonuments erinnert an eine Treppe, die dem König das Emporsteigen zum Himmel ermöglichen sollte. In den nächsten rund 100 Jahren entwickelte sich die echte Pyramidenform: Die Seiten fielen nun schräg zum Boden ab, möglicherweise als Nachahmung der Sonnenstrahlen.

Als man jedoch Überreste von Rampen fand und Beschreibungen darüber auf ägyptischen Grabinschriften entdeckte, waren die Vorstellungen Diodors bestätigt. Seitdem gehen manche Wissenschaftler davon aus, dass die Ägypter drehbare Rampen parallel zu den Flanken der Pyramide installierten; andere Gelehrte vertreten die Ansicht, dass die Rampen eher senkrecht angeordnet wurden und sich von der Basis bis zur Spitze verjüngten. Beide Theorien besagen, dass die Rampen mit einer Schicht feuchten Lehms bedeckt wurden, um sie gleitfähig zu machen. Auf ihnen wurden dann mit Steinblöcken beladene Schlitten von Arbeiterkolonnen nach oben gezogen.

Tatsachen und Phantasie

Obwohl man nun die bemerkenswerten Methoden zu kennen glaubt, mit denen die Pyramiden erbaut wurden, weiß man damit noch lange nicht, zu welchem Zweck so viel Energie und Anstrengung aufgewandt wurden.

In einem Punkt sind sich Archäologen und Historiker allerdings einig: Die Pyramiden sind monumentale Grabkammern der Könige der 3.–13. Dynastie (um 2670–1650 v. Chr.). Außerdem gehören sie immer zu einem ausgedehnten Komplex von Grabanlagen.

In Gise jedoch stellt sich die Sache komplizierter dar. Zwar nannten Herodot und Diodor Cheops als Auftraggeber des Bauwerks, aber keiner von ihnen hat behauptet, der Pharao sei in der Pyramide begraben. Der einzige Sarkophag, den man dort fand, war leer. So entstanden im Lauf der Zeit unterschiedliche, teilweise phantastische Hypothesen.

In den ersten Jahrhunderten unserer Zeitrechnung sah eine biblisch inspirierte Interpretation in der Großen Pyramide einen vom heiligen Joseph erbauten Getreidespeicher. Und seit dem 19. Jh. suchen die Anhänger der Pyramidologie, einer Pseudowissenschaft, die sich nur vom Namen her einen wissenschaftlichen Anstrich gibt, übernatürliche Erklärungen für die geometrischen Daten der Pyramide. Manche meinen, sie stelle den Kenntnisstand dar, den die Ägypter bis zum Tag der biblischen Sintflut erworben hatten. Andere dagegen wollen in ihr ein prophetisches Verzeichnis der bedeutsamsten Daten der Weltgeschichte sehen.

Neue Perspektiven

Wer krampfhaft versucht, Geheimnisse dort zu finden, wo keine sind, dem kann es leicht passieren, dass ihm das wirklich Rätselhafte entgeht. Denn seit langem versichern seriöse Ägyptologen immer wieder, dass die Große Pyramide tatsächlich ein Grabmal sei. Drei Kammern, die untereinander mit einem Netz von Gängen verbunden sind, wurden bisher identifiziert. In der größten, die man Königskammer taufte, befindet sich ein Sarkophag, in dem die sterblichen Überreste von Pharao Cheops gelegen haben könnten. Heute ist er leer, aber er wurde vielleicht von dem Kalifen Al-Mamun geplündert, der im 9. Jh. in die geheiligten Räume eindrang. Allerdings sind in der Decke dieses Raumes Risse zu sehen, die aus der Zeit vor dem Tod von Cheops stammen; der Pharao hätte sich sicher nicht an einem Ort begraben lassen, der vom Einsturz bedroht war. Wenn der Leichnam dort nicht seine letzte Ruhe fand, könnte die Pyramide also ein Kenothaph gewesen sein – ein leeres Prachtgrab, das einzig und allein zu Ehren des Pharaos errichtet wurde.

Doch auch nach so langer Zeit sorgt die Cheopspyramide immer noch für neue Überraschungen: Der deutsche Ingenieur Rudolf Gantenbrink untersuchte vor kurzem die Schächte mithilfe einer ferngesteuerten Roboterkamera und entdeckte dabei am Ende eines Schachtes eine mächtige Tür. Was verbirgt sich dahinter? Steine oder ein großes Geheimnis?

Ausrichtung nach den Sternen?

In jüngerer Zeit haben wissenschaftliche Untersuchungen ergeben, dass die Anordnung der drei großen Pyramiden von Gise – Cheops-, Chefren- und Mykerinospyramide – genau den Gürtelsternen des Sternbilds Orion entspricht. Dieses galt im alten Ägypten als Symbol für den Gott Osiris, der wichtigsten aller ägyptischen Gottheiten.

Oben: Der Eingang der imposanten Pyramide mit ihrem im Vergleich zur Öffnung überdimensionierten Türsturz

Schnitt durch die Pyramide

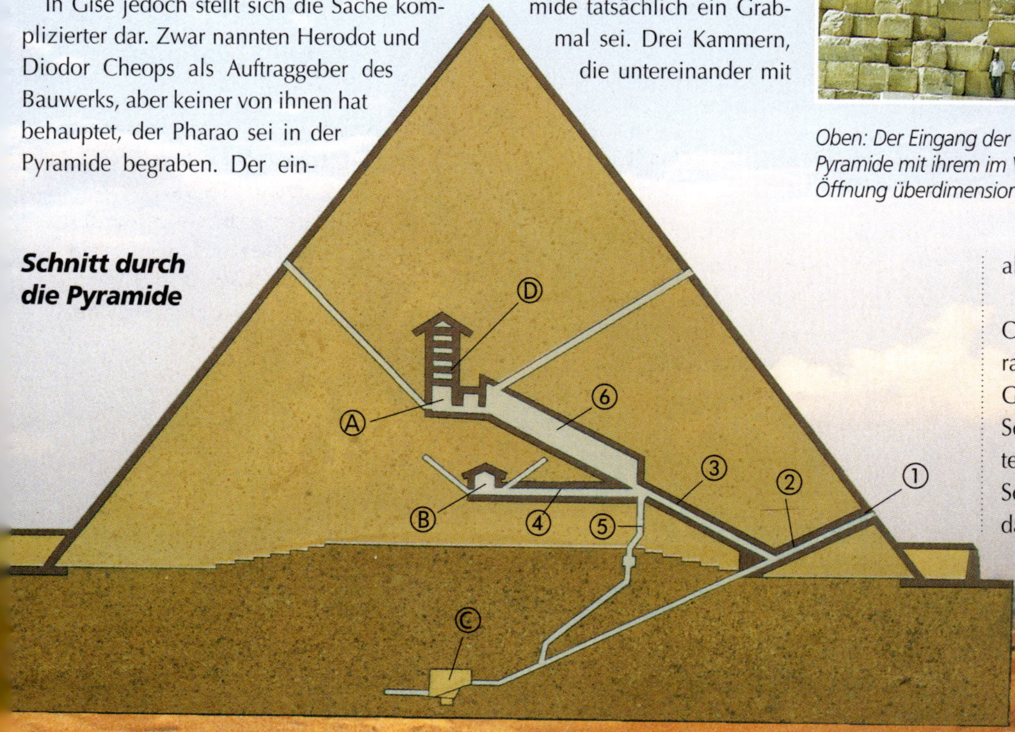

Von Labyrinthen und Irrgärten

Wie der Kreis, das Kreuz oder die Spirale, so ist auch das Labyrinth ein uraltes Zeichen menschlicher Kultur. Es ist ein Symbol, das man überall auf der Welt antrifft, dessen Herkunft letztendlich aber immer noch ungeklärt ist.

Das, was wir heutzutage landläufig als Labyrinth bezeichnen, ein Wirrwarr aus sich ständig kreuzenden Gängen und Sackgassen, entstand erst vor einigen Hundert Jahren. Doch das ursprüngliche Symbol, das für Labyrinth steht, gibt es schon seit mehreren Jahrtausenden. Bemerkenswerterweise taucht es in weit voneinander entfernten Weltgegenden auf und hat in Religion, Philosophie und Literatur der verschiedensten Kulturen seinen Platz gefunden. Aber auch die Herkunft des Labyrinthzeichens gibt uns immer noch Rätsel auf.

Der Ursprung des Labyrinths

Wo, wann und wie ist dieses Symbol entstanden? Niemand weiß das so ganz genau. Schon Ursprung und Bedeutung des Wortes Labyrinth verlieren sich im Dunkel der Geschichte. Ihm wurden abwechselnd griechische, hebräische, ägyptische oder lateinische Wurzeln zugeschrieben. Geklärt ist seine Herkunft bis heute nicht.

Genau wie sein Name ist auch die Form des Labyrinths von einer Aura des Geheimnisvollen umgeben.

In Europa ist es eng mit Kreta und dem Mythos des Minotaurus verbunden. Dieses Ungeheuer, das den Körper eines Menschen und den Kopf eines Stieres hatte, war aus der Vereinigung von Pasiphae, der Gattin des kretischen Königs Minos, mit einem Stier hervorgegangen, den der Meeresgott Poseidon Minos geschenkt hatte. Angesichts dieses schrecklichen Wesens, das als Beweis für den Ehebruch seiner Frau galt, beauftragte Minos den attischen Baumeister Dädalus ein gewaltiges Gefängnis zu bauen, dessen Gänge so verschlungen waren, dass niemand, der sich darin nicht auskannte, jemals wieder lebend herausfand. Dort ließ Minos die Bestie einschließen.

In Asien gilt, wie das indische Epos *Mahabharata* erzählt, der Magier Droma als Schöpfer des Labyrinths. Die christliche Tradition schrieb es dem König Salomo zu, der Intelligenz und Weisheit verkörpert. Aber man hat Labyrinthmuster auch in Peru und in Colorado gefunden.

Die ältesten Darstellungen stammen aus dem 3. Jt. v. Chr., etwa die in der *tomba del labirinto* in Luzzani auf Sardinien. Was das sagenumwobene Labyrinth von Kreta angeht, scheint es wohl nie existiert zu haben. Wahrscheinlich wurde der königliche Palast von Knossos, der mit seinen unzähligen Zimmerfluchten und verwinkelten Gängen wie ein Labyrinth wirkt, fälschlicherweise für die Behausung des legendären Minotaurus gehalten.

Wikingerstein mit Labyrinthmotiv aus dem 5. Jh.

Alles strebt dem Zentrum zu

Im Allgemeinen ist das antike Labyrinth ein geschlossener Raum mit einem Eingang, der in ein Linienmuster mündet, das in mäanderförmigen Windungen auf einen zentralen Punkt zuführt. Dabei steht die gewundene Linie symbolisch für das Leben, der Mittelpunkt für Tod und Wiedergeburt.

Auch die christliche Kirche hat sich dieses antiken Symbols bedient. So findet man in zahlreichen mittelalterlichen Kathedralen Labyrinthe an Wänden und Säulen oder als Fliesenmuster auf dem Fußboden – manchmal achteckig, wie in Reims, meist aber streng konzentrisch, wie in Chartres.

Genau wie die meisten griechischen Labyrinthe haben auch die der Kathedralen nur einen Eingang, als Zeichen der Hoffnung, dass für einen wahren Christen die ewige Verdammnis ausgeschlossen ist und ihm die Erlösung zuteil werden wird. Das Labyrinth stellt einen Weg der Prüfungen dar. Die Seele des Christen, der im irdischen Labyrinth gefangen ist, muss diese Prüfungen bestehen und kann nur durch seinen Glauben an Christus gerettet werden.

Auf diesem römischen Mosaik ist das berühmte kretische Labyrinth dargestellt: Im Zentrum tötet der attische Held Theseus den Minotaurus. Rechts wartet Ariadne vor dem Eingang auf ihren Geliebten.

Wege der Buße

Kirchenlabyrinthe befinden sich immer in der Mitte des Kirchenschiffs, in der Nähe des Westportals, das als symbolische Barriere zwischen der Welt und dem Haus Gottes steht. Bei den meisten zeigt auch der Labyrintheingang nach Westen, wo nach alter Überlieferung das Totenreich liegt, während sich nach dem 1. Buch Mose der Garten Eden Richtung Sonnenaufgang, also im Osten, befindet. Auch der griechischen Mythologie nach liegen die Pforten des Hades im Westen, wo die Sonne untergeht.

Indem der Gläubige dann den Windungen des Labyrinths folgte, konnte er auf seinem Weg dem Dunkel des irdischen Daseins entfliehen und sich auf das Licht Gottes zubewegen. Und was für einen Weg er dabei zurücklegen musste! Für das Labyrinth der Kathedrale von Sens, das einen Durchmesser von 10 m hatte, benötigte man nicht weniger als 2000 Schritte.

Bei bestimmten Bußübungen rutschten die Gläubigen die Labyrinthmäander auf Knien entlang, um den Gang Christi nach Golgatha nachzuempfinden, weshalb Kirchenlabyrinthe manchmal auch Weg nach Jerusalem genannt werden.

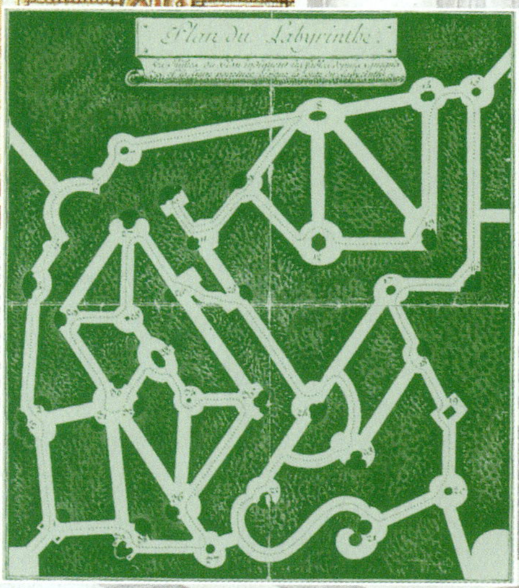

Der Irrgarten im Park des Schlosses von Versailles ist eines der ersten modernen Labyrinthe, die der Zerstreuung und der Meditation dienten.

Das moderne Labyrinth

Ab dem 16. Jh. setzte sich dann eine neue Art der Labyrinthdarstellung durch; dabei hat sich sowohl sein Aufbau als auch die zugrunde liegende Gedankenwelt geändert: Jetzt dient das Labyrinth als Ort der Zerstreuung und Meditation.

Vor allem findet man nun dreidimensionale Irrgärten aus Mauern und Hecken mit verschlungenen, sich kreuzenden Wegen, auf denen man schnell die Orientierung verliert und sich verirrt. Diese Form des Labyrinths hat kein Zentrum, auf das man sich zubewegt, hierbei gilt es vielmehr, über die gewundenen Pfade den richtigen Weg zum Ausgang zu finden.

Die ersten dieser neuen Labyrinthe wurden in den Gärten königlicher Schlösser in Frankreich und England errichtet. Eines der berühmtesten war das des Schlosses von Versailles, das heute aber leider zerstört ist. An seinen vielfältigen Weggabelungen wurde dem um Orientierung bemühten Besucher Gelegenheit zum Nachdenken geboten – in Form einer Fabel.

In diesem Labyrinth begegnete man nicht dem Geheimnis von Leben und Tod und man wurde nicht wieder geboren. Aber man verließ es mit neuen Erkenntnissen, hatte jedes Mal, wenn man Gefahr lief seinen Weg zu verlieren, Neues erfahren. Wenn diese Mäander auch nicht mehr den Sinn des Lebens darstellten, so zeigten sie doch seine Komplexität mit seinen Misserfolgen, Geheimnissen und Widrigkeiten.

Der Faden der Ariadne

Nachdem König Minos den Minotaurus ins Labyrinth gesperrt hatte, ließ er dem Ungeheuer alle neun Jahre sieben Jungen und sieben Mädchen zum Fraß vorwerfen – bis der attische Held Theseus beschloss den Minotaurus zu töten. Doch wie sollte er aus den Irrgängen wieder herausfinden? Ariadne, die Tochter des Minos, die sich in Theseus verliebt hatte, wusste Rat: Sie gab Theseus ein Fadenknäuel, das er abwickelte, während er in das Labyrinth vordrang. Dort erschlug er den Minotaurus und folgte dem Faden zurück zum Eingang.

Abydos und die Mysterien des Osiris

Der Ruf der oberägyptischen Stadt Abydos reicht fast bis in das 2. Jt. v. Chr. zurück. Der Legende zufolge wurde an diesem Ort der Totengott Osiris bestattet und dort feierte man auch die berühmten Mysterien, die zu seinen Ehren abgehalten wurden.

In der ägyptischen Götterwelt stellt Osiris vielleicht die komplexeste Gestalt dar. Einerseits lehrt er die Menschen grundlegende Dinge, wie den Boden zu bearbeiten; andererseits ist er ein Gott, der immer wieder stirbt und wieder geboren wird. Unter der 12. Dynastie des Mittleren Reiches (1994–1781 v. Chr.) entwickelte sich in Abydos, rund 550 km südlich des heutigen Kairo, ein besonderer Kult um ihn. An diesem Ort wurde eine außergewöhnliche Zeremonie abgehalten, die Mysterien des Osiris, bei denen man das Begräbnis und die Auferstehung des Gottes nachspielte. Auf diese Feierlichkeiten gründet sich der Ruf der Stadt als heiliger Ort, der bis in die griechisch-römische Zeit als eines der bedeutendsten religiösen Zentren Ägyptens galt.

Nach Ansicht von Archäologen feierte man in Abydos zwei Arten von Mysterien: öffentliche Theateraufführungen, bei denen die verschiedenen Phasen des Osiris-Mythos von Schauspielern, Priestern oder Höflingen dargestellt wurden, und geheime Riten, die lediglich einigen wenigen Eingeweihten vorbehalten waren.

Ein Priester des Osiris mit einem Reliquienschrein – in diesem befanden sich angeblich die Körperteile des Gottes, den sein eifersüchtiger Bruder Seth zerstückelt hatte.

Der Osiris-Mythos

Während von diesen geheimen Riten bis heute fast nichts bekannt ist, wissen die Ägyptologen über den öffentlichen Teil der Mysterien doch bedeutend mehr. Die *Pyramidentexte* (eine Sammlung von Inschriften, die sich an den Wänden der Pyramiden befanden; um 2500 v. Chr.) und der griechische Schriftsteller Plutarch (1. Jh. n. Chr.) erzählen, dass Osiris, der Sohn von Nut und Geb – Götter des Himmels und der Erde – den Thron von seinem Vater Geb erbte. Nachdem er das Königreich neu geordnet hatte, ging er zu den Völkern des Südens, die noch unzivilisiert waren, um ihnen den Ackerbau sowie die Anbetung der Götter nahe zu bringen. Die Regierungsgeschäfte überließ er seiner Schwester und Gemahlin Isis.

Oben: Abbildung der feierlichen Prozession mit der Totenbarke des Osiris, dem Symbol der Auferstehung

Als Osiris zurückkam, stellte ihm sein eifersüchtiger Bruder Seth eine Falle. Während eines Essens forderte dieser seine Gäste – unter ihnen auch Osiris – auf, sich in einen prächtigen Sarkophag zu legen, und versprach, ihn demjenigen zu schenken, der genau hineinpasste. Doch als sich Osiris hineingelegt hatte, verschloss Seth den Prunksarg und warf ihn in den Nil. Der Fluss trug diesen bis zum Meer und schließlich wurde er an der Küste von Byblos im heutigen Libanon an Land getrieben. Dort gelangte der Sarkophag mit dem inzwischen erstickten Osiris in die Hände des Königs von Byblos.

Sobald Isis erfuhr, was mit Osiris geschehen war, begab sie sich nach Byblos. Es gelang ihr, den Herrscher zu überreden, ihr den Sarkophag mit den sterblichen Überresten ihres Bruders und Mannes auszuhändigen, und sie ließ ihn nach Ägypten bringen. Aber eines Nachts entdeckte Seth den Totenschrein; er brachte ihn in seinen Besitz und hackte den darin befindlichen Leichnam in 14 Teile, die er anschließend über das gesamte Land verteilte. Dadurch wollte er verhindern, dass der *ka* des Osiris – seine Seele – weiterlebte, der nach dem Glauben der Ägypter an den Körper gebunden war. Isis jedoch fand alle Teile ihres Gemahls wieder, nur seinen Penis nicht. Daher erklärte sie diesen unter dem Namen Phallus als heilig. Die anderen Körperteile sammelte sie in einer Truhe und ließ sie in Abydos bestatten.

Das Überleben seines *ka* ermöglichte es Osiris auf wundersame Weise, nach seinem Tod mit Isis ein Kind zu zeugen: Sie gebar einen Knaben, Horus, der als Beschützer vor dem Bösen galt und dessen Kult in ganz Ägypten verbreitet war. Sobald er das Kriegshandwerk erlernt hatte, beschloss Horus seinen ermordeten Vater zu rächen; er kämpfte gegen Seth und besiegte ihn. Noch einmal versuchte Seth sich ihm zu widersetzen und sprach ihm die Identität als legitimem Erben ab, doch die Götter ließen dies nicht zu.

Die Legende, die den Mysterien zugrunde liegt: Isis entdeckt den zerstückelten Körper ihres geliebten Gemahls Osiris. (Detail einer Freske des italienischen Künstlers Pinturicchio, um 1454–1513)

Die Auferstehung des Osiris

Der Höhepunkt der Mysterien am letzten Tag der Feiern in Abydos bestand in der Errichtung der Djed-Säule, der allegorischen Darstellung des Osiris. Dabei handelte es sich um einen Pfeiler mit vier Kapitellen, gekrönt von einem Aufsatz aus Federn. Auf dem Boden liegend symbolisierte die Säule den toten Osiris. Dann wurde eine Zugvorrichtung betätigt, um sie aufzustellen, während das Volk, das in zwei Parteien aufgeteilt wurde, einen Scheinkampf zwischen den Anhängern des Osiris und denen des Seth ausfocht. Die Aufrichtung des Pfeilers und der Sieg der ersten Gruppe symbolisierten die ruhmreiche Auferstehung des Gottes.

Anschließend wurde die prächtig gekleidete Statue des Osiris in einer feierlichen Prozession auf eine Barke gebracht. Sie galt als Boot der Götter, da dieses dem *ka* ermöglichen sollte, im Kosmos dahinzutreiben. Auf der Barke schmückte man die Statue mit einem Kranz als Zeichen des Triumphes, bevor sie in den großen Tempel zurückgebracht wurde.

Alle diese Riten waren voller Symbole. Die *Pyramidentexte* und Plutarch vergleichen den Tod und die Wiedergeburt des Osiris mit dem Vegetationszyklus. Und tatsächlich feierte man die Osiris-Mysterien, wenn die Natur ihre volle Kraft zu entfalten begann.

Die Fluten des Nil und die üppige Vegetation wurden als zweifache Verkörperung des Osiris angesehen, die Erde als Leib der Isis. Dagegen entsprach die Falle, die Seth seinem Bruder stellte, der extremen Trockenheit, die das Wasser des Nil verdunsten lässt. Zu Seths Helfern gehörte die äthiopische Königin Aso; sie symbolisierte die heißen Südwinde, die während der Monate vor der Überschwemmung wehen. Und der Erstickungstod des Osiris entsprach dem niedrigsten Wasserstand des Nil. Nach der Ernte kam die Zeit des Dreschens, d.h. die Zerstückelung des Osiris. Die Klagen der Isis wiederum ließen den Fluss anschwellen und über die Ufer treten, während die Bestattung der heiligen Überreste – das Versenken des Samens in die Erde – die Schwängerung der Göttin durch Osiris symbolisierte, ihren Bruder und Gatten; hier vereinigen sich das Prinzip des Wassers und die Zeugungskraft: der Nil und das Samenkorn.

Im Hintergrund erkennt man die Djed-Säule: Pfeiler und Kapitelle, gekrönt von einer Federhaube, dem Symbol des Osiris. (Detail aus einem Papyrus der 21. Dynastie, 1075–945 v. Chr.)

Eine königliche Symbolik

Heute sind die Ägyptologen der Ansicht, die Feier der Erneuerung habe auch zum Ritual der Thronbesteigung gehört. Es war die Darstellung des Todes und der Neueinsetzung des Königs: „Horus, der lebende König, wird Osiris, der tote König, der wiederum in einem ewigen Kreislauf dem lebenden König Horus vorausgeht."

Während des Alten Reiches (um 2670–2160 v. Chr.) galt der Pharao als Abbild des Osiris auf Erden. Er betrachtete sich als dessen Sohn und strebte eine Vereinigung mit ihm nach seinem Tod an, d.h., er wollte selbst zur Gottheit werden. Da seine Seele zusammen mit der sterblichen Hülle überlebte, stieg der Pharao in eine höhere Wesensform auf und wurde in den Kreis der Götter aufgenommen; von dort aus überhäufte er sein Volk mit Wohltaten.

Rechts: Isis, Schwester und Gemahlin des Osiris, stillt ihren Sohn Horus. Das gewöhnliche Volk verehrte Isis als Mutter- und Schutzgöttin, da sie angeblich über zahlreiche Heilkräfte verfügte.

Ode an Osiris

„Sie kommen, die Wasser des Lebens, die im Himmel sind. Sie kommen, die Wasser des Lebens, die auf Erden sind … O Osiris! Die Fluten steigen: Die Fülle ist zum Greifen nah. Die Zeit der Überschwemmung ist da, sie kommt aus dem Strom, der von Osiris ausgeht. Mögen die Götter dich zur Welt kommen lassen unter dem Namen Orion!"

Aus den Pyramidentexten

KRETAS VERSUNKENE HOCHKULTUR

Im östlichen Mittelmeer war Kreta mehrere Jahrhunderte lang der Kristallisationspunkt der modernsten und glanzvollsten Kultur, die sich in Europa während der Bronzezeit entwickelte. Eine Kultur, deren plötzlicher Untergang im 15. Jh. v. Chr. nie geklärt werden konnte.

Bis zum Beginn des 20. Jh. maßen die Archäologen Kreta keine große Bedeutung bei. Dabei hatten schon die Griechen des Altertums zahlreiche mehr oder weniger legendäre Geschichten über diese gebirgige Insel im Süden des Ägäischen Meeres zu erzählen gewusst. Für sie war Kreta die Heimat eines mächtigen Seefahrervolkes gewesen, über das der sagenhafte König Minos regierte. Er entstammte einer Verbindung zwischen Zeus und der phönizischen Prinzessin Europa, die der Göttervater in Gestalt eines weißen Stieres nach Kreta entführt hatte. Der Überlieferung nach war Minos ein großer und gerechter König, der mithilfe seiner Flotte über den Großteil der ägäischen Inselwelt und des griechischen Festlandes herrschte. Kreta erblühte unter seiner Herrschaft zu einem prächtigen Reich. Die Sage berichtet auch, dass der Minotaurus – ein Ungeheuer mit menschlichem Körper und dem Kopf eines Stieres – die Küstenregionen Kretas durchstreifte, um Eindringlinge fern zu halten. Sie erzählt des Weiteren von einem Labyrinth, wo Minos dieses Ungeheuer einschloss, und dass man alle neun Jahre sieben Jünglinge und sieben junge Mädchen aus Athen der Bestie opferte, bis sie von Theseus getötet wurde.

Dieses Fresko, Damen in Blau genannt, zierte einst einen der unzähligen Säle im Palast von Knossos (um 1600 v. Chr.).

Das Inselreich des Minos

Alle dachten, dies seien reich ausgeschmückte Sagen, welche die Insel Kreta mit einer exotischen Aura umgeben sollten. Alle? Nicht Arthur Evans. Zu Anfang dieses Jahrhunderts bewies der britische Archäologe, der groß angelegte Ausgrabungen auf Kreta leitete, dass die Legende auf wahren Hintergründen beruhte und das alte Kreta wirklich eine äußerst fortschrittliche Kultur besaß. In Erinnerung an den König Minos nannte Evans sie minoisch.

Nach Evans' Thesen waren die Kreter die erste maritime Großmacht der Welt. Von Westeuropa bis Ägypten beeinflusste ihre Kultur viele Länder. Als Händler- und Siedlervolk verpflichteten sie die meisten Griechen, die zu der damaligen Zeit noch Barbaren waren, zur Zahlung von Tributen.

Über genauere Informationen verfügen wir jedoch nicht. Denn diese Menschen, denen man eine so große Bedeutung zuschreibt, haben kaum schriftliche Zeugnisse hinterlassen. Und die vereinzelt bei den Ausgrabungen gefundenen Tontäfelchen bleiben stumm: Ihre Schrift, das so genannte Linear A, konnte bisher

Im Palast von Malia (oben), der an der Nordostküste Kretas liegt, sind heute noch große, runde Getreidesilos zu sehen.

Abbildung rechts: minoischer Sarkophag mit geometrischen Motiven

Links: Dieser Vorratskrug, Pithos genannt, lässt durch seine reichen Schmuckelemente erkennen, welche künstlerische Vielfalt die Minoer selbst bei Alltagsgegenständen zur Anwendung brachten.

nicht entschlüsselt werden. Nur die Arbeit der Archäologen kann uns deshalb ein wenig weiterhelfen.

Der Palast von Knossos

Die eigenständige kretische Kultur trat vermutlich Mitte des 3. Jt. v. Chr. zum ersten Mal in Erscheinung und ihre Blütezeit begann etwa 2000 v. Chr. Das politische, wirtschaftliche und kulturelle Zentrum war die Stadt Knossos an der Nordküste der Insel mit ihrem riesigen Palast, der Hauptresidenz der minoischen Herrscher. Dieser Baukomplex mit einer Gesamtfläche von über 20 000 m² ist wahrhaft imposant. Um einen Zentralhof waren fast 1500 Räume angeordnet: Wohngemächer, Audienzsäle, Bäder, Speicherräume, Galerien und Treppenhäuser. Die vielen prächtigen Wandmalereien, die dort überall entdeckt wurden, bezeugen, dass die Kreter ihren Nachbarn vor allem in der Kunst weit voraus waren. Knossos war jedoch keineswegs der einzige bedeutende Ort – es gab auf der Insel noch andere Palaststädte, etwa Phaistos, Malia und Hagia Triada.

Aber im 15. Jh. vor unserer Zeitrechnung ging diese Welt unter. Über die Gründe gibt es nur Hypothesen.

Lag Atlantis im Mittelmeer?

1909 veröffentlicht der britische Professor für alte Geschichte K. T. Frost in der *Times* einen Artikel, in dem er die hypothetische Frage stellt, ob die Erinnerung an die minoische Kultur vielleicht an der Entstehung der Legende von Atlantis beteiligt gewesen sein könnte. Denn sowohl Kreta als auch Atlantis, so erklärt Frost, waren Inselreiche und große Seemächte gewesen und beide fanden ein jähes Ende.

30 Jahre später bringt der Generaldirektor der archäologischen Forschungen in Griechenland, Professor Spyridon Marinatos, neue Erkenntnisse in die Diskussion ein. Da er bei seinen Ausgrabungen in Amnisos, einer Hafenstadt in der Nähe von Knossos, einen mit Bimsstein gefüllten Hohlraum entdeckt hat, stellt er die These auf, das minoische Kreta sei durch vulkanische Kräfte zerstört worden. Allerdings wusste man schon seit langem, dass in der Bronzezeit ein katastrophaler Vulkanausbruch die 120 km nördlich von Kreta gelegene Insel Thera (heute Santorin) heimgesucht hatte.

Marinatos zeigte sich stark beeindruckt von den Zerstörungen, die 1883 eine gewaltige Flutwelle nach der Explosion des Vulkans Krakatau in Indonesien angerichtet hatte. Er stellte sich

Die Sage von Atlantis

In seinen um 350 v. Chr. verfassten Dialogen Timaios und Kritias berichtet Platon über das berühmte Atlantis: Als die Götter die Welt unter sich aufteilten, fiel dem Meeresgott Poseidon ein Inselkontinent zu, der jenseits der Säulen des Herakles, der heutigen Meerenge von Gibraltar, lag. Dort verliebte er sich in Kleito, eine Sterbliche, die auf dem Gipfel eines Hügels lebte. Mit ihr begründete er das Volk der Atlantier. Um sie zu schützen, umgab der Gott die Insel mit drei Ringen Land und Wasser. Mit der Zeit wurde das Land reich und mächtig. Prächtige Bauwerke, üppige Gärten, Kanäle und Hafenanlagen entstanden, die Inselbewohner aber wurden anmaßend und tyrannisch. So ließen die Götter Atlantis zur Strafe nach einem Erdbeben im Ozean versinken.

vor, dass eine ähnliche Katastrophe über Kreta hereingebrochen sein könnte. Weitere Ausgrabungen auf Santorin brachten unter anderem die minoische Stadt Akrotiri zutage, die ähnlich gut erhalten ist wie Pompeji. Diese Funde schienen lange Zeit die Hypothese zu untermauern, die minoische Kultur sei einem Vulkanausbruch ungeheuren Ausmaßes und der darauf folgenden tödlichen Flutwelle zum Opfer gefallen. Laut Marinatos hat diese Katastrophe im Jahr 1550 v. Chr. stattgefunden. Pech für ihn: Inzwischen haben die Vulkanologen das Datum des Ausbruchs auf 1628 v. Chr. datiert. Zu dieser Zeit jedoch hatte die minoische Kultur ihren Höhepunkt erreicht und sollte auch noch mehr als ein Jahrhundert weiterblühen. Die These von Marinatos war also ins Wanken geraten.

Der Stier galt in der minoischen Kultur als heilig. Aus diesem Grund sind Darstellungen von Stierspielen auf Kreta in großer Zahl zu finden. Abbildung oben: Stierspringer auf einem Fresko aus dem Palast von Knossos (um 1500 v. Chr.)

Rechts: Opfergefäß, ein so genanntes Rhyton, in Form eines Stieres

Die Invasion der Mykener

Die zurzeit favorisierte Hypothese besagt, dass Kreta nach und nach von anderen griechischen Völkern erobert wurde, vor allem von den Mykenern. Damit wird der Vulkanausbruch mit seinen Zerstörungen keineswegs infrage gestellt, aber als einzige Erklärung für den Untergang nicht mehr akzeptiert.

Ab 1450 v. Chr. scheint auf Kreta ein anderer Wind geweht zu haben. Der Stil der Wandmalereien wird durch bisher unbekannte Formen und Zeichen bereichert. Auf den Gefäßen, die mit Kriegsszenen bemalt sind, entsprechen die Waffen nicht mehr denen, die ursprünglich auf Kreta benutzt wurden. Die Waffen, Gefäße und Schmuckstücke, die in Kriegergräbern in der Nähe von Knossos gefunden wurden, sind nicht minoisch. Außerdem verschwinden ab 1450 v. Chr. die auf minoisch verfassten Inschriften; alles Weitere ist in mykenischem Griechisch, dem Linear B, geschrieben.

Es gab also eine Invasion. Warum? Und wann? Man vermutet, dass Kreta allmählich durch eine innere Krise geschwächt wurde, die zu einer Konzentration der Macht um einen einzigen Palast, d. h. in den Händen eines Alleinherrschers, führte; parallel dazu erlebten die von den Eindringlingen schon unterworfenen Städte einen bedeutenden Aufschwung. Gleichzeitig war das einst an Quellen, natürlicher Vegetation und Weiden reiche Land durch den Vulkanausbruch auf Thera stark in Mitleidenschaft gezogen worden. Die Mykener hatten somit keine große Mühe auf der Insel zu landen und jeden Widerstand zu brechen.

Was bleibt uns also als wahrscheinlichste Erklärung – Flutkatastrophe, Invasion oder eine Kombination aus politischen und natürlichen Faktoren? Nur die Arbeit der Forscher kann letzte Klarheit schaffen und den Schleier des Geheimnisses um die minoische Kultur lüften.

Theseus erschlägt im kretischen Labyrinth den stierköpfigen Minotaurus.

Minos und die Strafe des Poseidon

Der kretische König Minos, Sohn von Zeus und Europa, verdankte seinen Thron dem Gott Poseidon: Um seine Rivalen davon zu überzeugen, dass der Thron ihm wegen seiner göttlichen Abstammung zustehe, behauptete Minos, Poseidon würde ihm alle Wünsche erfüllen, und betete zu dem Gott, er möge ihm einen Stier schicken, den er zu opfern versprach. Als Poseidon daraufhin einen wunderschönen Stier aus dem Meer aufsteigen ließ, verweigerte der König das Opfer. Die Strafe des Meeresgottes für diese Beleidigung war fürchterlich: Pasiphae, Minos' Frau, verliebte sich in das Tier, aus der Vereinigung zwischen ihr und dem Stier ging der Minotaurus hervor, den der König ins Labyrinth sperren ließ. Später wurde Minos in Sizilien – wohin er seinen flüchtigen Baumeister Dädalus verfolgte – von den Töchtern des Königs Kokalos im Bade ermordet. Seitdem ist er Richter in der Unterwelt.

Vorstoss in die Inselwelt des Pazifiks

Lapita-Keramik, wie sie in Melanesien und Westpolynesien gefunden wird

Die Besiedlung der Inseln Ozeaniens, die vor mehreren Jahrtausenden begann, gibt den Experten noch immer einige Rätsel auf. Wer waren die wagemutigen Seefahrer, die mit ihren primitiven Booten in den riesigen Pazifischen Ozean vordrangen, der fast ein Drittel der Fläche der Erdkugel einnimmt, und woher kamen sie?

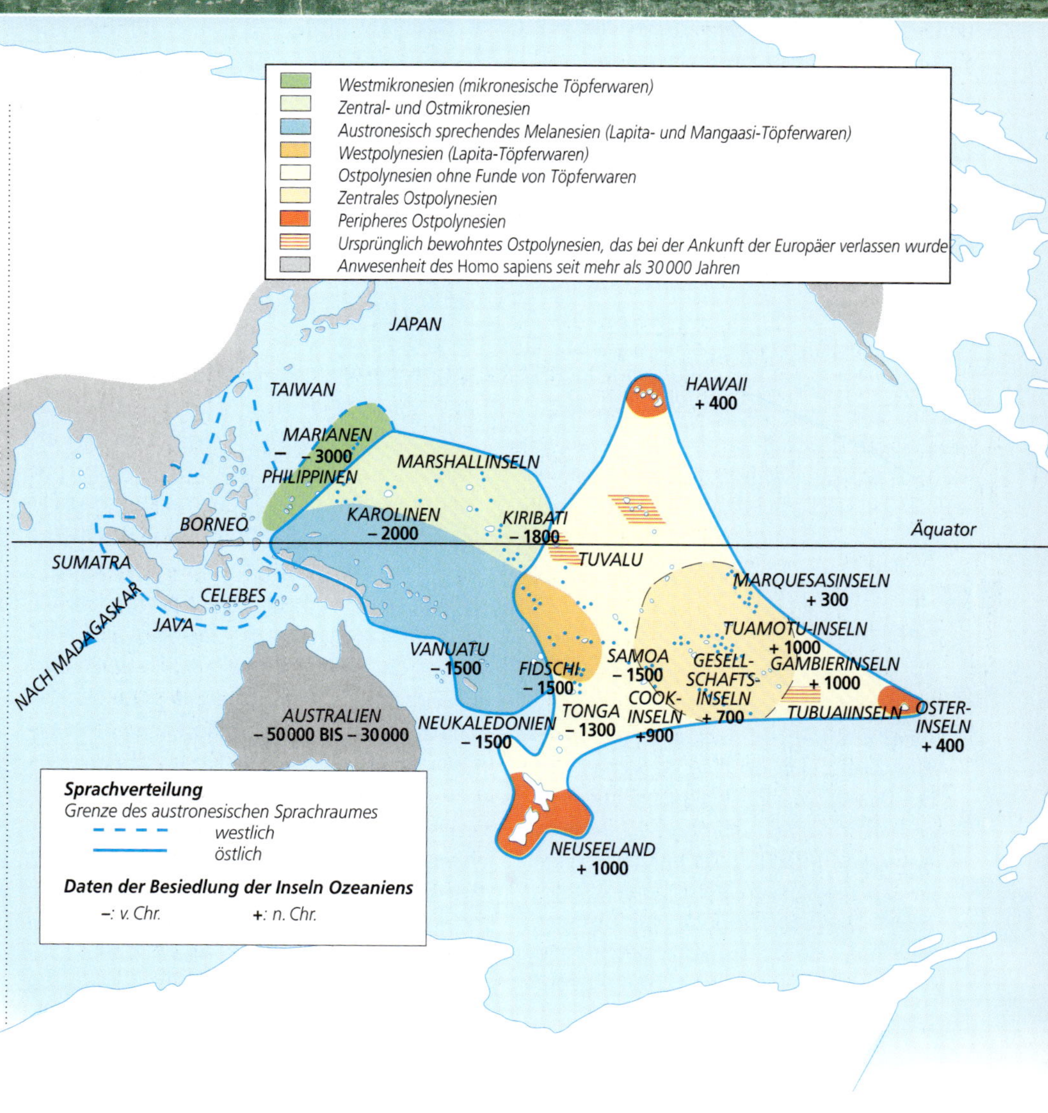

Dass selbst auf den abgelegensten Inseln des Pazifiks Menschen leben, hat die Bewohner der westlichen Welt schon immer in Erstaunen versetzt. Verschiedene Hypothesen wurden geäußert, um vor allem die Herkunft eines dieser Völker zu erklären: die der Polynesier. So vermutete man, sie kämen aus Ägypten oder Skandinavien. Andere Theorien besagten, sie würden vom 13. Stamm Israels abstammen. Man stellte sich sogar einen versunkenen Kontinent vor, dessen Berggipfel die heutigen Inseln gebildet hätten. Auch die These, die Bewohner der Inseln im Pazifik stammten von amerikanischen Indianern ab, fand eine Zeit lang Beachtung. Heute sind sich die Experten jedoch weitgehend einig: Die Besiedlung Ozeaniens ging von Südostasien aus.

Die ersten Ozeanier

Auf dem Höhepunkt der letzten Eiszeit lag der Meeresspiegel über 100 m tiefer als heute. Australien, Tasmanien und Neuguinea bildeten einen Kontinent, den man heute Sahul nennt. Er war von einem anderen Kontinent namens Sunda – zu dem das heutige Indonesien und die Kontinentalplatte zwischen Sumatra, Timor und den Celebesinseln gehören – durch einen schmalen Meeresarm getrennt, die Wallace-Linie, die man mit primitiven Booten oder Flößen wahrscheinlich recht einfach überqueren konnte.

Die ersten Ozeanier, Jäger und Sammler aus Sunda, besiedeln Australien und Neuguinea und besetzen nach Meinung von Experten bereits rund 30 000 Jahre vor unserer Zeitrechnung die im Nordosten gelegenen Nachbarinseln. Um 10 000 v. Chr. erwärmt sich das Klima langsam, der Meeresspiegel steigt an und überflutet viele Inseln; Neuguinea und Tasmanien werden von Australien abgetrennt. Neue Siedler kommen über das Meer aus Südostasien und bringen kulturelle Neuerungen mit. Sie vermischen sich mit den ersten Einwanderern und ziehen weiter, um andere Territorien zu entdecken. So besiedeln Menschen der Papua-Sprachgruppe die Inseln, die heute Neubritannien, Neuirland und Salomoninseln heißen. Andere folgen ihnen: Man nennt sie Austronesier aufgrund ihrer Sprache, die vor etwa 7000 Jahren in Taiwan und an der angrenzenden Küste Chinas entstand und aus der vermutlich alle Sprachen der Inseln Ozeaniens hervorgingen. Es kommt zu regem Kontakt und Austausch mit den bereits etablierten Populationen. Die Neuankömmlinge werden sich bald aufmachen, um die noch unbewohnten Inseln Melanesiens und des westlichen Polynesien zu entdecken.

Das Lapita-Geheimnis

Die Menschen, die sich mit ihren einfachen Booten in den Pazifik hinauswagen, gehören zu einer kulturellen Volksgruppe, die als Lapita bezeichnet wird. Typisch für ihre Kultur sind die Lapita-Töpferwaren, benannt nach dem neukaledonischen Fundort, wo sie zum ersten Mal entdeckt wurden. Mittlerweile hat man in ganz Melanesien und Polynesien zahlreiche Bruchstücke von Gefäßen der Lapita gefunden.

> ### *Kamen sie aus Amerika?*
>
> ***Ein Verfechter der Theorie, die Polynesier stammten von den amerikanischen Indianern ab, ist der norwegische Anthropologe Thor Heyerdahl. Um den Beweis zu erbringen, segelte er 1947 auf einem primitiven Floß mit Namen* Kon-Tiki *von Amerika aus bis zu den Tuamotu-Inseln im Pazifik. Obwohl Heyerdahls Theorie inzwischen als widerlegt gilt, lehnen manche Forscher seine Auffassung nicht ganz ab.***

Die Töpferwaren zeichnen sich durch vielfältige Formen aus und besitzen teilweise charakteristische Verzierungen in Form von feinen Linien und Punktreihen. Aufgrund ihrer Einheitlichkeit spricht man zusammenfassend von einer Lapita-Kultur, die sich in der gesamten Region ausgebreitet hat – teilweise durch Kolonisierung, aber auch durch intensiven Austausch und Handel zwischen den Bewohnern der einzelnen Inseln. Neben diesen Gebilden aus Ton besaßen die Lapita-Menschen noch andere typische Gegenstände, etwa Armschmuck aus Muscheln sowie Angelhaken, die aus Perlmuscheln zurechtgeschnitten wurden.

Das plötzliche Verschwinden der Lapita-Töpferwaren bereits vor Beginn unserer Zeitrechnung bleibt ein Geheimnis, das die Experten noch immer beschäftigt. Ist es ein Hinweis darauf, dass andere Völker in die Region vordrangen? Wahrscheinlicher ist jedoch, dass man die Produktion dieser Töpferwaren einstellte, als die bis dahin bestehenden Strukturen und Vorlieben sich veränderten oder ganz verschwanden.

So stellt man sich die Doppelpirogen mit Ausleger vor, mit denen nach Ansicht von Forschern die Menschen zu den Inseln Ozeaniens vordrangen.

Wie dem auch sei – die Austronesier entdeckten und kolonisierten das westliche Polynesien um 1500 v. Chr. und in der Region um die Fidschiinseln, Tonga und Samoa entstand innerhalb eines Jahrtausends das, was zur polynesischen Kultur werden sollte.

Zu Beginn unserer Zeitrechnung dürften verschiedene Gründe zu einer erneuten Auswanderungswelle geführt haben: Überbevölkerung, innere Kämpfe, die durch die Errichtung von Festungen dokumentiert werden, und das schlichte Streben nach neuen Ufern. Auf großen, mit Segeln bestückten Doppelpirogen, die mit einfachen Steinwerkzeugen hergestellt wurden und mehr als 100 Personen tragen konnten, machten sich die Menschen auf die ungewisse Reise nach Westen in bestimmte Gebiete Melanesiens, nach Norden ins östliche Mikronesien – den westlichen Teil Mikronesiens hatten bereits im 16. Jh. v. Chr. Seefahrer von den Philippinen besiedelt – und vor allem in Richtung Ostpolynesien.

Der Sonne entgegen

Um solche immensen Entfernungen zurückzulegen – nicht weniger als 1800 km trennen Westpolynesien von den Gesellschaftsinseln und 3200 km von den Marquesasinseln –, benötigt man außergewöhnliche navigatorische Fähigkeiten. Damals orientierte man sich an den Sternen, dem Stand der Sonne, der Windrichtung und den Meeresströmungen. Manche Entdeckungen fanden vielleicht eher zufällig statt, etwa wenn Boote vom Kurs abkamen und dabei auf Neuland stießen. Die meisten Fahrten dürften jedoch geplant und gut vorbereitet gewesen sein; die kühnen Seefahrer erwiesen sich als umsichtig genug alles mitzunehmen, was sie in der neuen Heimat zum Überleben benötigen würden: Werkzeuge und Gerätschaften, Nahrungspflanzen, wie Taro, Yamswurzel, Bananenstaude und Brotfruchtbaum, sowie vertraute Tiere, wie Schweine, Hühner, kleine Vögel und selbst Ratten, die als zusätzlicher Fleischlieferant dienten.

Ungefähr 300 n. Chr. werden die Marquesasinseln erreicht; darauf folgen die Osterinsel, Hawaii, die Gesellschaftsinseln, die Tubuai- und die Cookinseln und schließlich um 1000 Neuseeland. Abgesehen von Neuseeland, wo die mündliche Überlieferung von der Ankunft einer Flotte von Pirogen aus Hawaiki berichtet, der mythischen Heimat aller Polynesier, vollzieht sich die Besiedlung Ozeaniens möglicherweise in aufeinander folgenden Einwanderungswellen und über ein Netzwerk von Beziehungen zwischen den Inseln, die im Lauf der Jahrhunderte ausgebaut und ständig verändert wurden.

Die asiatische Herkunft der Ozeanier steht zwar mittlerweile fest, aber die Geschichte der Besiedlung Ozeaniens weist immer noch erhebliche Lücken auf. Archäologische Forschungen stecken nach wie vor in den Anfängen und werden lokal begrenzt betrieben. Daher ist der Forschungsstand in einem ständigen Wandel begriffen, sodass die Datierungen nur eine eingeschränkte Gültigkeit besitzen können.

Hat der Trojanische Krieg wirklich stattgefunden?

Dem literarischen Genie Homers verdankt das Abendland den Mythos vom Trojanischen Krieg.

Seit den Tagen Homers zählt der Mythos vom Trojanischen Krieg zu unserem kulturellen Erbe, aber gehört er auch zu unserer Geschichte? Vor einem Jahrhundert glaubte Heinrich Schliemann den Beweis dafür gefunden zu haben – was sagt die Forschung heute?

Wer hätte nicht schon einmal von ihnen gehört, den Hauptpersonen aus Homers Epos über den Trojanischen Krieg: von der schönen Helena etwa, deren Entführung durch den troischen Prinzen Paris der Auslöser für den zehnjährigen Krieg war; den beiden griechischen Königen Agamemnon und Menelaos, welcher seine Frau Helena wieder zurückholen will; dem tapferen Kämpfer Achilles und seinem trojanischen Gegenspieler Hektor; von König Priamos und seiner Tochter, der Seherin Kassandra, die das Unheil, das über ihre Heimatstadt Troja hereinbrechen wird, vorhersieht, der aber niemand Glauben schenkt; und nicht zuletzt von Odysseus, dessen Trick mit dem Trojanischen Pferd den Krieg schließlich zugunsten der Griechen entscheidet.

Für die Menschen der Antike stand es immer außer Frage, dass diese Personen wirklich gelebt und der Trojanische Krieg tatsächlich stattgefunden hatte. Auch die Römer legten großen Wert auf ihre Abstammung von dem Trojaner Äneas, den es auf seiner Flucht aus dem brennenden Troja nach Italien verschlug, wo sein Nachkomme Romulus die Stadt Rom gründete. Doch im Lauf der Jahrhunderte verblasste das Bild von Troja immer mehr – was blieb, war ein mythischer Ort, der zwar immer noch die Phantasie der Menschen beflügelte, der aber mehr oder weniger dem Reich der Märchen zugerechnet wurde.

Ein eigensinniger Archäologe

Dass es sich bei Homers Epen nicht um reine Fiktion handelte und der griechische Dichter im 8. Jh. v. Chr. darin mehr als nur ein Körnchen Wahrheit verarbeitet hatte, davon war der mecklenburgische Kaufmann Heinrich Schliemann (1822–90) überzeugt. Bis zum Alter von 44 Jahren hatte er bereits ein Vermögen verdient und die ganze Welt bereist, dann erfüllte er sich einen Kindheitstraum: Er begann ein Studium der Antike und begab sich auf die Suche nach dem Schauplatz des Trojanischen Krieges. Den glaubte er, entgegen den Annahmen vieler anderer Altertumsforscher des 19. Jh., im Hügel Hisarlik nahe der kleinasiatischen Ägäisküste gefunden zu haben und begann dort 1870 mit Grabungen, die auch alsbald von Erfolg gekrönt waren. Sein sensationellster Fund war der so genannte Schatz des Priamos aus der Zeit um 2400 v. Chr., den Schliemann allerdings in die falsche Epoche datierte.

Neoptolemos, der Sohn des Achilles, tötet bei der Plünderung Trojas König Priamos (attisches Vasenbild, 5. Jh. v. Chr.).

Die allerneuesten Erkenntnisse

Für Schliemanns Kollegen unserer Tage stellen ganz andere Funde einen Schatz dar, etwa Metalle, Samen oder Tonscherben, aus denen sie die erstaunlichsten Schlüsse ziehen und so ein neues Bild vom antiken Troja entwerfen konnten: Insgesamt zehn verschiedene Besiedlungsschichten sind von den Archäologen identifiziert worden. Die älteste Siedlung, ein ummauertes Dorf, wird Troja I genannt und lässt sich auf 2900–2600 v. Chr. datieren. Das Troja Homers verbirgt sich in Schicht VI (1700–1250 v. Chr.). Es war ungefähr zehnmal so groß wie bislang vermutet: Neben dem bisher bekannten Burgberg mit seinen Palästen existierte eine wesentlich größere Unterstadt für das normale Volk. Troja war also schon in früher Zeit reich und mächtig und deshalb vermutlich oft Ziel von Überfällen. So glaubt der Tübinger Professor und Grabungsleiter in Troja, Manfred Korfmann, dass es statt des einen großen Trojanischen Krieges wohl eher viele kleinere gewaltsame Auseinandersetzungen um die bronzezeitliche Handelsmetropole Troja gegeben hat und dass der Grund für ihren Untergang um 1250 v. Chr. auch ein Erdbeben gewesen sein könnte.

Licht in dieses Dunkel bringt vielleicht ein sensationeller neuer Fund: Ein bronzezeitliches Schriftdokument – ein Siegel –, das nicht in Griechisch sondern in hethitischen Hieroglyphen abgefasst ist, lässt den Schluss zu, dass die kleinasiatische Stadt Troja gar nicht zum griechischen, sondern zum Kulturraum der Hethiter gehörte. Und das könnte wiederum bedeuten, dass man unter den vielen hethitischen Schriftstücken aus Anatolien bald auch Hinweise auf das Schicksal Trojas und vielleicht einen Beweis für Homers Trojanischen Krieg finden könnte.

DIE RÄTSELHAFTE KÖNIGIN VON SABA

König Salomo, so berichtet die Bibel, beantwortete alle Rätselfragen, die ihm die Königin von Saba stellte. Aber die legendäre Königin stellt schon seit ihrer ersten Erwähnung selbst ein Rätsel dar. Woher kam sie? Warum reiste sie nach Jerusalem? Und wer sind die Falascha, die ihre Herkunft von ihr ableiten?

Wie sie wirklich hieß, weiß heute niemand mehr, und auch ob sie überhaupt gelebt hat, ist bis jetzt historisch immer noch nicht belegt – nichtsdestotrotz spielt die Königin von Saba in unzähligen Überlieferungen des Nahen Ostens und Schwarzafrikas eine bedeutende Rolle. Und in unserer westlichen Zivilisation verkörpert sie selbst in moderner Zeit noch die Geheimnisse des Orients.

Die Königin von Saba wird schon in der Bibel erwähnt – die allerdings nicht ihren Namen nennt. Im Koran wie in zahlreichen arabischen und persischen Erzählungen heißt sie Bilqis. Und in der literarischen Tradition Äthiopiens, die sie Makeda, die Königin des Südens, nennt, nimmt sie eine so zentrale Stellung ein, dass sowohl die äthiopischen Kaiser als auch die Falascha – die äthiopischen Juden – sie als ihre Ahnherrin betrachten.

Auch in persischen Berichten wird die Königin von Saba erwähnt: hier eine Buchillustration aus dem 16. Jh., auf der sie mit ihrer prachtvollen Karawane und ihren Gastgeschenken vor Salomo erscheint.

König Salomos Weisheit und Macht

Die älteste Erwähnung der Königin von Saba findet sich im 1. Buch der Könige im Alten Testament. Hier wird berichtet, dass die Kunde von der Weisheit des Königs Salomo (etwa 965–926 v. Chr.) auch bis zu ihr gelangt und sie nach Jerusalem gekommen sei, um „sein Wissen durch Rätselfragen auf die Probe zu stellen". Zwar wird weiter erzählt, der König sei ihr keine Antwort schuldig geblieben, doch was für Rätsel sie ihm stellte, davon erfahren wir in der Bibel nichts. Im Volksglauben allerdings sind zahlreiche Fragen überliefert, die die Königin von Saba Salomo angeblich gestellt haben soll; das sind vor allem Unterscheidungsfragen sowie Frauenrätsel, die sich mit der weiblichen Sexualität und Fruchtbarkeit beschäftigen. So zeigte die Königin Salomo beispielsweise zwei Rosen, die nicht zu unterscheiden waren, und wollte von ihm wissen, welche echt und welche künstlich sei. Der weise Herrscher ließ sich daraufhin von einem Schwarm Bienen die echte Blume zeigen. Auf der Königin Frage, was das sei – sieben, die hinausgehen, neun, die hineingehen, zwei, die den Trank mischen, und einer, der trinkt –, antwortete Salomo, das seien die Menstruation, die sieben Tage, und die Schwangerschaft, die neun Monate dauere, die zwei Brüste der Mutter und der Säugling, der gestillt werde.

Dieses Fresko von Piero della Francesca in der Kirche von Arezzo (Italien) ist nur eine der vielen künstlerischen Darstellungen des Abendlandes, die den Besuch der Königin von Saba bei König Salomo zeigen.

Aber woher kam die Königin überhaupt? Ihr Reich lag, wie man inzwischen mit ziemlicher Sicherheit weiß, im Südwesten der Arabischen Halbinsel auf dem Gebiet des heutigen Jemen. Und die 2000 km lange, beschwerliche Reise von dort nach Jerusalem unternahm die Wüstenkönigin nicht nur aus Neugier auf die Weis-

Die Königin preist Salomo

„Es war nichts übertrieben, was ich zu Hause über dich und dein Wissen gehört habe. Ich wollte es nicht glauben, aber jetzt habe ich mich mit eigenen Augen davon überzeugt. … Der Herr, dein Gott, sei gepriesen, der dich erwählt … hat! Weil seine Liebe zu seinem Volk nicht aufhört, hat er dich zum König eingesetzt, damit du für Recht und Gerechtigkeit sorgst." (1. Könige 10, 6-9)

heit eines fremden Herrschers, sondern aus handfesteren Gründen: Die zunehmende Kontrolle der Handelswege im Vorderen Orient durch den jüdischen König gefährdete die wirtschaftliche Grundlage der Sabäer, den lukrativen Handel mit Myrrhe und Weihrauch. Dass der Besuch der Königin von Saba in Jerusalem denn auch in dieser Hinsicht von Erfolg gekrönt war und ein Handelsabkommen geschlossen wurde, lässt sich dem biblischen Bericht entnehmen: Nachdem die Königin Salomo „120 Zentner Gold, eine Menge duftende Öle und viele Edelsteine" geschenkt und auch er ihr jeden ihrer Wünsche erfüllt hatte, kehrte die Wüstenkönigin in ihr Reich zurück.

Die Nachkommen der Königin

Während der alttestamentarische Bericht nur über wechselseitigen Respekt und Wertschätzung der beiden Monarchen berichtet, will das im 14. Jh. verfasste äthiopische Nationalepos *Kebra Nagast* – was so viel heißt wie Ruhm der Könige – von einer Liebesbeziehung zwischen Salomo und der Königin von Saba, hier Makeda genannt, wissen. Der Sohn namens Menelik, der aus dieser Verbindung hervorging, soll der erste König Äthiopiens geworden sein. Von dessen Abstammung aus dem Hause David leiteten denn auch alle äthiopischen Kaiser seit dem Mittelalter ihren Titel Löwe von Juda ab, desgleichen erinnert ihr Hoheitszeichen, ein sechszackiger Stern, an den Davidstern.

Doch nicht nur die äthiopischen Herrscher nehmen für sich eine Verbindung zur Königin von Saba in Anspruch, sondern ebenso die Falascha, die äthiopischen Juden. Sie nennen sich selbst Bieta Israel (Haus Israel) und sehen sich als Nachkommen jüdischer Beamter und Priester, die von Salomo angewiesen wurden, seinem Sohn Menelik nach Äthiopien zu folgen.

Die wirkliche Herkunft der Falascha ist dennoch nicht ganz geklärt. Vermutlich stammen sie von jüdischen Kaufleuten ab, die bereits vor dem Babylonischen Exil im 6. Jh. v. Chr. über die Arabische Halbinsel nach Äthiopien einwanderten. Das erklärt auch, warum sich ihre religiösen Riten zum Teil vom orthodoxen Judentum unterscheiden. So kennen sie den Talmud und andere jüngere rabbinische Schriften nicht und ihre Bibel ist nicht in Hebräisch sondern in Gees, ihrer heiligen Sprache, abgefasst. Aus diesem Grund war die Zugehörigkeit der Falascha zum Judentum umstritten, bis das sephardische Oberrabbinat in Israel sie 1972 als Juden anerkannte. Doch erst 1985 wurde die Weltöffentlichkeit auf die Falascha aufmerksam, als während einer Hungersnot 20 000 Mitglieder der äthiopischen Juden über eine Luftbrücke nach Israel ausgeflogen wurden.

Von der edlen Königin zur Hexe

Während man die Königin von Saba in Afrika also immer in Ehren hielt, sah das in den Überlieferungen anderer Völker und Religionen ganz anders aus. Aus der edlen, dem Herrscher Israels ebenbürtigen Königin des Alten Testaments wird besonders in der jüdischen Legendenwelt eine Verführerin, Zauberin oder gar böse Dämonin.

So wurde ihr eine starke Beinbehaarung angedichtet, die damals als Zeichen einer dämonischen Natur galt. Salomo soll, um ihre Beine zu sehen, in seinem Palast einen Fußboden aus Kristall gelegt haben, sodass sie in der Annahme, es handle sich um Wasser, ihren Rock anhob. In diesen Geschichten kommt sie auch nicht freiwillig und aus eigenen Stücken nach Jerusalem, sondern wird von Salomo vor seinen Thron zitiert. Und in ihrer sexuellen Verworfenheit ist es wiederum sie, die den König verführt.

Wie kam es aber zu dieser gravierenden Veränderung in der Einschätzung der Königin von Saba? Vermutlich kann darin der allmähliche Wandel von matriarchalischen Strukturen zu einer durch und durch patriarchalischen Gesellschaft abgelesen werden, in dessen Verlauf die Frau immer mehr an Macht und Einfluss verliert. Während in Salomos Zeiten Herrscherinnen in der arabischen Welt nichts Ungewöhnliches waren, ist das in nachbiblischer Zeit nicht mehr denkbar. Eine Frau, die wie die Königin von Saba trotzdem als mächtige Regentin auftritt, ist für die Männergesellschaft gefährlich, sie muss als sittenlos und böse gebrandmarkt werden.

Diese aus dem 19. Jh. stammende volkstümliche Darstellung zeigt die Begegnung zwischen Salomo und Makeda, ein Ereignis, das die Äthiopier als Gründungsmythos ihres Volkes betrachten.

Weise oder trickreich?

In der jüdisch-christlichen Tradition begegnen sich Salomo und die Königin von Saba mit gegenseitigem Respekt. Sie preist seine Weisheit, er erfüllt jeden ihrer Wünsche. Doch so zuvorkommend behandelt Salomo die Königin im äthiopischen Mythos nicht mehr. Vielmehr wird er hier von sexueller Begierde geleitet und benutzt seine Weisheit, um sie zu überlisten: Er verspricht ihr sie nicht weiter zu bedrängen, wenn sie ihrerseits schwört, nichts von seinem Besitz an sich zu nehmen. Danach lässt er ihr ein Abendessen mit stark gesalzenen Speisen servieren und als sie nachts von Durst geplagt Wasser aus einem Krug neben ihrem Bett trinkt, bezichtigt er sie des Diebstahls und nötigt sie zum Beischlaf.

DIE ETRUSKER – EUROPAS FRÜHE LEHRMEISTER

Im Bewusstsein der meisten Europäer gelten einzig die Griechen und Römer als die antiken Schöpfer unserer Kultur, während das Volk der Etrusker in dieser Hinsicht fast völlig in Vergessenheit geraten ist. Doch auch ihnen verdanken wir sehr viel, obgleich ihre Sprache bis heute nicht entschlüsselt werden konnte.

Auf der Suche nach ihren Ursprüngen richten die Völker des heutigen Europa ihren Blick auf die Länder ums Mittelmeer. Wir alle halten uns mehr oder weniger für direkte Erben des griechisch-römischen Kulturkreises. Unsere philosophischen, wissenschaftlichen, literarischen und sprachlichen Wurzeln sind ursprünglich griechisch, später römisch-lateinisch. Zwar ist unser religiöses Erbe hebräisch, übermittelt wurde es uns jedoch durch die Griechen. So stammen z. B. die Begriffe Bibel, Evangelium, katholisch und orthodox aus dem Griechischen. Aber viele sprachlichen, archäologischen und mythologischen Spuren weisen darauf hin, dass zu unserem gemeinsamen Erbe noch andere, zum Teil sehr alte Kulturen beigetragen haben: etwa die der Liguren, der Etrusker, der germanischen „Barbaren" und der Basken, ganz zu schweigen von allem, was wir dem Orient verdanken – den Ägyptern, Phöniziern und den Arabern.

Kinder Athens, Roms – und der Etrusker

Unsere Verbundenheit mit dem griechisch-römischen Kulturkreis ist offensichtlich dadurch verstärkt worden, dass die Anfänge des Christentums und die Blütezeit des Römischen Reiches zusammenfielen. Aber oft wird vergessen, dass Rom, die einende Großmacht des Altertums, noch ein kleiner unbedeutender Marktflecken war, als bereits andere Völker die Vorherrschaft über das westliche Mittelmeer ausübten.

Eines dieser Völker waren die Etrusker. Ihre Kunstwerke und ihre städtebaulichen Leistungen wecken nach wie vor Faszination und Neugier. Seit der Gründung der Stadt Rom, die der Sage nach im Jahr 753 v. Chr. stattgefunden hat, aber in Wirklichkeit wohl bereits im 10. Jh. v. Chr. erfolgte, konnte Rom seine Vormachtstellung in Italien nur dadurch erwerben, dass es die Etrusker zuerst militärisch bekämpfte und nach der Unterwerfung von Volsinii, des letzten etruskischen Stadtstaates (265 v. Chr.), als römische Bürger ins Imperium Romanum integrierte. Im Zuge dieses Absorptionsprozesses wurden nicht nur die Etrusker romanisiert, sondern auch die Römer übernahmen vieles von ihren Nachbarn und einstigen Gegnern: wie etwa die Atriumhäuser, die Kanalisations- und Abwasseranlagen, Circus- und Gladiatorenspiele, Theateraufführungen, die purpur gesäumte Toga der höheren Beamten oder die Vorhersage der Zukunft durch die Beobachtung des Vogelflugs und die Eingeweideschau bei Opfertieren. So sind viele Dinge, die wir heute als typisch römisch betrachten, eigentlich etruskischen Ursprungs. Und das bedeutet, dass die heutigen Europäer einerseits zwar die Kinder von Athen und Rom sind, in gewisser Weise aber ebenso als Nachkommen der Etrusker gelten können.

Einige Sprachen im antiken Italien – etwa das Etruskische, Sikanische und Rätische – waren nicht indo-germanischen Ursprungs und sind deshalb teilweise kaum zu enträtseln.

Auf der Rückseite dieses etruskischen Spiegels sind die Dioskuren – Kastor und Pollux, die Söhne des Göttervaters Jupiter – dargestellt.

Völker und Sprachen

Die Etrusker, die in ihrer Blütezeit in Etrurien – das Gebiet zwischen Florenz, Perugia und Rom – einen Bund aus zwölf mächtigen Stadtstaaten bildeten, hatten auf der Apenninhalbinsel zahlreiche weitere Völker als Nachbarn. Über sie haben wir, abgesehen von einigen spärlichen Gebäudeüberresten, Kunstwerken und Alltagsgegenständen, die von den Archäologen gefunden wurden, nur indirekte Informationen: über griechische und römische Geschichtsschreiber wie Herodot und Livius, die in ihren Werken über die römische Geschichte auch über die Völker berichteten, die von den Römern nach und nach unterworfen wurden.

Obwohl die meisten dieser Völker ihrerseits bereits eine Schrift entwickelt hatten, gibt es über ihre Sprachen – im Gegensatz zum Lateinischen – nur spärliche Informationen, denn davon existieren meist nur fragmentarische Überlieferungen. Wir wissen aber, dass z. B. das Messapische und das Venetische, genau wie die keltischen Sprachen oder das Griechische, indo-europäische Sprachen waren und dass es dem Lateinischen sehr verwandte Sprachen gab, wie beispielsweise das Sabinische, das Picenische, das Oskische und Umbrische, von denen die beiden Letztgenannten die Bekanntesten sind. Die Verwandtschaft ist dabei durch Wortvergleiche leicht feststellbar:

Weiteren Aufschluss über Vokabular und Grammatik der etruskischen Sprache erhoffte man sich durch den Fund der Goldtäfelchen von Pyrgi (Ende 6. Jh. v. Chr), auf denen der gleiche Text – der von der Weihung eines Kultraumes handelt – einmal auf Etruskisch (links) und einmal auf Punisch (rechts) festgehalten wurde. Doch zum Leidwesen der Sprachwissenschaft wurden in den beiden Sprachen unterschiedliche Formulierungen benutzt, sodass von der Struktur und den Wortbedeutungen des punischen Textes kaum auf die des etruskischen geschlossen werden kann.

oskisch	**umbrisch**	**lateinisch**	**deutsch**
auti	*uti*	*aut*	*oder*
inim	*enem*	*enim*	*nämlich*

Woher kamen die Etrusker und ihre Sprache?

Die Frage der Herkunft der Etrusker kann heute immer noch nicht befriedigend beantwortet werden. Kamen sie aus der Ägäis oder aus dem Norden – oder waren sie die Ureinwohner Italiens? Für jede dieser Theorien sprechen ernst zu nehmende Argumente. Doch um die Wurzeln der Etrusker zu finden, muss man zuerst einmal ihre Sprache verstehen.

Bis jetzt konnten etwa 10 000 schriftliche Zeugnisse der Etrusker gesammelt werden; die ältesten entstanden Anfang des 7. Jh. vor unserer Zeitrechnung, die letzten zu Beginn der römischen Kaiserzeit (um 10 v. Chr.). Der Großteil davon sind Grab- und Weihinschriften, die aufgrund ihrer Kürze und Gleichartigkeit für die Sprachwissenschaft nur von geringem Wert sind. Nur drei längere Texte mit einem Umfang von mehreren Hundert Wörtern sind uns überliefert: ein Grundstücksvertrag aus Perugia und zwei Ritualkalender, von denen sich einer auf einer leinenen Mumienbinde befindet.

Das etruskische Alphabet kann man zwar problemlos entziffern, die damit verfasste Sprache aber kaum verstehen, denn bei ihr handelt es sich um keine indo-europäische. Bisher konnten im Etruskischen nur einige Elemente von Deklination, Konjugation und Vokabular identifiziert werden: neben den Wörtern Vater *(apa)*, Mutter *(ati)*, Sohn *(clan)*, Tochter *(sech)* kennt man noch die Bedeutung von etwa 150 Begriffen. Man weiß auch, dass das Etruskische im Gegensatz zum Lateinischen eine agglutinierende Sprache ist, d. h., die grammatischen Funktionen eines Wortes wie Plural oder Kasus werden durch jeweils eigenständige Endungen ausgedrückt:

	latein	**etruskisch**
Nominativ Singular	*fili-us*	*clan*
Nominativ Plural	*fili-i*	*clan-ar*
Dativ Singular	*fili-o*	*clen-si*
Dativ Plural	*fili-is*	*clen-ara-si*

In einem der Etruskergräber von Tarquinia sind die Wände mit Jagd- und Fischereiszenen bemalt (um 520 v. Chr.).

Die genannten Beispiele verdeutlichen, dass bei Vokabular und Struktur keine Ähnlichkeiten zwischen dem Lateinischen und dem Etruskischen festzustellen sind. Deutliche Parallelen weist das Etruskische jedoch zum Rätischen (die Sprache in der antiken Provinz Raetia, heute das Gebiet von Südtirol und Tessin) oder zum Lemnischen (auf der Insel Lemnos in der Ägäis gesprochen) auf. Ob diese Völker allerdings einen gemeinsamen Ursprung haben, weiß man bis heute nicht.

Das Erbe der Etrusker

Die Etrusker waren offensichtlich aber ein sehr schriftliebendes Volk. So ließen sich einige ihrer Fürsten mit sämtlichen Geräten eines Schreibers bestatten. Unter all diesen Grabbeigaben sind einige Fibeln der etruskischen Sprache besonders aufschlussreich. Zum einen liefern sie uns Informationen zu den Buchstaben und Lauten, die in der Sprache der Etrusker vorkamen: Während z. B. das Lateinische fünf Vokale hatte – a, e, i, o, u –, gab es im Etruskischen nur vier – a, e, i, u. Zum andern sind diese Fibeln der Beweis für die Existenz von Schulen, in denen Schreiber mithilfe dieser Fibeln Lesen und Schreiben lernten. Und da die Etrusker ihre Schrift an die Lateinisch sprechenden Römer weitergaben, deren Alphabet heutzutage das gebräuchlichste auf der Welt ist, kann man sagen, dass unsere Lehrer heute in gewisser Weise die Erben der etruskischen Schulmeister sind.

ZARATHUSTRAS NEUER GLAUBE

Er bekämpfte den Polytheismus seiner Zeit und verkündete Ahura Masdah als den einzigen Gott seiner neuen Religion. Doch ansonsten wissen wir bis heute nicht sehr viel über den Propheten Zarathustra – nicht einmal, wann er genau gelebt hat.

Zwischen dem 8. und dem 5. Jh. v. Chr. gab es um den ganze Erdball zahlreiche religiöse Erneuerungsbewegungen, aus denen sich teilweise eigenständige Glaubensrichtungen entwickelten. Vor allem rund um das Mittelmeer und in Asien traten Menschen in Erscheinung, die als Propheten göttliche Botschaften verkündeten: Siddharta Gautama, der Begründer des Buddhismus; die biblischen Propheten Ezechiel, Jeremia und Jesaja, welcher das Kommen des Messias verkündete; Numa Pompilius, der zweite König Roms und Schöpfer des römischen Sakralwesens; der chinesische Philosoph Konfuzius, dessen Lehren einen großen Einfluss auf die chinesische Kultur hatten; sein Landsmann Laotse, auf dessen Ideen der Taoismus zurückgeht; und schließlich Zarathustra, dessen Name heutzutage meist nur durch Friedrich Nietzsches philosophische Dichtung *Also sprach Zarathustra* und deren musikalische Umsetzung durch Richard Strauss bekannt ist, obwohl er einer der bedeutendsten Religionsstifter der Weltgeschichte war.

Das Leben des Propheten

Viel ist nicht bekannt über die Person Zarathustra – oder Zoroaster, wie der Prophet im Griechischen heißt – und die spärlichen Informationen sind im Lauf der Jahrhunderte stark mit Legenden angereichert worden, sodass man heute oft nicht mehr unterscheiden kann, was daran Fiktion und was Wirklichkeit ist.

Bereits hinsichtlich seiner Lebensdaten gab es in der Vergangenheit viele Spekulationen, denn sie wurden schon zwischen 1200 und 600 v. Chr. angesetzt, doch hat man sich in der Forschung inzwischen darauf geeinigt, dass Zarathustra wahrscheinlich um 630 v. Chr. geboren und 553 v. Chr. gestorben ist. Aufgrund seines Namens, der im Altiranischen so viel wie der Kamelreiche bedeutet, könnte man auf eine wohlhabende Familie schließen und in der Tat entstammte er vermutlich der adligen Großfamilie Spitama in Medien, heute das westiranische Gebiet um Teheran. Er wurde zum *Zaotar*, zum Priester, ausgebildet, heiratete und hatte mehrere Kinder. Mit 30 Jahren soll Zarathustra dann seine ersten Visionen gehabt und begonnen haben, die ihm offenbarte Botschaft zu verkünden. Dass er sich damit die Priesterschaft der damals praktizierten Mithra-Religion zum Feind machte, muss ihn vermutlich bald darauf gezwungen haben, ins ostiranische Baktrien, im heutigen Afghanistan, zu fliehen, wo er dann seine Lehre verkündete und einen Kreis von Schülern um sich versammelte.

Dieses Fresko in der syrischen Stadt Dura-Europos aus dem 3 Jh. n. Chr. ist eine der wenigen bildlichen Darstellungen des persischen Propheten Zarathustra.

Der Gott Ahura Masdah ist auf diesem hethitischen Relief aus dem 1. Jt. v. Chr. als geflügelter Geist dargestellt.

Ein Gott statt viele

Die altiranische Religion vor Zarathustra teilte sich viele Glaubensinhalte und Riten mit den benachbarten Indern, denn beide Völker hatten gemeinsame Wurzeln. Auch viele der Götter, etwa Mithra und Vayu, verehrten sie gemeinsam, obwohl sich im Lauf der Zeit bei Namen und Eigenschaften viele Besonderheiten herausbildeten. Dieses Pantheon mit seinen zahlreichen Gottheiten existierte für Zarathustra jedoch nicht. Er brach mit der Tradition, denn in seiner monotheistischen Lehre gab es nur ein höchstes Wesen: Ahura Masdah, dessen Name zwar schon im indoiranischen Götterhimmel auftaucht, allerdings als einer unter vielen. Für Zarathustra war er der Meister der Weisheit und Schöpfer der Welt. Dieser Gott war der allmächtige Herrscher, der alle Wesen schafft und erhält.

Das religiöse Weltbild Zarathustras beinhaltete aber auch die dualistische Vorstellung vom Konflikt zwischen Gut und Böse. Dem weisen Herrn Ahura Masdah stellt der Prophet dessen in Ungnade gefallenen Zwillingsbruder Angra Mainyu, später auch Ahriman genannt, entgegen. Dieser böse Widersacher des allerhöchsten Gottes führt eine Schar Dämonen, die *daevas*, an und ist verantwortlich für Lüge, Hass, Streit und Finsternis, überhaupt für alles Böse, das sich in der Welt findet.

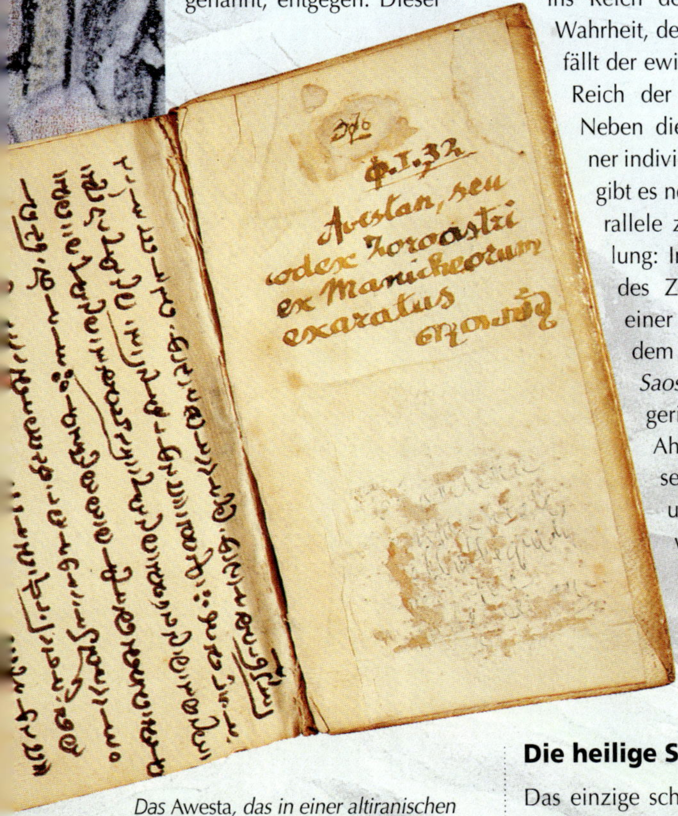

Das Awesta, das in einer altiranischen Sprache verfasst ist, stellt die heilige Schrift der zarathustrischen Religion dar.

Entscheidungsfreiheit zwischen Gut und Böse

Im Gegensatz zu vielen anderen Religionen, in denen das Schicksal ihrer Anhänger von göttlicher Seite schon vorbestimmt ist, haben die Zoroastrier – die Mitglieder der zarathustrischen Religion, benannt nach dessen griechischem Namen – die freie Wahl, sie können sich bei ihren Gedanken, ihren Worten und Taten für die gute, also für Ahura Masdah, oder die böse Seite, die des Ahriman und der *daevas*, entscheiden. Wie jemand sein Leben gestaltet, liegt also bei ihm selbst. Doch nach dem Tod wird jeder Mensch für seine Entscheidung zur Rechenschaft gezogen, denn seine Seele muss die so genannte *Cinvat*-Brücke, die Brücke der Trennung, überschreiten, danach gelangt der Gute und Rechtgläubige ins Reich des Lichtes und der Wahrheit, der Böse und Gottlose fällt der ewigen Verdammnis im Reich der Finsternis anheim. Neben diesem Gedanken einer individuellen Abrechnung gibt es noch eine weitere Parallele zur christlichen Jenseitsvorstellung: Im *Awesta*, der heiligen Schrift des Zoroastrismus, wird auch von einer Art Jüngstem Tag berichtet, an dem mit dem Erscheinen eines *Saoshyant*, eines Retters, ein Weltgericht eingeleitet wird, in dem Ahura Masdah das Lager der bösen Mächte endgültig vernichten und die Welt erneuert wird. Inwieweit sich aber Christentum, Judentum und Zoroastrismus gegenseitig beeinflusst haben, ist noch immer nicht zufriedenstellend geklärt.

Das heilige Feuer steht für die Anhänger Zarathustras bis zum heutigen Tag im Zentrum ihres Kultes.

Die heilige Schrift der Zoroastrier

Das einzige schriftliche Zeugnis für die Glaubensinhalte und den Kult der Zarathustra-Religion ist das *Awesta*. Der älteste Teil dieses heiligen Textkodexes sind die so genannten *Gathas* (Gesänge oder Hymnen). Sie stammen mit ziemlicher Sicherheit von Zarathustra selbst und beinhalten neben Schilderungen über Wesen und Wirken Ahura Masdahs und Ermahnungen an die Gläubigen, sich für das Gute einzusetzen, auch soziale Pflichten der Menschen, wie friedliches Zusammenleben in der Gemeinschaft sowie die Anweisung, die blutigen Tieropfer abzuschaffen und den alten Feuerkult zu stärken. In den jüngeren Schriften aus nachzarathustrischer Zeit tauchen dann erstaunlicherweise bestimmte alte Götter und religiöse Gebräuche, die der Prophet bekämpft hatte, wieder auf.

Das *Awesta* wurde erst im zweiten persischen Großreich zwischen 224 und 642 n. Chr. zu einem Kodex zusammengestellt. Unter den damals herrschenden Sassaniden wurde Zarathustras Botschaft auch zur Staatsreligion erhoben, um allerdings nach der muslimischen Eroberung des Mittleren Ostens rasch an Bedeutung zu verlieren. Der Großteil der Zoroastrier wanderte nach Indien aus, wo sie seither nach ihrem Herkunftsland Persien *Parsen* genannt werden. Heute leben im Iran nur noch einige Tausend Anhänger des Zoroastrismus, während die Gemeinde der Parsen in Indien immerhin noch knapp 100 000 zählt. Bis zum heutigen Tag praktizieren die Zoroastrier dort ihren geheimnisvollen Feuerkult und die Luftbestattung, bei der die Toten in den Türmen des Schweigens den Raubvögeln ausgesetzt werden.

Ewige Fragen an Ahura Masdah

Der Gott der Zoroastrier wird im Awesta als Schöpfer gepriesen: „Dies frage ich dich, sage mir wahrhaftig, o Herr: Wer war der Erzeuger, der Vater des göttlichen Rechts? Wer wies den Bahnen der Sonne und der Sterne den Weg? Wer ist es, durch den der Mond bald zunimmt und bald schwindet? … Wer befestigte die Erde unten und bewahrte das Himmelsgewölbe davor herabzustürzen? Wer erschuf Wasser und Pflanzen? … Wer, o Allwissender, ist der Schöpfer guten Sinnes? … Welcher Meister schuf Licht und Finsternis, Schlaf und Wachen? Wer schuf Morgen, Mittag und Abend, um den Einsichtigen an seine Pflicht zu erinnern?"

Wer waren die Ahnen der Tuareg?

Der Name Tuareg – in der Einzahl Targi – ruft klischeehafte Bilder vom Orient hervor, von den hoch gewachsenen „blauen Männern", die ihr Gesicht mit einem Schleier verhüllen. Das Nomadenvolk selbst nennt sich jedoch anders. Von wem aber stammen diese geheimnisvollen Menschen ab, deren Heimat die Sahara ist?

Zweispänniger Wagen – Malerei aus dem Tassili N'Ajjer westlich des Fessan

Die Tuareg selbst nennen sich Imuhag, was so viel bedeutet wie Menschen aus dem Norden. Sie leben meist als umherziehende Hirten und gehören eigentlich zur Familie der im Nordwesten Afrikas heimischen Berber, besitzen aber eine sehr eigenständige Kultur. In der Regel sind die Tuareg hellhäutig; bei vielen schimmert die Haut jedoch bläulich, da das Indigoblau ihrer Feiertagskleidung abfärbt.

Für viele Menschen mit volkskundlichen Interessen scheinen die Tuareg unter allen Berbergruppen die attraktivste zu sein. So nehmen diese beispielsweise in der wissenschaftlichen Literatur einen hervorgehobenen Rang ein und der Erfolg etlicher Romane und Filme aus der Kolonialzeit im Nahen Osten belegt die Faszination, die sie ausüben.

Einer der Gründe für diese besondere Aura liegt in der ungeklärten Herkunft der Tuareg. Da es darüber keine wissenschaftlichen Nachweise gibt, behalf man sich mit Mutmaßungen und Legenden. So sahen manche Historiker und Geistliche in ihnen die Nachkommen von Kreuzfahrern, die den französischen König Ludwig den Heiligen 1270 nach Tunesien begleitet und sich dort in den Weiten der Wüste verloren hatten. Andere führten ihren Stammbaum auf das antike Volk der Garamanten zurück oder hielten sie sogar für Nachfahren der legendären Atlanter, die auf unerklärliche Weise den Untergang ihrer Heimat überlebt hätten.

Das Grab einer Prinzessin

Auch für die Tuareg selbst liegt ihre Herkunft in geheimnisvollem Dunkel und sie füllen die Lücken in ihrer Geschichte mit Legenden. Eine davon ist die von Tin Hinan. Diese Prinzessin, die auf einem weißen Dromedar aus dem Süden Marokkos kam, gilt als die Urahnin der adligen Stämme aus dem Hoggar, einem Gebirgsmassiv im Herzen der Sahara. Sie bildet sogar heute noch die Spitze der Genealogie der Kel Rela, des herrschenden Tuareg-Stammes in dieser Region.

Der mündlichen Überlieferung nach befand sich das Grab der Tin Hinan auf einem Hügel bei Abelessa im heutigen Südalgerien. Und tatsächlich fand man 1925 an dieser Stelle eine Grabanlage mit elf Kammern. In einer von ihnen lag das Skelett einer Frau, zusammen mit einem wahren Schatz: Hunderte von Perlen und Halbedelsteinen, sieben Armbänder aus Silber, acht aus Gold und noch weitere goldene Schmuckstücke. Anhand der Grabfunde wie etwa einer römischen Öllampe, vor allem aber anhand dreier goldener Matrizen von Münzen mit dem Konterfei Konstantins des Großen ließ sich feststellen, dass das Begräbnis in einer spätrömischen Epoche stattgefunden haben musste. Eine Untersuchung des ledernen Sarges nach der Radiokarbon-Methode bestätigte diese Annahme, denn sie ergab, dass er aus der Zeit um das Jahr 400 stammte.

Die traditionelle Kleidung eines Targi besteht aus Baumwollhosen und Mantel, Schleier und Ledersandalen.

Der archäologische Fund in der Sahara erregte großes Aufsehen und gab zu neuen Spekulationen Anlass. Das Geheimnis um die Herkunft der Tuareg war wieder im Gespräch. Aufgrund der Ähnlichkeit der Namen Tin Hinan und Antinéa, der Heldin des in den 20er-Jahren beliebten Romans *Atlantide* des französischen Schriftstellers Pierre Benoit, versuchte man Verbindungen zwischen der Lebensrealität der Tuareg und einer fiktiven antiken Welt herzustellen.

Die Garamanten

Unter den Völkern Libyens, die der altgriechische Geschichtsschreiber Herodot (um 485 bis 425 v. Chr.) erwähnt, werden die Atlanter als Wüstenbewohner beschrieben, die in der Nähe des Atlasgebirges lebten. Ihr Land lag 20 Tagesreisen westlich von dem der Garamanten, deren Territorium man recht genau kennt – es entspricht ungefähr dem heutigen Fessan im Westen Libyens am Nordrand der Sahara. Während die Atlanter als eher legendäres Volk erscheinen, haben die Garamanten mit Sicherheit gelebt, denn sie werden mehr als ein Jahrtausend lang immer wieder von den verschiedensten Geschichtsschreibern erwähnt.

Die Garamanten, deren wichtigste Stadt, Garama, ihren Namen in der Form Djerma bis in unsere Tage erhalten hat, kannten städtische Siedlungsformen mit Häusern, die aus rohen Ziegeln oder Bruchsteinen errichtet wurden.

Dank ihrer Dromedare können die Tuareg in der unwirtlichen Sahara überleben.

Ausgrabungen in den Haupttälern des Fessan förderten steinerne Konstruktionen und gewaltige Grabanlagen zutage, an denen die Einflüsse abzulesen sind, denen dieses Volk im Lauf der Jahrhunderte unterworfen war.

Da waren zunächst die Phönizier, die an der Mittelmeerküste siedelten und deren Handelsbeziehungen bis in die Sahara reichten. Von ihnen übernahmen die Garamanten sogar die Elemente ihrer ursprünglichen Schrift. Vom 1. Jh. an kam es dann zu den ersten mehr oder weniger friedlichen Kontakten mit den Römern. In den Gräbern der Garamanten fand man importierte Keramikgefäße, die eindeutig der römischen Zeit zuzuordnen sind. Außerdem wurden Texte überliefert, welche die Beziehungen zwischen den Garamanten und den Statthaltern der römischen Provinz Afrika schildern. Ihrem Wortlaut nach kam es während der römischen Herrschaft immer wieder zu Auseinandersetzungen zwischen den beiden Lagern. Im 6. Jh. schließlich etablierte Byzanz erneut die römische Oberhoheit im Norden Afrikas und wiederum entwickelten sich Beziehungen zu den Garamanten, die sich 569 sogar zum Christentum bekehrten.

Antike Fahrzeuge in der Sahara

Von den anschaulichen Beschreibungen, die Herodot über das Volk der Garamanten verfasst hat, ist eine besonders einprägsam, nämlich die Schilderung, wie Krieg führende Garamanten mit vierspännigen Wagen die „Äthiopier“, ein Volk mit dunkler Hautfarbe, verfolgten. Diese Textpassage erlangte große Bedeutung, als Forscher und Militärs in der Neuzeit in den Felsenhöhlen saharischer Gebirgszüge Hunderte von gemalten oder eingeritzten Darstellungen von Wagen entdeckten, die von Pferden oder Ochsen gezogen wurden.

Manche Wissenschaftler kamen daraufhin schnell zu dem Schluss, dass die dargestellten Wagen als Fahrzeuge der Garamanten anzusehen seien. Weiterhin dachte man, dass ein Volk mit so fortschrittlicher Technik ein großes Gebiet kontrollieren müsste, wenigstens größer als nur der Fessan. Und außerdem erklärten ganz Voreilige das Volk kurzerhand zu den Vorfahren der Tuareg.

Schon bald jedoch stießen diese Annahmen in der Fachwelt auf Widerspruch. Man fand nämlich, abgesehen vom Tibestigebirge, nahezu überall dort Darstellungen von Wagen, wo die Felswände einen geeigneten Untergrund für Malereien oder Ritzzeichnungen boten – vom Atlas bis zum Aïr, vom Fessan bis nach Südmauretanien. Außerdem erwähnt Herodot neben den Garamanten auch andere Bewohner Libyens, die Wagen besaßen.

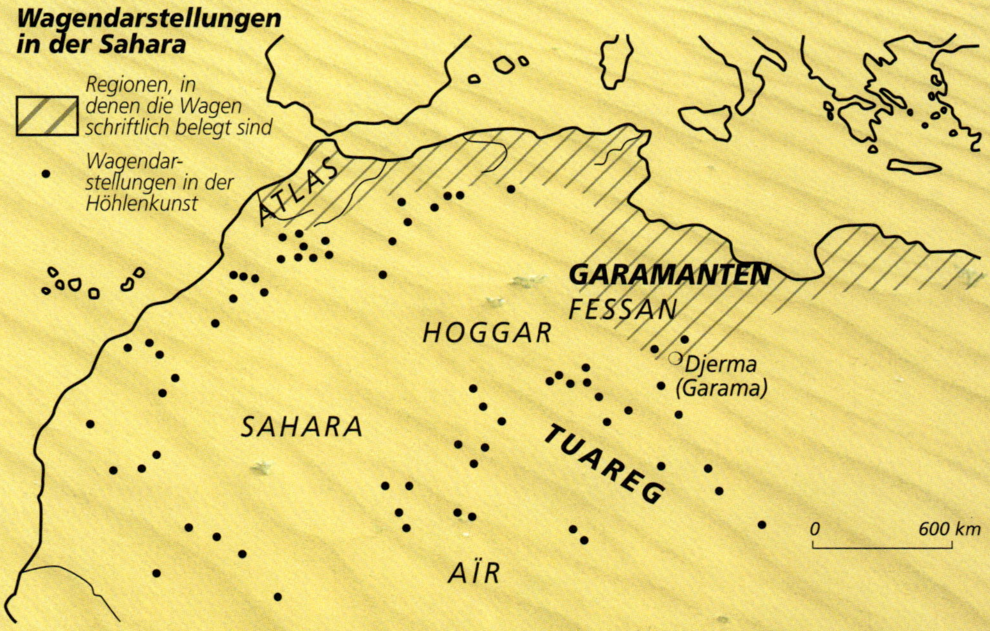

Und was die Größe des Garamantenreiches angeht, so war man ebenfalls einem Irrtum erlegen. Bei den Wagen dieses Volkes handelte es sich um Vierspänner. Die meisten der Saharazeichnungen stellen jedoch Zweispänner dar; nur im Fessan fanden sich auch einige Abbildungen von vierspännigen Fahrzeugen. Es ist also wesentlich wahrscheinlicher, dass die Garamanten tatsächlich nur im Fessan zu Hause waren.

Die Ur-Berber

Aus der Tatsache, dass sich an zahlreichen Orten in der Sahara Malereien und Ritzzeichnungen von Pferdewagen fanden, kann man schließen, dass die dortigen Völkerschaften einige kulturelle Gemeinsamkeiten besaßen. Man spricht deshalb gewollt ungenau von einer Pferdekultur. Diese Pferdezüchter und Wagenbauer traten in der zweiten Hälfte des 2. Jt. v. Chr. auf und lösten die Rinderkultur ab, während der die Menschen das Pferd noch nicht kannten, sondern Ochsen als Zugtiere benutzten.

Die schönsten und bekanntesten Saharamalereien wurden von Künstlern aus der jüngeren Rinderkultur geschaffen. Diese Menschen stammten aus dem Mittelmeerraum, waren also im Gegensatz zu ihren Vorgängern nicht dunkelhäutig. Sie bildeten die erste Welle der Ur-Berber, die in die Sahara vordrang. Die nachfolgenden Angehörigen der Pferdekultur gehörten zum selben Menschentyp, ebenso wie schließlich die Reiter, also noch spätere Völker, die den Wagen gegen das Reitpferd eintauschten, bevor sie sich wegen der klimatischen Verhältnisse gezwungen sahen, stattdessen auf Dromedare umzusatteln.

Zusammenfassend kann man feststellen, dass die Tuareg ihre Herkunft nicht aus einem einzelnen Volk ableiten können, sei es nun legendär wie die Atlanter oder historisch belegt wie die Garamanten. Vielmehr nahmen ihre Vorfahren an den großen Völkerwanderungen teil, in deren Verlauf die Ur-Berber mediterraner Herkunft seit dem Beginn des 2. Jt. v. Chr. nach und nach in der Sahara heimisch wurden.

DIE FABELWESEN DER MYTHEN UND LEGENDEN

Die Sphinx und der Minotaurus, Zentauren, Gorgonen, Drachen, Einhörner – in der antiken Mythologie und mittelalterlichen Fabelbüchern wimmelt es nur so von seltsamen Mischwesen. Monströs, oft Furcht erregend und abstoßend, geistern sie durch das Reich unserer Phantasie – warum?

Woher kommt die Sphinx? Wie entstanden die Sirenen und Zentauren und wie die Hydra? Was verbindet die Gorgonen mit dem Minotaurus? Und was hat die Kulturen, aus denen unsere heutige Zivilisation hervorgegangen ist, dazu gebracht, sich derart bizarre Wesen auszudenken?

Viele dieser Fabeltiere entstammen dem Sagenschatz der Sumerer, Babylonier und Ägypter. Dass wir sie noch heute kennen, verdanken wir den Griechen, die sie in ihre mythologische Vorstellungswelt übernahmen und so an die abendländische Kultur weitergaben. Ihnen allen gemeinsam ist, dass es sich um Hybriden oder Bastarde handelt, d.h. Wesen, die durch eine Kreuzung verschiedener Arten entstanden sind. Was in der Natur undenkbar ist, wird hier durch die göttliche Herkunft ihrer Erzeuger möglich.

Die ungeheuerliche Brut der Götter

Auch die griechische Mythologie ist bevölkert von solchen Hybridwesen, an deren Zeugung die verschiedensten Gottheiten oder deren Nachkommenschaft beteiligt waren. So brachte der alte Meeresgott Phorkys mit seiner Schwester, dem Seeungeheuer Keto, die Echidna hervor, ein Geschöpf, zur einen Hälfte eine Nymphe, zur andern eine Schlange. Die Echidna setzte ihrerseits weitere Ungeheuer in die Welt, darunter den dreiköpfigen Hund Zerberus, der die Tore zur Unterwelt bewachte; die Hydra, eine neunköpfige Wasserschlange, die in einem Sumpf hauste; die Chimära, ein Feuer speiendes Untier aus einem Löwen, einer Ziege und einer Schlange; und die Sphinx, die im Gegensatz zum ägyptischen Sphinx ein weibliches Wesen war mit dem Gesicht einer Frau, dem Körper eines Löwen und Vogelflügeln.

Die Gorgonen, die drei Schwestern der Echidna, deren berühmteste die Gorgo Medusa ist, waren nicht weniger abscheulich. Sie hatten goldene Flügel und Hände aus Bronze, eine lange rote Zunge hing aus ihrem Maul und sie trugen Eckzähne wie die eines Keilers. Anstelle der Haare ringelten sich lebende Schlangen auf ihrem Kopf und ihr Blick ließ jeden erstarren, der in ihr fratzenhaftes Gesicht sah.

Die Sirenen, Mädchen mit Vogelleibern, die die Seefahrer mit ihrem betörenden Gesang ins Verderben lockten, wurden von den Griechen als die drei Töchter des Flusses Acheloos und einer der Musen angesehen. Die Zentauren, die auf einem Pferdeleib den Oberkörper eines Mannes trugen, wurden von dem Apollonsohn Zentauros mit einer Herde Stuten gezeugt.

Herakles tötet die Hydra, indem er ihre vielen Köpfe abschlägt. Um zu verhindern, dass der Bestie immer wieder neue wachsen, brennt er die Wunden mit einer Fackel aus (links).

Zwei Verstorbene werden von geflügelten Pferden geleitet. Das berühmteste geflügelte Ross ist Pegasus, das der geköpften Medusa entsprang.

Allerdings haben auch menschliche Wesen bei der Zeugung von Hybriden eine Rolle gespielt. So war der berühmte Minotaurus, ein Mensch mit Stierkopf, das Ergebnis der Vereinigung von Pasiphae, der Gattin des kretischen Königs Minos, mit einem weißen Stier, den der Gott Poseidon geschickt hatte.

Die mittelalterlichen Ungeheuer

Das Mittelalter hat sich aus diesem großen Vorrat an antiken Ungeheuern bedient, um sein eigenes Sortiment phantastischer Kreaturen zusammenzustellen. Inwiefern sie untereinander

verwandt sind, ist nicht immer ganz klar, aber auch sie entstanden aus einer Kreuzung verschiedener Arten.

Das Einhorn beispielsweise wird schon Anfang des 4. Jh. v. Chr. von dem griechischen Arzt Ktesias erwähnt. Das wilde Tier, das in Indien lebe, so erklärte er, habe ein dreifarbiges Horn: weiß am Ansatz, rot an der Spitze und in der Mitte schwarz. Zu Beginn unserer Zeitrechnung wusste der römische Dichter Ovid zu berichten, es habe den Körper eines Pferdes, einen Hirschkopf, Elefantenbeine und einen Schwanz wie ein Wildschwein. Im Mittelalter dann stellt man es als kleines weißes Pferd mit Ziegenbärtchen und einem langen Horn dar.

Der Drache, der schon in der Mythologie der Sumerer und Babylonier auftaucht, ist ein

Auf der links abgebildeten Freskodarstellung von Joseph Anton Koch aus dem 19. Jh. zu Dantes Göttlicher Komödie *symbolisiert das Mischwesen das Chaos der Hölle.*

Das Einhorn vereint in sich widersprüchliche Symbole für männlich und weiblich. Es versöhnt als Verkörperung der Mannhaftigkeit und der Reinheit scheinbar unüberwindliche Gegensätze.

ebenso seltsames Wesen wie das Einhorn. Auch dieses Fabelwesen ist eine Kombination verschiedener Elemente: Obwohl viele Drachen als Seeungeheuer im Wasser leben, haben sie trotzdem Beine wie Landbewohner und Flügel wie die Vögel. In den mittelalterlichen Sagen kommt noch eine vulkanische Wesensart hinzu, dort wohnen sie als Feuer speiende Lindwürmer in Höhlen unter der Erde.

Verwirrung aus Unwissenheit?

All diese mythischen Ungeheuer stellen also eine Art Puzzle dar, dessen Einzelteile von wirklich existierenden Tieren entliehen wurden. Aber warum bediente sich der menschliche Geist bekannter Quellen? Anscheinend fällt es der Einbildungskraft schwer, sich völlig von der Realität zu lösen, und so setzt der Mensch seine Phantasiegebilde eher aus vertrauten Elementen zusammen, als sich etwas Neues auszudenken.

Manche Mythenforscher liefern heute rationale Erklärungen dafür, wie sich die Vorstellung von solchen Ungeheuern entwickeln konnte. So glauben sie, die Idee von den Zentauren sei dadurch entstanden, dass die alten Griechen beim Anblick antiker Reiternomaden, bei denen der Leib der Pferde mit dem ihrer Reiter zu verschmelzen schien, den Eindruck gehabt hätten, es handle sich um ein Wesen. Die Einhörner wiederum ließen sich auf persische Reliefs zurückführen, die Stiere im Profil darstellten, also mit nur einem sichtbaren Horn.

Diese Theorien scheinen auf den ersten Blick plausibel zu sein. Doch ist es kaum vorstellbar, dass es in sämtlichen Kulturen, in denen Fabeltiere dieser Art zu finden sind, solche Fehlinterpretationen gegeben hat. Die Hybriden müssen also eine tiefere Bedeutung haben.

Die urtümlichen Mythen

Einem anderen Erklärungsansatz zufolge sind die von Mischwesen bevölkerten Urmythen einer prälogischen Denkweise entsprungen, die noch keinen Unterschied zwischen den verschiedenen Bereichen der Natur machte, sondern jedes Element als Teil eines Ganzen sah: Die Grenzen zwischen der Welt der Tiere, der Pflanzen und der Menschen war darin fließend und leicht zu überschreiten; demnach waren Kreuzungen aus verschiedenen Lebewesen auch nichts Unnatürliches.

Die Mythologien der Kulturen stellen, wie wir sie heute kennen, eine spätere Form dieser Urmythen dar, denn sie sind bereits schriftlich niedergelegte Überlieferungen über den Ursprung der Völker und der Götterwelt. Diese Berichte

Der Drache der Germanen

In der nordischen Sagenwelt begegnet uns der Drache in Gestalt von Fafnir. Der hütet als Gift hauchender Lindwurm einen Schatz, den sein Vater als Lösegeld von den Göttern erpresst hatte. Fafnirs Bruder, der zwergenwüchsige Schmied Regin, will sich den Hort aneignen und überredet den jungen Helden Sigurd dazu, den Drachen mit seinem Schwert Gram – in der Nibelungensage ist das Siegfried mit seinem Schwert Balmung – zu töten. Durch ein Bad im Drachenblut wird der Recke dann unverwundbar.

Einer anderen Überlieferung zufolge brät Sigurd das Drachenherz und verbrennt sich dabei den Finger. Als er ihn in den Mund steckt, kommt seine Zunge mit dem Drachenblut in Berührung und er kann die Vögel verstehen, die ihn vor dem hinterlistigen Regin warnen.

entstanden etwa zeitgleich mit dem Aufkommen einer philosophisch-naturwissenschaftlichen Denkweise, die allmählich unüberwindliche Barrieren zwischen den Gattungen und Arten errichtete. Von nun an war der Bastard etwas Anstößiges. Bezeugt er doch mit seiner Existenz, dass die Welt der Tiere in die menschliche Sphäre eingedrungen ist. In ihm manifestiert sich eine Verletzung der naturgegebenen Ordnung durch die unannehmbare Überschreitung der etablierten Grenzen.

Der Heros bringt die Welt wieder in Ordnung

Durch eine solche Vermischung der Gattungen fühlten sich die Menschen in ihrem Stolz als Krone der Schöpfung verletzt. In der griechischen Mythologie wird dem Gesetz der Natur und damit dem Menschen Genugtuung verschafft, indem ein Kultur bringender Heros die Hybriden tötet: Perseus enthauptet die Medusa, durch das Schwert des Herakles fallen die Köpfe der Hydra, Theseus besiegt den Minotaurus. Die Sphinx, die jeden verschlingt, der ihre Rätsel nicht lösen kann, stürzt sich von einem Berg, als Ödipus die Antwort auf die ihm gestellte Frage findet. Die Sirenen, deren verführerischer Gesang die Seeleute auf ihren Felsen lockt, ereilt ein ähnliches Schicksal: Sie werden von Odysseus überwunden, indem er seinen Ruderern die Ohren mit Wachs verstopfen und sich dann selbst an den Mast fesseln lässt. Damit sind die Waffen der Sirenen wirkungslos, sein Schiff kann ihre Insel unbeschadet passieren.

Der Held bezwingt das Ungeheuer und beseitigt so die Spuren des urzeitlichen Chaos: Er ist die Verkörperung des Gesetzes und damit der Kulturbringer.

Ganz oben: Raffaels Gemälde Der heilige Georg besiegt den Drachen *symbolisiert den Sieg des Bösen über das Gute.*

Die Hirschkuh von Bazalote ist ein Beispiel eines Mischwesens in der iberischen Kunst.

Die Verkörperung des Bösen

Im Mittelalter geht die Vernichtung der Bastarde weiter. Von nun an wird vor allem das Monster par excellence bekämpft: der Drache. Während das Schuppentier in vielen antiken Schöpfungsmythen für eine längst überwundene Vergangenheit stand und sein Tod einen Neubeginn aus dem Chaos symbolisierte, steht der Drache in der christlichen Kultur nur noch für die Sünde, die vom Bösen gesandt wurde, die Seele des Menschen zu zerstören. An die Stelle des antiken Heros, der das Böse bekämpft, tritt jetzt ein Heiliger – Georg oder Michael.

Da die christliche Moral nicht zulassen konnte, dass ein dämonisches Wesen auch menschliche Anteile hat, verbannte das Mittelalter seine Ungeheuer in die Tierfabeln, wo sie zu allegorischen Darstellungen von Gut und Böse dienten, wie etwa die Zentauren. Sie werden als Bogenschützen dargestellt, deren menschlicher Teil den Pfeil auf den tierischen richtet – so zeigen sie, dass sie bemüht sind, ihre animalischen Instinkte niederzuhalten.

In manchen Fabelwesen finden wir weltliche und religiöse Symbolik nebeneinander. Das Einhorn kann nur von einer Jungfrau gefangen werden. Angezogen von ihrem Duft kommt das Tier herbei und legt seinen Kopf in den Schoß des Mädchens, so kann ihm das Horn abgenommen werden. Die sexuelle Symbolik ist hier unverkennbar, doch das Christentum hat darüber hinaus seine eigene Interpretation beigesteuert: Das Einhorn ist das Symbol der Reinheit und steht für die Menschwerdung Christi, der aus dem unberührten Leib der Jungfrau Maria geboren wurde.

Die Bedeutung des Bastards

Für die Psychoanalyse sind Mischwesen ein Spiegel für die vielschichtige Natur des Menschen. Das Einhorn, dessen Name im Chinesischen Männlich-Weiblich bedeutet und das weibliche Merkmale (jungfräulicher Körper) mit männlichen (Horn) verbindet, zeugt von der Zweigeschlechtlichkeit des Menschen. Die Kultur verlangt jedoch, dass alle Gedanken daran ins Unterbewusste verwiesen werden. Die Entdeckung des Hybriden, des Anderen, ist demnach ein Vorgang der Selbsterkenntnis, was vielleicht das Rätsel bestätigt, das die Sphinx dem Ödipus aufgab: „Welches Wesen hat vier Füße oder zwei oder drei und ist umso schwächer, je mehr es hat?", fragt die Sphinx. – „Der Mensch", antwortet Ödipus. „Als Kind geht er auf allen vieren; wenn er erwachsen ist, auf zwei Beinen; und als alter Mensch stützt er sich auf einen Stock."

Der geheime Kult der Erdgöttin Demeter

Während des ganzen griechischen und römischen Altertums genossen die der Göttin Demeter gewidmeten Mysterien von Eleusis großen Zulauf. Was weiß man heute über die Riten und die Glaubensinhalte dieses Kultes?

Eine der geheimnisvollen Kulthandlungen zu Ehren Demeters, dargestellt auf einer römischen Graburne

Die attische Stadt Eleusis kann man, obwohl heute kaum mehr bekannt, zu den bedeutendsten Kultstätten der Antike zählen, denn über ein Jahrtausend lang – zwischen dem 7. Jh. v. Chr. und dem 4. Jh. n. Chr. – besuchten alljährlich große Pilgerscharen das dortige Demeterheiligtum: Männer und Frauen, Sklaven, einfache Bürger, hohe Würdenträger, ja sogar römische Kaiser wie Augustus und Hadrian kamen, um sich in Eleusis in die Mysterien einweihen zu lassen. Tausende und Abertausende wurden mit den geheimen Riten des Demeterkultes bekannt gemacht und dennoch hat nie jemand das Schweigegebot gebrochen und etwas über die heilige Zeremonie verraten.

Auf diesem Relief (5. Jh. v. Chr.) begrüßt Demeter zusammen mit ihrer Tochter Persephone auch den Frühling, der hier in Form einer Blume dargestellt ist.

Der Schmerz einer Mutter

Die zentrale Rolle bei der Entstehung der Mysterien spielt Demeter – von den Römern Ceres genannt –, die als Erdmutter für Fruchtbarkeit, Ackerbau und das Gedeihen des Getreides zuständig war. Mit ihrem Bruder Zeus hatte sie eine Tochter, Persephone, in die sich Hades, der Herrscher der Unterwelt, unsterblich verliebte. Da er nicht damit rechnete, dass Demeter einer Heirat und damit der unvermeidlichen Trennung von Persephone zustimmen würde, entführte er das Mädchen kurzerhand in sein unterirdisches Reich. Untröstlich über den Verlust ihrer geliebten Tochter wanderte Demeter nach Persephones Verschwinden in Gestalt einer alten Frau über die Erde und kam auch nach Eleusis, wo sie im königlichen Palast freundlich aufgenommen wurde. Dort vertraute man ihr als Amme den Sohn des Königs Keleos an und in dem Bestreben, ihn unsterblich zu machen, gab sie ihm heimlich Ambrosia, die Nahrung der Götter, und legte ihn jede Nacht in die Asche des Feuers. Eines Nachts wurde sie dabei von der Mutter des Kindes, der Königin Metaneira, überrascht, die vor Entsetzen laut aufschrie. Voller Zorn gab sich Demeter daraufhin als Göttin zu erkennen, ließ sich aber durch Keleos' Versprechen versöhnen, ihr zu Ehren in Eleusis einen Tempel zu errichten, und unterwies den König auch gleich in den geheimen Riten, die dort praktiziert werden sollten.

Nichtsdestotrotz trauerte Demeter weiter um ihre Tochter und schlug die Erde mit einer Hungersnot, indem sie die Saat nicht mehr wachsen ließ. Da die Menschen alle zu verhungern drohten, musste man auf dem Olymp einlenken: Zeus beschloss, dass Persephone in Zukunft zwei Drittel des Jahres bei ihrer Mutter auf der Erde und ein Drittel bei Hades in der Unterwelt verbringen

Die Mysterien von Eleusis wurden im Telesterion (hier ein Modell aus römischer Zeit) gefeiert, ein quadratischer Bau mit säulengetragener Vorhalle und Öffnungen im Dach für den Lichteinfall während der Weihezeremonie.

solle. Es überrascht sicherlich nicht, dass diese Zeiträume genau jenen von Wachstum und Ruhe in der Natur und damit dem Rhythmus des Lebens entsprechen. Die Tochter der Erdmutter verbrachte den Winter im dunklen Totenreich unter der Erde, um im Frühling zusammen mit dem aufsprießenden Leben in der Natur wieder auf die Welt zurückzukehren.

Die Einweihung in den Kult

Die Geschichte von Demeter und Persephone und den Bericht darüber, wie es zur Gründung des Heiligtums in Eleusis kam, kennen wir vor allem aus dem *Demeterhymnus,* der unter dem Namen des Dichters Homer überliefert ist. Doch was weiß man nun von den Mysterien der Göttin, die jahrhundertelang unter dem Gebot der absoluten Geheimhaltung standen?

Hinweise auf die äußeren Rahmenbedingungen der Einweihungsfeiern und den Ablauf einiger Tage geben uns neben den Werken mehrerer Schriftsteller und Philosophen aus griechischer und römischer Zeit auch die Funde der Archäologen im heiligen Bezirk von Eleusis. So weiß man, dass die Mysterien Teil der Staatsreligion Athens waren, unter dessen Herrschaft Eleusis schon in früher Zeit kam, dass aber nicht nur Gläubige aus ganz Griechenland, sondern aus dem gesamten Mittelmeerraum Aufnahme in die Mysterien suchten. Die Feierlichkeiten fanden jedes Jahr im September statt und standen unter der Aufsicht eines Priestergeschlechts, den Eumolpiden. Der Kultbau für die Feier der Mysterien, das so genannte Telesterion, war eine quadratische Halle und im Gegensatz zu klassischen Tempeln geschlossen. Das von Säulen getragene Dach hatte Öffnungen, durch die während der Zeremonie Licht ins ansonsten dunkle Innere des Heiligtums hereingelassen werden konnte.

Bereits im März nahmen die Mysten, die Kandidaten, die sich in die Mysterien einweihen lassen wollten, in Athen an Reinigungszeremonien und Sühneopfern teil. Im Herbst wurden dann die großen Mysterien von Eleusis gefeiert, die zehn Tage dauerten.

Am ersten Tag brachte man die *hierá,* die heiligen Gegenstände, in einem feierlichen Zug aus dem rund 20 km entfernten Eleusis nach Athen. Am zweiten Tag versammelte der *Hierophant,* der höchste Kultbeamte, die Anwärter auf die Initiation und schloss alle aus, die des Griechischen nicht mächtig waren oder sich eines Verbrechens schuldig gemacht hatten. Am dritten Tag begaben sich die Mysten zu der nahe gelegenen Bucht von Phaleron und warfen sich dort ins Meer, um sich die beiden folgenden Tage mit Fasten sowie weiteren Reinigungs- und Opferzeremonien auf die große Prozession des sechsten Tages vorzubereiten, bei der die heiligen Kultgegenstände nach Eleusis zurückgebracht wurden. Schon früh am Morgen setzte sich der festlich geschmückte Zug aus Priestern, Mysten, Chorsängern und Musikanten auf der heiligen Straße in Bewegung und gelangte erst nach Einbruch der Dunkelheit im Schein vieler Fackeln beim Heiligtum an. Der siebte Tag war wieder mit Reinigungsriten und Opferungen an Demeter und ihre Tochter ausgefüllt, die hier nur *Kore,* Mädchen, genannt wurde. In den beiden letzten Nächten fanden dann unter Ausschluss der Öffentlichkeit die wirklichen Mysterien statt.

Der Ceres-Tempel in Paestum (Italien), der nach neueren Forschungen allerdings Athene zugeschrieben wird

Das Fruchtbarkeitsfest der Frauen

Zu Ehren der Göttin Demeter wurden im antiken Griechenland jedes Jahr im Herbst auch die Thesmophorien begangen, ein Fest, an dem nur verheiratete Frauen teilnehmen durften. Mit den dabei praktizierten Fruchtbarkeitsriten sollte das Wachstum der Saat gesichert werden, die man in dieser Zeit ausbrachte.

Bei der dreitägigen Kultfeier bereiteten sich die Frauen mit Fasten, Gesängen und rituellen Tänzen auf den Höhepunkt der Thesmophorienzeremonie vor. Dabei wurden die verwesten Überreste von Ferkeln, die bereits mehrere Monate zuvor geopfert worden waren, unter das Saatgut gemischt. Dieser Ritus stand als Sinnbild dafür, dass Demeter als Erdmutter und Göttin des Ackerbaus und des Getreides aus dem Toten und Verwesten im Schoß der Erde wieder neues Leben erschafft.

Opfergaben an Demeter, die Erdmutter

Hoffnung auf das ewige Leben

Was bei dieser Zeremonie hinter den verschlossenen Türen des Telesterion geschah, darüber kann auch heute noch lediglich spekuliert werden. Man vermutet, dass den Mysten in einem Schauspiel noch einmal die Geschichte von Demeter und Persephone nahe gebracht wurde, um sie dann selbst in den ewigen Kreislauf von Werden und Vergehen aufzunehmen. Vielleicht wurde dazu wie bei vielen anderen Initiationsriten der symbolische Tod der Mysten inszeniert, der, analog zu Persephones Rückkehr aus der Unterwelt, durch ihre Wiedergeburt überwunden wurde. Vermutlich war diese Zeremonie auch von einem Übergang von tiefster Dunkelheit in helles Licht begleitet, wozu wahrscheinlich die Öffnungen im Dach dienten.

Was auch immer bei den Mysterien geschah, die Verbindung mit dem Göttlichen am Höhepunkt der Feier gab den Mysten die Hoffnung auf Unsterblichkeit, auf ein ewiges Leben nach dem Tod, was die ansonsten eher tristen Vorstellungen der griechischen Religion vom Jenseits erträglicher machte und den Eingeweihten die Angst vor dem Tod nahm.

Orpheus, der Heiland der antiken Welt

Seit vielen Jahrhunderten fasziniert die tragische Geschichte des Orpheus die Menschen. Er gilt als Schirmherr des Orphismus, der sich von Thrakien aus über Griechenland, Kreta, Süditalien und Kleinasien von einer mystischen Religion zu einer philosophischen Strömung weiterentwickelte. Doch welche Bedeutung hatte der Orphismus in der klassischen Zeit wirklich? Und was weiß man über die Anhänger dieses Kultes?

Der Sage nach war Orpheus ein thrakischer Sänger, der durch seinen Gesang und sein Spiel auf der Leier sogar die Natur verzauberte: Wilde Tiere wurden zahm, Bäume verneigten sich und Felsen folgten ihm. Er nahm auch an der Expedition der Argonauten teil, die zur Eroberung des Goldenen Vlieses führte. Auf der abenteuerlichen Reise konnte er durch seine Musik häufig Unfrieden unter der Mannschaft beilegen. Und auf der Rückfahrt nach Griechenland rettete Orpheus seine Kameraden, indem er den verführerischen Gesang der Sirenen mit seiner Leier übertönte. Als seine Frau Eurydike an einem Schlangenbiss starb, stieg er ins Totenreich hinab; dort sang und spielte er so bewegend, dass ihm Hades, der Gott der Unterwelt, erlaubte, Eurydike wieder aus dem Reich der Toten mitzunehmen – unter der Bedingung, dass Orpheus nicht zu ihr zurückblickte, bis sie ihre Heimat erreicht hätten. Der Held missachtete jedoch diese Warnung und verlor Eurydike dadurch für immer.

Kurz nach seiner Rückkehr nach Thrakien fand Orpheus selbst den Tod: Er wurde von Mänaden, Anhängerinnen des Gottes Dionysos, in Stücke gerissen. Für ihre Handlung werden verschiedene Erklärungen gegeben: Möglicherweise stiftete Dionysos die Mänaden zu der Tat an, weil es Orpheus ihm gegenüber an der nötigen Ehrerbietung mangeln ließ. Oder jede der Mänaden wollte Orpheus für sich allein haben und sie rissen ihn bei dem folgenden Streit in Stücke. Den Kopf von Orpheus warfen sie in den Fluss Hebros; von dort aus gelangte er über das Meer auf die Insel Lesbos, wo ihn die Bevölkerung feierlich beisetzte. Es heißt, dass Orpheus den Bewohnern der Insel aus Dankbarkeit großes musikalisches Talent schenkte.

Von Orpheus zum Orphismus

Verschiedenen Überlieferungen zufolge brachte Orpheus von seiner Reise in die Unterwelt Kenntnisse mit, wie der Tod zu besiegen sei. Seine Erfahrungen gab er dann an die Menschen mithilfe von Initiationsriten weiter.

Im 6. Jh. v. Chr. entstand in Griechenland ein Kult, der sich auf Orpheus berief und die gesamte bestehende religiöse und soziale Ordnung ablehnte. Von den Anhängern der offiziellen Religion unterschieden sich die Orphiker ganz beträchtlich, beispielsweise auf dem Gebiet der Ernährung. So hatte der um 700 v. Chr. lebende berühmte griechische Dichter Hesiod erklärt, das blutige Opfer und der darauf folgende Verzehr des Fleisches habe eine klare Trennungslinie zwischen den gewöhnlichen Menschen und den unsterblichen Göttern gezogen und vereine alle Bürger durch die Teilnahme am Opfermahl. Die Orphiker dagegen lehnten den Verzehr von Fleisch ab und drückten damit ihre Opposition gegen eine ganze Reihe religiöser Werte aus. Außerdem kannten sie bestimmte Kleidungsvorschriften, unter anderem trugen sie weiße Gewänder.

Dieses gallo-römische Mosaik zeigt, wie Orpheus durch sein Spiel auf der Leier wilde Tiere und Bäume bezaubert.

An der Spitze der Götter des Olymps richtet Zeus den Blitz gegen die Titanen und verbannt sie in den Tartaros, das dunkle Gebiet der Unterwelt (Gemälde von Charles Lamy, Anfang 18. Jh.).

Die Gedanken des Orphismus

Die orphische Religion stützte sich auf eine Offenbarung, die im Gegensatz zur Kosmogonie – der Vorstellung von der Entstehung der Welt – des Hesiod steht: Während dieser den Ursprung des Universums im Chaos und in der Leere sah, entstand die Welt in der Lehre des Orpheus aus einem Ur-Ei, dem Prinzip der Einheit und Fülle. Für Hesiod war Eros nur ein einfacher Gott der körperlichen Vereinigung, dagegen sprachen die Orphiker der Gottheit eine besondere Macht zu: die der ursprünglichen Harmonie, die in der Lage ist, Gegensätze zu versöhnen.

Abgesehen davon finden sich in der orphischen Version von der Geschichte der olympischen Götter zwar zahlreiche Übereinstimmungen mit der des Hesiod, aber bei der Frage nach dem Ursprung des Menschen sind die Auffassungen völlig verschieden. Der orphische Gedanke führt diesen auf ein Verbrechen der Titanen zurück: Die Söhne des Himmels und der Erde hätten den jungen Dionysos getötet und verschlungen; zur Strafe hätte sie Zeus, der Herrscher über die Götter des Olymps, mit Blitzen vernichtet. Aus ihrer Asche seien dann die Menschen entstanden – ihre Erben also, einerseits gewalttätig und dem Bösen zugeneigt, andererseits aber auch Träger der göttlichen Substanz des Dionysos. Das Ziel der Orphiker bestand in der Befreiung der dionysischen Seele aus dem Gefängnis des Körpers. Um es zu erreichen, hielten sie Reinigungsrituale ab und führten ein asketisches Leben.

Der Orphismus fand allerdings recht wenig Anklang beim Volk. Seine Anhänger, die von Ort zu Ort zogen, wurden von vielen Menschen mit Misstrauen betrachtet. So bezeichnete Platon die Orphisten verächtlich als Schwätzer, die den Leichtgläubigen das Heil versprachen. Auch die Lehre des Pythagoras wies etliche Parallelen zur orphischen Religion auf, wurde aber ebenso gering geschätzt. Dennoch kursierten zahlreiche Schriften, die eine Einführung in den Orphismus boten; sie sind uns leider nicht erhalten geblieben.

Von der Lebensweise der Orphisten zeugen jedoch Goldtäfelchen, die man in Gräbern in Unteritalien und auf Kreta fand. Sie waren dazu bestimmt, die Verstorbenen ins Jenseits zu geleiten. Inschriften auf den Täfelchen verheißen die Rückkehr zum ursprünglichen Sein. Es ist auch möglich, dass die Orphiker an die Seelenwanderung glaubten. Sie wurde als eine Möglichkeit angesehen, durch die Wanderung von einem Körper zum anderen die Stufe der Vollkommenheit zu erreichen.

Rechts: Der griechische Liebesgott Eros schickt sich an, die Menschen an seinen Reizen teilhaben zu lassen (Statuette aus dem 1. Jh. v. Chr.).

Orphismus und Christentum

Zwischen dem 4. und 2. Jh. v. Chr. verlor der Orphismus als religiöse Strömung zunehmend an Einfluss. Einige griechische Philosophen beschäftigten sich jedoch weiterhin mit der orphischen Lehre; dadurch entstand eine mystische Strömung, welche die gesamte antike Geschichte und Philosophie durchzieht und zu Beginn des 1. Jt. n. Chr. noch spürbar ist.

Der Orphismus beeinflusste zudem das Christentum, das Orpheus in die Nähe von Christus rückte – auch er besiegte den Tod, vermittelte eine Offenbarung und war Gründer einer Heilslehre. So findet man Orpheus sowohl auf heidnischen Mosaiken in Gebäuden – was darauf hinweist, dass der Besitzer des Hauses ein kultivierter Mensch und ein Freund der Musen ist – als auch auf Sarkophagen, wo er zwar nicht immer die Auferstehung verheißt, aber zumindest ein freundliches Jenseits. Und aus Darstellungen in Katakomben ist ersichtlich, wie Christus geradezu durch Orpheus symbolisiert wird.

Das dunkle Reich der Toten

In der antiken Mythologie war Hades der unter der Erde liegende Aufenthaltsort der Toten, der nach seinem Herrscher benannt wurde. Wenn man eine Person ordnungsgemäß bestattet hatte, gelangte ihre Seele mithilfe des Fährmanns Charon in den Hades – jener fuhr die Seelen in einem Kahn über die Flüsse Styx oder Acheron. Da er für diesen Dienst ein Fährgeld von einem Obolus verlangte, bestattete man die Toten mit Münzen im Mund.

PYTHAGORAS: DER GEDANKE UND DIE ZAHL

Pythagoras setzte sich als Meister des rationalen Denkens durch.

Philosoph, Mathematiker, Astrologe, Wundertäter, für manche ein Gottmensch – Pythagoras führte das klassische Griechenland von einer religiösen zu einer rationalen Denkweise. Der Gelehrte, um dessen Leben sich zahlreiche Legenden ranken und den wir lediglich aus den Schriften seiner Schüler kennen, galt bei seinen Anhängern als der vollkommene Weise.

Aus den Aufzeichnungen über Pythagoras geht hervor, dass er um 570 v. Chr. als Sohn einer reichen Kaufmannsfamilie auf der griechischen Insel Samos zur Welt kam. Er erhielt eine liberale Erziehung bei dem besten Pädagogen seiner Zeit, Hermondamas, der 30 Jahre in einer renommierten Philosophenschule in Athen gelehrt hatte. Hermondamas weckte in ihm die Bewunderung für den Dichter Homer und brachte Pythagoras durch das Studium von Schriften der damaligen großen Meister die Grundlagen von Philosophie und Mathematik bei.

Nachdem er seine Ausbildung abgeschlossen hatte, schiffte sich Pythagoras nach Ägypten ein, wo er ungefähr 15 Jahre lang in einer Gemeinschaft von Priestern lebte. In dieser Zeit gab er seinen griechischen Namen Mnesarchos auf und nahm den heiligen Namen Pythagoras an – *ptah* für Gott, *ro* für Erkenntnis und *ra* für Sonne: „Der, welcher Gott kennt wie die Sonne". Der Gottmensch war geboren.

Pythagoras und der Orphismus

Die Anhänger des Orphismus, einer religiösen Strömung im alten Griechenland, vertraten die Ansicht, nur ein asketisches Leben könne die Seele reinigen und sie aus dem Gefängnis des Körpers befreien, in dem sie zur Strafe für ihre Verfehlungen eingeschlossen sei. Auch Pythagoras und seine Schüler wurden vom Orphismus beeinflusst, von dem sie eine gewisse Anzahl von Glaubensvorstellungen übernahmen. Für Pythagoras bestand das wirksamste Mittel zur Erlösung und Reinigung der Seele darin, sein Leben den anspruchsvollsten theoretischen Forschungen zu widmen.

Eine Schule und ihr bewegtes Schicksal

Kurz nach der Rückkehr auf seine Heimatinsel Samos gründete Pythagoras eine Schule, die er den Halbkreis nannte. Aber der erhoffte Zulauf blieb aus und so verließ er seinen Geburtsort erneut und begab sich nach Kroton, dem heutigen Crotone, in Süditalien. Dort ließ er sich nieder und versuchte durch die Gründung eines neuen Bundes, der pythagoräischen Schule, seine moralische, religiöse und politische Idealvorstellung vom Leben zu verwirklichen.

Diesmal stellte sich der ersehnte Erfolg ein: Die Gedanken und Theorien des Pythagoras beeinflussten ganz Unteritalien bis hin zum aufblühenden Rom. Doch als er 70 Jahre alt war, führte ein Krieg zwischen Kroton und der Nachbarstadt Sybaris zur Auflösung der pythagoräischen Schule – obwohl Kroton die Auseinandersetzung siegreich beendet hatte. Mit demokratischem Elan wurde nämlich beschlossen, die auf dem Gebiet von Sybaris eroberten Ländereien zum Nachteil der Aristokratie zu verteilen, aus der sich Pythagoras' Schüler im Wesentlichen rekrutierten. Er musste fliehen und suchte Zuflucht in Metapont, wo er etwa 480 v. Chr. auch gestorben sein soll. Um die mögliche Ursache seines Todes ranken sich viele Gerüchte: Altersschwäche, 40-tägiges Fasten oder Mörderhand – niemand weiß es.

Der pythagoräische Bund war zwar zerstört, aber seine Mitglieder fanden sich im Lauf der Zeit wieder zu religiösen oder philosophischen Schulen zusammen. Noch weitere 200 Jahre lang wurde Griechenland vom pythagoräischen Denken beeinflusst; danach erlebten die Lehren des Pythagoras einen Niedergang, bevor sie im 1. Jh. n. Chr. aufs Neue an Bedeutung gewannen.

Ordnung und Disziplin

Die Schule, die Pythagoras in Kroton gründete, war in ihrer Tendenz asketisch und völlig dem Studium der Philosophie, der Politik und der Wissenschaft gewidmet. Die Pythagoräer unterwarfen ihr Leben dem Willen ihres Meisters. Die Einweihung in die strengen Regeln des Bundes verpflichtete jeden zur strikten Einhaltung bestimmter Vorschriften, vor allem zum Schweigen. Bewerber, die in die Gemeinschaft aufgenommen werden wollten, mussten zunächst eine dreijährige Probezeit bestehen; danach folgten weitere fünf Jahre, in denen sie weder sprechen noch den Meister sehen durften, der sich hinter einem Vorhang verborgen hielt. Er verlangte von jedem, einen Teil seines Lebens

In Kroton gründete Pythagoras eine Denkschule, der rund 600 Schüler angehörten.

Pythagoras arbeitete gern im Kreis seiner Schüler. (Detail aus: Die Schule von Athen *des italienischen Malers Raffael)*

dem öffentlichen Wohl und den anderen Teil der Arbeit der Schule zu widmen.

Die pythagoräische Gemeinschaft hatte kein direktes politisches Programm, aber das persönliche Wirken des Pythagoras führte zu Veränderungen in der Verfassung von Kroton. So wollte er die Erziehung der Kinder reformieren und die Frauen in die Gesellschaft integrieren; sein vorrangiges Ziel bestand jedoch darin, den demokratischen Charakter der Stadt in einen theokratischen umzuwandeln. Daher gab er einigen Städten in Italien Gesetze und rekrutierte aus der Aristokratie eine „Regierung der Besten". Seiner Auffassung nach beruhte der vollkommene Staat auf drei bedeutenden Grundlagen: Moral, Religion und Wissenschaft.

Der Glaube des Pythagoras an die religiösen Vorstellungen des Orphismus erklärt die Strenge, mit der in den pythagoräischen Schulen gelebt und gelehrt wurde. An die Stelle von Eigeninitiative und persönlicher Freiheit trat eine rigorose Disziplin, die als unabdingbar für die Erlangung einer perfekten Ord nung galt. Der Bund der Pythagoräer umfasste mehrere Schulen, in denen rund 600 Anhänger ihr Leben und ihr Vermögen in eine philosophisch-wissenschaftliche Gemeinschaft einbrachten. Die Mitglieder, die größtenteils der Aristokratie oder dem wohlhabenden Bürgertum entstammten, erkannten einander an ihrer Kleidung und bestimmten Zeichen – besonders dem Fünfeck, dem Wahrzeichen der Schule; sie legten einen Eid ab und hielten ihre Arbeit geheim.

Universalgenies der Antike

Den Pythagoräern verdankt die moderne Wissenschaft zahlreiche bedeutende Erkenntnisse. Außer dem Lehrsatz des Pythagoras, der heutzutage den meisten Schülern ein Begriff ist, gehen auf dem Gebiet der Mathematik die Multiplikationstabelle und die imaginären Zahlen – jene Werte, die weder durch eine ganze Zahl noch durch einen Bruch auszudrücken sind – auf sie zurück. In der Akustik wiesen die Pythagoräer auf die Beziehungen hin, die zwischen der Länge einer Saite und der Höhe des mit ihr erzeugten Tons bestehen. Und in der Astronomie schließlich gehörten sie zu den Ersten, die versicherten, die Erde sei eine Kugel.

Die griechischen Philosophen Platon (vorne) und Aristoteles waren beide stark vom pythagoräischen Denken beeinflusst.

Das pythagoräische Denken

Trotz der äußerst strengen Regeln brachte die Lehre des Pythagoras ihre Zeit einen großen Schritt voran. Beispielsweise verdanken wir ihm den Begriff Philosophie. Er gilt auch als der Erste, der versuchte, sich von der Autorität der Götter über die Menschen zu lösen und nach einer im eigentlichen Sinn menschlichen Weisheit zu suchen. Die Philosophen Platon und Aristoteles wurden durch ihn inspiriert und betrachteten ihn als großes Vorbild.

Von der Astronomie bis zur Physik und Mathematik stützten sich alle Arbeiten des Pythagoras und seiner Schüler auf die Vorstellung, die Materie könne durch Zählen und Messen erfasst werden; sie glaubten, zwischen allen Dingen gebe es eine mathematische Beziehung. Vorrangiges Ziel ihres für die damalige Zeit revolutionären Strebens stellte die Vereinigung der grundlegenden Gesetze des Universums durch die reine, von jeder konkreten Erfahrung unabhängigen Mathematik dar. Dieses Prinzip wandten sie in mehreren Wissenschaftsbereichen an, zu denen sie einen beträchtlichen Beitrag leisteten – man kann sagen, dass hier die Wurzeln des gesamten modernen Rationalismus zu finden sind.

Parallel dazu entwickelte Pythagoras – in einer eigentlich widersprüchlichen Weise – von mystischen Vorstellungen geprägte Konzeptionen von der Kraft und dem Einfluss bestimmter Zahlen. In diesem Nebeneinander von reiner Mathematik und geheimnisvoller Zahlenmystik liegt die Ambivalenz des Pythagoras und seiner Lehre begründet: genau am Schnittpunkt der magischen und der rationalen Denkweise.

Kybele, Isis und Mithras – neue Götter aus dem Orient

Lange vor der Geburt des Christentums entwickelten sich im Römischen Reich die Heilsreligionen fremder Götter, deren Ursprung im Orient lag: Kybele aus Anatolien, Isis aus Ägypten und Mithras aus Persien. Was beinhalteten diese Kulte, die manche als Vorläufer des Christentums sehen?

Ab dem 3. Jh. v. Chr. begannen verschiedene orientalische Religionen im Römischen Reich Fuß zu fassen. Diese Kulte, von denen einige nur über besondere Einweihungszeremonien zugänglich waren, besaßen bald eine große Anhängerschaft unter dem einfachen Volk und besonders unter denjenigen, die im Staat politisch kein Mitspracherecht hatten und gesellschaftlich für unmündig gehalten wurden: Besitzlose, Sklaven, Freigelassene; vielfach auch Frauen. Die neuen Religionen ermöglichten allen, die sich mit Überzeugung zu ihnen bekannten und regelmäßig an den Kulthandlungen teilnahmen, ein geborgenes Leben in der Gemeinschaft der Gläubigen und versprachen dazu ein Weiterleben im Jenseits, wo sie mit der wohltätigen Gottheit vereint sein würden.

Die am weitesten verbreiteten Kulte, die der Kybele, der Isis und des Mithras, unterscheiden sich von anderen Formen der antiken Religiosität darin, dass sie Götter einführten, zu denen die Menschen eine persönliche Beziehung aufbauen konnten; der mit den Kulten verbundene Ritus führte zu einer Teilhabe des Gläubigen am Göttlichen und zur Hoffnung auf Erlösung.

Die Große Mutter Kybele fährt auf ihrem von Löwen gezogenen Wagen mit ihrem Geliebten Attis an ihrer Seite (Schmuckplatte aus vergoldetem Silber, 4. Jh.).

Die eifersüchtige phrygische Göttin

Als Erster kam der Kult um die Göttin Kybele nach Rom. Er wurde im Jahr 204 v. Chr. auf Weisung der sibyllinischen Bücher – eine in Rom aufbewahrte Sammlung von Orakelsprüchen – eingeführt, denn sie versprachen, danach werde der karthagische Feldherr Hannibal, der bereits seit geraumer Zeit in Italien wütete, endlich verjagt werden. So ließ man aus der kleinasiatischen Stadt Pessinus die Kultstatue der Kybele kommen, der in Phrygien verehrten „Großen Mutter" allen Erdenlebens. Es handelte sich dabei um einen schwarzen Meteorstein, der in Rom enthusiastisch und mit großem Pomp begrüßt und einige Jahre später in einem auf dem Palatin errichteten Heiligtum aufgestellt wurde.

Ab dem 2. Jh. sind die vermutlich unter Kaiser Claudius eingeführten öffentlichen Frühlingsfeiern des Kybele-Kultes kalendarisch bezeugt. In der zweiten Märzhälfte wurde dabei des Todes und der Auferstehung des Attis gedacht, des Geliebten der Göttin. Kybele fühlte sich zu dem schönen jungen Mann hingezogen, der aber erlag den Reizen einer Nymphe. Eifersüchtig ließ die Göttin Attis daraufhin wahnsinnig werden und dieser entmannte sich in seiner Raserei, starb und erstand wieder auf.

Am 15. März begannen die Feiern mit einer Prozession. Darauf folgte eine Woche der Buße begleitet von Fasten und sexueller Enthaltsamkeit. Am 22. März feierte man dann den so genannten Einzug des Baumes – eine Fichte oder Pinie, die entweder das Geschlechtsteil des Attis oder den Baum symbolisierte, unter dem er sich entmannt hatte. Dieser Kultbaum wurde auf dem Palatin aufgestellt und wie ein Toter mit Bändern und Girlanden geschmückt oder manchmal mit Blut bestrichen. Bevor man den Baum drei Tage später stellvertretend für Attis in ein Grab legte, wurden lautstarke, von Tänzen und Geschrei begleitete Trauerriten abgehalten, die sich in eine orgiastische Raserei steigerten. Dabei geißelten sich Gläubige wie Priester; und manche identifizierten sich in ihrer Ekstase so sehr mit Attis, dass sie sich selbst entmannten. Nach einer Nacht, die im Gebet zugebracht wurde, folgte am 25. März die Feier zur Auferstehung des Attis. Die höchsten Würdenträger des Reiches, allen voran der Kaiser, huldigten Kybele an diesem Tag, der von den Römern auch als Frühlingsanfang betrachtet wurde. Am 27. März trug man die Kultstatue der Kybele vom Palatin zum Almo, einem Nebenfluss des Tiber, um sie dort rituell zu waschen.

Um den 4. April, dem Jahrestag der Ankunft der Göttin in Rom, fanden in der Kaiserzeit dann auch noch feierliche Zirkusspiele, die *Ludi Megalenses,* statt.

Bluttaufe im Namen der Kybele

Im Zuge der Mysterienweihen der Großen Mutter, bei denen symbolisch für die Kastration des Attis die Hoden eines geopferten Stieres oder Widders vergraben wurden, unterzogen sich viele Gläubige auch einer Bluttaufe, dem so genannten Taurobolium. Dazu stiegen sie in eine mit durchlöcherten Brettern bedeckte Grube hinunter, worauf über ihnen ein Stier geopfert wurde, dessen Blut dann auf sie herunterfloss; entsprechend spektakulär war ihr Anblick, wenn sie wieder erschienen. Diese Opfer waren eine Bürgschaft für ewiges Leben, die Gläubigen waren mit der Bluttaufe wieder geboren. Sowohl Männer als auch Frauen konnten das Taurobolium entweder für den Kaiser, den römischen Staat oder zu ihrem eigenen Wohl begehen.

Dieses Fresko aus Herculaneum (1. Jh.) zeigt einen Gottesdienst zu Ehren der Isis.

Isis, die klagende Gottheit aus Ägypten

Dem Kult der Göttin Isis und ihres Gatten Osiris, oder Serapis, wie er außerhalb Ägyptens genannt wurde, war zu Anfang ein weniger günstiges Schicksal beschieden. Er wurde in Rom im 1. Jh. v. Chr. zunächst durch dort ansässige Ägypter eingeführt. Doch unter den römischen Plebejern erlangte Isis bald große Popularität; aber als ihr Tempel zu einem Treffpunkt der Halbwelt wurde, schritt der Senat ein und ließ ihre Kultstätten und Altäre zerstören. Auch Augustus bekämpfte den Isis-Kult, allerdings aus politischen Gründen, da seine Gegner Marcus Antonius und Kleopatra sich mit Isis und Serapis gleichgesetzt hatten. Und Kaiser Tiberius ließ aufgrund eines angeblichen Skandals die Kultstatue des wichtigsten Heiligtums in den Tiber werfen. Erst unter seinem Nachfolger Caligula (12–41) wurden diese ägyptischen Gottheiten in Rom offiziell zugelassen.

Der Kult basierte auf einem ägyptischen Mythos, nach welchem Osiris von seinem Bruder Seth ermordet und zerstückelt wurde. Doch Isis, die Gemahlin des Osiris, suchte die Teile wieder zusammen und erweckte ihren Gatten zu neuem Leben, der daraufhin zum Herrscher der Unterwelt wurde. Ihre Fähigkeit, den Tod zu besiegen, machte Isis zur Schutzgöttin Ägyptens und ihre Verehrung breitete sich bald in einem wahren Siegeszug im gesamten Mittelmeerraum aus. Sie wurde zu einer Art Universalgöttin, zur „Mutter der Dinge“ und „Herrin der Elemente“. Ihre Beliebtheit ist wahrscheinlich auf ihren großen Aufgabenbereich zurückzuführen; Eingeweihte und Gläubige fanden bei Isis mütterliche Fürsorge und Geborgenheit.

Im römischen Kulturkreis standen die Tempel der Isis auf einem umfriedeten Grundstück, wo die Priesterschaft täglich Kulthandlungen vornahm. Morgens und abends gab es Gottesdienste, in denen – begleitet von Hymnengesängen – die Statue der Isis feierlich enthüllt und dann wieder verhängt wurde.

Zwei große Feste bildeten den Höhepunkt des religiösen Jahres. Am 5. März feierte man das Fest des Isis-Schiffes. Mit einer Prozession zum Meer, wo ein mit Opfergaben beladenes Boot den Wellen übergeben wurde, ehrte man Isis als Schutzgöttin der Schifffahrt. Ende Oktober erinnerte eine mehrtägige Zeremonie an die Auferstehung des Osiris: Nach drei Tagen lautstarker Totenklage, die Isis' Suche nach der zerstückelten Leiche des Osiris nachempfinden sollte, freute man sich darüber, dass der Unterweltgott wieder zum Leben erweckt wurde. Auch bei der Weihe der Isis-Priester wurde an die Leiden des Osiris erinnert. Der zukünftige Kultbeamte begab sich zunächst zum Hohepries-

Keusch gewandet, ein Gefäß mit heiligem Wasser in der Hand, begibt sich diese vornehme Dame nach den Reinigungsriten zum Gottesdienst der Isis (Marmorstatue aus römischer Zeit).

ter, der ihn mit heiligem Wasser besprengte, Gebete sprach und ihn dazu verpflichtete, in den folgenden zehn Tagen sexuelle Enthaltsamkeit zu üben und weder Fleisch noch Wein zu sich zu nehmen. Am festgesetzten Tag wurde der Kandidat in das Allerheiligste des Isis-Tempels geführt und erlebte in der folgenden Nacht seinen symbolischen Tod, eine Art Abstieg in die Unterwelt. Am nächsten Morgen wurde er dann in reich bestickten Gewändern den anderen Gläubigen als neuer Isis-Priester vorgestellt.

Ein Gott, aus Stein geboren

Ein jüngerer Kult im Römischen Reich war der des Mithras, der sich nur sehr langsam durchsetzte. Der Grund dafür lag vielleicht darin, dass er eine reine Männerreligion war – im Gegensatz zu den Kulten der Isis und der Kybele, die viele Frauen anzogen, weil sie ihnen eine aktive Teilnahme an Opfern und Festen gewährten.

Mithras war eine seit dem 14. Jh. v. Chr. weit verbreitete indo-iranische Göttergestalt, deren Verehrung mit der Ausdehnung des Perserreiches bis nach Griechenland gelangte. Kaufleute, Sklaven und vor allem Legionäre, die aus dem Orient stammten, brachten den Kult dann ins Römische Reich, wo er sich besonders in den Handelszentren und Garnisonsstädten ausbreitete. Nachdem sich Kaiser Commodus (161–192) den Weihen unterzogen hatte, wurde der Mithraskult allmählich populärer. Schließlich verlieh Diokletian im Jahr 307 Mithras den Stellenwert eines „Beschützers des römischen Staates".

Obwohl die Religion des Mithras im gesamten Römischen Reich über Hunderte von Kultstätten verfügte, wissen wir aufgrund ihrer Komplexität und fehlender literarischer Zeugnisse wenig von ihr. Ausgeübt wurde sie in Höhlen oder unterirdischen Räumen, die so genannten Mithräen, die nur einige Dutzend Teilnehmer aufnehmen konnten.

Ursprünglich war Mithras ein Gott der Verträge und des Lichts der Morgenröte sowie als Verbündeter des guten Gottes Ahura Masdah im Kampf gegen das Böse auch für den Kriegsstand zuständig. Aus einem Felsen geboren, wurde er der Legende nach zuerst von Hirten angebetet.

Unter der heutigen Kirche San Clemente in Rom entdeckte man dieses Mithräum – eine Kultstätte des Gottes Mithras – aus dem 3. Jh. Das Relief im Vordergrund stellt die Gottheit dar, wie sie den heiligen Stier tötet.

Mit einer Heilstat wurde Mithras dann zum Schöpfer: Er tötete den Weltenstier, aus dessen Leib und Blut danach alle Pflanzen- und Tierarten entstanden. Diese Szene ist in vielen Heiligtümern des Mithras dargestellt.

Unter den Anhängern des Mithraskultes gab es sieben verschiedene Weihegrade, die durch spezielle Initiationsfeiern erreicht wurden. Bei den Gottesdiensten gab es eine Art Abendmahl mit der Weihe von Brot, Wasser und Wein und gelegentlich wurde auch ein Stier geopfert. Das wichtigste Fest im Kultkalender des Mithras fand am 25. Dezember statt. Dann wurde der Gott als *sol invictus*, als unbesiegte Sonne, gefeiert.

Parallelen zum Christentum

Ob Kybele, Isis oder Mithras – all diese Gottheiten boten den Gläubigen die Möglichkeit zu einer persönlichen, individuellen Bindung. Diese erwarteten von den neuen Göttern Gesundheit, irdisches Glück und die Verheißung, wenn nicht sogar die Gewissheit, in eine freundliche jenseitige Welt zu gelangen.

Über diese allgemeinen Parallelen hinaus gibt es im Kybele-Kult – sieht man vom Element der Wiederauferstehung des Kybele-Geliebten Attis einmal ab – keine Verbindung zum Christentum. Isis dagegen, die leidende und mächtige Göttin, die hilfreich allen zur Seite steht, die sich zu ihr bekennen, erinnert in ihrem Gnadenreichtum an die Marienverehrung. Die Darstellung der Göttin mit ihrem kleinen Sohn Horus könnte auch als Vorbild für christliche Madonnen gedient haben. Im Mithraskult hatte das junge Christentum allerdings zeitweilig einen ernst zu nehmenden Konkurrenten, sodass sich manche Kirchenväter zu vehementen Stellungnahmen genötigt sahen. So ergeben sich zahlreiche rituelle Parallelen: Tauffeiern, Abendmahl, die Heiligkeit des Sonntags und nicht zuletzt die Übernahme des 25. Dezember, des Geburtstags des Mithras, als Geburtsfest Christi.

Wenn man also eine ganze Reihe von Gemeinsamkeiten feststellen kann, so liegt das wahrscheinlich daran, dass alle diese Heilsreligionen eine Antwort auf dieselben Fragen und Bedürfnisse der Menschen anzubieten versuchten: die Suche nach dem Sinn des Daseins und die Hoffnung auf ein ewiges Leben.

Das Ende für Mithras und Isis

Als Konstantin der Große das Christentum zur Staatsreligion erhob, begann der Niedergang der orientalischen Kulte. So hatte es die Mithrasverehrung nie geschafft, zur Massenreligion zu werden, sie war nicht so gut organisiert wie das Christentum. Gegen Ende des 4. Jh. war der Lichtgott in Europa fast vergessen, während der Isiskult noch bis ins 5. Jh. hinein bestand.

HERON VON ALEXANDRIA

Als Mechaniker, Mathematiker und Autor von Abhandlungen über Kriegsmaschinen war Heron bereits den Handwerkern und Ingenieuren des Mittelalters bekannt. Im 19. Jh. stellten Gelehrte dann erstaunt fest, dass dieser geheimnisvolle Tüftler der Antike sogar eine Dampfmaschine zum Laufen gebracht hatte! Wer verbirgt sich hinter Heron von Alexandria?

Darstellung von Alexandria, der geistigen Hauptstadt der Antike

Man schreibt ihm die Schraubendrehbank zu – eine Maschine, mit der man Schrauben schneiden kann – sowie die Schraubenpresse, die Feuerlöschpumpe und die Wasseruhr. Auch einen Wegemesser, wie er etwa unserem heutigen Kilometerzähler entspricht, soll er konstruiert haben. Beim Bau seiner ausgeklügelten Vorrichtungen benutzte er alle mechanischen Hilfsmittel, die ihm zur Zeit seines Wirkens zur Verfügung standen, beispielsweise den Kolben und die Nockenwelle. Dennoch ist Heron von Alexandria, einer der bedeutendsten Erfinder der antiken Welt, als Person weitgehend im Dunkeln geblieben.

Lange Zeit herrschte Unklarheit darüber, wann er gelebt hat. Mittlerweile sind sich die Historiker jedoch ziemlich sicher, dass Heron im 1. Jh. wirkte. Über viele Jahre sah man in ihm lediglich einen Bastler bescheidener Herkunft und mutmaßte, er könnte seinen Unterhalt vielleicht sogar einmal als Schuhmacher verdient haben. Nachdem aber im 19. Jh. eines seiner Manuskripte, die *Metrika,* entdeckt wurde, änderte sich das Bild von Heron völlig. Von nun an galt er als hervorragender Mathematiker und Physiker auf hohem Niveau, der sich auf dem Gebiet der Hydraulik ebenso versiert zeigte wie in der Astronomie. Möglicherweise unterrichtete er Naturwissenschaften in einer der bedeutendsten Lehrstätten der damaligen Zeit, im *Museion* der ägyptischen Stadt Alexandria.

Quelle der Anregung für Leonardo da Vinci?

Zum Glück für die Historiker hat Heron sein Werk schriftlich festgehalten und der größte Teil davon ist erhalten geblieben: sieben Arbeiten, die den Höhepunkt der griechischen Technik darstellen und denen ein außergewöhnliches Schicksal widerfuhr. So wurde seine Abhandlung zum Thema Pneumatik von einer Kultur in die andere überliefert: Byzantiner, Aramäer, Perser und vor allem Araber kopierten das Werk immer wieder, begeistert von einer Wissenschaft, die ihre eigenen Kenntnisse bei weitem überstieg. Auch im Mittelalter wurden die Darlegungen Herons eifrig gelesen und selbst die Vorstellung, dass der berühmte Leonardo da Vinci bei ihm die eine oder andere Anregung fand, wird von einigen Wissenschaftlern durchaus für möglich gehalten.

Gegengewichte, Automaten, Wasserdruck: Eine der zahlreichen Maschinen, die Heron von Alexandria erfand.

Den Heronsball – die berühmte Dampfmaschine, die bei den Griechen *Aiolipyle* genannt wurde – hat vor einigen Jahren der englische Altertumswissenschaftler John Landels aufgrund der Beschreibungen Herons nachgebaut. Hauptbestandteil der Vorrichtung ist eine Kugel, die Wasser enthält und mit zwei einander gegenüberstehenden Röhren versehen ist. Das Wasser wird erhitzt, bis sich Dampf bildet, der durch die Röhren entweicht; dadurch entsteht ein Kräftepaar, das die Kugel in eine Drehbewegung versetzt, und zwar mit einer Geschwindigkeit von 1500 Umdrehungen pro Minute.

Spielzeug eines Visionärs

Die Leistung der Vorrichtung ist für heutige Verhältnisse allerdings gering: zu viel Reibung, zu hohe Verluste von Wärme und Dampf. Landels hat berechnet, dass die Maschine, um dieselbe Leistung wie die Muskelkraft eines Mannes zu erzeugen, pro Stunde mehrere 100 kg Holz verbrennen musste; allein die Beschaffung des Brennmaterials machte aber die Arbeit von drei oder vier Männern erforderlich. Ohne Kohle, ohne Eisenguss, ohne wichtige mechanische Teile, wie Dichtungen und Ventile, hatten die Griechen keine Chance, die Kraft des Dampfes zu bändigen. Der Heronsball war wohl kaum mehr als ein Spielzeug, aber die geniale Erfindungsgabe des Heron von Alexandria verdient auch heute noch unsere Bewunderung.

Der Brand Roms

Im Jahr 64 n. Chr. verwüstete ein verheerender Feuersturm die Stadt Rom. Die Frage nach der Ursache ist bis heute nicht restlos geklärt: Handelte es sich um einen Unglücksfall oder wurde das Feuer auf Geheiß Kaiser Neros absichtlich gelegt?

Das Feuer begann in der Nacht vom 18. auf den 19. Juli und wütete mehrere Tage und Nächte lang: 40 000 Mietshäuser, 132 vornehme Stadtvillen, ein Teil des Kaiserpalastes und zahlreiche Heiligtümer wurden zerstört. Kaiser Nero, der sich bei Ausbruch des Brandes nicht in Rom aufhielt, kehrte eilig zurück und veranlasste, dass Notunterkünfte errichtet wurden; außerdem wachte er über die Verteilung von Lebensmitteln und den Verkauf von Weizen zu niedrigen Preisen. Die Bewohner Roms zeigten sich ob der Katastrophe zutiefst verstört und veranstalteten Bußzeremonien, um den Zorn der Götter zu beschwichtigen.

Die Frage nach der Brandursache hat seit der Antike Anlass zu Spekulationen gegeben. So stützt sich die schon bald geäußerte Vermutung, der Brand sei rein zufällig entstanden, auf die unzulänglichen städtebaulichen Verhältnisse im damaligen Rom. Die von Hügeln umgebene, völlig planlos angelegte und überbevölkerte Stadt sah sich während der Zeit der Römischen Republik (um 470–27 v. Chr.) einer entfesselten Bodenspekulation ausgesetzt, die durch überhöhte Mieten noch angeheizt wurde. Entlang den engen Gassen und Straßen drängten sich teilweise mehrgeschossige Häuser, in denen auf einfachen, meist offenen Feuerstellen gekocht wurde. Zum Heizen verwendeten die Familien häufig mit Holzkohle gefüllte Pfannen, die das Brandrisiko zusätzlich erhöhten. Die Fenster hatten keine Glasscheiben und wurden mit hölzernen Läden verschlossen; viele Häuser grenzten an Tempel, deren Dächer auf dicken Holzbalken ruhten. Daher ist es nicht weiter verwunderlich, dass es in regelmäßigen Abständen zu Bränden kam.

Hieß der Brandstifter Nero?

Darüber hinaus gab aber auch die Persönlichkeit Kaiser Neros, dem von jeher das Etikett des Tyrannen und Exzentrikers anhaftet, Anlass zu Verdächtigungen. Die Liste seiner Untaten ist lang: Beispielsweise ermordete er seine Mutter und die eigene Ehefrau. Und bereits in der Antike kam der Verdacht auf, Nero selbst habe Rom angezündet. Seine Leidenschaft für das Theater nährte das Gerücht, er habe sich die Gelegenheit schaffen wollen, ein Gedicht über den Brand Trojas vorzusingen. Außerdem wurde behauptet, durch das Feuer habe er sich den nötigen Platz für sein Goldenes Haus geschaffen – jenen prunkvoll und verschwenderisch ausgestatteten Palast, von dem heute kaum noch etwas zu sehen ist, dessen Säulengang sich aber einst angeblich über rund 1,5 km Länge erstreckte. Der Kaiser wies jedoch alle Schuld von sich und machte andere verantwortlich: die Christen.

Ideale Verdächtige

Es gestaltete sich recht einfach, die Christen der Brandstiftung zu bezichtigen. Sie galten als ärmliche kleine Leute, die aus dem Orient gekommen waren und den Status von Fremden hatten; über ihre verbotene, im Geheimen ausgeübte Religion kursierten innerhalb der Bevölkerung grausige Beschreibungen. Den verheerenden Brand von Rom nahm Nero daher zum Anlass, eine systematische Christenverfolgung einzuleiten. Damit versuchte er, den durch den Brand hervorgerufenen Volkszorn zu beschwichtigen und die öffentliche Meinung auf seine Seite zu bringen. Es folgten zahllose Verhaftungen und viele Christen fanden auf grausame Art den Tod: Sie wurden entweder wilden Tieren in der Arena zum Fraß vorgeworfen, gekreuzigt oder aber dazu bestimmt, als lebende Fackeln nachts die kaiserlichen Gärten zu beleuchten.

Die Schuldfrage wird wohl nie vollständig geklärt werden können. Nero selbst gehörte jedenfalls ebenso zu den Verlierern bei der Brandkatastrophe wie viele andere, die um ihr Hab und Gut kamen: Sowohl sein kaiserlicher Palast als auch der Circus Maximus, das Symbol kaiserlicher Macht, versanken in Schutt und Asche. In späteren Jahren nahmen die römischen Kaiser dann – besonders im 2. Jh. – eine durchdachte und gewissenhafte Stadtplanung in Angriff, um die Brandgefahr einzudämmen.

Von einer Terrasse auf dem Palatin, einem Stadthügel Roms, besingt Nero – umgeben von seinem Hof – den Brand Trojas, während er das brennende Rom betrachtet. (Gemälde von Jan Styka, Ende 19. Jh.)

DAS VOLK DER BASKEN UND SEINE KOMPLIZIERTE SPRACHE

Die Basken machen immer wieder von sich reden: In politischer Hinsicht geraten sie durch die Terrorakte ihrer Untergrundorganisation ETA des Öfteren in die Schlagzeilen und für Wissenschaftler sind sie und ihre Sprache besonders interessant, weil die anthropologischen und sprachlichen Ursprünge noch nicht geklärt sind.

Der preußische Staatsmann und Gelehrte Wilhelm von Humboldt begründete mit seinen sprachphilosophischen Schriften die moderne Linguistik. Im Jahr 1821 veröffentlichte er ein größeres Werk über die baskische Sprache.

Die Basken sind am Golf von Biscaya ansässig, also sowohl in Spanien als auch in Frankreich. Während sie in Frankreich keinerlei Sonderstatus genießen, leben sie in Spanien seit 1979 in der autonomen Region Baskenland, zu der die Provinzen Guipúzcoa, Vizcaya und Alava gehören.

Die Basken zählen insgesamt gut 2 Mio. Menschen und sind ein Volk mit ausgeprägtem ethnischem Bewusstsein. Dieses findet unter anderem in ihren Tänzen und Spielen Ausdruck, wie etwa den spektakulären Schwerter- und Stocktänzen oder dem Ballspiel *Pelota,* das eine gewisse Ähnlichkeit mit Squash besitzt. Auch das Recht der Erbfolge, bei dem unabhängig vom Geschlecht immer das älteste Kind den Grund und Boden der Eltern übernimmt, wird seit alters gepflegt.

Die bemerkenswerteste Besonderheit der Basken ist jedoch ihre Sprache. Unter den Völkern Europas gehören sie zu den wenigen, die nicht Mitglied der indo-europäischen Sprachfamilie sind, und ganz sicher handelt es sich bei ihnen um die Einzigen, die ihre Identität über ihre Sprache definieren. Ein Baske bezeichnet sich selbst als *Euskaldun,* d.h. als einen, der das *Euskara,* die baskische Sprache, beherrscht, und er nennt sein Land *Euskadi* oder *Euskal-herri,* das Land der baskischen Sprache. Anders ausgedrückt: Baske sein bedeutet Baskisch sprechen.

Bronzemünzen mit iberischen Inschriften: oben celse, *der Name einer Stadt, unten* un-ticesce, *eine ethnische Bezeichnung*

Ein Volk mit sehr langer Siedlungsgeschichte

Bisher konnte trotz zahlreicher Forschungsarbeiten der Ursprung des baskischen Volkes noch nicht geklärt werden. Man fand aber heraus, dass die Basken schon seit sehr langer Zeit in ihrer angestammten Region siedeln und dass sie relativ wenig Kontakt mit anderen Bevölkerungsgruppen pflegten. Bei Blutgruppenuntersuchungen wurde nämlich festgestellt, dass bei ihnen die Blutgruppe B extrem selten, dafür aber die Blutgruppe 0 auffällig stark vertreten ist und dass ein negativer Rhesusfaktor bei ihnen weltweit am häufigsten vorkommt.

Auch die Familiennamen der Basken, die einen ganz speziellen Klang besitzen, deuten auf eine starke Bindung an ihre Heimat, denn sehr häufig sind sie identisch mit Ortsbezeichnungen. Die gemeinsame Kultur schlägt sich ebenfalls in den Namen nieder: Da auch bei den Basken der Mittelpunkt des Lebens das Haus *(etxe)* ist, verwundert es nicht, dass viele Basken z.B. *Etxe-a* (das Haus), *Etxe-berri* (neues Haus) oder *Etxe-gorri* (rotes Haus) heißen.

Sprachprobleme

Der baskische Sprachraum liegt zu drei Vierteln auf spanischem und zu einem Viertel auf französischem Staatsgebiet. Allerdings spricht nur noch ungefähr die Hälfte der Bevölkerung im Alltag Baskisch – in Frankreich sogar weniger, weil es dort in den Schulen nicht gelehrt wird.

Das gesprochene Baskisch besteht aus sechs Hauptdialekten. Da diese Tatsache die allgemeine Verständigung erschwert, fördert die Akademie der baskischen Sprache eine Art künstliches Einheitsbaskisch – *Euskara batua* – als gemeinsame Schriftsprache. Sie wird im spanischen Baskenland teilweise in Schulen und Hochschulen unterrichtet.

Verglichen mit indo-europäischen Sprachen, wie etwa Deutsch, Englisch, Französisch und Russisch, hat die baskische Sprache zahlreiche Eigentümlichkeiten. So kennt sie z.B. nur wenige abstrakte Begriffe wie Tier oder Wetter. Auch die Sprachformen sind teilweise außergewöhnlich wie beispielsweise die so genannte ergative Konstruktion: Während das Subjekt eines intransitiven Verbs – eines nichtzielenden Tätigkeitswortes – im ersten Fall, also Nominativ, steht, verlangt das Subjekt eines transitiven, d. h. zielenden Verbs den Ergativ, der durch ein angehängtes -k gekennzeichnet ist. Ein Beispiel für den Nominativ: *Baigorri mendi artean da,* das bedeutet: Baigorri liegt inmitten des Gebirges. Dagegen steht im folgenden Fall der Ergativ: *Baigorri-k partida irabazi du,* was so viel heißt wie: Baigorri gewinnt das Spiel.

Redeten Adam und Eva baskisch?

Solche und andere sprachlichen Besonderheiten sowie der Umstand, dass das Baskische eine isolierte Sprache ist und nach heutigem Wissensstand keine nachweisbare Verwandtschaft mit einer anderen Sprache aufweist, haben immer wieder den Forschergeist der Linguisten herausgefordert. Im Verlauf ihrer Arbeit haben sie mehrere Hypothesen hinsichtlich des Ursprungs der baskischen Sprache erwogen.

Eine besonders skurrile Annahme wurde im 18. Jh. von einem baskischen Geistlichen veröffentlicht. Er glaubte, dass Baskisch die älteste Sprache der Welt sei, die folglich schon von Adam und Eva gesprochen wurde. Die erste seriöse Untersuchung über den Ursprung des *Euskara* erfolgte dagegen von dem Deutschen Wilhelm von Humboldt (1767–1835).

Bei der Suche nach den baskischen Wurzeln können die Erkenntnisse der Historiker wichtige Dienste leisten. Diese sind überzeugt, dass die Namen gebende Urbevölkerung der Iberer bereits in der zweiten Hälfte des 1. Jt. v. Chr. auf der Halbinsel lebte und dass auch die Vasconen, die Vorfahren der heutigen Basken, schon vor der Eroberung durch die Römer im 3.–1. Jh. v. Chr. ihr jetziges Territorium besetzt hatten. Liegt es da nicht nahe, dass sich Iberer und Vasconen gegenseitig sprachlich beeinflusst haben?

Leider lässt sich diese Hypothese bis jetzt kaum nachprüfen. Das Baskische ist erst seit 1545 wirklich bekannt – in diesem Jahr wurde das erste baskische Buch gedruckt –, während das Iberische, von dem sich Zeugnisse aus vorrömischer und römischer Zeit erhalten haben, noch nicht entschlüsselt ist.

Die kaukasische Hypothese

Da es im Altertum auch ein kaukasisches Iberien im heutigen Georgien gab, nahmen einige Linguisten an, dass das Baskische mit den indoeuropäischen kaukasischen Sprachen verwandt sei. Sie sahen in Kaukasiern und Basken die Erben eines weiten indo-europäischen Sprachraumes, die von der Geschichte in die gebirgigen Randgebiete des alten Europa abgedrängt worden waren. Tatsächlich schienen vereinzelte sprachliche Merkmale diese Hypothese zu stützen, doch nach Ansicht der meisten Linguisten ist es nicht einmal möglich, die Verwandtschaft kaukasischer Sprachen untereinander festzustellen, geschweige denn eine baskisch-kaukasische Beziehung.

IUNSTIR SALIRG BASIRTIR SABARI
DAR BIRINAR GURS BOISTINGISDID
SESGERSDURAN SESDIRGADEDIN
SERAIKALA NALTINGE BIDUDEDIN ILI
NIRAENAI BEKOR SEBAGEDIRAN

Auf der Rückseite der 1921 gefundenen Bleitafel steht eine Inschrift aus dem 5. Jh. v. Chr. in iberischer Sprache und griechisch-ionischen Schriftzeichen. Die lateinische Umschrift rechts gibt einen Eindruck vom „entfernt baskischen Anklang".

Zurück zu den Iberern

Tatsächlich erscheint es sinnvoller, sprachliche Verwandtschaften in größerer räumlicher Nähe zu suchen, beispielsweise in der Region der Meerenge von Gibraltar. Die in Nordafrika ansässigen Karthager haben bei den Iberern Handelsniederlassungen eingerichtet, z. B. 226 v. Chr. Cartagena am Mittelmeer, die sicher auch manchmal von den Vasconen aufgesucht wurden. Von der iberischen Küste aus machte sich Hannibal einige Jahre danach mit seinen Elefanten und den numidischen Reitern, den Vorfahren der Berber, auf, um Rom herauszufordern. Im Bestreben, ihnen den Rückweg abzuschneiden, ließ Rom 218 v. Chr. nördlich von Barcelona seine Truppen an Land gehen und startete damit die Eroberung der Iberischen Halbinsel. Rund 900 Jahre später schließlich besetzten die Araber mit ihren Berbersoldaten Spanien, angeführt von dem Emir Tarik, auf den der Name Gibraltar zurückgeht. Es steht also fest, dass seit dem Altertum die Berber Nordafrikas, die Iberer der spanischen Levante und die Vasconen der Pyrenäen zahlreiche Kontakte miteinander hatten. Möglicherweise kann man daraus auf eine Verwandtschaft der Sprachen schließen.

Um diese Frage klären zu können, werden die Berbersprachen, die eigentlich erst in unserer Zeit richtig bekannt geworden sind, gründlich erforscht. Allerdings sind die Linguisten bis jetzt nicht in der Lage, die alten Inschriften der Berber zu entziffern. Auch bei der Entschlüsselung der Iberersprache halten sich die Erfolge noch in Grenzen. Zwar kann man dank der in den 20er-Jahren veröffentlichten Arbeit des Spaniers Manuel Gómez Moreno Inschriften und Münzprägungen dieses Volkes jetzt lesen, aber noch nicht verstehen.

Aufgrund der vielfältigen Beziehungen zwischen Karthagern, Griechen, Römern und Iberern darf man aber hoffen, dass möglicherweise einmal zwei- oder mehrsprachige Texte entdeckt werden, die das Rätsel der iberischen Sprache lösen und damit den Wissenschaftlern einen Vergleich mit der baskischen Sprache ermöglichen werden.

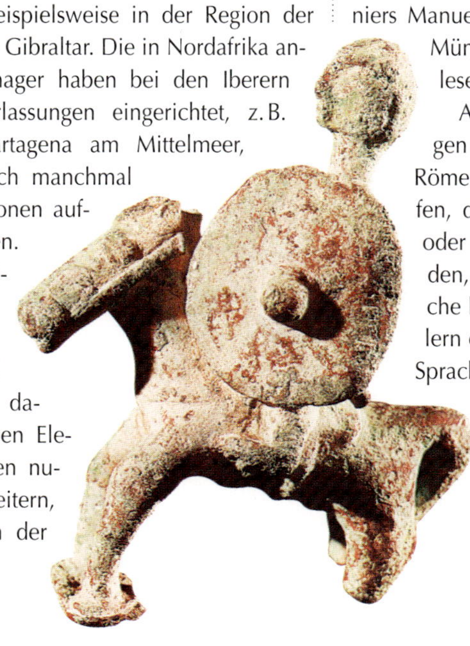

Der von iberischen Künstlern um das 3. Jh. v. Chr. geschaffene Bronzereiter befand sich im Heiligtum von La Luz in der Provinz Murcia.

DIE SCHRIFTROLLEN VOM TOTEN MEER

Die Essener – eine strenggläubige, priesterlich geprägte jüdische Gemeinschaft – hatten nach Meinung vieler Wissenschaftler einen bedeutenden Einfluss auf das beginnende Christentum. Haben die alten Handschriften, die sie in den Höhlen von Qumran vergraben haben, bereits alle ihre Geheimnisse preisgegeben?

Seit 1947 wurden bei der Ruinenstätte Qumran zahlreiche harte und zernagte, in Leder eingewickelte Papyrusrollen entdeckt. Sie waren in Tongefäßen verborgen, die sich in elf Höhlen in den Felswänden über dem Nordufer des Toten Meeres befanden. 1948 kam man zu dem Schluss, dass man „die größte Entdeckung von Handschriften in der Neuzeit" gemacht hatte. Zur selben Zeit entstand jedoch die Befürchtung, die Ursprünge des Christentums müssten aufgrund der Funde in einem völlig anderen Licht als zuvor betrachtet werden.

Ein tief in den Felswänden verborgener Schatz

In den Höhlen hat man 700 – 800 Schriftrollen entdeckt, die zwischen dem 2. Jh. v. Chr. und dem 1. Jh. n. Chr. datiert sind. Sie bestehen aus Leder, Papyrus oder Kupfer; manche sind weitgehend unversehrt erhalten geblieben, andere dagegen nur noch bruchstückhaft vorhanden.

Verfasst wurden die Handschriften in Hebräisch, Aramäisch und Griechisch. Etwa ein Viertel davon sind Kopien des Alten Testaments, deren Quellen über 1000 Jahre älter sind als die bisher bekannten. Bei den anderen handelt es sich teilweise um Texte aus dem Alten Testament, welche die heutige Kirche nicht als authentisch anerkennt, sowie um nicht biblische Texte, die bislang unbekannt waren. Diese nicht biblischen Texte, die zu den leidenschaftlichsten Reaktionen führen sollten, sind von einer derartig weltanschaulichen Homogenität, dass sie nach Ansicht zahlreicher Forscher nur von einer mystischen jüdischen Gemeinschaft stammen können, die nicht weit von den Anfängen des Christentums entfernt ist.

Die Gemeinde von Qumran

In der Nähe der Höhlen von Qumran liegen die Ruinen einer Siedlung, die noch heute eindeutige Spuren der Existenz eines uralten Gemeinschaftszentrums aufweisen: Speisesaal, Küche, Säle, Werkstätten, Lagerräume, Friedhöfe sowie Zisternen und Bäder, die über einen Aquädukt mit Wasser versorgt wurden. Bänke, ein langer Tisch und Tintenfässer geben Anlass zu der Vermutung, dass hier Schriftgelehrte am Werk waren, obwohl man vor Ort keine einzige Handschrift fand. Aus diesem Grund gelangten Forscher zu der Überzeugung, dass sich die Gemeindemitglieder von Qumran zu einer bestimmten Zeit einer Gefahr ausgesetzt sahen und die Schriftrollen in den Höhlen versteckten.

In der einstigen Siedlung Qumran, dem Hauptort der Essener, heben sich die mächtigen Ruinen ihres Gemeindezentrums hervor.

Was war das für eine Gemeinde? Es ist inzwischen erwiesen, dass es sich um eine essenische Gemeinschaft handelte, denn der römische Historiker und Schriftsteller Plinius d. Ä. erwähnte bereits im 1. Jh. eine derartige Siedlung im Norden des Toten Meeres. Des Weiteren entspricht eine in Qumran gefundene Beschreibung der Lebensgewohnheiten der Essener recht genau derjenigen von zwei jüdischen Geschichtsschreibern griechischer Sprache, Philon von Alexandria (20 v. Chr. – 45 n. Chr.) und Flavius Josephus (37–100). Diese These, die auch durch die archäologischen Funde untermauert wird, ist heute allgemein anerkannt.

Leben in Askese

Die Gemeinde von Qumran wurde um das Jahr 100 v. Chr. von einem ehemaligen Priester der Synagoge von Jerusalem

gegründet, der sich von der offiziellen Lehre abwandte und den seine Anhänger als „Lehrer der Gerechtigkeit" bezeichneten. Da sie einen neuen Raum für den Gottesdienst benötigten, ließen sich die Essener vermutlich in Qumran in den Ruinen einer Festung aus dem 8. Jh. v. Chr. nieder.

Die Aufnahme in diese geschlossene Gemeinschaft stellte einen recht langwierigen Prozess dar. So berichtet Flavius Josephus, dass ein Bewerber zunächst den Kontakt mit der eigenen Familie abbrechen und ein Jahr außerhalb der Gemeinschaft verbringen musste. Darauf folgte ein zweijähriges Noviziat, eine Art Probezeit, die den Kandidaten dazu berechtigte, an den Reinigungsriten der Vollmitglieder und dem als heilig geltenden Gemeinschaftsmahl teilzunehmen. Das Leben in der Gemeinde war durch verschiedene Verordnungen genau geregelt. Verstöße gegen die Disziplin wurden offenbar außerordentlich hart bestraft und konnten zum Ausschluss eines Mitglieds aus der Gemeinschaft führen.

Genaue Vorschriften

Der Tagesablauf der Essener war genau strukturiert, beispielsweise durch feste Gebetszeiten und bestimmte Arbeiten. Dabei musste jedes Gemeindemitglied ohne Unterschied Dienst leisten. Darüber hinaus widmeten die Essener ihre Zeit dem Studium apokalyptischer Schriften und lebten in der Erwartung der Endzeit und der Ankunft des

War Johannes der Täufer ein Essener? Zahlreiche Wissenschaftler sind der Ansicht, dass er einige Zeit der Gemeinschaft von Qumran angehörte.

Königreiches Gottes. Die Liturgie wird in den Dankliedern beschrieben, die in der Art der biblischen Psalmen verfasst wurden. Obwohl die Essener großen Respekt für das Gesetz Mose und ihre eigenen Regeln zeigten, unterschieden sie sich vom offiziellen Judentum durch besondere Feste, nämlich das Fest des neuen Weins und das Ölfest; sie folgten auch einem anderen Kalender, der seinen Ursprung in der Schule des griechischen Philosophen Pythagoras hatte. Außerdem haben die Essener meteorologische Wahrsageschriften und Abhandlungen über die Physiognomik (die Deutung der Menschen anhand ihrer Gesichtszüge) hinterlassen. Einige dieser Schriften sind in verschlüsselter Form abgefasst.

Zwischen 67 und 63 v. Chr. wurde die Siedlung Qumran angegriffen und der Lehrer der Gerechtigkeit nach Damaskus verbannt, wohin ihm seine Anhänger folgten. Er starb noch vor 63 v. Chr. Etwa 40 Jahre später kehrte die Gemeinde nach Qumran zurück, um auf die Wiederkehr des Lehrers der Gerechtigkeit als Messias am Ende der Tage zu warten. Sie blieb dort bis 68 n. Chr.

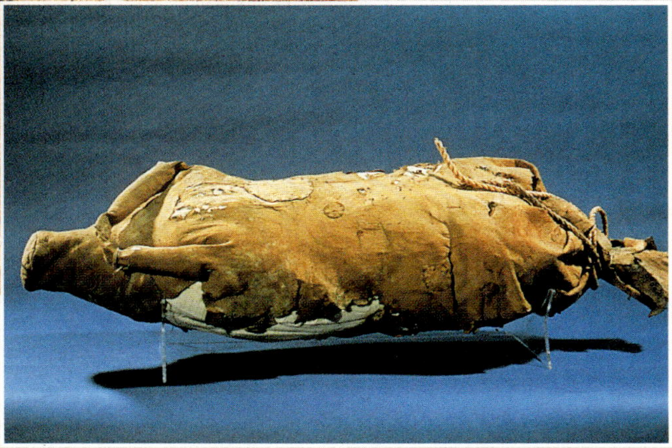

Fragment eines Psalters in Hebräisch (Mitte), einem der vielen Tausend Pergamente, die in den Höhlen von Qumran entdeckt wurden.

Die Pergamente waren in Leinen eingewickelt und wurden in ein Lederetui gesteckt (unten).

Die Lehre der Essener und das Christentum

Nach Meinung einiger Forscher deuten mehrere Aspekte darauf hin, dass die Urkirche ihre Wurzeln in der Glaubensgemeinschaft der Essener hat. Und König Friedrich II. schrieb bereits im 18. Jh.: „Jesus war eigentlich ein Essener." Im folgenden Jahrhundert vertrat der französische Religionshistoriker und Schriftsteller Ernest Renan die Meinung, dass „die christliche Lehre eine Lehre der Essener ist, die große Verbreitung erfahren hat".

Viele Gedanken und Vorstellungen, die man vormals als christliche Neuerungen betrachtet hatte, finden sich nach Ansicht verschiedener Wissenschaftler bereits in den Schriften von Qumran. Es wird auch häufig die These vertreten, Johannes der Täufer sei ein Mitglied der Qumran-Gemeinde gewesen. Diese Vermutung stützt sich zum einen darauf, dass sowohl Johannes als auch die Menschen von Qumran das Ende der Welt und das Jüngste Gericht erwarteten und sich in der Wüste auf das Ereignis vorbereiteten. Zum andern spielten rituelle Waschungen bei der Sekte eine große Rolle, was vielleicht mit der Bedeutung der Taufe im Wirken von Johannes zusammenhängen könnte.

Diese Ähnlichkeiten sind jedoch möglicherweise rein zufälliger Natur; so gab es z. B. im 1. Jh. n. Chr. zahlreiche apokalyptische Bewegungen, die viele Gemeinsamkeiten aufwiesen und einander beeinflussten. Wie dem auch sei: Bis neue Forschungsergebnisse vorliegen, darf weiter spekuliert werden.

Skandalöser Umgang mit der Veröffentlichung?

Ab 1977 gelangten Gerüchte an die Öffentlichkeit, die aufhorchen ließen: Es hieß, die Handschriften hätten Ursprünge des Christentums offenbart, die sich von der offiziellen Glaubenslehre unterschieden; daher hätte sich der Vatikan eingeschaltet, um zu verheimlichen, was ihm nicht gefiele. Die internationale Presse machte sich gern zum Echo dieser Gerüchte. Daraufhin wurde der freie Zugang zu Fotografien der Dokumente gewährt. Den Wissenschaftlern stehen somit vielfältige Unterlagen zur Verfügung und man darf auf die Resultate ihrer Untersuchungen gespannt sein.

Völker der Tundra, Völker der Puszta

Landschaftlich betrachtet sind die riesige Tundra und die kleinere Puszta weite Steppengebiete. Sie haben aber auch in anderer Hinsicht noch eine Gemeinsamkeit: In beiden Regionen sind Sprachen lebendig, die zur finnisch-ugrischen Familie gehören.

Die uralische Sprachfamilie

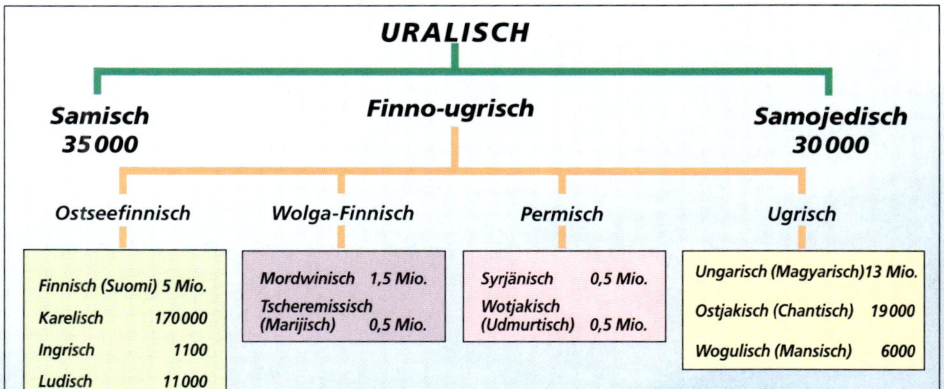

Die uralischen Sprachen gliedern sich in die Unterfamilien Samisch, Finno-Ugrisch und Samojedisch. Während das Finno-Ugrische von Millionen Menschen gesprochen wird, sind es bei den beiden anderen nur Zehntausende.

Mit Ausnahme des Baskischen, einiger kaukasischer Sprachen und des Türkischen kann man die meisten modernen europäischen Sprachen zwei Familien zuordnen: der großen indo-europäischen und der deutlich kleineren finnisch-ugrischen Sprachfamilie. Während die Sprachen der größeren Gruppe, zu der die germanischen, romanischen und slawischen Idiome gehören, trotz aller Unterschiede erkennbare Ähnlichkeiten besitzen, erscheinen die Sprachen der zweiten Gruppe einem Menschen, dessen Muttersprache indo-europäischer Natur ist, sehr fremd.

Das Verbreitungsgebiet der finnisch-ugrischen Sprachen liegt im Norden Europas und in Ungarn – eben in der Tundra, wie die Kältesteppe jenseits der Waldgrenze mit einem ursprünglich finnischen Wort heißt, und in der Puszta, was im Ungarischen so viel wie öde bedeutet.

Einstmals – in prähistorischer Zeit – lebten die finnisch-ugrischen Stämme verstreut in den Weiten zwischen Wolga und Ural. Sie suchten als Jäger und Fischer ihr Auskommen. Nach und nach breiteten sie sich bis an die Küste des Eismeeres aus, westlich bis Norwegen und östlich bis zur Mündung des Ob. Nur die Ungarn zogen nach Süden. Unter ihrem Anführer Árpád erschienen sie 895 in den Tälern der Theiß und der Donau. Als nomadisierendes Reitervolk bekämpften sie die Bevölkerung dieser Regionen, bis König Otto I. sie 955 auf dem Lechfeld schlug. Danach ließen sie sich endgültig in der Donautiefebene nieder.

Die kleinen Sprachen Europas

Während sich die Literatur der indo-europäischen Weltsprachen wie Englisch, Französisch, Italienisch, Spanisch oder Russisch allgemeiner Beliebtheit erfreut und diese Idiome in Schulen oder auch nahezu in jeder Stadt in Volkshochschulen erlernt werden können, sind die finnisch-ugrischen Sprachen außerhalb ihres direkten Verbreitungsraumes nur wenig bekannt. Neben den drei Nationalsprachen Finnisch, Estnisch und Ungarisch gehören zu dieser Familie auch Idiome, die nur von einigen Tausend Menschen gesprochen werden, wie beispielsweise das Mansische, Ingrische, Wepsische oder Ludische, die jeweils nur die Sprache einer kleinen Völkerschaft in der ehemaligen Sowjetunion sind.

Die finno-ugrischen Sprachen, die in Skandinavien, im Baltikum und in Ungarn heimisch sind, schreibt man mit dem lateinischen Alphabet, die wolga-finnischen und die uralischen Sprachen der früheren UdSSR dagegen werden normalerweise mit kyrillischen Buchstaben aufgezeichnet.

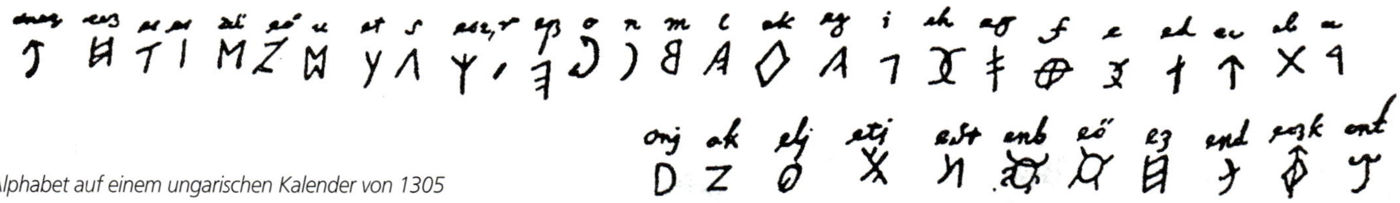

Alphabet auf einem ungarischen Kalender von 1305

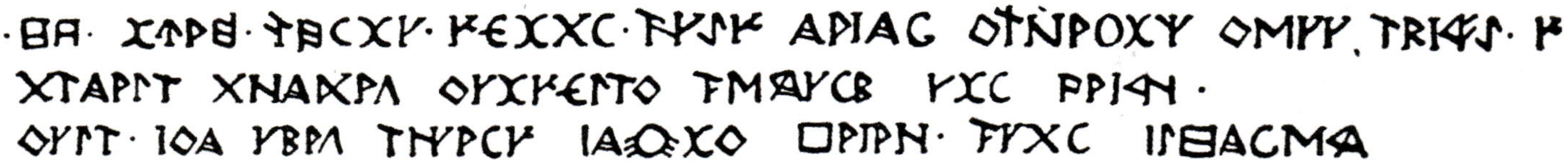

Die Inschrift wurde 1315 in Konstantinopel von ungarischen Gesandten angefertigt und ihr Inhalt bezieht sich auf die Tätigkeit der Botschafter. Die Schriftzeilen werden von links nach rechts gelesen; allerdings ist die Entzifferung durch den Umstand erschwert, dass einige Buchstaben umgedreht dargestellt sind.

Lange bekannte Verwandtschaft

Die etwa 20 finnisch-ugrischen Sprachen bilden eine wissenschaftlich genau definierte Familie. Die Methode, mit der man ihre enge Beziehung zueinander herausfand, basiert auf der Phonetik, d. h. der Lehre von der Lautbildung: Wenn es viele klangliche Übereinstimmungen im Vokabular zweier oder mehrerer Sprachen gibt, sind sie miteinander verwandt. Diese einfach erscheinende Feststellung offenbarte auch schon die Zusammengehörigkeit der indoeuropäischen sowie der semitischen Sprachen. Allerdings kommen beim Finnisch-Ugrischen einige Besonderheiten hinzu, die die Aufgabe erschweren. Ein Beispiel – der Vergleich von vier bestimmten finnischen und ungarischen Wörtern – belegt das enge Verwandtschaftsverhältnis:

	Ungarisch	**Finnisch**
hundert	*száz*	*sata*
Horn	*szarv*	*sarvi*
(be)sprechen	*mond*	*manaa*
Winter	*tél*	*talvi*

Ungarn und Finnen registrierten im Verlauf ihrer Handelsbeziehungen mit indo-europäischen Völkern sehr früh die Andersartigkeit ihrer Sprachen. Es ist deshalb nicht verwunderlich, dass sich gerade in den beiden Nationen zahlreiche Wissenschaftler mit Sprachforschungen befassten. Zwei von ihnen, die ungarischen Linguisten Janos Sajnovics und Sámul Gyarmathi, bewiesen schon gegen Ende des 18. Jh. die enge Zusammengehörigkeit der finnisch-ugrischen Sprachen. Demgegenüber erschienen die ersten ernst zu nehmenden Arbeiten über die indo-europäische Sprachfamilie erst im Jahr 1816.

Außerordentlicher Formenreichtum

Im Vergleich zu den indo-europäischen Sprachen besitzen die finnisch-ugrischen Idiome bemerkenswerte grammatische Strukturen. Dazu gehört unter anderem die so genannte Vokalharmonisierung, die bewirkt, dass sich innerhalb eines Wortes oder eines aus mehreren Worteinheiten bestehenden Begriffes häufig die gleichen Selbstlaute finden. Ein Beispiel aus dem Ungarischen zeigt die Angleichung der Vokale in der Wurzel und in den Nachsilben:

házanban	in meinem Haus
haz-an-ban	(Haus-mein-in)
kertemben	in meinem Garten
kert-em-ben	(Garten-mein-in)

Außerdem sind die grammatischen Formen dieser Sprachen so komplex, dass die lateinischen oder russischen Deklinationen, vor denen mancher Schüler kapituliert, dagegen das reinste Kinderspiel sind. Im Ungarischen etwa gibt es nicht nur wie im Deutschen vier verschiedene Fälle, sondern man kann z. B. das Wort *fog* (Zahn) in 17 Kasus deklinieren.

Nicht zuletzt sind die finnisch-ugrischen Sprachen reich an bildhaften, ausdrucksstarken Wörtern, wie man an den finnischen Begriffen für Wind erkennen kann. Da gibt es den Wind, der weht – *suhina,* den Wind, der schnell weht – *suhahdus,* den Sturmwind – *tohina,* den heulenden Wind – *kohina* und den Wind, der in den Zweigen flüstert – *humina.*

Sprachliche Anleihen

Da es immer schon Kontakte zwischen den indo-europäischen und den finnisch-ugrischen Völkern gegeben hat, wurden auch vom Deutschen einige Wörter aus dieser Sprachfamilie übernommen. So stammt z. B. der Säbel vom ungarischen *szablya* und die Kutsche von ungarisch *kocsi* ab. Das Wort Ski kam wahrscheinlich über das Norwegische aus dem Samischen zu uns, während die Sauna auch sprachlich finnischen Ursprungs ist. Da in Zukunft die europäischen Länder wohl noch näher zusammenwachsen werden, ist zu vermuten, dass sich unser Wortschatz mit weiteren Beiträgen aus den finno-ugrischen Sprachen bereichern wird.

Während in der ungarischen Puszta (links) vorwiegend Viehzucht betrieben wird, sind die Weiten der Tundra mit ihrem herrlichen Farbenspiel zum größten Teil noch unberührt.

DAS GEHEIMNISVOLLE VERSCHWINDEN DER MAYA

Im 8. Jh. erlebt die klassische Mayakultur eine Zeit der Blüte – zahlreiche Städte entstehen und entfalten große Pracht. Doch dann folgt ein plötzlicher Niedergang, welcher der Wissenschaft noch immer große Rätsel aufgibt. Was ist geschehen?

Die Frage nach der Ursache für den Zusammenbruch der Mayakultur wird gestellt, seit im 19. Jh. tief im tropischen Urwald Mittelamerikas die imposanten Bauwerke dieses Volkes entdeckt wurden: monumentale Tempel, Pyramiden und auf Hügeln erbaute Burgen und Paläste. Seitdem haben verschiedene Arbeiten von Archäologen sowie Bild- und Schriftforschern zu einem besseren Verständnis der Mayakultur und ihrer Entwicklung beigetragen und ihren Untergang auf die Zeit zwischen 790 und 909 datiert. Hiermit ist der Zusammenbruch der klassischen Mayakultur gemeint, die sich ungefähr zwischen 300 und 900 im südlichen Tiefland entwickelt hatte.

Die Debatte über die Gründe dieses Niedergangs ist jedoch bis zum heutigen Tag noch nicht abgeschlossen. Zu bereits in früheren Jahren geäußerten Vermutungen über die Gründe des Zerfalls gesellen sich von Zeit zu Zeit neue hinzu. Wurde er durch ökologische, landwirtschaftliche oder soziale Probleme ausgelöst? Zerstörten verheerende Naturkatastrophen die prächtigen Städte, in denen weder Sportarenen noch Dampfbäder fehlten? Oder führte die Invasion einer fremden Macht zum Untergang der Maya?

Oben: Der zentrale Platz der alten Mayastadt Tikal mit Tempel und den zugehörigen Stelen

Rechts: Diese in Copán entdeckte Stele stammt aus dem Jahr 731; sie zeigt die Thronbesteigung eines Herrschers, der von merkwürdigen Geschöpfen begleitet wird.

Die Zeit des Aufschwungs

Die klassische Mayakultur entwickelte sich innerhalb eines Gebietes, das in seinen heutigen Grenzen den guatemaltekischen Bundesstaat Petén, das Land Belize und einen Teil der mexikanischen Bundesstaaten Chiapas und Tabasco sowie den Nordwesten von Honduras umfasst. Die Geschichte der Maya lässt sich in zwei große Epochen einteilen. Während der frühen Klassik (350–600) erlebt die Mayakultur eine gleichmäßige Entwicklung; Tikal ist das herrschende Zentrum. Auf einen Zeitabschnitt von rund 60 Jahren, in denen keine oder nur wenige Monumente erbaut werden (531–593), folgt dann die späte Klassik (600–800), eine Epoche, in der die Kultur in voller Blüte steht. Die Zahl der Städte nimmt deutlich zu – zuvor verlassene Ansiedlungen werden wieder eingenommen, andere neu gegründet und die bereits existierenden ausgebaut.

Mit der Zeit treten jedoch regionale Unterschiede hervor und Tikal übt nun nicht mehr die Vorherrschaft aus. Einige Forscher glauben, dass zu dieser Zeit die politische Kontrolle des südlichen Tieflandes unter den einzelnen Städten aufgeteilt wurde. Die wichtigsten Orte, z. B. Tikal, Calakmul, Palenque und Copán, hätten demnach die Kontrolle über je eine Region gehabt und ihre Macht an sekundäre Zentren delegiert, die ihnen Gehorsam schuldeten. Diese Teilung der Macht, die auf politischen Allianzen und familiären Verbindungen beruhte, dürfte aber auf recht schwachen Füßen gestanden haben. Man weiß nämlich von Konflikten der Städte untereinander und es sieht so aus, als hätten in dieser Zeit die Herrschaftsverhältnisse häufig gewechselt. Die alten Maya scheinen also keineswegs das homogene und friedliche Volk gewesen zu sein, als das sie lange Zeit angesehen wurden.

Gesellschaftsstruktur

Den Kern einer jeden Stadt bildeten auf hohen, pyramidenförmigen Fundamenten erbaute Tempel und große Häuser mit charakteristischen Gewölben – Wohnorte der Eliten und administrative oder religiöse Zentren. Um diese Gebäude, die in Form einer Akropolis auf einem Hügel oder um einen zentralen Platz herum angeordnet waren, gruppierten sich wesentlich bescheidenere Wohnquartiere.

Die führende Elite, die meist aus Kriegern bestand, beherrschte die Bevölkerung auf religiösem und politischem Gebiet. Sie übte ihre Macht auf eine komplexe, hierarchisch geordnete Gesellschaft aus, die sich auf die vom Maisanbau dominierte Landwirtschaft stützte. Die Bauern, die in den umliegenden Dörfern und Weilern lebten, ernährten mit einem Tributsystem die nicht produktive Bevölkerung: Zu dieser gehörten spezialisierte Handwerker sowie Gelehrte, die über fundierte Kenntnisse der Schrift, des kalendarischen Systems und der Astronomie verfügten. Die Arbeitskräfte hatten wahrscheinlich überwiegend den Status von Sklaven, wie auf der Halbinsel Yucatán zur Zeit der spanischen Eroberung zwischen 1527 und 1546.

Rekonstruktion des Zerfalls

Einer der bedeutsamsten Hinweise auf den Niedergang der Mayakultur besteht darin, dass die Daten des Kalenders, der auf so genannten Langzeitzyklen beruhte, nicht mehr aufgezeichnet wurden. So kann man anhand der letzten Stelen, die noch eine kalendarische Inschrift tragen, feststellen, ab wann der Abstieg einer Stadt begann. Auch die Tatsache, dass keine Monumentalbauten mehr errichtet wurden, weist auf das Verschwinden der Maya-Elite hin. Darüber hinaus wurde die für eine Mayastadt der klassischen Epoche als typisch geltende bunte Keramik immer seltener hergestellt und durch eine neue Feinkeramik ersetzt, die von der Küste des Golfs von Mexiko ins Land gelangte. Schließlich entvölkerten sich die Städte der Maya, hauptsächlich in der westlichen Region und in Petén.

Die Orte, die am Unterlauf des Rio Usumacinta im Nordwesten liegen, werden wahrscheinlich zuerst vom Niedergang getroffen: Palenque und Piedras Negras sowie Yaxchilán und Bonampak gehen zwischen 790 und 810 zugrunde; in Altar de Sacrificios enden der Monumentalbau und die Errichtung von Stelen im Jahr 779, dennoch bleibt die Einwohnerzahl des Ortes bis zum Beginn des 10. Jh. insgesamt relativ stabil.

Die Stadt Seibal am Rio de la Pasión, einem Nebenfluss des Usumacinta, stellt einen Sonderfall dar, denn hier scheint sich bis 890 eine neue Dynastie zu etablieren. Diese kam wohl aus Yucatán oder stammte zumindest von derselben Gruppe ab wie die Elite, die in dieser Epoche die Herrschaft in Yucatán übernahm. Der Untergang der Städte von Petén fällt in eine spätere Zeit und es gibt hier weniger Hinweise auf äußere Einflüsse. So sind in Tikal zwischen 810 und 830 eine Abnahme der Bevölkerung und ein Nachlassen der Bautätigkeit festzustellen, wirklich aufgegeben wird die Stadt jedoch erst im Jahr 909. Zu diesem Zeitpunkt errichtet man die letzte Maya-Stele in Toniná, wo kurz danach die Skulpturen systematisch zerstört werden.

Während dieser Zeit entwickeln sich die Mayazentren auf der Halbinsel Yucatán – nach Meinung von zahlreichen Wissenschaftlern unter dem Einfluss fremder Volksgruppen, die vor allem aus dem mexikanischen Hochland kommen, wie etwa die Tolteken. Die Zuwanderer führen in Yucatán mexikanisierte Kulturmerkmale ein und bringen sie zu höchster Vollkommenheit.

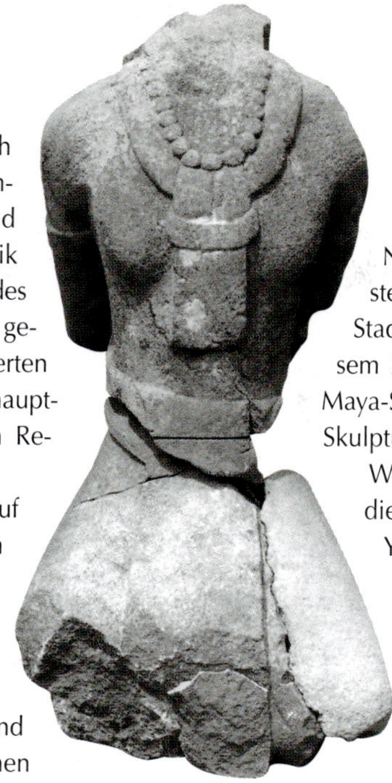

Diese verstümmelte Skulptur, die einen Gefangenen darstellt, stammt aus der Stadt Toniná.

Das Siedlungsgebiet der Maya

Bereits vor 1000 v. Chr. entstehen an unterschiedlichen Orten die ersten Bauerndörfer. Etwa bis zum 3. Jh. etablieren sich dann die Anfänge der Mayakultur: die Zentren weltlicher und religiöser Macht, die Schrift sowie der Kalender. Bei dieser Entwicklung nimmt das südliche Tiefland eine Vorrangstellung ein. Es erreicht seine Blüte während der klassischen Epoche (um 300–900). In der Nachklassik, von rund 900 bis zur Eroberung durch die Spanier im 16. Jh., geraten Yucatán und die Regionen des südlichen Hochlandes, die auf dem Höhepunkt ihrer kulturellen Entwicklung stehen, unter die Vorherrschaft der Tolteken – ein Volk, das aus dem mexikanischen Hochland kommt.

Besonders deutlich wird dies an einer Stätte, die in der nachklassischen Epoche eine herausragende Stellung einnahm: Chichén Itzá. So entstanden in der Mayastadt im Norden Yucatáns zahlreiche bedeutende Bauten, darunter eine spektakuläre, vierseitige Tempelpyramide.

Erklärungsversuche

Die Hypothese, wonach die klassische Mayakultur aufgrund einer Naturkatastrophe – etwa einem Erdbeben oder Wirbelsturm – zugrunde gegangen sei, wurde schon vor längerer Zeit aufgegeben. Derartige Phänomene treten in der Regel nur sporadisch und lokal begrenzt auf.

Dagegen ist die häufig geäußerte Meinung, eine lange Trockenzeit könnte eine Rolle gespielt haben, in den letzten Jahren neu überprüft worden. Nach Auffassung des amerikanischen Klimaforschers Prof. Hodell und seiner Mitarbeiter könnten derartige Einflüsse zwischen 800 und 1000 das Gleichgewicht des Maya-Siedlungsraumes gestört haben. Den Grund für diese Annahme lieferten die Gehäuse von Schnecken, die in Sedimentablagerungen eines kleinen Wasservorkommens bei Chichancanab in Yucatán gefunden wurden und die von den Wissenschaftlern auf ihren Gehalt an Isotopen für Sauerstoff ^{18}O und ^{16}O hin untersucht wurden. Das leichtere Isotop ^{16}O verflüchtigt sich bei Trockenheit, während sich das Isotop ^{18}O in den Gehäusen anreichert. „Diese Entdeckung ist sehr wichtig, denn sie gibt uns die Möglichkeit, die Auswirkungen von Naturkatastrophen von denen menschlicher Bodenbearbeitung zu unterscheiden", meint der Wissenschaftler D. Michelet vom französischen Forschungsfonds CNRS (Centre National de la Recherche Scientifique). Aber M.C. Arnauld, ebenfalls Mitglied des CNRS, weist an anderer Stelle darauf hin, dass nicht weit von Chichancanab die Städte der Puuc-Kultur zur selben Zeit ihre Blütezeit erlebten, obwohl sie als Erste von dieser ökologischen Katastrophe betroffen gewesen wären. In dieser Gegend gab es nämlich keine ständig verfügbare Wasserquelle und mit den zur damaligen Zeit bekannten Techniken konnte man den Grundwasserspiegel nicht erreichen.

Nach Meinung anderer Experten soll es zu einem Zusammenbruch der landwirtschaftlichen Produktion gekommen sein – hervorgerufen durch Auslaugung des Bodens nach vielen Jahrhunderten Ackerbau auf Flächen, die durch Brandrodung gewonnen wurden. Schon seit einigen Jahren ist aber bekannt, dass die Maya auch intensive Anbautechniken anwandten, etwa auf Hoch- und Terrassenfeldern.

Alle diese Vermutungen widersprechen sich keineswegs und ebenso wenig schließen sie eine weitere aus: Diese erklärt den Niedergang durch eine Zeit der Hungersnot und stützt sich dabei auf einige Skelettfunde.

Revolte oder Invasion von außen?

Andere Forscher sind von diesen Hypothesen nicht überzeugt; sie beschäftigen sich stattdessen mit den politischen, wirtschaftlichen und sozialen Verhältnissen der Mayakultur. Man weiß, dass die Zahl der Städte während der späten Klassik wächst und dass es zur Ausprägung regionaler Unterschiede kommt, die sich vermutlich schwächend auf das Herrschaftsgebiet der Maya auswirken. Die Konkurrenz zwischen den Städten scheint sich zu verschärfen, es entstehen immer häufiger Konflikte.

Die Schwächen der Mayakultur könnten sich aber auch innerhalb der Städte und Regionen manifestiert haben. Dieser Annahme zufolge hätten die steigenden Machtansprüche der Elite, die den Bauern immer höhere Tribute abpresste, zu Revolten geführt. Zwar tut sich die Archäologie schwer, Zeugnisse für solche Bauernaufstände zu finden, doch hat man immerhin in Toniná und Dos Pilas Monumente entdeckt, die vorsätzlich zerstört wurden.

Die Verwüstungen können aber ebenso gut der Invasion fremder Völker zugeschrieben werden, die von der Golfküste oder aus dem mexikanischen Hochland kamen. Diese könnten sich an den Ufern des Usumacinta sowie in Yucatán niedergelassen und am Ende der klassischen Epoche die Kontrolle über die für den Handel wichtigen Fluss- und Meeresrouten übernommen haben. Die Anwesenheit fremder Völkerschaften ist gut belegt, vor allem im Westen des südlichen Tieflandes und in Yucatán, aber handelte es sich dabei um eine Invasion oder nur um ein sporadisches Eindringen?

Warten auf weitere Hinweise

Die Ursache für den Niedergang der klassischen Mayakultur steht immer noch nicht eindeutig fest. Möglicherweise ist es ja so, dass die hier angeführten Vermutungen einander ergänzen und man gar nicht nach einem einzigen Grund suchen muss. Beispielsweise könnten ökologische Probleme zu territorialen Konflikten geführt haben; und vielleicht traten zur selben Zeit vermehrt soziale Spannungen auf, da die Städte über ständig wachsende Gebiete regieren mussten. Zusätzlich könnten Umweltveränderungen und Invasionen von fremden Völkern zu einer Verschärfung der Lage beigetragen haben – zwei weitere Faktoren, die sich negativ auf das ökonomische Gleichgewicht auswirkten. Was immer die Gründe gewesen sein mögen: Auch in den kommenden Jahren werden sich wahrscheinlich wieder neue Gerüchte um das Verschwinden der Maya ranken – spätestens dann, wenn der dichte Urwald ein weiteres Geheimnis aus der Zeit der Maya preisgibt.

Der Sonnentempel in Palenque stammt vom Ende des 7. Jh. (späte Klassik).

Das Tausendjährige Reich Gottes und der Untergang der Welt

Im Mittelalter sah man dem Jahr 1000 mit großer Sorge entgegen. Viele Menschen befürchteten, dass die Jahrtausendwende den Weltuntergang mit sich bringen würde – genau so, wie er in der Bibel beschrieben wurde. Wie ging die Bevölkerung mit der Bedrohung um? Und was sind die Gründe dafür, dass gerade die Zeit um das Jahr 1000 das Ende der Menschheit bringen sollte?

Nach Meinung einiger Historiker des 19. Jh. war das Herannahen des Jahres 1000 begleitet von Ängsten über den Weltuntergang, die von der Kirche geschürt wurden. Diese wollte den Christen angeblich einreden, sie könnten – gewissermaßen in letzter Minute – versuchen, sich einen Platz im Paradies zu sichern, indem sie ihren Besitz dem Klerus übereigneten. Viele Gläubige hätten sich gefügt und der Kirche somit eine Macht verliehen, die sie lange Zeit behielt. Dass diese Behauptung für Aufsehen sorgte und in Kirchenkreisen auf vehemente Ablehnung stieß, ist kaum verwunderlich.

Laut Offenbarung 9,7 kamen Heuschrecken auf die Erde, die aussahen „wie Pferde, die in die Schlacht ziehen. Auf ihren Köpfen trugen sie goldene Kronen und sie hatten Gesichter wie Menschen".

Nöte aller Art

Auf jeden Fall weiß man heute, dass die Besorgnis innerhalb der mittelalterlichen Bevölkerung immer mehr zunahm, je näher das Jahr 1000 rückte. Die Bibel lieferte eine detaillierte Beschreibung einer Reihe von Katastrophen und Plagen, die zum Ende der Welt führen würden. Dann wäre Gottes Wille erfüllt und das neue Jerusalem würde aus dem Himmel herabsteigen. Zwar nannte die Heilige Schrift kein genaues Datum, doch einige Gelehrte errechneten die Periode um die Jahrtausendwende als wahrscheinlichsten Zeitpunkt. Dies führte zu Äußerungen wie der eines Pariser Predigers, der um das Jahr 975 verkündete, „der Antichrist werde am Ende des Jahres 1000 kommen und das Jüngste Gericht werde kurz darauf folgen"; zahlreiche Menschen schenkten solchen Aussagen Glauben – nicht zuletzt deswegen, weil sich zum Ende des 10. Jh. hin die Naturkatastrophen häuften und die Bevölkerung in Angst und Schrecken versetzten.

So wurden Teile von West- und Mitteleuropa im Jahr 987 von verheerenden Wolkenbrüchen heimgesucht; 990 folgte eine große Dürre und kurz darauf verwüsteten erneut Unwetter diese Regionen. Besonders betroffen war Frankreich: 997 wütete in einigen Gebieten des Landes eine schreckliche Epidemie und forderte zahllose Menschenleben. Und in Burgund führte eine Hungersnot zu vielen Fällen von Kannibalismus, sodass man Überlieferungen zufolge „glaubte, das Ende des Menschengeschlechts sei nahe". Auch am Himmel ließen sich verschiedene Phänomene beobachten, die man als Vorboten weiterer Schrecknisse interpretierte: 1014 zog ein Komet seine Bahn am Firmament und 1033 verdunkelte eine Sonnenfinsternis den Himmel.

Die Offenbarung des Johannes und ihre Interpretationen

Alle diese Erscheinungen wurden von den zur damaligen Zeit mit der Geschichtsschreibung befassten Mönchen sorgfältig festgehalten. Die Vorkommnisse schienen die apokalyptischen Voraussagen der Kirche offensichtlich zu bestätigen. Raoul Glaber, ein Mönch der Abtei Cluny, schrieb um 1050: „Nach all den Zeichen und Wundern, die sich vor oder nach dem Jahr 1000 unseres Herrn ereigneten, fehlte es nicht an erfindungsreichen Menschen, die nicht weniger bedeutende für die heranahende

Die Flagellanten

Diese auch als Geißler bezeichnete Brüderschaft entstand im Herbst des Jahres 1260 in Mittelitalien im Zusammenhang mit den endzeitlichen Erwartungen des Chiliasmus und besonders als Reaktion auf die Lehre des italienischen Mönchs Joachim von Fiore. Die Flagellanten, die sich morgens und abends zur Buße selbst geißelten, breiteten sich ab dem späten 13. Jh. in mehreren Wellen über ganz West- und Mitteleuropa aus. Hochburg der Bewegung, die bereits 1349 von Papst Clemens VI. verboten wurde, waren die Niederlande. Es dauerte jedoch bis zum 15. Jh., bis die Geißler wieder verschwanden.

tausendjährige Wiederkehr der Passion des Herrn voraussagten. Und tatsächlich gibt es keinen Zweifel daran, dass solche Zeichen auftraten ... Sie erfüllten die Weissagung des Johannes, die besagt, dass nach Ablauf von 1000 Jahren der Satan losgelassen wird."

Der Mönch bezieht sich hier auf die Offenbarung des Johannes, die seit dem 8. Jh. von den Theologen immer wieder ausführlich kommentiert wird. Aber nicht alle interpretieren diesen biblischen Text in derselben Weise. So wie Raoul Glaber, der nicht an das Ende der Welt glaubt und anmerkt: „Ich widerspreche aufs Heftigste dieser Meinung und stütze mich dabei auf die Evangelien, die Apokalypse und das Buch Daniel."

Auffallend ist in dieser Epoche das Zunehmen von Aktionen, die der Läuterung dienen sollen: Dazu gehören Bußübungen, Exkommunikationen und sogar die Verbrennung von mutmaßlichen Ketzern auf dem Scheiterhaufen.

Seiner Lehre zufolge kommt es zu einer ersten Auferstehung der Gerechten, die 1000 Jahre lang mit dem Messias thronen und herrschen werden; danach entkommt der Satan kurzzeitig aus seinem Gefängnis und es folgt das Ende der Welt.

Dieser Glaube stützt sich auf Textstellen im Neuen Testament, vor allem in der Offenbarung des Johannes, nach denen die Welt eines Tages untergehen wird: Der Antichrist wird aus seinem Gefängnis entlassen und die Völker der Erde in Versuchung führen, „wenn die tausend Jahre um sind"; danach öffnet sich der Himmel und Christus wird zum Jüngsten Gericht schreiten – über die Lebenden und über die Toten, die aus ihren Gräbern steigen; für die Auserwählten schließlich wird ein neues Reich der Herrlichkeit errichtet, das ewige Jerusalem. Und in den Evangelien wird das Jesuswort zitiert: „Himmel und Erde werden vergehen, aber meine Worte vergehen nicht" (Markus 13,31).

Oben: Der Satan kehrt zurück, aber Christus wird ihn besiegen. Im Hintergrund erkennt man das neue Jerusalem, das Reich der Herrlichkeit, wo die Erwählten aufgenommen werden.

Die Auferstehung der zwei Zeugen: „In diesem Augenblick gab es ein heftiges Erdbeben. Ein Zehntel der Stadt wurde zerstört; siebentausend Menschen kamen bei dem Erdbeben ums Leben. Die Überlebenden waren zu Tode erschrocken und erwiesen Gott im Himmel Ehre." (Offenbarung 11,13)

Der Chiliasmus in der alten Kirche

Der so genannte Chiliasmus – die Erwartung einer tausendjährigen Herrschaft Christi auf Erden vor dem Weltende – ist in den ersten Jahrhunderten des Christentums weit verbreitet:

Die großen jüdischen Apokalypsen

Das Thema des Weltuntergangs, verbunden mit der Hoffnung auf eine bessere Welt, hat seine Wurzeln in den apokalyptischen Auffassungen des Judentums von einem zukünftigen messianischen Reich. Die größte der jüdischen Apokalypsen findet sich im Alten Testament im Buch Daniel (Kapitel 7–12). In symbolischer Sprache verspricht dieses Buch, dass das Reich Gottes nach dem Willen Jahwes bald errichtet werden wird. Der Messias, der Gottessohn, wird dort erscheinen und von Gott in sein Amt eingesetzt werden.

An anderer Stelle im Alten Testament finden sich Entwürfe von Apokalypsen, die älter sind als diejenigen bei Daniel. Diese Textstellen (Jesaja 24–27, Joel 3 und Sacharja 12–14) prophezeien die Niederlage Jerusalems und das Eingreifen Jahwes, der die Schlacht siegreich beenden wird. Aber keines dieser Ereignisse ist zeitlich festgelegt.

Diese Apokalypsen entstanden in Israel in einer der tragischsten Perioden seiner Geschichte:

der Zeit der Unterdrückung durch die Römer, die 66 n. Chr. zum jüdischen Aufstand gegen die Fremdherrschaft und schließlich zur Plünderung des Jerusalemer Tempels durch die Römer im Jahr 70 führte. Es ist eine Literatur der Hoffnung für Krisenzeiten, die es den unterjochten Juden ermöglicht, ihren Blick über die Geschichte hinaus auf das wundersame Einwirken Gottes zu richten, der die Mächte des Bösen schließlich besiegen wird.

Widerspruch gegen den Chiliasmus

Bereits in den ersten Jahrhunderten des Christentums gab es unterschiedliche Auslegungen dieser Texte. So sagte Papias, der Bischof von Hierapolis in Phrygien, im 2. Jh.: „Nach der Auferstehung der Toten werden 1000 Jahre vergehen und das Reich Christi wird auf dieser Erde sichtbar verwirklicht werden." Der heilige Irenäus, um 180 Bischof von Lyon, glaubt wiederum an die Auferstehung der Gerechten nach der Erscheinung des Antichrists. Zur selben Zeit kommen auch Irrlehren auf; manche davon beruhen auf Interpretationen, die 1000 Jahre sinnlicher Freuden nach der Zerstörung der Welt voraussagen.

Zu Beginn des 5. Jh. lehnt der abendländische Kirchenvater Augustinus in seinem Werk *Der Gottesstaat* den Chiliasmus ab. Er interpretiert die Vorstellung vom tausendjährigen Gottesreich als Allegorie: Seiner Meinung nach bedeutet „1000" lediglich eine große Zahl. Für ihn ist die Tausendjährige Herrschaft der Abschnitt der Heilsgeschichte, der zwischen dem ersten und dem zweiten Erscheinen Christi liegt – die Zeit, in der Satan in Fesseln liegt, also vorübergehend besiegt ist; die Zeit, die jeder Gläubige für sich mit seiner Taufe einleitet. Augustinus stützt sich auf das Evangelium des Markus (Kapitel 13,32), wo zu lesen ist: „Doch den Tag oder die Stunde, wann das Ende da ist, kennt niemand, auch nicht die Engel im Himmel – nicht einmal der Sohn. Nur der Vater kennt sie." Schließlich verwirft das Konzil von Ephesus im Jahr 431 die wörtliche Interpretation des Milleniums, des Tausendjährigen Reiches.

Mittelalterliche Protestbewegungen

Der Chiliasmus bereitete den Boden für zahlreiche Protestbewegungen, da man die Erwartung der Endzeit auf irdische Missstände zurückführte. Die Vereinigungen lehnten sich gegen die Gesellschaft und gegen die etablierte Kirche auf. Am deutlichsten formulierte im Mittelalter der italienische Mönch Joachim von Fiore (um 1130–1202) die Lehre des Chiliasmus. Besonders einflussreich war die von ihm entwickelte Geschichtsdeutung, der so genannte Joachimismus: Durch das Studium von Altem und Neuem Testament gelangte er zu der Überzeugung, dass das Ende der mittelalterlichen Welt 1260 kommen würde. Seine Ideen wurden zum Teil von anderen Bewegungen aufgenommen, z. B. von den franziskanischen Spiritualen, die im 13. Jh. die vom heiligen Franziskus aufgestellte Regel von der absoluten Armut zu verwirklichen suchten und sich deshalb gegen den Papst stellten.

Um 1420 gründeten die böhmischen Taboriten – radikale Hussiten, deren Name sich von dem tschechischen Reformator Jan Hus (um 1370–1415) ableitete und die sich nach Tabor zurückgezogen hatten – ein neues Jerusalem als Gegenpol zum korrupten Rom. Und zu Beginn der Reformationszeit spalteten sich die Wiedertäufer von der lutherischen Lehre ab, um ein neues Jerusalem ohne Regierung und ohne gesellschaftliche Klassen zu gründen, in dem sie das Reich Gottes sahen. Unter der Führung des Schneiders Jan von Leiden hielten sie die westfälische Stadt Münster in den 40er-Jahren des 15. Jh. längere Zeit besetzt. Kennzeichen der Bewegung war die Erwachsenentaufe.

Alle diese Bewegungen, die als Irrlehren heftig bekämpft wurden, haben eines gemeinsam: Sie zeugen von den Ängsten der menschlichen Seele, die nur einen kleinen Anstoß benötigten, um zum Vorschein zu kommen.

Chiliasmus im Namen der Freiheit: Der tschechische Reformator Jan Hus, der sich gegen König Sigismund erhob, predigte die Rückkehr zur Urkirche, um gegen das korrupte Rom zu kämpfen.

GOTTESURTEILE – GRAUSAM UND UNERBITTLICH

Gottesurteile lösten im Mittelalter Angst und Schrecken unter der Bevölkerung aus. Kein Wunder, denn die Anrufung einer übernatürlichen Instanz als Beweismittel bei Rechtsfällen war meist mit unerträglichen Grausamkeiten verbunden. Was genau muss man sich unter diesem Begriff vorstellen?

Das Wort Gottesurteil hat auch für unsere heutigen Ohren einen bedrohlichen Klang. Es bezeichnete im Mittelalter ein seltsames Vorgehen: Die Gerichtsbarkeit ruft die höheren Mächte an, um über die Schuld oder Unschuld eines Verdächtigen zu entscheiden, wenn die Rechtslage nach menschlichem Ermessen unergründlich ist – und das war damals in sehr vielen Verfahren der Fall.

Heutzutage kann man sich nur mit Mühe vorstellen, dass eine so unsichere Untersuchungsmethode, deren Ergebnis wesentlich vom Zufall abhing, seit Jahrtausenden in vielen Kulturen praktiziert wurde. Gottesurteile gab es bereits im alten Ägypten, in Babylonien, in biblischer Zeit sowie im griechischen Altertum und wurden vor allem in Afrika und in weiten Teilen des mittelalterlichen Abendlandes bis in die frühe Neuzeit praktiziert.

Wider alle Vernunft

Beim Gottesurteil wird der Nachweis von Wahrheit einer allwissenden und gerechten Gottheit anvertraut. Die Gottesbeweise beruhen auf der Vorstellung, dass ein Unschuldiger die auferlegten Prüfungen schadlos überstehen wird, weil die Gottheit ihn beschützt. Dabei weisen die Formen des Gottesurteils eine bemerkenswerte Vielfalt auf: Sie können durchaus harmlos, aber auch grausam sein, man kann sie aktiv oder passiv erfahren oder auch als Einzelner bzw. im Kollektiv erleben. Die letzte Form wäre etwa das Rechtsduell zur Lösung eines Streitfalls, das sich auf die Vorstellung stützt, demjenigen, der im Recht ist, werde die Hilfe Gottes zuteil.

Relativ harmlos war für die Probanden beispielsweise die so genannte Kreuzprobe. Vertreter beider Parteien oder die Beschuldigten selbst mussten so lange mit ausgebreiteten Armen vor einem Kreuz stehen bleiben, bis der Erste die Arme senkte – dieser galt dann als der Schuldige.

Das Rechtsduell (oben) war eines der beliebten Mittel, um über einen Streit zwischen zwei Personen zu entscheiden; der Sieger war im Recht.

Die Feuerprobe (links) setzt einen einzelnen Angeklagten der Prüfung durch glühendes Eisen aus.

Wasser oder Feuer

Das am weitesten verbreitete und am häufigsten angewandte Gottesurteil war die Wasser- bzw. die Feuerprobe. Beide Verfahren waren äußerst grausam, vor allem wenn kochendes Wasser oder glühendes Eisen eingesetzt wurde. Im ersten Fall, dem so genannten Kesselfang, musste der Angeklagte den Arm in einen Kessel mit kochendem Wasser tauchen, um einen Ring oder einen Stein herauszuholen. Der verbrühte Arm wurde anschließend in Tücher gewickelt. Nach einer festgesetzten Frist nahm man den Verband ab und der Richter entschied je nach Zustand der Wunde, ob der Betreffende schuldig oder unschuldig war. Die Feuerprobe bestand darin, dass der Verdächtige eine glühende Eisenstange ergreifen oder mit bloßen Füßen über rot glühende Pflugscharen laufen musste.

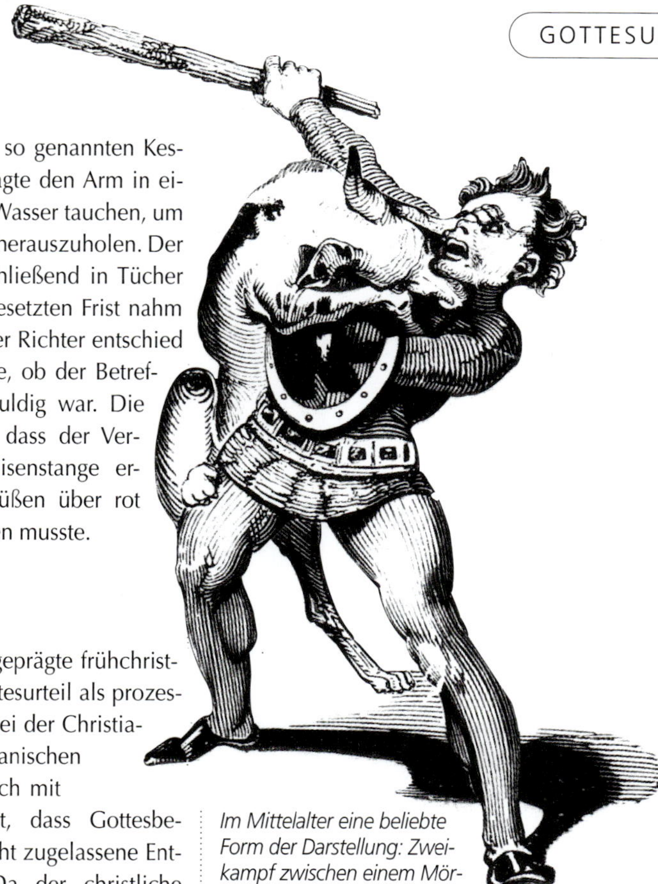

Im Mittelalter eine beliebte Form der Darstellung: Zweikampf zwischen einem Mörder und dem Hund seines Opfers – Sieger war immer das Tier.

Die Ursprünge

Die vom römischen Recht geprägte frühchristliche Kirche kannte das Gottesurteil als prozessuales Beweismittel nicht. Bei der Christianisierung der getauften germanischen Stämme sah man sich jedoch mit dem Umstand konfrontiert, dass Gottesbeweise im germanischen Recht zugelassene Entscheidungsmittel waren. Da der christliche Glaube jedoch auf das Eingreifen Gottes in außergerichtlichen Fragen vertraute, war es für die Kirchenführung damals schwer, eindeutig Stellung gegen die germanischen Gottesurteile zu beziehen. Und so wurden seit den Karolingern Gottesurteile als fest anerkannte juristische Einrichtung verstärkt eingesetzt. Kirchliche Kreise förderten trotz vereinzelten Gegenstimmen diese Entwicklung: Neue Formen des Gottesbeweises wurden eingeführt, wie etwa die Kreuz- und Abendmahlprobe. Seit diesem Zeitpunkt galten Gottesurteile als eine feste christliche Institution.

Die Kritiker setzen sich durch

Aber schon im 9. Jh. erhoben die Gegner dieses Rechtssystems ihre Stimme und prangerten die Fragwürdigkeit dieser Form der Rechtsprechung an. Gegen Ende des 12. Jh. ging in der Bewertung von Gottesurteilen ein tiefer Riss durch den abendländischen Klerus. Im Jahr 1215 schließlich distanzierte sich das vierte Laterankonzil unter Papst Innozenz III. vom Wesen des Gottesurteils. Klerikern war es fortan verboten, an solchen Urteilen teilzunehmen und mitzuwirken; wenige Jahre später, 1234, verbot Papst Gregor IX. diese Praxis im Bereich der abendländischen Kirche.

Die weltliche Gerichtsbarkeit zog dagegen das Gottesurteil nach wie vor bei der Urteilsfindung als Beweismittel mit heran. So wurden bis in die Neuzeit – bei den Hexenprozessen des 16. und 17. Jh. – glühendes Eisen und kochendes Wasser zur Wahrheitsfindung eingesetzt.

Göttliche Gerechtigkeit

Das christliche Gottesurteil stützte sich auf eine einfache Vorstellung: Gott drückt sich durch das Walten der Elemente aus und er wird den Schuldigen nicht begünstigen. Trotz der grausam anmutenden, meist schmerzhaften Begleitumstände der Gottesbeweise bleibt aber auch festzuhalten, dass genau in diesem unerschütterlichen Glauben an die göttliche Gerechtigkeit und Macht der Proband keineswegs von vornherein verloren war, wie man aus heutiger Sicht geneigt ist zu glauben. Unschuldig war, wessen Beweis den natürlichen Erfahrungen entsprach und nicht wider die Gesetze der Natur erfolgte. Selbst der augenscheinlich zynische Beweis der Wasserprobe – wer unterging und ertrank, war unschuldig – basiert auf einer nach damaliger Überzeugung gerechten Sichtweise, nimmt man die nicht zu unterschätzenden Aspekte Glauben und Gottvertrauen der Menschen jener Zeit hinzu: Das Wasser galt als Taufwasser und war von Gott geweiht. Da nur getauft werden konnte, wer rein war, wurde auch nur der bei der Wasserprobe vom Wasser angenommen, der unschuldig war, selbst wenn er dabei ertrank. Die Bösen dagegen würde Gott unweigerlich abweisen.

Heidnische Bräuche und christliche Rituale

Obwohl die mittelalterlichen Gottesurteile starke Anklänge an den heidnischen Aberglauben hatten, folgten sie immer auch einem christlichen Ritual. So musste sich der Betroffene beispielsweise durch Fasten auf die schwere Prüfung vorbereiten. Ebenso gehörte in der Regel der Besuch einer kirchlichen Messe dazu, bei der die für die Probe verwendeten Gegenstände geweiht wurden. Schließlich beteten die Priester zu Gott und erflehten seine Hilfe und seinen Beistand.

Die Kaltwasserprobe

Eine Frau – von ihrem Mann eines Verbrechens beschuldigt, das er ihr jedoch nicht nachweisen konnte – wurde vom Richter dazu verurteilt, sich der Wasserprobe zu unterziehen. Daraufhin wurde sie, mit einem großen Mühlstein am Hals, in die Rhône geworfen. Aber die Frau rief die Hilfe des heiligen Genesius an und wurde vom Grund des Flusses wieder an die Oberfläche des Wassers gespült. Als das Volk das sah, lief es hinzu, um sie aus dem Wasser zu ziehen. Sie brachten die Frau zur Kirche des Heiligen und fortan wurde sie weder von ihrem Mann noch vom Richter behelligt. Die Frau hatte das Gottesurteil bestanden, denn schuldig war nur, wer überhaupt nicht versank, sondern von Anfang an auf dem Wasser schwamm.

Die Wasserprobe war im Mittelalter weit verbreitet.

KATHEDRALEN UND IHRE SCHÖPFER

Die Kirchen der Gotik sind Meisterwerke europäischer Baukunst. Doch so viel man auch über die imposanten Gotteshäuser weiß, so wenig kennt man die Künstler, Handwerker und Baumeister, die sie errichtet haben. Wer waren sie und welche Rolle spielten sie beim Bau dieser Wunderwerke des Mittelalters?

Der Auftrag zum Bau einer Kathedrale ging in der Regel von einem geistlichen Grundherrn aus, beispielsweise dem Abt oder Bischof. Er oder sein Beauftragter bestimmten den Baumeister, der die Konstruktionspläne erstellte und für die Bauaufsicht zuständig war. So beschloss Regnault de Mouçon, Bischof von Chartres, nach dem verheerenden Brand von 1194, die Kirche unverzüglich wieder aufbauen zu lassen. Die heutige Kathedrale geht im Wesentlichen auf diesen Neubau zurück.

Das Zentrum der Arbeit bildete die so genannte Bauhütte, die eigens für die Zeit der Bauarbeiten gegründet wurde. Dabei handelte es sich um eine Arbeitsgemeinschaft, in der alle am Bau Beteiligten organisiert waren. Die Werkstätten der Bauhütte lagen meist unmittelbar neben der Kathedrale. Dort arbeiteten und wohnten die Handwerker und Künstler während der jahrelangen Bauarbeiten.

Die Finanzierung eines solchen gewaltigen Bauvorhabens erwies sich als das größte Problem. Der Bischof war auf die Spenden der Gläubigen, vor allem des Adels und der Zünfte, angewiesen – und deren Großzügigkeit ließ oftmals sehr zu wünschen übrig. So verzögerte sich mancher Bauabschnitt um Jahre, weil nicht genug Geld für Material und Arbeiter vorhanden war. Auch mit der Spendenbereitschaft der Bevölkerung stand es nicht zum Besten, sodass das Geld meistens zwangsweise eingetrieben werden musste. Wer über gute Beziehungen zum Königshaus verfügte, konnte darüber hinaus mit einer großzügigen Summe des Herrschers rechnen.

Die ersten gotischen Kathedralen entstanden in der Île-de-France, der Region um Paris, nachdem die Herrscher aus der kapetingischen Dynastie seit dem 12. Jh. Frankreichs Macht in Europa gefestigt und es zu einem der wohlhabendsten Königreiche des Abendlandes gemacht hatten. Dabei waren die imposanten Bauten mit ihren weithin sichtbaren Türmen nicht nur Zentren des christlichen Glaubens, sondern vor allem auch eine Demonstration der politischen und wirtschaftlichen Macht des Klerus und des Hochadels.

Ganz oben: Diese Miniatur aus dem 15. Jh. ist ein treffendes Beispiel für eine im Bau befindliche Kathedrale, die von den Gläubigen bereits eifrig besucht wird.

Oben: Die Kreuzrippengewölbe der Abtei von St-Denis ermöglichten es dem Baumeister, den Großteil der tragenden Mauern durch hohe Fenster zu ersetzen, um das „göttliche Licht" eindringen zu lassen.

Rechts: Eines der kostbarsten Fenster in St-Denis stellt Abt Suger dar, den Auftraggeber der Kathedrale. Der Architekt ist dagegen nirgendwo abgebildet.

St-Denis – Keimzelle der Gotik

Am Beispiel von St-Denis, der vor den Toren von Paris gelegenen königlichen Abteikirche, lassen sich die Prinzipien der gotischen Baukunst am besten veranschaulichen. Den Auftrag zum Neubau der alten baufälligen Kirche gab

um die Mitte des 12. Jh. Abt Suger, Freund und politischer Berater der Könige Ludwig VI. und Ludwig VII. Er hat die Bauarbeiten in zwei umfangreichen Abhandlungen genauestens beschrieben. Das Zusammenwirken sämtlicher Kunstgattungen – Architektur, Skulptur, Glasmalerei, Schmiedekunst und Malerei – schuf ein Meisterwerk der gotischen Baukunst, von dem Suger schrieb: „In der Mitte des Chors heben zwölf Säulen, entsprechend der Zahl der Apostel, und ebenso viele in den Seitenschiffen, die Zahl der Propheten kennzeichnend, den Oberbau des Gebäudes empor, nach den Worten des Apostels, der im Geiste baut: So seid ihr nun nicht mehr Gäste und Fremdlinge, sondern Bürger mit den Heiligen und Gottes Hausgenossen." Der gotische Bau von St-Denis stellte nach Meinung der Zeitgenossen die in Stein gehauene Verheißung dar, die vom Ruhm kommender Epochen kündete.

Um den Anteil der Mauern zu verringern und das Licht, das als Ausfluss göttlicher Gnade angesehen wurde, ungehindert in den bis dahin dunklen Kirchenraum dringen zu lassen, setzte der Abt bei den Baumeistern die Konstruktion von Kreuzrippengewölben durch. Er erwähnt auch mehrere Goldschmiede aus Lothringen, die unter seiner Leitung arbeiteten. Suger war sich seiner Bedeutung durchaus bewusst und hatte daher auch keine Hemmungen, sich im Tympanon des Portals verewigen zu lassen – unter der Darstellung des Jüngsten Gerichts, in der Pose des Stifters. Darüber hinaus ließ er in der Kirche folgende Inschrift anbringen: „Ich bin es, Suger, der ich in meiner Zeit dieses Gebäude habe vergrößern lassen. Unter meiner Leitung ist dies geschehen."

In der Folgezeit entstanden überall in Europa mächtige Kathedralen, eine größer, prächtiger und schöner als die andere. Der Siegeszug der gotischen Baukunst war nicht mehr aufzuhalten. Zu den bekanntesten gehören u. a. Notre-Dame in Paris (1163), Canterbury (1185), Bourges (1192), Chartres (1194), Reims (1211), Amiens (1220), Straßburg (1220), Burgos (1221), Toledo (1226), Freiburg (um 1235), Wells (1240), Regensburg (um 1250), Gloucester (1351) und Ulm (1377). Viele von diesen gigantischen Gotteshäusern wurden nie fertig gestellt, manche wurden immer wieder umgebaut, am längsten baute man am Kölner Dom: Die 1248 begonnene Kathedrale wurde erst 632 Jahre später 1880 in einer würdevollen Zeremonie vollendet.

Die 1192 begonnene Kathedrale von Bourges ist der einzige gotische Kirchenbau mit fünf Portalen, die sich zu fünf Schiffen öffnen.

Im Hintergrund – der Baumeister

Abt Suger spricht in seinen Berichten zwar ausführlich über allerlei technische Schwierigkeiten und Probleme beim Bau von St-Denis, aber

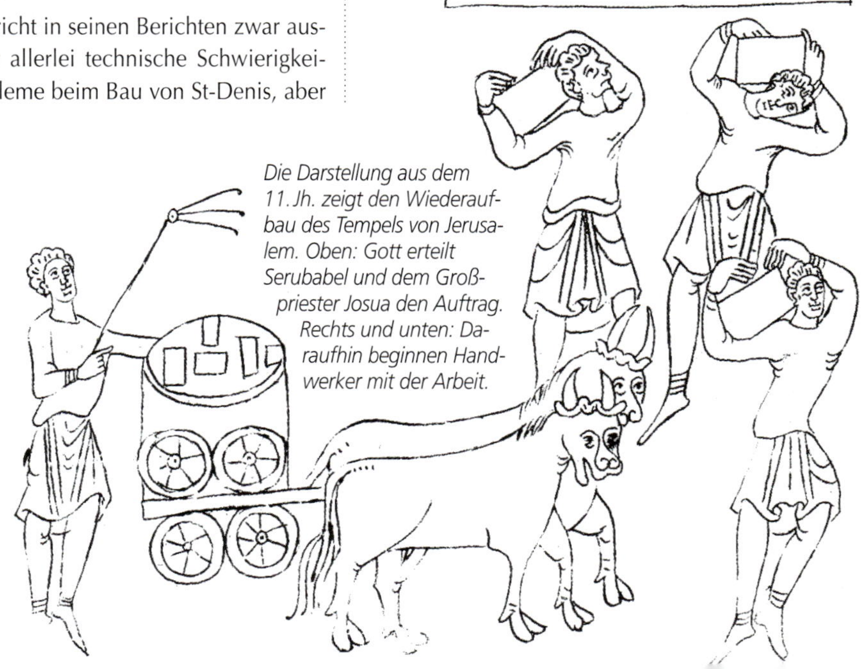

Die Darstellung aus dem 11. Jh. zeigt den Wiederaufbau des Tempels von Jerusalem. Oben: Gott erteilt Serubabel und dem Großpriester Josua den Auftrag. Rechts und unten: Daraufhin beginnen Handwerker mit der Arbeit.

ein Wort taucht in seinen ganzen Abhandlungen bezeichnenderweise nicht auf: der Name des Baumeisters. Und dabei gebührte gerade diesem die Ehre und der Ruhm, der Erfinder der gotischen Baukunst zu sein.

Diese Tatsache ist allerdings kein Einzelfall. Über die Baumeister der frühen gotischen Kirchen ist nur wenig bekannt. So weiß man beispielsweise nichts über das Leben und Wirken der Architekten, die am Bau der Kathedrale von Chartres mitgewirkt haben, nicht einmal ihre Namen sind uns überliefert. In der Regel entstammten sie dem geachteten Stand der Maurer. Manche von ihnen kamen aus Deutschland oder Italien, andere wiederum aus französischen Regionen mit langer Bautradition, wie etwa dem Limousin.

Die Baumeister waren ständig auf der Wanderschaft. War das eine Gotteshaus fertig gestellt, zogen sie weiter zur nächsten Baustelle, um dort ihre Kenntnisse gegen klingende Münze anzubieten. Fähige Baumeister waren rar im Mittelalter und wurden gut bezahlt. So weiß man, dass Bernhard von Soissons, der fast 40 Jahre an der Kathedrale von Reims mitarbeitete, einer der am höchsten besteuerten Männer der Stadt war.

Mit dem Erfolg wuchs auch die Bedeutung der Architekten und damit ihr Selbstbewusstsein. Seit dem 14. Jh. traten sie immer öfter aus der Anonymität heraus und verewigten sich und ihre Leistung. An einer versteckten Stelle des Gebäudes brachten sie ihr Zeichen oder ihren Namen mit Angabe des Datums des Baubeginns bzw. der Fertigstellung an.

Vielschichtige Aufgaben

Wesentliches Merkmal seiner Tätigkeit war, dass der Baumeister die Arbeiten an dem Kirchenbau überwachte, doch nie selbst auf dem Bau mitarbeitete. „Es ist üblich", so berichtet eine zeitgenössische Quelle, „dass es einen einzigen Meister gibt, der durch sein Wort allein die Arbeit ordnet und niemals Hand anlegt. Er erhält aber einen höheren Lohn als die anderen. Die Baumeister haben einen Stab in der Hand, sie ordnen an und arbeiten nicht." Die Aufzeichnungen, die der Kirchenbaumeister Villard de Honnecourt hinterlassen hat, vermitteln einen anschaulichen Eindruck von den Problemen, mit denen sich damals ein Architekt zu beschäftigen hatte. Die Skizzenbücher befassen sich u. a. mit der Perfektionierung mechanischer Vorgänge, der Entwicklung neuartiger Hebeapparate, um Arbeitskräfte einzusparen und den Bau zu beschleunigen, sowie der Berechnung neuer Konstruktionsformeln.

Die großen Meister waren sehr darauf bedacht, ihre handwerklichen Kenntnisse und Geheimnisse zu wahren und nicht jedermann zugänglich zu machen. So heißt es im *Buch der Handwerke* aus dem 13. Jh.: „Die Baumeister können so viel Gehilfen und Gesellen beschäftigen, wie es ihnen beliebt, allerdings nur unter der Bedingung, dass sie keinem von ihnen irgendetwas von ihren Handwerkskenntnissen erzählen."

Markenzeichen des Baumeisters

Im 13. Jh. gewann das Ansehen des Baumeisters zunehmend an Bedeutung. In Reims erklärt eine Inschrift, dass der Bau der Apsis 1211 von Jean d'Orbais begonnen und von Jean Le Loup und Gaucher de Reims fortgeführt wurde, dass die Fassade sowie die große Fensterrose das Werk von Bernard de Soissons waren. In Notre-Dame in Paris hat sich der Architekt des rechten Querschiffes im Sockel auf einer Länge von 8 m verewigt: „Meister Jean de Chelles hat diese Arbeit am 11. Februar 1258 begonnen." Und in Amiens finden sich die Porträts des Auftrag gebenden Bischofs und der drei Architekten als Einlegearbeit im Fußboden der Kirche.

Links: Die farbenprächtige Miniatur aus dem 14. Jh. zeigt, wie über dem Grab des heiligen Denis eine Basilika errichtet wird.

Unten: In der mittelalterlichen Handschrift Hortus deliciarum, *die Ende des 12. Jh. entstand, sieht man Handwerker verschiedener Zünfte beim Bau einer Kathedrale.*

Die Glasmalereien greifen häufig Motive des Kirchenbaus auf: Ein Maurer verstreicht den Mörtel mit seiner Kelle, während zwei andere Steine herantragen.

Die Zünfte – das Herz der Bauhütte

Auf einer Bauhütte waren zeitweilig mehrere Hundert Menschen beschäftigt. Sie bildeten eine verschworene Gemeinschaft, deren ganzes Denken und Handeln auf ein einziges Ziel ausgerichtet war: den Bau der gotischen Kathedrale. Um dieses ehrgeizige Ziel zu erreichen, bedurfte es vieler berufener Leute mit den unterschiedlichsten handwerklichen Fähigkeiten.

Auf der untersten sozialen Stufe standen die Hilfskräfte. Dabei handelte es sich vielfach um ehemalige Leibeigene, die vor ihren Grundherren geflohen waren, und um Bauernsöhne, die Arbeit in der Stadt suchten. Sie hatten keinerlei Rechte und mussten die niedersten Aufgaben ausführen: Fundamente ausheben, den Erdaushub in Säcken abtransportieren, Steine hieven usw.

Eine ganz andere Stellung bekleidete dagegen die Zunft der Steinmetzen. Ihre Aufgabe bestand u. a. darin, die Steine auszusuchen, auf die entsprechende Größe zuzuschneiden und den Transport zur Baustelle zu organisieren. Andere Steinmetzen arbeiteten direkt vor Ort am Rohbau: Mit kräftigem, geübtem und gleichmäßigem Schlag traktierten sie die roh gebrochenen Steine. Bei der Gestaltung des Materials waren ihrer Phantasie keine Grenzen gesetzt. Die Fenster wurden reich verziert und in den Nischen und auf den Simsen stieß man überall auf Skulpturen von Heiligen und Königen. Besondere Sorgfalt verwandten die Bildhauer auf die Ausgestaltung der Portale, die nach damaliger Auffassung nicht nur den Eingang in die Kathedrale darstellten, sondern auch die Pforte zum Himmelreich symbolisierten. Dementsprechend prachtvoll rahmte man die Eingänge mit Figuren und Ornamenten ein. Steinmetzen galten als Facharbeiter und durften Hilfskräfte einstellen, die ihnen bei der beschwerlichen Arbeit zur Hand gingen. Sie erhielten ungefähr dreimal so viel Lohn wie die Hilfskräfte und genossen bestimmte Privilegien.

Bei der Wahl ihrer Motive genossen die Bildhauer recht große Freiheit wie dieses Kapitell beweist: Es stellt den Schlaf der Weisen aus dem Morgenland dar.

Auch die Maurer waren in einer Zunft organisiert. Je weiter der Bau der Kathedrale voranschritt, umso gefährlicher wurde ihre Arbeit. In schwindelnder Höhe mauerten sie auf wackligen Gerüsten und ohne ausreichende Sicherung Stein um Stein aufeinander. Ein kurzer Moment der Unachtsamkeit kostete so manchem von ihnen das Leben. Die Maurer bekamen zusätzlich zu ihrem Lohn eine Prämie, wenn sie den letzten Stein eines Gewölbes – den so genannten Schlussstein – gesetzt hatten. Er galt als ein Symbol für die Dauerhaftigkeit des Bauwerks.

Eine nicht weniger wichtige Rolle innerhalb der Bauhütte spielten die Zimmerleute. Sie waren damit beschäftigt, den riesigen Dachstuhl zu errichten. Meist mussten mehrere Tausend Bäume eigens dafür zugehauen werden. Die Schmiede wiederum lieferten die notwendigen Sägeblätter, Maueranker, Zugbänder und jede Menge Nägel.

Der Bau der gotischen Kathedralen führte ein bis dahin wenig bekanntes Handwerk zu ungeahnter Blüte: die Glasmalerei. Die in einigen Kirchen noch heute erhaltenen Fenster sind von seltener Schönheit. Die Künstler entwickelten eine unvergleichliche Technik in der Herstellung der Glasmasse, der Einfärbung und der Verarbeitung, deren Geheimnis allerdings in der Folgezeit verloren ging. Auch die Namen der einzelnen Glasmaler sind uns nicht überliefert.

Harte Arbeit, karger Lohn

Die Arbeitszeit betrug in der Regel 17 Stunden pro Tag, die Sonn- und zahlreichen kirchlichen Festtage waren arbeitsfrei. Viele der Handwerker arbeiteten ihr Leben lang auf ein und derselben Bauhütte. Bei Krankheit gewährte die Bauhütte häufig eine finanzielle Unterstützung, die man nach der Genesung wieder zurückzahlen konnte. Für die Kosten im Todesfall – Begräbnis und Gottesdienst – kam sie ebenfalls auf. Jede Bauhütte schuf sich ihre eigenen Regeln, die alle Beteiligten, die sich ihr angeschlossen hatten, respektieren mussten. So war es z. B. nicht möglich, unentgeltlich am Bau der Kathedrale mitzuhelfen. Dies musste etwa Renaut de Montauban erfahren, als er sich freiwillig zur Mitarbeit beim Bau des Kölner Doms meldete, um für seine Sünden Buße zu tun. Er wurde von den anderen Arbeitern verprügelt und in den Rhein geworfen – aus Wut über diese Form von unlauterem Wettbewerb.

Gütezeichen der Steinmetzen

Es war zwar schon aus der Antike bekannt, dass Steinmetzen ihre Werke kennzeichnen, doch erst seit dem Ende des 12. Jh., zur Zeit der Gotik, wurde diese Praxis allgemein gebräuchlich. Das Signum diente als Gütezeichen, aber auch als Nachweis für die Abrechnung. So kann man über dem Portal der Kathedrale von Autun lesen: „Gilbert hat diese Arbeit angefertigt."; am Portal der Kirche St-Ursin in Bourges findet sich die Signatur eines Mannes mit Namen Giraud; und im Jahr 1233 meißelt ein gewisser Durand folgenden Satz in einen Schlussstein der Kathedrale von Rouen: „Durand hat mich fertig gestellt."

Signatur am Tympanon der Kathedrale von Autun

JÜDISCHE MYSTIK: DIE UNVERSTANDENE KABBALA

Viele Jahrhunderte nachdem in Palästina esoterische Bewegungen entstanden, dringen deren Lehren nach Europa vor. Es geht den Anhängern darum, die Gesetzmäßigkeiten der Schöpfung zu erkennen. Manche Gelehrte unter den Christen erfassen die theologische Bedeutung der Kabbalistik, andere jedoch bekämpfen ihre Erkenntnisse als gefährliches Gedankengut.

Französische Juden; ab dem 13. Jh. fand die Mystik unter ihnen weite Verbreitung.

Nur wenige von uns haben eine Vorstellung, was sich hinter dem Begriff Kabbala verbirgt. Er stammt aus dem Hebräischen und bedeutet ursprünglich Tradition und Überlieferung. Schon seit der Antike jedoch verwendete man ihn zunehmend für die jüdische Mystik und die esoterischen Traditionen des Judentums, die allerdings kein einheitliches System bilden. Vielmehr besteht die Kabbala aus unterschiedlichen Lehren, die zusammen im Lauf der Jahrhunderte ein komplexes Nebeneinander von Strömungen ergeben haben. In welcher Form ist Gott gegenwärtig? Welche Gesetzmäßigkeiten liegen der Schöpfung zugrunde? Hat menschliches Leiden einen Sinn? Das sind einige der fundamentalen Fragen, mit denen sich die Kabbalisten auseinander setzten. Den Päpsten und ihren Gefolgsleuten galt die jüdische Mystik indes lange Zeit als Teufelswerk und sie verurteilten christliche Gelehrte, die sich darauf beriefen, als Ketzer.

Gegen Ende des Mittelalters erlebte die Kabbalistik im Abendland eine Blütezeit.

Ausbreitung in Europa

Die Kabbala entstand in Palästina und lässt sich bereits für das 2. Jh. belegen; im darauf folgenden Jahrhundert verlagerte sich die Bewegung dann nach Babylon. Unter ihren Anhängern fand ein reger Austausch statt. Aus jener Zeit stammt das *Sefer Jetsira* (Buch der Schöpfung), eine anonym verfasste theologische Schrift, die große Bedeutung erlangte. Sie erklärte nämlich, wie man die Weltordnung mithilfe von 32 Wegen der Weisheit entschlüsseln könne: den 22 Buchstaben des hebräischen Alphabets und den zehn Grundzahlen, den Sefirot. Damit wandte sie sich gegen die Gnostiker, die vertraten, dass volle Erkenntnis der Wege Gottes lediglich sehr wenigen Menschen vorbehalten sei.

Ab dem 8. Jh. drangen die Einsichten der jüdischen Mystiker allmählich nach Europa vor. In Süddeutschland und im Rheinland entwickelte sich zwischen 1150 und 1250 eine Chassidismus genannte eigenständige Strömung, die sich später ebenfalls im übrigen Deutschland, in Böhmen sowie in Nordfrankreich ausbreitete. Zu ihren herausragenden Vertretern zählte Jehuda hä-Chasid (etwa 1146–1217) aus Regensburg.

Gott säße weit entfernt von seinen Kreaturen auf einem Thron im höchsten Himmel, hatten die Gelehrten des Judentums zuvor behauptet. Die deutschen bzw. aschkenasischen Chassidim dagegen entwickelten jetzt ein völlig anderes Bild, denn sie glaubten an Gottes Gegenwart in allen Dingen. Diese Überzeugung begründeten sie mit seiner Körperlosigkeit: Dadurch könne er nicht begrenzt werden. In Wundern und übernatürlichen Phänomenen bemerkt der Fromme laut ihrer Lehre die Anwesenheit des Schöpfers.

Sogar Unglück und Schmerzen haben für die chassidische Bewegung eine tiefere Bedeutung. „Der Lohn richtet sich nach dem Leiden", heißt einer ihrer Grundsätze. Er besagt, dass nur Menschen, die während ihres Lebens zahlreiche harte Prüfungen bestanden haben, die ewige Seligkeit erlangen. Wer demnach versucht, Probleme möglichst zu vermeiden, der bestraft sich letztlich selbst. Absichtlich entsprechen die Natur wie auch die göttlichen Gebote nicht dem Wesen des Menschen, denn es ist ihr Zweck, ihn dazu zu bringen seine Schwächen zu überwinden und seine Gottesfurcht unablässig zu beweisen. Gleichzeitig richtet sich die chassidische Ethik gegen Besitzstreben und körperliche Begierden.

Als zentraler Text beeinflusste das *Sefer hassidim* stark den Volksglauben. Er vermittelte

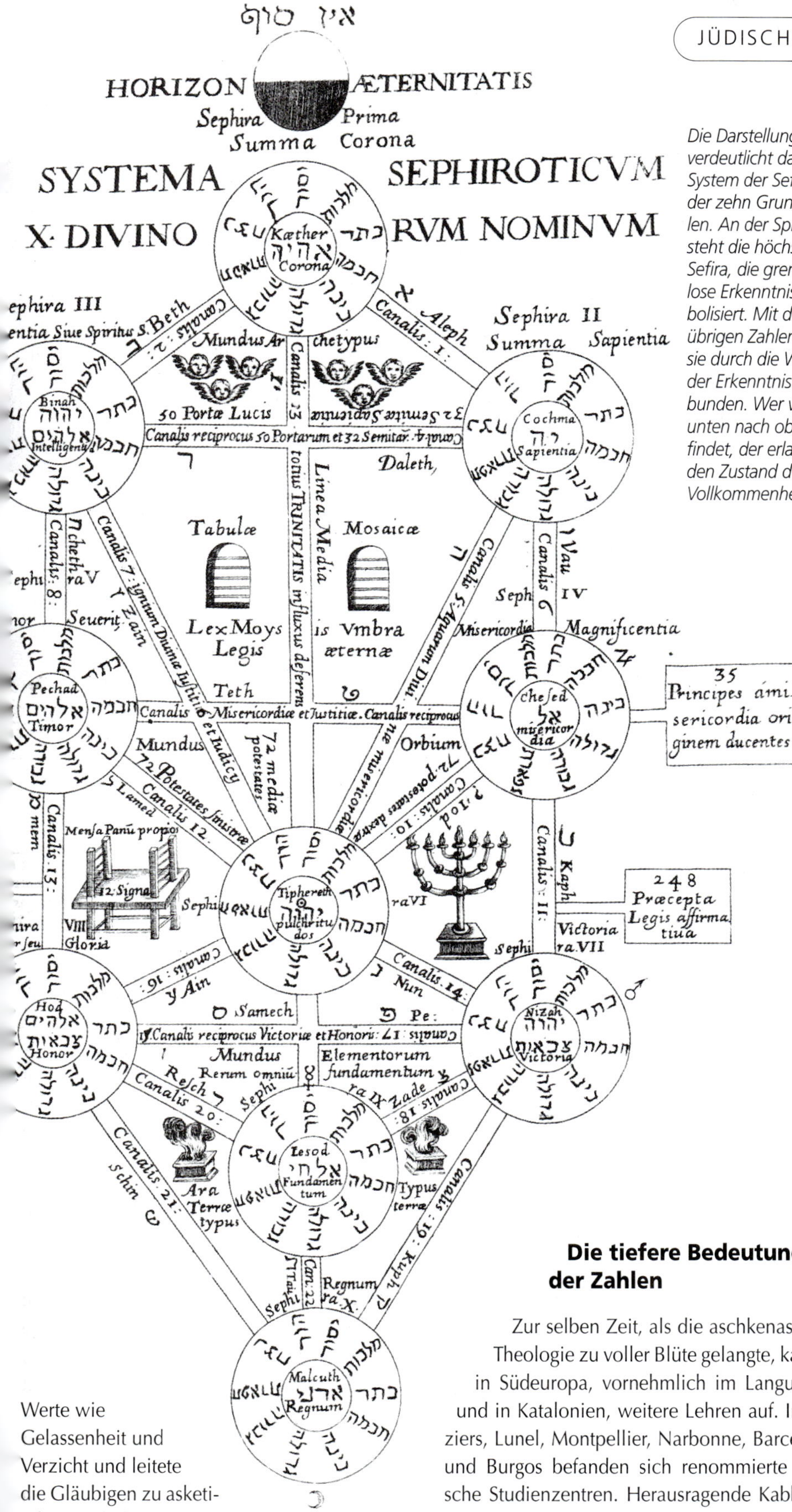

Die Darstellung verdeutlicht das System der Sefirot, der zehn Grundzahlen. An der Spitze steht die höchste Sefira, die grenzenlose Erkenntnis symbolisiert. Mit den übrigen Zahlen ist sie durch die Wege der Erkenntnis verbunden. Wer von unten nach oben findet, der erlangt den Zustand der Vollkommenheit.

Werte wie Gelassenheit und Verzicht und leitete die Gläubigen zu asketischen Praktiken an. Einen hohen Stellenwert hatten die überlieferten Gebete, an deren Aufbau und Wortlaut gemäß den Chassidim nichts zufällig sei. Deshalb lasse sich ihr Inhalt über Generationen hinweg bis zur göttlichen Offenbarung zurückverfolgen.

Die tiefere Bedeutung der Zahlen

Zur selben Zeit, als die aschkenasische Theologie zu voller Blüte gelangte, kamen in Südeuropa, vornehmlich im Languedoc und in Katalonien, weitere Lehren auf. In Béziers, Lunel, Montpellier, Narbonne, Barcelona und Burgos befanden sich renommierte jüdische Studienzentren. Herausragende Kabbalisten wie Abraham ben Isaak, sein Sohn Isaak der Blinde und Jacob Nazir verfassten damals das *Sefer ha-Bahir* (Buch der Nächstenliebe), ein Werk mit Aussprüchen und kurzen Vorträgen zu einzelnen Bibelversen. Um ihm größere Autorität zu verleihen, schrieben es die Autoren nicht sich selbst, sondern früheren Rabbinern zu. Was war nun das Neue an ihren Ausführungen? Vor allem, dass Gottes Allmacht durch die kosmischen Kräfte des Weltenbaumes dargestellt wird, von dem aus die Seelen ihren Weg beginnen. Jedes Wesen kehrt dorthin zurück.

Ihr ganzes Sinnen und Trachten richteten die Kabbalisten darauf, den Willen und die Weisheit Gottes durch die Interpretation der Offenbarung zu ergründen. Wenn man sich eingehend mit den Geboten befasst, wird man ihren

Der Stich aus dem späten Mittelalter zeigt jüdische Theologen im Gespräch. Meist pflegten die Gelehrten einen regen Austausch.

Reise in den Himmel

Als geheimstes Thema der frühen Kabbala galt das Wissen um den göttlichen Thron. Zwischen dem 2. und dem 5. Jh. setzte sich eine bedeutende Anzahl von Schriften mit der Frage auseinander, wie sich Gottes Herrlichkeit offenbare. Teilweise hatten sie den Charakter von Handbüchern und schilderten ausführlich die Reise in den Himmel. Gott beschrieben sie als Wesen mit einem Körper, dessen Dimensionen menschliches Vorstellungsvermögen bei weitem überschreiten. Damit wollten sie keine objektiven Fakten vermitteln, sondern verdeutlichen, dass sich die Größe des Schöpfers nicht in Worte fassen lässt.

verborgenen Sinn verstehen, behaupteten sie. Dafür besitzt der Fromme drei Hilfsmittel, die Gott ihm gegeben hat: die Schrift, das gesprochene Wort und die Zahl. Weil das Gesetz Moses – die Thora – auf Hebräisch niedergeschrieben wurde, gibt es für die jüdischen Mystiker keine andere Sprache, mit deren Hilfe die Menschen die Weltordnung überhaupt erfassen können.

Besonders steht jedoch die Zahl im Zentrum der kabbalistischen Studien. Die Sefirot aus dem *Sefer Jetsira* erlangen im *Bahir* göttliche Eigenschaften. Das Prinzip erscheint einfach: Jedem Buchstaben entsprechen eine Zahl und ein Begriff. Allerdings ist es möglich, durch Kombination oder Umstellen von Begriffen verschiedene versteckte Bedeutungen in ein und demselben Bibelvers zu finden.

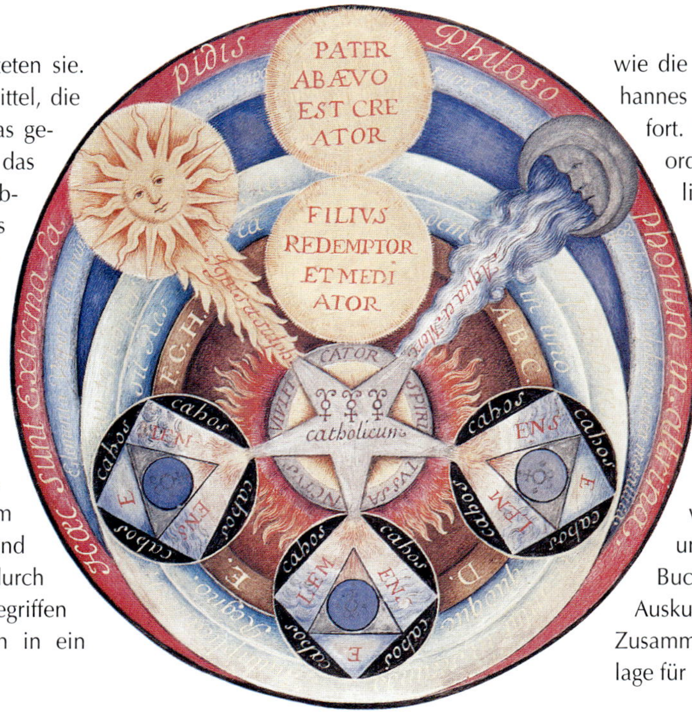

Eine christlich-kabbalistische Abwandlung der Anordnung der Sefirot; sie beinhaltet die Dreifaltigkeit von Gottvater, Sohn und Heiligem Geist.

Christliche Auslegungen

Ab dem 14. Jh. gewann die Kabbalistik an Bekanntheit, und zwar nicht nur innerhalb des Judentums. Immer mehr Christen – Gelehrte, aber ebenso Magier und Astrologen – interessierten sich für die Schriften der Mystiker. Die enzyklopädisch gebildeten Theologen jener Zeit wollten auf wesentliche Übereinstimmungen der Religionen Christentum, Judentum und Islam aufmerksam machen. Freilich setzten es sich manche von ihnen auch zum Ziel, die Juden zu bekehren.

Religiöses Meisterwerk

Das Sefer ha-Zohar (Buch des Glanzes) schrieb man zunächst dem Rabbi Simeon Ben Jochai zu, einem Talmudlehrer, der im 2. Jh. gelebt haben soll, wahrscheinlich aber nie existiert hat. Inzwischen ist sich die Geschichtsforschung weitgehend einig, dass Rabbi Mose de León das Werk verfasste, ein kastilischer Kabbalist aus dem 13. Jh. Das Buch enthält eine Vielfalt von Texten, die Teile der Bibel analysieren. León beabsichtigte mit seiner Schrift, jüdische Intellektuelle, die mit den Traditionen gebrochen und die religiösen Vorschriften verworfen hatten, wieder auf den rechten Weg zu bringen. Er fand eine unerwartet große Leserschaft und für viele Juden steht sein Werk auf einer Stufe mit der Bibel und dem Talmud.

Der in Florenz lebende Humanist Giovanni Pico della Mirandola (1463–94) entdeckte in der jüdischen Esoterik eine Bestätigung der christlichen Vorstellungen vom Geheimnis der Dreifaltigkeit und der Fleischwerdung des Wortes. Pico beschäftigte sich mit dem esoterischen Wissen über Buchstaben und Zahlen und behauptete, allein durch die Magie und die Kabbala könne der Mensch sichere Aussagen über die göttliche Natur des Messias machen. In die 900 philosophischen und theologischen Thesen, die der Gelehrte veröffentlichte, nahm er 72 christlich-kabbalistische Sätze auf. Davon beanstandete die Kirche 13 umgehend; später verurteilte sie sämtliche als Ketzerei.

Doch der Unwillen des Vatikans schreckte die europäischen Intellektuellen nicht von der weiteren Auseinandersetzung mit der Kabbala ab. So setzten der Franzose Guillaume Postel sowie die Deutschen Johannes Tritheim und Johannes Reuchlin (1455–1522) Picos Studien fort. Besonders Letzterem gebühren außerordentliche Verdienste, weil er die Kabbalistik einem größeren Publikum zugänglich machte, indem er ihre wichtigsten Erkenntnisse ins Lateinische übersetzte. In einem Gutachten für Kaiser Maximilian I. (1459–1519) verteidigte er die jüdische Mystik gegen Anfeindungen.

Pico della Mirandola (links) und Johannes Tritheim gehörten zu den ersten christlichen Theologen, die sich eingehend mit der Kabbala befassten.

Ungeachtet solcher Kontroversen wandten auch viele Wahrsager kabbalistische Methoden an. Beispielsweise benutzten sie für ihre Prophezeiungen bestimmte Entsprechungen von Buchstaben und Zahlen. Wollte jemand Auskunft über sein Schicksal, so bildete die Zusammensetzung seines Namens die Grundlage für die Deutung.

Vatikan wittert Widerstand

Alle kabbalistischen Strömungen – von den theologischen bis zu den abergläubischen – stießen lange Zeit auf heftige Vorurteile, hauptsächlich in der christlichen Kirche. Phasenweise war der Begriff Kabbala ein Synonym für Komplott oder Verschwörung. Die Bedeutung hat in Kabale überlebt, einem Wort, das wir heute kaum mehr gebrauchen.

Über Jahrhunderte hinweg sah eine Reihe von christlichen Theologen in der jüdischen Mystik lediglich eine Widerstandsbewegung. Diese bediente sich ihres Erachtens der Magie, um sich gegen Versuche zur Zwangsbekehrung zum Christentum zu wehren. Ein solches Aufbäumen gegen ihre Religion fanden die Getreuen des Vatikans unverzeihlich. Die Kabbala lebte dennoch fort und brachte immer wieder neue Erkenntnisse hervor.

DAS FEMGERICHT: RECHTSPRECHUNG ODER SCHRECKENSHERRSCHAFT?

Ihre bloße Erwähnung verbreitete im späten Mittelalter Angst und Schrecken, doch auch wenn die Femgerichte unter den Menschen als Vereinigung von Henkersknechten verschrien waren, trug diese Institution dazu bei, die Selbstjustiz unter den Adligen einzudämmen und die Rechtlosigkeit der einfachen Bevölkerung etwas zu mildern.

Da man bei Femgerichtsverfahren vor allem Verbrechen verhandelte, die mit dem Tod bestraft wurden, lag als Zeichen für die Blutgerichtsbarkeit ein Schwert auf dem Richtertisch.

Wer heutzutage in Deutschland vor Gericht muss, kann sich sicher sein, dass der Weg durch die Instanzen genau organisiert ist, doch das war im Mittelalter ganz anders. Die Gerichtsbarkeit lag in verschiedensten Händen, es wurde nach unterschiedlichen Gesetzen gerichtet und viele Verbrechen blieben ohnehin ungeahndet. So war es an der Tagesordnung, dass viele – vor allem die Mitglieder des Adels – die gewaltsame Durchsetzung ihrer Rechte selbst in die Hand nahmen und blutige Fehden an der Tagesordnung waren. Als diese Rechtsunsicherheit während des 13. Jh. durch das Fehlen einer starken kaiserlichen Macht noch zunahm, entwickelte sich in Westfalen eine Gerichtsbarkeit, die in den folgenden 200 Jahren großen Einfluss gewann: die Feme (auch Veme), was entweder Genossenschaft oder Strafe bedeutet.

Ein kurzer Prozess

Vermutlich gingen die Femgerichte auf die Grafengerichte zurück, denen schon Karl der Große die Blutgerichtsbarkeit – d. h. das Recht, Urteile über Leben und Tod zu fällen – verliehen hatte. Im 13. Jh. handelte es sich dann um Gerichte im Besitz eines so genannten Stuhlherrn (meist ein geistlicher oder weltlicher Fürst). Dieser verlieh den Vorsitz in den Verhandlungen an einen Freigrafen, der zusammen mit mehreren Freischöffen das Urteil fällte. Im Normalfall waren das sieben, doch wurde ein Übeltäter auf frischer Tat ertappt, reichten für die sofort stattfindende Verhandlung auch drei Freischöffen aus. Diese Geschworenen waren gut beleumundete Männer freien Standes, die in Westfalen geboren sein mussten.

Verhandelt wurden todeswürdige Verbrechen wie Mord, Diebstahl und Raub sowie Fälle von Rechtsverweigerung und das Urteil konnte nur auf Freispruch oder Tod lauten. Die Beratungen des Gerichts fanden nach einem nur den Eingeweihten, den so genannten Wissenden, bekannten Prozedere und unter Ausschluss der Öffentlichkeit statt. Wer dabei heimlich lauschte, wurde gehängt. Die Vollstreckung eines Todesurteils erfolgte sofort an Ort und Stelle durch den Strang „an dem nächsten Baume, den man haben mag".

Diese strikte Geheimhaltung führte bald dazu, dass den Femgerichten alle möglichen Gräuel angedichtet wurden: Die Freischöffen, so hieß es, seien eine Geheimgesellschaft maskierter Henker, die ihre Urteile an entlegenen Orten fällten, meist unter einer Linde, die außerdem als Galgen dienen konnte. Und während der Verhandlung würden auch nicht wenige der Angeklagten aufs Grausamste gefoltert.

Doch trotz dieser Gerüchte und Schauermärchen genossen die westfälischen Femgerichte ab dem 14. Jh. so viel Ansehen und Macht, dass sie Beschuldigte aus dem ganzen Deutschen Reich vor ihre Schranken zitieren konnten. Wer nicht erschien, wurde verfemt, d. h. geächtet, und er konnte hingerichtet werden, sobald ein Freischöffe seiner habhaft wurde. Doch allmählich lief das Ganze aus dem Ruder: Die Zahl der Verfahren – oft nur noch Bagatellfälle – stieg gewaltig an. Da das Freischöffenamt mit vielen Vorteilen verbunden war, gab es einen großen Andrang darauf. Zahlreiche Femgerichte wurden von zweifelhaften Individuen unterwandert, sodass bald Vorwürfe der Bestechlichkeit laut wurden. Ende des 15. Jh. hatte die Feme dann durch Rechtsbündnisse der Landesherren und Städte so viel von ihren juristischen Funktionen und ihrem Ansehen eingebüßt, dass die einstmals so berüchtigten Gerichte in Bedeutungslosigkeit versanken.

Folterungen wie mit der oben abgebildeten eisernen Jungfrau, deren Spitzen sich beim Schließen in den Leib des Delinquenten bohrten, wurden den Femgerichten in der Überlieferung zu Unrecht angedichtet.

Alchemie im Mittelalter

Wissenschaftlich interessierte Männer experimentierten schon früh mit verschiedenen Stoffen, entwickelten Laborgeräte und chemische Verfahren. Lange Zeit genossen sie hohes Ansehen an den Universitäten und galten zugleich als nützliche Handwerker, deren Dienste beispielsweise in der Metallindustrie gefragt waren. Ihr wichtigstes Ziel, die Herstellung von Gold, erreichten die Naturphilosophen indes nie. Gleichwohl setzten die europäischen Herrscher sie zunehmend unter Druck, ihnen Geld zur Finanzierung von Kriegen zu beschaffen.

Eines der aus dem 15. Jh. stammenden 49 Marmorintarsienbilder im Fußboden des Domes von Siena stellt Hermes Trismegistos dar (rechts). Die Ägypter und die Griechen verehrten den Gott der Künste und Wissenschaften auch als Begründer der Alchemie.

In Filmen und der Kinderliteratur werden Alchemisten bisweilen heute noch als Angst einflößende Greise dargestellt, die in düsteren Laboratorien mit Rezepten aus Zauberbüchern experimentieren, um den Stein der Weisen, das Elixier der Unsterblichkeit oder reines Gold herzustellen. In anderen Geschichten tauchen sie als gewinnsüchtige Geldfälscher auf.

Zwar ist inzwischen bekannt, dass solche Charakterisierungen keineswegs den historischen Tatsachen entsprechen, doch nach wie vor ranken sich viele Legenden um die Alchemisten. Wer waren diese Männer, die oft im Ruch der Schwarzkunst standen? Seriöse Wissenschaftler oder gefährliche Scharlatane?

Die ersten Naturphilosophen

Bereits in den frühen Hochkulturen befassten sich Priestergelehrte mit Naturphänomenen. Sie beriefen sich auf einen Gott, den die Ägypter Thot und die Griechen Hermes Trismegistos nannten. Ihm schrieb man eine Reihe von Offenbarungs- und Geheimschriften zu, die die Grundlage für chemisch-technologische Studien bildeten.

Eine der fundamentalen Fragestellungen der damaligen Forscher betraf die Zusammensetzung von Steinen und Metallen: Sind sie belebt oder nicht? Manche Naturphilosophen vertraten tatsächlich die Meinung, für tot gehaltene Materie besäße eine gewisse Form von Leben, das man mithilfe magischer Texte aktivieren könne. Die meisten Gebildeten allerdings widersprachen dieser Annahme. Sie erkannten die Hypothesen von Aristoteles (384–322 v. Chr.) an, der behauptet hatte, alle Stoffe setzten sich in unterschiedlichen Mengenverhältnissen aus den vier Elementen Erde, Wasser, Feuer und Luft zusammen. Je nach Relation der Bestandteile gäben diese Dünste ab: kalte, feuchte, heiße oder trockene. Über der Erde entstünden dadurch Wolken, Regen und Schnee, unter der Erde hingegen Mineralien. Vorstufen für Letztere seien Dunstverdichtungen zu Quecksilber oder Schwefel, die man bisweilen als Vater und Mutter oder zusammen als *prima materia* der Metalle bezeichnete.

Um 200 v. Chr. wurden im hellenistischen und byzantinischen Raum zahlreiche Anweisungen zur Färbung und Verfälschung von Metallen, Mineralien und Edelsteinen verfasst. Ebenso gibt es aus jener Zeit eine ganze Reihe von Anleitungen zur Herstellung der benötigten Geräte. All diese Untersuchungen legten die Basis für die Alchemie als Teildisziplin der Physik, die wiederum als Zweig der Philosophie eingestuft war. Bis zum 17. Jh. unterschied man nicht zwischen den Begriffen *chymia* (Chemie) und *alchymia* (Alchemie) für die Wissenschaft der Naturstoffe.

Vom Morgenland nach Europa

Wesentliche Fortschritte erfuhr die Alchemie zwischen dem 9. und 13. Jh. im islamischen Kulturkreis. Dort entwickelte man beispielsweise spezielle Öfen und Destillationsapparaturen und entdeckte organische Substanzen wie den Salmiak.

Erst ab dem 12. Jh. gelangten die arabischen Schriften ins Abendland, stießen aber sofort auf reges Interesse. Europa erlebte nämlich gerade einen gewaltigen wirtschaftlichen Aufschwung, durch den Industrien entstanden und traditionelle Branchen wie das Metallhandwerk größere Bedeutung erlangten. So hieß man jegliches Know-how höchst willkommmen.

Schon ein Jahrhundert später betätigten sich Alchemisten auf verschiedensten Gebieten, wozu die Minenarbeit – z. B. hatte man 1170 mit der Ausbeutung der Silberminen bei Freiberg im heutigen Sachsen begonnen – und die Medizin gehörten. Längst kannte man Möglichkeiten, aus Pflanzen oder Metallen Präparate zu gewinnen, die angeblich das Altern hinauszögerten. Im 13. Jh. begann die Suche nach der so genannten Quintessenz, einer Flüssigkeit aus mehrfach destilliertem Alkohol, die wie ein Lebenselixier wirken sollte. Keinesfalls jedoch träumten die Alchemisten davon, ein Mittel für die Unsterblichkeit zu finden. Der menschliche Körper sollte lediglich innerhalb der Spanne, die Gott dem Einzelnen zugedacht hatte, in guter Verfassung bleiben.

Theorie und Praxis

Bald genossen die Alchemisten hohes Ansehen wegen ihrer nützlichen Spezialkenntnisse, die sie zur Umwandlung der Dinge befähigten. Unter anderem fertigten sie auch Schmuck und Dekorationsgegenstände wie Vasen aus Goldimitaten an. Von daher rechnete das Volk sie eher den Handwerkern als den Wissenschaftlern zu.

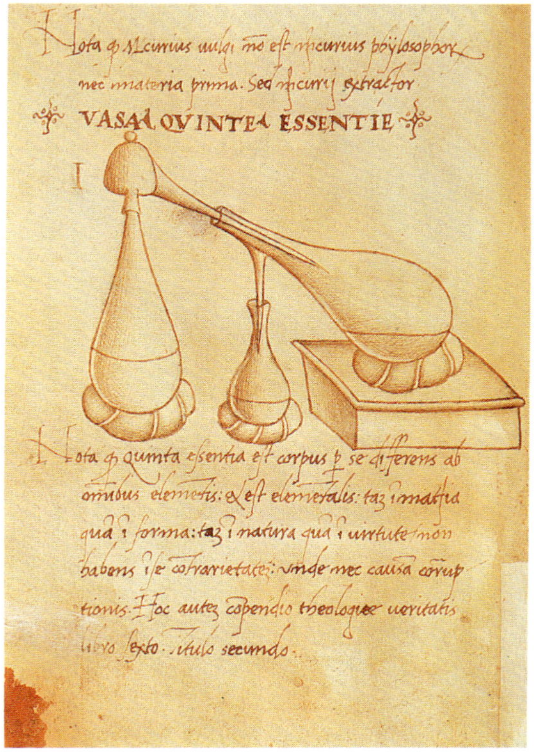

Diese Zeichnung eines Destillationsapparates zur Gewinnung der Quintessenz stammt aus einer Abhandlung des 15. Jh., die einen Überblick über den damaligen Forschungsstand gab. Zu jener Zeit stagnierte die Wissenschaft allerdings schon.

Vielleicht ist deshalb häufig behauptet worden, im Mittelalter hätten sozusagen zwei Alchemien existiert – eine theoretische und eine praktische. Diese Aussage lässt sich aber nicht halten. Auch die damaligen Handbücher verzichteten in der Regel nicht auf Ausführungen genereller Art, während sich selbst äußerst spekulative Texte immer wieder auf konkrete Laborergebnisse beriefen. Am Ende des 14. Jh. gab es überall in Europa Gelehrte, die sich mit Alchemie beschäftigten, und unter ihnen fand ein lebendiger Erfahrungsaustausch statt.

In den Universitäten diskutierte man ebenfalls über Fragen der künstlichen und natürlichen Metallbildung. Aus der Zeit um 1230 ist ein Dokument mit Examensfragen erhalten, in denen alchemistische Sachverhalte behandelt werden.

Gibt es den Stein der Weisen?

Die Alchemisten glaubten an einen sich wiederholenden Kreislauf des Lösens und Vereinigens. Als Symbol dafür verwendeten sie einen mythischen Drachen, der sich in den Schwanz beißt. Was meinten sie damit? Nun, vor allem, dass sie eine bestimmte Anzahl festgelegter Verfahren anwenden mussten; dazu zählten neben vielen sonstigen die Pulverisierung, die Verflüssigung und die Oxidation. Ziele solcher Prozesse waren die Verwandlung und Verfeinerung der Materie, am besten in Edelmetalle. Um das zu erreichen, brauchten sie jedoch den Stein der Weisen – eine Substanz, die sie nie fanden. Es dauerte lange, bis die Naturphilosophen einsahen, dass ihnen die Anfertigung von Gold und Silber nie gelingen würde.

Dennoch verzeichneten sie gewissermaßen als Nebeneffekt große Erfolge: Etwa verfeinerten sie die Destillation und stellten Mineralsäuren her – bis dahin hatte man mit organischen Säuren, hauptsächlich Essig, operiert. Später entdeckten sie den Phosphor und erfanden Schwarzpulver und Porzellan. So schufen sie wichtige Grundlagen für die moderne Chemie.

Verschlüsselte Sprache

Gemäß der mittelalterlichen Vorstellung offenbarte Gott den Alchemisten die Geheimnisse der Schöpfung. Nur ein bestimmter Kreis von

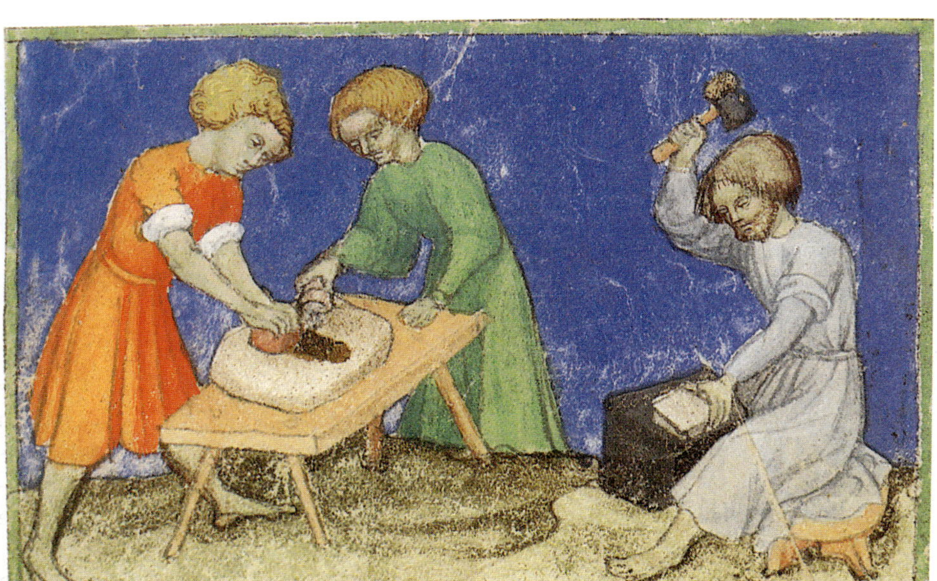

Alchemisten bei der Arbeit (Malerei vom Ende des 12. Jh.). Mit dem Hammer machen sie Metall geschmeidig und arbeiten dann Goldstaub ein. Aus der Antike und von den Arabern kannten die Naturphilosophen sieben Metalle: Gold, Silber, Bronze, Kupfer, Zinn, Eisen und Blei.

Eingeweihten durfte sie erfahren. Um ihr Wissen vor Missbrauch zu schützen, erlegten sich die Naturphilosophen ein Schweigegebot auf; wer es brach, musste mit göttlicher Strafe rechnen. Manche befürchteten aber auch, Konkurrenten könnten ihre Techniken nachahmen und ihnen Monopole streitig machen, z. B. in der Erzeugung von Arzneien.

Daher bedienten sich die Wissenschaftler einer verschlüsselten Sprache. Für chemisch-physikalische Prozesse sowie für Stoffe und deren Eigenschaften ersannen sie Decknamen. In Wörtern vertauschten sie die Reihenfolge der Buchstaben, fügten Schriftzeichen aus Fremdsprachen wie dem Hebräischen und Arabischen hinzu oder erfanden sogar Lettern. Darüber hinaus verwendeten sie unverständliche Abkürzungen und eine Fülle von Begriffen mit mehreren Bedeutungen, ohne klarzumachen, welche sie im jeweiligen Fall meinten. Manche Autoren sparten Informationen aus oder verzichteten absichtlich auf einen logischen Aufbau ihrer Texte.

Nicht zuletzt griffen die Verfasser in verblümter Rede auf Analogien mit biologischen Vorgängen zurück. Zeugung, Geburt, Reifung und Tod entsprachen in ihren Ausführungen alchemistischen Prozessen. Grundsätzlich unterschieden sie zwischen männlichen und weiblichen Stoffen. Metalle besaßen gemäß ihrer Vorstellung Körper, Seele und Geist. Sie entstanden aus Samen, wurden dann geboren, wuchsen und konnten krank oder gesund sein. Je nach Diagnose bedurften sie der Heilung.

Außerdem übernahmen die damaligen Naturphilosophen zahlreiche Bilder aus der Mythologie und der christlichen Glaubenslehre. Ihre Verfahren bezeichneten sie als Hochzeit von Sonne und Mond und wie schon die Babylonier ersetzten sie wissenschaftliche Stoffbezeichnungen durch die Namen antiker Götter und Helden. Erhitzten sie beispielsweise Zinn und Kupfer zusammen im Schmelztiegel, so vereinigten sich gleichsam Jupiter und Venus. Weiterhin zogen sie häufig Parallelen zwischen ihrem eigenen Handeln und dem schöpferischen Wirken Gottes; Christus verglichen sie mit dem Stein der Weisen.

Wegen seines außergewöhnlich umfangreichen Wissens in den Gebieten Physik, Chemie und Mechanik galt der Dominikanermönch Albertus Magnus vielen als Magier. Seine wissenschaftlichen Entdeckungen förderten diesen Ruf, der dann durch volkstümliche Zauberbücher verbreitet wurde. Das hier abgebildete Fresko aus dem 14. Jh. befindet sich im Dominikanerkloster von Treviso.

Hilfe von Dämonen?

Erst im Spätmittelalter kritisierte die Kirche die Alchemie, wandte sich dabei aber nicht gegen deren wissenschaftliche Interessen. Vielmehr befürchtete der Klerus einen Satanskult. So nennt ein Handbuch für Inquisitoren aus dem 14. Jh. als eines der „Zeichen, an denen man gotteslästerliche Geisterbeschwörer erkennt, die Tatsache, dass sich einige der Alchemie verschrieben haben ... Denn zahlreiche Alchemisten rufen fast immer ... die Dämonen an. Sobald sie ihre Ziele nicht erreichen, ersuchen sie jene um Hilfe; sie beschwören sie, bitten, flehen und bringen ihnen für jeden sichtbar oder in aller Heimlichkeit Opfer."

Gute und schlechte Anleitungen

Selbst wenn die Alchemisten fundierte Ergebnisse zu Papier brachten, konnten die Zeitgenossen wegen der Geheimsprache kaum etwas damit anfangen. Eine ganze Reihe von Anleitungen ließ sich einzig und allein unter Laborbedingungen nachvollziehen.

Überdies stellten die Experimentatoren in ihren Schriften teilweise auch

Eine Seite aus dem Buch der Geheimnisse meiner Herrin Alchemie *von Constantinus (14. Jh.). Von oben nach unten: Vier Meere, durch Flüsse aus einer Quelle gespeist, stellen den Gefrierpunkt des Quecksilbers dar. Aus der Vereinigung von Adam und Eva entsteht in den ersten Tagen der Schöpfung der Stein der Weisen. Diesen wiederum symbolisiert der Pelikan, aus dessen Brust Blut fließt. Die Erde erscheint in der unteren Abbildung als Dreieck; Erde, Wasser und Firmament sind deutlich voneinander getrennt.*

unhaltbare Behauptungen auf. So nimmt es nicht wunder, dass es niemandem gelang, anhand ihrer Vorgaben ein Kristall im Blut eines Ziegenbocks aufzuweichen oder Gold mithilfe von Basilikum sowie dem Blut eines rothaarigen Menschen herzustellen.

Die Schwierigkeiten im Umgang mit den Rezepten liegen also zum einen in der bewussten Verschleierung der Methoden, zum anderen aber ebenso in den Fehlern, die die Aufzeichnungen beinhalteten: Schließlich betraten die Alchemisten Neuland!

Während die modernen Chemiker Stoffe analysieren oder miteinander verbinden, bevor sie Schlussfolgerungen aus ihren Verfahren ziehen, formulierten die mittelalterlichen Naturphilosophen zunächst eine Hypothese, die sie dann durch Versuche belegen wollten. Aufgrund dieser Voreingenommenheit neigten sie dazu, einzelne Ergebnisse falsch zu interpretieren. Und scheiterten ihre Experimente völlig, so bezweifelten sie oft nicht die zugrunde liegenden Theorien, sondern deuteten die Befunde einfach gemäß ihren Vorstellungen um.

Im 14. Jh. verurteilte der englische Dichter Geoffrey Chaucer die Alchemie in seinen Canterbury Tales, *einer Sammlung von Novellen in Versform. Hier das Titelblatt zu einem der Kapitel; es zeigt Experimente in einem mittelalterlichen Labor.*

Verfasser unbekannt

Wie viele mittelalterliche Autoren signierten die arabischen und europäischen Alchemisten ihre Arbeiten entweder gar nicht oder zeichneten mit den Namen von Autoritäten früherer Jahrhunderte. So erschien um 1200 die Übersetzung eines Kapitels aus dem *Buch der Heilmittel* des Persers Avicenna (etwa 980–1037), das man als Werk von Aristoteles ausgab. Der *Corpus Gabirianum,* eine maßgebliche Quelle für die morgenländische Forschung seit der Spätantike, wurde fälschlicherweise dem arabischen Arzt Dschabir ibn Haijan zugeschrieben. Er lebte in der zweiten Hälfte des 8. Jh. und man verwechselte ihn häufig mit Geber, einem christlichen Forscher des 14. Jh., bei dem es sich wahrscheinlich um den Franziskaner Paul von Tarent handelte.

Probleme bei der Zuordnung ergeben sich besonders bei solchen Textsammlungen, die unter dem Namen berühmter Doktoren Verbreitung fanden. Albertus Magnus (um 1200–80), sein Schüler Thomas von Aquin (1225–74), Roger Bacon (um 1214–92) und Jean de Roquetaille (14. Jh.) haben der Alchemie keinesfalls so viel Aufmerksamkeit geschenkt, wie man ihnen lange nachsagte.

Albertus Magnus befasste sich lediglich in *Meteora* und *De mineralibus* mit den neuen Labormethoden; beide Werke veröffentlichte er zwischen 1250 und 1254. Darin hielt er unter anderem fest, wie man zu preiswerten Legierungen gelangte. Ferner erteilte er Anweisungen für das Vergolden und Versilbern minderwertiger Metalle sowie für die Produktion gold- oder silberfarbener Lacke.

Thomas von Aquin – der übrigens überhaupt kein zusammenhängendes Werk zur Alchemie verfasst hat – formulierte den Grundsatz, diese sei erlaubt, solange sie keine verbotenen Praktiken, sprich Magie, anwende oder auf Betrug abziele. Das Zitat beweist, dass die Wissenschaft von der Umwandlung der Stoffe zu seinen Lebzeiten noch ernst genommen wurde.

Das änderte sich schon gegen Ende des 13. Jh. Zunehmend versuchten sich Laien im Experimentieren; man spricht von Bauernalchemie. Dadurch geriet die gesamte Naturphilosophie allmählich in Verruf. Beispielsweise verhöhnten berühmte Dichter wie Dante Alighieri (1265–1321), Francesco Petrarca (1304–74) und Geoffrey Chaucer (etwa 1340–1400) die nebulöse Ausdrucksweise der Alchemisten, die ihres Erachtens über Misserfolge und mangelnde Kenntnisse hinwegtäuschen sollte.

Damit hatten sie nicht ganz Unrecht. Zwar war die alchemistische Praxis damals weit verbreitet, doch entwickelte sich die Theorie nur noch unerheblich weiter. Je deutlicher die Naturphilosophen an ihre Grenzen gelangten, desto spekulativer lasen sich ihre Schriften. Da sie selbst nichts vorweisen konnten, suchten sie zwischen dem 15. und dem 18. Jh. vermehrt in

Das so genannte Haus des Nicolas Flamel in der Rue de Montmorency in Paris. Flamel wohnte allerdings in einem Gebäude, das 1852 abgerissen wurde. Zur Erinnerung an den berühmten Bürger hat man auch eine kleine Straße nach ihm benannt. Lange Zeit dienten einige Bauwerke, die der vermeintliche Goldmacher finanziert hatte, den Alchemisten der Stadt als Treffpunkte.

Böttger entdeckt weißes Gold

Der Apothekergehilfe Johann Friedrich Böttger (1682–1719) genoss einen Ruf als erfahrener Alchemist. Um an Gold zu gelangen, nahm ihn der sächsische Kurfürst August der Starke (1670–1733) in Gewahrsam. Statt der Metallumwandlung gelang Böttger 1708 etwas anderes Großartiges: die Herstellung von Porzellan. Das machte seinen Herrn, einen leidenschaftlichen Sammler, endlich unabhängig von den ungeheuer teuren Importen aus China. August gründete bald darauf die Porzellanmanufaktur in Meißen.

der Literatur nach Belegen für ihre Theorien, darunter in der Bibel, der Artussage, den *Metamorphosen* des römischen Dichters Ovid (43 v. Chr.–17/18 n. Chr.) und im *Rosenroman*, dem wichtigsten französischen Werk des 15. Jh.

In der frühen Neuzeit floss viel mystisches Gedankengut in die Alchemie ein, das besonders von Geheimbünden wie den so genannten Rosenkreuzern gepflegt wurde. So vollzog sich der Schritt zur Pseudolehre. An den Universitäten setzten sich währenddessen moderne empirische Methoden durch: D. h., man stellte jetzt erst Theorien anhand von nachprüfbaren Beobachtungen auf.

Fürsten bestellen Falschgeld

Wenngleich der wissenschaftliche Aspekt der Alchemie zunehmend in den Hintergrund trat, blieben ihre Verfahrensweisen bis ins 18. Jh. interessant. Wie kam das? Um Territorien zu behaupten oder auszuweiten, benötigten die europäischen Könige und Fürsten immer größere Mengen Geld; seit dem Spätmittelalter waren sie chronisch verschuldet. England und Frankreich führten zunächst den Hundertjährigen Krieg (1339–1453) um den französischen Königstitel und später verschlang dann der Dreißigjährige Krieg (1618–48), an dem sich die führenden europäischen Mächte beteiligten, ungeheure finanzielle Ressourcen.

Ab etwa 1300 beorderten zahlreiche Herrscher Experten an ihre Höfe, die Münzen aus imitierten Edelmetallen für sie herstellen sollten. König Eduard III. von England (1312–77) erließ 1329 einen Befehl, ihm gleich zwei Alchemisten zu beschaffen, notfalls mit Gewaltanwendung. So dringend brauchte er Silber! Es gibt unzählige ähnliche Berichte von anderen Herrschern, die extremen Druck auf praxiserfahrene Gelehrte ausübten, damit diese ihnen die Dienste leisteten, die in den offiziellen Münzstätten nicht erbracht wurden. Die Geldentwertungen nahmen dramatische Ausmaße an.

Es bleibt festzuhalten, dass weniger die Alchemisten aus unredlichen Motiven handelten, sondern eher ihre adligen Auftraggeber. Das soll nicht heißen, es hätte unter den Alchemisten keine Schwindler gegeben, die in die eigene Tasche wirtschafteten.

Das Hôtel d'Escoville in Caen, dessen Gründer Nicolas de Valois im 16. Jh. angeblich ebenfalls einem Kreis von Alchemisten angehörte. Wie im Fall von Flamel lässt sich das nicht belegen.

Wie Mythen entstehen

Das Bürgertum versuchte bald ebenfalls durch Geldfälschungen zu Reichtum zu gelangen. Nach wie vor kamen Schriften heraus, die behaupteten, der Stein der Weisen sei gefunden worden. Im Nachhinein hat man allerdings viele vermögende Leute illegaler Praktiken bezichtigt, bei denen sich die Vorwürfe gar nicht belegen lassen. Fast in jeder Stadt hat es in den finanzstarken Familien angeblich Alchemisten gegeben, darunter den einflussreichen Nicolas de Valois aus Caen. Die Hieroglyphen in dem von ihm erbauten Hôtel d'Escoville sah man als Beweis dafür an.

Herausragendes Beispiel ist in dem Zusammenhang aber Nicolas Flamel (1330–1418), der als Schreiber und Kopist in Paris arbeitete. Durch seinen angesehenen Beruf, erfolgreiche Immobilienspekulationen und die Heirat mit einer betuchten Witwe brachte er es zu Wohlstand. Er stiftete der Kirche prunkvolle Bauwerke und machte sich dadurch in der Öffentlichkeit beliebt. Es besteht kein Zweifel, dass weder Flamel noch irgendeine der Personen, zu denen er Kontakte pflegte, Edelmetallfälschungen vornahmen. Gleichwohl erschien um 1600 eine alchemistische Schrift mit dem Titel *Le livre Flamel* (Das Buch Flamel), bei der es sich um die französische Adaption eines im 14. Jh. auf Lateinisch verfassten Textes handelte. Das jedoch wusste fast keiner der Zeitgenossen. Dann wies ein gewisser Robert Duval in einem Buch auf zwei Drachen an einem der von Flamel gestifteten Gebäude hin und interpretierte sie als alchemistische Symbole. Ein weiterer Autor griff die Aussage auf – und so entstand der Mythos um den vermeintlichen Goldmacher von Paris.

Kirche schützt Geldmarkt

Häufig ist behauptet worden, die Kirche habe den Mönchen im 13. und 14. Jh. jegliche alchemistischen Praktiken verboten. Das trifft keineswegs zu. Die päpstlichen Edikte aus jener Zeit wandten sich lediglich gegen Magie und Falschmünzerei, um die Verbreitung heidnischer Praktiken zu verhindern und den bedrohten europäischen Geldmarkt zu schützen.

Der Prozess gegen den Templerorden

Im Oktober 1307 ließ der französische König Philipp der Schöne alle Tempelritter in seinem Land festnehmen. Die Anklage lautete auf Ketzerei. Unter der Folter gestanden die meisten; viele endeten auf dem Scheiterhaufen. Ging es dem Monarchen wirklich darum, den christlichen Glauben zu verteidigen? Oder war die Vernichtung des Ordens ein politisches Manöver gegen den Papst?

Das Siegel des Templerordens aus dem 13. Jh. zeigt zwei Ritter auf einem Pferd. Spöttisch kommentierten die Zeitgenossen, die Mönche seien ja wohl sehr arm, wenn zwei Mann sich ein Ross teilen müssten.

Sie gelobten das Heilige Land gegen Überfälle zu schützen: Seit 1119 zählten die Angehörigen des Templerordens zusammen mit den Hospitalitern und dem Deutschen Orden zu den entschiedensten Vorkämpfern der christlichen Staaten im Orient. Doch 1291 eroberten die islamischen Mamelucken von Kairo aus die Stadt Akkon, die seit 100 Jahren Hauptsitz der Kreuzfahrer war. Die Christen mussten ihre verbliebenen Besitzungen in Palästina räumen; die Templer zogen sich nach Zypern zurück.

Den Westen schmerzte der Verlust und es kam schnell zu Schuldzuweisungen: Die Lateiner, wie die Kreuzzügler auch genannt werden, seien zu nachgiebig gewesen. Das Verhalten der geistlichen Ritter, besonders der Templer, interpretierte man als Verrat, weil sie die letzten Bastionen kampflos evakuiert hatten. Die Kritik richtete sich außerdem gegen den Reichtum des Ordens – vor allem in Frankreich verfügte er über große Besitzungen – und interne Machtrangeleien. Schon 1274 hatte das Konzil von Lyon den Zusammenschluss von Templern und Hospitalitern vorgeschlagen, aber Kirche und Fürsten erhoben Widerspruch.

Ende 1306 reiste der Ordensmeister der Templer, Jacques de Molay (um 1245–1314), zu einem Treffen mit Papst Clemens V. (gest. 1314) ins französische Poitou. Nun nahmen die Ereignisse einen verhängnisvollen Verlauf.

Belastende Unterstellungen

Clemens setzte Molay davon in Kenntnis, dass seit einiger Zeit bedenkliche Gerüchte über die Templer im Umlauf seien. Am Hof des französischen Königs Philipp IV., genannt der Schöne (1268–1314), sammelte Kanzler Guillaume de Nogaret (um 1260/70–1313) umfangreiches Belastungsmaterial gegen die Ritter. Darin war die Rede von Irrlehren, Sittenverfall und verbotener Magie. Der Papst selbst glaubte den Vorwürfen nicht, zumal der Orden allein ihm unterstand, und veranlasste auf Antrag Molays eine Untersuchung. Am 24. August 1307 gab

Flucht der Christen beim Fall von Akkon (Darstellung aus dem Jahr 1291)

Clemens sein Vorgehen dem König bekannt. Dessen ungeachtet ließ der am Morgen des 13. Oktober alle Templer in seinem Reich verhaften und das gesamte Vermögen des Ordens konfiszieren. Weshalb schritt er so ausgesprochen radikal zur Tat?

Konflikt zwischen König und Papst

Der Monarch behauptete, den christlichen Glauben vor der Ketzerei der Templer retten zu wollen, aber natürlich handelte er nicht nur aus Frömmigkeit. Dieser kühl denkende Regent eines mächtigen Staates hatte einige Jahre zuvor einen erbitterten Kampf mit Papst Bonifaz VIII. (1235–1303) ausgefochten, weil dieser die Besteuerung des Klerus durch Laien untersagt hatte. Frankreich ging letztlich gestärkt aus dem Konflikt hervor.

Philipp führte zugleich langwierige und kostspielige Kriege gegen Flandern und Aquitanien und wollte außerdem einen neuen Kreuzzug unternehmen – allerdings bildete der Plan lediglich einen Vorwand für ihn, den Fiskus mehr Gelder eintreiben zu lassen und seine Autorität gegenüber dem Klerus durchzusetzen.

Dabei kommen nun die wohlhabenden Tempelritter ins Spiel: Ein Prozess gegen sie bot die Möglichkeit, ihren Besitz zu vereinnahmen und dem Papsttum einen weiteren herben Schlag zu versetzen.

Die Kirche will eigene Verfahren

Die Affäre um den Templerorden, eine spezifisch französische Angelegenheit, hatte demnach im Wesentlichen politische Hintergründe. Philipp baute darauf, den kränklichen und eher

Eine Illustration aus der satirischen Schrift Renart le Nouvel (Der neue Reineke)*; darin wird der Zusammenschluss der Templer (rechts ein Ordensmitglied) und der Hospitaliter (links) beschlossen.*

schwachen Clemens V. in diesem Fall erneut leicht besiegen zu können. Doch wenngleich sich Clemens oft dem herrischen Willen des Königs beugte, tat er längst nicht blindlings alles, was dieser befahl. Als er von den Verhaftungen der Templer erfuhr, protestierte der in seiner Autorität missachtete Papst und verfügte in einer Bulle vom 22. November 1307 die Verhaftung sämtlicher Tempelritter – also auch außerhalb Frankreichs; ihr Eigentum sollte der Kirche unterstellt werden. Die Könige gehorchten mehrheitlich, aber es dauerte neun Monate, bis sie die Anordnungen vollständig umsetzen konnten.

Verhaftung von Templern; Brüder mit braunen statt weißen Kutten waren einfache Mönche, keine Ritter.

In einer zweiten Bulle übertrug Clemens Diözesanausschüssen die Aufgabe, über die Templer als Einzelpersonen zu richten. Die Unschuldigen und jene, die sich nach einem Schuldbekenntnis wieder mit der Kirche versöhnten, sollten eine Pension erhalten und in einem Kloster ihrer Wahl leben dürfen. Leugner und Rückfällige dagegen müssten „mit größter Strenge hingerichtet werden“. Das Urteil über Würdenträger, die Geständnisse ablegten, behielt sich der Papst persönlich vor.

Darüber hinaus ernannte Clemens päpstliche Kommissare, die in jedem Staat über den Zustand des Ordens als Institution zu befinden hatten. Ein bereits nach Vienne einberufenes Konzil sollte zum Abschluss entscheiden, ob es die Auflösung der Templer für erforderlich erachtete.

Zahlreiche Miniaturen hielten den Tod der Ordensleute auf dem Scheiterhaufen fest – allerdings wie hier in idealisierter Form. Links steht der französische König Philipp der Schöne.

Brutale Foltermethoden

Die Schergen Philipps IV. leisteten unterdessen mit Unterstützung des Großinquisitors Wilhelm von Paris ganze Arbeit. Gleich nach den Verhaf-

Protest gegen die Folter

Rinaldo da Concorrezzo, der Erzbischof von Ravenna, rief im Juni 1311 für seine Kirchenprovinz einen Diözesanausschuss in Bologna zusammen. Man hörte 13 Tempelritter an und sprach sie frei. Interessant an dem Fall ist vor allem, dass sich die Kommission kritisch mit der Folter auseinander setzte. Die Kirche hatte deren Anwendung bei Ketzerprozessen bereits 1252 erlaubt und Clemens V. ordnete sie diesmal sogar explizit an, weil er unzufrieden mit dem Prozessverlauf war. Rinaldo lehnte dennoch mit der Begründung ab, man müsse „den für unschuldig halten, der unter der Folter gestanden hat und anschließend seine Aussage widerruft“. Ein mutiger kirchlicher Würdenträger!

tungen begannen sie mit den Verhören und schreckten selbst vor extremen Grausamkeiten nicht zurück. Unter den Qualen der Folter bekannten sich allein in der französischen Hauptstadt 134 von 138 Ordensrittern schuldig. Sie gaben unter anderem zu, Christus verleugnet, auf das Kreuz gespuckt, Götzenbilder angebetet und homosexuelle Handlungen ausgeübt zu haben.

Von den meisten dieser Prozesse im Oktober 1307 stehen uns Protokolle zur Verfügung. Was verdeutlichen sie?

Bezeichnenderweise dokumentieren die Aufzeichnungen lediglich die Geständnisse: Mit hoher Wahrscheinlichkeit fanden demnach keine ordentlichen Verfahren statt. Fast ausschließlich waren es Templer aus Frankreich und eng verbündeten Gebieten und Staaten – dazu zählten die Grafschaft Provence und das Königreich Navarra –, die ihre Schuld zugaben. Es liegt auf der Hand, dass sie unter der Gewaltanwendung zerbrachen und deshalb die Unwahrheit sagten.

Philipp glaubte gewonnen zu haben. Als im November 1309 endlich die päpstliche Kommission in Frankreich zusammentrat, bewilligte er den inhaftierten Rittern, die jetzt noch einmal aussagen wollten, großzügig die Reise nach Paris. Hier verkalkulierte er sich: Wider Erwarten traten mehr als 600 Templer an, um die Unschuld ihres Ordens zu bekräftigen, und der Ansturm brachte die Justizmaschinerie vorübergehend ins Stocken.

Doch die Diözesanausschüsse zeigten sich nicht dem Papst, sondern dem König ergeben und so konnte sich Philipp gemeinsam mit ihnen rächen. 54 Templer, die zwei Jahre vorher gestanden, aber nun ihren Orden verteidigt hatten, endeten als rückfällige Ketzer auf dem Scheiterhaufen. Keiner der Verurteilten widerrief seine Aussagen angesichts der Strafe; dennoch brach der Widerstand der anderen zusammen. Philipp der Schöne atmete auf und die päpstliche Kommission gelangte zu dem Resultat, die Ritter seien zu Recht belangt worden.

Der Stich von 1450 zeigt den Bezirk der Templer in Paris; damals befand er sich bereits im Besitz des Hospitalsordens. Heute erinnert nur noch der Name einer Metrostation an die ersten Eigentümer.

Meinungen von Zeitgenossen

Nur wenige Chronisten widersprachen der offiziellen Version über die Vernichtung des Templerordens. Hier zwei kritische Stimmen:

Christian Spinola aus Genua, ein Informant des Königs von Aragonien, schrieb damals: „Ich glaube, dass der Papst und der König dies tun, weil sie das Geld der Templer haben wollen und außerdem den Templer-, den Hospitals- sowie alle anderen Orden zu einem einzigen zusammenfassen möchten …"

Villani, ein Chronist aus Florenz, meinte: „Viele Menschen sagen, man habe sie [die Templer] zu Unrecht und aus sündhaften Motiven getötet und zerschlagen, weil man ihr Vermögen an sich bringen wollte, das der Papst danach dem Hospitalsorden gab …"

allerdings ohne ihn schuldig zu sprechen. Mit Ausnahme einer Sonderregelung für die Iberische Halbinsel gelangte das Vermögen der Templer in den Besitz der Hospitaliter.

Was meinen die Historiker zur Schuldfrage? Sie sagen, dass manche Tempelritter vermutlich die Delikte begangen haben, die man ihnen vorwarf. Die Mehrheit der Ordensleute waren dagegen gewiss keine Ketzer oder Sektierer. Nicht zuletzt beweisen ihr unerschrockenes Eintreten für die Gemeinschaft sowie die Bereitschaft, ihr Leben zu geben, dass ein unerschütterlicher Glaube sie beseelte.

Das Ende des Jacques de Molay

Der Ordensgroßmeister hatte zunächst Verfehlungen zugegeben, sie dann vor zwei Gesandten des Papstes widerrufen und letztlich sein Schicksal ganz in dessen Hände gelegt. Philipp sah sich natürlich in keinster Weise bemüßigt,

Seit Mitte des 12. Jh. erhielt der Templerorden zahlreiche Schenkungen von den Herrschern auf der Iberischen Halbinsel; dieses Schloss gehörte dazu.

Außerhalb Frankreichs landeten indes nur wenige Templer im Kerker; autonome Richter sprachen die Angeklagten in der Regel frei. Eindeutig fielen die französischen Ordensmitglieder den Machtinteressen eines rücksichtslosen Königs zum Opfer.

Clemens V. muss nachgeben

Eigentlich sollte das Konzil von Vienne Ende 1311 eigenständig eine Entscheidung über die Zukunft der Templer treffen. Philipp setzte den Papst jedoch massiv unter Druck, sodass dieser aus eigener Machtbefugnis am 22. März 1312 in der Bulle *Vox in excelso* den Orden auflöste,

Molay die Reise zu Clemens antreten zu lassen, damit dieser einen eigenen Prozess führen konnte.

Erst Ende 1313 bestellte das Kirchenoberhaupt eine Kommission von drei Kardinälen, die in seinem Namen Gericht halten durfte. Unter ihnen befand sich aber ein Strohmann des französischen Königs. Das Urteil lautete: lebenslanger Kerker. Nach der Verkündung brach Molay sein jahrelanges Schweigen und hielt eine verspätete Verteidigungsrede für den Templerorden. Als der König davon erfuhr, missachtete er ein weiteres Mal die päpstliche Autorität: Auf Philipps Geheiß starb auch Molay am 18. März 1314 den Flammentod.

WO LIEGEN DIE URSPRÜNGE DES VOLKES DER MASSAI?

Die hoch gewachsenen, schlanken Massai, die mit ihren Rinderherden durch die Savannen Kenias und Tansanias ziehen, erscheinen vielen Europäern wegen ihrer aristokratischen Haltung und ihres Dranges nach Unabhängigkeit als die Verkörperung freier Menschen. Doch trotz aller Bewunderung für die schwarzen Krieger konnten die Völkerkundler lange nicht das Rätsel ihrer Herkunft lüften.

Es gibt einige Völker auf der Erde, die die Europäer ganz besonders faszinieren. Dazu gehören neben den im Norden Afrikas heimischen Tuareg auch die Massai, die östlich des Victoriasees im Süden von Kenia und im Norden von Tansania leben. Diese rund 600 000 Menschen sind für manche Zivilisationsmüden der Inbegriff stolzer und furchtloser Nomaden, deren scheinbar unabhängige Lebensgestaltung in krassem Gegensatz steht zu dem von Sachzwängen bestimmten Alltag in unserer Gesellschaft.

Diese Bewunderung und der Umstand, dass man lange Zeit keine genaue Kenntnis von der Vergangenheit der Massai hatte, führten dazu, dass es wilde Spekulationen über die Frage gab, woher die Massai eigentlich ursprünglich kamen. Manche Ethnologen waren der Ansicht, dass sie die Abkömmlinge einer versprengten Legion des antiken Römischen Reiches seien, andere hielten sie für einen der verlorenen Stämme Israels, wieder andere sahen in ihnen Einwanderer aus Ägypten und einige vermuteten sogar, dass sie ursprünglich aus dem Tibetischen Hochland stammten.

Bei den Massai ist es Brauch, dass sich die jungen Krieger die Haare wachsen lassen und diese dann zu kunstvollen Zöpfen flechten.

Im Hintergrund erkennt man die mit Buschwerk und einzelnen Bäumen bestandene Massai-Ebene, die von der schneebedeckten Kuppel des Kilimandscharo überragt wird. Die Einheimischen nennen ihn den Weißen Berg.

Die Entstehung eines Mythos

Ab der Mitte des 19. Jh. wurde das Innere von Ostafrika erkundet, hauptsächlich von den englischen Forschungsreisenden Richard Burton und John Speke, von dem britischen Journalisten Henry Morton Stanley sowie dem schottischen Missionar und Arzt David Livingstone. Dabei blieb allerdings ein ausgedehnter Landstrich, der sich vom Kilimandscharo bis nach Uganda erstreckt, noch lange Zeit unerforscht. Diese Region war das Land der Massai und so entstand der Mythos von einem geheimnisvollen und unbekannten – und möglicherweise zu Gewalttaten neigenden – Volk.

Bücher, Zeitschriftenartikel und andere Beiträge erhoben diese Hypothese schon bald zur angeblichen wissenschaftlichen Erkenntnis. Beispielsweise erklärte Henry Morton Stanley, der nie in Kontakt mit den Massai getreten war, vor der Londoner Royal Geographic Society: „Wenn sich unter Ihnen jemand befindet, der unbedingt zum Märtyrer werden will, dann darf ich ihm mit aller Gewissheit versichern, dass er dazu nur ins Land der Massai zu gehen braucht, wo er dies schneller als an irgendeinem anderen der zahlreichen Orte, die ich besucht habe, sein wird." Und die Erzählungen der dänischen Schriftstellerin Tania Blixen, die einige Jahre in Kenia lebte, hatten einen ähnlichen Anklang. Sie schrieb: „Die Massai, ein aus dem Sudan stammendes Volk, das auf der Suche nach Weideland für seine riesigen Herden bis in die zentralen Hochebenen Kenias gewandert war und die Dörfer auf seinem Vormarsch ausgeraubt hatte, waren wild und mutig im Kampf."

Undurchschaubare Ahnentafel

Das soziale Leben eines Massai verläuft in festgelegten Altersklassen: Nach der Kindheit folgt die Zeit als Krieger, dann die Phase der Familiengründung und schließlich kommt der Lebensabschnitt, in dem gesellschaftliche Ehrenämter versehen werden. Auch in der Anrede spiegelt sich diese Sozialordnung: Die Massai verwenden keine familiären Verwandtschaftsbezeichnungen, sondern gebrauchen unpersönliche Altersbegriffe. Dadurch ist es nahezu unmöglich, die Abstammung einer einzelnen Person über mehrere Generationen zurückzuverfolgen.

Und sogar noch 1987 konnte man die folgenden Zeilen eines französischen Wirtschaftswissenschaftlers lesen, die darlegen, dass der allgemeine Wissensstand über die Massai auch heute noch sehr bescheiden ist: „Der Massai – gestützt auf seinen Speer, mit Ohrläppchen, die durch das Gewicht der Goldringe ungeheuer weit herunterhängen, die Arme mit schwerem Schmuck verziert, mit in die Haare eingeflochtenen Perlen –, woher kommt er, wohin geht er? Historisch betrachtet sind der Umhang, die Sandalen und der Speer, die in ganz Afrika einzigartig sind, römischen Ursprungs … Es ist der ganze Stolz der Massai, dass sie ohne Geld auskommen und einzig und allein von ihren Herden abhängig sind. Sie ernähren sich ausschließlich vom Blut der Kühe, das sie mit deren Milch und mit etwas Urin mischen ... Der Massai sieht gleichgültig oder mit Verachtung auf uns herab. Wir haben hier das letzte Volk Afrikas vor uns, das sich ostentativ weigert, sich mit der westlichen Zivilisation einzulassen."

Wanderung nach Süden

In Fachkreisen rechnet man die Massai anhand der sprachlichen Klassifizierung zu den Niloten der Ebenen. Als Niloten bezeichnet man bestimmte afrikanische Völker, die typenmäßig, sprachlich und kulturell eng verwandt sind und einen hamitischen Einschlag haben.

Die Massai selbst behaupten, dass sie aus einer nördlicheren Region Afrikas mit dem Namen Endigirr ee Kerio stammen – einem Steilhang im Norden Kenias, an dem der Fluss Kerio

Durch die Kolonisation büßten die Massai einen großen Teil des Landes ein, das sie im 17. Jh. besessen hatten, vor allem im Norden vom Baringosee bis zum Naivashasee. In jüngster Zeit verschoben sich die Grenzen ihres Territoriums, das jetzt hauptsächlich in Tansania liegt, nach Osten.

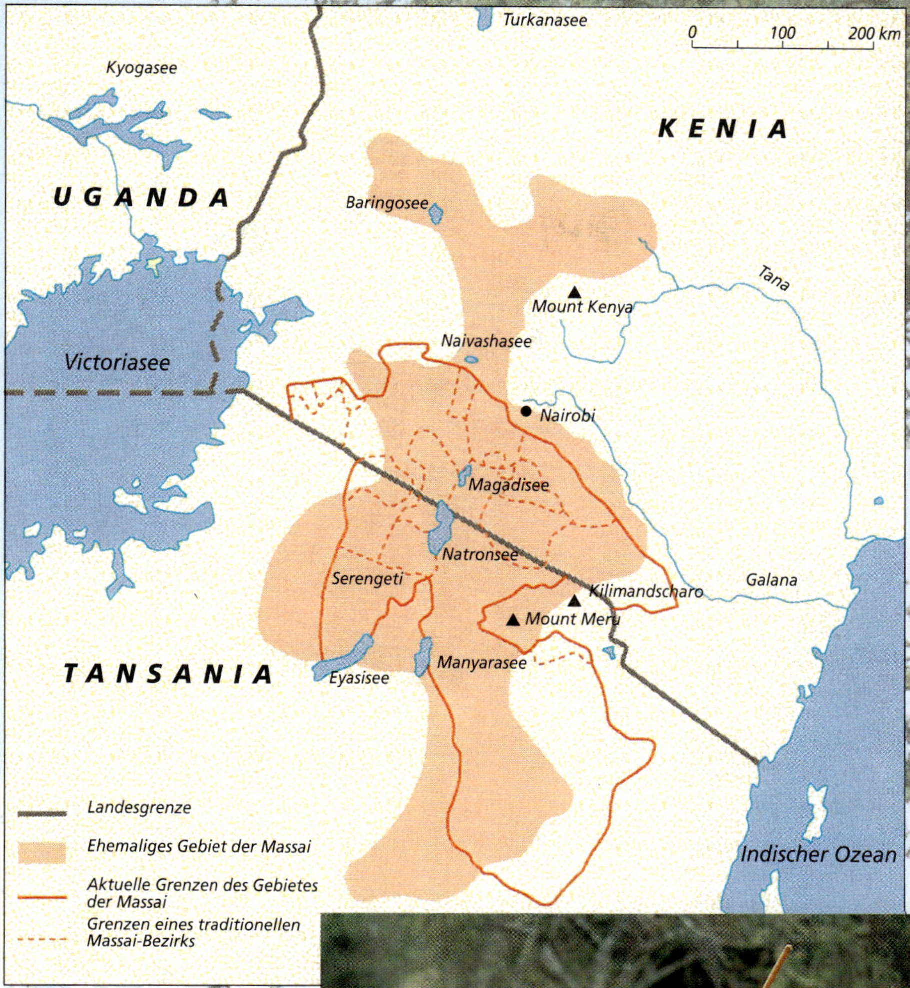

entspringt, der am Westufer in den früheren Rudolfsee mündet. Dieses Gebiet wird jetzt von anderen nilotischen Hirtenvölkern bewohnt, den Turkana, die für den heutigen Namen dieses Sees Pate gestanden haben.

Neueste linguistische und archäologische Studien bestätigen diese Version. Man nimmt danach an, dass die Massai vor knapp 500 Jahren allmählich in Richtung Süden zogen, veranlasst wahrscheinlich durch eine plötzliche Verschlechterung der Klimabedingungen, die dazu führte, dass die gesamte Region austrocknete. Vermutlich haben sich die Massai bereits seit Anfang des 17. Jh. jenseits der Vulkangegend von Ngorongoro in der weiten Ebene der Serengeti niedergelassen. Mit der Zeit übernahm das damals nur rund 50 000 Menschen zählende Volk ein riesiges Gebiet, das sich 1200 km entlang dem Ostafrikanischen Graben und 300 km in Ost-West-Richtung erstreckte.

Die früheren Bewohner

Dieses Gebiet war seit dem 9. Jh. von ganz oder halb nomadisch lebenden Völkern besiedelt, die den Massai in vielen Bereichen ähnlich waren. So schreibt ein chinesischer Chronist: „Im Innern von Popali (Ostafrika) ernähren sich die Menschen von Fleisch ... Sie lassen ihre Rinder zur Ader und trinken das Blut mit Milch vermischt." Und auch sprachwissenschaftlich wurde nachgewiesen, dass diese Stämme, die vor den Massai die Gegend um den Ostafrikanischen Graben in Besitz genommen hatten, ebenfalls nilotischen Ursprungs waren. Diejenigen unter ihnen, die wenigstens teilweise sesshaft wurden, entwickelten Bewässerungstechniken, die die Savanne fruchtbarer machten – ein Umstand, der dem Hirtenvolk der Massai später zugute kommen sollte.

Jahrhundertelange Entwicklung

Aufgrund der erwähnten Tatsachen wird klar, dass das Volk der Massai nicht irgendwann einmal an der Grenze zwischen Kenia und Tansania sozusagen aus dem Nichts aufgetaucht ist, sondern dass es sich im Lauf der Jahrhunderte in enger Verbindung mit den anderen Völkern des Ostafrikanischen Grabengebietes herausgebildet hat. Unter diesen Völkern gab es meist weniger Konkurrenzneid als vielmehr eine ausgeprägte Zusammenarbeit, einen permanenten wirtschaftlichen und kulturellen Austausch.

Als Hirten werden häufig Knaben eingesetzt, die noch nicht beschnitten sind.

Dabei trafen drei unterschiedliche Lebensformen aufeinander: das Leben als Viehzüchter, als Ackerbauer oder als Jäger und Sammler. Zwar waren die Hirten meist die dominierende Bevölkerungsgruppe, aber dennoch ließen sich die drei Arten das Dasein zu bestreiten nicht immer streng trennen. Wenn beispielsweise das Vieh geraubt wurde oder, wie gegen Ende des vorigen Jahrhunderts geschehen, die Rinderherden durch eine Seuche dezimiert wurden, mussten auch die Nomaden wenigstens eine Zeit lang Felder anlegen und bebauen oder auf die Jagd gehen. Hatten sie dann einen neuen Viehbestand herangezogen, so konnten sie ihr altes Leben wieder aufnehmen. Ähnliches strebten andere Völker an: Wenn sie eine Herde aufgebaut hatten, konnten sie hoffen, dass sie ihrerseits vom Volk der Massai aufgenommen wurden.

Unfreiwilliger Rückzug

Im Verlauf der Kolonisierung durch Großbritannien und Deutschland schrumpfte vor allem in diesem Jahrhundert das Einzugsgebiet der Massai. Dennoch leben auch heute noch die meisten als Nomaden, da die Rinderzucht nach wie vor den höchsten Sozialstatus innehat. Allerdings wurde mittlerweile schon ein großer Teil des Weidelandes in Ackerfläche umgewandelt.

Menschen auf dem Weg zu Gott

Im Hochmittelalter geschah es immer wieder, dass sich die Straßen Europas mit Scharen von Heranwachsenden und Unterprivilegierten füllten, die das Christentum verteidigen oder durch Wallfahrten ihre Religiosität zeigen wollten. Was motivierte sie zu den beschwerlichen Reisen, von denen viele nie mehr zurückkehrten?

Ein pilgerndes Kind; bis auf wenige Ausnahmen beteiligten sich Heranwachsende aber nicht ohne ihre Eltern an Kreuzzügen oder Wallfahrten.

Vom 13. bis zum 15. Jh. beobachtete man überall in Europa Wanderungsbewegungen, denen sich zahlreiche Kinder, Jugendliche und sozial Schwache anschlossen. Doch ebenso gehörten Kleriker, Landstreicher, Kriminelle und normale Pilger dazu. Ganze Scharen brachen gemeinsam in die Ferne auf, zuerst nach Jerusalem, später dann zu wichtigen christlichen Wallfahrtsorten.

Hatten bis dahin hauptsächlich die Ritter das religiöse Lebensideal verkörpert, so wollten nun auch die unteren Schichten ihren Beitrag zur Verteidigung des Christentums leisten, denn Könige und kämpfende Orden waren in den bisherigen Kreuzzügen gescheitert. Im Gegensatz zu den Mächtigen zogen die kleinen Leute ohne Schwerter los: Sie vertraten die Überzeugung, wahre Kreuzzüge müssten friedlich vonstatten gehen. Allein die Macht Gottes sei ihre Waffe, sagten sie.

Die Herrschenden beobachteten misstrauisch, wie einfache Untertanen alles aufgaben, um an oft unbestimmten Zielen ihren Glauben unter Beweis zu stellen. Andere Zeitgenossen reagierten eher positiv auf den Eifer ihrer Mitmenschen.

Im Jahr 1212 traten erstmals solche Bewegungen in Erscheinung. Zwei Kreuzzüge bildeten sich aus dem Volk heraus: einer im Rheinland, der andere in einem kleinen französischen Dorf an der Loire.

Aufbruch ins Heilige Land

Ein 18-Jähriger aus Trier namens Nikolaus behauptete damals, ihm sei ein Engel erschienen, der ihm den Auftrag erteilt habe, sich mit Gleichgesinnten auf die Reise nach Jerusalem zu begeben. In Köln warb der junge Mann überzeugend für die gewaltlose Befreiung des Heiligen Grabes von den Moslems. Anfang Juli setzte sich dann eine größere Menge in Marsch, durchquerte das Elsass und steuerte weiter in Richtung der Alpen. In den Orten entlang der Route hieß man die Gläubigen willkommen und der lokale Klerus segnete sie.

Unter den Strapazen starben die Schwächsten bald, aber die Übrigen ließen sich nicht abschrecken. Sie bauten fest auf Nikolaus' Versprechen, dass sich das Meer teilen würde, damit sie es zu Fuß überqueren könnten.

Als die Gruppe am 25. August Genua erreichte, ereignete sich das erwartete Wunder nicht. Sie erhielt auch keinen Schiffsraum für die Fahrt nach Palästina. Einzelne kehrten jetzt um, andere schifften sich in Pisa ein – von ihnen hat man nie mehr ein Lebenszeichen erfahren.

Eine Reihe Kinder wollte das Mittelmeer von Brindisi aus überqueren, doch verhinderte der dort ansässige Bischof ihr Vorhaben. Die Jungen und Mädchen beschlossen daraufhin, nach Rom zu laufen und Papst Innozenz III. (1160/61–1216) zu bitten, ihr Kreuzfahrergelübde zu lösen. Dabei hatte dieser die Unternehmung bisher kaum registriert, geschweige denn offiziell ausgeschrieben! Gerade deshalb beweist das Vorsprechen beim Heiligen Vater die große Ernsthaftigkeit der jungen Menschen.

Von denen, die überlebten, blieben hernach viele in Italien oder in

Gerade die Schäfer berichteten immer wieder von Himmelserscheinungen. Das Volk wählte sie deshalb häufig zu Anführern von Glaubensmärschen (spätmittelalterliche Darstellung).

Orten, die entlang der Strecke in die Heimat lagen. Nur sehr wenige sahen ihre Angehörigen jemals wieder.

Charismatischer Schäfer

Der 12-jährige Hirtenjunge Stephan aus Cloyes-sur-le-Loir traf im Juni 1212 einen armen Pilger, der ihn um Brot bat. Stephan meinte Christus begegnet zu sein und fühlte sich dadurch aufgefordert einen Beitrag für den Glauben zu leisten: Er wollte einen Kreuzzug anführen. Es verwundert nicht, dass ihm gerade diese Idee kam, denn seit einigen Jahren riefen Wanderprediger in Frankreich verstärkt zum Kampf gegen Heiden und Ketzer auf. Außerdem lebte der Ruhm des Peter von Amiens fort, der 1096 den so genannten Bauernkreuzzug geleitet hatte.

Stephan begab sich deshalb nach St Denis und wurde bei König Philipp II. August (1165–1223) vorstellig, der sich jedoch völlig unbeeindruckt von dem Plan des Jungen zeigte. Anders verhielt es sich im Volk, das den Hirten für einen Erleuchteten hielt. Allmählich sammelten sich in Paris Massen von Menschen, die Stephan folgen wollten. Der König befahl die Menge aufzulösen, was nur unter Gewaltanwendung gelang. Beispielsweise trieben die Regierungshandlanger die Scharen in der glühenden Mittagshitze zusammen und hielten sie fest, um den Willen der Leute zu brechen, die schlichtweg nicht weichen wollten.

Nun ging Stephan auf eine Rundreise und rief seine Landsleute dazu auf, nach Vendôme zu kommen. Das machten sich die Offiziellen zunutze und rekrutierten die Mehrzahl der dort Eintreffenden für die Kriege gegen die Albigenser, eine Sekte, die in Südfrankreich zahlreiche Anhänger fand.

Indes lief Stephan mit rund 6000 anderen nach Marseille, wo sie sich auf sieben Schiffe verteilten. Zwei sanken vor Sardinien. Die restlichen Passagiere endeten vermutlich als Sklaven in Nordafrika und Ägypten. Skrupellose Reeder machten damals mit Menschenhandel Profit.

Pastorellen wüten in Frankreich

Als Ludwig IX. (1214–70) 1250 auf einem Kreuzzug in Ägypten in die Hände der Moslems fiel, beschloss eine Reihe von Franzosen, ihren Monarchen zu retten – allerdings ohne Unterstützung von Rittern oder Klerikern. „Gott hat kein Wohlgefallen am Hochmut der Herren“, meinten sie. In Erinnerung an die Hirten, die mit Peter von Amiens in die Ferne gezogen waren, gaben sie sich den Namen Pastorellen.

Eine Schrift über den Erzengel Michael; im 15. Jh. zogen Tausende von Kindern zu einem seiner Heiligtümer, dem Mont-Saint-Michel.

Ein ehemaliger Zisterzienser, der Meister von Ungarn genannt wurde, übernahm ihre Führerschaft, die er durch einen angeblich von der Gottesmutter Maria erhaltenen Himmelsbrief legitimierte. Er präsentierte sich entweder in königlichen Gewändern oder dem Chormantel eines Bischofs; auch sah man ihn häufig mit einer Papstmitra auf dem Kopf.

Mit sozialrevolutionärem Gedankengut vermochte er die Menschen zu überzeugen und die Bewegung wuchs rasch auf etwa 100000 Mitglieder an. Schon bald vergaßen die Pastorellen ihr ursprüngliches Ziel und ließen sich zu aggressivem Handeln verleiten. In verschiedenen Städten ereigneten sich schwere Ausschreitungen gegen Adel, Klerus und Minderheiten. Vier Monate lang – von April bis Juli 1251 – hielt die Gruppierung ganz Frankreich in Atem.

Erst die Truppen der Königinmutter Blanca, die das Land während der Abwesenheit ihres Sohnes Ludwig regierte, konnten dem Wüten ein Ende setzen. Bei Villeneuve-sur-Cher besiegten sie die Pastorellen. Der Meister von Ungarn fiel in der Schlacht und alle Gefangenen starben durch den Strang.

Ein zweiter Pastorellenzug machte 1320 die Gegend von Toulouse und Carcassonne unsicher. Man zerschlug ihn ebenfalls.

Tausende wollen zum Mont-Saint-Michel

In der Benediktinerabtei auf der Insel Mont-Saint-Michel vor der normannischen Küste erblickte ein Mönch im Jahr 1333 „eine höchst wundersame Sache“: „Eine Unmenge kleiner Kinder, die sich als Hirtenjungen bezeichneten, kamen aus den unterschiedlichsten fernen Ländern in diese Kirche, die einen in Gruppen, die Übrigen allein. Viele von ihnen versicherten, sie hätten himmlische Stimmen gehört, die ihnen befahlen: ‚Geh zum Mont-Saint-Michel‘! Sie hatten der Aufforderung unverzüglich Folge geleistet, ihre Herden einfach auf den Feldern zurückgelassen und niemandem Lebewohl gesagt.“

In den Jahren nach 1450 kam es dann zu einem regelrechten Ansturm auf das bekannteste Michaelsheiligtum nördlich der Alpen. Wir wissen zwar, dass der Erzengel seit langem besonders verehrt wurde, aber weshalb huldigten ihm gerade jetzt solch riesige Scharen von Halbwüchsigen? Und strömten sie wirklich selbst aus entlegenen Regionen herbei?

Laut dem Chronisten von Montpellier handelte es sich bei den Wallfahrten um ein Phänomen, das in der Tat „sowohl das Königreich Frankreich als auch die anderen Königreiche und Länder“ erfasste. Außerdem entwickelten sich die Glaubensreisen zu einer gesellschaftlich verankerten Gewohnheit, wenn man einer Quelle von 1421 trauen darf. „Die Küchenjungen“, so behauptet sie, erhielten Geld, „um zur Fastenzeit zum Mont-Saint-Michel zu gehen."

Wie weitere Stadtchroniken berichten, konnte man zwischen 1455 und 1457 einen enormen Zustrom von Wallfahrern aus ganz Deutschland feststellen. Aus der Gegend um Lüttich sowie aus Lothringen, dem Elsass und der Schweiz besitzen wir ähnliche Berichte aus jenen Jahren.

Gegen den Willen der Eltern

Weder Hitze noch bittere Kälte hinderten die jungen Pilger an ihrem Vorhaben. An einem Faschingsdienstag wanderte beispielsweise in Weißenburg eine Gruppe los, als „alles von einer dicken Schneeschicht bedeckt und es furchtbar kalt war". Im schweizerischen Biel erklärten sich schließlich acht Erwachsene bereit, eine Kinderwallfahrt zu begleiten, die offensichtlich niemand aufzuhalten vermochte. Bereits 1441 erzählten die Einwohner des Ortes Millau, ihre Zöglinge seien „aus freien Stücken" fortgegangen – also ohne Wissen der Eltern oder zumindest gegen deren Willen!

Für uns heute hört sich das höchst sonderbar an. Wieso konnten die Eltern nicht einschreiten? Einer Erklärung nähern wir uns nur, indem wir uns mit der Volksfrömmigkeit des Mittelalters befassen. Früher nahmen die Menschen es ernst, wenn jemand den Wunsch nach Buße zeigte. Zudem waren sie überzeugt, Gott ließe unschuldigen Kindern als Bittstellern besondere Gnade zuteil werden. Wahrscheinlich flößte der religiöse Eifer der Heranwachsenden der Bevölkerung große Ehrfurcht ein. Nicht zuletzt müssen wir bedenken, dass der Michaelskult und Pilgerreisen im Allgemeinen große Bedeutung in der religiösen Praxis hatten. Christen demonstrierten schon seit der Spätantike auf Wallfahrten vor der Welt ihren Glauben und ihre Reuebereitschaft. Das beeinflusste die Jungen genauso wie die Alten.

Nach 1450 ebbte die Welle der Kindermärsche zum Mont-Saint-Michel allmählich ab, doch keiner weiß, aus welchen Gründen das Interesse nun wieder nachließ. So bleiben diese Bewegungen letztlich eine merkwürdige Episode der mittelalterlichen Geschichte.

Woher rührte das religiöse Engagement der kleinen Leute?

Trotz einzelner dubioser Sachverhalte wäre es falsch, die Kreuzzüge und Wallfahrten der Jungen und Armen insgesamt als unerklärliches Phänomen abzutun. Die Historiker wissen sehr wohl, mit welcher Motivation sich die Menschen auf den Weg machten.

Vor allem wirkte sich die Kreuzzugsmentalität der Herrschenden im Volk aus: Die kleinen Leute wollten auch ihren Beitrag für das Christentum leisten, zumal sie sahen, dass Könige und Ritter nicht in der Lage waren, das Heilige Grab zu verteidigen. Zahlreiche Wanderprediger ermunterten die frommen Laien zu religiösem Engagement.

Daneben spielten soziale und wirtschaftliche Faktoren eine Rolle. Wer unter finanzieller Unsicherheit oder regelrechter Not litt, gab vermutlich leichten Herzens sein bisheriges Leben auf. Manchen Unterprivilegierten boten die Gruppen, denen sie sich anschlossen, zuvor ungekannten Schutz. Und nicht zuletzt wünschten sich einige mehr Freiheit: Gerade Jugendliche nahmen gern die Gelegenheit wahr, familiäre Zwänge abzuschütteln.

Feste mit Kindern

An einigen mittelalterlichen Feiertagen agierten Heranwachsende als Hauptpersonen. Beispielsweise beging man am 28. Dezember das Fest der Unschuldigen Kinder, mit dem man des biblischen Kindermords in Bethlehem durch Herodes gedachte. Für eine festgelegte Zeitspanne durften sich die Jungen sogar Titel und Vorrechte von Erwachsenen verleihen. So erlaubte man so genannten Kinderbischöfen, als Parodie auf die Kirchenprozessionen mit Gleichaltrigen durch die Städte zu ziehen. Dabei trieben sie natürlich allerlei Schabernack.

Während des Mittelalters sah man besonders im Frühjahr lange Züge von Wallfahrern auf den Straßen. Nicht wenige nahmen extrem lange Strecken auf sich, um eine heilige Stätte zu besuchen. Wie die Darstellung belegt, besaß längst nicht jeder Schuhe. Auch arme Leute wie Landarbeiter, Tagelöhner und Knechte wanderten mit.

Johanna von Orléans – Hexe oder Heilige?

Über die Jungfrau gibt es unzählige Legenden und vermeintlich wissenschaftliche Theorien. Die einen behaupteten, sie sei ein von Gott gesandtes Bauernmädchen, andere hielten sie für ein uneheliches Königskind oder aber eine gefährliche Zauberin. Wie entstanden all diese Mythen? Und wer war die junge Frau wirklich?

Das öffentliche Wirken der Johanna von Orléans spielte sich in der kurzen Spanne zwischen Februar 1429 und Mai 1431 ab. Bereits zu Lebzeiten war diese junge Frau eine Legende und nach ihrem Tod auf dem Scheiterhaufen steigerte sich ihr Ruhm erst recht. Obwohl über kaum eine Persönlichkeit des frühen 15. Jh. solch umfangreiches Quellenmaterial vorliegt wie über die kühne Kämpferin, sind bis heute viele widersprüchliche Aspekte in ihrer Biographie ungeklärt geblieben.

Zerrissenes Land

Im Jahr 1392 erschütterte eine Nachricht ganz Frankreich: König Karl VI., ein Valois, war dem Wahnsinn verfallen. Die Häuser Armagnac und Burgund erhoben Anspruch auf die Regentschaft, was zu einem Bürgerkrieg führte. Burgund wiederum hatte ein Bündnis mit der Frau Karls VI., Isabeau von Bayern, und den Engländern, die den französischen Thron ebenfalls für sich forderten. 1420 drängte Isabeau ihren inzwischen völlig umnachteten Gemahl dazu, den gemeinsamen Sohn Karl von der Thronfolge auszuschließen und König Heinrich V. von England zu seinem Nachfolger zu erklären.

Als dann zwei Jahre später Karl VI. und Heinrich V. starben, stand Frankreich zwischen zwei Monarchen: dem von den Fürsten des Landes ausgerufenen Dauphin Karl VII. (1403–61) und dem von England und Burgund proklamierten Heinrich VI. (1421–70/71).

Eine junge Frau zieht in die Schlacht

Seit ihrem 13. Lebensjahr hörte Johanna, die Tochter eines gut situierten Landmanns aus dem lothringischen Dorf Domrémy, Stimmen, die sie irgendwann auch dazu drängten, Karl VII. zur Hilfe zu kommen. Mit der Bitte um Zuteilung einer Eskorte wandte sie sich an den königlichen Stadthauptmann des nahe gelegenen Vaucouleurs. Der wies sie zunächst ab, ordnete aber auf ihr hartnäckiges Drängen hin einige Männer für sie ab: Er wollte es sich mit der göttlichen Vorsehung besser nicht verderben – im Mittelalter stellten die Menschen übernatürliche Phänomene nicht infrage.

So brach die junge Frau am 22. Februar 1429 mit ihrem Gefolge nach Chinon auf, wo der Dauphin in armseliger Umgebung residierte. Zunächst weigerte er sich das Bauernmädchen zu empfangen, das sich als seine Retterin ausgab. Nach wenigen Tagen hegte er Zweifel, ob sie nicht doch eine himmlische Gesandte sei, und er ließ sie vorsprechen. Dann schickte er die Jungfrau nach Poitiers, wo ein Gremium von Professoren und Klerikern sie drei Wochen lang prüfte und zu dem Ergebnis gelangte, Karl solle sich ihr unbedingt anvertrauen.

Johannas Anhängerschaft wuchs nun rasch an. Sie erhielt eine militärische Ausrüstung, ritt mit nach Orléans und kämpfte dort an vorderster Front gegen die englischen Besatzer, bis diese abzogen: der Beweis ihrer Sendung! Im Volk verfestigte sich der Glaube an ihre göttliche Mission, als sie in den folgenden Monaten an weiteren siegreichen Schlachten teilnahm.

Am 17. Juli zelebrierte man in der Kathedrale von Reims die Krönung Karls VII. Die Jungfrau von Orléans stand dabei an seiner Seite, eine Fahne mit dem Bild des Erlösers in der Hand. Sie hatte den Höhepunkt ihrer Karriere erreicht.

Tod in den Flammen

Schon bald hörten die französischen Befehlshaber nicht länger auf Johannas Ratschläge und erlitten neue Niederlagen. Nach einem Gefecht in Compiègne geriet sie am 23. Mai 1430 in die Gefangenschaft der Burgunder. Lösegeldverhandlungen begannen, bei denen sich König Karl knauserig zeigte. Im November wurde die Kriegsgefangene an die Engländer verkauft, die sie ins okkupierte Rouen brachten und ein ihnen ergebenes französisches Kirchengericht beauftragten, Johanna den Prozess zu machen.

Den Vorsitz übernahm der Bischof von Beauvais, Pierre Cauchon, ein Ratgeber Heinrichs VI. Als „Götzendienerin, Beschwörerin von Dämonen, Schismatikerin, Abtrünnige, Ketzerin" musste sich Johanna ohne Advokaten gegen die Anschuldigungen verteidigen. Vordergründig handelte es sich um ein kirchliches Verfahren, aber ganz offensichtlich wollten die Engländer eine politische Widersacherin ausschalten. Die Richter verurteilten Johanna zum Tod auf dem Scheiterhaufen. Am 30. Mai 1431 verbrannte sie auf dem Marktplatz von Rouen.

Eine Rekonstruktion der Mütze, die Johanna auf dem Scheiterhaufen tragen musste. Die Inschrift besagt: „Ketzerin, Rückfällige, Abtrünnige, Götzendienerin".

Die Dame von Armoises

Erst nach dem Tod der Jungfrau von Orléans bekam so mancher Gewissensbisse, weil er sie nicht unterstützt hatte. Das Volk indes betrachtete sie ohnehin als Märtyrerin, betete und zündete in den Kirchen Kerzen für sie an. 1436 bewahrheitete sich eine weitere Prophezeiung Johannas: Karl VII. hielt siegreich Einzug in Paris. Viele hegten jetzt keine Zweifel mehr – die Jungfrau war eine Heilige und musste deshalb dem Feuer entkommen sein. Bestimmt sei eine andere Frau auf dem Schafott gestorben.

Eine falsche Johanna tauchte am 20. Mai 1436 in der Nähe von Metz auf. Ende 1437 heiratete sie den Ritter von Armoises und lebte mit ihm in Lothringen. Zwei Jahre später reiste sie nach Orléans, wo man sie mit großem Pomp willkommen hieß. Obwohl sie sich Claude nannte, erkannten zwei Brüder der tatsächlichen Märtyrerin und auch die Adligen der Ge-

Die Jungfrau von Orléans stirbt den Flammentod. Das Wandgemälde aus dem 19. Jh. ist in der Kirche des lothringischen Domrémy zu sehen.

gend in ihr die „Jungfrau Johanna von Frankreich". Niemand weiß, warum sie logen.

Jedenfalls verließ die vermeintliche Heilige überstürzt die Stadt, als ehemalige Weggefährten Johannas ihre Ankunft ankündigten. Allmählich verfestigte sich der Eindruck, dass man es hier mit einer Hochstaplerin zu tun hatte. 1440 gab dann die Dame von Armoises in einer erzwungenen öffentlichen Beichte ihre wahre Identität preis.

Noch im selben Jahr 1439 meinten die Leute Johanna plötzlich überall zu sehen. Man nahm z. B. eine Frau in Männerkleidung fest und führte sie der Pariser Bevölkerung vor. Bei den Verhören sagte die Angeklagte jedoch aus, sie sei mit einem Ritter verheiratet gewesen und habe mit ihm zwei Söhne. In Poitou bewegte sich „eine so genannte Johanna, die sich als Jungfrau bezeichnete", im Umfeld von Gilles de Rais, einem ehemaligen Gefährten der Lothringerin.

Späte Anerkennung

Schließlich strengte Karl VII. doch noch einen Rehabilitationsprozess an, der Johanna 1456 „frei von jedem Schimpf und jedem Makel" erklärte.

Seitdem vermischen sich Dichtung und Wahrheit. Im 16. und 17. Jh. würdigten die Stadthistoriker von Orléans die Heldentaten der Jungfrau in diversen für damalige Verhältnisse auflagenstarken Schriften. Die offiziellen Geschichtsschreiber Karls VII. sahen in ihr ein Werkzeug Gottes, während Engländer und Burgunder sie als Helferin des Teufels darstellten. Johanna figurierte in zahlreichen Büchern über tugendhafte Frauen, aber der Historiker Girard du Haillan vertrat in der ersten französischen Landesgeschichte von 1570 die Ansicht, sie sei die Geliebte einiger ihrer Mitstreiter gewesen. Shakespeare machte sie dann im ersten Teil des Historiendramas *Heinrich VI.* zur Mätresse Karls VII. Zur Zeit der Aufklärung leugnete man höhnisch die Wundertaten der Jungfrau.

Johanna konnte lediglich ihren Namen schreiben; wie hier abgebildet hat sie einen Brief an die Bürger von Reims unterzeichnet.

Im frühen 19. Jh. verbreitete sich ein ganz neues Gerücht, das allerdings von keiner wissenschaftlichen Untersuchung bestätigt wurde: Johanna sei ein uneheliches Kind aus der Verbindung zwischen Königin Isabeau und Ludwig von Orléans, dem Bruder Karls VI. Man habe das Mädchen in Domrémy versteckt und dort auf seine Mission vorbereitet.

Das französische Volk hat Johanna stets als Nationalheldin gefeiert. Letztlich zollte ihr auch die katholische Kirche Tribut: Nach ihrer Seligsprechung 1909 erhielt sie am 16. Mai 1920 als Heilige einen Platz im Kirchenkalender.

Von deutschen Dichtern verehrt

In seinem Drama* Die Jungfrau von Orleans *ließ Friedrich Schiller die Heldin ehrenhaft im Feld sterben. Und sogar dreimal befasste sich Bertolt Brecht mit ihr: In* Die heilige Johanna der Schlachthöfe *bekehrt sie als Heilsarmeemädchen Kapitalisten, während sie in* Der Prozess der Jeanne d'Arc zu Rouen *die proletarische Revolution propagiert. Eine Zehnjährige erleidet in dem Stück* Die Gesichte der Simone Marchand, *das im Zweiten Weltkrieg spielt, ein ähnliches Schicksal wie Johanna.

Flämische Malerei: Zauber von Licht und Farbe

In der ersten Hälfte des 15. Jh. ereignete sich eine Revolution in der Geschichte der bildenden Kunst, als die flämischen Maler den höchsten Grad der Perfektion in der naturgetreuen Wiedergabe des Gegenständlichen erreichten. Ihre Werke haben alle bis dahin gültigen ästhetischen Kriterien grundlegend verändert. Zwar wissen wir inzwischen viel über die spezielle Technik, die sie anwandten, doch bestimmte Details werden wohl immer ungeklärt bleiben.

Im 15. Jh. zählten die Herzöge von Burgund zu den großen Mäzenen Europas und beschäftigten an ihren Höfen Künstler aus allen Teilen ihres Herrschaftsgebietes – auch aus Flandern, das ihnen seit 1384/85 unterstand. Dort im Norden erfuhr die Malerei zu jener Zeit einen grundlegenden Wandel, der die bildende Kunst nachhaltig beeinflusste. Worin genau lag das Bahnbrechende des neuen Stils?

Wacher Blick

Zu Recht gilt Jan van Eyck (um 1390–1441) als Begründer der flämischen Malerei; man spricht sogar vom so genannten Eyckschen Wunder. Aber ebenso gaben der Meister von Flémalle alias Robert Campin, Rogier van der Weyden, Dirk Bouts, Hugo van der Goes und Hans Memling den Möglichkeiten bildlicher Darstellung wesentliche Impulse und wiesen den Weg von der Gotik in die Renaissance.

Die Auftraggeber sorgten dafür, dass ihre begnadeten Protegés behaglich lebten und sich ganz auf ihr Schaffen konzentrieren konnten. Van Eyck etwa arbeitete seit 1424 für Herzog Philipp den Guten von Burgund (1396–1467), der ihn rund sechs Jahre später zum Hof- und Stadtmaler von Brügge ernannte.

Wodurch erlangten diese Männer solchen Ruhm? Zunächst einmal beobachteten sie alles außerordentlich präzise: den menschlichen Körper genauso wie Tiere, Pflanzen und alltägliche Gegenstände. Was wir in ihren Bildern sehen, das erscheint uns greifbar – Proportionen und Details stimmen perfekt. Häufig blicken wir aus der Vogelperspektive in das Geschehen; der Raum wirkt dadurch unendlich.

Die Mitteltafel des Genter Altars in der Kathedrale St. Bravo mit der Anbetung des Lammes *von Jan van Eyck. Während das Opferlamm, Symbol Jesu Christi, auf dem Altar sein geweihtes Blut in einen Kelch spendet, strömen aus allen vier Himmelsrichtungen Gläubige herbei.*

Bei der Wahl ihrer Themen vollzogen die flämischen Maler einen Bruch mit mittelalterlichen Traditionen. Hatte die Welt bislang lediglich als Kulisse für religiöse Szenen gedient, so entdeckten die Künstler jetzt die Schönheit des Gewöhnlichen und platzierten Menschen auch in Innenräume wie Wohn- und Schlafzimmer. Das bedeutet, sie orientierten sich nicht mehr ausschließlich am Jenseits, sondern akzeptierten das irdische Dasein.

Heiliges und Profanes befanden sich erstmals im Einklang: Beispielsweise erscheint Maria mit dem Jesuskind in einem Gemälde von Robert Campin vor einem Ofenschirm.

Die Welt in helle Strahlen getaucht

Nie zuvor hatten Bilder eine vergleichbare Leuchtkraft besessen. Äußerst subtil setzten die flämischen Meister die Farben ein, um spezielle Lichteffekte zu erzielen, etwa die naturgetreue Wechselwirkung von Licht und Schatten.

Allerdings stimmt es nicht, dass van Eyck die Ölmalerei erfunden hat, wie lange Zeit behauptet wurde. Doch entwickelte er die Technik gemeinsam mit seinem Bruder Hubert maßgeblich fort. Dessen Beteiligung an einigen wichtigen Werken ist übrigens bis heute nicht geklärt.

Die Künstler jener Zeit arbeiteten auf Holztafeln, die sie zuerst sorgfältig glatt schliffen und mit einer weißen Masse aus Kreide und Gelatineleim bestrichen. Diese Grundierung trug erheblich zum Reflektieren der Farben bei.

Vorskizzen fertigten die Maler mit Holzkohle, einer gespitzten Gänsefeder oder der Asche von verbrannten Knochen an. Dann folgte Schicht für Schicht das Auftragen der Farben, die schwer erhältlich und deshalb teuer waren. Man gewann sie aus Mineralien und organischen Substanzen. Beispielsweise stammten die blauen Farbpigmente für Hintergründe aus Azurit und die für Lasuren aus Lapislazuli – wegen der schwachen Deckkraft bedurfte es hierbei sehr dicker Schichten. Kupferresinat und Malachit ergaben miteinander grüne Farbtöne, während Gelb und Weiß aus Blei- oder Zinnsalzen bestanden.

Die Maler zerstießen die Farbpigmente zu Pulver und vermischten sie je nach Eigenschaften mit bestimmten Bindemitteln. Die van Eycks experimentierten jahrelang, bis sie ein haltbares Bindemittel entwickelt hatten, das gleichmäßig trocknete. Dafür vermengten sie Lein-, Hanf- und Nussöle, denen sie Harze hinzufügten. Die exakte Rezeptur kennen wir aber nicht. Das gleiche Geheimnis umgibt die Ingredienzen des transparenten Firnises, mit dem die Gemälde nach Fertigstellung überzogen wurden, um die Farbe zu schützen. Wir wissen nicht mehr, als dass sie ebenfalls Naturharze beinhalteten.

Warum ist derart wenig über die Materialien bekannt? Zum einen, weil die damaligen Künstler ihre Kenntnisse nur den eigenen Schülern verrieten. Ihre Werkstätten hätten durch zahlreiche Nachahmungen sonst an Popularität und Originalität eingebüßt. Außerdem gingen typisch flämische Traditionen verloren, als die Techniken der italienischen Malerei ab der Mitte des 16. Jh. im Norden Europas weite Verbreitung fanden.

Tiefe Religiosität

Die Faszination der flämischen Gotik lässt sich dennoch nicht allein durch handwerkliche Finessen erklären. Vielmehr bewegt den Betrachter vor allem das tiefe religiöse Empfinden, das in den Gemälden zum Ausdruck kommt.

So enthält der monumentale *Genter Altar* von den Brüdern van Eyck ein umfassendes theologisches Programm. Beschränken wir uns hier auf einige Erläuterungen zur Mitteltafel mit der *Anbetung des Lammes* (Abb. S. 97): Im Zentrum des Bildes befindet sich das Opferlamm als Symbol Christi; es spendet sein geweihtes Blut in einen Kelch. Aus dem Lebensbrunnen vor dem Altar fließt das ewige Wasser des christlichen Glaubens. Engel mit den Leidenswerkzeugen Jesu – darunter Kreuz, Dornenkrone, Lanze und Geißel – haben sich um den Erlöser versammelt, während aus den vier Himmelsrichtungen Gläubige herbeiströmen: Propheten, Märtyrer, Päpste, heilige Jungfrauen, Pilger, Ritter und Eremiten.

Die Natur, wie sie uns hier präsentiert wird, ist ein Phantasieprodukt, denn sie gibt einen

Mit erhabenem Pathos bringt die Beweinung Christi *von Dirk Bouts das Leiden Jesu und die Trauer über seinen Tod zum Ausdruck.*

Überblick über die gesamte Erde. Wir sehen Städte, das Meer, Gebirge, Bäume sowie den Himmel und erfassen dadurch die Größe der Schöpfung.

Um den Gehalt solcher religiösen Werke besser zu verstehen, müssen wir also eine Reihe von Symbolen kennen. So geben die van Eycks kein natürliches, sondern ein spirituelles Licht wieder – als eine Metapher Gottes, der alles liebt, was er zum Leben erweckt hat. Die weiße Taube im Strahlenkranz der Sonne versinnbildlicht den Heiligen Geist.

Der Mensch darf sich von Gott angenommen fühlen und im Bewusstsein seiner Gegenwart leben, sagen uns die flämischen Maler. Weil die Personen in ihren Gemälden diese Offenbarung verstanden haben, strahlen sie innere Zuversicht und Gelassenheit aus.

Doch nicht immer verharren sie in stiller Pose. Besonders die Bilder von der Kreuzabnahme Christi sind Zeugnisse starker Emotionen. Bewegend zeigt etwa Dirk Bouts (Abb. oben), wie Maria, Maria Magdalena und der heilige Johannes vor Schmerz über Jesu Tod zu Boden sinken: Ein junger Mann ist gestorben und seine Angehörigen leiden Qualen.

Im Betrachter weckt die Szene unendliches Mitgefühl – und trotzdem bleibt ihm gleichzeitig der Freiraum, die vollkommene Schönheit der Darstellung zu würdigen. Rührung und Bewunderung auszulösen: Darin besteht die Magie der flämischen Malerei.

Analyse eines Meisterwerks: die Bedeutung der Ehe

Das Doppelporträt* Die Arnolfini-Hochzeit*, das Jan van Eyck 1434 anfertigte, zählt zu den außergewöhnlichsten Werken der Kunstgeschichte. Es zeigt den Kaufmann Giovanni Arnolfini und seine Frau am Tag ihrer Trauung. So gut wie jedes Detail hat Symbolgehalt und verweist auf die Heiligkeit der Ehe.

Ein kleiner Hund steht als Sinnbild der ehelichen Treue zu Füßen des Paares. Das Fenster zur Straße verdeutlicht die Weltoffenheit der beiden, das Obst darunter Fruchtbarkeit und die Freuden des verlorenen Paradieses. Eine Statuette der heiligen Margarete, Schutzpatronin werdender Mütter, ist in die Rückenlehne des hohen Sessels eingeschnitzt. Die einzelne brennende Kerze des sechsarmigen Leuchters kann als ewiges Licht gedeutet werden. An der Wand im Hintergrund zeigt der konvexe Spiegel mit zehn Medaillons im Rahmen, die die Leidensgeschichte Christi wiedergeben, dass sich noch zwei andere Personen im Raum befinden – vermutlich ein Trauzeuge und der Maler selbst.

Fragen über Kolumbus

Wann wurde er geboren? Wie lautet sein richtiger Name? Woher stammte er? Es gibt Hunderte von Büchern über den großen Seefahrer, aber auch 500 Jahre nach der Entdeckung Amerikas ist noch kein Ende der Kontroversen über die Herkunft dieser schillernden Persönlichkeit abzusehen.

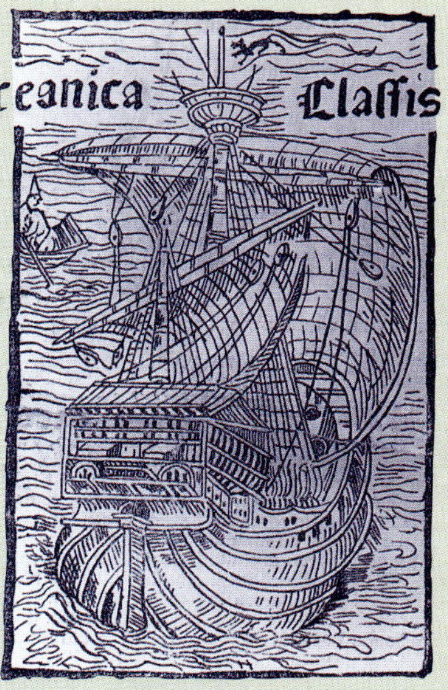

Die Santa Maria, das Flaggschiff bei der ersten Überquerung des Atlantiks in Richtung Neue Welt

Christoph Kolumbus ist wahrscheinlich der berühmteste Abenteurer aller Zeiten – und der geheimnisvollste. Bereits seinen Mitmenschen gab er Rätsel auf und trug selbst maßgeblich zu den Spekulationen über seine ungewisse Herkunft bei. So sparte er in seinen vielen autobiographischen Schriften bestimmte Aspekte seiner Vergangenheit stets aus. Dagegen haben Freunde wie Feinde unzählige Geschichten über ihn verbreitet. Noch immer sehen sich die Historiker deshalb mit widersprüchlichen Quellen und Hypothesen konfrontiert.

Wer war der Mann, der Königin Isabella von Kastilien überredete, ihn auf große Fahrt zu schicken? Ein Gelehrter? Ein ungebildeter, aber mutiger Seemann? Oder lediglich ein geldgieriger Sklavenhändler?

Mit zehn Jahren zur See

Lange herrschte Unsicherheit über das genaue Geburtsdatum von Kolumbus, doch inzwischen ist man sich weitgehend einig, dass er 1451 in der Nähe von Genua zur Welt kam und aus einer Weberfamilie stammte. Einige Dokumente nennen ihn Cristóforo Colombo, andere Cristóbal Colón. Wie die Biographen belegt haben, handelt es sich um ein und dieselbe Person.

Im zarten Alter von zehn Jahren begann er als Schiffsjunge sein Seefahrerleben. Mit 15 soll er auf einem der Kaperschiffe Dienst geleistet haben, die Renatus von Anjou im Kampf um die Krone von Neapel gegen Alfonso von Aragonien und Sizilien ausschickte. Vermutlich beteiligte sich der Junge auch am Aufbringen spanischer Schiffe, was erklären könnte, weshalb er jene Phase seiner Jugend später verschwieg.

Als Mittzwanziger tauchte Kolumbus in Portugal auf und begab sich von dort aus an den spanischen Hof, um seine Pläne vorzustellen. Im August 1492 durfte er auslaufen und erreichte noch im selben Jahr die Bahamas, Kuba und Haiti. Erst auf der dritten Reise von 1498 bis 1500 gelangte er zum amerikanischen Festland bei Trinidad. So weit die bekannten Fakten.

Christoph Kolumbus (links) ging am 12. Oktober 1492 auf der Bahama-Insel Guanahani an Land. Er nannte sie San Salvador.

Ein Genuese, der Kastilisch spricht

Darüber hinaus bleibt einiges unklar. Schon kurz nach Kolumbus' Tod erhoben zwei bedeutende Nationen der frühen Neuzeit Anspruch auf ihn: Spanien und Italien. Manche Forscher verweisen in dem Zusammenhang auf einen interessanten Aspekt: Kolumbus sprach und schrieb fast nie Italienisch, sondern Kastilisch. In seiner Biographie über den Entdecker versucht der Historiker Salvador de Madariaga diese Tatsache zu begründen. Die Colombos seien Juden gewesen, meint er, und gegen Ende des 14. Jh. wegen der Verfolgung ihrer Religion aus Spanien geflohen. Innerhalb der Familie hätten sie ihre Muttersprache weitergepflegt. Eine wichtige Frage aber lässt de Madariaga offen: Wieso sollte Kolumbus ausgerechnet zu dem Zeitpunkt in das Land seiner angeblichen Vorfahren zurückkehren, als dort die Inquisition unerbittlich gegen die Juden vorging?

Was Kolumbus' Bildung betrifft, so stand er mit herausragenden Wissenschaftlern in Kontakt, die wussten, dass die Erde keine Scheibe ist, und dringend zur Fahrt nach Westen anrieten. Gewiss wollte er auch Handelsmärkte erschließen und hat furchtbare Unmenschlichkeiten gegen die Indianer zugelassen. Ihm jedoch allein Besitzstreben und Unterdrückermentalität anzudichten wäre grundlegend falsch.

KARTEN ALS MACHTWISSEN

Portugiesen und Spanier unternahmen im 15. und 16. Jh. erfolgreiche Entdeckungsfahrten. Zunächst lagen die beiden Nationen im Wettstreit miteinander, später aber einigten sie sich über die Aufteilung der Eroberungen. Das weckte den Neid der übrigen Europäer. Wie gelang es den Iberern, sich vor Konkurrenz zu schützen?

Der portugiesische Prinz Heinrich der Seefahrer förderte die überseeischen Entdeckungen seines Landes.

Seit der Befreiung von den Mauren im 13. Jh. zeigte Portugal ein ungeheures Expansionsbedürfnis. Damals drohte der europäische Orienthandel zu erlahmen, weil die Türken die östliche Hälfte des Mittelmeeres besetzt hielten. Es wurde immer schwieriger, Rohstoffe für Textilien, Zucker und Gewürze zu beschaffen. Auch bestand immenser Bedarf an Gold, weshalb die Könige die Entdeckung des Seeweges nach Guinea und bald ebenso nach Indien mit voller Kraft unterstützten. Als erste Europäer besaßen die Portugiesen verlässliche Kenntnisse von Winden, Meeresströmungen und südlichen Sternen. Das kleine, aber stabile Land gab den Impuls für das Zeitalter der Entdeckungen.

Aufteilung der Welt

Besonders intensiv förderte der portugiesische Prinz Heinrich der Seefahrer (1394–1460) die Expeditionen. Angetrieben von großer Neugier und Besitzstreben versammelte er Kapitäne, Schiffsbaumeister, Instrumentenmacher und Astronomen aus allen Teilen des Mittelmeerraumes an seinem Hof, die ihm dabei helfen sollten, die systematische Erforschung der Welt voranzutreiben. In Sagres gründete er eine Art Seefahrerschule, die nautisches und geographisches Wissen vermittelte. Hier entwickelte man zudem die Karavelle, die leichter, schneller und besser manövrierbar als bisherige Schiffstypen war. Und in Lagos am südwestlichen Zipfel Portugals, dem wichtigsten Hafen und Werftplatz der Karavellen, richtete Heinrich ein Amt für das Studium von Landkarten ein. Darüber hinaus finanzierte er jährliche Expeditionen, unterstützte den militärischen Vorstoß nach Marokko und die Erschließung der westafrikanischen Küste. Damit begannen Kolonisation und Sklaverei.

Unterdessen wollten die Spanier ihren Nachbarn den Atlantik nicht widerspruchslos überlassen. Sie nahmen die Kanaren in Besitz und richteten einen Handelsstützpunkt in Marokko ein. Die Baleareninsel Mallorca gehörte zu ihren wichtigsten Zentren für das Segeln und die Kartographie.

Im kastilischen Erbfolgekrieg verschärfte sich die Rivalität der beiden Länder weiter, doch bereits 1479 regelte der Vertrag von Alcáçovas die Machtinteressen. Portugal verzichtete darin zwar auf den kastilischen Thron, erhielt aber Madeira, die Azoren, die Kapverden und ganz Westafrika südlich des marokkanischen Kap Bojador. Die Kanaren blieben bei Spanien.

Schon in den darauf folgenden Jahren verzeichneten beide Länder neue spektakuläre Erfolge: Noch planvoller als Heinrich förderte König Johann II. (1455–95) die maritimen Unternehmungen seines Landes. Während sein Untertan Pedro de Covilhão als Erster Indien erreichte und Teile der ostafrikanischen Küste er-

Juan de la Cosa, Begleiter Kolumbus' auf zwei Reisen, fertigte diese älteste Karte Amerikas an, das man damals für Westindien hielt.

Dom Joham per

1494 bestätigte Papst Alexander VI. die Besitzrechte Spaniens und Portugals im Atlantik. Die Auseinandersetzungen zwischen den beiden Ländern sollten die Bekehrung der Ureinwohner in den entdeckten Gebieten nicht gefährden.

forschte, brach Christoph Kolumbus 1492 im Auftrag Spaniens nach Westen auf. Wieder kam es zu starken Spannungen zwischen den iberischen Herrschern.

Das spanische Königspaar Ferdinand und Isabella schaltete seinen Landsmann Papst Alexander VI. ein, der in fünf Bullen festlegte, wie der Konflikt zu lösen sei. Ihm ging es dabei vor allem um die Christianisierung der Heiden. Die Kontrahenten einigten sich dann 1494 im Vertrag von Tordesillas auf eine Demarkationslinie,

die 370 Meilen westlich der Kapverden verlief. Jenseits davon erstreckte sich die Einflusssphäre Kastiliens, östlich die Portugals – mit Ausnahme der Kanaren.

Spione in Portugals Häfen

Das Weltbild veränderte sich entscheidend durch die Erschließung bislang unbekannter Regionen und die Kartographie erlebte erstmals seit der Antike wieder eine Blüte. Da Landkarten damals häufig Staatsgeheimnisse enthielten, bewahrte man sie in Amtsstuben oder den privaten Gemächern der Herrscher unter Verschluss auf. Das Material, das den herausragenden Entdeckern wie Kolumbus, Bartolomeu Diaz (um 1450–1500) und Vasco da Gama (1468/69–1524) zur Verfügung stand, vernichtete man vermutlich weitgehend. Jedenfalls ist nur wenig davon erhalten.

Auch verfügte niemand in der Öffentlichkeit über Informationen, wann die Expeditionsschiffe abfuhren. Seit Ende des 15. Jh. lungerten unzählige ausländische Spione in den portugiesischen Häfen herum – die übrigen europäischen Länder wollten sich jetzt ebenfalls einen Platz in Übersee garantieren. Sie waren bereit für die Karten mit ihrem unschätzbaren Machtwissen sehr viel zu zahlen.

Meist jedoch lagen die Agenten umsonst auf der Lauer. So klagte im Jahr 1501 der Venezianer Pietro Pasqualigo in einem Brief an die leitende Behörde seiner Heimatstadt darüber, dass er sich in Portugal keine Karte über die Route nach Indien besorgen konnte. Angeblich hatte König Emanuel I. (1469–1521) „die Todesstrafe für denjenigen" verfügt, der solche Dokumente „einem Fremden zukommen lässt". Ob die Aussage stimmt, kann nicht mit Sicherheit bestätigt werden.

Jedenfalls weiß man von einer späteren Geheimhaltungsorder des Monarchen zur Gewährleistung des Pfeffermonopols. Und im November 1504 untersagte er seinen Kartographen, die afrikanische Küste südlich der Inseln São Tomé und Príncipe vor der Küste Guineas abzubilden. Außerdem verlangte er, dem Kartenamt jede neue geographische Darstellung zur Zensur vorzulegen.

Dennoch wurde der portugiesische *padrão real*, der ständig aktualisierte kartographische Standardtypus, bekannt. 1502 fertigte man eine illegale Kopie der großformatigen Weltkarte an. Der Herzog von Ferrara erteilte seinem Lissaboner Bevollmächtigten Albertino Cantino den Auftrag, sie ihm zu Handelszwecken zu besorgen. Dieser bestach einen diplomatischen Vertreter König Emanuels und schmuggelte das wertvolle Blatt, die so genannte Karte des Cantino, nach Italien.

Verlust des Monopols

Um 1520 rissen sich auch Freibeuter um die begehrten Landkarten. Portugiesische Steuermänner und Kartographen verkauften oft ihre Kenntnisse und Dienste ans Ausland. Überhaupt wechselten die Kartenzeichner ohne Mühe von einem Fürsten zum nächsten; die Fremdanwerbung solcher Spezialisten war in allen Nationen an der Tagesordnung. Bartolomeu Velho etwa, Urheber einer berühmten Weltkarte von 1560, arbeitete am französischen Hof. Er kam unter äußerst mysteriösen Umständen ums Leben.

So machten sich allmählich die Regenten und Kaufleute vieler Staaten geographisches und navigationstechnisches Know-how zu Eigen. Zudem wollten die übrigen seefahrenden Nationen die Dominanz der Iberer nicht länger dulden. Es empörte sie, dass der Vertrag von Tordesillas auf der Annahme beruhte, ihre Konkurrenten hätten einen unantastbaren Anspruch auf die Meere. Sie bestritten die juristische Grundlage des Abkommens: Die Ozeane sollten jedem Volk zugänglich sein!

Ohnehin konnten die Iberer ihre riesigen Gebiete – unter anderem hatte Portugal 1500 auch noch Brasilien entdeckt – nicht auf unbegrenzte Zeit zu ihrem alleinigen Vorteil nutzen. Briten, Niederländer und Franzosen brachen dann ihr Monopol.

Ausschnitt aus der Karte des Cantino (1502), einer Raubkopie der portugiesischen Standardweltkarte

Präzise Angaben für Seefahrer

Die so genannten Portulankarten, die seit dem 13. Jh. angefertigt wurden, entsprachen den praktischen Bedürfnissen der Schiffsbesatzungen. So gaben sie zahlreiche Einzelheiten von Küstenstrichen und Häfen wieder und enthielten darüber hinaus schriftliche Auflistungen der Besonderheiten bestimmter Gebiete. Bei der Erarbeitung des Materials verwendeten die Kartographen Angaben von Kapitänen, benutzten Navigationsinstrumente und machten selbst Berechnungen. Meist zeichneten sie auf Pergament; ein Gitternetz stellte die Windrichtung dar.

Herrscher unter dem Einfluss von Wahrsagern

Die einen hielten sie für Propheten, die anderen für Betrüger. Auf jeden Fall aber genossen die Astrologen des 16. Jh. große Berühmtheit. Sie wurden von den Mächtigen protegiert und beeinflussten mitunter sogar den Lauf der Geschichte. Dennoch bleibt vieles über Persönlichkeiten wie Nostradamus und John Dee im Dunkeln.

Regieren bedeutet vorausschauend zu handeln, heißt es. Aber wie soll man die Zukunft einschätzen, wenn einem weder Statistiken noch realistische Wirtschaftsgutachten zur Verfügung stehen? Und wer weiß schon, ob nicht Naturgewalten sämtliche Planungen zunichte machen?

Nicht selten fühlten sich die Fürsten und Könige des Mittelalters unsicher in ihren politischen Entscheidungen und beschäftigten deshalb Wahrsager als Ratgeber. Die Astrologen, die meist ebenso auf Gebieten wie der Medizin, der Pharmazie, der Physik und der Alchemie bewandert waren, unterstützten durch Prophezeiungen die Meinungsbildung ihrer Herrscher.

Oben: der Provenzale Michel de Nostre-Dame, der sich selbst nach dem Medizinstudium Nostradamus nannte. Das Porträt malte sein ältester Sohn César, dem er den ersten Teil seiner Prophezeiungen widmete.
Links: der Königshof in Blois, wo der Gelehrte nach 1555 wirkte

Wirksames Propagandamittel

Im 16. Jh. erreichten die Geheimwissenschaften einen Höhepunkt. So glaubte damals fast jeder, ob arm oder reich, jung oder alt, an die Möglichkeiten der Astrologie. Alle europäischen Herrscher beschäftigten Sterndeuter – und setzten deren Erkenntnisse auch als Propagandamittel ein. Wollten sie umstrittene politische Beschlüsse durchsetzen, dann ließen sie mithilfe von Schriften oder Theaterstücken positive Weissagungen in der Öffentlichkeit verbreiten, damit die avisierten Maßnahmen doch noch allgemeine Zustimmung fanden.

Allein die Kirche wandte sich dagegen, dass Christen als heidnisch geltende Praktiken anwandten, anstatt auf Gott zu vertrauen. Allerdings hinderte das viele kirchliche Würdenträger nicht daran, sich ebenfalls Astrologen zu halten, die sie oftmals großzügig entlohnten. So teilte Giovanni di Medici (1475–1521), der spätere Papst Leo X., seinem Angestellten Luca Gaurico ein Bistum zu, weil dieser sein Pontifikat vorausgesehen hatte.

Leichtgläubige Königin

Zu den glühendsten Anhängern des Okkultismus zählte Katharina von Medici (1519–89), die nach dem Tod König Heinrichs II., ihres Ehemanns, ab 1560 drei Jahre lang Frankreich regierte. Unglücklicherweise neigte sie dazu, jedem dahergelaufenen Scharlatan Vertrauen zu schenken.

Beispielsweise stand der Astrologe Cosimo Ruggieri, der wie sie selbst aus Florenz gebürtig war, in ihrer Gunst: eine höchst dubiose, machtgierige Person. Ruggieri erstellte Horoskope für den gesamten Hof und erlangte durch Talismane und Wachsfiguren Bekanntheit, von denen er behauptete, sie könnten je nach Bedarf Liebe wecken oder den Tod herbeiführen.

1574 wurde er wegen angeblicher Verschwörung gegen König Karl IX. gefangen genommen. Wir werden wohl nie genau erfahren, worin seine tatsächlichen Absichten lagen.

Nostradamus: Arzt und Astrologe

Der berühmteste Wahrsager jener Epoche ist jedoch zweifelsohne Michel de Nostre-Dame, besser bekannt unter dem lateinischen Namen Nostradamus (1503–66).

Der Provenzale entstammte einer zum katholischen Glauben konvertierten jüdischen Familie. Nach dem Studium in Avignon und Montpellier schien er zunächst völlig in seinem Arztberuf aufzugehen. Er engagierte sich bei der Bekämpfung einer Epidemie im Languedoc und erhielt daraufhin die Titel eines Doktors und Professors. Später entwickelte er ein neuartiges Hygienekonzept, mit dem er wirksam gegen die Pest in Aix-en-Provence und Lyon vorging.

Allmählich verlegte sich der Gelehrte dann aber aufs Schreiben und veröffentlichte zunächst auserlesene Rezepte, unter anderem über *Diverse Arten des Schminkens und der Wohlgerüche* sowie über die Herstellung von Konfitüren. In den 50er-Jahren des 16. Jh. wandte sich Nostradamus mehr den okkulten Wissenschaften zu und verfasste einen Almanach mit Wettervorhersagen, Horoskopen Heilmittel- und Ernährungsratschlägen. Damit hatte er einschlagenden Erfolg.

Zunehmend spezialisierte sich der Gelehrte nun auf Zukunftsdeutungen. 1555 erschienen die ersten drei seiner zehn *Centurien*, mysteriöse Visionen, die in der Königsfamilie sofort auf Interesse stießen. Noch zu Lebzeiten Heinrichs II. folgte eine Einladung an den Hof.

Hellseherische Fähigkeiten?

Dort empfing man Nostradamus wie eine herausragende Persönlichkeit. Katharina beauftragte ihn alsbald, Horoskope für ihre Nachkommen anzufertigen. Der Astrologe stellte Karl IX., dem er auch als Leibarzt diente, ein langes Leben in Aussicht – der Monarch starb dann mit 24 Jahren. Die Prophezeiung, das Haus Valois werde große Reichtümer ansammeln, trat ebenfalls nie ein.

Aber mit gutem Willen konnte man zumindest den Tod Heinrichs II. bei einem Turnier 1559 in Nostradamus' *Centurien* angekündigt finden. Hier der betreffende Vierzeiler:

Der junge Löwe wird den älteren überwinden.
Auf einer Kampfbahn im Einzelduell.
In einem goldenen Käfig wird er seine Augen durchstechen.
Zwei Wunden in einer und er wird eines grausamen Todes sterben.

Noch obskurer als die Übersetzung liest sich das Original, denn Nostradamus benutzte französische, spanische, lateinische und hebräische Begriffe. Der hochgebildete Mann verarbeitete seine umfangreichen Kenntnisse über christliche und jüdische Mystik sowie die Naturlehre in diesen Texten.

Warum gewann er mit den *Centurien* solche Anerkennung? Wir dürfen nicht vergessen, in welchem Umfeld er sich bewegte. Zwei Söhne Katharinas wurden schon als Kinder zu Königen: Franz II. starb ein Jahr nach der Krönung; daraufhin folgte ihm der zehnjährige Karl IX. auf dem Thron. Allein der ständige Herrscherwechsel schuf ein Klima der Unsicherheit. Nicht nur das – zu jener Zeit erschütterte der Konflikt zwischen Katholiken und Hugenotten das gesamte Land.

Außerdem kann man umso mehr in einen Text hineinlesen, je verschlüsselter er ist. Das mag ein Grund dafür sein, weshalb die Schriften von Nostradamus, die der Vatikan 1781 auf den Index setzte, später wieder Furore machten. Nach wie vor sind viele Menschen davon überzeugt, dass der Gelehrte hellseherische Fähigkeiten besaß und eine Reihe historischer Ereignisse richtig prophezeit hat. Er habe sich verworren ausgedrückt, weil er die Inquisition fürchtete und außerdem das gemeine Volk nicht in seine Erkenntnisse einweihen wollte, behaupten seine Anhänger.

Jedenfalls steht der Weltuntergang der Menschheit laut Nostradamus einstweilen nicht bevor: Er errechnete den Jüngsten Tag für das Jahr 3797.

Der Alchemist, Magier und Astrologe John Dee (oben) verstand es, Königin Elisabeth I. von England (rechts) zu manipulieren.

Ein intelligenter Gauner

Auch in England beeinflusste ein Astrologe während des 16. Jh. die Politik ganz erheblich. Rund 44 Jahre zählte John Dee (1527–1608) zum engsten Beraterkreis Königin Elisabeths I. (1533–1603). Dee war ungemein belesen, hatte als Seefahrer die Erde bereist und sich als Alchemist und Magier Geheimwissen angeeignet. Man muss ihn wohl für eine Mischung aus Intellektuellem und Gauner halten. Er soll Shakespeare zu der Figur des Prospero im Drama *Der Sturm* inspiriert haben.

Angeblich prophezeite Dee seiner Herrin bereits in ihren Kinderjahren, dass sie eines Tages Monarchin würde. Später gab er ihr moralische Rückendeckung, wenn wichtige Entscheidungen anstanden, wobei er sie häufig subtil manipulierte. So kündigte er den Tod der schottischen Königin Maria Stuart (1542–87) an, doch eigentlich ermutigte er Elisabeth damit nur dazu, ihre Rivalin hinzurichten. Dee ließ sich seine Hilfe fürstlich bezahlen und häufte innerhalb weniger Jahre ein immenses Vermögen an.

Seinen Gegnern wurde er schließlich zu mächtig; man klagte ihn des Betrugs an und verjagte ihn vom Hof. Er starb ruiniert und von allen vergessen.

Apokalyptische Visionen

Bei Nostradamus bedeutet der Begriff Centurie eine Serie von jeweils 100 Prophezeiungen pro Band. Die rätselhaften Vierzeiler wurden im Lauf der Jahrhunderte in zahlreiche Sprachen übersetzt und es hat viele unterschiedliche Interpretationen gegeben. Überwiegend enthalten die Texte extrem pessimistische Visionen: Naturkatastrophen, Morde, Revolutionen und Kriege. Moderne Wissenschaftler weisen aber darauf hin, dass Nostradamus auf eine christliche Tradition zurückgriff, die mit der Apokalypse des Johannes, dem letzten Buch des Neuen Testaments, begann. Auch dieses bereitete die Gläubigen auf Gräueltaten bis zur Wiederkehr Christi vor.

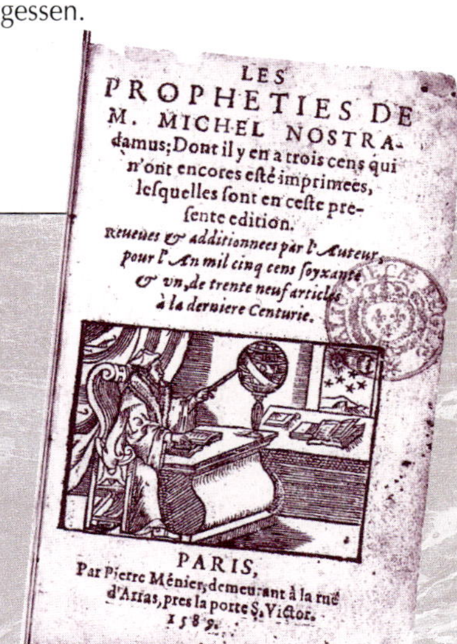

LES PROPHETIES DE M. MICHEL NOSTRADAMUS; Dont il y en a trois cens qui n'ont encores esté imprimees, lesquelles sont en ceste presente edition.
Reveues & additionnees par l'Auteur, pour l'An mil cinq cens soyxante & vn, de trente neuf articles à la derniere Centurie.

PARIS,
Par Pierre Ménier, demeurant à la rue d'Arras, pres la porte S. Victor.
1589.

Eine Ausgabe der Centurien von 1589; diese rätselhaften Schriften üben bis heute eine ungeheure Faszination auf viele Menschen aus.

Die Doppelgänger des Königs Sebastian

Viele Portugiesen glaubten nicht, dass der junge Herrscher bei einer Schlacht in Marokko zu Tode gekommen war. Als Spanien ihr Land besetzte und den Thron beanspruchte, tauchten vermehrt Personen auf, die behaupteten, der angeblich verschollene Monarch zu sein.

Bis ins letzte Jahrhundert trauerten die Portugiesen König Sebastian nach, der 1578 als 24-Jähriger im Kampf gefallen war. In Romanen, Gedichten, Liedern und Legenden hielten sie sein Andenken wach. Der Kult um die Person des Monarchen gab der unerschütterlichen Hoffnung Ausdruck, er werde an einem nebligen Morgen als großer Held zurückkehren und seinem Land zu neuem Ruhm verhelfen. So jedenfalls sagten es die Astrologen voraus.

Zu Lebzeiten erfreute sich Sebastian jedoch keineswegs besonderer Beliebtheit bei seinen Untertanen. Wieso wurde er dann trotzdem zum nationalen Mythos?

König Sebastian (Porträt von 1565)

Vernichtende Niederlage

Sebastian kam im Januar 1554 zur Welt, nur wenige Tage nach dem Tod seines 16-jährigen Vaters. Dieser war das jüngste der zehn Kinder König Johanns III., die sämtlich früh verstarben, sodass die Thronfolge an Sebastian ging. Askese und militärischer Drill kennzeichneten seine Erziehung bei den Jesuiten. Nach dem Seesieg christlicher Staaten über die Türken im Jahr 1571 träumte der krankhaft religiöse König, den man dauernd in die Lektüre von Ritterromanen vertieft sah, von einem Kreuzzug. Er selbst wollte ihn anführen. 1574 scheiterte ein erster dilettantisch geplanter Feldzug in Marokko.

Vier Jahre später ging Sebastian erneut an Bord, diesmal mit 20 000 Mann Begleitung, darunter alle erwachsenen männlichen Adligen seines Landes. Am 4. August erlitten die Truppen in der Schlacht von Ksar-el-Kebir eine vernichtende Niederlage. Rund 10 000 Soldaten gerieten in marokkanische Gefangenschaft; lediglich einigen Hundert Reitern gelang die Flucht. Das Schicksal des Königs schien zunächst ungewiss.

Sein Onkel Heinrich übernahm nun kurz die Regierung, aber schon 1580 starb mit ihm der letzte Angehörige der Avis-Dynastie. Der spanische Herrscher Philipp II. (1527–98) besetzte daraufhin das Nachbarland.

Kehrt er wieder?

Obwohl man von Sebastians Tod ausgehen musste, kamen bald Gerüchte in Umlauf, er lebe noch. Seine Rückkehr hätte ein Ende der spanischen Fremdherrschaft bedeutet! 1584 tauchte in der Provinz ein Mann auf, der sich als der König ausgab. Er habe sechs Jahre Buße für die fehlgeschlagene Schlacht geleistet, erklärte er. Man identifizierte ihn als den Sohn eines Töpfers und verurteilte ihn zur Zwangsarbeit auf einer Galeere.

Bei dem nächsten falschen Sebastian handelte es sich um einen Einsiedler aus Ericeira. Kraft seiner angemaßten Herrscherwürde verlieh er einem reichen Landmann einen Adelstitel und ernannte ihn zum Befehlshaber seiner 800 Mann starken „Armee", der allerdings nur landwirtschaftliche Geräte als Waffen zur Verfügung standen. Philipp setzte Ermittler auf den Eremiten an, der zwei von ihnen durch Anhänger ermorden ließ. Am Ende wurden der Aufrührer und 200 Gefolgsleute hingerichtet.

Ein weiterer Betrüger, der nicht ein einziges Wort Portugiesisch sprach, erschien 1598 in Venedig. Der spanische Botschafter erwirkte seine Verhaftung, doch ein Gegenspieler Philipps wollte den Gefangenen nach Paris schmuggeln. Die Flucht misslang; anschließend fand man heraus, dass der Hochstapler aus Kalabrien stammte. Die Todesstrafe blieb auch ihm nicht erspart.

In der Folgezeit ließ sich immer mal wieder ein vermeintlicher Sebastian blicken. Sogar nach der 1640 wiedererlangten Unabhängigkeit brach die Idealisierung seiner Person nicht ab. Gerade dieser König, der Portugal mit seinem Größenwahn an den Rand des Ruins gebracht hatte, lebte so lange im Bewusstsein des Volkes, weil er den Glanz einer untergegangenen Epoche verkörperte, in der sein kleines Land die Weltmeere beherrschte, fremde Länder eroberte und dem mächtigen Spanien erfolgreich die Stirn bot.

Eine Darstellung der Schlacht von Ksar-el-Kebir, spanisch Alcazarquivir, in der die Portugiesen verheerende Verluste erlitten

War Shakespeare nur ein Betrüger?

Seit dem 18. Jh. wurde eine Vielzahl von Theorien veröffentlicht, die nicht dem berühmten Dramatiker, sondern anderen Autoren die großen elisabethanischen Bühnenerfolge wie Macbeth *und* Hamlet *zuschrieben.*

Zu Lebzeiten von William Shakespeare (1564–1616) glaubte wohl niemand, der Engländer aus Stratford-upon-Avon schreibe nicht selbst die Dramen, mit denen seine Theatertruppe Furore machte. Ab dem 18. Jh. aber kamen massive Zweifel an seiner Autorenschaft auf. Die Kontroverse hielt lange an. „Ich bin geradezu mit Besessenheit davon überzeugt, dass der göttliche William der größte und erfolgreichste Betrüger ist, der jemals sein Spiel mit der geduldigen Welt getrieben hat", meinte etwa 1903 der amerikanische Romancier Henry James. Auch andere angesehene Literaten, Politiker und Wissenschaftler teilten die Skepsis.

Anti-Stratfordianer

Abgesehen von wenigen – recht obskuren – früheren Äußerungen wollte als Erster ein gewisser William Henry Smith den Beweis antreten, der angesehene Schriftsteller, Philosoph und Politiker Francis Bacon (1561–1626) habe die bedeutenden elisabethanischen Tragödien, darunter *Hamlet*, verfasst. Seine Theorie belegte er mit zahlreichen stilistischen Parallelen im Werk der beiden Autoren. Dieser Argumentation schloss sich eine ganze Reihe von Personen an; eine Mrs. Henry Pott entdeckte dann an die 4400 Ähnlichkeiten zwischen Bacons Schriften und den Stücken Shakespeares. Allerdings handelte es sich bei der peniblen Zusammenstellung überwiegend um Ausdrücke wie „guten Morgen", „ich versichere euch" und „Amen" – Gemeinplätze, die wahrscheinlich jeder Dichter der Epoche mannigfach verwendete.

Flossen die großen englischen Theaterstücke des 16. und frühen 17. Jh. gar nicht aus der Feder William Shakespeares (oben)? Die einen sagten, Francis Bacon (links) sei der tatsächliche Verfasser, die anderen hielten Christopher Marlowe (rechts) dafür.

Neben etlichen anderen adligen Kandidaten galt besonders Edward de Vere, Graf von Oxford, als plausibler Verfasser. Prominentester Verfechter der These war Sigmund Freud (1856–1939), der einige Shakespeare-Dramen psychoanalytisch interpretierte und ihre Datierung so abänderte, dass sie mit der Biographie Oxfords übereinstimmten.

Schließlich musste auch noch Christopher Marlowe (1564–93) herhalten, der wichtigste englische Bühnenautor vor Shakespeare, dessen Dramen, darunter *Eduard II.* und *Der Jude von Malta*, enormen Anklang bei den Zeitgenossen fanden. Er starb bei einer Wirtshausschlägerei, und zwar am Vorabend des Tages, an dem er wegen Atheismus gefangen genommen werden sollte. Aus diesem Umstand konstruierte der kanadische Journalist Calvin Hoffmann den Verdacht, Marlowes Tod sei inszeniert gewesen. Dadurch habe er der Hinrichtung entrinnen können, im Exil unter dem Namen Shakespeare weiterhin Stücke geschrieben und sie heimlich zur Aufführung in die Heimat geschickt.

Die Liste lässt sich fortsetzen; an die 60 wahre Shakespeares wurden im Lauf der Jahre vorgeschlagen. Man sieht, die Anti-Stratfordianer, wie man die Gegner des ansonsten hochverehrten Theatermannes nach dessen Geburtsort nennt, bildeten eine ziemlich große Gruppe.

Gibt es Gemeinsamkeiten zwischen ihnen? Sehr wohl. Die meisten sahen Shakespeares Funktion darin, andere mit seinem Namen zu decken: entweder Kollegen vom Theater, die man wegen ihrer politischen Gesinnung verfolgte, oder Adlige, die wünschten, nicht mit gemeinen Schauspielern in Verbindung gebracht zu werden.

Kaum Dokumente erhalten

Außerdem meinten diese Kritiker, nur ein weit gereister und studierter Aristokrat hätte ein Werk von solch überwältigender Genialität hervorbringen können. Sie ignorierten die Beweise für die ausgezeichnete Schulbildung des Dramatikers und ließen sich lieber von der schlechten Dokumentenlage zu abenteuerlichen Behauptungen verleiten.

Es blieben nämlich nicht sonderlich viele Schriftstücke erhalten, mit denen man Lebensdaten nachvollziehen kann. So erwähnt ein Geburtsregister in der Kirche von Stratford die Taufe am 26. April 1564; dann gibt es noch notariell beglaubigte Urkunden über den Kauf von Häusern und Grundstücken, einige Vermerke über Rechtsstreitigkeiten sowie ein dreiseitiges Testament, das Shakespeare unterzeichnet hat. Seine 38 Dramen erwähnt er in dem Vermächtnis mit keinem Wort. Ungewöhnlich? Nein, damals gab es keine Urhebergesetze, wenngleich das Gewohnheitsrecht geistiges Eigentum durchaus schützte.

Erste Veröffentlichungen

Da jedoch ebenso keine Originalmanuskripte überliefert sind, nimmt der Streit um Shakespeares Autorenschaft nicht wunder. Aber im 16. Jh. herrschte eine völlig andere Auffassung von Theaterwerken vor als heute: Im Gegensatz zur Lyrik und Epik ordnete man sie als niedere Gattung ein. Kein Bühnenschaffender hätte es sich angemaßt, mit solchen Texten vor eine gebildete und wohlhabende Leserschaft zu treten. Das gilt auch für den Stratforder, obwohl er sich

Titelblatt der Folio-Ausgabe von 1623: Ein Teil der Theaterstücke Shakespeares erschien hierin zum ersten Mal. Zu der damaligen Zeit veröffentlichte man kaum Theaterstücke, da man sie nicht für hochrangige literarische Werke hielt.

in London sehr schnell hoher Wertschätzung erfreute, wie das Urteil seines Zeitgenossen Francis Meres belegt. „Wenn die Musen Englisch sprächen, würden sie den ausgefeilten Stil des liebenswürdigen Shakespeare verwenden", schrieb dieser.

Verleger in der Hauptstadt indes zeigten sich schon früh an den Dramen interessiert und druckten Fassungen mancher Stücke, aber die Vorlagen waren teilweise gar nicht authentisch. Die sorgfältig zusammengestellte so genannte Folio-Ausgabe erschien erst postum 1623. Sie enthielt insgesamt 36 Werke, davon 18 Erstveröffentlichungen, beispielsweise *Julius Cäsar* und *Macbeth*. John Heminges und Henry Condells, zwei Schauspielerkollegen Shakespeares, veranlassten die Veröffentlichung. In der Widmung wie im Vorwort der Sammlung beklagten sie, dass der Verfasser selbst die Drucklegung nicht habe überwachen können: ein weiterer schlagkräftiger Beweis für den Ursprung der Texte!

Bekannte Stoffe umgedichtet

Nicht zuletzt boten die Stoffe, die Shakespeare verarbeitete, Grund zu wilden Spekulationen, er habe nur kopiert. Doch fast alle Dramatiker benutzten damals vorzugsweise dieselben Vorlagen. So basierte die Tragödie *Romeo und Julia* auf einem Drama des Masuccio von Salerno aus dem 15. Jh., das durch den Dichter Arthur Brooke nach England gelangte. Der wiederum veröffentlichte ein 3000 Verse langes Gedicht über das unglückliche Paar aus Verona.

Auch erfand Shakespeare die Legende von *Hamlet* nicht neu. Es handelte sich dabei um tradiertes skandinavisches Erzählgut, das der dänische Historiker Saxo Grammaticus am Ende des 12. Jh. aufgezeichnet hatte. Nach und nach floss die Überlieferung in eine ganze Reihe von literarischen Texten ein, die Shakespeare ebenfalls genau kannte. Eine Tragödie jüngeren Ursprungs mit dem Titel *Gorboduc* lieferte dagegen die Vorlage für *König Lear*; sie stammte aus dem Jahr 1562.

Soll das heißen, Shakespeare war nicht originell? Keineswegs. Er übernahm lediglich die Rahmenhandlungen und die Themen: Liebe, Tod, Intrigen, Machtgier und Wahnsinn. Es ist aber seine ureigene Leistung, anhand dessen komplexe Charaktere entwickelt und allgemeingültige Konflikte dargestellt zu haben. Genau deshalb schlagen uns seine Dramen heute immer noch in ihren Bann.

Karriere in der Hauptstadt

1588 verließ Shakespeare seine Familie in Stratford-upon-Avon. Als begabter Schauspieler, Autor von populären Dramen und Teilhaber der Schauspielertruppe **Lord Chamberlain's Men** ***wurde ihm in London bald Anerkennung zuteil. Nach dem Tod Königin Elisabeths I. (1533–1603) übernahm König Jakob I. (1566–1625) die Schirmherrschaft über die Truppe, die sich daraufhin in*** **King's Men** ***umbenannte. Ihr gehörte das berühmte*** **Globe Theatre.** ***Nachdem ein Brand das Gebäude zerstört hatte, fanden die Aufführungen im überdachten*** **Blackfriars-Theater** ***statt. Die Akteure traten auch am Hof auf und machten Tourneen durch die Provinz.***

In den öffentlichen Theatern wie hier im rund gebauten Londoner Old Swan spielte man unter freiem Himmel.

Der Rosenkreuzer-Orden

Niemand vermag genau zu sagen, ob die Schriften, die im 17. Jh. zur Gründung dieser Gesellschaft führten, nur eine Satire sein sollten oder aber ernst gemeint waren. Doch ungeachtet dieser Zweifel verbreitete sich die Bruderschaft des Rosenkreuzes von Deutschland ausgehend in ganz Europa und ist auch heute noch lebendig.

Christianus Rosencreutz soll mit drei Gefährten die nach ihm benannte Bruderschaft.gegründet haben.

Die Geschichte nahm im Jahr 1614 in Kassel ihren Anfang, als eine anonyme Schrift veröffentlicht wurde, die *Fama fraternitatis* (Überlieferung der Brüderschaft). Ein Jahr später folgte eine zweite, die *Confessio fraternitatis* (Bekenntnis der Brüderschaft), und 1616 eine dritte, *Die chymische Hochzeit des Christianus Rosencreutz.* In diesen drei Schriften wurden Geschichte, Statuten und Programm einer bislang unbekannten Bruderschaft, „des löblichen Ordens der Rosenkreutzer", dargelegt. Sie priesen in einem Zeitalter religiöser Auseinandersetzungen die Bedeutsamkeit der Spiritualität, die den Menschen vor seinen irdischen Irrtümern retten könne. Die Texte waren unerwartet erfolgreich und erschienen in zahlreichen Ländern. Ganz Europa begeisterte sich für die sagenumwobene Gestalt, die im Mittelpunkt ihrer Lehren stand: Christian Rosenkreuz.

Die Legende des C. R.

Wenn man der *Fama fraternitatis* Glauben schenken darf, wurde Christian Rosenkreuz, von dem zunächst nur die Initialen C. R. bekannt waren, 1378 am Rhein als Sohn adliger, aber verarmter Eltern geboren. Mit vier Jahren gab man ihn in eine Abtei, in der er Griechisch, Latein, Hebräisch und die Magie erlernte. Mit 16 wurde er einem Bruder anvertraut, mit dem er auf Pilgerfahrt ins Heilige Land ging. Aber sein Gefährte starb in Zypern und Rosenkreuz führte seine Reise allein fort, bis ihn eine Krankheit zu einem Aufenthalt in Arabien zwang. Dort wurde er von weisen Männern geheilt, umfassend unterrichtet und in die Geheimwissenschaften eingewiesen. Dann erhielt er den Auftrag, sein Wissen der Christenheit zu übermitteln und eine Geheimgesellschaft zu gründen, die „genug von Gold und Edelsteinen hat und die Monarchen erziehen wird".

Rosenkreuz kehrte daraufhin nach Europa zurück und blieb fünf Jahre in Spanien. Dort suchte er sich drei Gefährten, die ihm Treue schworen und die unter seiner Anleitung die grundlegenden Schriften der Bruderschaft verfassten. Die vier Männer gründeten an einem geheimen Ort den „neuen Tempel des Heiligen Geistes", in dem sie Kranke heilten und Verzweifelte trösteten. Dann rekrutierte Rosenkreuz weitere Anhänger und schuf so allmählich die Bruderschaft, die seinen Namen trug und die in der ganzen Welt missionierte. Einmal im Jahr aber traf man sich im Tempel des Heiligen Geistes.

Um den Mitgliederbestand konstant zu halten, ernannte jeder Rosenkreuzer nach Möglichkeit vor seinem Tod einen Nachfolger. Der Gründer selbst starb angeblich 1484 – also im Alter von 106 Jahren. Sein Grab wurde 1604 entdeckt, 120 Jahre nach seinem Tod, so wie er dies selbst vorhergesagt hatte.

Mit Gottes Hilfe sind Glaube und Wissenschaft in der Weisheit vereint, hier als geflügeltes Wesen dargestellt, das im Innern den Retter der Weltenseele trägt.

Viele Lösungsvorschläge

Obwohl diese Lebensgeschichte sehr gleichnishaft klingt, enthalten die Schriften auch zahlreiche Textstellen, mit deren Hilfe man das Gedankengut der Bruderschaft erfassen kann.

Die *Fama fraternitatis* besteht aus drei Abschnitten. Der erste setzt sich kritisch und teilweise satirisch mit den gesellschaftlichen und geistigen Zuständen der damaligen Zeit auseinander. Er listet zahlreiche Vorschläge auf, mit denen sämtliche Probleme auf den Gebieten der Religion, der Künste und Wissenschaften gelöst werden könnten. Und es wird dort behauptet, dass die Erlösung nur durch eine Religion des Herzens und mystische Begeisterung erfolgen könne. Der zweite Teil wendet sich gegen die Alchemie, dieses „atheistische und verfluchte" Gewerbe, das Gold herstellen will, und der dritte Abschnitt enthält die erwähnte Lebensbeschreibung eines gewissen C. R.

René Descartes widmete der Bruderschaft des Rosenkreuzes ein ganzes Werk.

Die zweite Schrift, die *Confessio fraternitatis,* widmet sich überwiegend den Mysterien der Erschaffung der Welt. Der Papst wird darin als Schlange und Antichrist bezeichnet. In diesem Manifest erfährt man auch, dass die Bruderschaft sich einer Geheimschrift bedient, dass sie der Astrologie große Bedeutung beimisst und dass sie das ptolemäische Weltbild, welches die Erde in den Mittelpunkt des Planetensystems stellt, ablehnt. Und schließlich wird hier auch der vollständige Name des Christian Rosenkreuz enthüllt.

Der letzte Text, *Die chymische Hochzeit,* erschien in Kassel und Straßburg. Er erzählt in Sätzen voller Symbolik von einer entscheidenden Episode im Leben des Christian Rosenkreuz: einer sieben Tage andauernden Erleuchtung, während der der Eremit im Alter von 81 Jahren einen Wechsel von Offenbarungen und Prüfungen durchlebte, die die Tiefe seiner geistigen Erfahrungen begründeten.

Frühe Bestseller

Es wäre eigentlich nicht verwunderlich gewesen, wenn man in den drei Büchern nichts weiter als eine interessante Lektüre gesehen hätte. Aber es kam ganz anders: Der Inhalt der Manifeste fiel auf fruchtbaren Boden und aufgrund ihrer schnellen Verbreitung wurde das Gedankengut der Bruderschaft bald im gesamten von Religionskriegen zerrissenen Europa bekannt.

Das Ausmaß dieses Erfolges hat mehrere Gründe. Viele Menschen fühlten sich von der rätselhaften Persönlichkeit des Christian Rosenkreuz sowie der inneren Unabhängigkeit seines Denkens angezogen. Auch das Programm und die Öffentlichkeitsarbeit der Bruderschaft kamen bei fortschrittlich Gesinnten an; denn die Vereinigung machte bei der Aufnahme ihrer Mitglieder keinerlei Unterschiede nach Rasse, Geschlecht oder gesellschaftlicher Stellung, sondern vertrat die Auffassung, dass sich alle klugen Köpfe der ganzen Welt zusammentun sollten, um das Schicksal der Menschheit zu verbessern und um Erkenntnisse über Gott und die Natur zu gewinnen.

Der holländische Philosoph Spinoza soll ebenfalls den Rosenkreuzern angehört haben.

Diese Ziele entsprachen dem sozialen, geistigen und intellektuellen Streben der literarisch und wissenschaftlich gebildeten Elite und folglich beantragten viele der bedeutendsten Geister jener Zeit in die Bruderschaft aufgenommen zu werden. Zu den bekanntesten Anhängern oder zumindest Sympathisanten der Rosenkreuzer gehören beispielsweise der englische Mathematiker, Physiker und Astronom Sir Isaac Newton (1643–1727), der französische Naturforscher und Philosoph René Descartes (1596–1650) sowie der holländische Philosoph Benedictus (Baruch) Spinoza (1632–77).

Überraschendes Outing

Nach dem Bekanntwerden der drei Schriften und der Etablierung der Bruderschaft wurden die Rosenkreuzer zu einem wichtigen aktuellen Thema, zu dem eine regelrechte Flut von Veröffentlichungen ausbrach. Bis zum Jahr 1717 waren rund 1000 Kommentare, Pamphlete, Thesen und Anmerkungen von mehr als 400 Autoren darüber erschienen.

Unter der Vielzahl der Schriften befand sich eine, die den Schlüssel zur Entstehung der Ro-

Der Kupferstich aus dem 18. Jh. enthält die wichtigsten Symbole des Rosenkreuzes: das Herz und das Kreuz, umgeben von der Blume aus der fruchtbaren Saron-Ebene und der Lilie aus dem Tal; den Schwan und den Phönix; den Stern, in dessen Spitzen die Zeichen der Metalle dargestellt sind; die Vase, die den himmlischen Tau enthält, und das Auge der göttlichen Allwissenheit.

senkreuzer lieferte: ein schon 1617 herausgegebener Text, in dem sich der Verfasser des dritten Manifestes zu erkennen gab. Es handelte sich um Johann Valentin Andreae (1586 bis 1654), einen protestantischen Geistlichen aus Württemberg. Dieser aus einer bekannten Pfarrerfamilie stammende Mann war eine der gebildetsten Persönlichkeiten seiner Zeit. Er hatte eine hervorragende Ausbildung in alten und modernen Sprachen, Mathematik, Geschichte, Geographie, Genealogie und Theologie genossen. Nun stellte er sich als Autor des Werkes *Die chymische Hochzeit des Christianus Rosencreutz* vor und alles deutet darauf hin, dass auch die ersten beiden Manifeste aus seiner Feder stammten, allerdings in Zusammenarbeit mit seinen zwei Freunden Arndt Gerhardt und Christoph Besold. Wahrscheinlich zogen die drei es in den turbulenten Zeiten aus Sicherheitsgründen vor, anonym zu bleiben.

Johann Valentin Andreae legte im frühen 17. Jh. den Grundstein für den Rosenkreuzer-Orden.

Im Zeichen von Kreuz und Rose

Kreuz und Rose sind Symbole mit doppelter Bedeutung. Auf der einen Seite weist das Kreuz als Zeichen der Passion Christi auf den Tod hin, die Rose dagegen signalisiert Schönheit und Leben. Umgekehrt aber versinnbildlicht sie auch die Vergänglichkeit alles Irdischen, während das Kreuz ein Signum für das ewige Leben ist. In diesem Sinn kann man das Rosenkreuz, das aus beiden Zeichen besteht, für ein Symbol der Vereinigung irdischen und ewigen Lebens ansehen.

Andreae, der vom Gedankengut Luthers tief beeindruckt war, hat auch in Anlehnung an Luthers Wappenschild das Signum der Rosenkreuzer entworfen: das Andreaskreuz, umrahmt von vier Rosen.

Ein folgenreiches Spiel

Aber Andreae ließ es nicht dabei bewenden, sich der Öffentlichkeit als Autor zu präsentieren. Er enthüllte in seinem Buch *Menippus* auch, dass er in der *Chymischen Hochzeit* nur ein *ludibrium*, ein Spielwerk, gesehen hatte, dass er damit auf unterhaltsame und spannende Weise die Gesellschaft zu einer Erneuerung anregen wollte, dass also – anders ausgedrückt – die Erfindung des Rosenkreuzes eigentlich nur eine Art intellektueller Spaß gewesen sei.

Da die tatsächliche Wirkung der Bücher jedoch anders ausfiel, hatte dieser ungestüme junge Mann, ohne es zu wollen, eine geistige Bewegung ins Leben gerufen, die sich schnell zu einer Art Selbstläufer entwickelte und nicht mehr aufzuhalten war. Während die ersten Bruderschaften im 17. Jh. zumeist noch Vereinigungen ohne fest gefügtes Regelwerk waren, organisierten sich die aus ihnen hervorgegangenen Gesellschaften bereits sehr gut. Und im 18. Jh. tauchten schließlich immer mehr Gruppierungen auf, die sich unter dem Signum des Rosenkreuzes konstituierten.

Als bekannteste Rosenkreuz-Gesellschaft gilt bis heute die 1710 von dem aus Schlesien stammenden Samuel Richter gegründete Bruderschaft des Ordens der Gold- und Rosenkreuzer. Dieser Geheimbund besaß eine hierarchisch gegliederte Sozialordnung sowie einen Führungsrat und beim Eintritt hatte man sich einigen festgelegten Aufnahmeriten zu unterziehen. Die Mitglieder dieses Ordens trugen bestimmte Schmuckstücke und gaben sich durch Worte, Zeichen und Berührungen zu erkennen, sodass sie bald wie eine besondere Freimaurerloge erschienen. Zu den anderen bekannteren Gesellschaften, die den Idealen des Rosenkreuzes verpflichtet waren, gehörten die Illuminaten oder Erleuchteten von Avignon in Südfrankreich, die sich 1716 zusammenschlossen, und die Illuminaten von Bayern, deren Gründung zwei Jahre später stattfand.

Stanislas de Guaïta gründete Ende des 19. Jh. in Frankreich eine Bruderschaft.

Moderne Neubildungen

Ende des 19. Jh. erlebte die Rosenkreuzer-Bewegung eine neue Blüte. 1888 rief der französische Jurist und Dichter Stanislas de Guaïta (1861–97), ein glühender Anhänger des Okkultismus, in Frankreich zusammen mit dem Romancier Joséphin Péladan (1859–1918) eine Bruderschaft ins Leben. Einige Zeit später trat Péladan jedoch aus, weil ihm die Gruppierung zu antikatholisch war, und gründete ebenfalls unter der Bezeichnung Rosenkreuz eine neue Vereinigung. Diese sollte eine Bruderschaft der Nächstenliebe sein, intellektuell und den Künsten zugewandt. Péladan eröffnete in Paris in einer Galerie einen Rosenkreuz-Salon, der sich zu einem viel besuchten Treffpunkt entwickelte und Einfluss auf das Kunstschaffen nahm.

Auch in diesem Jahrhundert wurden Rosenkreuzer-Orden gegründet, beispielsweise 1915 in Kalifornien die esoterische Gesellschaft AMORC, eine Abkürzung aus dem englischen Begriff *A(ncient) M(ystical) O(rder) of the R(osy) C(ross)*, zu Deutsch: Alter Mystischer Orden vom Rosenkreuz. Diese Vereinigung hat bis in die heutigen Tage Zweigstellen in über 50 Ländern. In Deutschland wirken außerdem noch die Rosenkreuz-Gemeinschaft und die Internationale Schule des Rosenkreuzes.

Zeitlose Botschaft

Auch einige Jahrhunderte nach dem Erscheinen des ersten Manifestes der Rosenkreuzer ist also das Gedankengut dieser Lehre noch erstaunlich lebendig. Das verblüfft umso mehr, als diese Wirkung ja nicht in der Absicht des Verfassers lag. Aber darauf kommt es wohl gar nicht mehr an, denn selbst wenn die Schriften nur als Scherz gedacht waren, so trafen sie doch offensichtlich die gedanklichen Strömungen ihrer Epoche. Mehr noch: Ihre Botschaft von Nächstenliebe, Streben nach Erkenntnis und brüderlichem Zusammenhalt ist zeitlos und spricht auch heute noch zahlreiche Menschen an.

Die Ursprünge der Freimaurerei

Von den politischen Machthabern wurden die freigeistigen Bruderschaften der Freimaurer oft gefürchtet und bisweilen sogar verboten. Auf das normale Publikum jedoch übten sie stets eine starke Faszination aus. Der Hauptgrund für dieses Interesse liegt wahrscheinlich in den geheimnisvollen Riten und den Traditionen, die bis auf die Antike zurückgehen.

Oben: Im Jahr 1723 erschienen die Konstitutionen der Freimaurerei, ein Werk des englischen Pfarrers James Anderson. Sie bildeten die Grundlagen der modernen Form dieser Bruderschaft.

Rechts: In einer feierlichen Zeremonie wird ein Novize in die Loge aufgenommen. Alle Mitglieder sind um das Bild der Loge versammelt, das auf dem Boden dargestellt ist.

Mit dem Begriff Freimaurerei bezeichnet man freigeistige Männerbünde, die Brüderlichkeit, Freundschaft und Toleranz auf ihre Fahnen geschrieben haben. Das Fernziel der Vereinigungen, die es in vielen Ländern gibt, ist die Veredlung der gesamten Menschheit, die damit zu einem Volk von wahren Brüdern werden soll. Jeder Freimaurer muss bei sich selbst mit diesem Streben beginnen und seine Menschenliebe durch Mildtätigkeit und den uneigennützigen Einsatz zum Wohl anderer unter Beweis stellen.

In einem gewissen Gegensatz zu diesem hehren Anliegen stehen die Rituale, die die Bruderschaften pflegen und über die die Mitglieder Stillschweigen bewahren sollen. Manche dieser Riten wirken auf den ersten Blick eher makaber, besitzen jedoch einen hohen Symbolgehalt. Wer beispielsweise in die Gemeinschaft der Freimaurer aufgenommen werden will, muss zuvor symbolisch sterben und sich in seinen Sarg legen, bevor er der Mitgliedschaft für würdig befunden wird. Diese Prozedur soll verdeutlichen, dass der Kandidat sein altes Leben hinter sich gelassen hat und nun ein anderer Mensch geworden ist.

Überhaupt spielen Symbole bei der Freimaurerei eine bedeutende Rolle. Zu den wichtigsten Sinnbildern gehören der Maurerschurz sowie Winkelmaß, Zirkel und Kelle, also Werkzeuge und Gebrauchsgegenstände, die auf die Abstammung der Freimaurerei aus dem Bauhandwerk verweisen. Und tatsächlich lag der Schwerpunkt der Gemeinschaften auch lange auf der Werkmaurerei, bis sie sich mit der Zeit ausschließlich an anderen, humanistischen Zielen orientierten. Dennoch sehen die Anhänger der Bewegung auch im Wirken der modernen Freimaurerei, die man spekulativ nennt, immer noch eine Art Bauarbeit, allerdings seelischer und geistiger Art, bei der sich zu den symbolisch-ständischen Traditionen Idealvorstellungen aus dem ethisch-religiösen Bereich gesellen.

Auf dem Fensterbild der Kathedrale von Bourges in Mittelfrankreich errichten in Kutten gekleidete mittelalterliche Maurer ein sakrales Bauwerk.

Die heilige Kunst der Bauleute

Die Beziehung zwischen Baukunst und Religion reicht bis in die Frühzeit des Menschen zurück, denn die meisten von Baumeistern errichteten Bauwerke wurden zu Ehren der Götter oder des einen Gottes erstellt. Erste nachweislich religiös orientierte Gemeinschaften, die sich der Baukunst widmeten, fand man zunächst im Gebiet des heutigen Syrien, später auch im Römischen Reich. Um 960 v. Chr. schickte Hiram, Herrscher über die phönizische Hafenstadt Tyros am Mittelmeer – der später zum Ahnherrn der Freimaurer ernannt werden sollte –, dem über Israel und Juda regierenden König Salomo erfahrene Arbeitskräfte für den Bau des Tempels und des Palastes nach Jerusalem. Ungefähr 200 Jahre später, um 710 v. Chr., soll der zweite König der römischen Frühzeit, Numa Pompilius, der Sage nach ein Schüler des altgriechischen Philosophen Pythagoras, die Architektenvereinigungen seiner Zeit in so genannten Kollegien zusammengefasst haben. Darin fanden alle Baumeister Aufnahme, die sich auf die Errichtung von Sakralbauten, aber auch von zivilen und militärischen Gebäuden sowie von Hafenanlagen verstanden. In diesen Gemeinschaften gingen Religion und Beruf eine sehr enge Verbindung ein. Dies führte sogar so weit, dass die Baumeister spezielle Standeskulte entwickelten, deren Grundlage die Ausübung ihres Handwerks war.

Diese Vereinigungen breiteten sich gemeinsam mit dem römischen Weltreich rasch aus, bis dann im Jahr 313 von Kaiser Konstantin das

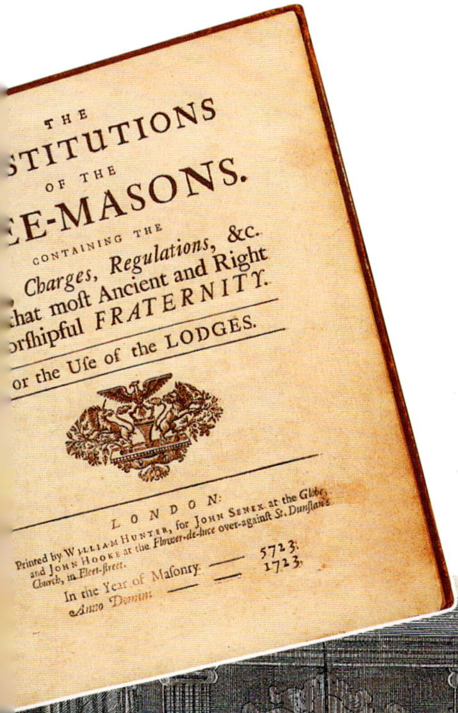

Christentum zur neuen Staatsreligion erklärt wurde. Da die Mitglieder der Kollegien sich nicht dagegen auflehnen wollten, ließen sie sich taufen, behielten aber dennoch ihre alten Bräuche bei.

Die Bauhütten der Kathedralen

Bis zum 7. Jh. gab es nur wenige Hinterlassenschaften der christlichen Baumeister, aber danach zeigte sich deutlich, dass eine neue Sakralbaukunst ihren Siegeszug antrat. Die Geistlichkeit war entschlossen, den Bau von Kirchen voranzutreiben, und sie appellierte an die Handwerker, die sich noch auf die alten Gewerke verstanden und noch Kenntnisse von den Traditionen der römischen Kollegien besaßen. Daraufhin unterrichteten die Baumeister zahlreiche Mönche in der Baukunst, die aber dennoch weiterhin auf die ständige Hilfe weltlicher Steinmetze angewiesen blieben. Diese wiederum erhielten ihren Lebensunterhalt vom Kloster und kleideten sich oft in Kutten. Erneut durchdrangen sich so Religion und Bauwesen.

Mit der Zeit bildeten sich aus den Zusammenschlüssen von Baumeistern Bruderschaften, deren Mitglieder sich zur Wahrung der Berufsgeheimnisse gegenüber den Nichteingeweihten bestimmter Gesten und Zeichen bedienten. Diese Gemeinschaften kamen in den Genuss zahlreicher Privilegien; so waren sie beispielsweise von den mittelalterlichen Zunftzwängen befreit. Deshalb bezeichnete man sie auch als freie Handwerker bzw. speziell als Freimaurer.

In der Ausübung ihres Berufes waren die Bauhandwerker jedoch keineswegs frei. Die Kirche übte bei allen sakralen Bauwerken von der Planung bis zur Durchführung einen allgegenwärtigen Einfluss aus. Die Maurer hatten sich an die vorgeschriebenen Termine, Größenordnungen sowie Vorgaben in der räumlichen Aufteilung zu halten und jedes kleinste Detail eines Ornaments musste nach festgelegten mystischen Zahlenverhältnissen und besonderen geometrischen Regeln angeordnet sein, die einen tiefen Symbolgehalt besaßen und nur den Eingeweihten bekannt waren.

Den mittelalterlichen Freimaurern erschien ihre Tätigkeit deshalb mehr als nur das gewöhnliche Stein auf Stein. Sie fühlten sich auch als Mitarbeiter auf der alles menschliche Maß sprengenden Baustelle des Universums, auf der jeder Einzelne seinen Teil zur Realisierung des Gesamtwerkes beitragen muss. Sie sahen darin eine unaufhörliche Arbeit ohne Anfang oder Ende, die aber stets nach den Vorgaben eines einzigen Planes ausgeführt wurde und die schließlich zu einem großen Werk führen sollte, dem idealen und perfekten Gotteshaus. Von daher stammt auch der traditionelle Brauch, die Arbeit der Ehre des „Großen Baumeisters aller Welten" zu widmen.

Die spekulative Freimaurerei

Ungefähr in der Mitte des 17. Jh. trat ein Wandel in der Freimaurerei ein. Die Bruderschaften nahmen nun auch einflussreiche Fördermitglieder in ihre Reihen auf, die nichts mit dem Bauhandwerk zu tun hatten, sondern deren Anliegen rein spekulativer, also nach Vernunft und Er-

Die Logen

Logen nennt man sowohl den Ort, an dem die Freimaurer zusammenkommen, als auch ihren Verband selbst. Das Wort stammt von dem englischen Begriff* lodge *ab, mit dem man die Bauhütte der mittelalterlichen Bauhandwerker und Steinmetze bezeichnete, die als Werkstatt und Versammlungsraum diente.

Die heilige Barbara wird in einem gotischen Kirchturm gefangen gehalten, an den sich die Bauhütte direkt anschließt. Grisaille von Jan van Eyck

kenntnis strebender Natur waren. Ihre Zahl wuchs allmählich, bis sie schließlich die der Werkmaurer überstieg. Parallel zu dieser Entwicklung begann durch die Wirren der Religionskriege und die damit zusammenhängende geringere kirchliche Bautätigkeit der Niedergang der traditionellen Werkmaurerei. Jedoch verschwand die Einrichtung nicht, denn die Ideale der Baumeister wurden nun durch humanistische Ideale ersetzt, die angereichert waren mit Einflüssen aus der Alchemie und der Welt der Ritterschaft.

Vor allem in England etablierte und organisierte sich die moderne Form der Freimaurerei, die insgesamt spekulative Freimaurerei genannt wird. Am 24. Juni 1717, dem Johannistag, schlossen sich vier Logen der britischen Hauptstadt zusammen und gründeten eine vereinigte Organisation unter der Bezeichnung Großloge von London. Sie wählten einen einzigen Großmeister, dem sämtliche Mitglieder unterstan-

Zahlreiche bedeutende Staatsmänner europäischer Länder waren Freimaurer, so auch der französische Politiker, Diplomat und Bischof Charles Maurice de Talleyrand (1754–1838).

Auf dem Schurz des Großmeisters, der im 18. Jh. getragen wurde, sind die Symbole der Freimaurerei dargestellt, unter anderem Winkelmaß und Tempel.

den. Diese neu geschaffenen Logen besaßen keine ständische Ausrichtung mehr. Sie waren ausschließlich auf das Streben nach seelischen und geistigen Zielen ausgerichtet und das Bauhandwerk hatte für sie nur noch einen symbolischen Charakter.

Im Jahr 1723 erschien eine Art Verfassung der Freimaurerei, die so genannten *Konstitutionen.* Sie wurde von dem englischen Pfarrer James Anderson herausgegeben und enthält auf der Grundlage überlieferter Vorstellungen die Pflichten eines jeden Freimaurers, darunter auch die Anerkennung des „Großen Baumeisters aller Welten". Im Prinzip gelten die dort aufgeführten Regeln heute noch.

Nach der Veröffentlichung von James Andersons *Konstitutionen* erlebte die Freimaurerei einen ungeheuren Aufschwung. Sie galt als eine hoch angesehene Gemeinschaft, die mit ihrem ehrenwerten und intellektuell anspruchsvollen Charakter große Anziehungskraft auf Männer aus den verschiedensten Gesellschaftsschichten ausübte. Vor allem für Angehörige der besseren Kreise gehörte es in der damaligen Zeit geradezu zum guten Ton, Mitglied der Bruderschaft zu sein.

Freimaurerei und Revolution

Innerhalb weniger Jahre breitete sich die spekulative Freimaurerei von England in viele andere Länder aus. Auch in Frankreich fielen ihre Ideen auf fruchtbaren Boden. Schon in den 20er-Jahren des 18. Jh. soll in Dünkirchen die erste Loge nach englischem Vorbild entstanden sein und 1736 wurde die erste französische Großloge gegründet. Es dauerte nicht lange und die Freimaurerei durchdrang nacheinander den Adel, die Armee, das Parlament, den Klerus, das Bürgertum, die Literaten und andere Künstlerkreise sowie die juristische Fachschaft. Vor der Französischen Revolution von 1789 zählte man nicht weniger als 154 Logen in Paris und 322 in der französischen Provinz.

Aber die Revolution sollte der Freimaurerei schwere Rückschläge zufügen, denn viele ihrer Mitglieder endeten unter der Guillotine. Ob die Bruderschaft jedoch tatsächlich, wie lange vermutet, an dem Umsturz beteiligt war, wird heute eher bezweifelt. Im Prinzip verfolgt die Freimaurerei nämlich keine typisch politischen oder gesellschaftlichen Ziele, sondern sieht sich als ein Instrument zur Verbreitung und Verwirklichung liberalen Gedankenguts. Mancherorts brachten sie diese Ideale allerdings in Gegensatz zur Obrigkeit, die den freigeistigen Einfluss auf die Untertanen fürchtete.

Deutsche Verhältnisse

Auch in den deutschsprachigen Ländern gewann die Freimaurerei an Bedeutung. 1735 entstand in Hamburg die erste Loge, der zahlreiche weitere in Preußen und im übrigen Deutschland folgten. In Österreich etablierte sich die Freimaurerei 1742 und in der Schweiz 1736, wo in Genf die erste Loge gegründet wurde.

Während der Zeit des Nationalsozialismus wurde die Freimaurerei in Deutschland und in Österreich verboten, das Vermögen der Bruderschaften konfisziert und viele Mitglieder verhaftet. Nach dem Zweiten Weltkrieg und dem Zusammenbruch des Dritten Reiches gründeten sich die Logen wieder neu und schlossen sich in den 50er-Jahren zu Großlogen zusammen. Entgegen einem weit verbreiteten Vorurteil handelt es sich dabei nicht um Geheimbünde, sondern um – juristisch gesprochen – eingetragene Vereine.

Die Hierarchie der Freimaurer

Unter den Bauhandwerkern des Mittelalters bestand eine strenge Rangordnung, die vom Lehrling über den Gesellen bis zum Meister reichte. Die spekulativen Freimaurer haben diese Einteilung in so genannte Grade übernommen: Auch sie beginnen als Lehrling und können dann zum Gesellen und Meister aufsteigen. Der Führer einer Loge wird von allen Mitgliedern gewählt und trägt den Titel Logenmeister oder Meister vom Stuhl.

Das abenteuerliche Leben des Grafen Cagliostro

Er prahlte mit seinen Fähigkeiten als Alchemist, Hellseher und Heiler. Schon bald nach seiner Ankunft in Frankreich ging er beim Hochadel ein und aus. Erst nach Jahren erkannten die Reichen und Mächtigen, welch gewieftem Ganoven sie auf den Leim gegangen waren. Gleichwohl besaß der Italiener tatsächlich viele Talente. Und er verfügte über einflussreiche Verbindungen …

Kräftige Statur und volle Wangen: Die Erscheinung des Meisters verriet, dass er wohl nicht so asketisch lebte, wie er zu erzählen pflegte.

Ende 1779 ließ sich ein sonderbarer Mann in Straßburg nieder. Sein Name? Alessandro Graf von Cagliostro. Der Italiener behauptete, soeben aus Russland zurückgekehrt zu sein, wo er den Sohn Zarin Katharinas II. behandelt habe. Ein berühmter Arzt also! Und aha, er wandte ganz neue Methoden an: Abführende Kräutertees, Terpentinpillen, Elixiere

Oben: Damen der französischen Gesellschaft befragen Cagliostro nach den Gewinnzahlen der königlichen Lotterie. Er brüstete sich damit, schon häufig richtige Angaben gemacht zu haben.

Rechts: Der Hellseher und Magier versetzte Kinder oder junge Frauen in Trance, um über sie zukünftige Geschehnisse zu erfahren.

und ägyptischen Wein verabreichte er. Nicht nur das – der Meister führte auch spiritistische Sitzungen durch, bei denen er die Hand auflegte und zu Gott und den Engeln betete.

Lag es am Glück oder am Talent des geheimnisvollen adligen Mediziners, dass er bei angesehenen Kranken sofort spektakuläre Heilerfolge erzielte? Zunächst verhalf er einer ungewollt kinderlosen Bankiersgattin doch noch zu Nachwuchs, dann kurierte er das chronische Asthma des politisch einflussreichen Kardinals und Fürstbischofs von Straßburg, Louis René Édouard von Rohan (1734–1803). Seitdem eilte ihm sein Ruf voraus, sogar bis zum Königshof in Versailles.

O Wunder, er ist 300 Jahre alt!

Nach Aussagen von Zeitzeugen wirkte Cagliostro eher klein und ziemlich kräftig, obwohl er vorgab, nie etwas zu essen. Er kleidete sich einfach, trat ansonsten aber nicht gerade bescheiden auf. Lautstark pries er seine vielen Fähigkeiten an, die sich seiner Aussage nach keineswegs auf die Medizin beschränkten.

Aufgrund seiner umfassenden alchemistischen Kenntnisse könne er Edelsteine und Gold herstellen, prahlte er und als Magier besäße er den Schlüssel zur ewigen Jugend. Die Leute glaubten ihm, dass er bereits 300 Jahre alt war, weil er sich angeblich einer nur ihm bekannten Behandlung unterzogen hatte. Zudem betätigte sich das Multitalent als Hellseher. So berichtete der Graf, er habe bei einem Aufenthalt in London mehrmals die Gewinnnummern der Lotterie richtig vorhergesagt. In Straßburg hypnotisierte er Kinder oder junge Frauen, die er als Tauben bezeichnete. Über diese Medien erfuhr er u. a. das Todesdatum Kaiserin Maria

Theresias von Österreich (1717–80) und den Geburtstag des zukünftigen französischen Thronfolgers.

Schon wenige Monate nach seiner Ankunft in Frankreich galt Cagliostro als Berühmtheit und er begann mit seinen Diensten beträchtlichen Reichtum zu erwerben. Nach Stationen in Lyon und Bordeaux lebte er seit Anfang 1785 in Paris, wo ihn Kardinal Rohan aus Dankbarkeit für die Heilung seiner Atemwegsbeschwerden stark protegierte. Adlige, Politiker, Intellektuelle: Alle Großen jener Epoche wollten den begnadeten Italiener sehen.

Jeanne de Valois zettelte die Halsbandaffäre an.

Verhängnisvolle Halsbandaffäre

Cagliostro setzte sich perfekt in Szene, benutzte viele arabische Begriffe, ohne sie zu übersetzen, und sprach von sich selbst immer in der dritten Person. Jemand, der sich so zur Kultfigur stilisiert, löst natürlich zwangsläufig heftige Reaktionen aus. Cagliostro scharte in Paris zahlreiche leidenschaftliche Bewunderer um sich, rief aber auch Kritik, Neid und Widerwillen hervor.

Seine Gegner triumphierten, als 1785/86 seine Verwicklung in die so genannte Halsbandaffäre ans Tageslicht kam. Zusammen mit ihm und anderen Komplizen hatte die Gräfin Jeanne de Valois dafür gesorgt, dass ein Gerücht über die verhasste Königin Marie-Antoinette (1755–93) Verbreitung fand: Diese habe sich durch eine Liebschaft mit Kardinal Rohan ein Diamantkollier verschaffen wollen. Das Komplott wurde aufgedeckt und nur der Kardinal freigesprochen. Die Gräfin de Valois landete im Zuchthaus. Das eigentlich Spannende an dem Prozess: Endlich erfuhr die Öffentlichkeit mehr über die wahre Identität Cagliostros.

Empfohlene Verjüngungskur

Folgende Behandlung riet Cagliostro all denen an, die von ewiger Jugend träumten:

Die Kur sollte bei Vollmond im Mai beginnen und 40 Tage dauern. Während der ersten 16 Tage müsse sich der Patient von leichten Suppen und Keksen ernähren. Am 17. Tag würde man ihn zur Ader lassen und ihm elf weiße Tropfen geben. Für den 32. Tag war ein weiterer Aderlass vorgesehen. Dann gäbe man dem Kurenden eine Universalmedizin, um ihn in tiefen Schlaf zu versetzen. Alsbald begännen die Körper- und Kopfhaare sowie die Zähne nachzuwachsen. Nach einer Reihe von Aromabädern und der Einnahme diverser Schönheitstropfen könne man schließlich komplett wiederhergestellt nach Hause zurückkehren. Der Patient dürfe die Prozedur alle 50 Jahre wiederholen.

Alias Giuseppe Balsamo

Seit der Ankunft in Straßburg kursierten die wildesten Gerüchte über seine Herkunft. Die einen sagten, er sei der Sohn eines jüdischen Portugiesen, der in Brasilien als Minendirektor sein Glück gemacht habe. Manche hielten ihn für den Sprössling eines neapolitanischen Perückenmachers; andere wiederum erzählten, er sei von einem Priester in den Gängen einer ägyptischen Pyramide erzogen worden. Eine weitere Gruppe sah in ihm einen unehelichen Nachfahren Ludwigs XV. (1710–74). Dagegen beharrte Cagliostro darauf, er stamme aus keiner Zeit und keinem Ort.

Die polizeiliche Untersuchung erbrachte dann folgende Informationen: Der Mann, der seinen Mitmenschen solche Rätsel aufgab, hieß in Wirklichkeit Giuseppe Balsamo und war am 8. Juni 1743 als Kind eines christlichen Händlers in Palermo zur Welt gekommen. Ihm sollte eine gute Ausbildung in einem Franziskanerkloster zuteil werden, doch die Mönche schickten ihn wegen schlechten Betragens fort.

Als junger Mann verkaufte Balsamo in mehreren italienischen Städten von ihm gemalte Fälschungen bekannter Kunstwerke. Da man ihn überführte, musste er fortan ständig seinen Wohnsitz und seine Identität wechseln. 1768 heiratete er in Rom Lorenza Feliciani, eine schöne, intelligente und äußerst ehrgeizige Frau, die als seine Komplizin den Namen Serafina annahm. Die beiden reisten nun durch ganz Europa. In keiner Stadt verweilten sie lange, denn überall begannen bald nach ihrem Auftauchen Ermittlungen gegen sie. Die Klagen lauteten auf Diebstahl, Betrug, Scharlatanerie oder sogar Spionage.

Unterstützung von Freimaurerlogen

Wie konnte sich der kriminelle Sizilianer so leicht in den bewunderten Grafen Cagliostro verwandeln? Seine offensichtliche Begabung als Heiler und Fälscher erklärt nicht alles.

Vielleicht halfen ihm Freimaurer. Wir wissen, dass ihn oft kleine Kreise Eingeweihter empfangen haben. In einer Reihe von Ländern wurde er Mitglied, beispielsweise bei der Perfekten Vereinigung in Neapel, den Unauflöslichen in Holland und der englischen Loge L'Espérance. In Lyon und später in Paris gründete Balsamo „Adoptions-Mutterlogen der hohen Ägyptischen Freimaurerei", deren Ritual er vermutlich selbst ersann.

Von daher ergibt sich die Frage, ob er möglicherweise die Vereinigung sämtlicher europäischen Freimaurergruppen unter seinem Vorsitz angestrebt hat. Über die Antwort dürfen wir allerdings lediglich mutmaßen.

Vor dem Inquisitionsgericht

Der Prozess gegen Cagliostro endete mit seiner Freilassung und Ausweisung aus Frankreich. Er siedelte nach Rom über, wo man ihn bald erneut festnahm und jetzt wegen Hexerei, Ketzerei und Freimaurertum vor ein Inquisitionsgericht stellte. Dieses verurteilte den Angeklagten zum Tod, begnadigte ihn aber dann zu lebenslanger Haft. Seine letzten Jahre verbrachte Balsamo im Gefängnis von St. Leo nahe der italienischen Hauptstadt.

Als er 1795 starb, fingen die Leute gleich wieder an zu spekulieren: Wurde er etwa erdrosselt? Konnte er nach Russland oder Amerika fliehen? Oder endete er einfach in geistiger Verwirrung? Bei der Öffnung seines Grabes hat man jedenfalls keinen Leichnam gefunden. So werden wir das Ende von Cagliostros Lebensgeschichte wohl nie erfahren.

Die schöne Lorenza Feliciani war Ehefrau und Komplizin Cagliostros.

Hoch geachtet und viel geschmäht: die Jesuiten

Das Bild, das die Öffentlichkeit lange Zeit von der Gesellschaft Jesu hatte, war zwiespältig; es war sowohl von Bewunderung als auch von Abneigung geprägt. Während die Ordensmitglieder früher vehement gegen üble Nachrede und Missverständnisse ankämpften, ertragen sie heutzutage eventuelle Vorurteile mit Gelassenheit und geben vielleicht sogar zu, dass in manchen Behauptungen zuweilen ein Körnchen Wahrheit steckte.

Die Jesuiten streben nach der Weltherrschaft – diesen Vorwurf machte man dem Orden, der in vielen Ländern der Erde missionierte, häufig.

Wenn man verstehen will, warum sich an den Jesuiten so oft die Geister schieden, muss man die Geschichte dieses jüngsten der großen katholischen Orden kennen. Sie reicht zurück bis in die 20er-Jahre des 16. Jh. Damals diente in Spanien ein junger, aus einer baskischen Adelsfamilie stammender Offizier namens Ignatius von Loyola (1491–1556). Er zeichnete sich durch große Intelligenz, ein feuriges Temperament und ungeheuren Kampfeswillen aus. 1521 wurde er bei der Belagerung von Pamplona durch einen Kanonenschuss schwer am Bein verletzt. Während seiner Genesungszeit las der baskische Edelmann eine Geschichte des Lebens Christi und diese Lektüre sollte sein Leben und die Christenheit verändern.

Schwur auf dem Montmartre

Nachdem er gesundheitlich wiederhergestellt war, ging Ignatius von Loyola auf Pilgerfahrt. Zuerst zog er nach Jerusalem und Rom, dann begab er sich für einige Monate nach Manresa, einem Ort, der in der Nähe der spanischen Wallfahrtsstätte Montserrat liegt. Hier dachte er über sein Verhältnis zu Christus und der Kirche nach und kam zu der Überzeugung, dass er dazu berufen sei, sein Leben der Ehre Gottes zu weihen. Er verfasste ein Exerzitienbuch und begann 1528 ein Studium in Paris, um sich die geistigen Grundlagen zu schaffen, auf denen er seinen Dienst für Gott aufbauen konnte.

Im Jahr 1534 leisteten Ignatius von Loyola und einige seiner Studienkollegen auf dem Montmartre den Schwur, dass sie in Zukunft arm und keusch leben wollten und dass sie nach der Beendigung ihrer Studien nach Palästina aufbrechen würden, um die Ungläubigen zum Christentum zu bekehren. Drei Jahre später wurden sie zu Priestern geweiht.

Da sich die Absicht, im Heiligen Land zu missionieren, jedoch nicht verwirklichen ließ, fasste Ignatius den Plan ins Auge, einen neuen Orden zu gründen. Er ging nach Rom und unterbreitete dem damals amtierenden Papst Paul III. die Absicht, eine Art Hilfstruppe für Gott ins Leben zu rufen, die er Gesellschaft Jesu nannte, auf Lateinisch *Societas Jesu*, abgekürzt SJ. Die wichtigsten Aufgaben der jungen Gemeinschaft sollten die Unterweisung im Glauben und die Seelsorge sein. 1540 wurde die Gesellschaft Jesu vom Papst anerkannt und 1558 in den *Konstitutionen* ihr Ziel genau definiert: „die Verteidigung und Verbreitung des Glaubens".

Papst Paul III. gibt seine Zustimmung, als ihm Ignatius von Loyola den Plan zur Gründung der Gesellschaft Jesu unterbreitet.

Orden ohne Tracht

Der Jesuitenorden hat einige Eigentümlichkeiten, die ihn deutlich von anderen Ordensgemeinschaften abheben. So tragen die Mitglieder der Gesellschaft Jesu keine spezielle Ordenskleidung und sind auch nicht dazu verpflichtet, gemeinsam das Chorgebet zu sprechen – allerdings müssen sie regelmäßig Exerzitien abhalten. Außerdem leben die Jesuiten nicht abgeschlossen hinter Klostermauern, sondern in so genannten Kollegien.

Trotz dieser weniger streng wirkenden äußeren Lebensumstände ist die Gesellschaft Jesu straff organisiert. An ihrer Spitze steht der in Rom residierende Ordensgeneral, der auf Lebenszeit von einem bestimmten Ausschuss, der Generalkongregation, gewählt wird. Die Ausbildungszeit der Jesuiten, die als Novizen in den Orden eintreten, dann Scholastiker und Koadjutoren werden und schließlich die höchste Stufe der Professen erreichen können, dauert bis zu 17 Jahre. Neben den auch in anderen Orden üblichen Gelübden der Keuschheit, Armut und des Gehorsams legen die arrivierten Mitglieder der Gesellschaft Jesu noch ein weiteres Versprechen ab: Sie verpflichten sich zu unbedingtem Gehorsam gegenüber dem Papst.

In den Jahrzehnten und Jahrhunderten nach ihrer Gründung lag das Hauptbetätigungsfeld

Japanische Künstler hielten das Gehabe der Jesuiten, die von den Einheimischen als die Barbaren des Südens bezeichnet wurden, in hervorragenden Skizzen fest.

der Gesellschaft Jesu in der Missionierung der Heiden. Sie gilt als die Trägerin der Gegenreformation, mit der die katholische Kirche auf die Entstehung und Verbreitung des Protestantismus reagierte. Heute liegt ihr Schwerpunkt neben der Mission und der Seelsorge vor allem auf dem Sektor der Erziehung. Jesuitenschulen galten nach wie vor als eine Kaderschmiede der geistigen Elite. Auch in der Wissenschaft nehmen Jesuiten oft einen hohen Rang ein. Zu den bekanntesten Ordensmitgliedern, die internationalen Ruf genossen, zählten der Sozialwissenschaftler Oswald von Nell-Breuning (1890–1991) und der Paläontologe Marie-Joseph Pierre Teilhard de Chardin (1881–1955).

Weit reichende Einflüsse

Einige sprachliche Ausdrücke, die vom Wort Jesuit abstammen oder sich aus diesem Wort und einem anderen Begriff zusammensetzen, dokumentieren den Einfluss des Ordens in den verschiedensten Lebensbereichen. So gibt es z. B. den Jesuitenstil. Man versteht darunter die barocke Bauweise, in der nach der Missionierung viele Kirchen in Südamerika errichtet wurden. Das Jesuitentheater oder Jesuitendrama ist eine Art Lehrstück, das die Schüler in den Jesuitenschulen aufführten. Meist handelte es sich um eine Heiligenlegende, die mit Musikuntermalung und aufwändigen Kulissen in Szene gesetzt wurde. Und nicht zuletzt bezeichnet man das Verhalten eines Menschen als jesuitisch, wenn es von dem Motto „Der Zweck heiligt die Mittel" geprägt ist.

Schwierige Untertanen

Als Beichtväter und Berater an Königs- und Fürstenhöfen übten die Jesuiten lange Zeit großen politischen Einfluss aus. Sie wurden deshalb häufig angefeindet, wobei man ihnen vor allem Machthunger und allzu große Anpassungsfähigkeit vorwarf. Außerdem waren die Herrschenden nicht immer damit zufrieden, wie die Ordensmitglieder bei der Missionierung in den Kolonien vorgingen, und man nahm daran Anstoß, dass sie die Gedanken der Aufklärung verdammten und sich notwendigen Reformen entgegenstellten. Manche bezichtigten sie sogar, Verschwörungen angezettelt zu haben, um gesellschaftliche Veränderungen zu verhindern.

Auch innerhalb der Kirche hatten die Jesuiten keineswegs nur Freunde. Katholische Laien, Bischöfe und manche Päpste waren der Auffassung, sie kümmerten sich zu viel um weltliche, sprich finanzielle Geschäfte und schürten Hass unter den Menschen. So wurde immer wieder lautstark nach einer Reform des Ordens verlangt. Im Jahr 1773 schließlich ging der damals amtierende Papst Clemens XIV., „durch die Pflicht getrieben, die Eintracht der Kirche zurückzuführen", sogar noch weiter und hob den Jesuitenorden auf. 41 Jahre später wurde die Gesellschaft Jesu allerdings durch Papst Pius VII. wieder zugelassen.

In Preußen setzte sich zwar das päpstliche Jesuitenverbot des 18. Jh. nicht durch, doch waren die Mitglieder der Gesellschaft Jesu auch dort nicht wohlgelitten. Rund 100 Jahre später, 1872, erließ Reichskanzler Bismarck, der den Einfluss des Katholizismus in Deutschland auszuschalten versuchte, unter anderen das so genannte Jesuitengesetz, das den Orden im Reichsgebiet verbot und die Patres zur Auswanderung zwang. Erst zu Beginn des 20. Jh. wurde es wieder aufgehoben.

Konfrontationskurs in Frankreich

In unserem Nachbarstaat Frankreich hatten die Mitglieder der Gesellschaft Jesu einen besonders schweren Stand. Schon vor dem Verdikt des Papstes wurde der Orden dort verboten und die Intellektuellen des Landes überschütteten ihn mit Hohn und Spott.

Die Schwierigkeiten zwischen Jesuiten und Franzosen begannen schon sehr früh. Dem Ordensgründer Ignatius von Loyola, den man auch den schwarzen Papst nannte, wurden Eroberungsgelüste vorgeworfen und man beschuldigte ihn des Plagiats: Er habe die *Geistlichen Exerzitien* nicht selbst verfasst.

Auf viel Beifall trafen auch Zitate aus protestantischen Schriften, in denen die Jesuiten als Hexer und Giftmischer verunglimpft wurden: „Als Kreaturen des Teufels, von der Hölle ausgespuckt, um die Jugend zu vergiften ... müsste man sie verjagen, besser noch, sie als wahre Hexen, die sie sind, verbrennen, weil sie in ihren vermaledeiten Kollegien die Kunst der Giftmischerei und sämtliche okkulte Wissenschaften lehren."

Vier Jesuiten mit krallenbewehrten Füßen versuchen das Licht großer Denker und Gelehrter aus der Vergangenheit auszulöschen, während andere damit beschäftigt sind, Bücher und Schriften zu verbrennen.

Als besonders verdächtig erschien den Franzosen stets der unbedingte Gehorsam der Jesuiten gegenüber dem Papst. Eine solche Haltung

Interessiert lesen einige Bürger das Dekret vom August 1762, in dem das Parlament von Paris die Gesellschaft Jesu verbietet.

war ihrer Ansicht nach unannehmbar, denn sie bedrohte die Rechte des Königreiches. Und als besondere Unverschämtheit galt die Tatsache, dass die Jesuiten Kindern kostenlos Unterricht gewährten, denn so könnten sie schon in den Köpfen der Kleinsten die böse Saat ihrer schlechten Gedanken ausstreuen.

Sehr verbreitet war auch die Beschuldigung der Verschwörung. So hätten zu Anfang des 17. Jh. die Jesuiten angeblich die Feinde König Heinrichs IV. mit Waffen versorgt und in England die Katholiken zum Sturz von König Jakob I. angestiftet. Und manche französischen Juristen äußerten sogar den Verdacht, dass die Jesuiten in ein Komplott verwickelt wären, dessen Ziel es sei, ganz Europa und Westindien in Unruhen zu stürzen, damit diese Gebiete dann unter die Gewalt der Gesellschaft Jesu kämen.

Jansenisten gegen Jesuiten

Besonders scharfe Attacken mussten die Jesuiten vonseiten der Jansenisten hinnehmen. So bezeichnet man die Anhänger einer kirchlichen Bewegung, die auf den Lehren des Yperner Bischofs Cornelius Jansen (1585–1638) basierte. Dieser vertrat die Überzeugung, dass der menschliche Wille völlig unfrei und in irdischen Begierden gefangen sei. Nur durch die Gnade könne er befreit werden. Jansen predigte eine gottesfürchtige Frömmigkeit und eine absolute Moral, die im Gegensatz zur relativierenden Auffassung der Jesuiten stand, die bei der Sorge um das Wohl einer ihnen anvertrauten Seele immer auch die Umstände mit berücksichtigten.

Der Jansenismus fand vor allem in Frankreich, Belgien und den Niederlanden großen Anklang. Berühmte Geister zählten zu seinen Anhängern und damit zu den Gegnern der Jesuiten. 1656 beispielsweise prangerte der Mathematiker und Physiker Blaise Pascal in den *Provinzialbriefen* die seiner Meinung nach zu liberale Morallehre der Jesuiten an. In geistreichen Sätzen warf er ihnen vor, dass sie ein falsches Menschenbild hätten. Er nahm in seinen Ausführungen einige Gedanken der Aufklärung schon vorweg und fügte den Jesuiten einen empfindlichen Schlag zu.

Eine weitere Niederlage musste der Orden im so genannten Ritenstreit hinnehmen. Die Jesuiten vertraten die Auffassung, dass die Missionare sich bei der Bekehrung der Heiden weitgehend den sittlichen Vorstellungen und Gewohnheiten der Eingeborenen, etwa der Ahnenverehrung, anpassen müssten. Päpstliche Kardinäle gingen aber z. B. in Ostasien genau entgegengesetzt vor und verboten die Bräuche der Einheimischen.1742 schließlich wurden die Jesuiten dazu verurteilt, ihre Haltung zu ändern und bei der Missionierung ebenfalls darauf zu drängen, dass die Eingeborenen ihre angestammten Überlieferungen aufgaben.

Eine finanzielle Affäre

Mitte des 18. Jh. bot sich in Frankreich dann der Obrigkeit eine Gelegenheit, den Jesuitenorden öffentlich vorzuführen. Im Jahr 1760 machte ein Handelshaus, das mit dem in Martinique tätigen Pater Lavalette in enger Verbindung stand, Bankrott und der Orden weigerte sich, die Schulden zu zahlen. Die Geschädigten suchten deshalb bei der Justiz Hilfe und die Gesellschaft Jesu wurde dazu verurteilt, alle Verbindlichkeiten Lavalettes zu übernehmen.

Das Parlament von Paris, das durch diese Gerichtsverhandlung die Gelegenheit zur Einmischung erhielt, verlangte darüber hinaus, dass ihm die Verfassung der Jesuiten vorgelegt wurde. Nach eingehender Prüfung äußerte die Institution generelle Zweifel daran, ob die Gesellschaft überhaupt das Recht hätte, in Frankreich zu existieren. Das Ende dieser Affäre war, dass die Jesuiten am 6. August 1762 „auf immer" aus Frankreich vertrieben wurden. Sie kehrten allerdings, wie in viele andere Länder auch, im Jahr 1814 wieder zurück.

Die ehrwürdigen Väter

Schwarze Männer,
wo kommt ihr her?
Wir kommen aus der Tiefe, sind halb Fuchs, halb Wolf.
Wir sind die Söhne von Loyola.
Vielleicht wisst ihr, warum man uns fortjagte.
Doch wir werden wiederkommen;
denkt daran zu schweigen und dass eure Kinder unsere Lektionen lernen.
Denn wir sind es, die den hübschen Kleinen immer wieder den Hintern versohlen.
Von einem bestimmten Palast aus führen wir unsere Angriffe,
um Paris einzunehmen.
Und dann werden wir
den hübschen Kleinen erneut immer wieder den Hintern versohlen.

(Pierre-Jean de Béranger, 1834)

Französische Schriftsteller wie Pierre-Jean de Béranger und liberale Zeitschriften nahmen in Satiren und Karikaturen die Jesuiten aufs Korn.

DIE BESTIE VON GÉVAUDAN

In den Mythen nahezu aller Völker kommen ähnliche Gestalten vor: Fabelwesen mit teils menschlichen, teils tierischen Zügen, riesige, alles verschlingende Ungeheuer oder Menschen, die sich unter bestimmten Umständen in Tiere verwandeln können. Manche dieser märchenhaften Lebewesen existierten aber nicht nur in grauer Vorzeit, sondern sind auch in der jüngeren Vergangenheit in Erscheinung getreten. Die Bestie von Gévaudan gehört dazu.

Schauplatz der Begebenheit ist Frankreich, genauer gesagt: der Südosten der Auvergne. Dort, in der historischen Region Gévaudan, nahe dem Bergland der Margeride, sah sich im Sommer des Jahres 1764 eine Bäuerin, die ihre Kühe weidete, plötzlich einem riesigen Ungeheuer gegenüber. Die Bestie wollte die Frau töten, aber diese kam mit heiler Haut davon, weil sich ihre Kühe schützend um sie stellten. Andere Menschen, die später auf das Monster trafen, hatten nicht so viel Glück, sie wurden verwundet oder mussten sogar ihr Leben lassen. Bei seinen Raubzügen schien das Ungeheuer leicht zu erlegende Beute zu bevorzugen, denn meist fielen ihm Frauen und Kinder zum Opfer. Insgesamt war seine Bilanz äußerst blutig: In den drei Jahren, in denen es sein Unwesen trieb, tötete es über 100 Menschen und verletzte rund 30.

Glücklose Jagd

Die verängstigten Bewohner der Gegend, hauptsächlich Bauern und Hirten, versuchten das Untier unschädlich zu machen, aber es gelang ihnen nicht. Fast immer, wenn sie es aufgetrieben hatten, suchte es mit bis zu 9 m langen Sprüngen das Weite und die wenigen Male, wo sie es stellen konnten, versagten die Flinten. König Ludwig XV. sandte Hilfe, aber selbst seine Soldaten, die zusammen mit den Einheimischen eine Streitmacht von immerhin gut 20 000 Mann bildeten, hatten kein Jagdglück. Zwar brachten sie so manches Tier zur Strecke, doch das Monster war nicht darunter. Sogar der erste Jäger des Königs, Antoine de Beauterne, musste unverrichteter Dinge wieder abziehen.

Schließlich gelang es im Juni 1767 einem Bewohner der Region, einem gewissen Jean Chastel, die Bestie zu bezwingen. Er ging besonnen und unerschrocken ans Werk, nahm sein Gewehr und sein Gebetbuch und stieg auf den Berg Mouchet. Als sich das Monster einstellte, las er, wie man sich erzählt, erst noch die angefangene Seite fertig, bevor er seine Feuerwaffe in Anschlag brachte und schoss. Endlich fand so der Spuk ein Ende.

Die Erleichterung der Menschen im Gévaudan, ja in ganz Frankreich war danach grenzenlos. Der Kadaver wurde einbalsamiert und von Stadt zu Stadt gebracht, wo man ihn gegen einen Obolus anschauen konnte. Auch der König wollte die legendäre Bestie von Gévaudan sehen und verfügte, dass man sie nach Versailles transportieren solle. Jean Chastel persönlich begleitete seine Trophäe an den Hof. Da in der Zwischenzeit aber schon viele Tage vergangen waren und man die Überreste des Tieres offenbar nicht gründlich präpariert hatte, fand sich, als man die Kiste in Versailles öffnete, nur noch stinkendes Aas. Der König befahl deshalb, den Kadaver auf der Stelle zu verscharren, und weigerte sich in seiner Verärgerung Chastel die ihm eigentlich zustehende Belohnung zu zahlen.

Die Bestie von Gévaudan, ein Untier mit kräftigen Klauen und einem Riesenmaul, fiel bevorzugt Frauen und Kinder an.

Furcht einflößendes Aussehen

In der Presse der damaligen Zeit war das Ungeheuer von Gévaudan ein besonders beliebtes Thema. Zeitungsartikel und Broschüren, die Berichte von Augenzeugen veröffentlichten, erschienen zu Tausenden. Den zahlreichen Aussagen zufolge und auch den Wunden nach zu schließen, die den Opfern zugefügt worden waren, hatte das Raubtier tatsächlich etwas Furchterregendes an sich. Es war weitaus größer als ein Wolf und hatte eher den Umfang und das Gewicht einer Kuh. Der riesige Kopf besaß breite rötlich gefärbte Kiefer, die spitz zuliefen. Wenn das schreckliche Maul mit den riesigen Zähnen geöffnet war, klaffte ein Rachen von knapp 0,5 m Weite. Die Ohren der Bestie erschienen eher klein, das Fell war hellgrau und an der Brust weiß, ziemlich kurz und mit einer schwarzen Zeichnung entlang dem Rückgrat. Mit den großen, krallenbewehrten Klauen konnte das Monster kräftig zupacken und sein Schweif war so lang wie der eines Wolfes oder eines Pferdes.

Das Untier war sehr flink; man beobachtete es manchmal am selben Tag an mehreren, weit auseinander liegenden Orten. Auf der Jagd bewegte es sich, wie einige Zeugen berichteten, schleichend mit dem Bauch am Boden fort, so als ob es kriechen würde. Wenn es ein Beutetier oder einen Menschen ausfindig gemacht hatte, sprang es ihm von hinten auf den Rücken wie eine Katze. Danach ging es ihm an die Kehle und verschlang dann Herz und Lungen. Auch die Kraft der Bestie war geradezu Furcht einflößend. Ein Schäfer behauptete, sie sei fähig gewesen sich auf die Hinterbeine zu stellen und dabei ein Schaf hochzuheben. Die Hunde, so hieß es, flohen vor ihr und nur ein Stier konnte ihr Widerstand leisten.

Noch heute erzählt man sich im friedlichen Bergland der Margeride Schauergeschichten über das Ungeheuer von Gévaudan.

Widersprüchliche Hypothesen

Die Angst, die das Ungeheuer von Gévaudan um sich verbreitete, lähmte die Menschen der gesamten Region und sie wurde noch dadurch gesteigert, dass niemand in der Lage war, die genaue Natur des schrecklichen Wesens zu erklären. Nur über eines waren sich die meisten Augenzeugen einig: Um einen Wolf konnte es sich wohl nicht gehandelt haben, denn diese Raubtiere kamen im Gévaudan häufig vor und man kannte sie.

Stattdessen mutmaßten manche Leute, das Untier sei eine riesige Hyäne gewesen, vielleicht aber auch ein Affe, ein Bär oder eine Kreuzung aus Löwe und Tiger. Andere wiederum wollten die Möglichkeit nicht ausschließen, dass es sich um ein Teufelswerk, eine Ausgeburt der Hölle, gehandelt haben könnte.

Der Umstand, dass die Bestie fähig war, sich auf die Hinterbeine zu stellen, also sozusagen aufrecht gehen konnte, gab einigen Menschen besonders zu denken. Sie befürchteten, dass das Untier ein Werwolf war, der das Land unsicher machte. Nicht wenige schlossen sich in ihrer Ratlosigkeit dieser Meinung an und witterten hinter den Geschehnissen das Werk von Geistern und Gespenstern, zumal die Kühe, wie man sich erzählte, den Platz mieden, an dem das Ungeheuer schließlich sein Leben ausgehaucht hatte.

Bis zum heutigen Tag ist nicht geklärt, was es genau mit der Bestie von Gévaudan auf sich hatte. War sie in Wirklichkeit doch nur ein besonders großer Wolf oder steckte dahinter womöglich, wie jetzt manchmal vermutet wird, ein Kriminalfall? Einige Leute halten es nämlich auch für denkbar, dass wenigstens ein Teil der Gräueltaten auf das Konto eines Menschen geht, der, in einen Wolfspelz gehüllt, zahlreiche Morde beging.

Griechische Miniatur mit der Darstellung eines Werwolfes aus dem 16. Jh.

Der Werwolf

Als Werwolf (von althochdeutsch wer = Mann) bezeichnet man einen Menschen, der sich nachts in einen Wolf verwandelt und sein Unwesen treibt. Der Sage nach trinkt der Betreffende bei Vollmond einen bestimmten Kräutersud, murmelt einige beschwörende Sprüche und dann wachsen ihm ein Wolfsschädel und ein Wolfsfell und ihn überkommt der unwiderstehliche Drang zu töten. Da am nächsten Morgen der ganze Spuk wieder vorbei ist, wird nur selten bekannt, welche Person hinter einem Werwolf steckt.

Wodurch starb Napoleon?

Obwohl man bei der Obduktion Magenkrebs feststellte, geisterte lange Zeit die Behauptung umher, eine Arsenvergiftung habe den Tod des französischen Kaisers herbeigeführt.

Bevor er am 5. Mai 1821 verschied, verbrachte Napoleon (geb. 1769) fünf Jahre als Internierter der Briten an einem einsamen Verbannungsort auf der kleinen Insel St. Helena im Südatlantik. Der ehemalige Kaiser der Franzosen litt stark unter der voranschreitenden Verschlechterung seines Gesundheitszustands.

Einen Tag nach Todeseintritt obduzierte der korsische Arzt Dr. Antommarchi, der Bonaparte seit September 1819 behandelt hatte, den Leichnam. Dabei waren fünf englische Kollegen anwesend. Antommarchi schien die Diagnose eindeutig: Magenkrebs.

Doch andere hegten bald Zweifel an dem Befund. Sogar bis vor einigen Jahren hielt sich das Gerücht, der Kaiser sei in Wirklichkeit mit Arsen vergiftet worden.

Überzeugen die Argumente?

Da gibt es einen Bericht des ersten Arztes von Bonaparte, eines Iren namens Dr. O'Meara. In seinen Aufzeichnungen von Ende 1817 konstatierte er, dass löchriges Zahnfleisch, Schlafstörungen, geschwollene Beine, Migräneanfälle sowie Hitzewallungen den Patienten quälten. O'Meara schlussfolgerte, Napoleon leide wegen Fehlernährung an leichtem Skorbut.

Ein Wissenschaftler unserer Zeit, René Maury, sah in dieser Beschreibung dagegen alle Symptome einer Arsenvergiftung, die man Anfang des 19. Jh. noch nicht kannte. Dummes Geschwätz, erwiderten die Gerichtsmediziner und verwiesen auf das hieb- und stichfeste Obduktionsgutachten.

Maurys zweites Argument: Als der Leichnam des Ex-Herrschers 1840 nach Frankreich überführt wurde, fand man im Sarg eine unversehrte Leiche. Arsen wirkt konservierend! Dagegen lässt sich wiederum leicht einwenden, dass Klimaverhältnisse wie die auf St. Helena den Verwesungsprozess ganz genauso verlangsamen. Der Tote lag zudem im innersten von vier ineinander verschachtelten Särgen, also einer luftdichten Umhüllung.

Wer sollten denn eigentlich die Mörder gewesen sein? Zu den Kandidaten zählen beispielsweise ein Agent der Bourbonen, die ja 1814 wieder auf den Thron gelangten, und eine Reihe englischer Ärzte. Diese hätten auf Betreiben des übereifrigen Inselgouverneurs gehandelt, lautet eine These. Maury indes meinte, im Grafen de Montholon den richtigen Verdächtigen zu entdecken. Der kümmerte sich um den Haushalt des Exilhofstaats, wobei er auch Wein aus Südafrika besorgte. Ohne aufzufallen hätte er dem Alkohol Gift beimengen können. Sein Motiv? Bonapartes Testament bedachte ihn mit einem Millionenbetrag.

Untersuchungen von Haarproben Napoleons am Nuklearmedizinischen Institut von Toronto widerlegten die Arsentheorie bereits Anfang der 60er-Jahre. Dennoch ließ Maury die Analyse Ende 1994 in Grenoble wiederholen. Zwar identifizierte man Spuren von Arsen, doch in geringer Menge. Das Gift konnte ebenso gut aus Nahrungsmitteln oder Mineralwasser stammen.

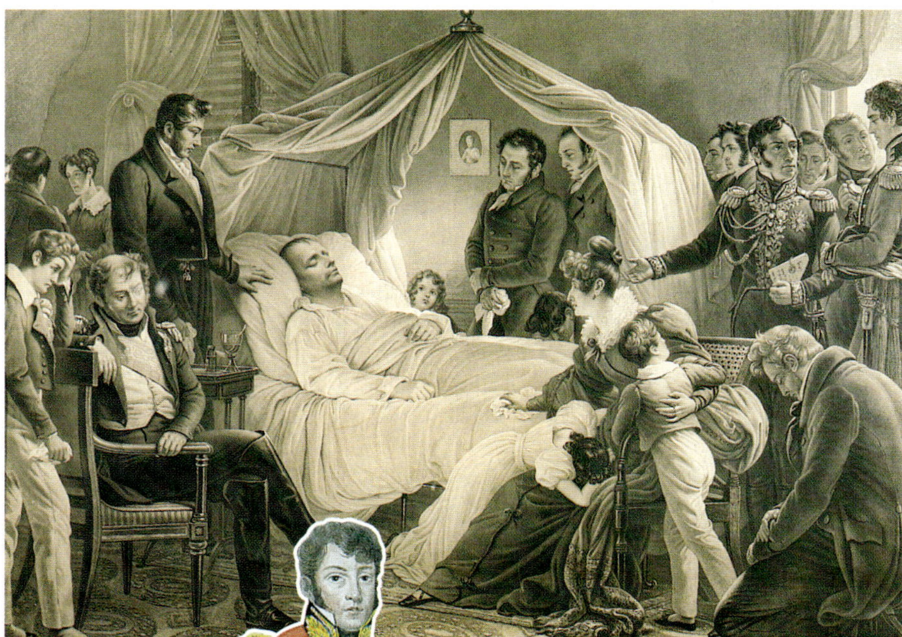

Oben: Am 5. Mai 1821 starb Napoleon auf der Atlantikinsel St. Helena. Unter anderem verdächtigte man zeitweilig den Grafen de Montholon (links), den Kaiser ermordet zu haben.

Schuldzuweisung

Heute beschäftigt die Historiker ein anderes Thema: die Bewertung der Todesursache. Engländer und Franzosen wiesen sich hierbei nämlich gegenseitig die Schuld zu. Antommarchi diagnostizierte außer dem Krebs eine Vergrößerung und Entzündung der Leber sowie tuberkulöse Kavernen an der Lunge. Daraus schlossen die Franzosen, Klima und Lebensumstände auf der Insel hätten das Ende des Herrschers bewirkt. Einige behaupteten sogar, die Briten hätten den Tod des Monarchen bewusst durch die Internierung auf dem unwirtlichen Eiland herbeigeführt.

Die Beschuldigten entgegneten wiederum, der Bericht des Leibarztes sei nachträglich manipuliert worden. Sie beriefen sich darauf, dass Magenkrebs ein verbreitetes Leiden in Napoleons Familie war und sein Tod deshalb keinesfalls mit den unhygienischen Bedingungen der Gefangenschaft zusammenhing.

Es ging bei dem Streit also gar nicht um die Person des Kaisers. Vielmehr legten die gegnerischen Mächte die medizinischen Befunde für politische Zwecke jeweils unterschiedlich aus.

Die Gesellschaft der Carbonari

Der Geheimbund der Carbonari spielte im 19. Jh. eine wichtige Rolle bei der nationalen Einigung Italiens. Dem exklusiven Kreis, dessen Ursprünge im Dunkeln liegen, standen einige der bedeutendsten Staatsmänner der Apenninenhalbinsel nahe.

Eine knifflige geschichtliche Quizfrage könnte folgendermaßen lauten: Welche Verbindung besteht zwischen deutschen Köhlern aus dem 18. Jh., die ihre alten Traditionen hochhielten, französischen Adligen und Bürgern, die um das Jahr 1750 als Bauern verkleidet die Freuden des ländlichen Lebens genossen, und italienischen Freiheitskämpfern, die sich seit Anfang des 19. Jh. für die politische Einheit der Apenninenhalbinsel einsetzten? Der Zusammenhang zwischen diesen drei Menschengruppen ist keineswegs offenkundig, sondern vielmehr geheimer Natur: Die Franzosen mit dem Hang zum Landleben und die italienischen Freiheitshelden waren Mitglieder eines Geheimbundes, der seine Rituale aus dem Arbeitsalltag der deutschen Köhler bezog. Entsprechend lautete auch ihr Name, nämlich Carbonari, was so viel wie Köhler bedeutet.

Joachim Murat, ein Schwager Napoleons und König von Neapel, hatte den Ehrgeiz Herrscher des vereinigten Italien zu werden.

Die Organisation des Geheimbundes

Ursprünglich handelte es sich bei den Carbonari um die Mitglieder einer alten Zunftbewegung, die wahrscheinlich im Mittelalter zeitgleich mit der Freimaurerei entstanden war. Während die Rituale der Freimaurer den Vorgang der Steinbearbeitung zur zeremoniellen Grundlage hatten, beruhten die Bräuche der Carbonari, zu denen früher neben den Köhlern auch die Waldarbeiter, Zimmerleute und Schreiner gehörten, auf der Holzbearbeitung. So wurden beispielsweise einige Mitglieder, die wichtige Funktionen innehatten, nach Bäumen benannt, etwa „Bruder Eiche" oder „Bruder Ulme"; ihr Versammlungstisch hieß Hackklotz und ihre Stühle Reisigbündel. Die Bundesgenossen trugen rote Lederschürzen und umgaben sich bei ihren regelmäßigen Treffen mit zahlreichen Gegenständen, denen sie einen bestimmten Symbolgehalt zuwiesen: Äxten, Sägen, Holzscheiten in verschiedenen Längen und Kränzen aus Eichenlaub.

Freiheitskämpfer in Italien

Warum sich dieser Männerbund zu einer Geheimgesellschaft mit starker politischer Ausprägung wandelte, wurde nie ganz geklärt. Fest steht aber, wann und wo das geschah, nämlich zwischen 1807 und 1812 in Süditalien. Damals trat ein gewisser Marghella, Polizeiminister des Königreiches von Neapel und Sizilien, als Gönner der Carbonari in Erscheinung. Dieser Mann, dessen oberster Dienstherr König Joachim I., ein Schwager Napoleons, war, strebte das politische Ziel an, Italien unter einer konstitutionellen Monarchie zu einen. Er gewann den Geheimbund für seine Pläne und vermutlich verwandelte sich dieser dadurch allmählich in eine straff militärisch organisierte Vereinigung, deren Mitglieder bewaffnet waren und mit der Zeit großen politischen Einfluss ausübten. Viele Historiker sind davon überzeugt, dass die Carbonari an fast allen Unruhen beteiligt waren, die das Königreich Neapel bis 1835 erschütterten. Zwar wurden die Freiheitsbestrebungen um 1850 noch niedergeschlagen, aber die Bewegung überlebte. Ihre Ideen verbreiteten sich über die gesamte Halbinsel und zu ihren Sympathisanten zählten Männer wie Camillo Cavour und Giuseppe Garibaldi, allesamt Kämpfer für die italienische Einheit.

Republikaner in Frankreich

Auch in Frankreich entwickelten sich die Carbonari zu einer politisch tätigen Vereinigung, nachdem sie zuvor mehr groben Späßen und ländlichen Genüssen zugetan waren. Während sie in Italien jedoch für die konstitutionelle Monarchie eintraten, machten sie sich in Frankreich ungefähr ab 1820 für die Einsetzung einer Republik stark. Zwar ist ihre Mitwirkung an den Revolutionen von 1830 und 1848 nicht nachgewiesen, aber man weiß, dass sie dem späteren Napoleon III. dabei halfen, Präsident der Republik zu werden. Allerdings wandten sie sich wieder von ihm ab, nachdem er sich zum Kaiser erhoben hatte. Wie in Italien verschwand schließlich auch in Frankreich aus noch nicht ganz geklärten Gründen die Bewegung der Carbonari um 1870 von der politischen Bildfläche.

Giuseppe Garibaldi, der mit seinen Soldaten für die Einigung Italiens kämpfte, wurde vom Volk fast wie ein Heiliger verehrt.

DAILY NEWS
ROLL 'EM
Max starts presses as News gets bigger & better than ever!
DAILY NEWS
ROLL 'EM

LA ESTERINA

CEREMONY OPENING
MASTER OF CEREMONY
DR. BO HI PAK

Mysteriöse Vorkommnisse unserer Zeit

Um ungelöste Rätsel aufzuspüren, müssen wir nicht erst in die Vergangenheit reisen, wir treffen jeden Tag auf sie, wenn wir die Zeitung aufschlagen: merkwürdige Todesfälle von Persönlichkeiten, die noch vor kurzem Schlagzeilen machten, Verbrechen, die nie aufgeklärt wurden, geheime Mächte, die unsere Gesellschaft unterwandern. So fragt man sich beispielsweise angesichts einer immer größeren Bedrohung durch das organisierte Verbrechen, welche Personen hinter diesen Vereinigungen stecken, wie sie es schaffen, sich ständig dem Zugriff des Gesetzes zu entziehen, und wer ihnen dabei hilft. Was veranlasst Menschen, sich in die Hände von Sekten zu begeben? Wie weit reicht der Einfluss dieser religiösen Bewegungen bereits und können sie uns gefährlich werden? Letztendlich ist es jedoch außerordentlich schwierig, Licht in die mysteriösen Umtriebe dubioser Personen und Geheimgesellschaften zu bringen.

UNGEKLÄRTE TODESFÄLLE

Frankreich: Ohne offensichtlichen Grund fiel der ehemalige Minister Joseph Fontanet einem Anschlag zum Opfer. Amerika: Nie fand man die Leiche des Gewerkschaftsführers Jimmy Hoffa. Hatte die Mafia etwas mit seinem Verschwinden zu tun? Großbritannien: Nach der Obduktion von Robert Maxwells Leiche schlossen die Ermittler auf Selbstmord. Doch der Verlagsmagnat war vermutlich in internationale Geheimdienstaffären verwickelt …

Absicht oder Zufall?

„Man hat von einem Auto aus auf mich geschossen!" Das waren Joseph Fontanets letzte Worte. Eine Kugel hatte ihn niedergestreckt, als er in der Nacht des 1. Februar 1980 vor seinem Wohnhaus im 16. Pariser Arrondissement aus dem Wagen steigen wollte. Der Schuss auf den früheren Minister – er diente unter den Premiers Charles de Gaulle, Georges Pompidou und Valéry Giscard d'Estaing – kam aus einer so genannten 11.43. Genau diese Waffe ist in der Unterwelt weit verbreitet. Zunächst verdächtigten die Ermittler deshalb eine berüchtigte Bande, die am Vorabend des Mordes willkürlich Passanten aufs Korn genommen hatte. Jedoch entlastete eine ballistische Untersuchung die Schießwütigen.

Joseph Fontanet übernahm bis 1976 mehrmals Ministerämter.

Die nächste Spur: Am 2. Februar wollte Fontanet zu einer Verhandlung über ein Bauvorhaben in Annecy, einer Stadt in den Voralpen. Man plante, ein Kongresszentrum, ein Luxushotel und besonders einen neuen Kasinokomplex zu errichten, um Wohlhabende aus der Schweiz anzulocken. An dem Projekt beteiligte sich ein Konzern, der Kasinos in Europa und im Libanon betrieb – und mit einem anderen Unternehmen konkurrierte, das an der Côte d'Azur eine bei Gästen mit Schweizer Bankkonten beliebte Spielbank betrieb. Der Tod Fontanets: ein Auftragsmord der Rivalen? Diesbezügliche Fahndungen blieben ergebnislos.

Geradezu banal erscheint die letzte Möglichkeit: Das Attentat mag auch ein Versehen gewesen sein. Anfang 1984 schossen Anhänger des Ajatollah Khomeini auf den iranischen General Oveissi, weil sie ihn für den Tod von mehreren Tausend Menschen unter der Herrschaft des Schahs verantwortlich machten. Der Offizier, der dem Anschlag knapp entkam, wohnte ganz in der Nähe von Fontanet. Hatten sich die Attentäter eventuell vier Jahre zuvor schlichtweg geirrt und auf die falsche Person gezielt?

Rücksichtslos und korrupt

Am 30. Juli 1975 verabschiedete sich Jimmy Hoffa gegen Mittag für einige Stunden von seiner Frau Josephine. Der 62-jährige Ex-Vorsitzende der amerikanischen Transportgewerkschaft International Brotherhood of Teamsters wollte sich in einem Vorort von Detroit mit „ein paar Typen" zum Essen treffen, wie er sagte. Von der Verabredung kehrte Hoffa nie zurück.

Besaß er Feinde? Wahrscheinlich mehr, als man zählen kann. Der 1957 gewählte Arbeiterführer scheute vor kriminellen Machenschaften nicht zurück. Man nimmt an, dass er seine Gewerkschaftskasse um rund 2 Mio. Dollar erleichterte und seine Position durch Kontakte mit der Mafia sicherte. Bald gehörte er zu den berüchtigtsten Personen des öffentlichen Lebens.

Eine „Verschwörung des Bösen" nannte Robert Kennedy die Teamsters; in seiner Funktion als Justizminister leitete der Bruder von Präsident John F. Kennedy Anfang der 60er-Jahre ein groß angelegtes Verfahren gegen Hoffa ein. Der Beschuldigte versuchte, die Prozesse durch Bestechungen von Geschworenen zu seinen Gunsten zu manipulieren, doch handelte er sich damit nur eine zusätzliche Klage ein. Am 7. März 1967 fiel das Urteil: 13 Jahre Gefängnis.

Schon 1971 begnadigte ihn Präsident Nixon mit der Auflage, er dürfe bis 1980 kein Gewerkschaftsamt übernehmen. Hoffa indes startete sofort nach seiner Entlassung einen Propagandafeldzug gegen das Verbot und versuchte seinen Nachfolger Frank Fitzsimmons auszubooten. Zum Zeitpunkt seines Verschwindens war er also voll in neue Intrigen verstrickt.

Von daher mangelt es nicht an plausiblen Theorien über Hoffas weiteres Schicksal. Eine lautet, seine Gegner bei den Teamsters hätten ihn umgebracht. Eine andere sucht die Mörder in Mafiakreisen: Das Detroiter Gangstermilieu wollte demnach verhindern, dass Details

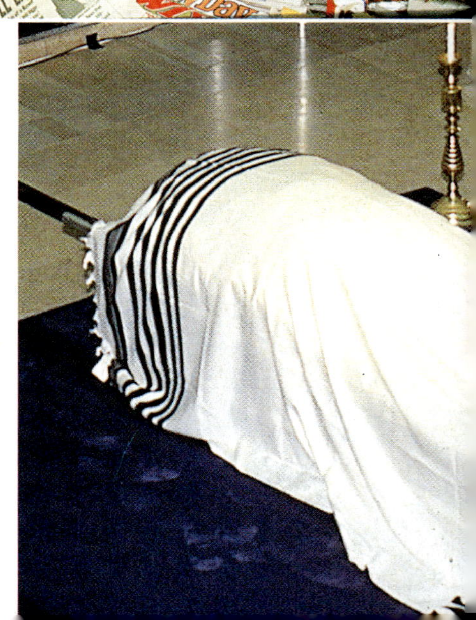

Jimmy Hoffa bei einem Streik (links unten) und bei einer Veranstaltung im Jahr 1973 (links).

der Verbindungen zur Transportgewerkschaft bekannt wurden. Und schließlich mag die umstrittene Gestalt ihren mysteriösen Abgang durchaus selbst inszeniert haben. Die Polizei fand seinen Wagen nämlich später; nichts deutete auf Gewaltanwendung hin. Aber falls Hoffa tatsächlich unbehelligt blieb: Wohin floh er dann?

Vier Möglichkeiten: Herzschlag, Mord, Unfall oder Suizid

„Keinerlei Hinweise stützen die Hypothese eines plötzlichen Todes aufgrund einer Herzattacke. Auch gibt es keine Anzeichen dafür, dass er versehentlich über Bord gefallen ist. Ebenso wenig liegen Indizien für ein Tötungsdelikt vor … Robert Maxwell hat sich das Leben genommen." So weit der Wortlaut des Abschlussberichts von Sachverständigen der britischen Versicherungen, die nach dem Tod des Medienzars 20 Mio. Pfund (rund 60 Mio. DM) zahlen sollten – im Fall eines nicht selbst verschuldeten Todes, wohlgemerkt.

Suchtrupps entdeckten Maxwells Leiche am 5. November 1991 vor der Küste von Teneriffa. In der vorangegangenen Nacht musste er über Bord seiner Yacht *Lady Ghislaine* gegangen sein. Sprach wirklich alles für Suizid? Nein, denn der Selfmademan zog den Hass vieler Menschen auf sich und fürchtete außerdem gerade zu diesem Zeitpunkt den finanziellen Ruin.

Zu seiner Biographie: Das Licht der Welt erblickte er am 10. Juni 1923. Geburtsname: Ludvik Hoch. Kindheit und frühe Jugend verlebte der erste Sohn jüdischer Eltern in dem damals tschechoslowakischen Dorf Solotiňo nahe der rumänischen Grenze. Während dann die meisten Mitglieder seiner Familie dem Holocaust zum Opfer fielen, gelangte der junge Ludvik über den Balkan, Palästina und Frankreich nach Großbritannien. Dort trat er im Oktober 1940 in die Armee ein. Für seinen Einsatz bei der Invasion in der Normandie 1944 verlieh man ihm später das Military Cross, ein Ehrenabzeichen.

Nach Kriegsende wechselte er wie schon einige Male zuvor den Namen. Ian Robert Maxwell heiratete im März 1945 Elisabeth Meynard, die Tochter eines Seidenfabrikanten aus Lyon. Nun begann der unaufhaltsame Aufstieg: Innerhalb von zehn Jahren brachte es Maxwell zum Eigentümer von Pergamon Press, dem international wichtigsten Wissenschaftsverlag. Danach errichtete er ein Presseimperium mit zahlreichen auflagenstarken Zeitungen und beteiligte sich an Geschäften mit elektronischen Medien. Irgendwann übernahm sich der Magnat mit seinen ständigen Käufen. Immense Schulden häuften sich an, der Kurs der Konzernaktien fiel ins Bodenlose und Gläubiger bedrängten den bis dahin so erfolgreichen Finanzjongleur. Er brauchte etwas Ruhe und zog sich für einige Tage auf seine Yacht zurück.

Obwohl Robert Maxwell in Großbritannien lebte, fand seine Beisetzung in Jerusalem statt.

Enormer Stress, starkes Übergewicht und ein Lungenleiden: Faktoren, die den Verdacht auf einen Herzschlag begründen. Doch stimmte diese Theorie, dann wäre Maxwell vermutlich nicht über die Reling gefallen, sondern an Deck zusammengebrochen. Wegen der Windstille in der Todesnacht ist auch die Wahrscheinlichkeit eines Unfalls äußerst gering.

Bleiben die Suizid- und die Mordthese. Ein angesehener britischer Pathologe hat Verletzungen am Leichnam gefunden; sie sind typisch für Selbstmörder, die aus großer Höhe springen. Ein Mord kann aber trotzdem nicht mit vollkommener Gewissheit ausgeschlossen werden. Denn Maxwell soll angeblich als Agent für den israelischen Geheimdienst Mossad gearbeitet und Waffengeschäfte abgewickelt haben. Das machte ihn zum Gegner vieler Araber. Zur ehemaligen UdSSR pflegte er früher außergewöhnlich gute Geschäftsbeziehungen; die amerikanische Bundeskriminalpolizei FBI führte deswegen diverse Untersuchungen über ihn durch. Manche sagen sogar, Maxwell habe den britischen Nachrichtendienst an den sowjetischen KGB verraten.

Angesichts solcher Verwicklungen auf streng inoffizieller Ebene sollte niemand damit rechnen, jemals die volle Wahrheit zu erfahren.

Niedergang eines Imperiums

Maxwell unterschlug fast 900 Mio. Pfund (rund 2,7 Mrd. DM) bei den Rentenkassen mehrerer Gesellschaften seines Konzerns. Mit dem Betrag wollte er Tochterunternehmen aus wirtschaftlichen Schwierigkeiten helfen. Erst nach seinem Tod kamen diese dubiosen Praktiken ans Licht; die britische Regierung entschädigte die Rentner. Heute stehen Maxwells Söhne Ian und Kevin, die er als Gesellschafter einsetzte, unter der Anklage, Gelder veruntreut zu haben. Gemeinsam mit zwei weiteren Geschäftspartnern müssen sie sich für die Unterschlagung von insgesamt 22 Mio. Pfund (rund 66 Mio. DM) verantworten.

VERBRECHER AUF FREIEM FUSS

Ronald Biggs hat gut lachen: Solange er in Brasilien bleibt, kann ihm nichts mehr passieren. Die Richter des Landes lehnten den Auslieferungsantrag der Briten 1997 endgültig ab.

Der Überfall auf den Postzug Glasgow–London im Jahr 1963 zählt zu den raffiniertesten Coups der Kriminalgeschichte. Es gelingt der britischen Polizei, die Räuberbande aufzuspüren, doch ihr Anführer bricht schon nach einem Jahr Haft aus dem Gefängnis aus. Wahrscheinlich wird er nie mehr hinter Gitter kommen. Dagegen hinterlassen die „wahnsinnigen Killer von Brabant", die Anfang der 80er-Jahre in Belgien ihr Unwesen trieben, keine Spuren. Haben sie Auftraggeber aus hohen Kreisen?

In der Nacht auf den 9. August 1963 fährt ein Postzug aus Glasgow durch London. Lokführer Mills freut sich, bald am Ziel seiner Fahrt zu sein, dem Bahnhof Euston. Doch halt, da steht sonderbarerweise auf der Brücke von Sears-Crossing das Signal auf Rot. Der Zug bremst. Ein Kollege von Mills steigt aus, um sich vom nächsten Telefonposten aus nach dem Grund der Verzögerung zu erkundigen, aber die Leitung ist unterbrochen. Als er zum Zug zurückkommt, schlagen ihn zwei bewaffnete Männer nieder. Ein Raubüberfall!

Mit militärischer Präzision hat eine Bande von 15 Gangstern den Coup geplant. Sie hängen die Lokomotive sowie die ersten beiden Waggons ab und zwingen Mills, mit dem Kurzzug gut 1 km weiterzufahren. Die Postsortierer in den Frachtwagen setzen sie außer Gefecht und laden etwa 100 Säcke in einen Lastwagen um, der an einer Unterführung wartet. Diese enthalten 2,6 Mio. Pfund (damals rund 28 Mio. DM) in alten Banknoten.

Die Polizei findet zunächst nur spärliche Hinweise. Gleichwohl kann sie in den nächsten fünf Jahren einen Täter nach dem anderen dingfest machen. Allein Ronald Biggs, dem mutmaßlichen Kopf der Gruppe, gelingt 1965 der Ausbruch aus dem Gefängnis. Er lässt sich schließlich in Brasilien nieder. Nachdem das bekannt wird, beantragt Großbritannien wiederholt die Auslieferung des geflohenen Posträubers, aber der macht das Sorgerecht für seinen minderjährigen Sohn aus einer Verbindung mit einer Brasilianerin geltend. Im November 1997 entscheidet der Oberste Gerichtshof in Brasília, Biggs' Verbrechen sei nach Landesrecht bereits verjährt.

Biggs nimmt neue Identität an

Schon 1964 bringen die Ermittler den Gangsterboss Ronald Biggs hinter Gitter. 30 Jahre Haft, lautet das Urteil. Nach geglückter Flucht unterzieht sich der Kriminelle in Paris einer Gesichtsoperation, nimmt eine neue Identität an und siedelt nach Australien über, wo er sich mit seiner Frau und seinen drei Kindern eine neue Existenz aufbaut. Erst 1969 kommt ihm Scotland Yard wieder auf die Spur. Biggs verlässt seine Familie und landet nach Zwischenaufenthalten in Venezuela und Panama 1970 schließlich in Brasilien. Hier wird er wohl auch bleiben.

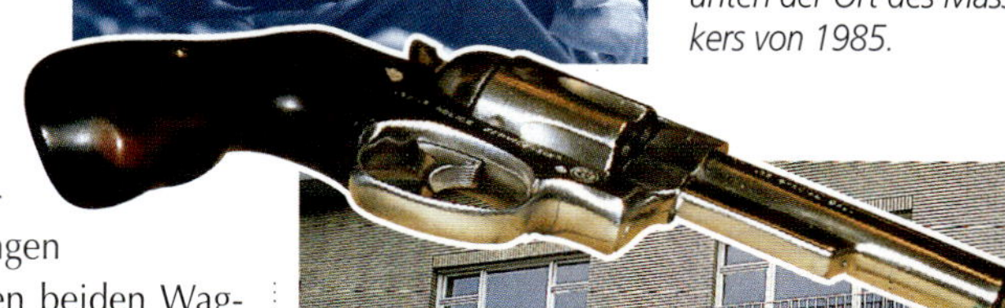

Philippe De Staercke (links) gibt die Beteiligung an Raubüberfällen auf drei Supermärkte zu; unten der Ort des Massakers von 1985.

Der Brite wird sich vermutlich nun in seinem Gastland einen fröhlichen Lebensabend machen. Man sieht ihn übrigens häufiger in Interviews und bei Werbeauftritten.

Blindwütiges Morden

Der Coup der Posträuber wirkt beinahe harmlos gegen die Überfälle auf Supermärkte, mit denen Kriminelle zwischen 1982 und 1985 das belgische Wallonien in Angst und Schrecken versetzen. Schon bald kennt sie jeder als die „wahnsinnigen Killer von Brabant“. Sie verfügen über eine moderne technische Ausrüstung und ihre Anschläge sind genauestens durchdacht. Dennoch scheint ihnen die Beute stets unwichtiger zu sein als das Morden unschuldiger Menschen: Blindwütig erschießen sie Kassiererinnen und Kunden, darunter sogar Kinder.

Bei ihrem letzten Angriff auf den Supermarkt Delhaize in Alost am 9. November 1985 begehen die Gewalttäter acht Morde. Unter anderem feuern sie während der Flucht aus dem Geschäft auf eine Frau und ihre Tochter, die auf dem Parkplatz in ihrem Wagen sitzen. Auch bei diesem Massaker erbeuten sie nur eine lächerlich geringe Summe. Insgesamt haben die Verbrecher jetzt mindestens 28 Tote auf dem Gewissen – Opfer willkürlicher Gewalt.

Die belgische Polizei schafft es nie, die Killer festzusetzen. Zwar richtet sich ein inhaftierter Krimineller im März 1991 mit einem Schreiben an mehrere Tageszeitungen des Landes und bezichtigt sich darin, Mitglied der Bande gewesen zu sein, doch bleibt er Beweise schuldig.

Dann verlautbart ein gewisser Philippe De Staercke aus seinem Brüsseler Gefängnis, wo er eine 20-jährige Haftstrafe für verschiedene Delikte verbüßt, er habe 1985 ein Kommando bei Überfällen auf drei Supermärkte angeführt. Dabei seien 16 Menschen ums Leben gekommen. Das Tatmotiv? Er sagt, er habe „aus ideologischen Gründen gehandelt“. Die Befehle seien von Politikern und hochrangigen Polizeibeamten gekommen. Namen gibt er allerdings nicht preis, sodass seine Aussage wenig hilfreich ist.

Nach wie vor weiß man nichts Genaues über die Hintergründe der grauenhaften Raubserie.

Irrtümer und Skandale in der Justiz

Manche Kriminalfälle gehen in die Geschichte ein, weil unzählige Fragen offen bleiben. Und es geschieht schweres Unrecht, wenn Verdächtige dennoch für lange Jahre ins Gefängnis müssen – oder aber die Schuldigen nicht überführt werden. Hier einige erschütternde Beispiele.

Als der Prozess gegen ihn im November 1954 begann, machte Gaston Dominici einen gelassenen Eindruck.

August 1952: Französische Polizisten untersuchen den Tatort in der ländlichen Gegend am Rand der Westalpen; links das Fahrzeug der britischen Opfer.

Es hat in diesem Jahrhundert eine ganze Reihe von Kriminalfällen gegeben, die nie geklärt wurden. Mal fehlten Beweise, mal fand man gar keine Leiche. Die Justiz zeigte oft große Unzulänglichkeit und die Medien förderten durch unseriöse Berichterstattung Vorurteile und einseitige Parteinahme. Bald verbreiteten sich Klatsch, Verleumdungen und gewagte Hypothesen in der Öffentlichkeit.

Selbst heute, lange Zeit nach den Ereignissen, die wir im Folgenden schildern, kann keiner behaupten, der Wahrheit auch nur ein Stück näher gekommen zu sein.

Höchst unrühmlicher Prozess

Neben der französischen Nationalstraße 16 entdeckte man am 5. August 1952 die Leichen von drei britischen Campern. Es handelte sich um den Ernährungsspezialisten Sir Jack Drummond, seine Frau Lady Ann und ihre 12-jährige Tochter Elizabeth.

Da der Bauernhof Grand-Terre lediglich etwa 150 m entfernt lag, geriet schnell die dort lebende Familie Dominici in Verdacht. Vor allem konzentrierten sich die Ermittler auf deren Oberhaupt Gaston. Der Vater von neun Kindern konnte weder lesen noch schreiben, war alkoholsüchtig und extrem cholerisch. Nachdem ihn einige seiner Söhne belastet hatten, gestand er tatsächlich im November 1953 die drei Morde.

Doch allein Clovis, der älteste Sohn, blieb bei seinen Anschuldigungen. Die anderen Dominicis zogen ihre Aussagen zurück und verstrickten sich danach zusehends in Widersprüchen.

Wegen all der Ungereimtheiten kursierten in der Öffentlichkeit bald unzählige Meinungen und Gerüchte über den Tathergang. Gebannt verfolgten die Leute, was sich bei den Verhandlungen in Digne abspielte.

Scharen von Fotografen drängten sich in den engen Gerichtssaal, als die Anhörungen begannen. Wie sich bald herausstellte, hatten die Untersuchungsbeamten bei weitem nicht gründlich genug recherchiert und die Atmosphäre wurde immer emotionsgeladener.

So hing laut Zeugenaussagen am Nachmittag des 5. August auf Grand-Terre eine Hose zum Trocknen an der Leine. Hatte jemand eventuell Blutflecken herausgewaschen? Die Polizei kam überhaupt nicht auf die Idee, solchen Fragen nachzugehen, und legte das Kleidungsstück nicht als Beweismittel vor. Eigentlich sagte allein schon der gesunde Menschenverstand jedem Beobachter, dass niemals herauskommen würde, wer die Morde wirklich verübt hatte und aus welchem Grund – zumal sich die Familie während des gesamten Prozesses in Schweigen hüllte. Dennoch verhängte das Gericht die Todesstrafe über Gaston Dominici.

Zahlreiche Franzosen, darunter eine Reihe von Prominenten, sympathisierten mit diesem einfachen Mann. „Ich behaupte nicht, er sei unschuldig. Ich sage nur, seine Schuld ist nicht bewiesen", schrieb beispielsweise der Schriftsteller Jean Giono.

Natürlich zeigten auch die Briten aufmerksames Interesse an dem Fall und äußerten Empörung über die Fehler in der polizeilichen Untersuchung. „Ein plumpes Verbrechen, eine plumpe Ermittlung, eine plumpe Gerichtsverhandlung und eine plumpe Verurteilung", kritisierte ein Journalist.

Nach wie vor sind wir nicht schlauer. Gab es eventuell sogar mehrere Mörder? Weshalb bezichtigte Gaston sich selbst? Wollte er einen seiner Söhne oder Enkel schützen? Fragen, die niemand je beantworten wird.

Wegen der verbleibenden Zweifel wandelte Staatspräsident René Coty die Todesstrafe bereits im Januar 1957 in lebenslängliche Haft um. Und gut drei Jahre später bewilligte sein Nachfolger Charles de Gaulle – er amtierte zum zweiten Mal als Staatsoberhaupt – Gastons Freilassung. Einige Wochen zuvor hatte der alte Mann in einem bewegenden Fernsehinterview seine Verzweiflung ausgedrückt.

Distanziert und würdevoll: Marie Besnard während ihres Prozesses

Mehrfache Mörderin?

Poitiers, Februar 1952: Vor den Ereignissen auf Grand-Terre erregten die Tode im Umfeld der „Witwe von Loudun" die Gemüter der Franzosen. Zunächst stand Marie Besnard unter Anklage, weil sie ihren Mann Léon umgebracht haben sollte; dann lastete man ihr noch zwölf weitere Morde an. Unter den angeblichen Opfern: ihr Vater, ihre Mutter und ihr erster Ehemann, der seit 22 Jahren tot war. Zwar wies man in allen Leichen Rückstände von Arsen nach, doch fehlten schlagkräftige Belege dafür, dass Madame Besnard das Gift verabreicht hatte. Trotzdem verurteilte das Gericht sie zu einer langjährigen Haftstrafe.

Als sie 1961 wegen guter Führung vorzeitig aus dem Gefängnis kam, erklärte sie: „Sie haben möglicherweise an meine Schuld geglaubt oder glauben noch daran. Ich bin Ihnen deswegen nicht böse, denn man hat ja so viel Schlechtes über mich erzählt [...] Aber nehmen Sie eine Minute, nur eine einzige Minute, an, ich sei unschuldig ... Ich bin es nämlich. Dann werden Sie verstehen, welchen Leidensweg ich hinter mir habe." Sprach da eine Lügnerin? Oder wirklich eine übel verleumdete Frau?

Schlampige Polizei

Im Oktober 1984 fischte die Polizei den gefesselten Körper des vierjährigen Grégory Villemin aus dem Fluss Vologne in den Vogesen. Einen Tag später empfingen die Eltern des Jungen einen Brief der „Krähe" – einer Person, die sie seit

Foto aus glücklichen Tagen: Grégory Villemin (rechts). Unten: Nahe dieser Stelle zog man den kleinen Jungen aus der Vologne. Augenzeugen fragten sich fassungslos, wieso das Kind sterben musste.

Juni 1953: Solidaritätskundgebung für die Rosenbergs in Paris

Vermeintliche Verräter

Weil sie angeblich der UdSSR preisgegeben hatten, wie man die Atombombe baut, verurteilte ein amerikanisches Gericht die Eheleute Ethel und Julius Rosenberg 1953 zum Tode. Präsident Dwight D. Eisenhower lehnte Gnadengesuche von herausragenden Persönlichkeiten wie Papst Pius XII. und Albert Einstein ab und der Oberste Gerichtshof entschied gegen eine Überprüfung des Verfahrens.

Doch die Anklage fußte auf fragwürdigen Beweisen. So zeigte das FBI zunächst gar kein Interesse an Ethel, verhaftete sie dann aber als Druckmittel gegen ihren Mann. Das Paar fiel einer Justiz zum Opfer, die sich jetzt, da der Kalte Krieg begonnen hatte, hysterisch vor dem Kommunismus ängstigte. Die Rosenbergs starben am 19. Juni 1953 auf dem elektrischen Stuhl des Gefängnisses Sing-Sing.

Jahren mit anonymen Verleumdungsschreiben und Telefonanrufen terrorisierte. Diesmal bekannte sie sich zu dem Mord.

Aufgrund von Handschriftenproben verdächtigte die Polizei Bernard Laroche, einen Cousin von Grégorys Vater Jean-Marie. Dessen Schwägerin Muriel bestätigte daraufhin, sie habe beobachtet, wie er das Kind entführt habe, widerrief ihre Aussage aber schon einen Tag nach Laroches Inhaftierung. Er kam zwei Monate später wegen Mangels an Beweisen frei.

Nun begann geradezu eine Hasskampagne gegen die Mutter Christine Villemin. Begierig griffen die Medien alle möglichen unhaltbaren Bezichtigungen auf. Jean-Marie erbitterte das so sehr, dass er durchdrehte und Laroche im März 1985 mit einem Jagdgewehr erschoss. Vier Monate nachdem ihr Mann für diesen Mord ins Gefängnis gewandert war, setzte man Christine in Untersuchungshaft.

Bald fand ihr Verteidiger Skandalöses heraus: Die Polizei hatte geschlampt und keine gerichtsmedizinischen Untersuchungen veranlasst, um festzustellen, ob der Täter Grégory in einer Badewanne ertränkt und die Leiche erst anschließend in den Fluss geworfen hatte. Zudem hatte sie den Brief der „Krähe" durch Fingerabdrucktests fast völlig zerstört.

Als Christine einen Selbstmordversuch unternahm, durften sie und Jean-Marie vorübergehend die Haftanstalten verlassen. Ihr Leben blieb dennoch eine einzige Qual, denn die zermürbenden Verhöre zogen sich noch Jahre hin. Erst im Juni 1992 sollte sich Christine vor Gericht verantworten. „Es ist unmöglich aufzudecken, wer das Kind ermordet hat", lautete das Urteil, das ein Berufungsgericht in Dijon im folgenden Jahr bestätigte. Im Dezember 1993 wurde über Jean-Marie eine Gefängnisstrafe von vier Jahren verhängt; weil er schon beinahe so lange in Untersuchungshaft gesessen hatte, konnte er wenige Tage später zu seiner Familie zurückkehren.

Die Villemins verließen ihren Heimatort auf Nimmerwiedersehen.

Von den Qualen der Haft gezeichnet: Guillaume Seznec nach seiner Rückkehr aus dem Gefangenenlager in Cayenne

Unschuldiger muss in Strafkolonie

Zahlreiche Zeitgenossen waren felsenfest überzeugt: Guillaume Seznec hatte 1924 seinen Freund Pierre Quemeneur, Mitglied im Parlament des Département Finistère, getötet. Ihres Erachtens geschah es dem bretonischen Schreinermeister recht, 20 Jahre Zwangsarbeit leisten zu müssen – in der berüchtigten Strafkolonie von Cayenne in Französisch-Guayana.

Ein hartes Urteil im Hinblick darauf, dass man gar keine Leiche fand! Im Nachhinein gaben die Belastungszeugen denn auch zu, Polizeibeamte hätten sie unter Druck gesetzt und selbst falsche Beweise angefertigt. Traute sich niemand, die offensichtlichen Lücken und Widersprüche in den Anklagepunkten aufzuzeigen, weil Personen in hohen Kreisen Seznec verurteilt sehen wollten? Durchaus plausibel.

Gemeinsam mit Quemeneur machte er nämlich lukrative, häufig illegale Geschäfte. Die beiden verschoben amerikanische Autos, handelten mit gefälschten Dollarnoten und lieferten Alkohol in die USA, seitdem dort 1920 die Prohibition in Kraft getreten war. Sonderbarerweise ignorierte der Staatsanwalt diese belastenden Fakten, wenngleich er sie gewiss kannte. Eventuell deckte er so Persönlichkeiten des öffentlichen Lebens, die Dreck am Stecken hatten.

1946 begnadigte Staatspräsident de Gaulle den Gefangenen, der im folgenden Jahr als gebrochener Mann heimkehrte. Seiner Familie zumindest bedeutete die Rehabilitierung Genugtuung und Trost. Was Quemeneur angeht, so wurde er mit Sicherheit nach seinem letzten Treffen mit Seznec noch einmal lebend gesehen. Ist er womöglich in den USA untergetaucht? Haben sich Feinde wegen seiner zwielichtigen Geschäfte an ihm gerächt?

Legendär: der Fall Landru

Als die Pariser Polizei im April 1919 den 50-jährigen Henri-Désiré Landru in Gewahrsam nahm, konnte sie bereits ziemlich sicher sein, den Richtigen geschnappt zu haben. Die Ermittler verdächtigten Landru, in den vorausgehenden fünf Jahren insgesamt elf Frauen getötet zu haben, was sich dann bestätigte. Im Landhaus des Blaubarts fanden sie nicht nur Möbel, Schmuckstücke, Korsetts, Perücken und Prothesen der vermissten Damen, sondern ebenso Reste von Knochen im Küchenofen.

Trotz eindeutiger Faktenlage bleiben auch in diesem Fall einige wichtige Fragen offen, besonders, an welcher psychischen Störung Landru litt. Der fürsorgliche Ehemann und Vater war laut Aussagen der Ärzte nicht pervers veranlagt. Für die heimtückischen Morde zeigte er jedoch keinerlei Reue. Landru wurde am 25. Februar 1922 guillotiniert.

Gefälschte Meisterwerke

Viele Tausende von Imitationen großer Werke überschwemmen den internationalen Kunstmarkt. Manche Betrüger sind so begabt, dass ihnen selbst die renommiertesten Experten auf den Leim gehen. Früher war es nicht selten schlichtweg unmöglich festzustellen, ob es sich bei einem Gemälde um ein Original oder eine Kopie handelte. Zum Glück können die Experten inzwischen zunehmend auf modernste technische Verfahren bauen, die sogar eine Analyse winziger Farbbestandteile erlauben.

Oben: Die Emmausjünger, *eine der berühmtesten Vermeer-Kopien von Hans van Meegeren (auf dem Bild darunter bei seinem Gerichtsprozess), wird noch heute im Museum Boymans-Van-Beuningen in Rotterdam aufbewahrt.*

Die Erben des französischen Malers Maurice Utrillo (1883–1955) klagten 1989 gegen einen Auktionator in Bourg-en-Bresse: Sie zweifelten an der Echtheit eines Gemäldes ihres Vorfahren, das der Kunsthändler für rund 1,8 Mio. Franc zum Kauf anbot. Wie Sachverständige feststellten, lag tatsächlich eine Fälschung vor.

Die Polizei kam dem Täter dann ziemlich schnell auf die Spur. Es handelte sich um einen in den USA lebenden Franzosen, dessen Neffe ihm in der Heimat als Komplize diente. In der Wohnung des Betrügers in Blois konfiszierte die Staatsanwaltschaft weitere vermeintliche Werke von Utrillo und Kopien diverser Bilder von Marc Chagall (1887–1985), Jean Cocteau (1889–1963) und Raoul Dufy (1877–1953).

Die Expertisen waren nun nur noch eine Formsache, denn niemand erwartete, hier ein einziges authentisches Gemälde vorzufinden. Wie häufig in solchen Fällen hatte der Gauner ebenso die beigefügten Echtheitszertifikate des Gutachters gefälscht.

Ein Skandal unter vielen, die nicht minder spektakulär erscheinen. Auf dem Kunstmarkt herrscht seit langem ein schwunghafter Handel mit angeblichen Meisterwerken; gerade in unserem Jahrhundert hat er gewaltig zugenommen. Das betrifft Gemälde und Zeichnungen gleichermaßen wie sonstige Gattungen, seien es Skulpturen, Schnitzereien, Keramiken oder Wandbehänge.

Originalgetreue Kopien erfordern handwerkliches Können

Es zählt zu den offenen Geheimnissen, dass Museen Fälschungen lagern und sogar ausstellen. Wenn wir im Louvre eine der bezaubernden Landschaftsdarstellungen von Jean Honoré Fragonard (1732–1806) bewundern, dann stehen wir womöglich vor einer Nachbildung, die ein Vertrauter des Rokokomalers angefertigt hat. Bei den Gemälden des Niederländers Piet Mondrian (1872–1944) im Pariser Centre Beaubourg bestand nach monatelangem Disput zwischen Sachverständigen und Wissenschaftlern immer noch Ungewissheit, ob man dabei tatsächlich auf Originale blickte.

Manche solcher kontroversen Diskussionen führen nie zu einem sicheren Ergebnis. „Jeder Käufer kann an Fälschungen geraten. Bei einer großen Anzahl von Werken, vor allem denen alter Meister, ist die Urheberschaft nicht geklärt. Keiner der Sachverständigen vermag ein eindeutiges Urteil zu fällen", behauptet der renommierte Pariser Auktionator Binoche in seinem Buch *Von der modernen Malerei im allgemeinen und der Spekulation im besonderen.* Sammler, die einen Haufen Geld in ein umstrittenes Kunstobjekt investiert haben, wird das gewissermaßen beruhigen, denn so dürfen sie ja weiterhin getrost behaupten, einen echten Picasso oder einen echten Matisse zu besitzen, selbst wenn bestimmte Experten das nicht glauben.

Fälschungen sind keineswegs ein Phänomen der Gegenwart. Bereits die Römer ließen Skulpturen und Münzen nachahmen, um leidenschaftliche Sammler zu befriedigen. Diese Praxis verbreitete sich später genauso im Bereich der Malerei, vornehmlich während der Renaissance. Jedoch verfolgten die Kopisten damals in der Regel keine betrügerischen Absichten. Vielmehr wollten sie die Genialität bewunderter Vorbilder in jedem Detail nachvollziehen und auch ihren Mitmenschen verdeutlichen.

Im Lauf der Zeit traten gewinnsüchtige Motive bei einigen begabten Imitatoren in den Vordergrund und sie verkauften ihre Gemälde als Meisterwerke. Die Übrigen dagegen, deren Können nicht zu einem eigenen originellen Stil ausreichte, mag das Streben nach künstlerischer Anerkennung zu einer Fälschung bewogen haben.

Wir sollten dennoch nicht bestreiten, dass gute Fälscher zweifelsohne über Talent verfügen. Sie müssen den Pinsel richtig führen und ihr Produkt überdies „alt wirken lassen", indem sie beispielsweise feine Risse anbringen oder die Leinwand speziell bearbeiten.

„Wieder entdeckte" Vermeers

Hans van Meegeren (1889–1947), ein Niederländer, ist wahrscheinlich der berühmteste Bilderfälscher des 20. Jh. Als Kunststudent eignete er sich unter anderem die Technik der perfekten Farbenherstellung an und setzte seine Kenntnisse anschließend in verblüffend originalgetreuen Kopien um. Zwischen 1935 und 1943 malte er 13 Gemälde im Stil berühmter Maler, darunter Frans Hals (1581/85–1666), Gerard Terborch (1617–81) und Jan Vermeer van Delft (1632–75). Sachverständige hielten sie für authentisch, was einen Aufruhr der Begeisterung auslöste. Vermeers *Emmausjünger* feierte man gar als „die künstlerische Entdeckung des Jahrhunderts". Acht seiner Fälschungen verkaufte van Meegeren für insgesamt 250 Mio. Franc; er selbst kassierte davon satte 170 Mio.

Bei Kriegsende flog der unglaubliche Betrug letztlich auf. Das verlief folgendermaßen: Die niederländische Polizei beschlagnahmte die umfangreiche Sammlung des deutschen Reichsmarschalls Hermann Göring (1893–1946), in der sich ein ebenfalls neu aufgetauchtes Gemälde Vermeers befand: *Christus und die Ehebrecherin*. Zunächst ging es nicht darum, dessen Echtheit zu überprüfen, sondern die Ermittler wollten lediglich ergründen, wer das Werk erworben und die Geschäftsverbindung nach Deutschland geknüpft hatte. Ende Mai 1945 stießen die Untersuchungsbeamten auf van Meegeren. Trotz der Beschuldigung, er habe

Selbst Kenner datieren diese Elfenbeinstatue der heiligen Katharina im Museum von Cluny in Paris häufig in das 14. Jh. In Wirklichkeit handelt es sich um eine Nachbildung aus dem 19. Jh.

mit dem Feind konspiriert, schwieg der Überführte zunächst hartnäckig.

Zwei Monate später brach es dann aus ihm heraus. „Ihr seid wirklich Idioten", schrie er die Fahnder an. „Ich habe überhaupt keine Kunstschätze unseres Landes verkauft! Ich habe sie selbst gemalt." Er gestand sechs Fälschungen, aber niemand glaubte ihm. Das hörte sich nach einer dick aufgetragenen Lügengeschichte an! Schließlich forderte man van Meegeren trotzdem auf, ein weiteres Exemplar „im Stil von Vermeer" anzufertigen. Jener tat, wie ihm geheißen, und stellte unter polizeilicher Aufsicht ein letztes Mal seine Fähigkeiten unter Beweis. 1947 wurde er zu einem Jahr Gefängnis verurteilt. Er starb kurz nach der Inhaftierung.

30 Exemplare vom selben Gemälde

Mitte der 20er-Jahre erkannten Sachverständige über 30 Werke Vincent van Goghs (1853–90) als Originale an. Sie stammten von einem Berliner Tänzer und Kunsthändler, der erklärte, sie von einem zwischen der Schweiz und Ägypten pendelnden Russen erhalten zu haben. Bei einer Ausstellung in der deutschen Hauptstadt 1928 wirkten diese Gemälde neben anderen Bildern des Meisters allerdings auf die Mehrheit der Besucher wie Fälschungen. Die Laien hatten Recht. Inzwischen sind die Verwalter des Gesamtwerks von van Gogh vorsichtiger geworden und begutachten jedes unerwartet auftauchende Gemälde äußerst skeptisch.

Von den großen Flamen über die venezianischen und florentinischen Maler bis hin zu den Künstlern unserer Tage: Sie alle wurden und werden gefälscht. Von einem Gemälde sind bisweilen an die 30 Exemplare zur gleichen Zeit im Umlauf!

Wie beweist man den Betrug?

Das Auge des Kunstexperten erkennt nicht in jedem Fall, ob ein Original oder eine Kopie vorliegt. Von daher ziehen die Gutachter bei der Untersuchung eines Objekts heutzutage die Hilfe von Fotografen, Chemikern, Physikern, Radiologen und sogar Kerntechnikern hinzu. Mit vielfältigen Methoden analysieren diese einzelne Farbpigmente; manchmal lassen sich unter dem Mikroskop bereits durch punktgroße Proben Fälschungen nachweisen. Röntgenaufnahmen von den Schichten unterhalb der Oberfläche eines Bildes bieten ebenfalls Aufschluss über die Entstehungszeit eines Werkes. In extrem schwierigen Fällen bedienen sich die Experten eines Protonen- und Ionenbeschleunigers, der eine äußerst feine Bestimmung der Farbbestandteile erlaubt und auch Anteile erfasst, die nur noch in Bruchstücken vorhanden sind.

Die radiographische Untersuchung eines Gemäldes zählt zu einer Reihe von Verfahren, die notwendig sind, um Fälschungen nachzuweisen.

Wie es amerikanischen Wissenschaftlern gelingt, Tote zum Reden zu bringen

Eine Forschergruppe in den USA hat sich auf die genaue Untersuchung der Gebeine Verstorbener spezialisiert und ist dadurch imstande, Erkenntnisse über die näheren Umstände des jeweiligen Todesfalles zu erlangen. Die von den Wissenschaftlern entwickelte Technik ist nicht nur für Historiker von Interesse, sondern auch für die Polizei, denn sie bietet unter Umständen die Möglichkeit, ungeklärte Kriminalfälle zu lösen.

James Starrs entwickelte eine Methode, mit der es anhand modernster Technik gelingt, die Gebeine Verstorbener zu analysieren.

Wenn die Umstände eines Todesfalles nicht klar ersichtlich sind, wird häufig eine Obduktion vorgenommen, um herauszufinden, an welcher Krankheit die betreffende Person verstorben ist oder – etwa bei einem Unfall oder Mord – auf welche Weise genau das Opfer zu Tode kam. In der Medizin und der Kriminalistik gehört die Leichenschau daher schon lange zur Routine. Zumeist erfolgt sie relativ bald nach dem Eintritt des Todes, weil das Werk der Verwesung wichtige Spuren zu zerstören droht. In letzter Zeit hat sich jedoch das Spektrum derartiger Untersuchungen deutlich verbreitert, denn ein Forscherteam unter der Leitung von James Starrs, einem Professor aus den USA, hat in den 80er-Jahren eine Methode entwickelt, mit der man noch die Gebeine eines Menschen untersuchen kann, der bereits 20, 50, 100 oder sogar 200 Jahre tot ist. Die Wissenschaftler bedienen sich dabei einer Vielzahl von komplizierten Apparaturen und Techniken und stützen sich auf die neuesten wissenschaftlichen Erkenntnisse, vor allem auf dem Gebiet der Medizin, der Chemie und der Biogenetik. Diese ermöglichen es ihnen unter anderem, in kleinen Mengen menschlicher Überreste noch winzige Spuren von Gift nachzuweisen und Bestimmungen des Erbgutes durchzuführen, also den so genannten genetischen Fingerabdruck aufzuzeichnen. Auf diese Weise können Starrs und seine Leute anhand von menschlichen Knochen, die bereits jahrelang unter der Erde ruhen, die Ursache für einen schon lange Zeit zurückliegenden Todesfall herausfinden.

Wissenschaftliche Detektivarbeit

Die Arbeit des Teams von James Starrs kommt den Mitgliedern verschiedener Berufsgruppen zugute: Historiker können daraus eventuell Erkenntnisse über den Hergang einer Schlacht gewinnen, Angehörige von UN-Kommissionen haben dadurch Aufschluss über die Massaker in Ruanda und Bosnien Mitte der 90er-Jahre erhalten und auch die Kriminalpolizei erteilt dem Professor viele Aufträge. Die Kommissare hoffen mit seiner Hilfe manche mysteriösen Todesfälle der Vergangenheit aufklären zu können. Michael Barden, ein Direktor bei der Staatspolizei von New York, meint dazu: „Diese Methoden ermöglichen eine aktive kriminalistische Untersuchung auch noch nach Ablauf vieler Jahre."

Das „Arbeitsmaterial" für Starrs und die vielen anderen Wissenschaftler, die sich derselben Sache verschrieben haben, findet sich auf Friedhöfen und in Massengräbern. Zwar sind einige Kritiker nicht damit einverstanden, dass zum Zweck wissenschaftlicher Analysen Leichen ausgegraben werden – sie vermuten als Motiv dahinter schiere Neugier, die nicht die Störung der Totenruhe rechtfertigt. Die meisten Zeitgenossen jedoch befürworten die Tätigkeit der Forscher und betrachten sie als eine Möglichkeit die Wahrheit ans Licht zu bringen. Deshalb wird Starrs und seinen Kollegen auch in zahlreichen Fällen die behördliche Genehmigung zur Exhumierung und Untersuchung menschlicher Skelette erteilt.

Man darf jedoch von Starrs´ Arbeit keine Wunder erwarten. Zwar beginnen viele Tote aufgrund der ausgeklügelten wissenschaftlichen Methoden zu „reden", doch nicht jeder Knochenrest gibt sein Geheimnis preis. Mancher mysteriöse Todesfall bleibt für immer ungelöst.

Papstattentat 1981: Was sind die Hintergründe?

Kaum ein anderer Mordversuch hat solche Erschütterung auf der ganzen Welt hervorgerufen wie der Anschlag auf Johannes Paul II. Doch die wahren Verantwortlichen wird man wohl nie zur Rechenschaft ziehen können.

Am späteren Nachmittag des 13. Mai 1981 grüßt Papst Johannes Paul II. in seinem offenen Geländewagen stehend Tausende von Gläubigen, die sich auf dem Petersplatz in Rom zur Generalaudienz eingefunden haben und ihm zujubeln. Doch plötzlich bricht er zusammen und sinkt in die Arme seiner Begleiter. Jemand hat auf den Heiligen Vater geschossen!

Das Oberhaupt der katholischen Kirche ist schwer verletzt. Die Kugeln haben seinen Darm getroffen und dabei das Nervensystem beschädigt. Nur um Millimeter wurde die Hauptschlagader verfehlt.

Während die italienische Justiz unverzüglich die Ermittlungen einleitet, fragen sich fassungslose Menschen auf dem ganzen Erdball, wer zu solch einer Tat fähig sein kann. Ein Verrückter? Ein politischer Wirrkopf, der die westliche Welt destabilisieren will? Oder handelt es sich gar um eine groß angelegte Verschwörung? Schnell verdächtigt man die Roten Brigaden, eine Satanssekte und islamische Fanatiker: alles falsche Spuren. Wie wir aufgrund gewichtiger Indizien heute annehmen dürfen, fand die Planung des Attentats in Bulgarien statt.

Drahtzieher im KGB?

Verschiedene Anhaltspunkte legen die Vermutung nahe, dass der bulgarische Geheimdienst in vorauseilendem Gehorsam agierte, um den Kremlherren in Moskau zu imponieren. Für Unterstützung wandte er sich an die türkische Mafia, die geeignete Leute zur Ausführung der „Mission" schicken sollte.

Zwei Männer kamen daraufhin nach Rom: Ali Agca und Oral Celik. Agca feuerte auf den Papst; Celik dagegen wollte eine Handgranate werfen, besaß in der dichten Menschenmenge jedoch nicht die Kaltblütigkeit dazu.

Noch am Tag des Anschlags gelingt es der Polizei, Agca festzunehmen. Er ist kein Verrückter und auch kein fanatischer Moslem. Nur wenig über ihn lässt sich mit Sicherheit belegen, beispielsweise dass er genauso wie sein Komplize schon in der Kindheit kriminell war. Ansonsten bleibt ungewiss, inwieweit seine Aussagen vor Gericht der Wahrheit entsprechen. So behauptet er, Mitglied der Grauen Wölfe zu sein, einer terroristischen Gruppierung der türkischen extremen Rechten. Die Bezahlung sollte angeblich erst nach der Tat erfolgen.

Ali Agca während seiner Gerichtsverhandlung in Rom

Agca verlautbart zudem, die Drahtzieher des Verbrechens säßen im sowjetischen Geheimdienst KGB, aber westliche Spionagezentralen entlasten ihren Gegenspieler jenseits des Eisernen Vorhangs sogar. Zumindest lässt sich darüber spekulieren, weshalb die UdSSR in das Komplott verwickelt sein mag: Der katholische Oberhirte hat die Solidarnosc-Bewegung unterstützt, die 1980 eine bedeutende Funktion in der Erneuerungsbewegung seiner Heimat Polen einnahm. Der Papst ist seinen Landsleuten Orientierungsfigur und moralischer Rückhalt – und stellt damit in den Augen der Sowjets eine Gefahr dar.

Mit der Zeit gerät das komplizierte Verfahren immer mehr ins Stocken. Drei Bulgaren und fünf Türken, die als Hintermänner in Betracht kommen, müssen 1986 wegen Mangels an Beweisen freigesprochen werden.

Das Opfer verzeiht dem Täter

Johannes Paul II. vergibt Ali Agca, als er ihn am 23. Dezember 1983 im Gefängnis Rebibbia besucht und sich 20 Minuten mit ihm unter vier Augen unterhält. „Der Papst weiß alles", sagt der Attentäter, der eine lebenslange Haftstrafe verbüßt, danach in einem Interview. Will er sich damit interessant machen? Jedenfalls scheint der Heilige Vater nicht bestrebt, die letzten Hintergründe des Anschlags aufzudecken. Er glaubt fest, die Jungfrau von Fatima habe ihn gerettet.

Fotos, die man wenige Sekunden vor dem Attentat aufgenommen hat, dienen im Verfahren als Beweisstücke.

Das Opus Dei

Das zu den so genannten weltlichen Instituten zählende Opus Dei ist von einer Aura des Geheimnisvollen umgeben. Oft wird diese Organisation für gefährlich gehalten, für eine Art katholische Mafia. Tatsache ist jedoch, dass die Vereinigung von Papst Johannes Paul II. unterstützt wird und dass er ihren Gründer selig gesprochen hat.

Das Opus Dei – auf Lateinisch das Werk Gottes – entstand 1928 in Spanien unter der Bezeichnung: Priestergemeinschaft vom Heiligen Kreuz und Opus Dei. Gegründet wurde es von dem jungen Priester Josemaría Escrivá de Balaguer, der begeistert war vom Ideal der Heiligkeit. Er hatte die Überzeugung, dass das Streben nach Heiligkeit nicht nur, wie traditionell üblich, den Priestern und Ordensleuten vorbehalten sei, sondern dass auch Laien bei der Erfüllung ihrer familiären, beruflichen und gesellschaftlichen Aufgaben von diesem dringenden Anliegen beseelt sein könnten.

Die Mitglieder des Opus Dei – seit 1930 gibt es auch einen Zweig für Frauen – sind demnach größtenteils katholische Laien. Sie kommen aus aller Herren Länder und allen sozialen Klassen; allerdings sind Akademiker und Angehörige der höheren Gesellschaftsschichten überproportional vertreten. Das Verfahren für die Aufnahme in die Gemeinschaft beginnt mit einer Probezeit. Danach folgt die fünf Jahre dauernde so genannte Oblationsphase, nach der sich der Betreffende auf Lebenszeit verpflichtet.

Getreu den Vorstellungen ihres Gründers bemühen sich die Angehörigen des Opus Dei, die zum größten Teil verheiratet sind, um eine vom christlichen Glauben durchdrungene Lebensweise und um die Einhaltung der kirchlichen Vorschriften, zu denen täglich zu verrichtende Gebete sowie der regelmäßige Besuch des Gottesdienstes und die regelmäßige Beichte gehören. Durch asketische Übungen versuchen sie persönliche Heiligkeit zu gewinnen. Um die Selbstdisziplin der Mitglieder zu stärken, bietet das Opus Dei ihnen geistliche Unterstützung an.

Der spanische Priester Josemaría Escrivá de Balaguer (1902–75), der Gründer des Opus Dei

Auf den Weg gebracht

Die Lehren von Josemaría Escrivá sind in seinem Buch *El Camino* (Der Weg) zusammengefasst, das 1934 erschien. Es ist mittlerweile in 35 Sprachen übersetzt worden und mehrere Millionen Exemplare wurden verkauft – ein deutliches Zeichen für die Ausstrahlungskraft des Opus Dei. Schon in den ersten Jahren nach der Gründung entstanden Niederlassungen in Spanien, dann auch in Portugal, England sowie in Italien und schließlich auf dem ganzen Erdball. Heute zählt das Opus Dei insgesamt über 80 000 Anhänger, darunter knapp 2000 Priester. In Deutschland gibt es rund 1000 Mitglieder, die Zentrale befindet sich in Köln.

Einige Vertreter des Opus Dei haben im Vatikan, aber auch in der spanischen Politik und Gesellschaft einflussreiche Posten inne. Außerdem leitet oder kontrolliert die Gemeinschaft einige Studentenheime, Schulen und Universitäten, beispielsweise die von Pamplona, die 1952 gegründet wurde und großes internationales Ansehen genießt.

1950 wurde das Opus Dei von Rom anerkannt; Papst Pius XII. verlieh der Vereinigung die Stellung eines weltlichen Instituts. In Johannes Paul II. fand die Gemeinschaft anschließend einen bedeutenden Gönner: Er gewährte ihr 1982 den neuen Status einer Personalprälatur, der sie zu einer Art Superdiözese macht, die direkt dem Papst untersteht. Die Gründe für die Verleihung dieses Privilegs liegen einmal in der konservativen Grundhaltung des Opus Dei, die dem gegenwärtigen Papst zusagt. Man nimmt aber auch an, dass er so ihre fi-

Tausende von Menschen hatten sich am 17. Mai 1992 auf dem Petersplatz in Rom zur Feier der Seligsprechung von Josemaría Escrivá versammelt.

nanzielle Unterstützung der polnischen Gewerkschaftsbewegung Solidarnosc unter Lech Walesa honorieren wollte.

Kritische Stimmen

Die Sonderstellung, die das Opus Dei erlangte, gab innerhalb der Kirche Anlass zu Kritik, die vor allem von Laien und von den Jesuiten geäußert wurde. So sind manche der Meinung, dass die Gemeinschaft über zu viel Unabhängigkeit und Macht verfügt. Andere werfen ihr vor, dass sie die Militärregimes in Lateinamerika unterstützt habe, und verübeln ihr überhaupt ihre Sympathien für die extreme spanische Rechte. Die Würdenträger des Opus Dei weisen diesen Vorwurf jedoch kategorisch zurück. Es ist zwar unbestritten, dass General Franco in den 60er-Jahren mehrere Minister berief, die dem Opus Dei angehörten; aber, so wird argumentiert, zahlreiche Historiker seien überzeugt, dass diese Kabinettsmitglieder eine positive Rolle bei der Entwicklung Spaniens gespielt hätten. Und darüber hinaus seien die Beziehungen zwischen Franco und der Gesellschaft auch keineswegs immer ungetrübt gewesen. Im Übrigen schreibe das Opus Dei seinen Mitgliedern keinerlei politische Marschrichtung vor; ihre Haltung in politischen Fragen sei ihre ganz persönliche Angelegenheit und man könne das Opus Dei nicht für die Einstellung seiner Anhänger belangen. Dieselbe Unabhängigkeit gewährt das Opus Dei auch in wirtschaftlicher, beruflicher und sozialer Hinsicht.

Vor den Toren der Peterskirche wohnten die Würdenträger der Zeremonie bei, in welcher der Gründer des Opus Dei selig gesprochen wurde.

Die Gebote des Priesters Josemaría Escrivá de Balaguer

Der Begründer des Opus Dei hat 999 Maximen aufgestellt. Hier sind einige davon:

Verschiebe deine Arbeit nicht auf morgen.

Sich gehen lassen? Du? … Willst du also Teil der Herde sein? Wo du doch dazu geboren bist zu befehlen! Bei uns ist kein Platz für die Lauen.

Ich möchte, dass du glücklich bist auf Erden. Du wirst es nur dann sein können, wenn du dich von der Angst vor dem Leiden befreist.

Dein größter Feind bist du selbst.

Eine Schnur, eine weitere und noch viele andere mehr bilden zusammengeflochten ein starkes Seil, mit dem ungeheuer schwere Lasten getragen werden können. Du und deine Brüder, ihr könnt mit eurem vereinten Willen den Willen Gottes erfüllen.

Du fühlst in dir einen großen Glauben … Derjenige, der dir diesen Glauben gibt, wird dir auch die Mittel zum Handeln geben.

Wenn dir der Gehorsam nicht den Frieden gibt, dann liegt es daran, dass du hochmütig bist.

Ein gutes Vorbild sein, damit sät man das gute Samenkorn.

Das Oberhaupt der rund 80 000 Mitglieder des Opus Dei auf der ganzen Welt ist seit 1994 der spanische Bischof Javier Echeverría.

Andere kritische Stimmen zielen auf das Finanzgebaren der Vereinigung ab und werfen ihr vor, in diverse diesbezügliche Skandale verwickelt zu sein.

Und schließlich sind noch Vorwürfe ganz besonderer Art laut geworden: Austrittswillige Mitglieder berichteten, dass das Opus Dei sie unter Druck gesetzt habe, und die Eltern von jungen Neumitgliedern beschwerten sich über zu strenge asketische Übungen und über die erzwungene Entfremdung ihrer Kinder von der Familie. Solche Aussagen erinnern an die Praktiken von Sekten und dieser negative Aspekt verstärkt sich noch dadurch, dass dem Opus Dei außerdem eine gewisse Geheimniskrämerei angelastet wird.

Seligsprechung

Trotz aller Kritik hat sich das Opus Dei aber zu einem wesentlichen Bestandteil der römisch-katholischen Kirche entwickelt. Durch die Rückendeckung des Papstes genießt es einen besonderen Schutz und die Bezeichnung heilige oder katholische Mafia wird kaum mehr angewandt.

Vor einigen Jahren erhielt das Opus Dei sogar eine Art höhere Weihen: Nach einer Vorbereitungszeit von über zehn Jahren wurde sein Begründer Josemaría Escrivá am 17. Mai 1992 selig gesprochen. 300 000 Gläubige hatten sich bei strahlendem Wetter auf dem Petersplatz in Rom versammelt, um dieses wichtige Ereignis mitzuerleben. In seiner Lobrede sagte Papst Johannes Paul II.: „Josemaría Escrivá war ein vorbildlicher Priester, dem es gelungen ist, neue apostolische Horizonte für die Missions- und Evangelisationstätigkeit zu eröffnen."

MIT WELCHEN GEHEIMWAFFEN WIRD IN ZUKUNFT GEKÄMPFT?

Es gibt viele Spekulationen darüber, wie wohl die Kriege der nächsten Jahrhunderte aussehen werden – falls es überhaupt dazu kommt. Vielleicht schießen feindliche Einheiten dann nicht mehr mit Gewehren aufeinander, fahren keine Geschütze auf und werfen auch keine Bomben. Manche Wissenschaftler behaupten, in nicht allzu langer Zeit würden Gefechte lautlos ablaufen, etwa durch Einsatz von Laser, Klebstoffen oder Mikroben. Was ist davon zu halten?

Während des Ersten Weltkrieges, am 22. April 1915, begann eine verhängnisvolle Entwicklung: Erstmals in der Geschichte kam Giftgas zur Anwendung. Entlang einem 6 km langen Frontabschnitt setzten die deutschen Truppen in der zweiten Ypern-Schlacht Chlorgas ein. Rund 5000 alliierte Soldaten starben daran und etwa 10 000 wurden verletzt.

Im Zweiten Weltkrieg planten die Nazis zwar ebenfalls, ihre Feinde mit chemischen Waffen zu bekämpfen, doch glücklicherweise blieben solche Angriffe aus. Ein im Dritten Reich erfundenes Produkt ist in Frankreich aber nach wie vor unter der Bezeichnung Bladan im Handel und zählt zu den giftigsten Insektiziden. Als der Iran und der Irak in den 80er-Jahren einen Grenzkrieg führten, griffen sie häufig auf genau dieses Mittel zurück.

Welch verheerende Wirkung C-Waffen haben, zeigt insbesondere das Beispiel des Vietnamkrieges, in dessen Verlauf die Amerikaner massenhaft ein Entlaubungsmittel namens Agent Orange über den Wäldern des ostasiatischen Landes abwarfen, um die kommunistische Guerilla aufzuspüren. Dabei zerstörten sie über 1,4 Mio. ha Baumbestand – eine ökologische Katastrophe. Durch die Verseuchung wiesen viele Neugeborene danach schreckliche Missbildungen auf; außerdem verdoppelte sich die Zahl der Totgeburten.

In den letzten Jahrzehnten sind vermehrt auch Länder der so genannten Dritten Welt dazu übergegangen, chemische Waffen zu produzieren, weil sie sich keine Atomforschung erlauben können. So reagierte die Welt völlig entgeistert, als Ende der 80er-Jahre bekannt wurde, dass die libysche Regierung mithilfe einer baden-württembergischen Firma in Rabta eine Giftgasfabrik errichtete. Ein Feuer verwüstete die Anlage 1990, doch laut Angaben des US-Geheimdienstes CIA veranlasste die Regierung unter Revolutionsführer Muammar al-Gaddhafi bereits zwei Jahre später unweit der Hauptstadt Tripolis den Bau der größten unterirdischen Chemiewaffenfabrik.

1996 nahm man zwei Geschäftsleute aus Mönchengladbach fest, die Material zur Giftgasproduktion im Gesamtwert von 3,2 Mio. DM nach Libyen geliefert hatten, darunter mehrere computergesteuerte Mischgeräte. Das nordafrikanische Regime steht seit langem unter Verdacht, die internationale Terrorismusszene mit

Links: Eine Testpuppe, auf die mit einem Spezialgerät (unten) umgehend erstarrender Schaum gesprüht wurde. Macht man das mit Menschen, so überleben sie zwar in der Regel, sind aber bewegungsunfähig.

Nur Schutzanzüge und Gasmasken gewähren dem Menschen ein gewisses Maß an Sicherheit bei Angriffen mit atomaren, biologischen und chemischen Waffen. Bevor man die Overalls auszieht, sind Dekontaminierungsduschen erforderlich.

hochgefährlichen Substanzen wie Lost und Sarin zu beliefern.

Wie leicht sich demokratiefeindliche Bewegungen in der heutigen Zeit mit C-Waffen eindecken können, belegt ebenso der grauenhafte Giftgasanschlag der japanischen Aum-Sekte auf die U-Bahn in Tokio im März 1995. Wahrscheinlich beschafften sich die mutmaßlichen Täter das eingesetzte Sarin in Russland. Zwölf Menschen verloren durch den Gewaltakt ihr Leben, rund 5000 erlitten Verletzungen.

Weil C-Waffen töten, Behinderungen sowie erbliche Krankheiten verursachen und die Natur verseuchen, haben sich zahlreiche Nationen entschlossen, diese Vernichtungsmittel zu ächten. Im April 1997 trat eine internationale Konvention in Kraft, in deren Folge die Vereinten Nationen in Den Haag eine Kontrollbehörde, die OPCW, eingerichtet haben; sie überwacht die Einhaltung des Vertrags. Ihre mehr als 200 Inspekteure dürfen auch überraschend beliebige Industriebetriebe und Militäreinrichtungen untersuchen, wenn zwei Drittel der Mitgliedsstaaten zustimmen.

Gleichwohl: C-Waffen bleiben weiterhin eine Gefahr, da Länder wie der Irak und Libyen kräftig weiterproduzieren.

Den Menschen schonend?

Westliche Verteidigungsexperten sprechen heutzutage häufig von „nicht tödlichen" oder gar „humanen" Waffensystemen; diese sollen die Kriegführung des 21. Jh. bestimmen. Worum handelt es sich hierbei? Und gibt es tatsächlich so etwas wie „sanfte Killertechnologien" oder werden wir Laien mit beschönigenden Begriffen irregeführt?

Fest steht, dass sich die Militärforschung seit geraumer Zeit sehr ernsthaft damit befasst. Vor allem die US-Regierung stellt Millionensummen für die Entwicklung neuer Angriffs- und Abwehrmethoden in Waffenschmieden wie Los Alamos, Edgewood und Picatinny zur Verfügung, wobei die Tests unter strengster Geheimhaltung ablaufen.

Grundlegende Fakten sind dennoch inzwischen an die Öffentlichkeit gelangt. Eine Reihe von angeblich wenig schädlichen Waffen setzen Menschen außer Gefecht, andere beschädigen Heereseinrichtungen oder machen Geräte funktionsunfähig.

Attacken von Infanterieeinheiten lassen sich beispielsweise durch Langzeitberuhigungsmittel verhindern. Den Proviant des Gegners zu präparieren wird meist zu riskant sein, aber man kann die Medikamente auch von Marschflugkörpern oder Flugzeugen aus versprühen. Hierfür sind allerdings große Mengen erforderlich, weil man nie genau einzuschätzen vermag, wie die Winde sie verteilen. Bei ihrem Einsatz in Somalia 1995 sollen die US-Truppen bereits einmal die Wirkung solcher so genannten Sedativa getestet haben; es heißt, aufgrund eines brutalen Racheakts der Rebellen hätten sie dann sofort wieder Abstand von der Anwendung der Tranquilizer genommen.

Weichaufprallwaffen könnten zunehmend Pistolen und Gewehre ersetzen. Befürworter dieser Geschosse weisen auf die Vermeidung von Todesopfern hin – dabei verschweigen sie, dass etwa ein heftiger Aufprall von Plastikprojektilen bisweilen sehr wohl tödliche Folgen hat. Oft ruft das schwerste innere Verletzungen hervor, wie Untersuchungen aus Nordirland gezeigt haben, wo man Plastikprojektile schon seit längerem benutzt. Ungefährlicher erscheinen da speziell ausgerüstete Gewehre zum Abfeuern von Netzen, die feindliche Armeeangehörige einfangen. Erwartet man erbitterte Gegenwehr, so soll man die Netze mit Klebstoff, Reizgas oder Pfefferspray behandeln.

Darüber hinaus besteht die Möglichkeit, mit einer „Leimpistole" synthetischen Klebeschaum auf Soldaten zu schießen. Die harzige Masse erstarrt extrem schnell an der Luft und bildet eine Art Zwangsjacke, aus der sich der Angegriffene nur mit fremder Hilfe befreien kann. Von einer sanften Methode darf hier keinesfalls die Rede sein: Man bekommt den Schaum lediglich mit stark hautschädlichen Lösungsmitteln wieder ab. Wer im Gesicht getroffen wird, dem droht klägliches Ersticken. Nicht zuletzt spricht gegen die Verwendung von Leimpistolen, dass sie sich nur für den Nahkampf eignen und genaues Zielen damit sehr schwierig ist. Bisweilen wird argumentiert, sie könnten zukünftig bei Polizeimaßnahmen wegen geringerer Verletzungsgefahr eine Alternative zu Schusswaffen darstellen, doch selbst das erscheint derzeit höchst unrealistisch.

Dagegen laufen die Experimente mit Laserabwehrsystemen auf Hochtouren. Amerika hat seit den 70er-Jahren verschiedene Varianten entwickelt, darunter Lasergewehre und -granaten sowie Infanterielaser. Sie erzeugen Strahlenbündel mit hoher Energiedichte, die feindliche Soldaten aus größerer Entfernung stark blenden, bei geringer Distanz aber deren Augenlicht vollständig zerstören. Zugleich beeinträchtigen sie elektronische und optische Geräte. Das US-Verteidigungsministerium visierte im Oktober 1997 erfolgreich einen seiner veralteten Erdsatelliten mit einer Laserkanone an und gelangte dadurch zu präzisen Erkenntnissen darüber, wie verwundbar die eigenen Kommunikations-, Späh- und Navigationstechniken sind. Behauptungen zufolge verfügen Russland, China, Großbritannien, Frankreich und Israel über vergleichbare Ausrüstungen.

Statt von einer „Revolutionierung der Kriegführung" sprechen Kritiker indes von „teuflischem Blendwerk" und fordern einen Laser-

Probleme mit dem Laser

So einfach, wie es häufig klingt, ist die Verwendung von Lasertechnik nicht. Entsprechende Geräte mittels Satelliten ins All zu verfrachten, von wo aus sie die Lenksysteme feindlicher Flugkörper zerstören sollen, stellt sich als extrem schwierig dar. Zum einen wiegen sie einige Tausend Tonnen; darüber hinaus braucht man für ihren Einsatz in 1000 km Höhe rund 60 000 t Kraftstoff. Dieser wäre an Bord der Satelliten zu lagern. Allein das Abschießen dieser Ausrüstung ins All würde Unsummen kosten.

Sollte man den Laserstrahl stattdessen von der Erde aussenden, so müssten ihn Satellitenspiegel in einer Entfernung von 36 000 km auffangen und weiter auf die Zielobjekte übertragen. Das präzise auszuführen würde sich als äußerst kompliziert erweisen. Die Stärke des Strahls wird zudem beim Passieren durch die Erdatmosphäre abgeschwächt.

waffen-Sperrvertrag. Unter anderem mahnt das Internationale Rote Kreuz in einem Dossier, Erblinden zähle zu den gravierendsten, da unheilbaren Kriegsverletzungen.

Gleichermaßen umstritten sind bestimmte Psychowaffen. Lautsprecher etwa erzeugen mit hoher Wattstärke Schallwellen, die sogar in gepanzerte Fahrzeuge dringen und Menschen allmählich schachmatt setzen. Zunächst erzeugen sie Orientierungslosigkeit, dann Übelkeit und unkontrollierten Stuhlgang, bis man nicht mehr zu koordiniertem Handeln in der Lage ist und sich schließlich dem Wahnsinn nahe fühlt. Ähnliche Effekte zeigt eine intensive Ultraschallbestrahlung; sie kann zudem Taubheit auslösen oder den Tod herbeiführen.

Säuren, Teflon und Mikrowellen

Und wie sollen die Methoden zur Materialschädigung aussehen? Die Realität hat inzwischen längst einen phantasievollen Comic aus den 60er-Jahren überholt, *Die Abenteuer von Spirou und Fantasio*, in dem der Graf von Champignac eine Säure zum Schmelzen von Metall erfand.

Bereits jetzt können niedrig fliegende Kampfbomber problemlos Metall fressende Mikroben über ganzen Panzerformationen verteilen. Und Verbrennungsstörstoffe mit 3 %igem Azetylenkonzentrat, das man normalerweise zum Schneiden und Schweißen von Metall nimmt, zerstören Dieselmotoren in Sekundenschnelle.

Weitere Produkte machen den Gummi von Autoreifen brüchig. Sollte es damit nicht gelingen, feindliche Truppen- und Gütertransporte zu stoppen, bleibt noch die Möglichkeit, „Teflonkonfetti" auf die Straßen zu sprühen. Es wirkt wie Schmierseife, erschwert das Vorankommen der Infanteristen, bringt Fahrzeuge und Züge ins Rutschen und verhindert den Start von Flugzeugen. Allerdings lässt sich Teflon nur mit Mühe wieder entfernen und vernichtet pflanzliches Leben. Angeblich wurden darüber hinaus starke Klebstoffe erfunden, die Panzer und Flugzeuge schlagartig zum Stillstand bringen.

Worauf konzentriert sich die Forschung im Hightechbereich? Beispielsweise spielen hier Hochleistungsmikrowellen eine wichtige Rolle. Sie setzen z.B. Radar- und Funkgeräte an der Front außer Kraft, verursachen Störungen in Schaltkreisen von Kraftwerken und beeinträchtigen genauso wie Computerviren die EDV-Anlagen. Beim Menschen ruft intensive elektromagnetische Strahlung gefährliche Erkrankungen wie Knochenschäden, Blutgerinnsel und Krebs hervor.

Gerüchten zufolge besitzen Amerikaner und Briten außerdem schon Hochfrequenzwaffen zur Zerstörung globaler Computernetze. Diese

machen auch die Bordelektronik von Flugzeugen funktionsunfähig, was Explosionen und Abstürze bewirkt.

Ist ein „sauberer Krieg" denkbar?

Während Wissenschaftler und Militärs bisweilen geradezu ins Schwärmen geraten, wenn sie über die „unblutige Konfliktaustragung" berichten, geben Friedensforscher und humanitäre Organisationen erschreckende Prognosen für die Konflikte des 21. Jh. ab. Sie glauben, „humane" Abwehrsysteme – die, wie dargestellt, gar nicht harmlos sind – würden die herkömmlichen nicht verdrängen, sondern lediglich ergänzen.

Nicht zuletzt kursieren Gerüchte, dass einige Industrienationen parallel zu den vermeintlichen „moralischen Alternativen" ganz neue Todeswaffen erproben, mit denen der Angreifer seinen Gegner aus sicherer Entfernung ausschaltet und selbst auf jeden Fall unbeschadet bleibt. Der Ausdruck „sauberer Krieg" ist also in sich widersprüchlich.

Vielleicht sieht das Überschallflugzeug Aurora so aus wie in dieser Zeichnung dargestellt, vielleicht aber auch anders. Das amerikanische Verteidigungsministerium hat bisher keine Fakten über das mysteriöse Projekt veröffentlicht. Manche Insider behaupten, die Entwicklung von Aurora könne zu teuer sein, weswegen die Tests wieder eingestellt würden.

Die F-117 Stealth *von Lockhead; das Tarnkappenflugzeug kam erstmals im Golfkrieg zum Einsatz.*

Natürlich gibt es auch im Flugzeugbau ständig Innovationen. Im Golfkrieg etwa sah man erstmals F-117-Bomber, Tarnkappenflugzeuge, die kein Radarschirm zu erfassen vermag. Viele Projekte dieser Art planen die Militärstrategen hinter den Kulissen. So sind seit Mitte der 80er-Jahre Spekulationen über ein mysteriöses amerikanisches Flugzeug namens *Aurora* im Umlauf. Im Internet findet man Modellzeichnungen und Chronologien mit detaillierten Auflistungen, wann und wo es angeblich gesichtet oder zumindest gehört wurde. Indes hat die US-Regierung bislang nichts dazu verlautbart.

Comic-Held: Der Graf von Champignac schmilzt Eisen mit einem Champignonextrakt. Heute zerstört man Metalle unter anderem mit Mikroben.

Mach 6 erreicht?

Den ersten Anlass zu Mutmaßungen gab der Haushaltsplan des Pentagon von 1985. Darin tauchte unter der Bezeichnung *Aurora* ein nicht weiter erläuterter Eintrag auf; Produktionsbeginn sollte zwei Jahre später sein. Im Februar 1988 berichtete die *New York Times*, aus inoffiziellen Quellen des Verteidigungsministeriums erfahren zu haben, dass die US Air Force ein Tarnkappen-Flugvehikel mit einer Geschwindigkeit von Mach 6 entwickle, d.h. also mit sechsfacher Schallgeschwindigkeit.

Im August 1989 erblickte dann der Ingenieur Chris Gibson bei Arbeiten auf einer Ölplattform im Nordatlantik eine ungewöhnliche Formation am Himmel. Sie bestand aus einem Flugtanker, zwei Jagdbombern und einer vierten Maschine mit einer gleichschenklig dreieckigen Unterseite. Gibson kannte so gut wie jeden Flugzeugtyp, doch diesen hatte er noch nie gesehen. Handelte es sich um *Aurora?* Vielleicht. Indizien für Tests mit dem Überschallflieger hat es immer wieder gegeben, eindeutige Beweise fehlen aber.

Trotzdem sprechen überzeugende Fakten für seine Existenz. Zur Überraschung der Weltöffentlichkeit nahm das Pentagon 1990 das Spionageflugzeug *Blackbird SR-71* aus dem Dienst, mit Mach 3 das bis dahin schnellste Flugzeug überhaupt. Die Begründung lautete, mittlerweile seien hinreichend Aufklärungssatelliten vorhanden, weshalb man die Finanzierung von *Blackbird*-Staffeln nicht länger rechtfertigen könne. Das klang wenig plausibel. Im Kriegsfall ist mit Angriffen auf Satelliten zu rechnen; werden sie getroffen, kann man sie nicht rechtzeitig und in ausreichender Zahl ersetzen. Ohne Spionageflugzeuge geriete die attackierte Partei sofort ins Hintertreffen – freiwillig würden sich die Amerikaner wohl kaum in solch eine Situation begeben. Sie müssen demnach ein besseres Modell als *Blackbird* gefunden haben.

Ab Juni 1991 hörten Bewohner verschiedener Orte in Südkalifornien öfter pulsierenden Fluglärm und Überschallgeräusche; Letztere wurden sogar von seismographischen Messgeräten registriert. In Texas machte ein Fotograf im Mai 1992 ein Bild von einem sonderbaren Kondensstreifen am Horizont: Entlang einer schmalen Linie reihten sich in regelmäßigen Abständen kleine Rauchringe auf. Einige Tage danach beobachteten Angestellte der Flugüberwachung bei der britischen Luftwaffe, der Royal Air Force, über dem schottischen Machrihanish das gleiche Phänomen. Zusammen mit dem Fluglärm deutet dieses laut Einschätzung von Experten auf einen so genannten pulsierenden Detonationswellen-Antrieb hin, dem wahrscheinlich ein Methan-Oxidator-Gemisch als Treibstoff dient. Die Technik gewährt ein besonders günstiges Gewicht-zu-Schub-Verhältnis.

Falls *Aurora* tatsächlich die Nachfolge von *Blackbird* angetreten hat: Werden wir den Hochgeschwindigkeits-Flugkörper jemals zu sehen bekommen?

Militärische Modellflugzeuge

Bereits seit einiger Zeit verwendet die israelische Armee ferngesteuerte Modellflugzeuge zur Überwachung des Staatsgebiets. Manche Maschinen gleichen zwar übergroßem Spielzeug, doch handelt es sich dabei um wichtige Aufklärungstechnik. Die kleinen Flieger sind mit robusten Kameras ausgestattet, die man z. B. dazu nutzt, um im Grenzgebiet und an sonstigen Unruheherden Aufnahmen zu machen. Unter dem Namen **Black Widow** ***(Schwarze Witwe) und*** **Microbat** ***(Mikrofledermaus) werden in amerikanischen Rüstungslabors inzwischen ebenfalls Mikroflugkörper entwickelt, die man für die militärische Aufklärung aber auch für den Transport von Waffen und biologischen Kampfstoffen verwenden kann.***

GEHEIMDIENSTE BETREIBEN WIRTSCHAFTSSPIONAGE

Seit dem Zusammenbruch des Kommunismus haben sich die Nachrichtendienste umorientiert. Weil die ehemaligen militärischen Gegner in Ost und West nun zu Konkurrenten auf den globalen Märkten geworden sind, schicken sie ihre Agenten aus, um Daten über führende Unternehmen „auf der anderen Seite" zu bekommen. Doch genauso beschnüffeln sich befreundete Nationen gegenseitig. Regierungen und Industriebosse versprechen sich bessere Absatzchancen, wenn sie genau über globale Entwicklungen Bescheid wissen.

Bei Welthandelsgesprächen im Jahr 1995 wunderten sich die Beauftragten der EU, warum die Amerikaner so außergewöhnlich gut über europäische Positionen informiert schienen. Ein Jahr später wussten sie die Antwort: Agenten des US-Geheimdienstes CIA hatten sich im Auftrag ihrer Regierung Zugang zu den EU-Computersystemen verschafft und detaillierte Auskünfte über die zu erwartenden Verhandlungsgrundlagen eingeholt.

Ebenfalls 1996 stand Frankreich unter Schock, denn der britische Geheimdienst MI6 stahl eine neue Technologie aus dem Marinehafen Brest – einen Satelliten zum Aufspüren von Atom-U-Booten. MI6 bediente sich dabei der Unterstützung von Landsleuten, die teilweise seit vielen Jahren als Journalisten jenseits des Kanals arbeiteten und sich das Vertrauen französischer Experten erschlichen; Letztere zeigten sich schließlich bereit, ihr Wissen für einige Tausend Pfund zu verkaufen.

Laut Aussagen der schwedischen Geheimpolizei Säkerhetspolisen betätigen sich über die Hälfte der 30 Angestellten der russischen Botschaft in Stockholm als Wirtschaftsspione. Früher habe der sowjetische KGB 600 Scheinfirmen im gesamten Land unterhalten; die meisten davon existierten noch, heißt es. Ähnlich sieht es in Deutschland aus. Wie Nachrichtendienstleute annehmen, schnüffeln eventuell sogar mehrere Tausend Russen in unserer Industrie.

Die Liste der Beispiele ließe sich endlos fortsetzen. Wirtschaftsspionage ist heutzutage gang und gäbe: Jeder bespitzelt jeden. Von daher wirkt es geradezu lächerlich, wenn sich ein Staat über die verdeckten Aktivitäten eines anderen empört. Wer auf den globalen Märkten bestehen will, der macht sich kundig, was die Konkurrenten beispielsweise auf den Gebieten Mikroelektronik, Atomenergie, Computer, Luftfahrt, Chemie, Pharmakologie und Gentechnik zu bieten haben. Regierungen heißen die Straftaten gut – nicht nur stillschweigend. In der Regel erteilen sie den Auftrag dazu.

Welche Gewinne die einzelnen Volkswirtschaften durch den Diebstahl von Know-how machen, findet man nirgendwo beziffert. Wohl aber gibt es Vermutungen darüber, wie hoch der Schaden für die Bestohlenen ist. In einer Anhörung des US-Senats zum Thema Wirtschaftsspionage im Februar 1996 mochte sich FBI-Direktor Louis J. Freeh zwar auf keine genaue Zahl festlegen, sagte jedoch, die amerikanische Industrie verlöre viele Milliarden Dollar durch solche Delikte. Für Deutschland liegen Schätzungen der Gewerkschaft der Polizei vor: Wahrscheinlich betragen die Verluste bei uns rund 20 Mrd. DM pro Jahr.

Der „zweite Kalte Krieg"

Seit jeher haben Konzerne versucht, Informationen über die Konkurrenz zu ergattern: So wollte Coca-Cola wissen, was Pepsi plante, und umgekehrt; in der Automobilbranche brachten die großen Hersteller in Erfahrung, welche Fahrzeugtypen die übrigen Marktführer konstruierten. Aber die systematische Spionage in Firmen und Forschungsanstalten anderer Länder hat erst in den 90er-Jahren enorm zugenommen. So verdoppelten sich die Agententätigkeiten in deutschen Unternehmen zwischen 1994 und 1996. Das Bundeskriminalamt rechnet bis zun Jahr 2000 mit einer weiteren Zunahme um an nähernd 25 %.

Manche Insider gehen davon aus, dass welt weit rund 500 000 Männer und Frauen in ge heimdienstlicher Mission unterwegs sind, ur zukunftsträchtiges Wissen auszukundschaften Wie ist es zu dieser Entwicklung gekommen?

Computer (oben) und Mikrofone in Zigarettenschachteln sind wichtige Hilfsmittel heutiger Agenten.

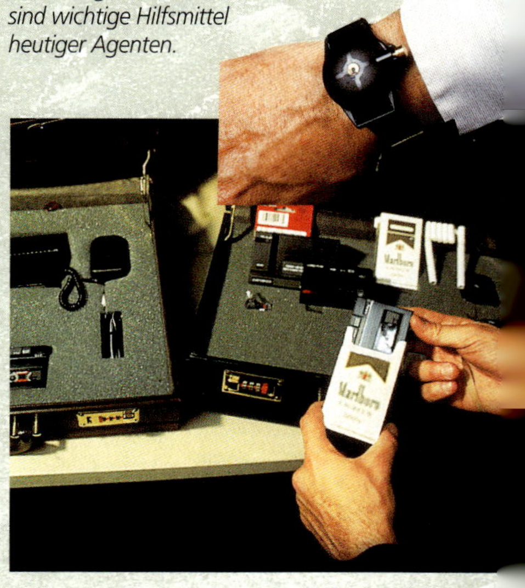

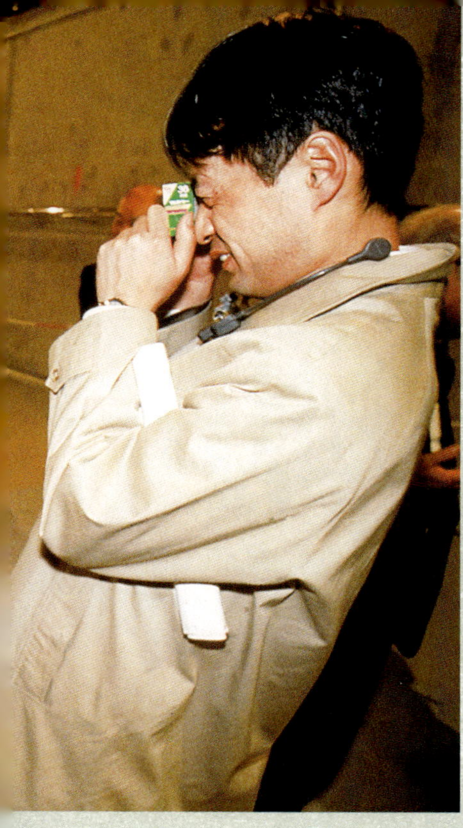

Japanische Wirtschaftsvertreter bei der Besichtigung einer Fabrik in La Hague; während solcher Termine ist das Fotografieren natürlich erlaubt.

Vor allem bewirkte das Ende des Kalten Krieges entscheidende Veränderungen. Durch den Zusammenbruch des Kommunismus traten zwischen Ost und West ökonomische statt militärischer Gegensätze in den Vordergrund. Weil die Nachrichtendienste die ehemaligen Feinde ja nicht mehr auf politischer Ebene belauern müssen und somit Kapazitäten freihaben, arbeiten sie jetzt für mächtige, nicht selten auch staatliche, Konzerne. Man spricht vom „zweiten Kalten Krieg“.

Das bedeutet nicht, dass sich lediglich die Gegner von einst bespitzeln. Nein, auch befreundete Staaten wie die USA und EU-Mitglieder setzen Geheimdienste aufeinander an. Weshalb tun sie das? Nun, die westlichen Industrienationen versprechen sich bessere Absatzchancen, wenn sie sich heimlich innovative Konzepte von den Verbündeten besorgen, vor Vertragshandlungen schon die Konditionen ausforschen und über bevorstehende Zusammenschlüsse von Unternehmen in Kenntnis gesetzt werden.

Indes streben die früheren Ostblockstaaten, und unter ihnen besonders Russland, danach, möglichst zügig Anschluss an den Westen zu bekommen. Undercover-Aktivitäten ersparen ihnen Zeit und Geld für die Forschung im High-Tech-Sektor. Polen, Tschechien und Ungarn halten sich allerdings vorerst mit verbotenen Recherchen zurück, um ihre baldige Aufnahme in die EU nicht aufs Spiel zu setzen.

Lediglich so genannte Schwellenländer wie der Iran, der Irak, Indien, Pakistan, Libyen und Syrien verfolgen nach Meinung von Experten in erster Linie weiterhin militärische Ziele; sie wollen hauptsächlich in den Besitz von Massenvernichtungswaffen gelangen.

Iranische Geheimdienste versorgen sich in Deutschland gemäß Angaben des Bundesverfassungsschutzes mit technischem Know-how über ABC-Waffen und Trägertechnologien, kaufen dafür notwendige Produkte ein und kümmern sich um die Beschaffung von Waffenmustern. Außerdem liegt ihnen sehr daran, sich mit Dual-use-Gütern einzudecken, Erzeugnissen, die sich sowohl zivil als auch militärisch nutzen lassen, beispielsweise aus dem Maschinenbau und der Messtechnik.

Lauter Halbwahrheiten

Im Informationszeitalter müssen die Agenten bei weitem nicht mehr so aufwändige Strategien anwenden wie früher, um Fakten zu sammeln. Statt nachts in fremden Aktenschränken zu wühlen, zapfen sie heute mit Leichtigkeit Satelliten an, loggen sich in Datenbanken ein und überwachen mit hochmodernen funkelektronischen Abhöreinrichtungen den Telefon- und den Faxverkehr. Wie man in journalistischen Publikationen nachlesen kann, beteiligen sich Amerika, Frankreich und Russland am Lauschangriff auf Deutschland. Ihre Stationen befinden sich teilweise auf bundesdeutschem Territorium, teilweise in einigen benachbarten Ländern.

Zwar dringt wie eingangs geschildert eine beträchtliche Zahl von Fällen der „wirtschaftli-

BUSINTEL – eine florierende neue Branche

Immer mehr amerikanische Unternehmen scheuen davor zurück, sich mithilfe der Geheimdienste Informationen zu beschaffen. Zum einen fürchten sie, dass die Spione parteiisch sind und bestimmten Firmen besseres Material zuspielen als anderen. Außerdem bezweifeln sie, ob die Kompetenz der Agenten bei der Aufbereitung der Daten für Wettbewerbszwecke ausreicht. Von daher arbeiten Industriebosse zunehmend mit privaten Organisationen zusammen. Hier sitzen absolute Profis; oft handelt es sich um Ex-Geheimdienstleute, die sich auf Wirtschaftsfragen spezialisiert haben. Im Fachjargon heißt die neue Branche BUSINTEL – die Abkürzung steht für Business (Wirtschaft) und Intelligence (Geheimdienste). Laut einer Umfrage verzeichnete sie 1994 einen Jahresumsatz von 3,3 Mrd. Dollar.

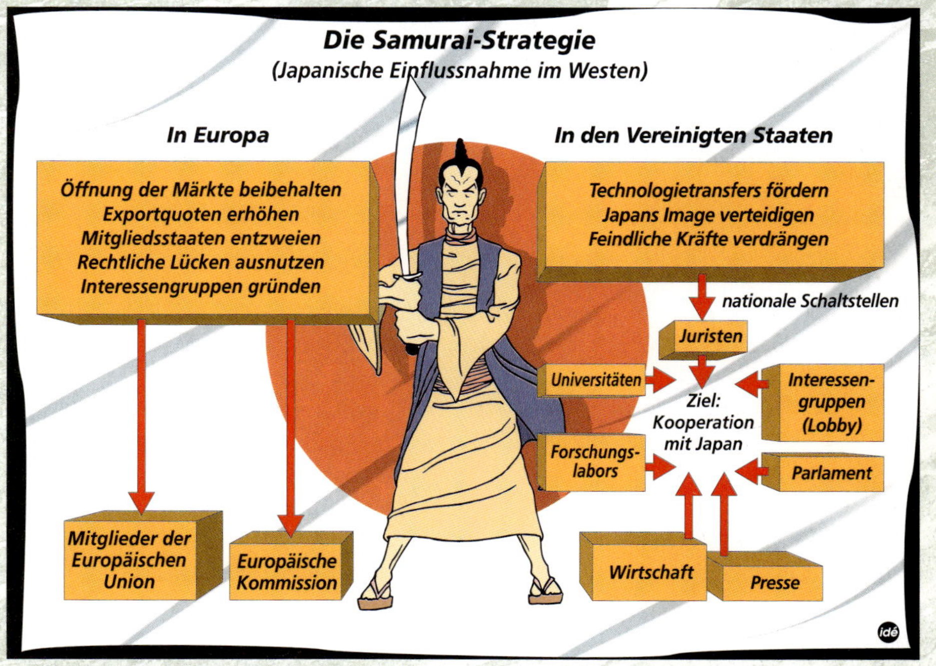

Eine französische Darstellung der „japanischen Gefahr“; andere Länder werfen wiederum Frankreich vor, extrem aggressive Wirtschaftsspionage zu betreiben. All solcher Propaganda sollte man mit Vorsicht begegnen.

chen Kriegführung" an die Öffentlichkeit, doch stellen sie wahrscheinlich nur die Spitze des Eisbergs dar. Außerdem bleiben selbst bei den bekannten Delikten unzählige Details im Dunkeln. Auch versierten Journalisten gelingt es meist nicht, die komplexen Hintergründe voll aufzudecken.

So bewarb sich Siemens im Herbst 1993 gemeinsam mit AEG um einen Auftrag in Südkorea, das eine ganze Reihe von Hochgeschwindigkeitszügen für die gut 420 km lange Strecke zwischen Seoul und Pusan brauchte. Den Zuschlag erhielt das britisch-französische Konsortium GEC Alsthom, obwohl das deutsche Angebot günstiger war. Sofort schöpfte Siemens den Verdacht, seine Telekommunikationsgeräte seien abgehört worden. Die Aufregung verpuffte erstaunlicherweise innerhalb weniger Tage und kein Bürger wusste, was er über die Anschuldigungen denken sollte.

Überhaupt sieht sich der Laie häufig mit Halbwahrheiten konfrontiert. Immer dann, wenn ein Land spürbare Nachteile erleidet, wettern Politiker gegen die Unterwanderung durch Agenten: reine Propaganda, denn die Opfer, die da um ihren Standort bangen, zählen ja selbst zu den Tätern. Beispielsweise bezichtigen sich Amerikaner, Franzosen und Japaner oft gegenseitig des Banditentums, doch betreiben alle drei gleichermaßen Auslandsaufklärung bei der Konkurrenz.

Zwei Beispiele aus dem amerikanisch-französischen Wirtschaftskrieg: Die Luftfahrtgesellschaft Air France ließ Gespräche ihrer Fluggäste in der ersten Klasse aufzeichnen; darunter befanden sich Mitarbeiter amerikanischer Airlines. Die Pariser Regierung entschuldigte sich für den Vorfall, der sich ein wenig relativierte, als im Frühjahr 1995 fünf US-Spione aufflogen, die in Frankreich Erkundigungen über audiovisuelle Medien und Telekommunikationseinrichtungen eingeholt hatten.

Die Japaner besitzen nur einen kleinen offiziellen Auslandsnachrichtendienst. Wichtige Informationen ermitteln das Wirtschaftsministerium und Privatunternehmen gemeinschaftlich.

In Großstädten wie London (oben), Paris und Berlin tummeln sich Tausende von Wirtschaftsspionen.

Konzerne beschaffen sich über ihre Niederlassungen in aller Welt das gewünschte Datenmaterial, wobei auch zahlreiche offene Quellen ausgewertet werden. Das baden-württembergische Landesamt für Verfassungsschutz attestierte den Japanern 1994 großes Können im Abschöpfen legalen Materials, darunter Informationen über das weltweite Patentwesen, ökonomische Analysen und Abhandlungen über Zukunftstrends. Dazu würden laut Verfassungsschutz „Tausende von Wissenschaftlern, Übersetzern und Technologieexperten" permanent die internationale Fachpresse auswerten. Nippon setzt ebenso militärische Geheimdienste ein und verfügt über eine ausgezeichnete Fernmeldetechnik, mit der es vornehmlich die frühere Sowjetunion und die Staaten im Pazifikraum abhorcht.

Äußerst vertrackt wird die Situation, sobald Spionagedienste zweier Länder kooperieren, manchmal aber gegeneinander vorgehen. So sind sich der deutsche Bundesnachrichtendienst (BND) und die Direction Général de Sécurité Extérieur (DGSE), einer der fünf französischen Geheimdienste, behilflich. Aufklärungstätigkeiten im jeweiligen Partnerland trüben das Verhältnis jedoch bisweilen.

In welcher Form ist der BND aktiv? In seinem viel beachteten, obgleich umstrittenen Buch *Diebstahl bei Freunden* (1993) hat der amerikanische Journalist Peter Schweizer dargelegt, wie deutsche Agenten angeblich Forschungseinrichtungen und Firmen in den USA, Frankreich, Großbritannien und Italien aussondieren. Diese Vorwürfe wies der BND genauso weit von sich wie jene, die Erich Schmidt-Eenboom und Jo Angerer in *Die schmutzigen Tricks der Wirtschaftsspione* (1994) zusammentrugen. Letztere behaupten, der BND erhalte seine Aufträge aus dem Kanzleramt, den Ministerien und bisweilen sogar direkt aus der Industrie.

Über das Thema wird weiter spekuliert werden, da Bonn nichts dazu verlautbart. In anderen Ländern dagegen bekennen sich die Regierungen zur Wirtschaftsspionage. So hat US-Präsident Bill Clinton gesagt: „Die amerikanischen Geheimdienste sollen auf aggressive Spionage aggressiv reagieren." Ähnlich äußerte sich sein russischer Amtskollege Boris Jelzin über die Ziele der KGB-Nachfolgeorganisationen.

Gibt es einen Weg zurück?

Manche Staaten haben hohe Strafen für den Diebstahl von Handelsgeheimnissen eingeführt. So trat in den USA 1996 ein Wirtschaftsspionagegesetz in Kraft, das je nach Schwere des Delikts bis zu 15 Jahre Haft und bis zu 500 000 Dollar Strafe für Einzelpersonen oder 10 Mio. Dollar für Organisationen vorsieht. Frankreich führte vergleichbare Regelungen ein.

Doch mit solchen Maßnahmen schützen sich die betreffenden Länder lediglich selbst, gehen aber keinerlei Verpflichtung ein, die Aktivitäten ihrer Nachrichtendienste einzustellen.

Die unfaire Informationsbeschaffung kann nur ein Ende finden, wenn die Staaten bi- oder multilaterale Verträge abschließen, die Industriespionage aus der internationalen Politik verbannen. Der Wirtschaftsausschuss des Deutschen Bundestages hat diesbezüglich 1997 einen Vorstoß gemacht und ein Verbotsabkommen zumindest unter den westlichen Ländern vorgeschlagen. Als Alternative wären Selbstverpflichtungserklärungen einzelner Staaten denkbar. Bisher stehen die Chancen dafür schlecht.

Angriff auf den Staat: Die Verbrechen der Loge P2

Anfang der 80er-Jahre drangen erste Informationen über die schmutzigen Machenschaften dieses Geheimbundes an die Öffentlichkeit. Durch illegale Finanzgeschäfte, massive Korruption, Unterstützung rechtsextremistischer Kreise und Beauftragung von Terroranschlägen hatte die Bruderschaft versucht, die italienische Gesellschaft zu unterwandern und eine neue autoritäre Ordnung herbeizuführen.

Lange Zeit einer der einflussreichsten Kriminellen Italiens: Licio Gelli, der Großmeister der Loge P2

Eine gefährliche geheime Bruderschaft versuchte in den 70er- und frühen 80er-Jahren, die italienische Demokratie zu destabilisieren: die Freimaurerloge *Propaganda Due,* kurz P2. Viele Fragen bezüglich ihrer kriminellen Verstrickungen sind bis heute ungeklärt. Doch es steht außer Zweifel, dass die P2 bei einigen der schlimmsten Verbrechen und übelsten Finanzaffären in der jüngeren Geschichte Italiens ihre Finger im Spiel hatte.

Der Stein kommt ins Rollen

Im März 1981 durchsuchten Steuerfahnder die Villa des Geschäftsmanns Licio Gelli im toskanischen Arezzo. Die Beamten vermuteten, er sei in dubiose Geldgeschäfte verwickelt. Zu ihrer Überraschung stießen sie dann auf etwas anderes – eine Liste mit 962 Namen: das Verzeichnis der bis dahin unbekannten P2! Wie sich herausstellte, fungierte Gelli als so genannter Großmeister der Loge, in der sich eine äußerst illustre Gesellschaft betätigte. Zu den Mitgliedern gehörten beispielsweise zwei amtierende Minister, mehr als 40 Abgeordnete der Christdemokraten, Sozialisten und Faschisten sowie Offiziere, Bankiers, Industrielle und Journalisten. Für einen Riesenaufruhr sorgte erst einmal die Tatsache, dass Gelli diverse Geheimdokumente besaß; die Leiter des Verfassungsschutzes und des militärischen Abschirmdienstes – beide Logenbrüder – hatten sie ihm übermittelt. Im Mai musste die Regierung unter Arnoldo Forlani wegen des P2-Skandals zurücktreten. 1982 wurde die Loge per Gesetz verboten.

Roberto Calvi, Chef der Mailänder Banco Ambrosiano, beteiligte sich an dubiosen Finanzgeschäften. Sein Tod gibt weiterhin Rätsel auf.

Im August 1980 starben 83 Menschen bei einem Bombenanschlag auf den Bahnhof von Bologna. Eine rechte Terrorgruppe bekannte sich dazu; inzwischen steht fest, dass sie im Auftrag der P2 handelte.

Bei den Ermittlungen gegen sie taten sich der Polizei und Justiz unglaublich komplizierte Verwicklungen auf, denn die Organisation beteiligte sich an zahlreichen kriminellen Aktivitäten. Dabei machte sie gemeinsame Sache mit der Industrie, der Hochfinanz, der Mafia, dem amerikanischen Geheimdienst CIA, rechtsextremistischen Terrorgruppen – und dem Vatikan.

Wegen Verdachts auf illegale Kapitalausfuhr in die Schweiz beobachteten die Fahnder schon lange Roberto Calvi, einen der erfolgreichsten Geschäftsleute des Landes. Dieser hatte das

Mailänder Bankhaus Banco Ambrosiano zur größten Privatbank Italiens gemacht, eine Reihe von Tochterfirmen gegründet und sich in Konzerne eingekauft. Wie die bei Gelli gefundenen Unterlagen bewiesen, kümmerte sich Calvi um die Finanzen der P2 und verfügte tatsächlich über eidgenössische Nummernkonten. Endlich besaßen die Fahnder eine Handhabe, ihn vor Gericht zu stellen. Er wurde zu vier Jahren Haft verurteilt, kam aber sofort auf freien Fuß, weil er Berufung einlegte. Am 12. Juni 1982 meldete ihn seine Familie als vermisst; sechs Tage später entdeckte man ihn erhängt an einem Baugerüst unter einer Londoner Brücke.

Die britische Polizei ging zunächst von einem Selbstmord aus, besonders weil Calvis Finanz-

Der Bankier Michele Sindona bei seinem Prozess im März 1986. Er gab Auskunft über die Beziehungen zwischen der P2, der Mafia und dem Vatikan. Kurz darauf starb er an einer Vergiftung …

Licio Gelli stellt eines seiner Bücher vor, in denen er die Loge verharmlost.

imperium durch Defizite in Höhe von schätzungsweise 1,4 Mrd. Dollar inzwischen stark wackelte. Doch sprachen mehrere Indizien gegen die Suizidtheorie. So hätte er sich leicht mit Tabletten umbringen können, wenn er es gewollt hätte. Er litt an Höhenangst und wäre vermutlich nicht freiwillig auf den Planken des Gerüsts herumgeklettert. Was sprach für Mord?

Die Banco Ambrosiano hatte viele Millionen Dollar von Geldinstituten in aller Welt geliehen und an Firmen in Mittel- und Südamerika transferiert. Diese wuschen offensichtlich für die Mafia Gelder aus dem Drogenhandel – und befanden sich im Besitz einer Holding, die wiederum der Vatikan kontrollierte. Irgendwann begannen die von Calvi überwiesenen Summen einfach zu verschwinden. Insider behaupten, sie seien an italienische Parteien, die Loge P2 und in den 80er-Jahren sogar an die polnische Gewerkschaft Solidarnosc gegangen, deren Reformbestrebungen dem Papst am Herzen lagen. Um Calvi wieder auf die Füße zu bringen, hätten die lateinamerikanischen Firmen ihm höhere Beträge zurückzahlen müssen. Indes sah der Vatikan keinen Grund, sich dafür einzusetzen.

Wegen verschiedener Anhaltspunkte erscheint eine Beteiligung der P2 an Calvis Tod plausibel. Lange Zeit arbeitete der Mailänder mit dem Logenbruder Michele Sindona zusammen, einem sizilianischen Bankier, der in beträchtlichem Umfang Gelder für die Mafia wusch und den Heiligen Stuhl in Finanzfragen beriet. Sindona hatte Calvi bei der Vatikanbank eingeführt; für die Gefälligkeit verlangte er von seinem Protegé Unterstützung bei den illegalen Transaktionen. Das funktionierte eine Weile hervorragend, zumal der einflussreiche Gelli ebenso mitmischte. Dann ging Sindona Pleite. Calvi rührte keinen Finger, um ihm zu helfen, und machte sich somit einen argen Feind. Hat dieser veranlasst, Calvi zu beseitigen? Wir wissen es nicht. Auch andere Mitglieder der Loge kommen durchaus als Auftraggeber infrage, weil Calvi für sie Mittel an italienische Faschisten im Ausland weiterleitete und Waffengeschäfte erledigte. Vielleicht unterliefen ihm hierbei Fehler. Jedenfalls deutet einiges an den Todesumständen auf einen Ritualmord hin, etwa dass in den Taschen der Leiche zerbrochene Ziegelsteine steckten – ein Symbol für einen gescheiterten Freimaurer.

Ziel: Unterwanderung des Staates

Die Affäre Calvi vermittelt einen genauen Eindruck von den kriminellen Verstrickungen der P2. Phasenweise gefährdete ihr Filz mit hochrangigen Vertretern von Staat, Kirche und Wirtschaft die italienische Demokratie erheblich. Wie beschrieb die Loge ihre Ziele? Sie wollte dem Wohl des Vaterlandes dienen und konservative Werte entschiedener verfechten, als es die Verfassung und die Gesetze zuließen. Im Klartext heißt das: Unterwanderung des Staates und Aufbau einer neuen totalitären Ordnung.

Dafür brauchte die P2 Macht. Die verschaffte sie sich durch Rekrutierung von Personen in Schlüsselpositionen und großzügige Geldgeber. Wie Gellis Mitgliederliste dokumentierte, bewies er ungeheures Talent im Herstellen wichtiger Kontakte. Außerdem setzte er hohe Bestechungsgelder ein, die ihm bei Bürokraten und Industriemagnaten die Türen öffneten.

Bewusst unterstützte die Loge Aktionen rechter Terrorgruppen, so den Bombenanschlag auf den Bahnhof von Bologna am 2. August 1980, bei dem 83 Menschen starben und 200 verletzt wurden. Die italienische Bevölkerung sollte sich unsicher fühlen und deshalb nach einer autoritären Führung rufen.

Wer ist der Mann, der die P2 zu einer der gefährlichsten Geheimorganisationen Italiens aufbaute? In jungen Jahren soll Gelli mit Benito Mussolini befreundet gewesen sein. Von 1941 bis 1945 arbeitete er für den militärischen Aufklärungsdienst der Amerikaner, war aber höchstwahrscheinlich Doppelagent und trug den Faschisten in seiner Heimat Informationen zu. Nach Kriegsende half Gelli dabei, frühere Nazis nach Südamerika zu schleusen. Er pflegte damals gute Beziehungen zu Argentiniens Diktator Juan Perón und unterhielt Verbindungen zum amerikanischen, britischen und italienischen Geheimdienst. Offenbar haben ihn die Amerikaner dann zur Unterstützung beim Aufbau des CIA herangezogen. Der wiederum bildete, wie vor wenigen Jahren herauskam, 1956 die paramilitärische Gruppierung *Il Gladio* (Das Schwert). Sie verfolgte den Zweck, kommunistische Kräfte in Italien, Frankreich und später Spanien einzudämmen. Auch in ihr betätigte sich Gelli.

All diese Details ergeben zwar nur ein lückenhaftes Bild der Biographie des Großmeisters. Gleichwohl verdeutlichen sie zumindest das ungeheure Ausmaß seiner Einflussnahme.

Schon kurz bevor die P2 aufflog, flüchtete Gelli in die Schweiz und landete dort im Gefängnis, konnte jedoch ausbrechen. 1986 stellte er sich der Schweizer Justiz, die ihn nach Italien auslieferte. Wegen Herzproblemen setzte man ihn 1988 nach einem Monat Haft vorläufig frei. 1994 verurteilte ihn ein römisches Gericht schließlich zu 17 Jahren Haft.

Der reuige Mafiaboss Tommaso Buscetta

Organisiertes Verbrechen: Italiens grosses Problem

Mafia, Camorra, 'Ndrangheta und Nuova Sacra Corona: All diese kriminellen Vereinigungen haben sich seit dem letzten Jahrhundert immer stärker ausgebreitet. Seit sie auch im Bereich der internationalen Kriminalität Milliarden verdienen, sind ihre Methoden zusehends brutaler geworden und sie scheuen nicht mehr vor Morden hochrangiger Persönlichkeiten zurück. Kann man sie zerschlagen?

Ich möchte Sie warnen, Herr Richter: Sie wer-*en nach diesem Verhör sicherlich eine *erühmtheit. Aber man wird versuchen, Sie zu *ernichten, physisch und beruflich. Mit mir *ird man das Gleiche versuchen. Vergessen Sie *ie, dass Sie das Konto, das Sie bei der Mafia *röffnet haben, nie werden ausgleichen kön-*en. Wollen Sie mich immer noch verhören?"

O minöse Worte, mit denen 1984 die Zusammenarbeit zwischen dem Mafiaboss Tomnaso Buscetta und dem sizilianischen Richter iovanni Falcone begann. Doch den obersten rmittler gegen die „Ehrenwerte Gesellschaft" :hüchterte die Drohung nicht ein, denn er usste genau, welches Minenfeld er betrat. ald zeigten sich weitere ranghohe Mafiosi beit, vor ihm auszupacken.

Von den *pentiti*, den Reumütigen, erfuhren e Italiener in den Verhören des Maxiprozes-:s, der 1986/87 in Palermo stattfand, mehr Inrmationen aus den innersten Kreisen des ornisierten Verbrechens als je zuvor: eine Sention angesichts der Tatsache, dass sogar anche Politiker und Justizbeamte bis dahin alin die Existenz der Mafia geleugnet hatten. ie detaillierten Aussagen ermöglichten es Falone, gegen 456 Angehörige der Cosa Nostra ermitteln. Diesen Namen, der Unsere Sache :deutet, benutzen die Mitglieder selbst für ihre iminelle Vereinigung. 114 sprach das Gericht ei; gegen den Rest verhängte es insgesamt 55 Haftjahre. Dabei lauteten 19 Urteile auf benslänglich.

Buscettas Prophezeiung sollte sich in jeder nsicht bewahrheiten: Der Richter Falcone urde sehr berühmt; im März 1991 berief man n zum Leiter der Abteilung Strafrecht im Jusministerium in Rom. Ebenso folgten die angekündigten brutalen Vergeltungsakte. 32 Verndte und Freunde verlor Buscetta durch Auftragsmorde seiner Rivalen. Falcone entkam einem ersten Attentatsversuch im Juni 1989, starb aber knapp drei Jahre später mit seiner Frau und drei Leibwächtern bei einem Sprengstoffanschlag. Die Täter hatten mehrere 100 kg TNT unter einer Straße versteckt.

Wie bildete sich die Mafia?

Die Güter Süditaliens gehörten früher wohlhabenden Baronen, die dort ohne staatliche Einmischung herrschten. Gegen Ende des 18. Jh. zog es die Adligen in die Städte und sie überließen ihre Latifundien Großpächtern. Diese mussten ihnen Geld und Naturalien liefern und durften das Land wiederum in kleinen Stücken weiterverpachten. Zunehmend bewarben sich Männer um solche Verwalterposten als *gabelotti*. Sagten die Barone Nein, dann mussten sie mit Brandstiftung und Verheerung ihrer Plantagen rechnen. So gaben sie den brutalen Bewerbern immer leichter nach und setzten sie als „Schützer" ein. Schließlich bestimmten die *gabelotti* eigenmächtig den Pachtzins. Und gegen einen regelmäßigen Tribut garantierten sie den kleinen Bauern Sicherheit. Denen blieb nichts anderes übrig, als darauf einzugehen, wenn sie nicht vertrieben werden wollten. Außerdem fürchteten sie sich vor Überfällen der zahlreichen Banditenbanden, die weite Regionen in Angst und Schrecken versetzten.

Allmählich gewöhnte sich die Bevölkerung an den Zustand der Abhängigkeit. Die neuen Ordnungshüter – sie bezeichneten sich schon öfter als Mafiosi – erwarben zwischen 1860 und 1900 rund 400 000 ha Land und „schützten gegen Gebühr" auch Weide-, Wasser- sowie Brunnenrechte. Auf Verwaltung, Polizei und Justiz übten sie erpresserischen Druck aus. Sie, nicht die schwachen Staatsorgane, regierten jetzt die Gemeinden, vor allem im Dreieck der sizilianischen Städte Palermo, Trapani und Agrigent. Blutige Racheakte folgten, sobald sich ihnen jemand widersetzte.

Die Gegengewalt der Mafia basierte auf der Loyalität innerhalb eines Clans, der jegliche Kooperation mit offiziellen Instanzen verbot und seine eigenen Gesetze formulierte. Zu den wichtigsten zählte die Schweigepflicht. Später entwickelten sich zentralistisch aufgebaute Zusammenschlüsse, die Kommissionen, an deren Spitze Provinzchefs stehen.

Nur der faschistischen Regierung unter Benito Mussolini (1883–1945) gelang es, sich erfolgreich gegen die Vereinigung durchzusetzen. So ließ der mit Sonderbefugnissen ausgestattete Präfekt von Palermo, Cesare Mori, Tausende von Verdächtigen verhaften, veranstaltete Schauprozesse und leitete harte polizeiliche Maßnahmen gegen illegale Aktivitäten ein. Die Mafia beugte sich; viele Mitglieder flohen ins Ausland, besonders in die USA, wo die Cosa Nostra sich

Was bedeutet Mafia?

Über den Ursprung des Begriffs, der 1865 erstmals in der Amtssprache auftauchte, ist viel spekuliert worden. Hier plausible Erklärungen:

Bis 1860 gehörte der italienische Süden zum französischen Königreich, was national gesinnte Italiener zu dem Wahlspruch Morte alla Francia, Italia anela veranlasste. Das heißt so viel wie Frankreich den Tod, keucht Italien. Im Dialekt von Palermo bedeutet das Wort Stolz, Selbstbewusstsein, aber auch anmaßendes Auftreten. Die Rückführung auf arabische Ursprünge wie maha für bestimmte Höhlen erscheint fraglich.

ebenfalls etabliert hatte. Gemeinsam mit den Alliierten, die 1943 auf Sizilien landeten, kehrten sie heim aus dem Exil.

Die Krake greift um sich

Auch nach dem Zweiten Weltkrieg gelang es der italienischen Regierung nicht, effektive Förderprogramme für den verarmten Süden zu finden; dadurch fasste das organisierte Verbrechen rasch wieder Fuß. Eine Weile beschränkte sich die Mafia auf ihre bisherigen Praktiken wie Erpressung und illegalen Handel.

In den 50er- und 60er-Jahren stieg die Cosa Nostra dann zusehends ins Drogengeschäft ein. Zunächst arbeitete sie in der French Connection mit Korsen-Clans in Südfrankreich zusammen, distanzierte sich jedoch während des Vietnamkrieges stark von diesen Geschäftspartnern und knüpfte stattdessen Kontakte zu chinesischen Banden. Interpol zerschlug die Verbindungen 1971/72.

Hatte Sizilien im illegalen Morphinhandel bis dahin nur als Operationsbasis gedient, so wurde es nun auf großer Ebene in den Drogenumschlag einbezogen: Die Sicilian Connection entstand und hielt sich gut zehn Jahre lang. Auf der Insel verpackte man nach Schätzungen der US-Rauschgiftabwehr zu Beginn der 80er-Jahre 20% der rund 60t Heroin, die auf den Weltmarkt gelangten.

Oben: Der Tod des Richters Giovanni Falcone beherrschte lange Zeit die Schlagzeilen. Zuvor entsetzte die Ermordung von General Dalla Chiesa (oben links) die Öffentlichkeit. Auftraggeber war hier vermutlich Toto Riina (rechts bei seinem Prozess).

Auf die jetzt erzielten Milliardenumsätze mochte die Mafia nicht mehr verzichten. Das führte zu einem Tabubruch: Jeder, der ihr in die Quere kam, musste sterben – sogar Repräsentanten des Staates. „Erlauchte" Leichen erschreckten die Öffentlichkeit, unter ihnen Palermos Kripochef Boris Giuliano. Er starb bei einem Attentat im Juli 1979.

Gleichzeitig fing innerhalb der Cosa Nostra ein erbitterter Verteilungskampf an, denn die jungen Mafiosi wollten wie die Alten professionell in den Rauschgifthandel einsteigen. Allein auf Sizilien kosteten die blutigen Querelen 200 Tote. Die Regierung schickte den Carabinieri-General Carlo Alberto Dalla Chiesa an den kriminellen Brennpunkt. Bereits vier Monate später erschoss man ihn und seine Frau. Der Mord soll auf das Konto von Salvatore Toto Riina aus dem berüchtigten Clan der Corleonesen gehen, der noch eine Reihe anderer Persönlichkeiten des öffentlichen Lebens auf dem Gewissen hat. 1993 wurde er verhaftet.

Genau diese Eskalation im Krieg der Mafiafamilien führte dazu, dass der 1983 in Brasilien festgenommene Buscetta vor Falcone sein Schweigen brach. Doch trotz des erfolgreichen Maxiprozesses dauern die Fehden an. Und im internationalen Drogengeschäft kooperieren sizilianische und neapolitanische Familien seit einigen Jahren mit Kokainhändlern aus Kolumbien. Die Arme der Krake, wie man die Mafia auch bezeichnet, reichen weiter denn je.

Genauso gefährlich: die übrigen „ehrenwerten Gesellschaften"

Neben der Mafia mit ihren 186 Clans gibt es in Italien noch drei kleinere, aber ebenfalls äußerst gefährliche Verbrecherorganisationen: die Camorra in Kampanien, die 'Ndrangheta in Kalabrien und die Nuova Sacra Corona in Apulien.

Auf dem Land hat die Camorra nie eine bedeutende Rolle gespielt. Als sich der Bund im 19. Jh. formierte, breitete er sich im Stadtgangstermilieu aus und beschränkte sich bis vor gut 20 Jahren auf Zigarettenschmuggel, Schutzgelderpressung und Raub. Wie oben schon erwähnt, haben sich die Clans aus dem Camorra-Zentrum Neapel inzwischen mit der Mafia arrangiert und verdienen kräftig an Verbrechen in aller Welt mit.

Die Ursprünge der heute rund 140 Familien umfassenden 'Ndrangheta liegen im Dunkeln. Wir wissen, dass sie sich im 19. Jh. bildete, lange Zeit die schwer zugänglichen Gebirgszüge des Aspromonte für sich beanspruchte und häufig gemeinsame Sache mit Straßenräubern machte. Zahlreiche Mitglieder rekrutierte sie aus den unteren Schichten; dabei hatte ihre kriminelle Tätigkeit bisweilen eine politische Komponente, etwa wenn sie missliebige Politiker einschüchterte. Die Struktur der 'Ndrangheta ist anders als die der Mafia, denn nur jeweils eine Familie kümmert sich um die Kontrolle vor Ort, überwacht den Grundbesitz, den Öl-, Obst- und Zigarettenhandel, erpresst Schutzgeld und manipuliert die Vergabe öffentlicher Aufträge. Wie die Camorra steigt auch diese „ehrenwerte Gesellschaft" stärker in internationale Machenschaften ein. Das gilt ebenso für die Nuova Sacra Corona, die sich bis Anfang der 90er-Jahre fest etablieren konnte. Ihre Stützpunkte sind Brindisi, Lecce und Taranto.

Insgesamt wissen wir inzwischen eine Menge über die Unterwelt Italiens. In seinem Buch *Inside Mafia* (1991) hat Giovanni Falcone zudem viel Neues über die Denkweise der Mitglieder und ihre geheimen Rituale offenbart. Dennoch scheint es bislang unmöglich, die kriminellen Vereinigungen zu zerschlagen. Ein Lichtblick: Immerhin hat die italienische Polizei Falcones Mörder Giovanni Brusca im Mai 1996 gefangen. Wahrscheinlich wird er den Rest seines Lebens hinter Gittern verbringen.

Amerikas Kampf gegen die organisierte Kriminalität

1934 entstand in den Vereinigten Staaten ein Verbrechersyndikat, gegen das die Regierung erst fünf Jahrzehnte später erstmals effektiv zum Schlag ausholte. Lange Zeit nahm die italienische Cosa Nostra die einflussreichste Stellung in der US-Unterwelt ein, doch insbesondere auf dem Drogenmarkt haben heutzutage eher die asiatischen und lateinamerikanischen Banden das Sagen.

Noch immer sprechen wir von den Goldenen Zwanzigern und denken dabei meist an flotte Jazzrhythmen, exzentrische Mode und eine Lockerung gesellschaftlicher Moralvorstellungen. Doch in den USA erlebte in jenem Jahrzehnt ebenso das Verbrechen einen enormen Aufschwung; blutige Konflikte forderten Hunderte von Menschenleben. Dann regte die italienische Mafia den Zusammenschluss rivalisierender Gangs in einem Syndikat an …

Immigranten gründen Ableger der Cosa Nostra

Zwischen 1880 und dem Ersten Weltkrieg strömten Millionen von europäischen Auswanderern nach Amerika. Agrarkrisen im italienischen Süden, verheerende Armut in Irland und Judenpogrome im zaristischen Russland waren die hauptsächlichen Gründe für den Massenexodus. Die Mehrheit der Neuankömmlinge zog es an die Ostküste und hier besonders nach New York, wo jede Volksgruppe eigene Stadtteile prägte. Dazu gehörten auch bestimmte Formen der Kriminalität.

Unter den Italienern hatten einige bereits für die sizilianische Mafia oder die neapolitanische Camorra gearbeitet und setzten ihre kriminellen Aktivitäten nun in der Wahlheimat fort. So erpressten sie Schutzgelder von Landsleuten, beteiligten sich an verbotenen Glücksspielen und betrieben Bordelle. Da man die Mafia auf Sizilien in der Regel nicht beim Namen nannte, sondern als Schwarze Hand bezeichnete, hieß ihr amerikanischer Ableger dementsprechend Black Handers.

Um sich Eingang in die Gesellschaft zu verschaffen, gründeten die Sizilianer geheimbundähnliche Organisationen, darunter 1908 die Unione Siciliana. Bald unterhielt diese in vielen Städten Zweigstellen; in Chicago etwa gab es 1917 schon 38 Logen mit rund 40 000 Mitgliedern. Das Prostitutionsgewerbe beherrschte hier ein gewisser James „Big Jim" Colosimo. Darüber hinaus übte er politisch starken Einfluss aus, betätigte sich als Wahlkämpfer und bestach Politiker und Beamte, damit sie ihn verschonten. Als er 1920 erschossen wurde, erschienen gut 5000 Personen zu seiner Beerdigung, darunter neun Ratsherren, drei Richter, zwei Kongressabgeordnete und ein Senator.

Der mutmaßliche Mörder Colosimos, Frank Yale, leitete lange die Unione Siciliana in New York. Dort fiel ihm 1913 ein 14-Jähriger namens Alphonse Caponie auf. Kumpel redeten den Jungen mit der Kurzform Al Capone an. Er stammte aus einer neapolitanischen Familie, die im Stadtteil Brooklyn ein klägliches Dasein fristete, und hatte sich früh einer brutalen Gang angeschlossen. Auf deren Konto gingen zahlreiche Diebstähle; außerdem erpressten die Jugendlichen von Obst- und Gemüsehändlern feste Abgaben. Weigerten sich diese zu bezahlen, mussten sie mit zerschlagenen Fenstern oder zerstörten Ständen rechnen.

Als 17-Jähriger erhielt Al von Yale einen Job als Barmann und Rausschmeißer. Eines Abends fügte ihm ein Gast bei Handgreiflichkeiten mit dem Messer eine lange Wunde im Gesicht zu. Seitdem trug Capone den Spitznamen Scarface (Narbengesicht).

Kurz darauf lernte er Johnny Torrio kennen, Colosimos Neffen, bewunderte ihn sofort über alle Maßen und glitt dadurch ins Schwerverbrechermilieu ab, denn jetzt beteiligte er sich erstmals an Raubüberfällen und Morden. 1916 übernahm Torrio die Geschäftsführung von Big Jims Chicagoer Bordellen. Drei Jahre später holte er Capone nach und beteiligte ihn nach dem Tod des Onkels an seinen Umsätzen.

Mächtigster Herr der Unterwelt

Als am 16. Januar 1920 die Prohibition in Kraft trat, witterte Scarface eine Möglichkeit, sich selbstständig zu machen. Im Zentrum von Chicago eröffnete er einen „Antiquitätenladen"; dort verkaufte er heimlich Alkohol. Bald kontrollierten er und Torrio das Biergeschäft, während sizilianische und irische Gangs das Monopol für sonstige Spirituosen besaßen, die sie teilweise aus Kanada einschmuggelten. Das Gespann Torrio-Capone richtete zudem illegale Kneipen und Spielhöllen ein. Zusammen mit der Zuhälterei brachte ihnen das Millionengewinne. Die beiden lebten auf großem Fuß, fuhren in gepanzerten Limousinen umher, schmissen jede Menge Partys und verteilten freigebig Geschenke.

Wie Colosimo manipulierten sie die Behörden und sorgten dafür, dass Kandidaten ihrer Wahl Bürgermeister oder Polizeichefs wurden. Mit der Zeit schritten die Ordnungshüter immer seltener gegen die Bandenbosse ein – zumal diese ohnehin die Zeugen ihrer Verbrechen unter Druck setzten, Meineide zu leisten. Beispielsweise ließen sie ihren ärgsten Rivalen, den Iren Dion O'Bannion, erschießen, erschienen dann lammfromm sogar zu dessen Bestattung und verschafften sämtlichen Verdächtigen unter ihren Angestellten hieb- und stichfeste Alibis.

Oben: Illegale Kneipen machten zur Zeit der Prohibition Riesenumsätze. Allein in New York gab es schätzungsweise 23 000 davon. In Chicago brachte Al Capone (rechts) den Großteil des Alkoholgeschäfts unter seine Kontrolle.

Blutige Bandenkriege forderten in den nächsten Jahren zahlreiche Todesopfer. Nach seiner Verhaftung trat Torrio 1925 die Herrschaft an Capone ab. Der schaltete verbliebene Konkurrenten aus und wurde damit zum mächtigsten Boss der gesamten US-Unterwelt. Nach Schätzungen machte er mit seinem Imperium einen Jahresumsatz von mindestens 60 Mio. Dollar. 1931 brachte man ihn schließlich doch noch hinter Gitter, und zwar wegen Steuerhinterziehung. Acht von elf Jahren Haft saß er ab; aus gesundheitlichen Gründen durfte er das Gefängnis vorzeitig verlassen. Capone starb 1947 in Miami an den Folgen einer Syphiliserkrankung.

Das erste Verbrechersyndikat der Weltgeschichte entsteht

Unterdessen nahm die organisierte Kriminalität in New York nicht minder stark zu. Die italienischen Gangs dominierten hier im Prostitutionsgewerbe, die irischen, deutschen, russischen und polnischen Gruppen dagegen konzentrierten sich auf das Glücksspiel und den Geldverleih. Zu den ganz Großen der Verbrecherszene zählte Salvatore „Lucky" Luciano, ein Sizilianer, der mit zehn Jahren eingewandert war. Gemeinsam mit dem deutschen Berufskiller Benjamin „Bugsy" Siegel und dem gebürtigen Russen Meier Suchowljansky – auf Englisch Meyer Lansky tituliert – stieg er ins lukrative Alkoholgeschäft ein. Luciano kooperierte so als erster Mafioso mit nichtitalienischen Gangstern.

Ende der 20er-Jahre eskalierten in New York die Machtkämpfe um den illegalen Alkoholmarkt und mündeten in den so genannten Castellammarese-Krieg. Zum einen befehdeten sich darin Fraktionen innerhalb der Cosa Nostra, zum andern lag die Mafia mit irisch-jüdischen Gruppen im Clinch. Mehrere Hundert Mitglieder verschiedener Banden starben im Kugelhagel.

Dann trat die Wende ein. Auf Betreiben Lucianos, Capones und weiterer Bosse, darunter Luckys einflussreicher Getreuer Frank Costello, fanden zwischen 1928 und 1934 diverse Treffen statt, bei denen die Italiener beschlossen, in den gesamten Vereinigten Staaten ein Netzwerk aufzubauen, um bestimmte Geschäftsbereiche zu monopolisieren. Einige Partner sonstiger Nationalitäten wie Meyer Lansky sollten einbezogen werden.

So kam es 1934 auf zwei Meetings in New York und Kansas City zur Gründung des ersten Verbrechersyndikats der Weltgeschichte. Es bestand aus 24 ebenbürtigen Familien mit einer Kommission aus neun Paten oder Dons an der Spitze. Im Fall von Streitigkeiten sollten die Gangleaders schlichten. Viele Kriminologen sehen in dieser Aktion den eigentlichen Anfang der organisierten Kriminalität.

Luciano gab außerdem den Impuls für den Friedensschluss unter den New Yorker Bossen, indem er vorschlug, die Stadt unter gleichberechtigten Familien aufzuteilen: seiner eigenen, Genovese, sowie den Clans Bonanno, Lucchese, Gambino und Colombo. Schon 1931 begann die Herrschaft dieser Big Five (großen Fünf).

Als zwei Jahre danach die Prohibition endete, weiteten sie ihre Prostitutions-, Glücksspiel- und Kasinogeschäfte aus. Zudem stiegen sie in den Heroinumschlag ein. Dabei halfen ihnen korsische Clans in Südfrankreich, die Opium aus türkischen Schlafmohnkulturen zu der gefährlichen Droge veredelten und per Schiff in die USA einschleusten. Vorübergehend unterbrach

Oben: Szene aus einem Film über die Mafia in den 20er-Jahren. Links: der Gangster Francesco Castiglia alias Frank Costello, einer der treuesten Gefährten Lucky Lucianos. Er gehörte ebenfalls zur mächtigen Familie der Genovese und war entscheidend an der Planung und Gründung des italienischen Syndikats beteiligt.

der Zweite Weltkrieg die French Connection, doch in den 50er- und 60er-Jahren baute man sie weiter aus, wobei die Korsen auch wichtige Kontakte zu Paten in Französisch-Indochina herstellten.

Zunehmend stützte sich die Cosa Nostra dann direkt auf asiatische, vor allem chinesische Bünde und verdrängte die Korsen aus dem Heroinhandel. 1971/72 zerschlugen internationale Fahnder die French Connection schließlich vollständig. Bald kursierten Gerüchte, dass die Big Five ihnen entscheidende Tipps zur Überführung der einstigen Partner gegeben hatten. Ob das tatsächlich stimmt, wussten wohl nur die Beteiligten selbst. Heute lässt sich die Frage jedenfalls nicht mehr klären.

Aufstieg in der Unterwelt

Mit Bordellen, Alkohol- und später Heroinschmuggel verdiente sich Lucky Luciano eine goldene Nase, bis ihn ein amerikanisches Gericht 1937 wegen Zuhälterei zu einer 35-jährigen Haftstrafe verurteilte. Schon 1946 schob man den mächtigen Paten nach Italien ab – vermutlich, weil er den Alliierten durch Kontakte zur süditalienischen Mafia 1943 bei der Landung auf Sizilien behilflich gewesen war. Luciano ließ sich nach der Rückkehr in seiner Heimatstadt Neapel nieder. Trotz strenger Bewachung durch die Carabinieri, das FBI und Interpol startete er neue Aktivitäten in der Unterwelt, vor allem im Rauschgifthandel. Er starb am 27. Januar 1962 während einer Autofahrt an Herzversagen.

Scharen von Gefolgsleuten erschienen zur Beerdigung des Gangsterbosses Lucky Luciano. Die Mafia inszenierte häufig solch pompöse Begräbnisse.

Unfreiwillige Machtübergabe

Nun wandte die New Yorker Cosa Nostra den Blick nach Sizilien und errichtete mit den dortigen Verwandten ein neues Monopol im Heroingeschäft: die Sicilian Connection. Ihre Lieferungen bezog diese aus dem Goldenen Halbmond – den Ländern Iran, Afghanistan und Pakistan. Anfang der 80er-Jahre aber wollten jüngere Mafiosi in Metropolen wie Los Angeles, Miami und Houston nicht länger zusehen, wie die Ostküsten-Gangster – von ihnen in einer Mischung aus Verachtung und Neid als Pizza Connection bezeichnet – Milliardenbeträge absahnten, und drangen gewaltsam in den Drogenmarkt ein.

Rechts: Der 48-jährige Luciano bei der Ankunft in Italien ein Jahr nach Kriegsende. Weiterhin pflegte er seine Kontakte zu den Freunden von der amerikanischen Cosa Nostra.

Gleichzeitig verschärfte die US-Regierung die Strafverfolgung. 1984 setzte Präsident Ronald Reagan eine Kommission zur Bekämpfung des organisierten Verbrechens ein, die sich auf die New Yorker Cosa Nostra konzentrierte. Städtische Polizisten, Kriminal- und FBI-Beamte trugen gut anderthalb Jahre lang solch umfangreiches Beweismaterial zusammen, dass man 1985 Anklage gegen 19 Personen aus den Reihen der großen Fünf erheben konnte, darunter drei Paten. Von erheblicher Bedeutung für den Prozess waren die Aussagen von 30 Kronzeugen. Im Januar 1987 verurteilte das Gericht 18 der Angeklagten zu hohen Haftstrafen, teilweise von 100 Jahren.

In Städten wie Boston, Denver und St. Louis landeten ebenfalls zahlreiche Gangster im Gefängnis. Da die amerikanischen Fahnder jetzt wertvolle Informationen an ihre italienischen Kollegen weiterzuleiten vermochten, musste die sizilianische Mafia in der Folge genauso herbe Schläge einstecken.

Leider ging die organisierte Kriminalität in den USA durch all diese Erfolge insgesamt nicht zurück. Andere Bünde ersetzten die Cosa Nostra in bestimmten Bereichen. Beispielsweise übernahm die chinesische Triade 14 K das Heroinmonopol in New York; ansonsten dringen koreanische, vietnamesische und japanische Geheimgesellschaften in die amerikanische Unterwelt ein. Darüber hinaus stellen lateinamerikanische und unter ihnen vor allem kolumbianische Banden eine Bedrohung dar.

Stoff aus den Anden

Im Zuge der Hippie-Bewegung fanden sich Anfang der 70er-Jahre immer mehr Abnehmer für Marihuana in den Vereinigten Staaten. Für diesen Markt organisierte in Kolumbien zunächst lediglich eine kleine Gruppe von Drogenhänd-

Reichtum durch Glücksspiel

Mei'or Suchowljansky, alias Meyer Lansky (1902–83), als Sohn russischer Juden in Grodno geboren, galt in der US-Unterwelt als Finanzgenie. Im Gegensatz zu anderen Bossen hielt er sich nach dem Ende der Prohibition vom Bordell- und Heroingeschäft fern und wurde allein mit dem illegalen Glücksspiel zum Multimillionär. Er baute ein Spielkasino-Imperium auf, an dem er mehrere Hundert Berufsverbrecher beteiligte. In den 50er-Jahren investierte er massiv in Kuba; dort war er Kollegen zudem bei der Wäsche von Geldern aus Drogen- und Waffenverkäufen behilflich. Als Fidel Castro 1959 die Regierung übernahm, fanden diese Machenschaften ein Ende; vermutlich verlor die Cosa Nostra damals ein Vermögen. Lansky blieb trotzdem reich und beteiligte sich dann maßgeblich an der Dezentralisierung der Mafiafinanzen.

Auch in den Mohnanbau zur Produktion von Heroin steigt Kolumbien zusehends ein. Wie hier sprüht die Polizei häufig Gift auf die Pflanzen. Das ruft Proteste der Bauern hervor; sie verlangen Entschädigungen.

lern an der Karibikküste den Anbau und Export des Hanfprodukts, doch bereits gegen Ende des Jahrzehnts wickelten sie 70–80 % der Marihuanageschäfte mit Amerika ab. Die Einnahmen aus dem Drogenverkauf – sie betrugen vermutlich zwischen 1,5 und 2 Mrd. Dollar – überstiegen schon damals die Gewinne aus dem Kaffee-Export, dem wichtigsten legalen Wirtschaftszweig des unterentwickelten Andenstaates. Bald kooperierten Regierung, Industrie und Landwirtschaft mit den neureichen Drogenbaronen. Beispielsweise führte man für sie geöffnete Geheimschalter bei der Staatsbank ein, an denen jedes Vermögen unbestimmter Herkunft in Pesos eingetauscht werden konnte: legalisierte Geldwäsche.

In den frühen 80er-Jahren schwenkten die Rauschgifthändler auf das profitablere Geschäft mit dem „weißen Gold" Kokain um. Hatten sie bisher nur lose miteinander zu tun gehabt, so schlossen sie sich jetzt zu vier Kartellen zusammen, unter denen zuerst das in Medellín, später das in Cali dominierte.

Staat im Staat

In der Industriemetropole Medellín paktierten einige der brutalsten Untergrundchefs: Pablo Escobar, Jorge Luís Ochoa, Gonzalo Rodríguez Gacha und Carlos Léhder. Escobar, Jahrgang 1949, übernahm bald die uneingeschränkte Herrschaft über das straff durchstrukturierte Kartell, das riesige landwirtschaftliche Flächen erwarb – nicht allein in Kolumbien. Die Hauptanbaugebiete für Koka liegen in den Nachbarländern Peru und Bolivien. Von dort kam das Rohkokain in Pastenform. Chemiker verarbeiteten es zum Endprodukt und Verteilergruppen schmuggelten die Droge in die USA und nach Westeuropa.

Bei der Expansion ihres „Konzerns" machten sich die Bosse die zunehmende Abhängigkeit der Landwirtschaft vom Anbau der Kokapflanze zunutze. Insbesondere der Verfall der Kaffeepreise löste diese Entwicklung aus. Zu den Hintergründen: 1940 initiierten die USA ein Kaffeeabkommen, um eine gewisse Stabilität in Südamerika zu gewährleisten. Darin legte man Ausfuhrquoten fest, eine Regelung, von der Kolumbien als zweitgrößter Kaffee-Exporteur der Welt profitierte. 1989 führten die USA bewusst die Aufhebung des Abkommens herbei; fortan verlangte man Schleuderpreise für die schwarzen Bohnen. Zahllose Kleinbauern verloren dadurch ihre Existenz-

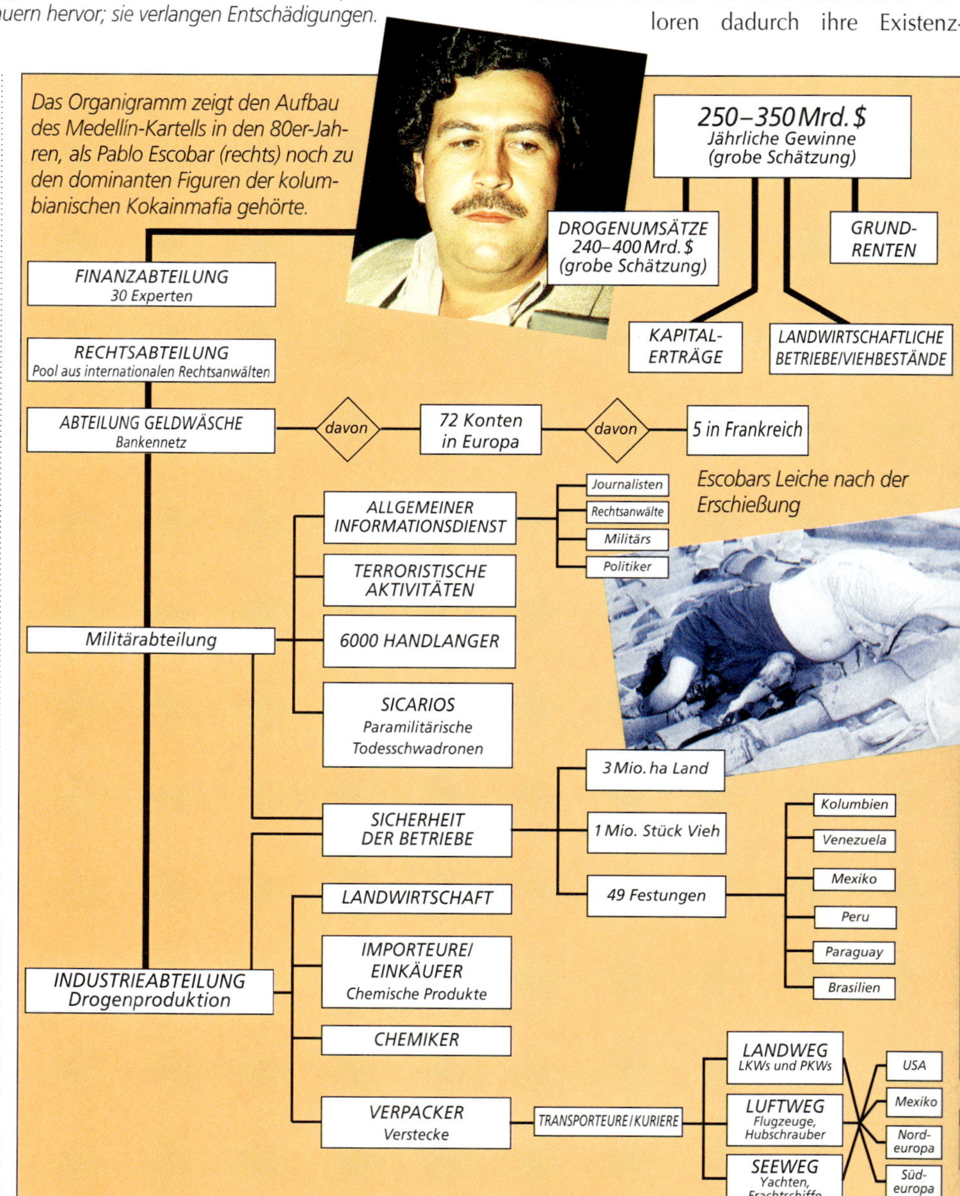

Das Organigramm zeigt den Aufbau des Medellín-Kartells in den 80er-Jahren, als Pablo Escobar (rechts) noch zu den dominanten Figuren der kolumbianischen Kokainmafia gehörte.

Escobars Leiche nach der Erschießung

grundlage und stiegen notgedrungen auf den sowieso lukrativeren Drogenanbau um.

Auf dem Höhepunkt seiner Macht hatte das 100 000 Mitarbeiter starke Kartell einen Jahresumsatz von 240–400 Mrd. Dollar. Es korrumpierte Parlamentsangehörige, Richter und Offiziere und kontrollierte die Massenmedien genauso wie kulturelle und sportliche Einrichtungen. Todesschwadronen mit 15 000 Bewaffneten ermordeten eiskalt alle unliebsamen Personen – kritische Journalisten, Polizisten, Juristen und Politiker. Ein Staat im Staat war entstanden.

Aufstieg und Niedergang Escobars

Gleichwohl sahen viele Unterprivilegierte mit Verehrung zu Escobar auf, hatte er es doch vom armen Bauernsohn zu einem der reichsten Männer der Erde gebracht. Mit Geschenken, Spenden und Sozialeinrichtungen in den Armenvierteln machten er und seine Mannen sich ungemein beliebt. Beispielsweise finanzierte er das Bauprogramm „Medellín ohne Elendsviertel" mit Wohnungen für Obdachlose, Erholungsanlagen und einem Zoo. 1982 gewann er aufgrund seines Engagements einen Sitz im Parlament; das Mandat wurde ihm allerdings wegen Auseinandersetzungen mit Justizminister Rodrigo Lara Bonilla nach wenigen Monaten wieder aberkannt. Escobars Killer rächten die Schmach: 1984 erschossen sie Bonilla.

Noch immer sind Lateinamerikas Landwirte stark vom Koka-Anbau abhängig. Nur wenige schließen sich wie hier zu Milizen gegen die Mafia zusammen.

Sobald das Kartell Staatsvertreter liquidierte, brach kurzfristig wilder Aktionismus aus. Die Regierung ließ Verdächtige verhaften und beschlagnahmte Güter, Waffen, Kraftfahrzeuge, Schiffe und Flugzeuge. Meist ebbte die Verfolgung schnell wieder ab. Gemäß einer unabhängigen Studie sagte Kolumbien stets nur dann den Kampf gegen den Drogenterror an, wenn die USA massiven Druck ausübten, etwa nach dem Tod Bonillas. Bogotá willigte in ein Auslieferungsabkommen ein – ein völkerrechtlich einmaliger Vorgang. Denn dass ein Staat freiwillig die eigene Justiz umgeht und die Strafverfolgung einem anderen Land überlässt, ist sonst noch nie geschehen.

Escobar und seine Komplizen schüchterte das nicht sonderlich ein. In ihrer Dreistigkeit schlugen sie 1984 dem damaligen Präsidenten Betancur sogar vor, sie wollten Kolumbiens Auslandsschulden in Höhe von 12,5 Mrd. Dollar zurückzahlen. Als Gegenleistung verlangten sie die Beendigung der Strafverfolgung und den Verzicht auf Übergabe an Amerika. Die Regierung lehnte ab – schweren Herzens, behaupten manche Insider.

Zwischenzeitlich wurde die Auslieferungsregelung wieder ausgesetzt. Aber als die Todesschwadronen im August 1989 Luís Carlos Galán, den Präsidentschaftskandidaten der Liberalen Partei und entschiedenen Verfechter härterer Maßnahmen gegen die Kokainmafia, vor laufenden Kameras ermordeten, folgte die erneute Inkraftsetzung.

Das Medellín-Kartell erklärte dem Staat daraufhin den Kampf und begann einen furchtbaren Bürgerkrieg. Im Juni 1991 stellte sich Escobar letztlich der Justiz unter der Voraussetzung, privilegierten Status verlangen zu dürfen. Er selbst wählte das Gefängnis aus und leitete von dort aus weiter das Kartell. Gut ein Jahr nach seiner Festsetzung floh er. Am 2. Dezember 1993 bekamen ihn Sondereinheiten der Polizei zu fassen und erschossen ihn.

Nur eine Pseudohaft

Nach einer Unterredung mit dem Vermittler Pater Rafael García Herreros gab der Drogenbaron Pablo Escobar am 18. April 1991 bekannt, dass er zwei prominente Geiseln – die Frau und die Schwester des Senators Alberto Villamizar – freilassen und sich bald der kolumbianischen Justiz stellen würde. Vier Wochen später löste der Gangster sein Versprechen ein, lieferte sich dem Generalstaatsanwalt aus und unterschrieb eine Reihe von Geständnissen. Doch Escobars Bereitschaft zur Buße war vorgetäuscht, denn er wollte lediglich der Auslieferung an die Vereinigten Staaten entgehen. Das Gefängnis, in dem er nun einsaß, hatte man genau nach seinen Wünschen eingerichtet. Ohne Schwierigkeiten konnte er seine Geschäftsangelegenheiten auch hinter Gittern erledigen – eine Tatsache, die in der gesamten Welt Befremden und Empörung hervorrief. Wie gut Escobars Kontakte nach außen waren, beweist sein gelungener Ausbruch im Sommer 1992.

Pater Rafael G. Herreros

Wankelmütiges Handeln

Unterdessen profitierte das Cali-Kartell von dem Konflikt und nahm dem Konkurrenten Anfang der 90er-Jahre die Führungsrolle auf dem Kokainmarkt ab. Obgleich die Fahnder die beiden Cali-Bosse 1995 inhaftierten und ein Antimafiagesetz vom Dezember 1996 erstmals die Konfiszierung des Besitzes der Drogenbarone erlaubte, blieb der Filz zwischen Politikern und Kriminellen bestehen. Bis heute ist nicht geklärt, ob Präsident Ernesto Samper Pisano Schmiergelder in Höhe von 6 Mio. Dollar für seine Wahlkampagne angenommen hat. Ende 1997 erwog die kolumbianische Regierung überdies, wegen Überfüllung der Gefängnisse kleinere Dealer vorzeitig zu entlassen. Die Bauern will sie zwingen, ihren Anbau umzustellen, doch fehlt es an Alternativen. Das gilt genauso für Peru, Bolivien und andere lateinamerikanische Länder.

Vorerst floriert der Kokainhandel: Das Vermögen der Bosse wird nach Angaben von Ende 1997 auf 300 Mrd. DM geschätzt.

Bald das gefährlichste Syndikat: Die Russenmafia

Unglaublich schnell übernahmen Kriminelle nach dem Fall des Eisernen Vorhangs in den Staaten der ehemaligen Sowjetunion die Kontrolle über weite Teile der Wirtschaft. Statt die Unterwelt zu bekämpfen, pflegen viele hochrangige Politiker enge Verbindungen zu ihr. Was höchst alarmierend ist: Inzwischen hat sich die Organisazija *auch in Westeuropa und Amerika fest etabliert.*

Gegen 22.30 Uhr betrat Wladislaw Listjew, der Generaldirektor des Öffentlich Russischen Fernsehens (ORT), am 1. März 1995 das Moskauer Mietshaus, in dem er wohnte. Da kam ihm im Treppenhaus ein bewaffneter Mann entgegen. Listjew wollte noch fliehen, doch zu spät. Zwei Schüsse streckten ihn nieder.

Unerschrocken widersetzte sich der Fernsehjournalist Wladislaw Listjew den Versuchen der Mafia seinen Sender zu unterwandern. Er zahlte mit dem Leben.

Am Tag darauf strahlte ORT von morgens bis abends nur folgenden Spruch aus: „Möge unser Schweigen den Regierenden und der Gesellschaft als Warnung dienen: Ein Land, in dem kriminelle Organisationen schrankenlos walten, hat keine Zukunft."

Die Hintergründe: Der Fernsehmann versuchte unter anderem seinen Sender unabhängiger von Vermittlungsfirmen zu machen, die möglichst viel Werbung unterbringen wollten. Besonders kräftig verdiente eine Reihe von Unternehmen, die sich eindeutig in Händen der Russenmafia befinden. Wjatscheslaw Iwankow etwa, einer ihrer berüchtigtsten Bosse, kassierte durch die TV-Reklame monatlich an die 250 000 Dollar. Verschiedene Indizien legen nahe, dass er gemeinsam mit weiteren Mafiosi, einflussreichen Wirtschaftsmagnaten und hochrangigen Politikern bei der Ermordung seine Finger im Spiel hatte. Aus Angst vor Repressalien oder Schlimmerem schwiegen Ermittler und Journalisten, die Genaueres wussten – ein krasses Beispiel dafür, wie weit die organisierte Kriminalität in den russischen Staatsapparat eingedrungen ist.

Gesetzlosigkeit statt Demokratie

Schon im Zuge der Perestroika bildeten sich in der ehemaligen Sowjetunion zahlreiche kriminelle Vereinigungen; in den Nachfolgestaaten sind es dann noch wesentlich mehr geworden. Die chaotischen politischen Verhältnisse nach dem Fall des Eisernen Vorhangs haben diese Entwicklung entscheidend begünstigt.

Indem die russische Regierung darüber hinwegsah, dass Verbrecher einen gewaltigen Teil der neuen Privatwirtschaft an sich rissen und illegale Aktivitäten zu gängigen Geschäftspraktiken machten, beging sie einen gravierenden Fehler. Heute besitzt die Mafia laut einer offiziellen Schätzung ungefähr 40 000 private und öffentliche Unternehmen; dazu gehören Banken, Handels-, Speditions- und Immobilienfirmen. Außerdem kontrolliert sie Schiebereien, breitet sich in der Medienbranche aus, betreibt Prostitutionsringe und verdient Unsummen am Waffen- und Drogenumschlag. Bis zu 50 % ihrer Einkünfte dienten dazu, Beamte zu bestechen, behaupten manche Insider. Nicht zuletzt erzielt die Unterwelt auch einen Teil ihrer Gewinne durch Erpressungen; häufig müssen Unternehmen zwischen 10 und 20 % ihrer Gewinne abgeben, was wiederum die Preise extrem in die Höhe treibt und die Durchschnittsbevölkerung weiter verarmen lässt.

Anstatt sie zu bekämpfen, geht die politische Klasse offensichtlich enge Verbindungen mit der *Organisazija* ein, wie man die Banden auf Russisch nennt. Korruption ist an der Tagesordnung. Ein düsteres Bild: Demokratien sollten erblühen – jetzt herrscht Gesetzlosigkeit.

Wie die italienischen Clans benutzen die kriminellen Gesellschaften im Osten geheime Kodes, veranstalten Zeremonien zur Aufnahme von Mitgliedern und unterwerfen sich einem zweifelhaften Ehrenkodex. Dabei ist der Begriff Russenmafia eher irreführend, denn es handelt sich hier keineswegs um eine homogene Einheit. Vielmehr setzt sie sich aus zahlreichen Gruppen mit unterschiedlicher ethnischer Prägung zusammen. Beispielsweise sind die tschetschenischen und ukrainischen Banden bislang nicht so weit in den Bereich der Schwerstkriminalität eingedrungen wie die russischen.

Expansion des Verbrechens

Von allen kriminellen Organisationen dehnen sich die aus der Ex-UdSSR am schnellsten aus. Die ersten Gangs siedelten sich schon in den 70er-Jahren in Westeuropa an, beschränkten sich damals aber meist auf Fälschungen, Spielautomatengeschäfte sowie Gold- und Ikonenschmuggel. Berlin zählte zu den Hochburgen.

Nach dem Umbruch im Osten knüpften sie dann enge Kontakte zu den bereits vorhandenen Syndikaten; erste Treffen mit der italienischen Mafia, der Camorra und der 'Ndrangheta fanden im März und Juni 1991 in Warschau statt; in der Folge bauten die Gesellschaften ihre Beziehungen stetig aus. Erstaunlich? Nein, eine Rollen- und Aufgabenverteilung diente beiden Seiten. Man vereinbarte nämlich ein weltumfassendes Netzwerk für den Drogen- und Atomhandel. Nach Aussagen der britischen Kriminalbehörde NCIS kommen inzwischen rund 60 % des in die EU geschmuggelten Heroins über die Balkanroute. Und die illegalen Einfuhren von radioaktiven Substanzen haben seitdem ebenfalls stark zugenommen – was natürlich besonders beängstigend ist.

Internationale Verflechtungen

Wegen des unglaublich rasanten Aufstiegs der Russenmafia erfassten die westlichen Polizeibehörden erst spät, welch immense Dimensionen das organisierte Verbrechen binnen kurzem angenommen hatte. Erpressungen, Geiselnahmen, Bombardierungen von Banken und Auftragsmorde ordneten sie zunächst gar nicht in globale Kontexte ein.

Ungefähr zur gleichen Zeit, als sich eurasische Untergrundorganisationen mit westeuropäischen ins Benehmen setzten, streckte genau jener Wjatscheslaw Iwankow, der mitschuldig am Tod Listjews zu sein scheint, auch seine Fühler nach Amerika aus. Er erhielt die Mission, jenseits des Atlantiks Beziehungen aufzubauen. Unter Pseudonym reiste er mit einigen Getreuen im Schlepptau nach New York, schaltete dort in null Komma nichts sonstige Banden aus der Ex-UdSSR aus und machte seine Gruppe damit zum mächtigsten Ableger der Russenmafia in den USA. Es wird behauptet, sie stehe in enger Verbindung zu Familien der New Yorker Cosa Nostra.

Iwankow, vom FBI roter Pate tituliert, verfügte bald über Operationsbasen in Miami, Boston, Denver und Los Angeles. Seine Leute spezialisieren sich auf Versicherungs- und Kreditkartenbetrug, Erpressung sowie Hinterziehung von Verbrauchssteuern für Kraftstoff. Letzteres läuft so: Auf dem schwarzen Markt kaufen sie tonnenweise Benzin auf und verschieben den Sprit über diverse Tarnfirmen am Fiskus vorbei. Allein dabei gehen dem amerikanischen Staat Millionenbeträge verloren. Zwar verhaftete das FBI Iwankow im Juni 1995, doch arbeitet seine Bande weiter wie bisher.

Weltweit betreibt die Russenmafia inzwischen Jointventures und kann dadurch illegale Einkünfte von einem Land ins andere transferieren. Eine zweite beliebte Form der Geldwäsche: Die Verbrecher gründen Handelsgesellschaften und verkaufen Produkte zu weit überhöhten Preisen zwischen ihren eigenen Betrieben hin und her. Beträgt der Wert einer Warenlieferung 30 000 DM und sie stellen eine Rechnung über 90 000 DM aus – die sie dann ja selbst bezahlen –, so haben sie 60 000 DM reingewaschen. Umgekehrt verkaufen sie aber ebenso mit schmutzigem Geld erworbene Güter wie Edelsteine und Kunstwerke weit unter Preis an eigene Firmen im Ausland, die durch erneute Veräußerung dann wieder hohe Gewinne erzielen.

D. h., die internationale Vernetzung der Russenmafia ist undurchschaubar geworden. Laut Schätzungen erwirtschaftet sie derzeit einen Jahresumsatz von rund 100 Mrd. Dollar und verfügt über gut 1,8 Mio. Mitglieder. Manche Experten behaupten, sie könne bereits bis zum Jahr 2000 das gefährlichste Verbrechersyndikat der Welt werden.

Nahe beim Kreml in Moskau machte ein Fotograf diese Aufnahme: Mafia steht auf dem Schild eines Luxuswagens. Eine bewusste Provokation?

Zutiefst bestürzt lesen Moskauer Bürger über den Anschlag auf den Journalisten Dimitri Cholodow. Er wollte aufdecken, in welcher Form sich die Sowjetarmee mit der Mafia eingelassen hatte.

Dunkle Geschäfte der Armee

Nach dem Fall der Mauer erlaubte Präsident Michail Gorbatschow den in Deutschland stationierten Sowjettruppen, kommerzielle Aktivitäten zu entwickeln. Mit dem In-Kraft-Treten der deutschen Wirtschafts-, Währungs- und Sozialunion am 1. Juli 1990 durften die Einheiten außerdem zollfreie Waren kaufen. Während die kleinen Soldaten nun ihren kärglichen Sold aufbesserten, indem sie Medaillen und Zigaretten vor den Kasernen verscherbelten, nahmen die Offiziere Kontakte zur Mafia auf: Beide Seiten verdienten kräftig an Schmuggel und Schiebereien, vor allem von Waffen, die größtenteils ins bürgerkriegsgeschüttelte Ex-Jugoslawien transportiert wurden.

Der Journalist Dimitri Cholodow führte umfangreiche Recherchen über diese Art von Korruption in der Westgruppe durch; die Ergebnisse sollte er im Oktober 1994 bei einem Hearing in der Staatsduma vortragen. Kurz vorher fiel er einem Bombenattentat zum Opfer.

Zunehmend beherrschen die Yakuza das japanische Börsengeschäft.

VERBRECHERBANDEN IN JAPAN: DIE YAKUZA

Im 17. Jh. schützten sie die Bevölkerung vor Überfällen entmachteter Samurai, beuteten das Volk jedoch schon bald durch Erpressungen schamlos aus. Heutzutage betätigen sie sich in allen gewinnträchtigen Kriminalitätsbereichen, forcieren aber zusehends auch legale Aktivitäten, um dem Gesetzgeber keine Möglichkeit zur Strafverfolgung zu geben.

Im 17. Jh. erfuhr Nippon einen grundlegenden Wandel. Nach langen Bürgerkriegen begann eine Friedensperiode, in der die Schogune den Staat neu ordneten. Dabei verloren die elitären Samurai an Einfluss und Vermögen. Als Banditen plünderten zahlreiche von ihnen fortan Dörfer und Städte.

Um Schutz gegen die Überfälle wandte sich die Bevölkerung an nicht kriminelle Samurai sowie an Händler, Handwerker und Arbeiter, unter denen eine ganze Reihe geschickte Spieler waren. Zusammen bildeten sie Verteidigungskomitees, die rasch ein positives Image gewannen, sozusagen als die „Robin Hoods von Japan". Sie bauten eine stark hierarchische Organisation mit vielen Ritualen auf.

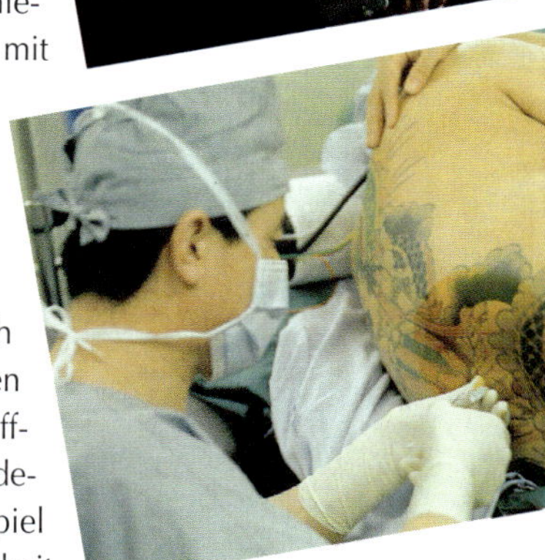

Viele Yakuza erkennt man an verstümmelten Fingern (oben) und Tätowierungen.

Fester Bestandteil der Gesellschaft

Bald aber übten sie auch Terror aus, erpressten Geld vom Volk und eröffneten Spielhöllen, in denen sich das Kartenspiel *hanafuda* großer Beliebtheit erfreute. Das schlechteste Blatt bestand hierbei aus einer Acht *(ya)*, einer Neun *(ku)* und einer Drei *(za)*. Yakuza hießen also die Verlierer, doch mit der Zeit änderte sich die Bedeutung des Begriffs und man verwendete ihn einfach für die Spieler selbst bzw. für jede Art von Kriminellen.

Seit dem frühen 18. Jh. verbündeten sich die Verteidigungskomitees immer häufiger mit korrupten Bürokraten, die sich abhängig von den Spielhöllenbesitzern machten, weil diese Arbeitskräfte vermittelten. Die Schogune brauchten für Bauprojekte nämlich dringend Leute.

Trotz ihrer kriminellen Machenschaften haben sich die Yakuza stets als Bewahrer konservativer Werte betrachtet und kaisertreu gezeigt. Im 20. Jh. knüpften sie zunehmend Kontakte zu rechtsextremistischen Kreisen, weshalb die amerikanische Militärregierung nach dem Zweiten Weltkrieg zunächst hart gegen den Geheimbund vorging. Doch da die Yakuza als stramme Antikommunisten auftraten, dauerte ihre Ächtung nicht lange an; schon Ende der 40er-Jahre bedienten sich die US-Besatzer ihrer Kooperation bei der Bekämpfung sozialistischer Strömungen und der wachsenden Gewerkschaftsbewegung. Yakuzagelder flossen in den folgenden Jahrzehnten an die konservativen Parteien; laut Polizeiangaben kann man die japanische Rechte und die Yakuza heute nicht mehr auseinander halten.

Die Yakuza sind in Familien organisiert, die allerdings nicht auf leiblichen Verwandtschaftsverhältnissen beruhen. Das Sagen hat der *oyabun;* er übernimmt die Funktion des Vaters und Herrschers. Von seinen „Söhnen", den *kobun*, erwartet er bedingungslose Loyalität. Bis sie Vollmitglieder werden, müssen sie eine harte Prüfungsphase durchlaufen, an deren Abschluss sie vor einem Shinto-Schrein einen Bluteid leisten. Zu den Erkennungszeichen gehören das Begrüßungsritual *jingi* und die Ganzkörpertätowierung. Begeht ein *kobun* einen Fehler, so schneidet er sich die Kuppe des kleinen Fingers ab und schickt sie seinem *oyabun* als Zeichen der Buße.

Halbherzige Gegenmaßnahmen

Offizielle Schätzungen gehen von etwa 90 000 Yakuza in Japan aus. Zu den einflussreichsten Syndikaten gehören die Sumiyoshi-Rengo und die Inagawa-Kai in Tokio sowie die Amaguchi-Gumi in Kobe und Osaka. Rund die Hälfte ihrer illegalen Einkünfte beziehen die Gangster aus dem Amphetaminschmuggel, lassen jedoch auch sonst kaum einen Deliktbereich aus: Glücksspiel, Wuchergeschäfte, illegale Buchmacherei, Erpressung, Prostitution und Waffenschiebereien bringen ihnen Milliardenumsätze ein. In jüngster Zeit betätigen sie sich vermehrt im Immobilienhandel und an der Börse.

Am 1. März 1992 verabschiedete die japanische Regierung ein Anti-Banden-Gesetz. Zwar stuft es die Yakuza erstmals als kriminelle Vereinigung ein, besitzt aber diverse Schlupflöcher. Beispielsweise dürfen die Fahnder nur illegales Vermögen konfiszieren, das durch Rauschgiftgeschäfte erwirtschaftet wurde. Ohnehin ist es extrem schwierig, den Transaktionen der Familien zwischen ihren unzähligen Scheinfirmen auf die Schliche zu kommen. Außerdem ist eine Reihe von Aktivitäten der Yakuza wie der Aktienhandel inzwischen weitgehend legal; diese wollen sie wahrscheinlich zukünftig ausbauen. Es bedarf demnach wesentlich drastischerer Maßnahmen, um ihre Macht zu brechen.

CHINAS TRIADEN

Früher kämpften die fernöstlichen Geheimgesellschaften gegen das verhasste Mandschu-Regime und setzten sich für soziale Gerechtigkeit ein. Später verkamen sie zu Räuber- und Piratenbanden. Heutzutage gehören sie zu den gefürchtetsten kriminellen Vereinigungen der Welt. Unter anderem kontrollieren sie das Heroingeschäft in vielen westlichen Metropolen und schleusen unzählige illegale Einwanderer ein.

Eine Szene aus Michael Ciminos Spielfilm Im Jahr des Drachen, *der die Aktivitäten der chinesischen Triaden in den USA zeigt*

Das Reich der Mitte hat die weltweit längste Tradition an geheimen Gesellschaften; ihre Anfänge reichen bis um 200 v. Chr. zurück. Über sehr lange Zeit verfolgten sie hauptsächlich hehre Absichten, denn da die konfuzianische Oberschicht jede Art von Opposition verbot, konnten Unzufriedene und Unterdrückte nur aus dem Verborgenen heraus für soziale Gerechtigkeit eintreten. Und als die Mandschu, ein tungusisches Nachbarvolk der Chinesen, im 17. Jh. die Ming-Dynastie stürzten, setzten sich viele Bünde für die Vertreibung der „unter ihnen stehenden Barbaren" ein.

Im Zuge dieser Befreiungskämpfe erlangte insbesondere die *Gesellschaft der Drei in Einem* Berühmtheit, die man auch Dreibund oder Triade nannte. Als Emblem wählte sie ein gleichschenkliges Dreieck, Symbol für die Basiskräfte in der chinesischen Kosmologie: Himmel, Erde und Mensch.

Im 19. Jh. entwickelten sich dann zwei Systeme von Geheimgesellschaften im zerrissenen Riesenreich China: das des Weißen Lotos im Norden und das der Triade mit verschiedenen Zweigen im Süden. Ihr Widerstand richtete sich nun nicht mehr allein gegen die Mandschu, sondern ebenso gegen die europäischen Kolonialmächte. Die „Langnasen" zerstörten bisherige Wirtschaftsstrukturen und erschlossen sich durch die Legalisierung des bis dahin verbotenen Opiums lukrative Handelsmöglichkeiten. Unzählige Millionen aus dem neuen städtischen Proletariat, das die Invasoren mit ihren Maßnahmen schufen, verfielen dem Rauschgift.

Als 1911 der letzte Kaiser abdankte, verloren die Triaden ihr vorrangiges politisches Ziel: die Wiederherstellung der Ming-Herrschaft. Jahrzehntelang erschütterte jetzt ein blutiger Bürgerkrieg das Land, in dessen Verlauf die Gesellschaften zunehmend zu kriminellen Banden verkamen. Zunächst verdienten sie durch Piraterie, Schutzgelderpressung, Glücksspiel und Entführungen, dann stiegen sie zusehends in den Opiumschmuggel ein. Vor allem in Hongkong etablierten sich zahlreiche Gangs; nach der Machtübernahme Mao Tse-tungs 1949 wurde die britische Kronkolonie zum wichtigsten Hauptquartier der einflussreichen Triaden Sun Yee On, Wo Sing Wo und 14K. Zusammen verfügten sie Anfang der 90er-Jahre über rund 75 000 Mitglieder.

Vordringen in den Westen

Schon vor der Rückgabe Hongkongs an China im Juli 1997 fürchteten europäische und amerikanische Kriminalbehörden eine Masseneinmigration von chinesischen Gangstern. Noch hört man wenig darüber, doch mag die Invasion längst stattfinden.

Seit den 70er-Jahren sind die Triaden vornehmlich in Großbritannien und den Niederlanden aktiv. Sie haben sich hier auf Kreditwucher, Prostitution und Schutzgelderpressung spezialisiert. Laut Aussagen hoher Polizeibeamter muss so gut wie jedes China-Restaurant in London hohe Abgaben an die fernöstliche Mafia entrichten. Außerdem mischt diese stark im Drogenhandel mit. Das Heroin, das sie einschleust, stammt aus dem Goldenen Dreieck Birma, Laos und Nordthailand. Darunter leiden verstärkt auch die USA; die dortige Drogenkontrollbehörde DEA behauptet, die 14K sei der größte Heroinbeschaffer in New York.

Und in einem weiteren extrem brutalen Geschäft verdienen die Hongkonger Syndikate viele Millionen: im Menschenhandel. Offizielle Schätzungen gehen davon aus, dass die Verbrechensmultis jährlich beispielsweise 10 000 illegale Einwanderer nach Großbritannien einschleusen. In anderen EU-Ländern liegen die Zahlen ebenfalls ziemlich hoch. Von verzweifelten Leuten, die sich ein glücklicheres Leben fern der Pekinger Diktatur wünschen, verlangen die Triaden in der Regel um die 60 000 DM Entlohnung – ein Betrag, über den natürlich fast keiner der Bittsteller verfügt. So werden die Habenichtse häufig gezwungen, in Lokalen oder Spielhöllen für die Gangster zu arbeiten, bis sie ihre Schuld tilgen können. Frauen müssen in Bordellen hinzuverdienen. Ob man gegen all diese Verbrechen überhaupt noch etwas ausrichten kann, bleibt dahingestellt.

Die Metropole Hongkong ist seit vielen Jahrzehnten Stützpunkt der Triaden. Wie lange wohl noch?

WIE AUS SCHMUTZIGEM GELD SAUBERES WIRD

Die internationalen Verbrechersyndikate schleusen Milliardenbeträge aus dunklen Geschäften in den legalen Finanzkreislauf ein. Trotz verschärfter Gesetze und groß angelegter Fahndungen haben die Industrienationen bisher wenig dagegen ausrichten können.

Lange Zeit erschien ein Niederländer mehrmals wöchentlich bei einem deutschen Kreditinstitut am Niederrhein und tauschte Bargeld unterschiedlicher Währungen in Gulden und Dollar um. Es handelte sich dabei immer um sechsstellige Beträge. Als er im Oktober 1996 versuchte, bei einer Bank in Belgien 240000 Pfund zu wechseln, nahm ihn die dortige Polizei fest. Bei den Ermittlungen, die nun auch das Landeskriminalamt Nordrhein-Westfalen durchführte, ergab sich, dass der Mann seinen Lebensunterhalt damit verdiente, Gelder für Drogenringe in Großbritannien, Skandinavien, Deutschland und Australien zu waschen. Insgesamt hat er wahrscheinlich rund 120 Mio. DM im deutschen Finanzsystem untergebracht.

Miami: Wie viele dieser Wolkenkratzer haben wohl südamerikanische Drogenbosse finanziert?

Was ist Geldwäsche? Eine umfassende Definition lieferte 1984 eine amerikanische Kommission zur Erforschung des organisierten Verbrechens. Danach versteht man unter Geldwäsche „einen Prozess, mit dem die Existenz, die rechtswidrige Quelle oder die rechtswidrige Verwendung von Einkommen verborgen wird, um diese Einkommen anschließend als legal erworben erscheinen zu lassen". Simpel ausgedrückt bedeutet dies: Kriminelle verschleiern die Herkunft schmutzigen Geldes, etwa aus Rauschgiftgeschäften, dem Waffenhandel oder Erpressungen, indem sie es in den normalen Geldkreislauf einschleusen. So vernichten sie gleichzeitig die Beweise für ihre Delikte.

Bei solchen Unterwelt-Transaktionen kann man schwer beziffern, um welche Beträge es geht, und die Hochrechnungen klaffen bisweilen weit auseinander. Hier zwei vermutlich recht genaue Angaben: Laut Aussage des Internationalen Währungsfonds von 1996 werden weltweit jedes Jahr über 500 Mrd. Dollar gewaschen. Für Deutschland liegen die Schätzungen zwischen 50 und 80 Mrd. DM. Zweifellos findet Geldwäsche inzwischen überall statt, in den Industrienationen genauso wie im aufstrebenden Osteuropa und in den Entwicklungsländern.

Drei Phasen der Wäsche

Durch den perfekten internationalen Zahlungsverkehr ist es Verbrecherorganisationen heutzutage leicht möglich, ihre Gewinne auf verschiedenste Art so lange zu verschieben, bis kein Fahnder mehr nachvollziehen kann, woher die Beträge ursprünglich kommen.

Experten unterscheiden zwischen drei Phasen der Geldwäsche:

❑ **Platzierung (Placement):** Die nahe liegende Form, illegale Einnahmen in die legale Finanzwirtschaft einzuschleusen, besteht darin, Bargeld bei einer Bank einzuzahlen, wodurch es zu so genanntem Buchgeld wird. Dazu benutzen die Verbrechersyndikate meist Strohmänner. Ein Gemüsehändler aus einer westdeutschen Kleinstadt etwa deponierte in den 80er-Jahren binnen kurzem Devisen in Höhe von umgerechnet 14 Mio. DM bei seiner Bank; das Geld hatten ihm Drogenkuriere aus ganz Europa überwiesen.

Das Risiko, bei solchen Transaktionen aufzufliegen, ist groß. Schwierigkeiten ergeben sich für die Kriminellen außerdem daraus, dass sie Unmengen an Cash in kleinen Scheinen kassieren, vor allem beim Drogenumschlag auf der Straße. Jemand, der mit Kilos von Banknoten am Schalter eines Kreditinstituts auftaucht, erscheint natürlich sofort suspekt.

Von daher zwingen Verbrecher beispielsweise Restaurantbesitzer, Konten zu eröffnen und darauf schmutziges Geld einzuzahlen. Bei etablierten Gastronomiebetrieben fällt es nämlich nicht auf, ob 50 000 DM mehr oder weniger eingenommen werden.

Kriminelle gehen aber auch zusehends dazu über, dreckiges Geld mit rechtmäßigen Gewinnen zu vermischen. Dazu benutzen sie ihre eigenen „Frontbetriebe", darunter Import-Export-Firmen, Videotheken und Sexshops. Diese täuschen Verkäufe vor und lassen die unrechtmäßig erwirtschafteten Beträge in Wirklichkeit nur durch ihre Kassen laufen. Die Besitzer können sie dann getrost auf diversen Konten verbuchen und entrichten sogar Steuern dafür, damit alles seriös wirkt.

Eine gleichermaßen verbreitete Variante von Scheingeschäften verhalf einer europaweit operierenden türkisch-kurdischen Geldwäscherbande zu Reichtum. Jahrelang schickte sie riesige Lieferungen wertloser Waren wie unverzehrbare Lebensmittel oder Kleiderfetzen an einen Landsmann in München. Der beglich jedes Mal Rechnungen von über 500 000 DM für den Ramsch, den er häufig sofort vernichtete: Er wollte lediglich schmutziges Geld aus Deutschland herausbekommen. Bis die Ermittler letztlich verstanden, was da ablief, hatte er rund 350 Mio. DM in 15 Länder transferiert.

Nicht zuletzt hat sich die internationale Mafia seit dem Fall der Mauer auf Geschäfte in der Ex-DDR gestürzt. Gut ein Drittel der Investitionen dort soll mit illegalen Millionen getätigt worden sein. Die Treuhandanstalt verkaufte marode Staatsunternehmen zu günstigen Konditionen und fragte kaum nach Bilanzen. So konnten die Eigentümer leicht Drogen-, Waffen- und Schutzgelder als Umsätze deklarieren.

Wer hilft bei der Geldwäsche?

Bei der Integration von illegalen Gewinnen in den regulären Finanzkreislauf helfen drei Gruppen von Akteuren. Zur ersten zählen die Mitarbeiter der Verbrechersyndikate selbst. Zur zweiten dagegen gehören freiwillige Helfer, die ansonsten aber im legalen Bereich arbeiten, etwa Geldkuriere, korrupte Juristen oder Finanzexperten, die ihre Dienste bewusst kriminellen Organisationen anbieten. Der dritten Gruppe zugerechnete Personen bzw. Institutionen unterstützen rechtswidrige Transaktionen meist unwissentlich, beispielsweise Bankangestellte, Treuhänder, Immobilienmakler oder Investmentgesellschaften.

Eine kleine Wechselstube in Cali, dem Sitz der kolumbianischen Drogenbosse: Wahrscheinlich werden hier Geldgeschäfte in Milliardenhöhe abgewickelt.

❑ **Verschleierung (Layering):** Nun zirkuliert das Geld, in der Regel von einem internationalen Finanzplatz zum nächsten. Eine wichtige Rolle spielen dabei die Offshore-Zentren – Länder oder Regionen, in denen keine oder nur nominelle Steuern anfallen. Darüber hinaus darf man dort anonym Unternehmen gründen, was mafiosen Organisationen ermöglicht, zahlreiche Briefkastenfirmen einzurichten. Für deren Geschäftsabwicklung erteilen sie oft Rechtsanwälten die Vollmacht. Diese wiederum eröffnen Konten bei den Banken vor Ort und können überwiesene Summen jederzeit anlegen. Die wichtigsten Offshore-Zentren sind momentan Hongkong, Singapur, die Cayman-Inseln, die Bahamas, Panama, die Niederländischen Antillen und Bahrain. Weil sie mehrheitlich über keine hoch entwickelten Ökonomien verfügen, wetteifern sie geradezu um illegales Kapital, das ihr Volkseinkommen erhöht.

Abhängig vom Schwarzgeld sind ebenso die Drogenanbauländer. Strohmänner der südamerikanischen Rauschgiftbosse senden vermutlich pro Jahr 11 Mrd. Dollar aus den USA in ihre Heimat; allein von New York aus mögen es über 1 Mrd. Dollar sein. Laut einer Schätzung nimmt das berüchtigte kolumbianische Cali-Kartell davon 60 Mio. Dollar ein. Häufig wird das Geld telegrafisch angewiesen, aus kleinen Wechselstuben genauso wie über Kreditinstitute wie American Express. Die Regierung unter Präsident Bill Clinton erließ deshalb Mitte 1997 eine Regelung, derzufolge jede Geldanweisung über 750 Dollar meldepflichtig ist; das Limit lag bis dahin bei 10 000 Dollar. Zuvor schon war es der US-Drogenfahndungsbehörde Drug Enforcement Administration (DEA) zusammen mit dem amerikanischen Zoll und der französischen Polizei gelungen, in Frankreich einer ganzen Reihe von Wechselstuben mit dem Firmennamen Rapid-O-Giros unlautere Transaktionen in Höhe von zigmillionen Dollar nachzuweisen. Gründer des Unternehmens: ein Drogenclan aus Cali.

Aufgrund der verschärften Fahndung müssen sich die Verbrecherorganisationen ständig neue Tricks ausdenken. Wie die *New York Times* 1997 berichtete, erwerben die Drogensyndikate vermehrt Güter wie Alkohol, Elektrogeräte und Kraftfahrzeuge in den Vereinigten Staaten und verkaufen sie dann in Lateinamerika unter Wert. Auf diese Weise verlieren sie zwar rund 20–30% ihrer Ausgaben, aber das Geld bleibt unentdeckt. Außerdem sind die Profitspannen im Kokainhandel insgesamt immer noch außerordentlich hoch.

Experten befürchten derzeit zunehmendes Layering im bargeldlosen Zahlungsverkehr, z. B. durch Kreditkarten, Telebanking, Teleshopping und Transfers von Kapital im Internet, so genanntes Cyber-Banking.

❑ **Integration:** Zu guter Letzt fließt das Vermögen meist dorthin zurück, woher es stammt. Die Gangster können es jetzt legal investieren. Das tun sie zum einen auf den Finanzmärkten, etwa durch gezielten Kauf von Aktienpaketen. Zum andern investieren sie in Sachgüter, insbesondere zur Verbesserung der Infrastruktur ihrer Syndikate. D. h., sie erwerben Immobilien, bauen die Frontbetriebe weiter aus und kaufen Schiffe und Flugzeuge, um sich den Schmuggel zu erleichtern. Darüber hinaus richten sie Chemie- und Pharmaunternehmen zur heimlichen Drogenproduktion ein und gründen Touristikketten zur Erleichterung des Rauschgiftvertriebs. Viele betreiben eigene Spielkasinos, in denen sie noch müheloser Geld waschen können.

Oberflächlich betrachtet wirkt es so, als würden die Industriestaaten durch die Geldwäsche profitieren, denn schließlich gelangen dadurch riesige Summen in ihre Wirtschaft. Kriminologen beobachten jedoch mit ungemeiner Sorge, wie Verbrecher vermehrt Milliardenbeträge in alle möglichen Bereiche einbringen und sich quasi gesellschaftsfähig machen.

So haben südamerikanische Rauschgiftclans in amerikanische Fernsehsender und Zeitungen investiert und bauen sich in Drogenumschlagplätzen wie Miami eindrucksvolle Wolkenkratzer. An der Costa del Sol betreiben spanische Kokainringe Hotel- und Restaurantketten, Apartmentanlagen und Nachtklubs.

In der Provinz Neapel gehören der italienischen Mafia nach Berechnungen eines Wirtschaftsmagazins gut die Hälfte der Einzelhandelsgeschäfte, ein Drittel der Landwirtschaft, 20% des Kredit- und Finanzwesens, 20% der Transportunternehmen sowie jeweils 10% der Industrie- und Dienstleistungsbetriebe. Keineswegs aber beschränkt sich die Cosa Nostra regional. Überall im Land besitzt sie Banken, Versicherungen und Leasinggesellschaften. Nicht zuletzt hat sie in beträchtlichem Umfang Staatsanleihen und Kreditbriefe des italienischen Schatzamtes erworben und so geholfen, das Haushaltsdefizit zu vermindern – eine bedrohliche Entwicklung, denn damit gewinnt die organisierte Kriminalität immer stärkere Kontrolle über den Staat.

Unverkennbar existiert also die Gefahr, dass gewaschenes Geld sauberes langfristig verdrängt, sprich, dass mafiose Unternehmen seriöse Wettbewerber übertrumpfen werden. Macht in der Wirtschaft bedingt auch Einfluss in der Politik: Die Russen-Mafia kungelt unverhohlen mit Vertretern der Moskauer Regierung und die kolumbianischen Drogenbosse halten ihre Regierung mit Wahlkampfspenden und Bestechungsgeldern in Schach.

Eine Wechselstube von Rapid-O-Giros in Miami; in Frankreich wies man der Kette gravierende Geldwäschedelikte in Zusammenarbeit mit der kolumbianischen Mafia nach.

Steuerparadiese in aller Welt locken Kapital an

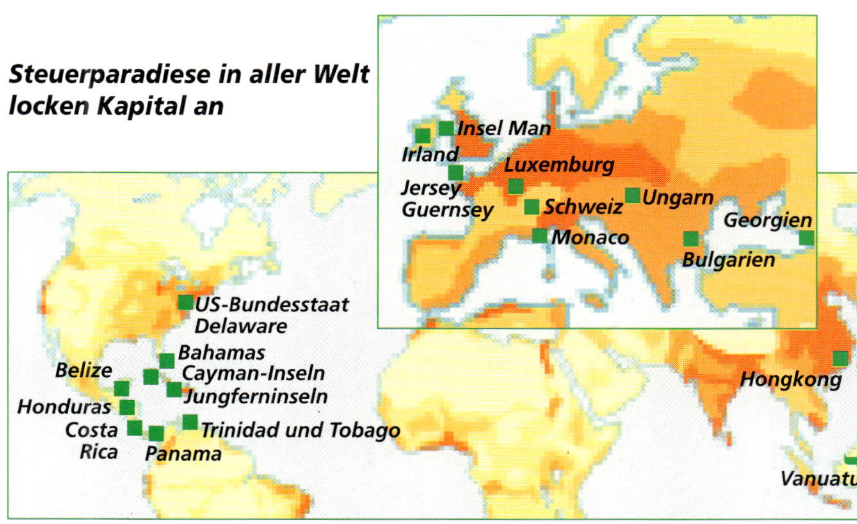

Es wird immer schwieriger, zwischen krimineller und fiskalischer Geldwäsche zu unterscheiden. Nicht nur die organisierte Kriminalität, sondern auch kapitalkräftige Unternehmen manövrieren in Hochsteuerländern wie der BRD Milliardenbeträge am Staat vorbei. Die transferieren sie in Offshore-Zentren – neben unterentwickelten Ländern auch europäische Staaten mit günstigen Anlagebedingungen wie Luxemburg und die Schweiz. Dort werden Briefkastenfirmen oder fiktive Stiftungen als Durchschleusestationen eingerichtet.

Viel zu selten gelingt es den internationalen Fahndern, die gefährliche Droge Kokain und die damit erwirtschafteten Gewinne sicherzustellen.

Unzureichende Strafverfolgung

Erst 1993 führte die Bundesrepublik ein Geldwäschegesetz ein, zum Teil lange nach anderen westlichen Ländern wie Italien (1982), Amerika (1986), Großbritannien (1986/87), Frankreich (1987), Spanien (1988), Kanada (1989) und der Schweiz (1990). Schnell erwies sich, wie unzureichend unsere neuen Bestimmungen sind. Die Banken zeigten bisher einige Tausend Verdächtige pro Jahr an, von denen jeweils lediglich eine Hand voll ins Gefängnis wanderte. 1994 zogen die Fahnder 10 Mio. DM ein – höchstens 0,2 Promille der eingeschleusten Beträge.

Schwierigkeiten bei dem Gesetz ergeben sich vor allem, weil die Sicherstellung von Vermögenswerten bestimmte rechtliche Voraussetzungen erfordert. Die Strafverfolger müssen dem potenziellen Täter das Delikt nämlich nicht nur „hinreichend", sondern „dringend" nachweisen. Das ist in der Regel schier unmöglich, denn auf den Banknoten steht schließlich nicht geschrieben, woher sie stammen. So haben Polizei und Staatsanwaltschaft überhaupt keine realistische Chance, ihre Hände auf schmutziges Geld zu legen. Das Fehlen einer zentralen Erfassungsstelle für Geldwäschedelikte, wie z. B. die USA sie besitzen, erschwert die Arbeit der deutschen Kriminalisten zusätzlich.

Zudem müssen sich die Banken schwere Vorwürfe gefallen lassen. Der Journalist Jörg Heimbrecht hat nach Einführung des Geldwäschegesetzes getestet, wie konsequent unsere Geldinstitute Verdächtige anzeigen. Zusammen mit Kollegen gründete er eine Scheinfirma und beauftragte einen professionellen Geldwäscher, rund 400 Mio. DM aus angeblich kriminellen Quellen in Deutschland, Österreich sowie der Schweiz umzutauschen und hinterher zu investieren. Ergebnis: Am Ende der Recherche besaß Heimbrecht schriftliche Zusagen von einem Dutzend Banken. Eine Reihe von Geldinstituten sagte zwar ab, informierte gleichwohl weder Polizei noch Staatsanwaltschaft.

Reformen sind demnach unabdinglich. Nach wie vor erfreut sich die Bundesrepublik bei Verbrechern immenser Beliebtheit zum „Bleichen" von Schwarzgeld. Einer von vielen Belegen: 1996 ließ die türkische Großbank Türkiye Vakiflar Bankasi wahrscheinlich 1,7 Mio. DM aus Drogengeschäften über Sammelkonten bei der Postbank laufen. Letztere kündigte 1997 den Kooperationsvertrag.

Um keinen Ärger bei Einzahlungen höherer Beträge am Bankschalter zu bekommen, investieren Verbrecher inzwischen stärker in Immobilien und ebenso in Lebensversicherungen.

Weltweite Kooperation erforderlich

Aber selbst Staaten, die seit langem daran arbeiten, ihre Ermittlungsmethoden auszufeilen, sehen sich mit gravierenden Problemen konfrontiert, weil die Geldwäsche oft blitzschnell über Grenzen hinweg erfolgt. Das betrifft keineswegs nur Banküberweisungen. So gaben Mitarbeiter des amerikanischen Justizministeriums bei einer Anhörung im Kongress Mitte 1997 zu, dass die US-Zollbeamten unzählige Lastwagen auf dem Weg ins Nachbarland Mexiko nicht kontrollieren, weil sie voll damit beschäftigt sind, die Fahrzeuge in Gegenrichtung zu checken. Auf dieser Route können Unmengen an Bargeld aus den USA verschwinden.

Darüber hinaus lässt sich Geldwäsche nicht ahnden, solange die so genannten Steuerparadiese den Zufluss an illegalen Geldern tolerieren oder sogar fördern. Die Clinton-Regierung übt seit einigen Jahren verstärkt Druck auf kleinere Länder, insbesondere die Offshore-Zentren, aus, um sie zu bewegen, ebenfalls Gesetze zur Unterbindung der kriminellen Transaktionen einzuführen. Bisher haben diese jedoch keine Bereitschaft zu Reformen gezeigt, weil ihnen offensichtlich kurzfristige Profite zur Sicherung ihrer Standorte wichtiger erscheinen.

Wie Experten immer wieder betonen, setzt die Bekämpfung der Geldwäsche eine intensive Zusammenarbeit zwischen Regierungen, Ermittlungsbehörden und Banken voraus. Manche unter ihnen empfehlen überdies die Bildung einer globalen Finanzgemeinschaft. Allein Länder, die effiziente Ahndungsmaßnahmen eingeführt haben, sollen beitreten dürfen. Dagegen müsste man den Finanzverkehr mit allen Nicht-Mitgliedern erheblich erschweren. Leider sind solche Vorschläge vorläufig Zukunftsmusik.

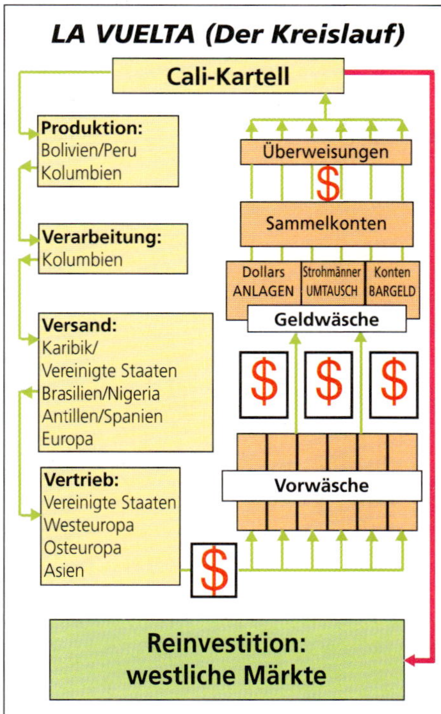

Das Organigramm verdeutlicht, wie das Cali-Kartell seine Geschäfte organisiert und anschließend Gelder wäscht: ein perfekt abgestimmter Kreislauf.

Deutsches Geldwäschegesetz

Am 29. November 1993 trat in Deutschland das Gesetz über das Aufspüren von Gewinnen aus schweren Straftaten in Kraft. Es beinhaltet unter anderem, dass Banken alle Personen zunächst identifizieren müssen, die Bargeldeinzahlungen in Höhe von 20 000 DM oder mehr vornehmen. Jede solche Transaktion wird zudem sechs Jahre lang gespeichert. Schon bald jedoch erkannte man die Unzulänglichkeiten des Gesetzes. Die Kreditinstitute meldeten kaum Verdächtige und wegen zu langwieriger Ermittlungen kamen dann nur wenige mutmaßliche Täter vor Gericht. Die Bundesregierung legte im August 1996 einen Reformvorschlag vor; bisher wurde er nicht verabschiedet.

Sekten: Verführer oder Sinnstifter?

Ende der 60er erfreuten sich östliche Gurus zunehmender Beliebtheit bei der revoltierenden Jugend im Westen. Gleichwohl haben die Gruppierungen mit dem Abebben der Hippie-Bewegung keineswegs an Einfluss verloren. Im Gegenteil: Pseudoreligionen finden heute stärkeren Zulauf als je zuvor – eine beängstigende Entwicklung, denn eine Reihe von ihnen nimmt gefährliche Gehirnwäschen vor.

Wenn wir uns auf die 60er-Jahre rückbesinnen, dann denken viele von uns an die Jugendproteste. Heranwachsende lehnten sich gegen die Elterngeneration auf, verlangten politisches Mitspracherecht und mehr persönliche Freiheiten, kleideten sich exzentrisch und griffen verstärkt zu Drogen. Zugleich zeigten sie sich anfällig für die Lehren östlicher Gurus.

Die damalige Sektenbewegung nimmt sich allerdings verhältnismäßig harmlos gegenüber der heutigen aus. Eine Reihe von Glaubensgemeinschaften mit Heilsanspruch ist in den letzten drei Jahrzehnten stetig angewachsen; zahlreiche neue haben sich hinzugesellt. Eine Enquetekommission des Deutschen Bundestages gab im Frühjahr 1997 eine Repräsentativbefragung in Auftrag, die belegte, dass bei uns rund 800000 Personen über 14 Jahren Sekten angehören, darunter einige besonders gefährliche. Sie schotten sich gegenüber der Außenwelt ab, machen ihre Mitglieder psychisch abhängig und beuten diese finanziell aus.

Verbreitete indische Lehren

Als berühmte Stars wie die Beatles sich mit der Transzendentalen Meditation (TM) zu befassen begannen, breitete sich im Westen schnell die dazugehörige Theorie aus. Ihr Begründer, der 1918 geborene Maharishi Mahesh Yogi, definierte sie als nicht religiöse Entspannungstechnik, mit deren Hilfe seine Jünger ihre Kreativität erhöhen und Erleuchtung erlangen könnten. Angeblich gewinnt man durch die TM-Praxis auch paranormale Fähigkeiten, beispielsweise die, im Lotossitz zu hüpfen.

Letztlich erhebt die TM aber doch Anspruch auf den Status einer Religion und macht überdies einen universalen politischen Anspruch geltend: So rief sie 1976 die „Weltregierung des Zeitalters der Erleuchtung" aus, die den Frieden und die Errichtung einer idealen Gesellschaft fördern will. Das Zentrum der TM-Bewegung liegt im schweizerischen Seelisberg am Vierwaldstätter See. Ihre Anhängerschar wird international auf etwa 2 Mio. beziffert, in Deutschland auf 50000.

Vermutlich noch wesentlich mehr Menschen gehören der Bhagwan-Gemeinschaft an. 1974 bildete ihr Meister, der einstige Philosophieprofessor Rajneesh Chandra Mohan (1931–90) in der indischen Stadt Poona einen Ashram, d.h. eine Art größere Wohngemeinschaft. Hier nahm er den Namen Bhagwan (der Erhabene) an und verkündete seine Erkenntnisse, in die

Oben: Maharishi Mahesh Yogi, früher eine Zeit lang Guru der Beatles. Unten links ein Detail aus demselben Foto; Anlass für diesen Auftritt des Meisters ist der Beginn des „Jahres der Verfassung des Universums".

Seit dem Zusammenbruch des Kommunismus gewinnen Sekten auch in Osteuropa vermehrt Anhänger, oben Hare-Krishna-Jünger in Moskau.

hinduistische Theologie und westliche Psychotherapie einflossen. Transzendenz, so der Guru, erreiche man durch Spiritualität und Sex. Unzählige Aussteiger aus Europa und den USA sprach das ungemein an. Die Sannyasins, wie sich die Gefolgsleute Bhagwans bezeichnen, wollen fern von der Isolation und dem Stress in den westlichen Gesellschaften nach der Maxime „ganz entspannt im Hier und Jetzt" leben.

Auf der Flucht vor Gegnern und den indischen Steuerbehörden siedelte Mohan 1981 in den US-Bundesstaat Oregon über, wo er Rajneeshpuram, die Stadt der neuen Menschen, zu bauen begann. Spannungen entstanden innerhalb der Gemeinde, zum Teil weil der Meister seine Anhänger hart für sich schuften ließ. Sie mussten nun Restaurants und Diskotheken einrichten, um den Reichtum der Sekte zu mehren. Letztlich geriet Bhagwan auch hier mit den Behörden in Konflikt. Schließlich wurde er verhaftet und ausgewiesen. Wieder in Poona, rief er die „Weltakademie der kreativen Wissenschaften" ins Leben. Nach seinem Tod hat der Ashram einen außerordentlichen Zulauf aus dem Westen erfahren. Die äußerst geschäftstüchtigen Sannyasins haben zudem in vielen Ländern gut besuchte Zentren eingerichtet, die beispielsweise Massagen, Yoga, Tantra und Meditationstechniken anbieten.

Anders verhält es sich mit der Hare-Krishna-Bewegung, deren Anhänger vorwiegend durch den Vertrieb von religiöser Literatur und Devotionalien sowie durch Straßensammlungen an Geld gelangen. Man erkennt sie leicht an ihren kahl geschorenen Köpfen mit nur einem einzigen Haarbüschel und sieht sie des Öfteren im Freien tanzen. 1728-mal täglich singen sie das Mantra „Hare Krishna, Krishna, Krishna". Es soll eine Form von Ekstase erzeugen, dadurch den Kontakt zum Göttlichen herstellen und dem Menschen so bereits im Diesseits zur „unendlichen Glückseligkeit" verhelfen. Die Jünger wohnen ebenfalls oft in Ashrams und verpflichten sich zu „vier regulierenden Prinzipien": Verzicht auf Fleisch, Rauschmittel, Glücksspiel und außereheliche Sexualität.

Urheber der Lehre, die sich auf die Veda und die Bhagawadgita, alte religiöse Schriften Indiens, beruft, war Abhay Charan Bhaktivedanta Swami Prabhupada (1896–1977). Der Bengale arbeitete in seiner Heimat lange als Angestellter in einem Chemieunternehmen, siedelte dann aber nach New York über und rief dort 1966 die Internationale Gesellschaft für Krishna-Bewusstsein (ISKCON) ins Leben.

Ein streng hierarchischer Aufbau kennzeichnet die Bewegung; westliche Religionswissenschaftler kritisieren, dass Charan eine Art spiritualisierte Kastenordnung geschaffen hat. Kaum jemandem gelingt es, daraus auszubrechen. Es gibt mehrere Stufen unter den Gefolgsleuten; unten angesiedelt sind die Arbeiter für die härtesten Tätigkeiten.

Als der Guru starb, übernahm ein Leitungsgremium von elf Personen die Kontrolle, verstrickte sich jedoch in kriminelle Machenschaften. In den 90er-Jahren begannen deshalb innere Reformen, um wieder ein positiveres Image zu gewinnen. Hare Krishna hat rund 750 000 Sympathisanten in Europa, davon etwa 5000 in Deutschland. Die Zahl der Vollmitglieder liegt dagegen erheblich niedriger.

Die Mun-Bewegung

Kaum in der Öffentlichkeit wahrnehmbar sind die Anhänger der Mun-Sekte, auch unter dem Namen Vereinigungskirche bekannt. Dennoch sollte man ihren Einfluss nicht unterschätzen.

Ihr Gründer, der 1920 geborene Koreaner San Myung Mun, behauptet, er habe mit 16 Jahren am Ostersonntag eine Vision gehabt. „Auf einem ... Berg tief ins Gebet versunken, erschien ihm Jesus und dem jungen Mann wurde die Mission erteilt, das Himmelreich auf Erden einzurichten", heißt es in einer Biographie des pseudoreligiösen Führers.

Mun zog während des Koreakrieges (1950–53) von Pjöngjang in den Süden und formierte 1954 in Pusan die „Gemeinschaft vom Heiligen Geist für die Vereinigung der Weltchristenheit". Bereits vier Jahre später setzte er zur Auslandsmission an. Erste Operationsgebiete waren Japan und die USA; später kamen Lateinamerika und Westeuropa hinzu. 1973 wanderte der Meister nach Amerika aus.

Im August 1992 segnete Sektengründer Mun 20 000 Ehepaare in einem Stadion von Seoul; mit diesem Ritus „adoptierte" er sie zugleich.

Seine engen Gefolgsleute sprechen heute von insgesamt 2 Mio. Angehörigen; indes beträgt deren Zahl laut Einschätzung von Experten nicht mehr als 200 000 Personen. In Deutschland gibt es wohl zwischen 2000 und 4000 so genannte Munies.

Seine Philosophie erläutert Mun in Offenbarungsreden; zudem hat er ein Werk mit dem Titel *Göttliche Prinzipien* verfasst. Darin stellt er sich selbst als wiedergekehrten Christus hin, der versucht, die Menschheit zu erlösen. Jesus habe den Heilsplan nicht vollendet, sagt der Koreaner, denn als zweiter Adam hätte er sich eigentlich mit einer wahren Eva verbinden und eine vollkommene Familie gründen müssen. Von daher blieb der Menschheit nichts anderes übrig, als 2000 Jahre auf die Wiedergutmachung des Sündenfalls zu warten.

Dieser Aufgabe widmen sich nun Mun und seine vierte Frau Han Hak-Ja. Zusammen haben sie „sündlos" 13 Kinder gezeugt und sind damit

Vater und Mutter der „ersten himmlischen Familie auf Erden" geworden. Als 1984 ihr Sohn Heung-Jin starb, erklärte Mun ihn zum Himmelsstatthalter – mit Jesus, der sein „Versagen" eingesehen habe, als Stellvertreter.

Die Mun-Sekte unterscheidet nicht zwischen Staat und Kirche, sodass ihr religiöser Anspruch automatisch ebenso ein politischer ist. Stets hat ihr Anführer zum Kreuzzug gegen den „satanischen Kommunismus" aufgerufen; die Vereinigung von Nord- und Südkorea zählt zu seinen vorrangigen Anliegen. Früher hat er sogar verkündet, ein dritter Weltkrieg sei unvermeidlich, um den Ostblock in die Knie zu zwingen. Als dann der Eiserne Vorhang fiel, hieß es, der Westen habe den Kampf 1990 durch eine Reise Muns zu Michail Gorbatschow gewonnen.

Ein so genanntes Dianetik-Zentrum in Frankreich

Bevorzugt gewinnt die Sekte junge unverheiratete Leute als Mitglieder hinzu. Nach einer Bewährungsphase schlägt Mun oft persönlich vor, wer mit wem eine Partnerschaft eingehen soll, und achtet dabei stark auf Verbindungen zwischen unterschiedlichen Nationen und Rassen. Bei Riesenveranstaltungen segnet er dann frisch gebackene Eheleute. Am 25. August 1992 etwa nahm er bei einem Spektakel in Seoul 20 000 Paare in die Gemeinschaft auf; weitere 10 000 waren per Satellit zugeschaltet.

Aussteiger haben berichtet, wie die Bekehrung funktioniert: Man führt an den Novizen eine regelrechte Gehirnwäsche durch. Alle Anhänger müssen sich nach dem Beitritt bedingungslos unterwerfen. Häufig übereignen sie der Organisation ihr gesamtes Vermögen.

Mun hat darüber hinaus systematisch ein internationales Wirtschaftsimperium aufgebaut. So besitzt er pharmazeutische Unternehmen, Fischereibetriebe, Reedereien, Waffenfabriken und Verlage für Bücher und Zeitungen. Sein Vermögen wird mit mehreren Hundert Millionen Dollar veranschlagt.

Scientology: eine Gefahr

Weltanschauungsgemeinschaft oder verbrecherische Sekte? Im Fall der Scientologen scheiden sich die Geister. Bei uns stand die Organisation in letzter Zeit wiederholt im Mittelpunkt des öffentlichen Interesses, denn man warf ihr vor, Psychoterror anzuwenden. 1996 urteilte das Bundesarbeitsgericht in Kassel, sie sei keine Religionsgemeinschaft im Sinne des Grundgesetzes; im Juni 1997 beauftragten die Innenministerien von Bund und Ländern den Verfassungsschutz, Scientology zu beobachten.

In Amerika, wo diese „Kirche" als religiöse Gruppierung anerkannt wird, haben die deutschen Entscheidungen stürmischen Protest hervorgerufen. Die Washingtoner Regierung rügte die Vorgehensweise; die US-Scientologen verglichen die Praktiken unseres Gesetzgebers mit den Verfolgungen der Nazis und riefen die UNO-Menschenrechtskommission sowie den Europarat wegen religiöser Diskriminierung an. 34 Prominente unterstützten sie mit einem offenen Brief in der Presse.

Dabei geht Deutschland keineswegs als einziger Staat verschärft gegen die Vereinigung vor, die laut eigenen Angaben insgesamt rund 8 Mio. Mitglieder aller Altersgruppen umfasst. So hat man Angehörige der Organisation in Frankreich, Griechenland und Italien diverser Delikte, insbesondere aber immer wieder des Betrugs, überführt und zu Haftstrafen verurteilt.

Was macht die umstrittene Gruppierung gefährlich? Als oberstes Ziel bezeichnet sie das Erlangen „geistiger Gesundheit". Mit vermeintlich wissenschaftlichen Methoden sollen die Anhänger lernen, über Krankheiten und Krisen hinwegzukommen. Wie das genau funktioniert, hat der Scientology-Gründer Lafayette Ronald Hubbard (1911–86) in seiner Philosophie, der Dianetik, detailliert beschrieben. Jedenfalls ist es ein weiter Weg bis zur „Perfektion". Zahlreiche Kurse sind dafür angeblich erforderlich – die kosten viel Geld und können einen Menschen tief greifend verändern. Wer sich einmal in die Hände der Organisation begeben hat, vermag sich ihr nur mit größter Mühe zu entziehen, denn sie verfügt über ein ausgeklügeltes Berichts- und Überwachungssystem.

Viele Experten teilen die Überzeugung, dass Scientology, heute schon ein multinationaler Konzern, eine Unterwanderung der Wirtschaft anstrebt und an die Schaltstellen der Macht gelangen will, um ein totalitäres System zu bilden.

Spezielles Vokabular

Zur Lehre der Scientologen gehören bestimmte Begriffe, darunter diese:
Auditing: Prüfung eines Mitglieds, bei der hemmende Verhaltensweisen ermittelt werden. Kritiker sprechen von Gehirnwäsche.
E-Meter: Auditing-Gerät, das den Hautwiderstand misst und feststellt, ob sich der Untersuchte im Zustand der Erregung oder Ruhe befindet.
OT: Die angestrebte Seinsform; der Mensch kann Materie, Energie, Raum und Zeit beeinflussen.

Sie erwarten die Apokalypse

Die Anhänger radikaler Endzeitsekten glauben an das baldige Nahen des Jüngsten Tages. Von ihren Gurus lassen sie sich einreden, die Welt sei voller Gegner, die es zu bekämpfen gelte. Viele sind bereit, freiwillig aus dem Leben zu scheiden.

Auf Geheiß ihres Anführers Jim Jones brachten sich 913 Volkstempler gemeinsam mit ihm um.

Zahlreiche Menschen brechen heutzutage aus dem Alltag aus und folgen bedingungslos selbst ernannten Meistern. Unter diesen religiösen Gruppierungen der Neuzeit befindet sich eine ganze Reihe radikaler apokalyptischer Sekten. Ihre Mitglieder fühlen sich von dämonischen Mächten bedrängt, glauben fest an den nahenden Weltuntergang und zeigen sich aufgrund ihrer Ängste willens, alles zu opfern – sogar ihr Leben. Die religiösen Fanatiker wähnen sich von Feinden umringt; in ihrem Denken und Handeln sind sie der Kriegslogik verpflichtet. In der Regel verfügen sie deshalb über große Waffenarsenale und begehen notfalls auch Morde.

Gerade in den letzten Jahrzehnten hat die Anhängerschaft solcher Gemeinschaften stark zugenommen und es ist immer wieder zu Massensuiziden gekommen. In Japan hat sich überdies ein grauenhafter Anschlag ereignet.

Kein Rächer der Entrechteten

Am 20. November 1978 nahmen sich 913 Volkstempler zusammen mit ihrem Anführer James Warren „Jim" Jones in ihrer Kolonie im südamerikanischen Staat Guyana das Leben. Es heißt, die Mehrheit hätte ohne zu zögern den von Jones verordneten Cocktail aus Fruchtsaft und Zyanid getrunken, nur wenige habe man dazu zwingen müssen.

Wie verlief die Vorgeschichte? Jones gründete die Sekte Ende der 50er-Jahre in Indianapolis; in seinen Predigten sprach er sich für soziale Gerechtigkeit und die Integration von Minderheiten aus. Gleichzeitig stellte er sich selbst als Hoffnungsträger in einer zur Zerstörung verdammten Welt dar. Bald schloss sich ihm eine Schar von Gefolgsleuten an. 1965 siedelte die Gruppe nach Kalifornien über, wo sie schnell auf mehrere Tausend Personen anwuchs. Größtenteils rekrutierte sie sich aus Schwarzen, sozial schwachen Frauen und Kindern sowie aus Geisteskranken.

Reverend Jones ging mit seinem gesellschaftlichen Engagement hausieren und etablierte sich zusehends in linksliberalen Kreisen. 1976 ernannte man ihn zum Vorsitzenden des Wohnungsamtes von San Francisco. Zu dem Zeitpunkt kursierten allerdings bereits seit längerem Gerüchte, er beute die Armen aus, indem er sie beispielsweise zwinge, ihre Schecks von der Wohlfahrtsbehörde an ihn auszuhändigen. Eine Reihe von Sektenmitgliedern würde geschlagen und sexuell missbraucht, hieß es, und außerdem war von sieben höchst mysteriösen Todesfällen die Rede. Die Presse schrieb, man müsse dabei wahrscheinlich von Racheakten an Abtrünnigen ausgehen.

Um den Vorwürfen zu entkommen, siedelten die Volkstempler 1977 nach Guyana über. Jones hatte dort ein Stück Land erworben und schuf nun die Gemeinde Jonestown. Am 18. November des folgenden Jahres flogen der Kongressabgeordnete Leo Ryan und der Botschaftsangehörige Richard Dwyer mit einigen Journalisten ein, um die Anschuldigungen gegen den Exilanten genauer zu untersuchen. Schüsse streckten die meisten von ihnen schon auf dem Flugfeld nieder – Jones hatte eine Todesschwadron beauftragt, die unliebsamen Besucher aus dem Weg zu räumen. Die

Im April 1993 starben auf der Ranch der Davidianer in Waco 85 Menschen mit ihrem Guru David Koresh (links).

Oben: Ein Sanktuarium genannter Raum, in dem die Sonnentempler ihre Rituale ausübten. Rechts: Der angeblich charismatische Ordensleiter Luc Jouret

Überlebenden berichteten später, die Mörder seien ohne Gefühlsregung mit glasigen Augen und mechanischen Bewegungen auf sie zugeschritten. Zuvor war an die Öffentlichkeit gedrungen, Jones unterhalte eine Art bewaffnete Elitetruppe von etwa 20 Leuten, die als Einzige das Gelände der Sekte verlassen durften. Vermutlich bildeten sie das Killerkommando.

Anschließend hielt der Reverend eine letzte exaltierte Predigt, in der er seine Anhänger von der Notwendigkeit des Selbstmords überzeugte. Wieso ließen sich so viele Menschen bereitwillig in den Tod schicken? Natürlich wissen wir nicht, was in den Einzelnen vor sich ging, doch scheint ihre Gefügigkeit damit zusammenzuhängen, dass es sich um Unterprivilegierte handelte, denen das Leben hart mitgespielt hatte: Wer im Erdendasein stets mit Problemen konfrontiert wurde, der geht wohl leichteren Herzens als andere ins Jenseits.

Das Massaker von Waco

Eine ähnliche Tragödie ereignete sich 15 Jahre später in Waco, Texas. Abgeschottet von der Gesellschaft wohnten dort auf einer Ranch die Davidianer, eine Abspaltung der Gemeinschaft der Adventisten vom Siebenten Tag. Ihr Anführer Vernon Howell, ein ehemaliger Rockmusiker, ist häufig mit Jim Jones verglichen worden. Seit 1990 nannte er sich David Koresh: Mit dem Vornamen berief er sich auf den biblischen König David, während Koresh die hebräische Form von Kyrus ist; der altpersische Herrscher befreite die Juden aus Babylon.

Sich selbst betrachtete der Kopf der Davidianer als Lamm Gottes, d.h. als neuen Messias. Seine Gruppe – zur Hälfte bestand sie aus Amerikanern afrikanischer, hispanischer und asiatischer Herkunft – glaubte ihm, dass er die Apokalypse herbeiführen würde, zunächst aber ein Reich schaffen wolle, in dem ihm zahlreiche Ehefrauen Kinder schenkten. Diese Nachfahren sollten später Regenten einer besseren Welt werden.

Aussteiger bezichtigten Koresh indes, sich wie ein Sklavenhalter aufzuführen und seine Anhänger zu rigider Askese zu nötigen. Als Zeichen ihrer Loyalität hätten einige morden oder den Freitod wählen müssen. Außerdem hieß es, er habe Mädchen im Teenageralter vergewaltigt und Kinder missbraucht. Wie viele christliche Fundamentalisten erwartete die Sekte schwere Kämpfe am Jüngsten Tag. Die Guten würden in den Himmel einziehen, der Rest der Menschheit dagegen einen qualvollen Tod erleiden. Um davor gefeit zu sein, horteten die Davidianer Unmengen an Waffen auf ihrer Ranch.

Als das bekannt wurde, ließ US-Justizministerin Janet Reno das Anwesen am 28. Februar 1993 stürmen. Die Davidianer widersetzten sich zunächst erfolgreich; erst sieben Wochen später, am 19. April, fand das Drama durch Einsatz von Panzern und Gaswaffen ein Ende. Die traurige Bilanz: 86 Tote. Eine Reihe von ihnen starben in den Gefechten; der Großteil brachte sich auf Geheiß Koreshs mit ihm um.

Der Wahnsinn ging noch weiter. Am zweiten Jahrestag der Polizeiaktion explodierte in einem Regierungsgebäude in Oklahoma City eine Bombe, die 167 Menschen zerfetzte, darunter viele Kinder – der schlimmste Terrorakt in der Geschichte der USA. Der 28-jährige Timothy McVeigh wollte sich damit für das Vorgehen des Staates in Waco rächen. Ein Bundesgericht in Denver verurteilte den Attentäter im Juni 1997 zum Tode.

Suizid oder Mord?

Diesmal ging es gut: Am 8. Januar 1998 verhinderte die spanische Polizei den Selbstmord von 32 Sonnentemplern auf Teneriffa. Für diesen Tag hatte die Gruppe den Weltuntergang prophezeit und wollte auf dem Berg Teide gemeinsam durch Giftschlucken aus dem Leben scheiden. In den Jahren zuvor dagegen war der esoterische „Orden" wiederholt durch geglückten kollektiven Suizid in die Schlagzeilen geraten. Was weiß man über die Hintergründe?

Die Anfänge der Sonnentempler reichen zurück ins Jahr 1976. Der Franzose Joseph Di Mambro, ein Mann, der wegen diverser Betrugsdelikte veruteilt worden war, siedelte wegen Konflikten mit den heimatlichen Steuerbehörden nach Genf über. Seit längerem gab er sich fälschlich als Psychologe aus und lehrte eine Technik der „Selbstversenkung" – ein lukratives Unterfangen. So beschloss er, in der Schweiz weiter mit dieser Masche zu arbeiten, und gründete die Foundation Golden Way.

1981 stieß der belgische Arzt Luc Jouret zu der Stiftung hinzu. Kurz darauf traf er sich mit Julien Origas, dem betagten Großmeister eines okkulten Tempelordens, und überredete ihn, seine Nachfolge antreten zu dürfen. Di Mambro und Jouret vereinigten dann ihre Organisationen zum Sonnentemplerorden. Schon bald expandierten sie, nicht nur in der Schweiz, sondern auch in Kanada und Frankreich. Die Aussagen darüber, wer von den beiden das Sagen hatte, sind widersprüchlich. Di Mambro war wohl für den Finanzbereich zuständig, während Jouret die Funktion des obersten Würdenträgers übernahm und die Gruppe in eine Art Geheimloge umwandelte. Allmählich entwickelte sich ein Gurukult um seine Person.

Die Sonnentempler behaupten, einen eigenen Zugang zum Göttlichen zu besitzen. Ihre Ideologie stellt eine Mischung verschiedener

Am 6. Oktober 1994 fand man in diesem Chalet in Les Granges (Schweiz) 24 stark verkohlte Leichen.

Glaubenslehren dar, in die unter anderem Elemente des Katholizismus, der östlichen Mystik und einer sonderbaren Ufo-Mythologie einfließen. Nach ihrer Auffassung wohnen auf dem Fixstern Sirius die „Herren des Universums"; beim Weltuntergang sollen sich alle treuen Ordensmitglieder auf die Reise dorthin begeben.

Wie gewannen die Sonnentempler Mitglieder? Jouret besaß offensichtlich starke Überzeugungskraft. Beispielsweise hielt er esoterische Vorträge über Themen wie die „Schaffung des neuen Menschen" und engagierte sich für ökologischen Landbau und Umweltschutz. Ebenso gehörten Managementkurse zu seinem Angebot, wodurch es ihm gelang, finanzkräftige Anhänger zu rekrutieren. Von ihnen kassierte der Orden hohe Summen.

Auch die Sonnentempler deckten sich mit Waffen ein, um sich für die Apokalypse zu wappnen. In Kanada begann die Polizei deshalb mit der Überwachung der dortigen Mitglieder. Ein letztlich eingeleitetes Gerichtsverfahren endete 1993 allerdings mit Bewährungsstrafen für die Angeklagten.

Dennoch kam es am 5. und 6. Oktober des folgenden Jahres an mehreren Orten zu einem Massensterben: Die Häuser von Di Mambro und Jouret in Kanada brannten aus; neben den beiden Ordenschefs befanden sich dort drei weitere Personen. In zwei Schweizer Orten erlitten über 50 Menschen den Flammentod. Später entdeckte man in allen Gebäuden mit Zeitschaltuhren ausgestattete Heizkörper, die das Feuer ausgelöst hatten.

Einiges deutet darauf hin, dass viele der Verstorbenen das Diesseits nicht freiwillig verließen. Manche Köpfe steckten in Plastikmüllsäcken; auf dem Boden lagen Injektionsnadeln. Da die Leichen aber stark verkohlt waren, konnten die Ermittler im Nachhinein keine eindeutigen Aussagen über die Todesursachen machen. So bleiben wichtige Fragen offen: Was veranlasste Di Mambro und Jouret zu dieser Maßnahme? Fühlten sie sich etwa in die Ecke gedrängt? Wenn ja, wodurch?

Für Außenstehende ist es jedenfalls nicht nachzuvollziehen, weshalb zahlreiche Menschen trotz der dubiosen Verstrickungen der Sektengründer nach wie vor an deren Lehre glauben und sich zum Sterben bereit erklären.

Grausamer Giftgasanschlag

Im Gegensatz zu den bisher geschilderten Beispielen richtete sich der Wahn der japanischen Sekte Aum Shinri-Kyo (Höchste Wahrheit) nicht gegen sich selbst, sondern gegen unschuldige Mitbürger. Ein Anschlag mit dem Giftgas Sarin auf die Tokioer U-Bahn am 20. März 1995 forderte zwölf Todesopfer; 5000 Menschen erlitten schwerste Vergiftungen.

Kurz darauf verhaftete die Polizei den Sektenchef Shoko Asahara und rund 100 seiner Anhänger. Das Verfahren gegen sie wird wahrscheinlich einige Jahre dauern, sodass es bisher nur Mutmaßungen über ihre verbrecherischen Aktivitäten gibt. Die Vorwürfe gegen sie lauten, sie hätten neben C-Waffen illegal Drogen und Waffen hergestellt, zum Teil mit russischer Hilfe. Darüber hinaus legt man ihnen Entführungen und Morde zur Last.

Chronologie des Wahnsinns

November 1978: ***914 Volkstempler begehen im südamerikanischen Guyana kollektiv Selbstmord.***
April 1993: ***Nach siebenwöchiger Belagerung der Davidianer-Ranch in Waco (Texas) kommen beim Sturm der US-Bundespolizei auf das Gelände der Sekte 86 Menschen ums Leben.***
1994–97: ***Insgesamt 74 Anhänger des Sonnentemplerordens sterben bei verschiedenen Suizidaktionen.***
März 1995: ***Ein Saringasanschlag der Aum-Sekte auf die U-Bahn von Tokio fordert zwölf Tote. 5000 Personen erleiden Vergiftungen.***

Rechts: Nach dem Giftgasattentat von Tokio werden Leichen und Verletzte geborgen. Unten: Der mutmaßliche Auftraggeber des Anschlags, der fast blinde Sektenguru Shoko Asahara (am Mikrofon), pflegte vor seinen Anhängern salbungsvolle Friedensbotschaften zu predigen. Angesichts der grausamen Tat erscheint das im Nachhinein mehr als zynisch.

Die Anhänger des Satans

Sie feiern schwarze Messen, bei denen sie Luzifer huldigen, christliche Werte verhöhnen, grausame Tieropfer darbringen und sich sexuellen Exzessen hingeben. Gleichwohl zeigen sich nicht alle Satanisten zu jeder Form von Gewalt bereit. So ist bei manchen Jugendlichen von einer Modeerscheinung auszugehen. Andere Verblendete dagegen haben unter dem Einfluss gefährlicher Sektenführer entsetzliche Verbrechen begangen.

Kurz nach Mitternacht am 9. August 1969 schlichen drei Frauen und ein Mann auf eine abgelegene Villa am Cielo Drive in Beverly Hills zu. Sharon Tate, die hochschwangere Ehefrau des Regisseurs Roman Polanski, hielt sich in jener Nacht dort mit vier Freunden auf. Was folgte, war ein unvorstellbares Massaker. Die dunklen Gestalten drangen in das Haus ein, überfielen die Anwesenden und stachen endlos lange auf sie ein. Bevor sie das Haus verließen, schrieben sie mit dem Blut der Opfer das Wort Schwein auf die Eingangstür. Wie sich später herausstellte, wussten die Täter nicht, wen sie so bestialisch töteten: Sie schlugen wahllos zu.

Ein Beispiel von Verrohung, das seinesgleichen sucht. Bei den Mördern handelte es sich um Anhänger von Charles Manson, einem Schwerkriminellen, der eine sektenähnliche Gruppe von etwa 40 Personen um sich sammelte. Die Familie, wie er sie nannte, betrachtete ihn als großen Propheten und gehorchte ihm kritiklos. Er kontrollierte sie mit Drogen; viele der weiblichen Mitglieder waren ihm außerdem sexuell hörig.

Manson stand unter dem Einfluss einer satanistischen Vereinigung namens The Process Church und präsentierte sich zugleich als zweiter Messias und als Teufel. Er kündigte den nahenden Weltuntergang an, nach dem die Familie die Macht übernehmen würde – was immer das heißen sollte. Bis dahin mussten seine Gefolgsleute noch eine Reihe von Ritualverbrechen begehen; er selbst beteiligte sich nicht an allen. Später gestand er, 35 Morde auf dem Gewissen zu haben, doch vermutlich lag die Zahl höher. Auf jeden Fall erstach er am 11. August zusammen mit sechs „Angehörigen" das Ehepaar Leno und Rosemary La Bianca. Die Blutorgie am Cielo Drive zwei Tage zuvor hatte sein Missfallen erregt; nun wollte er demonstrieren, wie man richtig tötet. Auch diese Gewalttat beruhte allein auf blinder Mordwut; die Manson-Truppe hatte die Opfer bisher nie gesehen.

Kurze Zeit später verhaftete man Susan Atkins, Mansons „Hauptkommandantin", wegen des Vorwurfs der Prostitution. In der Untersuchungshaft beging sie den Fehler, einer anderen Insassin über ihre Mitschuld an den Verbrechen im Haus von Sharon Tate zu erzählen. Die Mitgefangene leitete die Information an die Gefängnisverwaltung weiter. Am 1. Dezember verhaftete die Polizei die Sekte.

Rechts: Anbetung des Teufels bei einer schwarzen Messe
Unten: Hat Reverend Mackenzie auf den Orkney-Inseln vergleichbare Kulthandlungen ausgeführt? Trotz lautstarker Vorwürfe konnte man ihm keine satanistischen Praktiken nachweisen.

Letztlich kam es zu Verfahren gegen Manson und sieben seiner Anhänger; diese Prozesse zählen zu den spektakulärsten in der amerikanischen Justizgeschichte. Mehrheitlich endeten sie mit Todesurteilen, die man später, als der Staat Kalifornien die Todesstrafe abschaffte, in lebenslängliche Haft umwandelte.

Manson, ungeliebtes Kind einer Prostituierten, entwickelte sich vielleicht aufgrund einer

Unten: der Satanist und vielfache Mörder Charles Manson. Ständig wechselnde Pflegeeltern, Heimaufenthalte, Schläge und sexueller Missbrauch kennzeichneten seine Kindheit. Früh geriet er auf die schiefe Bahn.

extrem unglücklichen frühen Biographie zu solch einem skrupellosen Killer. Darüber hinaus muss er jedoch von Wahnvorstellungen besessen gewesen sein, die im Satanismus ihren Höhepunkt fanden.

Der Fall Manson ist ein Extrembeispiel der Auswüchse, zu denen der Satanskult führen kann. Lediglich eine Minderheit der Anbeter Lucifers lässt sich zu derartigen Exzessen mit Menschenopfern verleiten. Wer sind die harmloseren unter ihnen, wer die gefährlichen?

Blasphemien, Blut und Sexualmagie

Alle Satanisten verehren den Teufel als Gottheit, was eine Umkehrung christlicher Wertvorstellungen mit sich bringt: Sie wollen, dass die Macht des Bösen die Herrschaft über die ganze Welt übernimmt.

Im Mittelpunkt satanistischer Rituale stehen so genannte schwarze Messen. Auf einem Altar mit einem umgedrehten Kreuz – Zeichen für das Versagen des Christentums und den erwarteten Sieg Beelzebubs – schänden die Anhänger Hostien und stoßen Flüche auf Jesus Christus und die Muttergottes aus. Zahlreiche Teufelsanbeter quälen dabei auf grausame Weise Tiere, meist Katzen, und trinken anschließend deren Blut.

Laut manchen Berichten gibt es im Jahr 20 Anlässe für solche „Feiern"; viele werden zeitgleich mit christlichen Festen zelebriert. Doch lassen sich selten Belege dafür finden. Beispielsweise bezichtigte man einen gewissen Reverend Mackenzie, auf den schottischen Orkney-Inseln derartige Kulthandlungen ausgeübt zu haben, ohne je Beweise dafür vorzulegen.

Religionswissenschaftler unterscheiden heute zwischen drei Kategorien von Satanisten, bei denen allerdings Überschneidungen möglich sind: jugendlichen Protestierern, organisierten Gruppierungen und Geheimlogen.

Gerade in den letzten Jahren beobachten Sektenforscher ein steigendes Interesse Heranwachsender am Okkultismus satanistischer Ausprägung. Eine Reihe von ihnen kann man wahrscheinlich als Mitläufer ansehen, weil sie gar keine Ersatzreligion suchen. Es gefällt ihnen, die Elterngeneration zu schockieren, indem sie sich in wallende schwarze Gewänder hüllen, ihre Gesichter weiß anmalen, möglichst düster dreinblicken und Rockmusik hören, die christliche Traditionen verhöhnt.

Zu der als Black Metal bezeichneten Szene gehören Bands wie Black Sabbath, Venom, Slayer, Sodom und Merciful Fate. Auf den Einladungszetteln solcher Gruppen heißt es etwa: „Wenn ihr blutgeil seid, müsst ihr auf unser Konzert kommen. Wir zersägen Kreuze und blutige Köpfe auf der Bühne, erschießen Mönche und Jesus Christus." Zeilen aus einem Liedtext lauten: „Ich bin ein verdammter Antichrist, glaube nur an das Böse, spucke auf die Kirche ..." Bei labilen Persönlichkeiten können derart aggressive Aussagen langfristig zu enthemmtem Verhalten führen.

Aber natürlich stellt Rockmusik nicht den einzigen Faktor zur Herausbildung einer negativen Weltsicht dar, die das Abschütteln überlieferter Normen billigt. Perspektivlosigkeit und starke Existenzängste spielen wohl eine noch entscheidendere Rolle. Jedenfalls häufen sich inzwischen bundesweit Nachrichten über äußerst brutale Formen der Teufelshuldigung unter Teenagern. Dazu gehören Friedhofsverwüstungen mit Grab- und Leichenschändungen.

Legitimierung von Gewalt

Während einige Jugendliche solche Praktiken schon mal vor Journalisten demonstrieren, um sich wichtig zu tun, geben die organisierten Gruppierungen nichts über sich preis. Ihre Rituale finden ausschließlich im Kreis von Eingeweihten hinter verschlossenen Türen statt. Offenbar haben sie stark hierarchische Strukturen; Neulinge müssen absoluten Gehorsam beweisen. Drogenmissbrauch und Sexualmagie mit Sadismus und anderen Perversionen sind Teil der Riten.

1966 entstand in San Francisco die Church of Satan (Kirche des Satans); auch die Manson-Schülerin Susan Atkins schloss sich ihr an. Der Gründer Anton Szandor LaVey verfasste eine Satansbibel, in der er schreibt: „Satan verkörpert Genuss und Befriedigung anstelle von Enthaltsamkeit ... Satan verkörpert Rache anstelle von Liebe ... Gesegnet seien die Starken, denn sie sollen die Erde besitzen. Verflucht seien die Schwachen, denn sie sollen leiden. Der Hass auf alles Schwache reinigt das Denken ..." Obwohl LaVeys Name dann im Zusammenhang mit Gewaltdelikten auftauchte – nicht nur im Fall Atkins, sondern ebenso beim Prozess gegen einen Serienkiller –, ist die Church of Satan eine der größten Teufelssekten geblieben.

Bereits länger existieren satanische Logen wie der Ordo Templi Orientis (O.T.O.), den der Wiener Fabrikant Carl Kellner und der deutsche Theosoph Franz Hartmann als Geheimgesellschaft um 1900 ins Leben riefen. Bekannter wurde der Orden durch den Briten Aleister Crowley (1875–1947). Zunächst gründete er 1905 in Los Angeles einen Ableger; später übersiedelte er in die Abtei Thelema in Cefalù auf Sizilien und übernahm 1922 als Großmeister die Gesamtleitung. Er entwarf einen neuen Kult und formulierte den Glaubensgrundsatz: „‚Tue, was du willst' soll sein das ganze Gesetz." Diese Philosophie legitimierte die Übertretung sämtlicher christlichen Moralgesetze. Offen befürwortete Crowley Gewalt, Schändung von Frauen und Menschenopfer, vorzugsweise männliche Kinder.

Der O.T.O. hat überall auf der Welt Nachfolgeorganisationen, darunter der in Berlin ansässige Orden Astrum Argentum.

Asiatische Neureligionen: Was lehren sie?

Im Mittleren und Fernen Osten hat eine Vielzahl spiritueller Bewegungen eine Belebung traditioneller Werte bewirkt. Es ist das Verdienst japanischer Gruppen, den alten Religionen ihres Landes mehr Praxisorientierung gegeben zu haben. Indische Gelehrte reformierten den Hinduismus durch Aufgreifen christlichen Gedankenguts. Diese Strömungen sind nicht mit gefährlichen Sekten gleichzusetzen.

Im 19. und 20. Jh. sind in Asien, besonders in Japan und Indien, zahlreiche neue Religionen entstanden. Teilweise haben sie zu einer Belebung des Volksglaubens beigetragen. Darüber hinaus sind sie aber auch auf veränderte spirituelle Bedürfnisse eingegangen, die sich angesichts von Industrialisierung, Verstädterung und modernen Sitten entwickelten. Verstärkt haben diese Religionen in den letzten Jahrzehnten den Westen beeinflusst.

Orientierung am Diesseits

Rund 20% der über 125 Mio. Einwohner Nippons gehören einer der fast 400 Neureligionen des Landes an. Man differenziert hier zwischen drei Gruppen: den älteren, im 19. Jh. gegründeten Bewegungen, den um die Jahrhundertwende zum Leben erwachten Strömungen und denjenigen, die sich kurz vor oder nach dem Zweiten Weltkrieg bildeten.

Ein Führer der religiösen Laienbewegung Soka Gakkai

Die Neureligionen sind durch eine ganze Reihe von grundlegenden Gemeinsamkeiten gekennzeichnet. Beispielsweise berufen sie sich alle auf eine charismatische, häufig weibliche Gründergestalt, die mit der Stiftung des jeweiligen Kults einen göttlichen Auftrag erfüllt oder Botschaften aus einer anderen Welt übermittelt. Ein oft prunkvoll gestalteter Schrein stellt als Wallfahrtsort und Hauptquartier das Zentrum jeder Gemeinschaft dar.

In jeweils individueller Ausprägung kommen unter anderem Elemente des Buddhismus, Shintoismus und Schamanismus sowie auch des Christentums zum Tragen. Fundament sind also die alten Religionen, aber im Gegensatz zu ihnen vertreten die neureligiösen Bewegungen Japans eine stark am Diesseits orientierte Heilsauffassung. So glauben sie, Volksmedizin, einfache meditative Praktiken und Nächstenliebe trügen zum Erlangen von Frieden, Glück und Erleuchtung bei. Durch Hauskreise und Gruppengespräche stillen sie das Verlangen der Menschen nach persönlicher Seelsorge. Nicht zuletzt dadurch ermöglichen sie einen relativ leichten Zugang zur Religion; viele fordern von neuen Mitgliedern nicht einmal, dass diese die Zugehörigkeit zu ihrer bisherigen Glaubensgemeinschaft aufgeben.

Beachtlich ist das soziale Engagement der meisten Neureligionen. Die rund 6,5 Mio. Mitglieder zählende Rissho Kosei-kai (Gesellschaft zur Errichtung von Gesetz und Gemeinde) etwa unterhält Hilfswerke in Afrika, beteiligt sich an Katastropheneinsätzen, unterstützt die Arbeit des Ordens von Mutter Teresa und finanziert Umweltprojekte.

Negative Schlagzeilen hat lediglich die 1930 entstandene Soka Gakkai gemacht. Zwar setzt sie sich ebenfalls stark für humanitäre Belange ein, doch ihre ideologische Ausrichtung ruft Kritik hervor. Es handelt sich hierbei um die einzige religiöse Laienbewegung Japans, die gleichzeitig als Partei agiert. Im Parlament ist sie unter dem Namen Komeito (Partei der Sauberkeit) vertreten. Die Stifter der Soka Gakkai, die ehemaligen Lehrer Tsunesaburo Makiguchi und Josei Toda, betonten ausdrücklich, sie hätten keine Religion geschaffen. Indes steht ihre Lehre dem Buddhismus nahe; beispielsweise gehört zu den Kulthandlungen das Rezitieren des so genannten Lotosmantras.

Die Organisation wurde nach streng militärischem Vorbild aufgebaut und die Mitglieder werden einer aggressiven Bekehrungsmethode unterworfen, die „falsche Denkweisen" ausmerzen soll. Sie müssen sich von ihren bisherigen religiösen Ritualen distanzieren und dürfen nur noch ein von dem buddhistischen Reformator Nichiren (1222–83) entworfenes Mandala verehren, das Kultobjekt Gohonzon. Verstoßen

Diese japanische Universität gehört der Soka Gakkai.

sie gegen die Vorschriften der korrekten Verehrung, so kann das schlimme Sanktionen nach sich ziehen.

Trotz der rigiden Verhaltensregeln erfreut sich Soka Gakkai ungemeiner Beliebtheit. In Japan gehören ihr an die 8 Mio. Personen an; im Ausland zählt sie weitere rund 1,2 Mio. Mitglieder – Ergebnis massiver Missionsarbeit. Laut eigenen Angaben verfügt die Gruppierung in Deutschland über 20 Zentren. Sie besitzt inzwischen ein Finanzimperium und einen riesigen Apparat zur Öffentlichkeitsarbeit. Auch bringt sie eine eigene Tageszeitung mit einer Auflage von gut 4 Mio. Exemplaren heraus.

Im Gegensatz zu den übrigen, äußerst toleranten japanischen Neureligionen setzt sich die

Das Eingangsschild einer indischen Schule, die von der Sahaja-Yoga-Sekte betrieben wird

Soka Gakkai eher feindselig mit Konkurrenten auseinander. So behauptet sie, das Christentum habe keine sozialen Fortschritte bewirkt und könne die Menschen nicht glücklich machen. Sie erwartet eine „Dritte Zivilisation", in der die Gegensätze zwischen Idealismus und Materialismus, Sozialismus und Kapitalismus überwunden werden.

Wahre und falsche Gurus

In Indien hat vor allem die britische Kolonialherrschaft zu einer Rückbesinnung auf das spirituelle Erbe der eigenen Kultur, aber ebenso zum vermehrten Studium des Christentums geführt. So entstand ein Reformhinduismus, in den christliche Vorstellungen einflossen. Er ist monotheistisch ausgerichtet – d. h., er erkennt nur einen Gott an – und betont die ethische Verantwortung des Menschen. Diese Aspekte haben zur Aufnahme der betreffenden Lehren im Westen beigetragen.

Als bedeutendste Stifter des 19. Jh. gelten Ram Mohan Roy (1772–1833), Dayananda Sarasvati (1824–83), Sri Ramakrishna (1834–86) und Svami Vivekananda (1863–1902). Nicht zuletzt setzten sie sich mehrheitlich für überfällige soziale Verbesserungen ein, besonders die Abschaffung des Kastenwesens.

Im 20. Jh. erlangte der Vater des Integralen Yoga, Sri Aurobindo Gosh (1872 bis 1950), hohes Ansehen. Als Student in Cambridge befasste er sich intensiv mit der abendländischen Geistesgeschichte und verquickte ihre Erkenntnisse mit hinduistischen Traditionen. Zurück in Indien, lehrte er in einem Ashram in Pondicherry, das Bewusstsein sei zu einer Weiterentwicklung fähig, die letztlich eine Vergeistigung des Menschengeschlechts bewirken könne. Aurobindos Wirken wird häufig mit dem von Gandhi (1869–1948) verglichen. Kurz vor seiner Ermordung schuf dieser die Sarvodaya Samaj (Gesellschaft zum Wohle aller), die eine Philosophie des Nichtschädigens und allgemeinen Mitgefühls vertrat. Gandhi zählt nicht nur zu den wichtigsten Politikern, sondern genauso zu den einflussreichsten religiösen Persönlichkeiten der Moderne.

Einige indische Neugründungen sind jedoch als Sekten mit bedenklichen Praktiken einzustu-

Östliche Strömungen im Westen

Ananda Marga: ***etwa 2,5 Mio. Mitglieder, rund 500 Deutsche***
Bhagwan-Bewegung: ***weltweit schätzungsweise mehrere Millionen Anhänger, in Deutschland bis zu 75 000***
Internationale Gesellschaft für Krishna-Bewusstsein (ISKCON): ***rund 750 000 Sympathisanten in Europa, darunter etwa 5000 Bundesbürger***
Sahaja Yoga: ***international 50 000 Gefolgsleute, in Europa einige tausend***
Soka Gakkai: ***8 Mio. Mitglieder in Japan, 1,2 Mio. im Ausland***
Sri Chinmoy: ***weltweit einige tausend Anhänger; in Deutschland etwa 500***

Hüpfen im Lotossitz bei der Transzendentalen Meditation; TM hat weltweit 2 Mio. Anhänger, davon rund 50 000 in der Bundesrepublik.

Eine Zeit lang lebte der Bhagwan Shree Rajneesh (in der Limousine) in Oregon. Seine Schüler, die so genannten Sannyasins, feierten den Guru begeistert.

fen. Sie haben bei orientierungslosen Menschen in den USA und Europa Anklang gefunden, vor allem in der jüngeren Generation. Manche kapseln sich von der Gesellschaft ab und betreiben Gehirnwäsche. Über die Transzendentale Meditation (TM), die Bhagwan-Bewegung und Hare Krishna haben wir bereits in einem früheren Kapitel berichtet (siehe S. 160 ff.).

Als sehr gefährlich gilt die Ananda Marga, die 1955 von Prabhat Ranjan Sarkar (1921–90) ins Leben gerufen wurde. Der Stuttgarter Theologe Reinhart Hummel spricht von einer „brisanten Mischung aus Kampfbund und ordensähnlicher Gemeinschaft". Die Sekte fordert von ihren Mitgliedern die absolute Aufgabe des Ichs, bisweilen bis zum Freitod, beispielsweise durch Selbstverbrennung. Laut Aussagen von Experten propagiert sie rechtsextremistisches Gedankengut; mehrere Mordanschläge auf indische Regierungsmitglieder sollen auf ihr Konto gehen.

Auch Sri Chinmoy vereinnahmt seine Schüler ungemein, hat aber anscheinend keinen totalitären Charakter. Beim Sahaja Yoga wiederum handelt es sich um eine Meditationstechnik mit dem zweifelhaften Anspruch, den Körper vor jeglichen Krankheiten zu schützen.

So wird deutlich, dass man bei den Neureligionen unterscheiden muss: Viele haben eine Rückbesinnung auf spirituelle Fragen bewirkt und religiöse Überlieferungen dem Hier und Jetzt angepasst, während andere schlimme Irrlehren darstellen. Eine Reihe fortschrittlicher westlicher Religionswissenschaftler meint, mit der Verbreitung der seriösen von diesen Strömungen habe sich endgültig religiöser Pluralismus in der Welt durchgesetzt. Infolgedessen müsse sich das Christentum ebenfalls öffnen.

HOFFNUNG AUF EIN GOLDENES ZEITALTER

Die New-Age-Bewegung verspricht der Menschheit eine Zukunft in Frieden und Einklang mit der Natur. Voraussetzung dafür seien Selbsterkenntnis und Bewusstseinserweiterung, heißt es. Was ist von dieser Lehre zu halten, die Aspekte aus verschiedenen Religionen, Kulturen und Epochen in sich vereint?

In den 70er-Jahren entstand in Kalifornien eine Bewegung mit der Bezeichnung New Age (Neues Zeitalter). Weltweit hat sie inzwischen Millionen Anhänger. Darunter befinden sich eine ganze Reihe Prominente wie die amerikanische Schauspielerin Shirley McLaine; auch dem britischen Thronfolger Prinz Charles werden Sympathien für die neue Lehre nachgesagt, in der Menschen heute Antworten auf drängende existenzielle Fragen entdecken.

Das Versagen von Ideologien, besonders des Kommunismus, die mangelnde Toleranz der christlichen Kirchen gegenüber veränderten Lebensbedingungen und der allgemeine Werteverlust haben in den westlichen Gesellschaften ein starkes Gefühl der Orientierungslosigkeit aufkommen lassen. Die Suche nach anderen Heilsversprechungen hat begonnen. Solchen Verunsicherten bietet New Age Möglichkeiten zur Selbsterfahrung und Versöhnung mit Gesellschaft und Natur an.

Das Zeitalter des Wassermanns wird der Menschheit vollkommenes Glück bringen, behauptet die New-Age-Bewegung. Hier eine Darstellung des Sternzeichens in einer Miniaturmalerei aus einem französischen Stundenbuch des 15. Jh.

Im Zeichen des Wassermanns

Das Gedankengut von New Age überschneidet sich teilweise mit dem anderer Strömungen wie Esoterik und Okkultismus, greift aber ebenso auf die Erkenntnisse der modernen Wissenschaften zurück. Überdies bedienen sich ihre Vertreter sozusagen aus allen Religionen und verbinden deren Aussagen und Traditionen recht beliebig miteinander. Sie erstreben eine Begegnung verschiedener Kulturen und Epochen: So kann man auf manchen New-Age-Kongressen möglicherweise Atomphysiker und indianische Medizinmänner einträchtig nebeneinander sitzen sehen.

Grundsätzlich will New Age den Menschen und die Welt radikal verändern. Das Ziel von New Age ist eine „Spiritualisierung der ganzen Menschheit", was den Friedenszustand auf der Erde herbeiführen wird. Damit der Einzelne den Wandel eines Tages überhaupt erfassen kann, muss er zunächst sein Bewusstsein erweitern.

In der New-Age-Philosophie gilt die Gegenwart als Phase des Endkampfs zwischen Licht und Finsternis, womit gleichwohl keine apokalyptischen Visionen verbunden sind. Probleme wie Umweltzerstörung, Reaktorunfälle oder sonstige Katastrophen dienen lediglich der Läuterung der Menschheit, die sich dann auf den Anbruch des „Zeitalters des Wassermanns" freuen darf – ein Begriff, den zahlreiche von uns durch das Lied *Aquarius* aus dem Musical *Hair* kennen, ohne über seine Bedeutung Bescheid zu wissen.

Was also ist gemeint? Aufgrund bestimmter planetarer Bewegungen verschiebt sich der Frühlingspunkt – der Sonnenstand am 21. März jedes Jahres – ungefähr alle 2140 Jahre ein Tierkreiszeichen weiter. Um das Jahr 0 herum befand er sich am Übergang vom Sternzeichen Widder zu dem der Fische: Der Fisch stellt ein Symbol für Jesus dar; mit seiner Geburt brach das Zeitalter des Christentums an. Es steht für rationales Denken, institutionalisierte Religionen und straffe Organisationen, beispielsweise Staaten und Parteien.

Der Wassermann, der als Nächstes folgt, wird diese alten Strukturen aufbrechen. Von nun an werden sich die Menschen nur noch in losen Netzwerken gegenseitig unterstützen: Die New-Age-Bewegung kennt keine Gurus. Wann das „Goldene Zeitalter" allerdings genau anfängt, vermag keiner zu sagen. Viele behaupten, es habe bereits 1962 begonnen; andere nennen die Jahreszahlen 2012, 2160 und 2770.

Die populäre Hollywood-Schauspielerin Shirley McLaine hat sich von der neuen Lehre überzeugen lassen.

Wie vermag der Einzelne die verheißene „unmittelbare Verbindung zwischen dem Selbst und dem Universum oder der Kosmischen Energie“ zu erfahren?

Wege zur Spiritualität

Zunächst einmal durch einen naturverbundenen Lebensstil. Eine ganze Reihe Anhänger des New Age ernährt sich vegetarisch und beteiligt sich an Ökoprojekten. Die Grenzen zur Alternativszene sind hier fließend.

Außerdem ist es erforderlich, den Geist zu befreien, wofür Interessierten eine Unmenge von Praktiken zur Verfügung steht. Hierzu zählen zum einen Methoden, die sich auch in nicht zur New-Age-Bewegung gerechneten Kreisen verbreitet haben, darunter Homöopathie, Massagen, Yoga, Meditation und östliche Kampfsportarten. Obskurer wirkt der Einsatz von Geistheilern und Edelsteintherapeuten. Darüber hinaus spielen spiritistische Elemente eine wesentliche Rolle: Es gilt, okkulte Kräfte in jedem zu wecken. Reinkarnationstechniken, etwa das Rebirthing, stellen die „Rückführung bis zur Zeugung, Geburt und zum Eintritt in die Welt“ in Aussicht. Zur Kommunikation mit Geistern dient neben dem altbekannten Hellsehen, Tischerücken und Pendeln das so genannte Channeling. Es wird definiert als „die Kunst, auf medialem Weg mit höheren Bewusstseinsformen Kontakt aufzunehmen“.

Neue Religion oder Hokuspokus?

Ein einhelliges Urteil über New Age lässt sich nicht fällen, denn in dieser Lehre vereinigt sich eine Vielzahl von Strömungen, die sich nicht auf einen Nenner bringen lassen. Je nachdem, welche Aspekte der Bewegung man hervorhebt, ist es leicht, sie entweder hochzujubeln oder total zu verdammen. Auf jeden Fall müssen wir akzeptieren, dass sie religiöse Bedürfnisse unserer Zeit befriedigt. Gerade jetzt vor der Wende zum nächsten Jahrtausend kann man ein vermehrtes Unbehagen an der Moderne und extreme Zukunftsängste bei Millionen Menschen wahrnehmen. New Age beruhigt sie mit einer hoffnungsvollen Perspektive.

Weil diese Philosophie sich auf alle Religionen beruft, gibt es natürlich auch Gemeinsamkeiten mit dem Christentum, beispielsweise den Versuch, das reine Vernunftverständnis unserer Technologiegesellschaft zu überwinden. Außerdem lehnen beide den Materialismus der Industriegesellschaften ab.

Da erscheint es jedoch als Widerspruch, dass sich eine äußerst profitable „New-Age-Industrie“ entwickelt hat. Nicht nur esoterische Buchverlage werfen zahlreiche Werke über Wege zur Selbstfindung auf den Markt; New-Age-Zentren bieten unterschiedlichste Seminare und Behandlungen an, von der Bach-Blüten-Therapie bis zum bereits erwähnten Channeling. Kritiker sprechen deshalb von einem „gigantischen Geschäft mit der Seele“.

Ihr größter Vorwurf aber lautet, die Bewegung sei ein „Kramladen“, aus dem sich jeder das herauspickt, was ihm gerade gefällt. Zudem verweisen sie darauf, dass die New-Age-Vertreter viele Aussagen rehabilitiert haben, welche die Wissenschaft und das Christentum schon im 19. Jh. als Aberglauben abtaten, beispielsweise aus der Astrologie, der Magie und dem Schamanismus. Hier sei „ideologischer Nippes aus allen möglichen Kulturen“ zusammengetragen worden, schreibt der Religionswissenschaftler Reinhart Hummel.

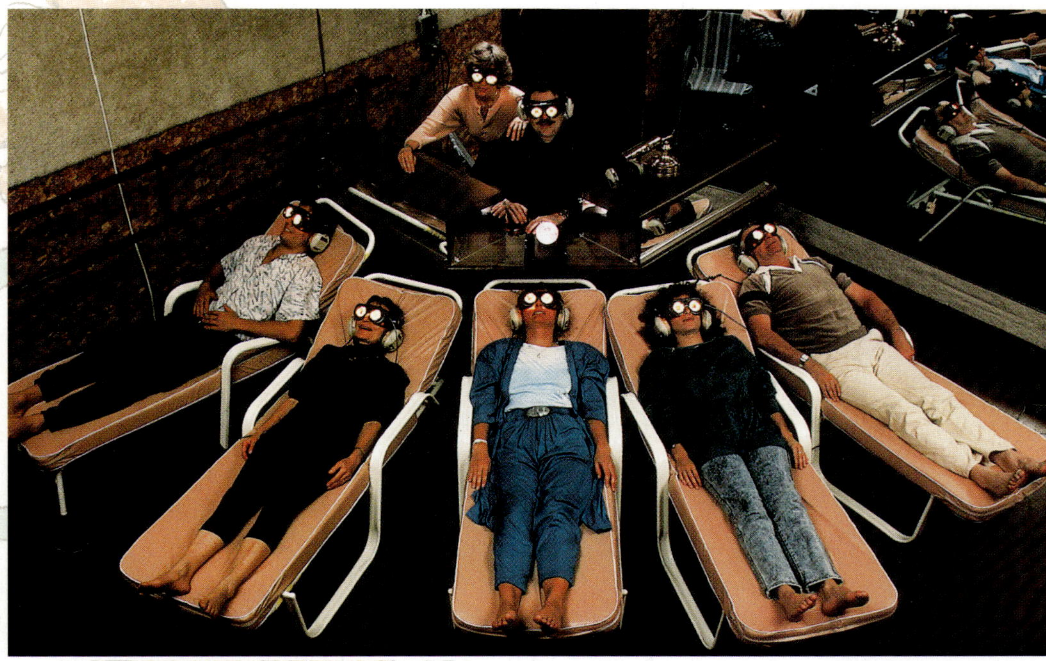

Kurs in einem Esoterik-Zentrum: Unter Anleitung werden hier „mentale Energien synchronisiert“.

Das Glaubensbekenntnis des New Age

1. **Alles ist eins.**
2. **Wir haben mehrere Körper.**
3. **Der Körper lügt nicht.**
4. **Vor mir bin ich selbst; nach mir bin ich selbst.**
5. **Das Leben nach dem Tod wurde erforscht.**
6. **Die Wissenschaft spricht für uns.**
7. **Es gibt keinen Zufall.**
8. **Man muss an sich selbst arbeiten.**
9. **Man kann mit den Engeln kommunizieren.**
10. **Es ist wahr, wenn ich daran glaube.**
11. **Die Erde ist ein lebendiges Wesen, sie heißt Gaia.**

Auszug aus dem Buch La France des mutants, voyage au cœur du Nouvel Age *(Frankreich der Mutanten, Reise ins Zentrum des New Age) von Jean-Luc Porquet (Flammarion, 1994)*

Kristalle und Orientschmuck: Die alternative Szene verdient mit am New-Age-Kommerz..

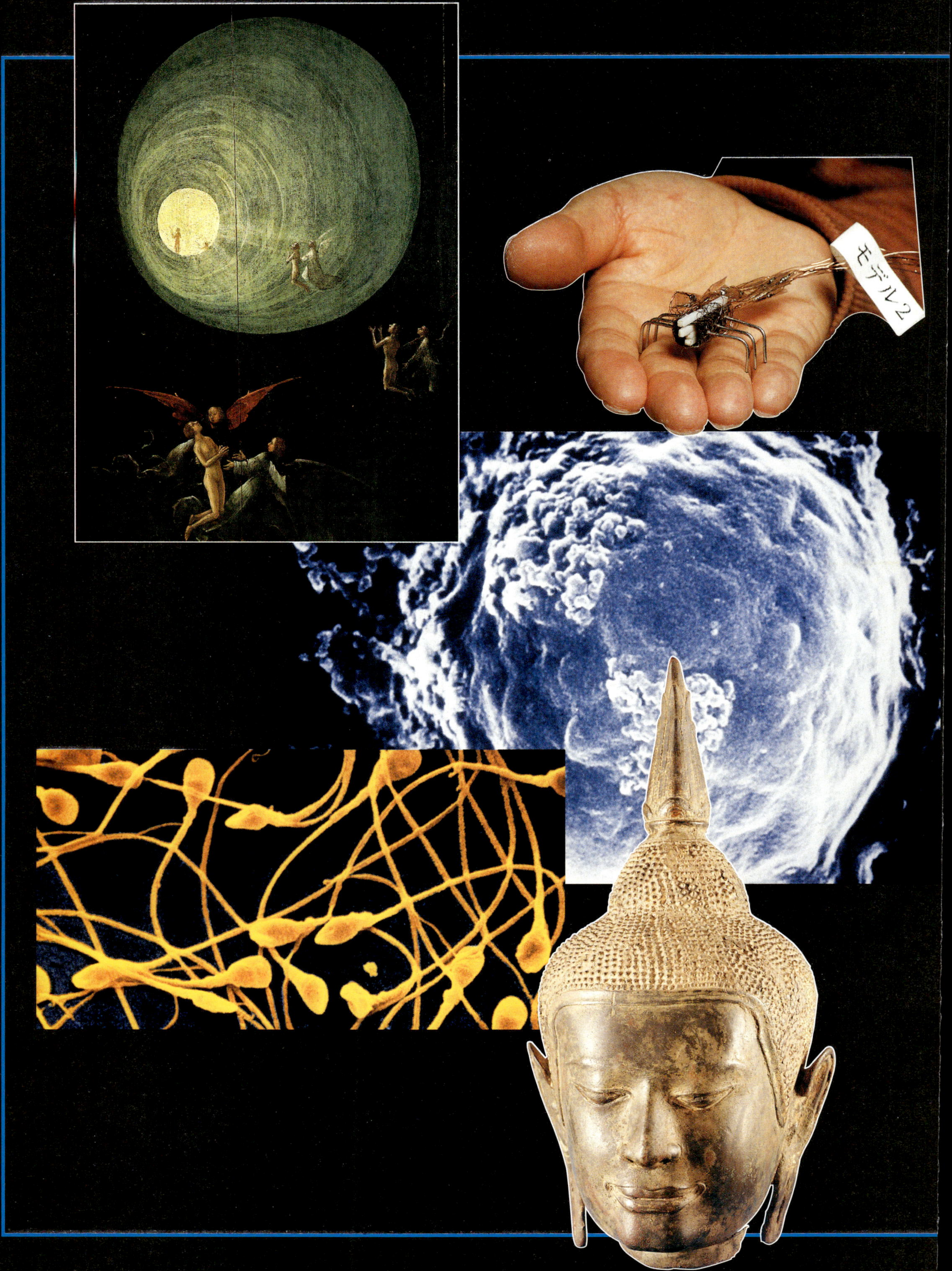
モデル2

AN DEN GRENZEN VON WISSEN UND LOGIK

In nur wenigen Jahrzehnten hat die medizinische Forschung einen ungeheuren Sprung gemacht, sodass das Wissen über den Menschen beständig zunimmt. Wer hätte noch vor einem Jahrhundert geahnt, dass man dereinst dem menschlichen Körper die meisten Geheimnisse würde entlocken, kranke Organe austauschen und sterilen Paaren zum Kindersegen verhelfen können? Doch auch hier erscheint es erstaunlich, dass man angesichts der Fortschritte in Wissen und Technik so vermeintlich simple Dinge wie die Wirkungsweise der Akupunktur oder der Homöopathie noch immer nicht gänzlich versteht; dass Phänomene wie Stigmata, Voodoo-Trancen oder Reisen jenseits der Schwelle des Todes nach wie vor unerklärlich sind. Und dass man von so grausamen Krankheiten wie Aids überrascht wird. Vielleicht wehrt sich die Natur des Menschen einfach dagegen, vollständig ergründet zu werden.

Die Psychosomatik

Die systematische Erforschung der psychosomatischen Medizin begann erst um die Jahrhundertwende. Heute stellt sie einen etablierten Bestandteil der akademischen Lehre dar. Eine genaue Definition psychosomatischer Krankheiten erweist sich als überaus schwierig. Die Behandlung ist dadurch gekennzeichnet, dass die wechselseitigen Beziehungen zwischen Körper und Seele besonders berücksichtigt werden.

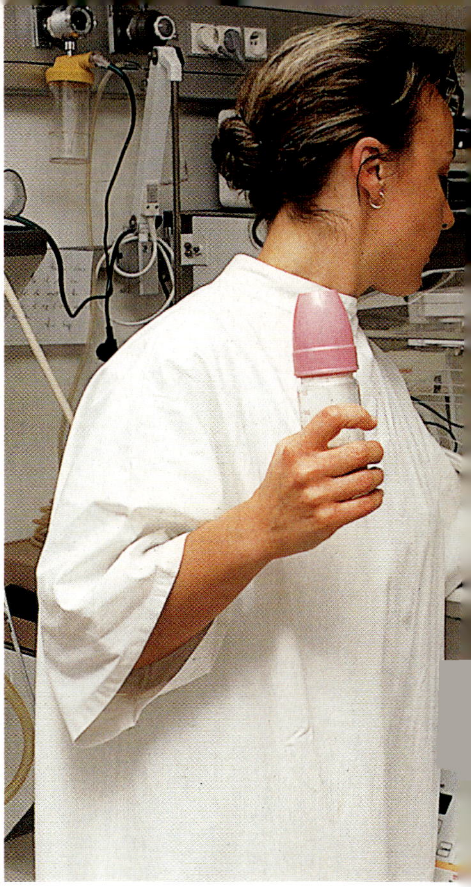

Für die Medizin gibt es zwei Arten von Patienten: zum einen Menschen mit so genannten funktionellen Erkrankungen, bei denen Fehlfunktionen wie Appetitlosigkeit, Erbrechen, Durchfall, Krämpfe, Störungen des Muskeltonus, Herzklopfen oder Herzjagen keiner organischen Ursache zugeordnet werden können, zum anderen organisch Kranke, deren somatische Beschwerden, z.B. Geschwüre, Diabetes, Krebs oder Herz-Kreislauf-Erkrankungen, durch krankhafte Prozesse an einem oder mehreren Organen entstehen.

Obschon nur die der ersten Gruppe lange Zeit als psychosomatische Erkrankungen bezeichnet wurden, ist heute für alle Patiententypen ein Besuch bei einem Psychosomatiker denkbar. Hierbei handelt es sich um Ärzte, die sich einem möglichst ganzheitlichen Heilungsansatz verschrieben haben.

Der Ansatz der Psychosomatik

Da jedes menschliche Wesen aus einem Körper (griech. *soma*) und einer Psyche oder Seele (griech. *psukhê*) besteht, ist es per Definition psychosomatisch. Der Begriff selbst bezeichnet also jenen Zweig der Humanwissenschaften, der sich bei den physisch Kranken mit den Beziehungen zwischen seelischen und körperlichen Reaktionen beschäftigt.

Worum geht es? Vor allem um eine ganzheitliche Sichtweise. Denn trotz – oder gerade wegen – der zunehmenden Spezialisierung der modernen Medizin wird immer weniger der Gesamteindruck des Patienten berücksichtigt. Geht dieser wegen körperlicher Beschwerden zum Arzt, wird er, sofern er mehrere Fachärzte aufsucht, bezüglich einzelner Organe untersucht und die Leidenssymptome werden ausschließlich durch krankhafte Vorgänge an bestimmten Organen erklärt.

Der Psychosomatiker, der oft psychoanalytisch ausgebildet und vielleicht auch Arzt ist, setzt es sich zum Ziel, die Prozesse zu finden, die im Unterbewusstsein des Patienten wirken, und deren Einfluss auf die Erkrankung abzuschätzen. Das darf nun keineswegs heißen, dass ein Hausarzt überflüssig ist. Vielmehr soll der zusätzliche Heilungsansatz dem Betroffenen helfen, die Hintergründe seiner Krankheit aufzudecken.

Die geistige Entwicklung

An jeder Krankheit ist das Unterbewusstsein mit beteiligt, und zwar dergestalt, dass ihr Auftreten vielfach nicht nur mit körperlichen, sondern auch mit seelischen Störungen einhergeht. So erkranken etwa bei einer Grippe-Epidemie nie alle Menschen. Der Unterschied liegt im Individuum selbst, in Abhängigkeit von dessen virusspezifischen Abwehrkräften und diese können entsprechend der psychischen Situation des Patienten variieren.

Die geistige Entwicklung setzt mit Beginn des Lebens ein. Um zu verstehen, worum es dabei geht, denke man nur an ein zu früh geborenes Baby. Damit es am Leben bleibt, müssen abhängig vom Alter des Kindes während einer bestimmten Nachgeburtsperiode eine Reihe physiologischer Funktionen wie Atmung, Herz-Kreislauf-System sowie das Gleichgewicht des biologischen Stoffwechsels aufrechterhalten werden. Das Baby kann den Brutkasten erst dann verlassen, wenn die körperlichen Funktionen, wie etwa die Atmung, ein selbst erhaltendes Dasein ermöglichen. An die Stelle der Überwachungsmonitore tritt nachfolgend die elterliche Obhut, welche die Entwicklung der geistigen Organisation des Kindes bis zu jenem Moment begleiten wird, wo es zu einem selbst bestimmten Leben befähigt ist.

Mit den frühen Sinneserfahrungen, z.B. Sehen, Fühlen, Schmecken oder Riechen, die uns unsere Wahrnehmungsorgane vermitteln und die unter anderem durch den Kontakt zur Mutter erlebt werden, können wir zu denken beginnen. Allmählich lernen wir, jedem der Bilder in unserer Umgebung ein Wort zuzuordnen. Der Teddybär, der Daumen, die Hände der Mutter

Die automatische Angst

Nach der gleichnamigen Theorie von Sigmund Freud empfindet der Kranke angesichts einer Reizüberflutung, die er nicht bewältigen kann, fortwährend großes Unbehagen. Dieser Zustand ist vergleichbar mit jener realen Verlorenheit, in die ein Neugeborenes aufgrund der physiologischen Umstellung nach seiner Geburt gestürzt wird.

Patienten, die unter schweren psychosomatischen Störungen leiden, weisen oft eine ähnliche Befindlichkeit auf. Ohne die Fürsorge eines ausreichend behüteten Umfelds konnte sich ihr Geistesapparat nicht so entwickeln, dass er gegen Verletzungen, die das Leben birgt, genügend gewappnet wäre.

Gewisse theoretische Ansätze Sigmund Freuds, des Erfinders der Psychoanalyse, bilden die Grundlage der Psychosomatik.

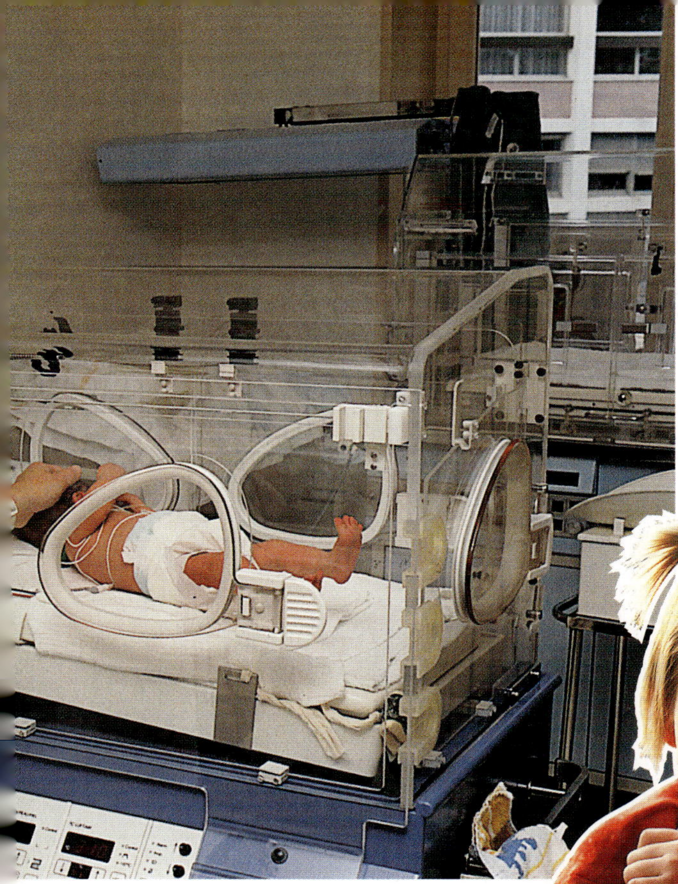

Solange das Frühgeborene die daseinserhaltenden Funktionen noch nicht selbst steuern kann, sichert der Brutkasten sein Überleben.

oder Nahrungsmittel werden zunehmend in Wortdarstellungen eingebunden, die eine symbolische Bedeutung annehmen und in einen Kreislauf aus Bildern, Wörtern und Erinnerungen treten, welcher die geistige Entwicklung begründet.

Hieraus erwächst eine ganz persönliche symbolische Aktivität, die zur Folge hat, dass beispielsweise ein Teddy eines Tages für ein kleines Mädchen einen großen sympathischen Jungen und Beschützer verkörpern kann. Diese Gesamtheit von Darstellungen und Bindungen hat Freud Frühbewusstsein genannt. Funktioniert Letzteres gut, so ist die geistige Entwicklung reich an Vorstellungen, Wörtern, Bildern und Träumen: Sie fließt. Bildhafte Assoziationen werden mühelos zwischen Vergangenheit, Gegenwart und Zukunft geknüpft, zwischen unterschiedlichen Symbolebenen, zwischen Gefühlen, die das berühren, was in uns selbst vor sich geht, oder die unser Verhältnis zu anderen aufdecken. Diese Vorgänge entsprechen einer normalen geistigen Entwicklung, mit deren Hilfe wir uns zur gegebenen Zeit den traumatischen Ereignissen im Leben besser stellen können; ist sie hingegen gestört, so soll die Person künftige Negativerlebnisse eher schlecht bewältigen können.

Ein Zustand der Gefühlsleere

Im Jahr 1963 beschrieben Pierre Marty und seine Mitarbeiter vom Institut für Psychosomatik in Paris bei einer großen Zahl von Patienten mit körperlichen Erkrankungen eine bestimmte Daseinsweise, die sie als operativen Zustand oder automatistisch-mechanistisches Denken (franz. *pensée opératoire*) bezeichneten.

Die Kranken, die sich in einer solchen Verfassung befinden, haben eine ganz eigene Art, über ihr Leben und Leiden zu

Daumen und Kuscheltier spenden dem kleinen Mädchen Trost. Sie sind Bestandteile der Bilderwelt, auf der seine mentale Organisation gründet.

Die amerikanische Schule

Oft ist es besser, seine Wut herauszuschreien, um einem gefährlichen emotionalen Überdruck vorzubeugen.

Auf Freuds Werk aufbauend, präsentierten in den 30er-Jahren die amerikanischen Psychoanalytiker Alexander und Dunbar eine vollständige psychosomatische Theorie.

Ersterer ist Schöpfer eines bedeutenden Begriffs in der Psychosomatik, der Organneurose. Hierunter versteht man das Auftreten von bestimmten organischen Störungen bei dauerhaften psychisch bedingten Belastungen eines Körperteils. So kann bei einem Menschen, für den das Essen einen hohen Stellenwert einnimmt, der Magen erkranken. Desgleichen beschrieb Alexander körperliche Symptome, die an Gefühlszustände gekoppelt sind. Er stellte z. B. Wut und arteriellen Bluthochdruck oder Aufregung und Atembeschwerden in einen Zusammenhang.

Auch die Ärztin Dunbar interessierte sich für mögliche psychische Ursachen der organischen Störungen. Sie untersuchte Menschen mit vorgeschädigter Persönlichkeit, um Risikofaktoren für die Anfälligkeit gegenüber Krankheiten besser abgrenzen zu können. Diese Personen reagierten in der Tat empfindlicher auf äußere Belastungen. Zudem bemerkte sie als Erste eine für Psychosomatiker typische Geisteshaltung und öffnete so den Weg für die moderne Forschung. Dunbar beharrte darauf, dass ein emotionales Erlebnis an der Wurzel eines Konflikts stehe und dieser dann im Unterbewusstsein am Leben gehalten würde.

Der Kampf gegen die geistige Desorganisation

Mit einem psychischen Trauma konfrontiert, haben Personen mit normaler mentaler Verfassung mehrere Möglichkeiten zu reagieren. Zuerst der Weg der geistigen Verarbeitung, die in der normalen Trauerarbeit zum Tragen kommt. Nach einer Leidenszeit infolge des Verlusts eines geliebten Menschen macht sich das Unterbewusstsein daran, die Qualitäten und Mängel des Toten zu „sichten". In gewisser Weise wird dadurch der Verstorbene im Geist seiner Angehörigen lebendig gehalten und die damit verbundene Bereicherung ihrer Vorstellungswelt hilft, sich seiner zu bemächtigen.

Der zweite Lösungsweg stellt die aktive Bewältigung dar. Sport treiben, Malen oder Angeln sind Tätigkeiten, die es erlauben, bestimmte Stressformen abzubauen. Demgegenüber kann sich das Pausieren oder das Treibenlassen im eigenen Unglück ungünstig auf den Fortgang einer Krankheit auswirken.

Angeln gehört zu den Tätigkeiten, die überaus geeignet sind, um Stresssituationen zu bewältigen.

reden. Wenn ein Mensch normalerweise über seine Biographie, insbesondere aber über eine schwere Krankheit oder eine traumatische Erinnerung spricht, drückt er sich gewöhnlich so aus, dass bei seinem Zuhörer viele Emotionen, bildhafte Assoziationen und möglicherweise vergleichbare Erinnerungen geweckt werden. Ein derartiges Verhalten sichert die Kommunikation zwischen den beiden Personen, die so an einer gemeinsamen imaginären Welt teilhaben.

Bei Menschen hingegen, die dem so genannten Operationsdenken verhaftet sind, ist alles anders. Ihre Sprache wird als unpersönlich, formelhaft und wie mechanisch empfunden. Zur Äußerung von Gefühlen scheinen die Patienten unfähig, ihre Phantasiewelt wirkt verarmt, was sich auch in ausgesprochen banalen Träumen ausdrückt. Fordert man sie auf, über ihre Krankheit zu sprechen, spulen sie einen Bericht ab, der eine präzise zeitliche Einordnung vermissen lässt und angstfrei, ohne Klagen und Gefühle, geradezu teilnahmslos vorgetragen wird.

Pierre Marty, Mitbegründer der psychosomatischen Schule von Paris, rief das Institut für Psychosomatik ins Leben.

Die objektlose Depression

Für eine weitere Auffälligkeit, mit der sich Pierre Marty konfrontiert sah, hat er den Begriff der essenziellen oder objektlosen Depression geprägt.

Menschen, die unter seelischen Verstimmungen leiden, geben meist zu verstehen, dass sich dieser Zustand bei ihnen nach einem Ereignis, wie etwa Verlust, Trauer, Trennung oder Misserfolg, eingeschlichen hat und somit eine Antwort auf eine tiefe psychische Erschütterung darstellt (reaktive Depression).

Ihrer Beziehung zu einem nahe stehenden Menschen oder einem guten Selbstbild beraubt, reagieren solche Personen mit einem geistigen Leiden, das mit einer Verminderung ihrer Lebenskraft einhergeht und von Mattigkeit, Schlafstörungen oder Appetitlosigkeit begleitet ist. Manchmal werden auch Schuldgefühle geäußert. Nach einem Trauerfall treten mitunter Vorwürfe auf, den verstorbenen Menschen schlecht behandelt zu haben. In der Regel klingt diese seelische Leidensform von selbst ab.

Bei jenen Menschen, die unter einer essenziellen Depression leiden, bietet sich ein ganz anderes Bild: keine an Ursachen gebundenen Klagen, eher körperliche Symptome; keine Selbstbeschuldigung, sondern ein beklemmendes, undifferenziertes Gefühl des Versagens und der Unzulänglichkeit, das dem leidenden Körper angelastet wird. Von einigen anfänglichen Angstausbrüchen abgesehen, werden psychische Symptome kaum selbst bemerkt. Der Kranke scheint weder an sich noch seinem Gegenüber interessiert und im Allgemeinen ist es eine fortschreitende Müdigkeit oder ein anderes körperliches Problem, weswegen er Rat sucht. Unbewusst hat sich die Depression eingenistet und eine Veränderung wird oft erst spät von der Umwelt bemerkt. Dennoch liegt eine hochgradige Störung vor, die den Antrieb des Patienten hemmt. Eine einfache Ursache kann aber nicht benannt werden.

Ein fataler Anspruch

Dritter Schlüsselbegriff: das Ich-Ideal. Hierbei handelt es sich um ein starkes Wesens- und Verhaltensmerkmal in Zusammenhang mit einem extrem übersteigerten Anspruch des Patienten an sich selbst. Er, der oft nach dem Prinzip „Alles oder nichts" funktioniert, empfindet jede äußere Beeinträchtigung als narzisstische Verletzung. Wird er von einer schlimmen Erkrankung heimgesucht, kann er den Ernst seiner Lage leugnen, sich jedes Bedauern verbit-

Nicht wenige Menschen leiden unter der so genannten essenziellen Depression, ein Zustand, der sich lähmend auf die eigene Lebenskraft auswirkt.

ten und seiner Umgebung eine echte Komödie vorspielen. Immerzu den Gesunden mimend, bleibt er seltsam ruhig, während seine Krankheit und die Angst um ihn Angehörige und Freunde lähmen. In Wirklichkeit hat er sich ein Idealbild von sich selbst zurechtgezimmert: ein ausgesprochen beengendes, lähmendes Ich-Ideal, das bis zum Tod führen kann, wobei aber bis zum Ende das Gesicht gewahrt bleibt.

Beeinträchtigung und Störung

Nach Ansicht der Psychosomatiker fehlt manchen Kranken generell das, was Freud als Parareizung bezeichnete, d.h. eine Funktionsweise des Geistes, die ein Gegengewicht zur Realität zu schaffen vermag.

Dies kann erst einmal in frühen Störungen begründet liegen. Trauerfälle, eine Trennung im frühen Kindesalter, eine schwere Depression der Mutter kurz nach der Geburt oder eine zu große Familie haben möglicherweise die Entfaltung der Patienten behindert und in einen frühen Zustand der psychischen Instabilität gebracht, der nachfolgend durch eine reduzierte Vorstellungskraft und verminderte bildhafte Assoziationen gekennzeichnet ist. Die Betroffenen können äußerst labil sein. Ist ihre Umgebung nicht hinreichend gefestigt, kann jedes schlimme Ereignis sie aus der Bahn werfen.

Der zweite Faktor einer fehlgeleiteten geistigen Entwicklung sind die mentalen Desorganisationen. Diese treten auf, sobald der Mensch übermäßig belastet wird, sei es auf körperlicher Ebene – z.B. durch eine bakterielle oder virale Infektion – oder auf geistiger Ebene, etwa mehrere Trauerfälle in kurzer Folge. In diesem Zusammenhang soll es häufiger zu schweren Krankheiten wie beispielsweise Krebs kommen.

Als dritter Faktor gilt die Unterdrückung geistiger Aktivität. Verdrängt werden sexuelle oder aggressive, instinktnahe Begierden, deren Durchsetzung zu viele fest verwurzelte Ideale oder Moralvorstellungen verletzen würde. Manche bemühen sich auch, solche Gedanken nicht aufkommen zu lassen, die in Zusammenhang mit schmerzhaften Erinnerungen aus ihrer Kindheit stehen (z.B. Eindrucksbilder einer Vergewaltigung), durch welche die alten Wunden wieder aufgerissen würden. Nach und nach hat man jede Vorstellung, jedes Bild, das irgendeinen Bezug zu diesen verhassten Details haben könnte, aus seinem Denken verbannt, was die Gefahr einer starken Verarmung der geistigen Welt birgt.

Die psychosomatische Behandlung

Wenn ein Patient, gewöhnlich auf Anraten seines behandelnden Arztes, einen Psychosomatiker aufsucht, fragt dieser sich als Erstes, welchen Platz die Krankheit in seiner seelischen Balance einnimmt. Eine starke Grippe, wenn die Atmosphäre im Büro unerträglich wird, Bauchschmerzen, die das Kind einen Tag vor Schulanfang ans Bett fesseln, können angesichts einer Konfliktsituation einen günstigen Ausgang darstellen. In solchen Fällen ist es besser, die Erkrankung so lange zu respektieren, bis Mechanismen der geistigen Kontrolle einsetzen, um den Konflikt korrekt zu lösen. Der Psychosomatiker kümmert sich demnach darum, dass der Kranke sowohl auf medizinischer wie psychologischer Ebene behandelt wird.

Welche therapeutischen Maßnahmen können dem Patienten, nach Klärung der Vorbedingungen, angeraten werden? Im Mittelpunkt der Behandlung steht häufig eine Psychotherapie in Form von wöchentlichen Gesprächssitzungen. Der Therapeut begleitet den Betreffenden, unterstützt ihn und hört ihm aufmerksam zu, um den Ursprung der Konflikte, mit denen er sich konfrontiert sieht, sowie die Grundlagen seines Verhaltens und Denkens aufzuspüren. Indem er den Kranken ermutigt, offen über seine Gefühle und Vorstellungen zu reden, und Interesse an seinen Träumen zeigt, soll die Therapie bewirken, das eigene Denken zu hinterfragen, indem man die Erklärungen nachzuvollziehen vermag, die der Therapeut anbietet. Dieser ist bestrebt, die mentale Balance zu verbessern, was einen gewissen Schutz des Organismus gegen körperliche Leiden verspricht.

Daneben spielt in der psychosomatischen Behandlung das so genannte klinische Interview eine Rolle. Es stellt eine gebräuchliche Methode dar, um Aussagen über Eigenschaften, Konflikte und Lebensumstände der Patienten zu erhalten. Oft werden auch Fragebogen eingesetzt, die meist mehrere Persönlichkeitsmerkmale mithilfe von verschiedenen Skalen objektiv und zuverlässig erfassen sollen.

Methoden zur Selbstberuhigung

Hierbei handelt es sich um Verhaltensweisen, derer man sich im Alltag oft unbewusst bedient, mit dem Ziel, den eigenen Erregungszustand zu verringern. Dies kann z.B. das Bedürfnis sein, beim Arbeiten zu rauchen, während einer Aussprache auf und ab zu gehen oder bei einer Besprechung auf einem Blatt Papier herumzukritzeln.

Nehmen derartige Praktiken jedoch überhand und werden zum einzigen Mittel, um sich zu beruhigen oder einen emotionalen Überdruck abzulassen, droht das Umschlagen ins Krankhafte.

Methoden zur Selbstberuhigung sind bei Hochleistungssportlern sehr verbreitet. So suchte man nach den Ursachen für Gérard d'Abovilles erfolgreiche Atlantiküberquerung. Der Mann bewies eine körperliche Aktivität, die sich in 7000 Ruderschlägen pro Tag über 10000 km Distanz äußerte. Dies entspricht 17 Schlägen in der Minute, was zeigt, dass es ihm gelang, seine Tätigkeit zu automatisieren. Dadurch hielt er Körper und Geist pausenlos beschäftigt und konnte so Angstgefühle angesichts von Einsamkeit und Todesgefahr deutlich verringern.

Indem er seinen Geist und Körper pausenlos beschäftigte und damit Angstgefühlen nahezu keinen Raum gab, gelang es dem Ruderer Gérard d'Aboville, den Atlantik im Alleingang zu überqueren.

Aids

Aids: Diese vier Buchstaben stehen für eine Herausforderung an die Kenntnisse der Ärzte sowie Wissenschaftler unserer Zeit und beinhalten die Geschichte über ein Virus, das sich unseres Immunsystems bedient, um sich zu vermehren. Doch neue Forschungsergebnisse machen Hoffnung – zwar nicht auf Heilung, aber zumindest auf eine Beherrschung dieser gefährlichen Infektionskrankheit.

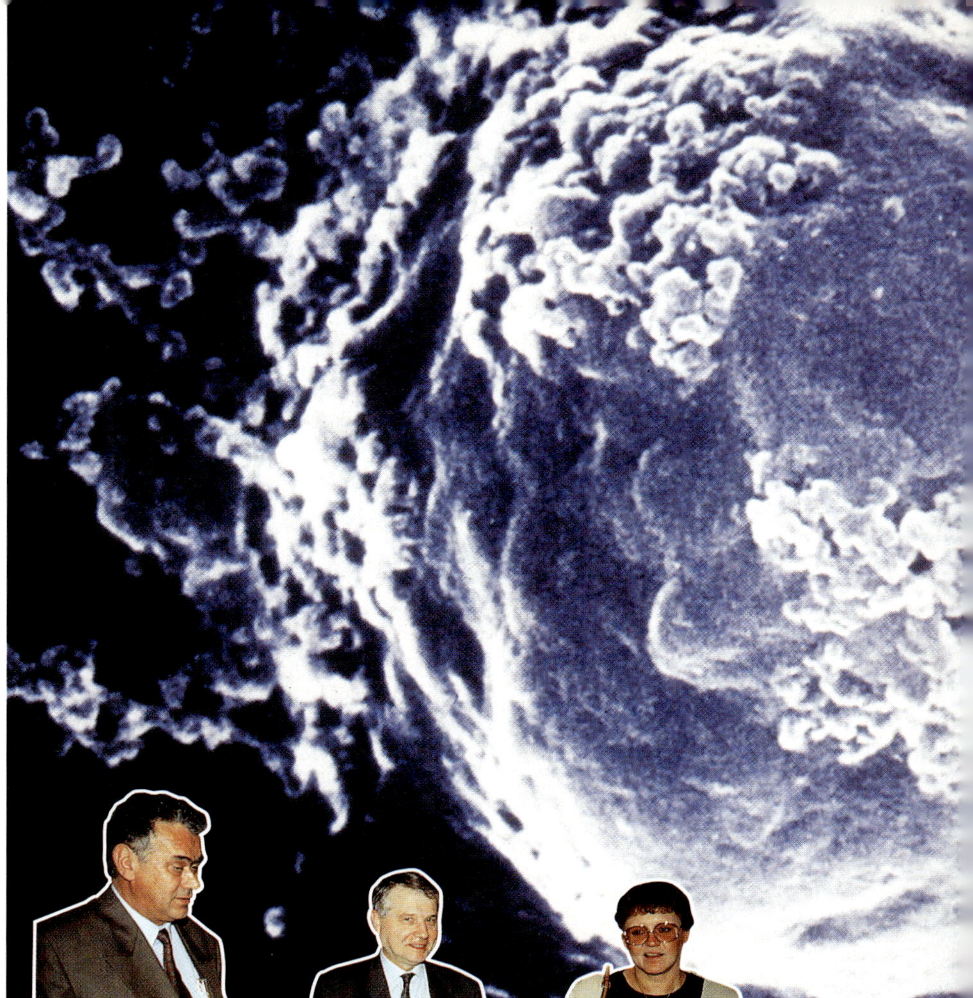

Die beiden Forschergruppen: links das Team um den Franzosen Luc Montagnier, unten das des Amerikaners Robert Gallo

Ein heftiger Disput um den wahren Entdecker des HI-Virus, der für die Immunschwächekrankheit Aids verantwortlich ist, entbrannte zwischen zwei wissenschaftlichen Teams und zeugt damit von der in Forscherkreisen herrschenden Angespanntheit.

Knapp zwei Jahrzehnte sind vergangen, seitdem die erworbene Immunschwächekrankheit Aids (Abkürzung von *acquired immune deficiency syndrome*) in das Bewusstsein von Medizinern und Öffentlichkeit drang. Dieses Syndrom – darunter versteht man eine Erkrankung, die durch einen typischen Komplex von Anzeichen und Beschwerden gekennzeichnet ist – wurde 1978 zuerst in den Vereinigten Staaten nachgewiesen, und zwar bei Patienten, deren gemeinsames Merkmal ihre Homosexualität darstellte.

Im April 1981 registrierte dann das berühmte CDC (*Center for Disease Control* = US-Behörde für staatliche Gesundheitsüberwachung) zunächst im Bundesstaat New York den ungewöhnlichen Mehrverbrauch des Medikaments Pentadimin, das gegen bestimmte Formen von Lungenentzündung eingesetzt wird. Das enthüllte die Existenz einer Brutstätte so genannter opportunistischer Lungenleiden infolge von *Pneumocystis carinii*, eines vermutlich zu den Sporentiercher gehörenden Einzellers. Der für einen Gesunden eher harmlose Krankheitserreger entpuppte sich bei immungeschwächten Personen als gefährlich.

Im Juni desselben Jahres meldete das CDC in dem wöchentlich erscheinenden amerikanischen Seuchenfachblatt *Morbidity and Mortality Weekly Report* fünf weitere schwere Fälle der gleichen Erkrankung in Los Angeles. Einen Monat später berichtete es erneut über 26 Fälle und stellte erstmals einen Bezug her zwischen der beschriebenen Lungenkrankheit, einer schweren Form von Hautkrebs (Kaposisarkom) und allgemeinen Anzeichen von Immunschwäche. Nun schrillten die Alarmglocken …

Ein schon geläufiges Syndrom

Krankheitsbilder mit einem geschwächten Körperabwehrsystem waren zu dieser Zeit bereits bekannt: zum einen bei Neugeborenen, die nach der Geburt ein nicht ausreifendes Immunsystem besitzen, zum anderen als Begleitsymptom bei verschiedenen das Knochenmark betreffenden Krebserkrankungen. Außerdem bilden seit etwa 20 Jahren die Chemotherapie zur Krebsbekämpfung, die Behandlung mit Cortison sowie die Gabe von Immunsuppressiva (Medikamente, welche die körpereigene Abwehr unterdrücken) therapeutische Möglichkeiten, das Immunsystem fast gänzlich lahm zu legen.

Um Transplantatabstoßungen zu vermeiden, wird die Immunabwehr ebenfalls gewollt geschwächt. So etwa bei Leukämiepatienten, deren

Alle technischen Mittel wurden eingesetzt, um das Aidsvirus darzustellen – hier eine elektronenmikroskopische Aufnahme.

Behandlung man durch eine Knochenmarkstransplantation ergänzt oder abschließt. Hierbei wird ein neues immunogenes Zellsystem anstelle des alten, krankhaften aufgebaut.

Neu war also nicht das Auftreten des Immunschwächesyndroms, sondern die Tatsache, dass dieses Krankheitsbild Erwachsene (vorwiegend Männer, oft homosexuell veranlagt) betraf, die vorher keine Erkrankung des Immunsystems kannten oder sich unter keiner immunsuppressiven Behandlung befanden. Außerdem war die Krankheit offenbar ansteckend sowie sexuell übertragbar und konnte sich damit zu einer Epidemie ausweiten.

Ein Virus wird erforscht

Im Lauf der Jahrhunderte und vor allem während der letzten Jahrzehnte hat die Medizin Krankheiten identifiziert, deren Ursachen nun bekannt sind. So weiß man z. B., dass die großen Geißeln der Menschheit, wie Pest, Cholera, Tuberkulose, Syphilis oder Malaria, durch Krankheitserreger, wie Bakterien, Viren, Pilze oder Einzeller, entstehen. Der direkte Bezug zwischen dem Leiden infolge des Erregers und der Erkrankung ist nachweisbar. Selbst im Fall der Immunschwäche, ob angeboren oder durch mehr oder minder giftige Medikamente ausgelöst, gelang es, die Ursache zu identifizieren. Jetzt, am Ende des 20. Jh., wurde die Öffentlichkeit von der Tatsache überrascht, dass eine Infektionskrankheit erneut bedrohliche Züge annehmen konnte.

Doch inzwischen hat sich die Aidsforschung zu einem Wissenschaftsgebiet entwickelt, das durch immer detailliertere Befunde, ständig wechselnde Arbeitshypothesen sowie neue Therapieansätze charakterisiert ist. Heute ist bekannt, dass es sich bei Aids um das Endstadium einer chronisch fortschreitenden Virusinfektion handelt, bei der das Immunsystem des Betroffenen im Lauf der Zeit zunehmend geschwächt wird. Dadurch führen Krankheitskeime, mit denen der Mensch normalerweise fertig wird, zu schweren Erkrankungen und schließlich zum Tod. Als Verursacher gilt das Human-Immunschwäche-Virus (Typ 1), kurz HIV-1 genannt, von dem mindestens neun verschiedene Varianten existieren.

Der Erreger, der nur in Flüssigkeiten überleben kann, wird durch den Kontakt mit infizierten

Ein sehr empfindliches Virus

Das Aidsvirus steht in ursächlichem Zusammenhang mit der Ausbreitung der Krankheit. Es reagiert empfindlich auf 70%igen Alkohol sowie Bleichwasser und ist gegenüber diversen antiseptischen Mitteln wenig resistent. Die Vermehrung erfolgt im Wirtsorganismus, in den der Erreger über Körperflüssigkeiten eindringt. Vor allem homosexuelle Männer sind an der Übertragung des Virus beteiligt, aber auch ungeschützte Sexualpraktiken bei Heterosexuellen führen zu einem vergleichbar hohen Risiko.

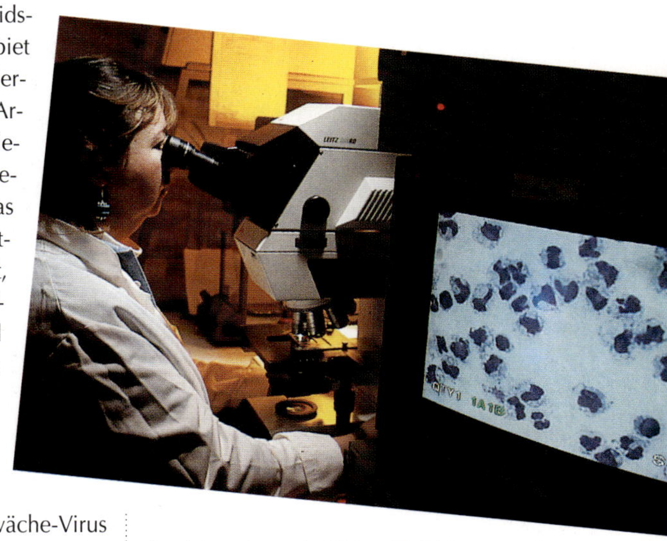

An vielen wissenschaftlichen Einrichtungen, wie hier im Pasteur-Institut in Paris, widmen sich die Forscher intensiv der Untersuchung der Zellvorgänge.

Ein wandelbares Krankheitsbild

Die HI-Virusinfektion und ihre Erscheinungsformen weisen Besonderheiten auf:

- ***Der Erreger neigt zu genetischen Mutationen, die bestimmte Eigenschaften von ihm verändern und damit eine spezifische Therapie erschweren.***
- ***Die Latenzzeit zwischen Infektion und Nachweisbarkeit von Antikörpern im Blutserum ist unterschiedlich lang.***
- ***Die Latenzzeit zwischen Ansteckung und Ausbruch des Aidsvollbildes ist von unterschiedlicher Dauer und verlängert sich durch neue Therapieansätze.***
- ***Das Bild der Symptomatik des Patienten kann erheblich variieren.***

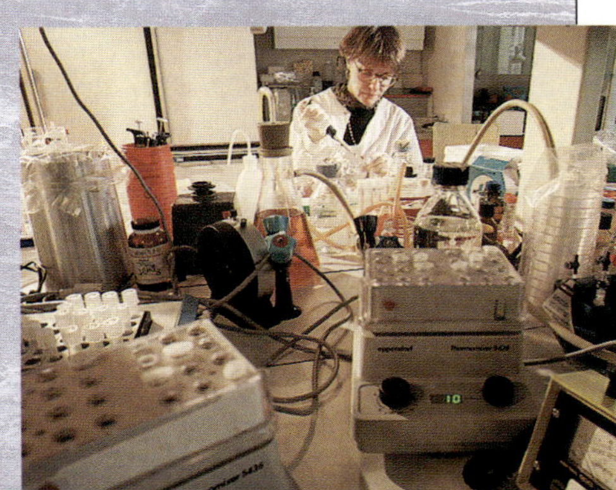

In den Laboratorien der molekularen Retrovirologie untersucht man die genetische Wandlungsfähigkeit des HIV-1.

Aids in Schwarzafrika

In Afrika sind zwei verwandte HI-Virusstämme verbreitet. HIV-1, der eigentliche Erreger der Immunschwächekrankheit Aids, kommt vor allem im so genannten Aidsgürtel vor. Dieser umfasst eine Reihe von Staaten südlich der Sahara, darunter so beliebte Reiseländer wie Kenia oder Tansania. Nur etwa 2 % der Erdbevölkerung leben in jener Zone, aber 50 % aller Infizierten überhaupt!

Der hohe Durchseuchungsgrad hat wissenschaftlichen Untersuchungen zufolge zwei Hauptursachen: Zum einen zeigen die Bewohner ein riskantes Sexualverhalten – dazu gehören häufiger Partnerwechsel sowie Geschlechtsverkehr mit Prostituierten –, zum andern mangelt es an Sexualhygiene, auch sind die Männer oft unbeschnitten.

Der zweite Typ, HIV-2, ist aller Wahrscheinlichkeit nach in Westafrika entstanden. Er hat aber nicht so viele Menschen befallen und scheint ein weniger schweres Krankheitsbild hervorzurufen.

Körpersekreten übertragen. Hohe Viruskonzentrationen findet man z. B. im Blut, im Sperma des Mannes und in den Vaginalausscheidungen der Frau. Als Wirtszellen dienen dem HI-Virus die so genannten T4-Helferzellen, eine Art weißer Blutkörperchen unseres Immunsystems, die nach der Infektion zugrunde gehen.

Nach etwa 4–26 Wochen kann man in der Regel mithilfe eines Bluttests nachweisen, ob sich eine Person infiziert hat oder nicht. Wann die Krankheit selbst ausbricht, ist sehr unterschiedlich. Im Durchschnitt liegt die Latenz- bzw. symptomlose Zeit bei rund elf Jahren.

Droht die Gefahr einer Pandemie?

Aufgrund dieser Tatsache gehen die Gesundheitsverantwortlichen der reichen und armen Länder davon aus, dass es weit mehr HIV-positive Personen gibt als gemeldete Krankheitsfälle. Der Nachweis der Virusübertragung durch infizierte Mütter auf ihre Babys (in 25 % der Fälle wird das Kind HIV-positiv und droht in den folgenden Jahren an Aids zu erkranken), die Bestätigung der Ansteckungsgefahr zwischen heterosexuellen Partnern als auch die Risiken der Virusübertragung zwischen Drogensüchtigen durch mehrmalige Verwendung infizierter Injektionsnadeln sind weitere Faktoren, die den beängstigenden Charakter dieser Krankheit unterstreichen.

Hinzu tritt der Skandal um verseuchte Blutpräparate, mit denen sich in den 80er- und Anfang der 90er-Jahre allein in Deutschland mehrere Tausend Patienten infizierten. Betroffen waren vor allem Bluter und Transfusionspflichtige, die z. B. bei einem chirurgischen Eingriff große Mengen Blut benötigten.

Wer hätte ahnen können, dass aus Spenderblut, einem Produkt menschlicher Solidarität, ein Drama erwachsen würde?

Rund 90 % der inzwischen etwa 23 Mio. Infizierten weltweit leben in Entwicklungsländern und allein zwei Drittel der Betroffenen sind Schwarzafrikaner – die meisten von ihnen bewohnen die Staaten südlich der Sahara. Jedes Jahr werden etwa 18 Mrd. Dollar für die Bekämpfung von Aids ausgegeben, wobei nach Schätzungen der Vereinten Nationen mehr als 90 % der Geldmittel in die Industrieländer fließen. Für Aufklärungs- und Vorbeugungsmaßnahmen verwendet man derzeit rund 2,6 Mrd. Dollar, doch hier sollen ebenfalls nur 14 % in den Entwicklungsländern eingesetzt werden.

Neben bestimmten Gebieten Schwarzafrikas sind aber auch Teile der Karibik sowie asiatische Länder von einer hohen Infektionsrate betroffen. Doch intensive Kampagnen gegen Aids haben z. B. in Thailand bewirkt, dass die jährliche Zahl an HIV-Neuinfektionen von 1990 bis 1994 etwa um die Hälfte gesunken ist.

Auf der Suche nach der richtigen Therapie

Die Entwicklung einer Aidstherapie geht auf den Versuch zurück, dem HI-Virus die Vervielfältigung in der Wirtszelle zu erschweren. Bei diesem Vorgang überträgt der Erreger seinen genetischen Bauplan in das Erbgut der befallenen Zellen. Als eine Art Schreibgerät fungiert dabei ein Enzym, genannt Reverse Transkriptase, mit dessen Hilfe die einsträngige RNA (Ribonukleinsäure) des Retrovirus in eine doppelsträngige DNA (Desoxyribonukleinsäure) überführt wird.

Diese kann nun in das Wirtsgenom eingebaut und als so genannter Provirus in der Folge so lange vermehrt werden, bis die infizierte Zelle abstirbt. Vor dem Freiwerden ent-

Unsterile Injektionsnadeln sind einer der häufigsten Übertragungswege des Virus. Werden Spritzen nur einmal verwendet, verringert sich dieses Risiko.

Im Fall der Pest, dem Inbegriff verheerender Epidemien, war der Krankheitserreger jahrhundertelang nicht feststellbar. Doch schließlich gelang es durch Fortschritte der Medizin, ihn aufzuspüren.

stehen große Eiweißmoleküle oder Proteine, die von einem zweiten Enzym namens Protease zur Eiweißhülle des Virus gewissermaßen zurechtgeschnitten werden.

Der erste Angriffspunkt der Forscher bestand darin, den Wirkmechanismus der Reversen Transkriptase zu unterbinden, indem man sie veranlasste, eine fehlerhafte Kopie der viralen Erbinformation zu erstellen. Da das Erbgut aus einzelnen Bausteinen, den Nukleotiden, besteht, wurden Medikamente mit vergleichbaren Elementen (Nukleotidanaloga) entwickelt, die eingebaut kein funktionsfähiges Virus mehr entstehen lassen.

Das erste, vor rund zehn Jahren zunächst in den USA und wenig später weltweit zugelassene Arzneimittel, das auf diese Weise wirkte, war Azidothymidin, bekannt unter der Abkürzung AZT. Doch schon nach kurzer Zeit zeigte sich, dass das HI-Virus den Stoff sozusagen austricksen vermochte und resistent wurde. Die Wissenschaftler sahen sich deshalb gezwungen, andere Substanzen herzustellen, die ebenfalls als Transkriptasehemmer funktionierten.

Gemeinsam sind wir stark!

Mittlerweile gibt es eine weitere Klasse von Stoffen, die sich gegen das zweite Virusenzym richten und demzufolge Proteaseinhibitoren heißen. Sie sorgen dafür, dass die für den Reifungsprozess des Erregers notwendige Eiweißhülle nicht gebildet wird. Zwei Nachteile sind jedoch mit ihrem Einsatz verbunden: Zum einen wird die Wirksamkeit einer Reihe von Medikamenten, die ein HIV-Patient zur Abwehr opportunistischer Erkrankungen benötigt, gestört, zum anderen erreichen die Proteasehemmer nicht das zentrale Nervensystem, sodass der Erreger z. B. das Gehirn befallen kann.

Der Durchbruch in der Aidstherapie wurde schließlich erzielt, als man vor etwa drei Jahren dazu überging, beide Stoffklassen gemeinsam zu verabreichen. So erprobt man derzeit die Dreifachkombination von zwei Nukleotidanaloga und einem Proteaseinhibitor, wodurch man bei einem Großteil der HIV-Infizierten die Viruszahl unter die Nachweisgrenze gedrückt hat. Allerdings wirkt sich auch hier die Fähigkeit des Erregers, sich schnell an Medikamente anzupassen, negativ aus, denn schon sind Resistenzfälle bekannt. Außerdem ist es unwahrscheinlich, dass die sehr kostenintensive Therapieform in den armen Ländern Afrikas oder Asiens Anwendung findet.

Neue Strategien sind gefragt

Billigere Medikamente oder eine Impfung gegen das Aidsvirus sind daher immer noch unerlässlich. Aber bisher gemachte Anstrengungen in dieser Richtung haben sich letztlich als Fehlschlag erwiesen. Bei einer groß angelegten Impfstudie in den USA etwa hat man einen Impfstoff verwendet, der eine falsche Struktur besaß. Es handelt sich dabei um ein gentechnisch hergestelltes Eiweiß aus der Hülle des Virus, das aber falsch gefaltet war. Der Geimpfte produziert demzufolge Antikörper, also Abwehrstoffe, gegen eine falsch gefaltete Variante.

Wie hier in Thailand erfolgt die Mobilisierung gegen Aids auf breiter Front und in der ganzen Welt finden immer mehr Aufklärungskampagnen statt.

Umsichtiges Handeln

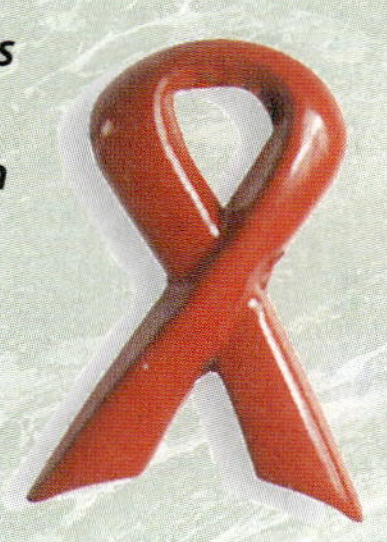

- ❑ ***Sexuelles Verhalten nur unter Wahrung des Infektionsschutzes sowie keine risikoreichen Sexualpraktiken***
- ❑ ***Verwendung von Schutzhandschuhen bei akuten Notfällen***
- ❑ ***Korrekte Hygiene im persönlichen und gemeinschaftlichen Bereich***
- ❑ ***Drastische Reduzierung der Übertragung von Spenderblut und Förderung der Autotransfusion mit Eigenblut***
- ❑ ***Strengste Kontrolle bei der Herstellung von Lebendimpfstoffen aus abgeschwächten Viren***
- ❑ ***Medizinische Betreuung von HIV-Positiven und gegenseitige Hilfestellung***

Einen neuen Ansatz bildet die Impfung mit nackter DNA. Dabei wird Nukleinsäure, die nur einen Teil des Erbguts des Virus trägt, in den Muskel gespritzt. Dort findet auf bisher noch nicht vollständig geklärte Weise die gewünschte Impfreaktion statt, welche die körpereigene Abwehr stärken soll. Des Weiteren haben Forscher in Deutschland und in den USA erstmals gentechnisch veränderte Viren hergestellt, die im Labor gezielt mit dem HI-Virus infizierte Zellen angreifen. Hier ist allerdings die Frage offen, wie das Immunsystem lebender Organismen auf das veränderte Virus reagiert.

Die Hoffnung der Aidspatienten auf eine baldige Heilung dürfte sich somit nicht erfüllen. Doch die Aussicht auf eine verbesserte Lebensqualität sowie ein längeres Überleben könnten immerhin als Lichtblick gewertet werden.

IST CHOLESTERIN GEFÄHRLICH?

Herz-Kreislauf-Erkrankungen sind in den westlichen Industrieländern die häufigste Todesursache. Wesentlich beteiligt ist dabei das Cholesterin, dessen zu hoher Spiegel im Blut Schädigungen von Arterien mitzuverantworten scheint. Doch nicht allein die Höhe der Cholesterinwerte ist ausschlaggebend, sondern auch individuelle Faktoren spielen eine wichtige Rolle.

Das Cholesterin ist ein Molekül aus der Familie der Fette, auch Lipide genannt. Trotz seines schlechten Rufs hat es im Organismus von Tier und Mensch unverzichtbare Funktionen. So ist es ein wesentlicher Bestandteil beim Aufbau der Zellmembranen; außerdem bildet es die Ausgangssubstanz, um so genannte Steroidhormone, wie etwa Stress- und Geschlechtshormone, herzustellen. Des Weiteren wird es für die Synthese von Vitamin D und die Produktion von Gallensäuren benötigt.

Woher stammt nun das Cholesterin? Zu einem geringen Anteil – rund 15 % bei einer ausgewogenen, nicht zu fett- und fleischreichen Ernährung – aus Lebensmitteln tierischer Herkunft. Dazu zählen vor allem Eigelb, Butter, Innereien, Fleisch- und Wurstwaren. Den Hauptanteil, nämlich 85 %, stellt der Körper hingegen selbst her, und zwar in Organen wie Leber, Darm und Nebennieren.

„Gutes" und „schlechtes" Cholesterin

Für den Transport im Organismus ist das Cholesterin, das sich im Blut nicht löst, auf eine Art „Taxi" angewiesen, die so genannten Lipoproteine. Diese Moleküle haben einen Wasser abweisenden Kern, während ihre Hülle von wasserlöslichen Eiweißen gebildet wird. Sie werden in vier Hauptklassen unterteilt.

Die Träger der ersten Klasse sind die Chylomikronen. Mit ihrer Hilfe gelangt das Cholesterin aus den Darmzellen über die Lymphe ins Blut und wird dann über die Gefäße zur Leber, aber auch zu anderen Organen (Herz, Nieren, Lungen, Muskeln) transportiert, wo es als Brennstoff dient. In der Leber entsteht nun der zweite, mit sehr geringer Dichte versehene Trägertyp, das VLDL *(Very Low Density Lipoprotein)*, welches erneut in den Blutstrom abgegeben wird.

Dort findet die Umladung auf den Träger der dritten Klasse statt, der sich durch eine geringe Dichte auszeichnet und deshalb den Namen

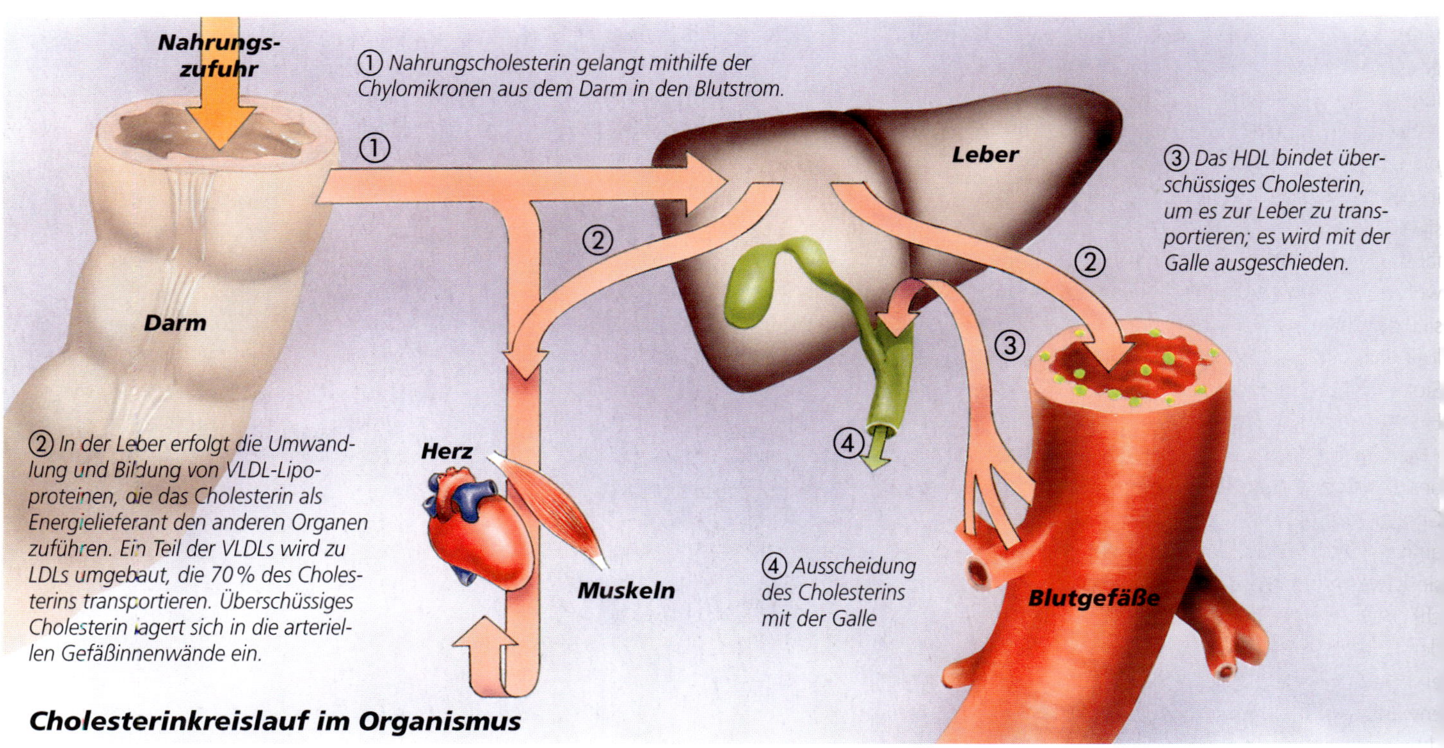

Nach der Nahrungsaufnahme sind im Blut Chylomikronen vorhanden.

Das Cholesterin lagert sich in den Arterienwänden in Form von Kristallen ab, wie sie hier eingefärbt unter dem Mikroskop zu sehen sind.

LDL *(Low Density Lipoprotein)* trägt. Dieser kann sich an spezifische Rezeptoren oder Empfängermoleküle der Körperzellen binden und das benötigte Cholesterin nach innen abgeben. 70 % der Substanz erreichen so die Zielzellen der bereits erwähnten Organe. Ist jedoch das Gewebe ausreichend mit Cholesterin versorgt, lagern die LDLs ihre Fracht vor allem in den Arterienwänden ein. Den negativen Auswirkungen entsprechend, nennt man diese Transportform daher „schlechtes" Cholesterin.

Der vierte Trägertyp, HDL *(High Density Lipoprotein)*, besitzt eine hohe Dichte und zirkuliert in den Blutbahnen. Er sammelt das überschüssige Cholesterin aus den Zellen und den Gefäßwänden wieder ein und schafft es zur Leber, wo es abgebaut werden kann. Hier handelt es sich demzufolge um das so genannte „gute" Cholesterin, das beim Abbau des gleichnamigen Stoffes mitwirkt und seine Einlagerung verhindert.

LDL und HDL spielen bei der Regulierung des Cholesterinstoffwechsels eine bedeutende Rolle; sie sind in gegensätzlicher Weise am Prozess der zunehmenden Fetteinlagerung in den Arterienwänden, auch Arteriosklerose genannt, beteiligt. Untersucht ein Arzt den Cholesterinspiegel eines Patienten, so genügt es nicht, den Gesamtcholesteringehalt zu bestimmen, vielmehr muss das mengenmäßige Verhältnis von LDL zu HDL aufgeschlüsselt werden, um eine Aussage über ein eventuelles Risiko für eine Herz-Kreislauf-Erkrankung treffen zu können.

Butter, Fleisch- und Wurstwaren gehören zu den Nahrungsmitteln, die sehr fettreich sind und einen hohen Anteil an Cholesterin enthalten.

Risikobestimmung

In den vergangenen zehn Jahren haben sich die Blutfettuntersuchungen stark weiterentwickelt. Studien zeigen, dass für eine Person von unter 60 Jahren das geringste kardiovaskuläre Risiko bei einem Gesamtcholesterinspiegel von unter 200 mg/100 ml gegeben ist. Allgemein gelten heute Werte zwischen 180 und 240 mg/100 ml als normal, wobei junge Menschen oft niedrigere Werte haben als ältere. Die wichtigsten Problemfälle, die auftreten können, legen die folgenden drei Situationen dar.

❑ Erstens: Der Gesamtcholesterinspiegel ist normal, jedoch treten ein erniedrigter HDL-Wert (unter 35 mg/100 ml) und ein erhöhter LDL-Wert auf. Das Risiko, an einem Herz-Kreislauf-Leiden zu erkranken, nimmt zu.

❑ Zweitens: Die Werte für Gesamtcholesterin und HDL sind beide Male erhöht. Ihr Verhältnis zueinander bestimmt das Risiko: Werte unter 4,0 sind günstig, Werte über 4,5 bergen Gefahren in sich.

❑ Drittens: Neben erhöhten Werten für Gesamtcholesterin, HDL und LDL liegt hier auch eine Zunahme der übrigen Lipidformen, wie etwa der Triglyzeride, vor. In diesem Fall rührt das Risiko für eine Herz-Kreislauf-Erkrankung vom erhöhten Niveau aller Fette her.

Arterien und ihre Alterung

Die fortschreitende Ansammlung von Fetten an den Arterienwänden ist eine natürliche Begleiterscheinung des Älterwerdens beim Menschen. In der Wand von Arterien findet ein stetiger Cholesterinfluss statt: LDLs transportieren die Substanz herbei und lagern sie an der Oberfläche ab, HDLs nehmen das Cholesterin dort auf, um es zur Leber zu befördern, wo es verdaut wird. Eine Störung im Gleichgewicht zugunsten der LDLs kann zu einer krankhaften Cholesterineinlagerung in der Gefäßwand führen.

Nach dem zweiten Lebensjahrzehnt setzt sich das Cholesterin in Form von kleinen gelblichen Flecken zunächst an der Innenwandung der Arterien ab. Diese so genannten Lipidstreifen können mehr oder weniger miteinander verschmelzen und sind kaum erhaben. Innerhalb von einigen Jahren werden die Ablagerungen immer mehr in die Gefäßwand aufgenommen und nehmen dann eine weißliche Färbung mit

Eine Wohlstandskrankheit?

Für Menschen in Entwicklungsländern besteht kaum das Risiko erhöhter Cholesterinwerte, da ihre Nahrungsgrundlage, Getreide, relativ fettarm ist.

Sollten Herz-Kreislauf-Erkrankungen bevorzugt bei den Reichen vorkommen? Untersuchungen belegen, dass die Erkrankungsrate bei Europäern, wohlhabenden Javanern und Chinesen höher ist als bei der Bevölkerung armer Regionen. Der ausschlaggebende Faktor: die Ernährung.

unregelmäßigen Konturen an, die man als Plaques bezeichnet. Durch Anlagerung fetthaltiger Substanzen wie LDL nehmen sie an Dicke und Härte zu; ihre Umrisse werden zerklüfteter, bis sie eine Art mehr oder weniger störende Knospe bilden, wodurch sich allmählich der Innendurchmesser des arteriellen Gefäßes verjüngt.

Im höheren Alter – etwa ab 60 Jahren – beginnt der Belag zu verkalken, bis schließlich die gesamte Arterienwand das Aussehen einer Eierschale annimmt. Die nun starren und verengten Arterien können das Blut nicht mehr zu den Organen, die sie versorgen, transportieren. Ab diesem Zeitpunkt treten die klinischen Befunde auf.

Weit reichende Folgen

Abhängig von der Arterienstärke und des Organs, das zu versorgen ist, zeigen die verschiedenen Entwicklungsstadien der Arteriosklerose unterschiedliche Folgen. Ab einer Verengung des Arterienquerschnitts um rund 75 % treten klinische Anzeichen eines Leidens auf, die mit verringerter Blutzufuhr und somit Sauerstoffmangel in dem betreffenden Organ verbunden ist.

Besonders oft davon betroffen sind die Herzkranz- oder Koronargefäße. Als Folge kann ein so genannter Angina-pectoris-Anfall oder ein Herzinfarkt auftreten. Inzwischen gilt als gesichert, dass die Häufigkeit dieser Erkrankungen mit dem LDL-Überschuss im Blut einhergeht. Das statistische Risiko, dass es zu einem Herzinfarkt kommt, ist für Personen mit einem Cholesterinspiegel von über 250 mg/100 ml doppelt so hoch wie für diejenigen, deren Werte unter 200 mg/100 ml liegen. Arteriosklerose kann aber auch an anderen Stellen des Körpers auftreten, z. B. in den unteren Gliedmaßen oder im Gehirn. Dort machen sich Durchblutungsstörungen in flüchtigen motorischen und sensiblen Ausfällen bemerkbar bis hin zum lebensbedrohlichen Schlaganfall.

Doch das Risiko ist nicht für alle Menschen gleich. Es gibt eine individuelle Neigung, an Arteriosklerose zu erkranken, die offenbar genetisch bedingt ist. So zeigen die Bewohner nordeuropäischer Länder einen genetischen Unterschied bezüglich eines Proteins, das dem Cholesterin als Transportmittel dient. Bei ihnen treten Herz-Kreislauf-Erkrankungen vermehrt auf.

Die beste Vorbeugung ist aber eine ausgewogene Ernährung, die nicht zu viel tierische Fette enthält. Denn obgleich nur ein relativ geringer Teil der Blutfettmenge über die Nahrung aufgenommen wird, lässt sich die Wirksamkeit cholesterinbewusster Diäten durch den Rückgang von Herz-Kreislauf-Erkrankungen belegen.

STEHT DIE HOMÖOPATHIE AUF WISSENSCHAFTLICHER GRUNDLAGE?

Wie lassen sich die Heilerfolge der homöopathischen Medizin erklären? Stellen Medikamente, deren Wirkstoffe nur noch in Spuren vorhanden sind, nicht in Wirklichkeit Placebos dar? Bis heute wird darüber heftig diskutiert. Anhand neuer wissenschaftlicher Studien hofft man, eine befriedigende Antwort auf diese Fragen zu finden.

In den letzten Jahren ist der Trend unverkennbar, dass sich immer mehr Patienten für alternative Behandlungsmethoden entscheiden, darunter auch die Homöopathie. Vor allem, wenn es um Krankheitsbilder wie chronische Beschwerden, psychosomatische Erkrankungen oder Allergien geht, die einen steilen Aufwärtstrend zeigen. Hier stößt die moderne Schulmedizin trotz ihrer unbestreitbaren Erfolge in der Entwicklung präziser Untersuchungs- und Diagnoseverfahren häufig an ihre Grenzen.

Zu den zahlreichen Anhängern der Homöopathie, die seit rund 200 Jahren praktiziert wird, zählen etliche Berühmtheiten: beispielsweise der niederländische Maler van Gogh, der von Dr. Gachet gepflegt wurde, das britische Königshaus, das sogar den Bau einer homöopathischen Klinik in London finanziert hat, und der Geiger Yehudi Menuhin, Vorsitzender der Hahnemann-Gesellschaft. Ihre Gegner wiederum sehen in ihr nur eine Augenwischerei: „Die Homöopathie", erklärt etwa der Arzt und ehemalige Minister Bernard Kouchner, „ist Luxusmedizin, wenn man nicht zu krank ist." Also, worum handelt es sich? Um eine Modeerscheinung für die Allgemeinheit mit ihrem Wunsch nach sanften Heilmethoden oder um eine revolutionäre Therapie?

Eine Menge Fragen

Das Prinzip der Homöopathie lässt sich anhand des folgenden Beispiels erläutern. Zuerst gibt man einen Tropfen Kaffee in eine Flasche mit 1 l

Hippokrates stellte als Erster fest, dass „dieselben Dinge, die das Leiden verursacht haben, es mitunter heilen".

Samuel Hahnemann (1755–1843) gilt als der Begründer der Homöopathie. In dem Werk der Reinen Arzneimittellehre *sind alle seine Beobachtungen niedergeschrieben.*

Wasser und schüttelt diese gut durch. Nun wird ein Stück Würfelzucker mit einem Tropfen der Lösung benetzt und man erhält ein homöopathisches Medikament, das beruhigend wirken soll – obwohl Kaffee selbst als anregend gilt.

Die Herstellung homöopathischer Arzneien unterliegt allerdings viel strengeren Bedingungen – dennoch gibt die vereinfachte Darstellung Anlass für verschiedene Fragen. Warum soll z. B. das Endprodukt eine gegenteilige Wirkung haben, verglichen mit der des Ausgangsprodukts? Welche Kaffeemenge befindet sich auf dem Zuckerstück? Enthält wirklich jeder Tropfen in der Flasche Kaffee? Wirkt dieses Mittel bei allen Menschen gleich?

*Bilsenkraut (*Hyoscyamus niger*, rechts), Chinarinde (*Cortex Chinae*, unten) und Tollkirsche (*Atropa belladonna*, großes Bild) sind drei Beispiele für Pflanzen, aus denen man Arzneimittel gewinnt. Diese werden sowohl in der Schulmedizin als auch in der Homöopathie eingesetzt.*

*Das Bilsenkraut zeigt bei Erkrankungen des Magen-Darm-Trakts eine krampflösende Wirkung. Die Rinde des Chinabaumes (*Cinchona pubescens*) lindert nervöse Erschöpfungs- und Schwächezustände des Körpers, die auf einem Flüssigkeitsverlust beruhen. Bei bestimmten Personen, die auf Licht und Geräusche überempfindlich reagieren, wird die Tollkirsche als Heilmittel eingesetzt.*

Umgekehrte Wirkung

Hippokrates bemerkte schon im 5. Jh. v. Chr. bezüglich der Krankheiten: „Sie kommen manchmal durch die Mitmenschen; und dieselben Dinge, die das Leiden verursacht haben, heilen es mitunter." Die ersten genauen Beschreibungen der umgekehrten Wirkungen von Stoffen stammen jedoch von Samuel Hahnemann (1755–1843), der als Begründer der modernen Homöopathie gilt. Um seiner akuten Geldnot zu entrinnen, übersetzte der deutsche Arzt und Gelehrte ein englisches Arzneimittelbuch. Dabei erregte ein Abschnitt vom Chinabaum seine Aufmerksamkeit. Über die Rinde dieser Pflanze, die in den Anden heimisch ist und zu jener Zeit ein gebräuchliches Mittel gegen Malaria war, stand dort geschrieben, dass sie dank ihrer „belebenden Wirkung auf den Magen" fiebersenkend wirke. Hahnemann entschloss sich, die Aussage an sich selbst zu erproben. Nachdem er einige Tassen Tee vom Aufguss der Rinde getrunken hatte, überfiel ihn ein heftiges, von Zittern und Schweißausbrüchen begleitetes Fieber, also Krankheitsanzeichen, die denen der Malaria stark ähnelten und welche die Chinarinde angeblich beseitigen sollte.

Mehr als verblüfft, setzte Hahnemann seine Versuche mit anderen Pflanzen wie Tollkirsche und Bilsenkraut fort. Jedes Mal glaubte er, an sich dieselben Symptome zu beobachten wie jene, welche die Pflanze medikamentös unterdrücken sollte. Er begann, die Krankheitserscheinungen, die nach Verabreichung unterschiedlicher pflanzlicher, mineralischer und tierischer Substanzen bei Gesunden auftraten, exakt zu beschreiben und systematisch zu erfassen. Sämtliche seiner Beobachtungen finden sich heute in dem Werk *Reine Arzneimittellehre* wieder.

Eine andere Sichtweise

In der Homöopathie wird jeder Mensch durch seine Neigung zu krankhaften Reaktionen (Diathese), seinen Sensibilitätstyp und seine Konstitution beschrieben. Der Sensibilitätstyp umfasst morphologische Merkmale, z. B. Körpergröße, charakterliche Anlagen wie Aggressivität und diverse Kennzeichen, etwa Schwitzen oder trockene Zunge. Im Konstitutionstyp fasst man die morphologischen, seelischen und physiologischen Merkmale einer Person zusammen. So gibt es z. B. den Kohlenstofftyp für kurzgliedrige Menschen oder den Phosphortyp, der langgliedrigen Wuchs charakterisiert.

Das Prinzip der Potenzierung

Der Grundstein für die Homöopathie war damit gelegt und wurde in der kurzen lateinischen Formel *Similia similibus curentur* (Ähnliches

Die Herstellung der Medikamente

Die Herstellung homöopathischer Arzneimittel unterliegt strengen Regeln: Hier werden gerade die Ausgangsstoffe kontrolliert.

Die Ausgangslösungen für die homöopathischen Arzneimittel sind pflanzlichen, tierischen, mineralischen und metallischen Ursprungs. Diese teilt man je nach dem Grad ihrer Verdünnung in so genannte D-Potenzen (Verdünnung im Verhältnis 1:9), C-Potenzen (Verdünnung im Verhältnis 1:99) und Q-Potenzen (Verdünnung im Verhältnis 1:50 000) ein. Wird z. B. ein Tropfen Mutterlösung mit 99 Tropfen Wasser und Alkohol vermischt, so entsteht eine C1-Potenz. Auf jeder Stufe muss dabei in einer genau vorgeschriebenen Weise geschüttelt werden – in der Homöopathie spricht man bei derartigen Prozessen von Potenzieren. Nun gießt man die entstandene Lösung auf kleine Kugeln aus reinem Milchzucker. Die Flüssigkeit dringt in die Globuli ein und durchtränkt sie. Zuletzt werden die Kügelchen getrocknet und abgefüllt.

werde mit Ähnlichem geheilt) oder dem so genannten Simile-Prinzip zum Ausdruck gebracht. In einem nächsten Schritt verabreichte Hahnemann die getesteten Substanzen nicht nur gesunden, sondern auch kranken Personen, welche die gleichen Symptome aufwiesen. Wird man z. B. von einer Biene gestochen, treten unmittelbar nach der Injektion des Giftes durch den Stachel Schmerzen auf; die Haut beginnt sich zu röten und schwillt an – alles Anzeichen für eine Entzündung. Hahnemanns Überlegung war es nun, sich der Honigbiene in Form ihres Giftes zu bedienen, um Entzündungen ganz anderen Ursprungs, wie etwa Gelenkrheumatismus, zu behandeln.

Schon bald erzielte er mit dieser Methode spektakuläre Ergebnisse. Allerdings stellte der Mediziner rasch eine Dosisabhängigkeit fest, d. h., hohe Gaben eines wirksamen Stoffes erwiesen sich in bestimmten Fällen als gefährlich und riefen sogar eine Verschlimmerung der Symptome hervor. Deshalb ging Hahnemann dazu über, die Substanzen so lange mit einem Alkohol-Wasser-Gemisch zu verdünnen, bis in der fertigen Arznei kein messbares Wirkstoffmolekül mehr enthalten war. Hierauf beruht die zweite Säule seiner Lehre, das Konzept der Potenzierung.

Wo ist der Wirkstoff geblieben?

Bei einer Verdünnung im Verhältnis 1:9 sprechen Homöopathen von so genannten D-Potenzen, beim Verhältnis 1:99 von C-Potenzen und bei 1:50 000 von Q-Potenzen. Steht auf einem Medikamentenfläschchen z. B. die Bezeichnung C200, so wurde die Wirksubstanz 200-mal im Verhältnis 1:99 mit Wasser und Alkohol vermischt. Unerlässlich ist dabei, die Lösungen während dieses Prozesses in vorgeschriebener

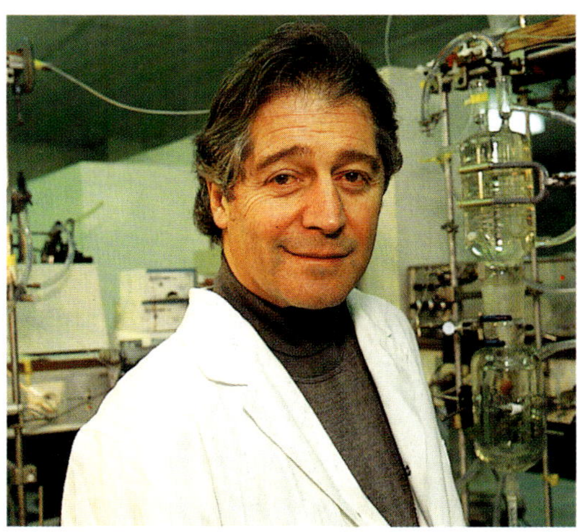

Der Forscher Jacques Benveniste hat Studien durchgeführt, die den wissenschaftlichen Beweis für die Wirksamkeit der Homöopathie liefern sollen.

Weise zu schütteln. Nach Ansicht von Hahnemann wirken derart hergestellte Arzneien umso besser, je höher man sie verdünnt hat – deshalb nannte er den Vorgang selbst potenzieren.

Da aber solch hoch verdünnte Präparate nicht einmal mehr Spuren der Ausgangssubstanz enthalten, ist jede Wirkung nach dem Verständnis moderner Naturwissenschaften von vornherein ausgeschlossen. Dies führt zu jener Erklärung seitens der Homöopathen, die sich Imprinttheorie oder „Erinnerung des Wassers" nennt und in den letzten Jahren in Forscherkreisen für heftige Diskussionen gesorgt hat. 1988 wurde eine von Jacques Benveniste, dem damaligen Forschungsleiter am französischen Institut für Gesundheit und Medizinische Forschung (INSERM), durchgeführte Studie veröffentlicht. Diese sollte demonstrieren, dass dem Wasser – über die verschiedenen Stufen des Verdünnens und Schüttelns hinweg – ein immer deutlicherer Stempel des Wirkstoffs aufgeprägt wird. Das Wasser würde sich gewissermaßen dessen spezifische Information merken, selbst wenn es kein einziges seiner Moleküle mehr enthält.

Zwei Hypothesen sind möglich: Die Gegner der Homöopathie sind der Überzeugung, dass die kleinen Milchzuckerkugeln oder Globuli, die mit den verdünnten Lösungen der Substanzen getränkt werden, keine nennenswerten Wirkstoffe mehr enthalten dürften und dass ab der maximalen Verdünnung alle homöopathischen Mittel identisch seien; die Wirksamkeit des Produkts würde somit allein auf dem Placebo-Effekt beruhen. Nach der zweiten Hypothese sind die modernen Analyseverfahren nicht fein genug, um den Unterschied zwischen dem so genannten dynamisierten Wasser, das von den Molekülen des Heilmittels geprägt wird, und dem Ursprungswasser aufzudecken. Um ihre These zu untermauern, verweisen die Schüler Hahnemanns auf verschiedene Forschungsergebnisse aus dem Labor, die angeblich Hinweise auf elektromagnetische oder physikalisch-chemische Veränderungen liefern.

Der Placebo-Effekt

Aber nicht nur die Frage, wie die Homöopathie funktioniert, entzweit die Forscher und Mediziner. Auch die von den Anhängern immer wieder angeführten Heilerfolge sind umstritten. Um zu erfassen, ob ein Medikament spezifisch wirkt, akzeptiert die Wissenschaft bislang nur eine einzige Methode, die so genannten Doppelblindversuche. Bei diesem klinischen Test sollen alle menschlichen Einflüsse ausgeschaltet werden. Dazu teilt man

Versuchspersonen per Zufallsprinzip in zwei Gruppen ein. Weder der Arzt noch die Patienten wissen, welche der beiden Gruppen den zu testenden Wirkstoff bzw. das Scheinmedikament oder Placebo erhält. Das Eigenartige und Rätselhafte an den Ergebnissen der Doppelblindstudien ist nun, dass bis zu 40% der Placebo-Patienten eine Heilwirkung aufweisen, die auf psychische Ursachen zurückgeführt und als Placebo-Effekt bezeichnet wird.

Auf die Homöopathie lässt sich dieses Testverfahren jedoch nicht so leicht anwenden. Denn im Gegensatz zur Schulmedizin werden homöopathische Arzneimittel nicht gegen eine genau definierte Krankheit verabreicht, sondern sie sind vielmehr auf die individuelle Lebenskraft des Menschen ausgerichtet, die wieder ins Gleichgewicht kommen muss. Ihre Störung hat gewissermaßen die körpereigenen Abwehrkräfte geschwächt und dadurch Krankheitskeimen einen Zutritt zum Organismus verschafft. Jedem Patienten wird demzufolge sein ganz persönliches Medikament auf den Leib geschneidert. Bei den klinischen Arzneimittelprüfungen hingegen beabsichtigt man, die Wirkung eines einzelnen Präparats auf möglichst viele Personen zu messen – die Homöopathen stecken also in einem Dilemma.

Trotz dieser Schwierigkeit wurde inzwischen in mehr als 100 Studien die Wirksamkeit homöopathischer Arzneien getestet. Doch aufgrund der äußerst widersprüchlichen Ergebnisse hat eine niederländische Forschergruppe sämtliche Arbeiten auf ihre Methodik hin untersucht und nur 23 Studien als aussagekräftig ausgewiesen. Bei 15 davon waren die homöopathischen Mittel den Placebos deutlich überlegen – ein Resultat, das die Wissenschaftler selbst überraschte. Allerdings sollten sich derartige Ergebnisse wiederholen lassen, was bisher noch von keinem unabhängigen Expertenteam in die Tat umgesetzt wurde.

Vorsicht: Nicht berühren!

Bei homöopathischen Medikamenten ist jeder Kontakt zu vermeiden, durch den sie verfälscht werden könnten. Die Globuli sind daher direkt unter die Zunge zu legen, die ein stark durchblutetes Organ darstellt. Der so platzierte Wirkstoff gelangt rascher ins Blut.

Globuli sind die verbreitetste Darreichungsform homöopathischer Arzneimittel. In dem Verschlussstopfen erkennt man drei kleine Löcher: Sie ermöglichen eine bequeme Dosierung ohne Berührung der Kügelchen.

Können sich Stoffe erinnern?

Am 30. Juni 1988 berichtete die Tageszeitung Le Monde über „Die Erinnerung der Materie". Dem Artikel vorausgegangen war eine Veröffentlichung in dem Wissenschaftsmagazin Nature mit dem Thema, wie sich starke Verdünnungen eines Antikörpers auf menschliche Blutzellen auswirken. Leiter der Studie war der Forscher Jacques Benveniste.

Normalerweise ist bei einer Publikation in Nature davon auszugehen, dass die Redaktion die Qualität der betreffenden Arbeit würdigt. In diesem Fall aber zog der Chefredakteur der Zeitschrift persönlich in einer der darauf folgenden Ausgaben den Wert der Ergebnisse in Zweifel. Im Juli 1989 wurde die Studie erneut durchgeführt, doch es gelang nicht, die Resultate zu wiederholen.

Körper, Geist und Seele

Die klinischen Studien der vergangenen Jahre zeigen, dass die Homöopathie vor allem bei der Behandlung bestimmter Krankheitsbilder erfolgreich ist. Dazu gehören etwa Migräne, Schuppenflechte, allergischer Schnupfen und verschiedene Rheumaformen. Auffallend ist, dass hier in vielen Fällen nicht körperliche, sondern psychische Störungen als Auslöser infrage kommen.

Mediziner warnen allerdings davor, bei schweren Krankheiten wie Diabetes, Krebs oder gefährlichen Infektionskrankheiten die Homöopathie als ausschließliche Therapie einzusetzen. Es bestehe dann nämlich die Gefahr, dass präzise Diagnosen und wirksame Heilverfahren so lange verschleppt werden, bis es möglicherweise für den Betroffenen zu spät ist. Ob nun aber die heilende Wirkung homöopathischer Arzneimittel auf einem bloßen Placebo-Effekt beruht oder nicht, ist letztlich für die Gesundung des Menschen unerheblich.

Wie viel Wirkstoff ist enthalten?

Die Avogadro-Konstante N mit einem Wert von 6,0221 x 10^{23} gibt die Anzahl der Elementareinheiten an, die in einem Mol eines Stoffes enthalten sind (ein Mol ist die Zahl der Moleküle in 12,011 g Kohlenstoff). Würde die Ausgangskonzentration des Wirkstoffes in der Mutterlösung eines homöopathischen Mittels bekannt sein, ließe sich rein rechnerisch bestimmen, ab welcher Verdünnung er nicht mehr vorhanden wäre.

DIE SCHMERZSTILLENDE WIRKUNG DER AKUPUNKTUR

Es gibt verschiedene Heilverfahren, die sich erheblich in ihrer Sicht- und Behandlungsweise des Schmerzes unterscheiden. Die in China seit Jahrtausenden gebräuchliche Akupunktur kann beachtliche Ergebnisse vorweisen. Obgleich ihre Wirkungen außer Frage stehen, sind sie mitunter schwer erklärbar.

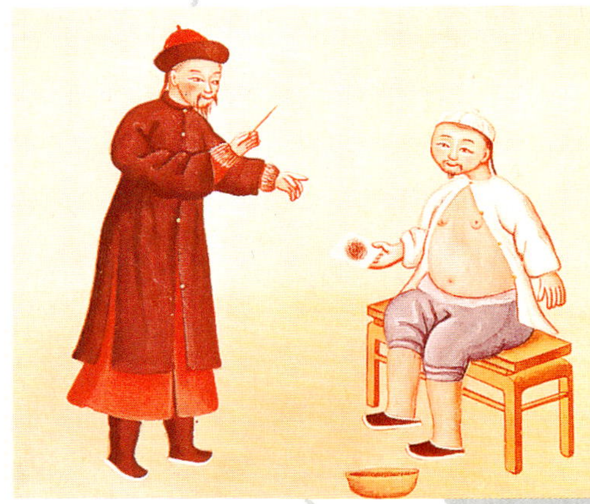

Lange Zeit schien bei der Schmerzbehandlung die lokale Ausschaltung des Schmerzes der beste Weg zu sein, ein Leiden zu kurieren. Im Mittelmeerraum wurden deshalb zu allen Zeiten Ausbrennungen vorgenommen.

Die Akupunktur, bei der in die Haut des Patienten ganz feine, sterile Gold-, Silber- oder Edelstahlnadeln gesteckt werden, funktioniert auf den ersten Blick nach demselben Prinzip. Bei näherer Betrachtung stellt sich jedoch heraus, dass sie im Unterschied zu anderen Methoden zur Behandlung von Schmerzen oder Leiden auf entfernt gelegene Punkte abzielt.

Ein ganz spezielles Heilverfahren

Die bereits im 16. Jh. nach Europa eingeführte Akupunktur wurde 100 Jahre später erstmals von französischen Autoren beschrieben. Ihren Namen, der sich vom lateinischen *acus,* Nadel, und *punctum,* Stich, ableitet, hat der niederländische Arzt Willem ten Rhyne geprägt. Dieser lernte die Heilmethode im 17. Jh. während eines zweijährigen Aufenthalts in Japan kennen. In China wird die Akupunktur schon seit rund 3500 Jahren praktiziert. Das erste medizinische Lehrbuch, in dem sie genannt wird, stammt aus der Zeit um 400 v. Chr.

Aufgrund ihrer Zugehörigkeit zur chinesischen Kultur, die sich von der westlichen Denkweise stark unterscheidet, stieß die Heilmethode in Europa über einen langen Zeitraum auf Ablehnung und Unverständnis, bis sie schließlich im 20. Jh. Anerkennung fand.

Die traditionelle chinesische Heilkunst stützt sich auf eine Reihe von Vorstellungen, die nicht nur im Zusammenhang mit der Medizin stehen, sondern das gesamte Leben dieser mächtigen Kultur bis hin zu ihrer gesellschaftlichen Struktur mit einfließen lassen. Der Körper wird dabei als Teil der Natur betrachtet, in dem normalerweise ein Gleichgewicht zwischen den beiden gegensätzlichen, sich aber ergänzenden Kräften Yin und Yang besteht. Erstere repräsentiert die weibliche Kraft, die zweite die männliche. Yin ist passiv und ruhig: Sie steht für Dunkelheit, Kälte, Feuchtigkeit und Schwellung. Yang dagegen gilt als aggressiv und anregend: Sie bedeutet Licht, Wärme, Trockenheit und Schrumpfung.

Entsteht ein Ungleichgewicht zwischen den beiden Kräften, so kann dies zu Krankheiten und Beschwerden führen. Zu viel an Yin bewirkt z. B. dumpfe Schmerzen, Frösteln, Wasseransammlungen im Gewebe, Ausfluss und Müdigkeit. Wird die Kraft Yang übermächtig, kommt es etwa zu plötzlichen Schmerzen, Entzündungen, Krämpfen, Kopfweh und erhöhtem Blutdruck. Bei der Akupunktur zielen Diagnose und Therapie darauf ab, das Ungleichgewicht zu erkennen und anschließend zu beheben.

Punkte und Meridiane

Der Akupunkteur setzt seine Nadeln auf ganz bestimmte

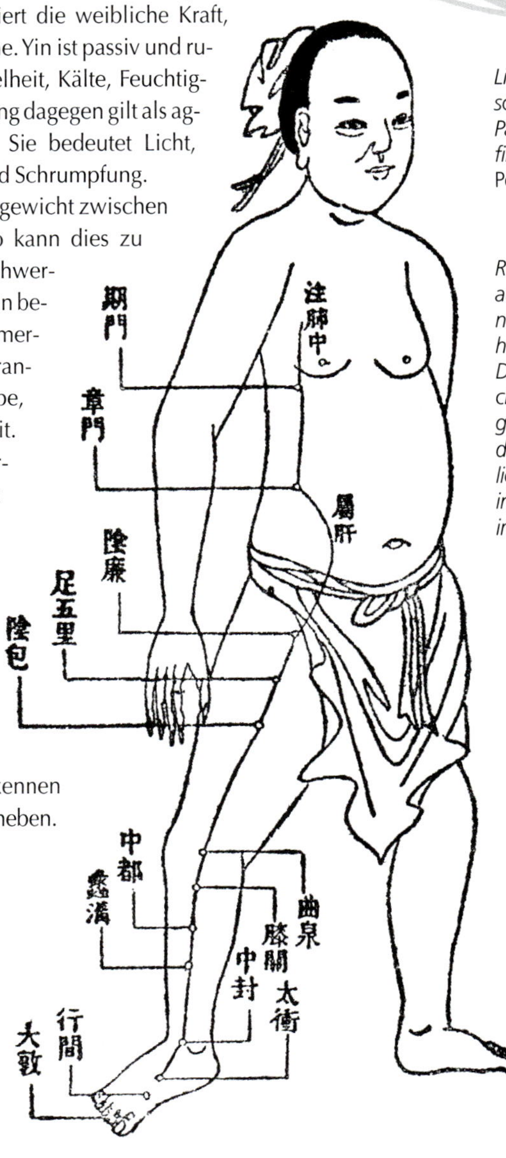

Links oben: ein chinesischer Arzt und sein Patient. Die Illustration findet sich im Cris de Pékin aus dem 18. Jh.

Rechts oben: Das Taiji, auch höchstes Prinzip genannt, verkörpert die Einheit von Yin und Yang. Diese stellen in der chinesischen Medizin ein gegensätzliches Kräftepaar dar, weiblich und männlich, das sich ergänzt und in einem gesunden Körper im Gleichgewicht steht.

Die 14 Punkte des Lebermeridians: Er beginnt seitlich hinter dem inneren Nagelbettrand der großen Zehe, läuft am Bein nach oben, dann über die Bauchdecke und endet unterhalb der Brustwarze zwischen der sechsten und siebten Rippe.

Punkte in der Haut des Patienten. Diese liegen auf den so genannten Meridianen, also unsichtbaren Energieströmen, die den Körper wie ein Netz überziehen und in denen die Kräfte Yin und Yang fließen. Die Einstichstelle und die Handhabung der Nadeln wirken auf den Energiefluss in den Meridianen.

Jeder von ihnen hat eine vorrangige funktionale Beziehung zu einer bestimmten Körperregion: einem massiven oder hohlen Organ, z. B. Leber, Gallenblase, Herz oder Dünndarm, einem Sinnesorgan wie Zunge, Augen und Mund oder einem Gewebe, etwa der Haut bzw. einem Muskel. Außerdem stehen die Meridiane untereinander in Verbindung. Daher besteht die Möglichkeit, solange man die Regeln genau einhält, einen Punkt anstelle eines anderen zu benutzen.

Bis heute ist es allerdings durch keine experimentelle Nachbildung gelungen – weder strukturell noch funktional –, einen Beweis für dieses Netz zu finden. Mit anderen Worten: Die Lage der Meridiane zueinander ist nicht deckungsgleich mit der funktionellen Anatomie des Menschen. Dafür kann der Aufbau des zentralen Nervensystems teilweise die bevorzugten Leitungsbahnen erklären, die eine Reihe von Hautpunkten mit inneren Organen oder anderen Körperregionen bzw. sensorischen Zonen verbinden.

Nadelstiche zur Linderung

n den westlichen Industrieländern setzt man die Akupunktur vor allem ein, um schmerzhafte Leiden wie Arthritis, Rückenbeschwerden oder Rheuma zu behandeln. Dabei mag es einem auf den ersten Blick sehr merkwürdig erscheinen, dass durch die simple Tatsache, den Körper eines Kranken mit Nadeln zu spicken, eine heilsame Wirkung auf dessen Schmerzen herbeigeführt werden soll. Aber genau das ist der Fall.

In der Medizin gibt es unterschiedliche Ansätze, mit dem Phänomen Schmerz umzugehen. Bei der Antalgie versucht man, einen bestehenden Schmerz zu bekämpfen, die Analgesie wird angewendet, um das Auftreten eines Schmerzes zu verhindern, und mithilfe der Anästhesie will man jede, auch über den Schmerz hinausgehende Empfindung unterdrücken. Die analgetische Wirkung der Akupunktur ist zwar nicht so stark, aber doch wirksam genug, um bei bestimmten, kleinen operativen Eingriffen die Gabe von Narkosemitteln verringern zu können. Hierfür eignen sich aber nur körperlich wie seelisch relativ stabile Personen; sofern sie – es dreht sich dabei um Ausnahmefälle – keine Anästhetika im eigentlichen Sinn bekommen, spritzt man den Patienten kurz vor dem Eingriff oft ergänzende Substanzen, die möglichen unerwünschten Nebenwirkungen vorbeugen sollen. Was die Analgesie betrifft, so wirkt die Akupunktur eher im Sinn einer Hypoanalgesie, d. h., es findet eine Anhebung der Schmerzschwelle statt, wodurch Schmerzverträglichkeit erreicht wird.

Akupunktur und Nervensystem

Mit unserem heutigen Wissen sind diese beachtlichen Wirkungen nur schwer umfassend zu erklären. Die Wahl der Therapiepunkte geht auf ein überliefertes Regelwerk zurück. Man weiß, dass bestimmte Punkte allgemeine Wirkungen hervorrufen und dass ihre Reizung – gleich, ob von Hand oder elektrisch durchgeführt – die Ausschüttung chemischer Substanzen, wie etwa Endorphine und Serotonine, stimuliert, die sich auf das Schmerzempfinden auswirken. Andere wiederum haben einen rein nervösen Effekt: Sie stören die Weiterleitung über Nervenbahnen, noch bevor der Schmerz ins Bewusstsein gelangt. Außerdem hat man festgestellt, dass bestimmte Punkte auf ganz konkrete Zonen wirken und dass die Reizung einer Punktegruppierung eine diffuse schmerzhemmende Wirkung hat, die helfen kann, den Schmerz zu kontrollieren.

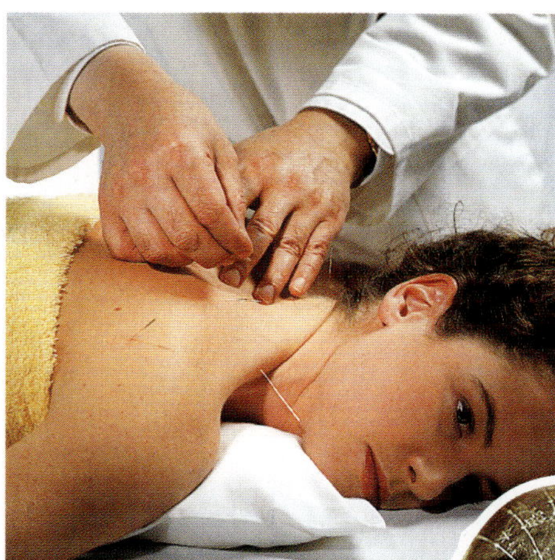

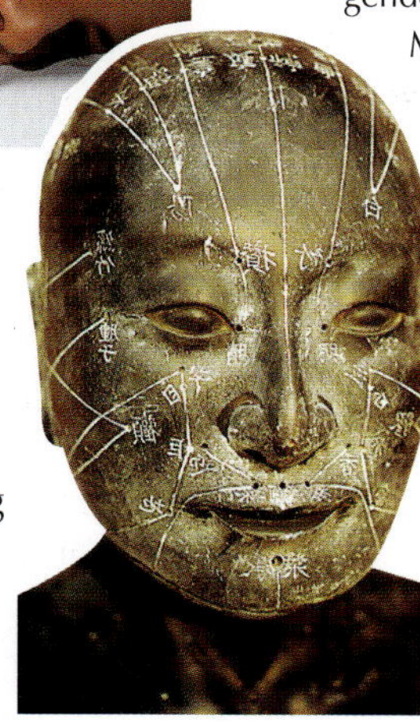

Oben: Die Akupunktur ist heute bei uns eine akzeptierte Heilmethode.

Rechts: Detail eines Bronzemannes. Das Akupunktur-Figürchen stammt aus Korea (15. Jh.).

Heute glaubt man, dass die Akupunktur je nach den gewählten Punkten, der nervösen Organisation und in Abhängigkeit vom Netz der Meridiane auf verschiedenen Ebenen des Nervensystems ansetzt. Im Rückenmark liegt die erste Kontrollinstanz für Schmerzsignale; auf der Stufe der so genannten *Formatio reticularis*, einer Schaltzentrale im Gehirn, wird die Weiterleitung der Schmerzmeldungen durch nervöse Mechanismen und über die Ausschüttung von chemischen Überträgerstoffen (Transmittern) gehemmt; im Thalamus oder Sehhügel, einem Bereich des Zwischenhirns, findet sich ein zugleich nervöser und neurochemischer Mechanismus wieder und in der Großhirnrinde wird die Wirkung des Schmerzes schließlich bewusst.

Da Schmerz selten auf nur einem, sondern meist einer Vielzahl von Faktoren beruht, müssen all diese Funktionsebenen und Größen berücksichtigt werden. Je nach Art des Schmerzes wird man bei bestimmten Kranken angstlösende Punkte bevorzugen, bei anderen solche mit örtlicher oder regionaler Wirkung. In bestimmten Fällen zielt der Akupunkteur sogar auf entfernt gelegene Punkte, z. B. bei Patienten, die unter Phantomschmerzen in ihren amputierten Gliedmaßen leiden.

Das Wissen und seine Grenzen

Zwar steht die schmerzstillende bzw. -vorbeugende Wirkung der Akupunktur bei Mensch und Tier außer Frage; dennoch erfordert ihre praktische Umsetzung eine vollständige Analyse des bestehenden oder zu erwartenden Schmerzes, gründliche Kenntnisse über das Nervensystem sowie eine gute Beherrschung der traditionellen Regeln, um die Therapiepunkte korrekt auszuwählen.

Die Akupunktur hat mehr als 200 Jahre lang eine heimliche Randexistenz geführt. Heute ist sie in unseren Ländern trotz ihrer anderen Sichtweise von den Regelkreisläufen im menschlichen Körper eine akzeptierte Heilmethode. Im Übrigen versprechen weitere Forschungsergebnisse im Bereich der Neurophysiologie, den derzeitigen Mangel an Verständnis über ihre Funktionsweise zu verringern.

DIE MIGRÄNE: HARTNÄCKIG UND VERKANNT

Welche Ursachen liegen der Migräne zugrunde, eine Erkrankung, die regelmäßig Millionen Menschen in Deutschland befällt und häufig schwer zu behandeln ist? Handelt es sich hier um ein gefäßbedingtes, biochemisches oder neurologisches Phänomen?

Migräne zeigt sich in vielen Fällen als ein fürchterlicher Kopfschmerz, der von verschiedenen Symptomen begleitet ist und gegen den mit Medikamenten offenbar schwer vorgegangen werden kann. Schon im 4. Jh. v. Chr. hat Hippokrates diese Krankheitsform beschrieben, trotzdem kennt man immer noch nicht die genaue Ursache. In Deutschland leiden rund 11 % der Bevölkerung unter schweren Migräneattacken und in Frankreich sind Migränepatienten bei den allgemeinen Arztbesuchen mit einem Anteil von etwa 7 % vertreten. Sie stellen dort durch hohe Behandlungsaufwendungen ein echtes Problem der Volksgesundheit dar.

Das Volksleiden Migräne inspirierte auch den großen französischen Karikaturisten Honoré Daumier (1808–79).

Mit oder ohne Aura

In 90 % der Fälle tritt die Migräne bereits frühzeitig auf, insbesondere in der Altersspanne zwischen der Pubertät und 30 Jahren; Frauen sind nahezu doppelt so häufig davon betroffen wie Männer. Hat man erst die 60 überschritten, wird sie zur Ausnahmeerscheinung. Es existieren zwar Berichte über familiäre Formen, dennoch gibt es keinen endgültigen Beweis für ein mögliches Erbmerkmal. Nicht jeder Kopfschmerz ist jedoch eine Migräne und erst 1988 einigten sich die Spezialisten der *International Headache Society* (engl.: Internationale Gesellschaft für Kopfschmerzen), kurz IHS, auf eine allgemein anerkannte Klassifizierung der Erkrankung.

Man unterscheidet heute zwei Haupttypen der Migräne. Die verbreitetste Form oder gewöhnliche Migräne tritt ganz unvermittelt auf. Bei ihr spürt man ein schmerzhaftes Pochen, dessen Frequenz an Herzschläge erinnert. Zu Beginn ist sie meist auf eine Kopfhälfte begrenzt, kann sich dann aber über die gesamte Kopfregion ausdehnen.

Die zweite Form ist weitaus seltener. Ihr gehen mehrere Stunden verräterische Anzeichen wie Übellaunigkeit, Gereiztheit, Mattigkeit, Schlafsucht, Niedergeschlagenheit oder, im Gegenteil, eine Art Hochstimmung voraus. Die Betroffenen können zudem unter Sehstörungen leiden; es flimmert vor den Augen, man sieht helle Flecken oder Zickzacklinien. Diese Vorstufe, die den Beginn der Krise markiert, wird als Aura bezeichnet. Sie verblasst mit dem Einsetzen der Kopfschmerzen.

Unabhängig von der Art der Migräne können weitere begleitende Symptome auftreten. Dazu gehören beispielsweise Verdauungsstörungen, aber auch ein ausgeprägtes körperliches Schwächegefühl, Geräusch- und Lichtempfindlichkeit, Konzentrationsprobleme und eine Gesichtsblässe. Trotz dieser vielseitigen Beschwerden gilt die Migräne als eine relativ harmlose Krankheit, eher von quälendem Charakter – durch Heftigkeit und Frequenz der Anfälle bedingt – als wirklich schwer wiegend. Dennoch: Um eine sichere Diagnose zu gewährleisten, ist ein Mindestmaß an Untersuchungen notwendig. Dadurch kann der Arzt auch mögliche andere Gründe für die Attacken ausschließen.

Wie ein Blitz aus heiterem Himmel

Trotz mannigfaltiger Arbeiten auf den Gebieten der Neurologie, Gefäßkunde und Biochemie konnte die Ursache der Migräne bislang nicht gefunden werden. Ein großes Hindernis für die Forschung stellt der subjektive Charakter der Anfälle dar, der die Auswertung von Tierversuchen erschwert. Deshalb haben sich die Forscher vor allem Faktoren zugewandt, welche die Migräneattacken auslösen können. Dazu gehören z. B. Alkohol, Stress, bestimmte Nahrungsmittel – wie etwa Schokolade und Eier – Müdigkeit, manchmal auch Hitze, Kälte oder Wind. Bei 50 % der Frauen sind die Anfälle

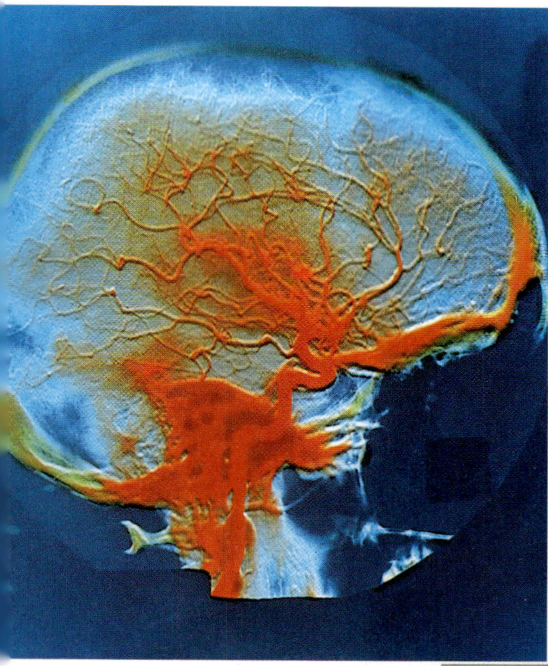

Diese Darstellung der Arterien des Gehirns (Arteriographie) zeigt eine starke Gefäßerweiterung der kleinen Arterien während des Migräneanfalls.

Typische Haltung einer Kranken, die unter Migräne leidet und durch sanfte Druckmassage den Schmerz zu lindern sucht

während der Regelblutung häufiger, bei 10 % hingegen ist der Eisprung eine Phase, in der die Erkrankung mit erhöhter Wahrscheinlichkeit auftritt.

Wie kommt es zu einem Migräneanfall? Vermutlich besitzt jeder Mensch, je nach den auslösenden Faktoren und der eigenen Bereitschaft, eine mehr oder weniger hohe „Widerstandsschwelle" gegen diese Form des Kopfschmerzes. Ein Absinken des Niveaus hätte dann zur Folge, dass die Krise öfter aufträte, während eine vorbeugende Behandlung, die für eine Anhebung der Schwelle sorgt, die Häufigkeit der Anfälle verringern könnte. Somit würde man die Migräne als eine krankhafte Reaktion auf bestimmte Reize ansehen, wobei das Gehirn, das zur Migräne neigt, Anomalien hinsichtlich der Schmerzauslösung und Gefäßspannung aufwiese.

Kleiner Exkurs zur Gefäßkunde

Aus klinischen Beobachtungen ergeben sich drei eng miteinander verbundene Hypothesen über den Ursprung der Migräne.

Die erste betrifft die Gefäße. Bestätigung findet sie seit kurzem durch moderne Messverfahren des Blutflusses an Gehirnadern. Die bislang unbewiesene Annahme erklärt die pulsierende Natur der Migränekopfschmerzen: Nach einer im Hinterkopf einsetzenden Phase der Gefäßverengung kommt es zu einer Gefäßerweiterung, die sich mit einer Geschwindigkeit von rund 2 mm/Minute über den ganzen Kopf ausdehnt. Sie wird von Stoffwechselstörungen begleitet, deren Vordringen der Ausbreitung der Kopfschmerzen entspricht. Nach den Arbeiten Pramod Saxenas, eines Pharmakologen an der Erasmus-Universität in Rotterdam, tritt der Migränekopfschmerz offenbar bei schlagartiger Öffnung der Anastomosen – darunter versteht man Verbindungen zwischen Arterien und Venen – auf, wobei arterielles Blut in die Venen gelangt. Tierversuche zeigen, dass die Migränemittel, indem sie diese Anastomosen wieder verschließen, das Fortschreiten der Schmerzleitung teilweise blockieren.

Die Rolle des Serotonins

Die zweite, biochemische Hypothese hat man vor etwa 20 Jahren aufgestellt, als das Serotonin entdeckt wurde und es dadurch zur Entwicklung einer neuen, das Blutgefäßsystem betreffenden Theorie kam. Serotonin ist eine chemische Überträgersubstanz, auch Transmitter genannt, des zentralen Nervensystems. Es spielt eine wichtige Rolle bei der Schmerzempfindung und wirkt unter anderem auf die Blutgefäße, die zum Gehirn führen. Vermutlich wird Serotonin in der Phase der arteriellen Gefäßerweiterung freigesetzt, was dann die Kopfschmerzen mit verursacht.

Diese Theorie, die bestimmte weiße Blutzellen (Granulozyten), die Blutplättchen (Blutzellen, die Serotonin transportieren) sowie die Serotonin produzierenden Nervenfasern verantwortlich macht, hat zur Entwicklung zahlreicher, zum Teil hochwirksamer Migränepräparate geführt: Sie blockieren Serotonin-Rezeptoren, also Empfängerzellen, um zu vermeiden, dass sich die Blutgefäße, die das Gehirn versorgen, erweitern.

Der Schmerz breitet sich aus

Die dritte, so genannte neurovaskuläre Hypothese stützt sich auf die Tatsache, dass der Attacke, einem in erster Linie gefäßbedingten Phänomen, eine ganze Reihe Symptome vorausgehen, die auf eine nervlich bedingte Fehlfunktion schließen lassen.

Danach dürfte der Schmerz durch eine Erregungserscheinung bestimmter Nervenzellen hervorgerufen werden, die sich vom Hinterkopf nach vorn ausbreitet und mit einer Erweiterung der Blutgefäße einhergeht. Nun sind aber diese Adern von einem Netz aus Nervenfasern umgeben, die eine Fülle von Neurotransmittern, zu denen auch Serotonin gehört, ausschütten. Es wäre also denkbar, dass deren Nervenendigungen im Ablauf der Attacke aktiviert und gereizt werden.

Außerdem wurde erst kürzlich mit dem Drillingsnerv oder Trigeminus, der als wichtigster Kopfnerv gilt, ein weiterer Verdächtiger ausgemacht. Ebenfalls mit den Blutgefäßen verbunden, spielt er sowohl bei der Größenveränderung der Adern als auch bei der Weiterleitung von Schmerzempfindungen ans Gehirn eine Rolle. Die linke und die rechte Kopfseite werden durch je einen seiner Nervenstränge getrennt versorgt, was die Einseitigkeit der Migräneanfälle erklären könnte, da Schmerzempfindungen oftmals in nur einer Kopfhälfte verursacht werden.

Wann leidet man unter Migräne?

Dies sind die geltenden Kriterien zur Diagnose der gewöhnlichen Migräne:
a.) mindestens fünf Anfälle, die den nachfolgenden Kriterien entsprechen;
b.) Kopfschmerzattacken von ungefähr vier bis 72 Stunden Dauer;
c.) Kopfschmerzen, die mindestens zwei der folgenden Merkmale aufweisen: Einseitigkeit, hämmerndes Pochen, Schmerzniveau gemäßigt bis stark, Verschlimmerung durch körperliche Routinetätigkeiten wie Treppensteigen;
d.) mindestens eines der Begleitsymptome: Übelkeit und/oder Erbrechen, Licht- bzw. Geräuschempfindlichkeit.

Die Fruchtbarkeit auf dem Prüfstand

Muss man um die Zukunft der menschlichen Rasse bangen? Untersuchungen von Wissenschaftlern ergaben, dass in den vergangenen 50 Jahren die Spermienproduktion der Männer in den westlichen Industrieländern merklich abgenommen hat. Welche Rolle Stress oder Umweltgifte dabei spielen, darüber wird in Forscherkreisen noch heftig diskutiert.

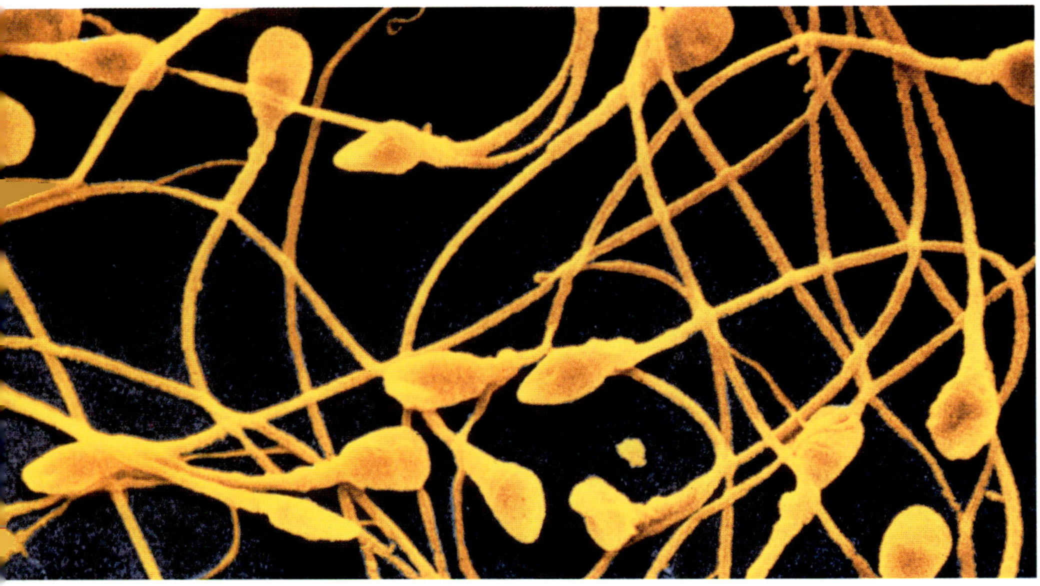

Im Jahr 1992 gab der dänische Wissenschaftler Niels E. Skakkebaek von der Kopenhagener Universitätsklinik Untersuchungsergebnisse bekannt, die er und seine Mitarbeiter in den vergangenen 50 Jahren bei der Auswertung von 61 Studien aus 20 Ländern ermittelt hatten. Danach ist die Zahl der Spermien um fast die Hälfte (von 113 auf 66 Mio. pro Milliliter Samenflüssigkeit) gesunken und die durchschnittliche Ejakulationsmenge eines Mannes hat sich von 3,4 auf 2,7 ml verringert. Einen ähnlichen Befund lieferte eine Studie französischer Forscher, die auf Samenspenden basiert, die in Frankreich zwischen 1972 und 1993 abgegeben wurden. Auch hier ist die Konzentration an Spermien ständig zurückgegangen, und zwar um rund 2 % im Jahr.

Um 30–50 % soll die Anzahl der Spermien in den vergangenen 20–50 Jahren gesunken sein. Zu diesem Ergebnis kamen Wissenschaftler der westlichen Industrieländer bei der Auswertung von Langzeitstudien.

Zahlenmäßige Stärke

Glaubt man den Biologen, droht uns ein ernsthaftes volksgesundheitliches Problem, falls sich der Trend in den nächsten Jahren weiter verschärft. Während nämlich Frauen in aller Regel eine Eizelle im Monat hervorbringen, produzieren ihre Partner ununterbrochen Samenzellen. Deren große Zahl sorgt für eine hohe Befruchtungswahrscheinlichkeit, denn die meisten Spermien erreichen nach dem Geschlechtsverkehr die weibliche Eizelle nicht und gehen verloren.

Bei weniger als 20 Mio. Samenzellen pro Milliliter sind die Chancen eines Mannes auf Vaterfreuden bereits geschmälert. Sicherlich ist man in den westlichen Industrieländern noch weit von diesem Wert entfernt; hier stagniert die Sterilitätsrate bei Männern derzeit bei 8–11 % der Bevölkerung. Die Zahlen zeigen jedoch einen alarmierenden Verlauf, sodass sich die Wissenschaft genötigt sieht, verstärkt nach den Ursachen zu forschen.

Wird die Erde weiblich?

Bei der Frage nach dem Rückgang der Spermienzahl werden mehrere Spuren verfolgt. Manche Forscher glauben, dass sich der Stress der modernen Arbeitswelt überaus hemmend auf die Produktion von Samenzellen auswirkt. Doch als Hauptverdächtige gelten die so genannten Umweltgifte. So hat man unter anderem herausgefunden, dass die auf den Bananenplantagen oder Baumwollfeldern Mittelamerikas versprühten Pestizide die Fruchtbarkeit jener Landarbeiter, die ihnen ausgesetzt waren, stark beeinträchtigt haben. Weitere Studien jüngeren Datums enthüllten dasselbe Phänomen bei den wild lebenden Säugetieren der Großen Seen im Norden der Vereinigten Staaten, die durch Abwässer stark verschmutzt sind, sowie bei den Alligatoren Floridas. Dort gelangten 1981 große Mengen des DDT-haltigen Insektizids Dicofol in das Wasser des Apopkasees.

In allen Fällen zeigten die chemischen Produkte hormonähnliche Wirkungen, die denen der Östrogene, der weiblichen Geschlechtshormone, vergleichbar sind. Bis heute wurden über 50 dieser Substanzen gefunden, die vor allem bei der industriellen Herstellung von Chemikalien entstehen und als Zusatz- oder Hilfsstoffe – auch Weichmacher genannt – in vielen Kunststoffen, Waschmitteln usw. enthalten sind. Ob der ständige Kontakt mit den Pseudo-Östrogenen zu einer Minderung der Spermaproduktion bei Männern führt, wird derzeit untersucht.

Die chemische Verseuchung durch das Insektenschutzmittel Dicofol hat zu einer gestörten Fortpflanzung bei den Alligatoren im Apopkasee Floridas geführt. Stellen Umweltgifte auch eine Gefahr für die Fruchtbarkeit des Menschen dar?

SCHALL OHNE GRENZEN

Harmonische Klänge, Misstöne, Schreie oder Geflüster – die Lauteindrücke, die unser Gehör wahrnimmt, sind vielfältig. Doch daneben gibt es auch jene Schallwellen, die für das menschliche Ohr nicht hörbar sind und dennoch unseren Organismus stark beeinflussen.

Ob eine Boeing in geringem Abstand von uns startet oder Musik über einen voll aufgedrehten Walkman gehört wird – nicht der Ursprung, den Schallwellen haben, sondern der Druck, den sie erzeugen, ist für ihre gesundheitsschädigende Wirkung entscheidend. Diese tritt ein, wenn die Lautstärke einen Pegel von mehr als 120 dB (Dezibel) überschreitet. Je länger die Beschallung anhält und je stärker sie ist, umso größer wird die Gefahr eines dauerhaften Hörverlustes. Liegt der Wert über 140 dB, droht die Trommelfellmembran einzureißen und die Haarsinneszellen im Innenohr verlieren ihre Funktion oder sterben ganz ab. Letzteres hat eine lebenslange Taubheit zur Folge, denn die Schädigung von Hörzellen ist irreparabel.

Darüber hinaus gibt es eine Lärmschwelle, bei deren Überschreitung der Mensch nicht nur sein Gehör, sondern sogar sein Leben verlieren kann. Schall drückt sich nämlich durch Schwingungen aus, die den Druck des Milieus, in dem er sich fortpflanzt, wie Luft, Wasser, Metall oder lebendes Gewebe, verändern. Ist die Schallwelle sehr stark, kann sie den gesamten Organismus in extreme Schwingungen versetzen. Dadurch werden die Blutgefäße mechanisch derartig stark belastet, dass sie einreißen und innere Blutungen auftreten. Der auf annähernd 200 dB geschätzte Schalldruck einer in wenigen Metern Entfernung abgefeuerten modernen Kanone würde beispielsweise genügen, um einen Menschen schwer zu verletzen oder sogar zu töten.

Lärmvolle Stille

In jungen Jahren nimmt das menschliche Ohr Schallwellen in einem Frequenzbereich wahr, der maximal zwischen etwa 20 und 20000 Hz (Hertz) liegt. Es vermag somit weder die ganz tiefen Frequenzen unter 20 Hz (Infraschall) noch die sehr hohen oberhalb 20 kHz (Ultraschall) aufzufangen. Was wir demnach als Stille empfinden, ist in Wirklichkeit von unhörbaren Schallschwingungen erfüllt. Katzen und Hunde hingegen können auch bestimmte Ultraschalltöne registrieren und die Elefanten unterhalten sich mittels Infraschall. Auch in der modernen Technik kommen zahlreiche Nieder- und Hochfrequenzinstrumente, wie z. B. Sonargeräte, zum Einsatz.

Haben nun diese Schallwellen, die der Kontrolle des menschlichen Hörsystems entgehen, eine Wirkung auf unseren Organismus? Die

Arbeiter an einem Presslufthammer sind täglich mehrere Stunden lang einem Schalldruck von über 100 dB ausgesetzt. Eine häufige Folge davon ist die völlige Taubheit.

Antwort lautet Ja. Als Beweis hierfür steht ihre Verwendung für sonographische Untersuchungen und andere medizinische Eingriffe. So macht man sich etwa Ultraschallwellen mit hoher Intensität und einer Frequenz von 0,5–5 MHz zunutze, um Nieren-, Harn- oder Blasensteine zu zertrümmern. Bei diesem Lithotripsie genannten Verfahren werden die Stoßwellen außerhalb des Körpers erzeugt und durch eine akustische Linse genau auf den fest sitzenden Stein fokussiert. Das umliegende Gewebe ist somit nicht gefährdet, auch dringt der Ultraschall ohne ein verwendetes Kontaktgel nicht in den Organismus ein.

Infraschallwellen hingegen passieren die Haut und versetzen die Organe, auf die sie treffen, in langsame Vibration. In der Folge können die Funktionen des Nervensystems gestört werden und Durchblutungsstörungen auftreten. Deshalb leiden manche Menschen unter Unwohlsein, Übelkeit und anderen Symptomen von Seekrankheit, wenn sie zu dicht bei großen, langsam laufenden Motoren, Turbinen oder gedrosselten Kompressoren stehen.

Beim Start eines Großraumflugzeugs wie der Concorde herrscht ein Ohren betäubender Lärmpegel von etwa 140 dB, der unsere Hörzellen zerstört.

HYPNOSE – EINE GLAUBENSFRAGE?

Bis zum heutigen Tag entzweit die Hypnose ihre Anhänger und Gegner. Und auch ihre jüngsten therapeutischen Erfolge etwa im Kampf gegen Schmerz und Nikotinsucht können den zwielichtigen Charakter, der ihr anhaftet, nicht beseitigen.

Zu den ältesten Verfahren psychischer Beeinflussung zählt die Hypnose. Die betreffende Person wird dabei in einen Zustand zwischen Wachen und Schlafen versetzt, den man als Trance bezeichnet. Sie reagiert nun unempfindlich auf die meisten Umweltreize, bleibt jedoch für die Verbindung mit dem Hypnotherapeuten aufnahmefähig.

Zur Hypnoseeinleitung wird häufig die jahrtausendealte Augenfixationsmethode verwendet, bei der Patienten unentwegt auf einen bestimmten Punkt oder Gegenstand, z.B. eine pendelnde Uhr, schauen. Eine solche Einengung der Aufmerksamkeit ist ein erster Schritt in die Trance, die durch monotone Wortreize mit einer gleichförmigen und abgesenkten Stimmlage des Therapeuten weiter vertieft wird. Bei nunmehr verändertem Bewusstsein erfolgen die therapeutischen Suggestionen, also Anweisungen, sich etwas Bestimmtes intensiv vorzustellen. Patienten, die unter Ängsten leiden, sollen sich etwa in einer Alltagsszene als mutig und stark erleben oder Asthmakranke werden aufgefordert, sich unbeschwerte Atemzüge auszumalen.

Der Schweizer Psychiater Auguste Forel unterschied bereits um die Jahrhundertwende drei Hypnosegrade: Der leichtesten Form, dem benommenen schläfrigen Zustand, folgt ein mittlerer Stärkegrad, bei dem man z.B. unfähig ist, Arme und Beine zu bewegen, und auf Schmerzreize unempfindlich reagiert. Das letzte und tiefste Stadium wird durch den so genannten Somnambulismus charakterisiert, eine Art des Schlafwandelns mit völliger Erinnerungslosigkeit. Obwohl jede Hypnoseform therapeutische Effekte liefert, bevorzugt der Behandelnde gewöhnlich den ersten und zweiten Trancezustand, da hier der Patient stärker mitarbeiten kann. Besondere Voraussetzungen für eine Hypnose sind wissenschaftlichen Studien zufolge nicht notwendig, doch sollte die betreffende Person ein gewisses Maß an Kooperationsbereitschaft zeigen.

Der Arzt Anton Mesmer gilt als Begründer des Magnetismus. In den Pariser Salons ließ er sich oft von schönen, jungen Menschen assistieren, den so genannten Berührungsdienern.

Historische Kontroversen

Die hypnotische Trance gilt seit langer Zeit als eine Art Entspannungszustand. Schon die Sumerer versetzten Kranke in Heilschlaf und auch in Schriftzeugnissen der alten Ägypter finden sich Hinweise auf Kulte, in denen Trance eine Rolle spielte. Christliche Mönche wandten dann im frühen Mittelalter Hypnosetechniken an, um krank machende Dämonen auszutreiben. Für den deutschen Arzt Anton Mesmer hingegen, der gegen Ende des 18. Jh. in Wien und Paris praktizierte, leitete sich die Heilkraft der Trance aus dem so genannten Biomagnetismus ab. Nach dieser Theorie ruht das Universum in einem zarten Fluidum, das alle Körper umhüllt und durchdringt. Jedes Individuum wirkt als ein Magnet, dessen Nordpol der Kopf ist und dessen Südpol die Füße bilden. Krankheiten resultieren aus einer schlechten Verteilung des Fluidums im menschlichen Körper und können somit durch sanfte Massage der Pole oder des Äquators in der Unterrippengegend behandelt werden.

Einen erneuten Impuls erfuhr die Hypnose im Jahr 1843, als der englische Arzt James Braid erstmals den Begriff prägte – nach Hypnos, dem griechischen Gott des Schlafes – und die Psychiater sowie Psychologen auf den Plan traten. Weniger von physikalischem Wissensdurst getrieben, interessierten sie sich mehr für die therapeutische Wirkung der Trancezustände als für deren Ursache.

In Frankreich brachte Jean Martin Charcot die Hypnose wieder zu Ehren. Der Psychiater aus La Salpêtrière entdeckte 1878 ihre Wirkungskraft und es gelang ihm mit ihrer Hilfe, unte

In Trance, aber dennoch hellwach

Die Hypnose – ein Begriff, der sich aus dem Griechischen herleitet und so viel wie Nervenschlaf bedeutet – hat wissenschaftlichen Untersuchungen zufolge nichts mit dem eigentlichen Schlaf gemein. Das Elektroenzephalogramm (EEG) einer in hypnotischer Trance befindlichen Person zeigt vielmehr ein Hirnwellenmuster, das sich vor allem durch Alphawellen auszeichnet und so dem wachen Zustand eines entspannten Menschen gleicht.

Hysterie leidende Personen zu heilen. Auch Sigmund Freud beschäftigte sich eine Zeit lang damit, nachdem er den öffentlichen Sitzungen in La Salpêtrière beigewohnt hatte. Doch wegen der zufälligen und nicht reproduzierbaren Natur ihrer Resultate gab er die Hypnosetechnik zugunsten der Psychoanalyse auf.

Danach folgten Jahrzehnte geringer Bedeutung, in denen man die Hypnose den so genannten Schaubühnenmagiern überließ. Schließlich begann in den 70er-Jahren mit den Veröffentli-

Oben: Bei öffentlichen Sitzungen im Kran-
kenhaus von La Salpêtrière 1873 und 1884
demonstrierte der französische Psychiater
J. M. Charcot, dass man mittels Hypnose
bestimmte Nervenleiden behandeln kann.

Rechts: Heute wird die Hypnose vor allem bei Patienten angewendet, die unter Stresssymptomen oder bestimmten Angstzuständen leiden.

chungen des amerikanischen Psychiaters Milton Erickson eine neue Ära. An die Stelle der klassischen, autoritären Behandlung trat eine neue Hypnoseform, die dem Therapeuten eine größtmögliche Zurückhaltung bei der Führung des Patienten auferlegte.

Eine Reise in die innere Welt

Schon beim Eintreten in den leichten Trancezustand lassen sich deutliche physiologische Veränderungen nachweisen: Die Atmung wird langsamer, Herzfrequenz und Blutdruck fallen ab, der Anteil an Stresshormonen sinkt, während die Zahl der für die Immunabwehr wichtigen Lymphozyten ansteigt. Die mithilfe eines Elektroenzephalogramms (EEG) ermittelten Hirnströme zeigen, dass der Hypnotisierte nicht schläft, sondern sich vielmehr in einem wachen, entspannten Zustand befindet. Allerdings ist ein Teil seines Bewusstseins nun auf die Bilderwelt im Innern gerichtet, während der andere weiterhin Vorkommnisse der Umgebung registriert.

Noch weitgehend unklar ist aber, welche Vorgänge im Körper durch die Konzentration auf das Unbewusste ausgelöst werden. Doch in den letzten 20 Jahren zusammengetragene wissenschaftliche Daten belegen, dass die Hypnotherapie bei bestimmten Problemstellungen heilende Wirkung zeigt.

In Skandinavien etwa, vor allem in Schweden, sind mittlerweile Zahnoperationen unter Hypnose an der Tagesordnung. Patienten, die an einer Zahnarztphobie leiden oder keine Betäubungsmittel vertragen, werden in Angst lösender Trance behandelt. Auch chirurgische Eingriffe wie Kaiserschnitt und Beinamputation, unter Hypnose als Narkoseersatz durchgeführt, sind wissenschaftlich dokumentiert. In anderen Fällen hat man Impotenz, Nikotinsucht und allergische Körperreaktionen wie Neurodermitis hypnotherapeutisch erfolgreich behandelt.

Als ebenfalls sehr hilfreich erweist sich die Methode, wenn es darum geht, traumatische Erlebnisse aufzudecken. Bei Kriegs- und Unfallopfern z. B. kann Trance Gefühlsblockaden beseitigen, die schützend vor dem Gedächtnis liegen. Dasselbe gilt für Kindheitserinnerungen, die der Hypnotisierte durch gezielte Rückführung nacherleben kann.

Die Macht des verborgenen Ich

Bei der Hypnose, einer uralten Heilmethode, bilden Patient und Therapeut eine intime Arbeitsgemeinschaft. Trance ist der Bewusstseinszustand, der erreicht werden soll. Dazu wird in einem ersten Schritt die Aufmerksamkeit des Patienten eingeengt, danach folgt die verbale Anleitung des Therapeuten, die bestimmte Vorstellungen oder Bilder suggeriert. Die Hypnose hat ein großes Wirkungsspektrum: Sie funktioniert als Tiefenentspannung in der Psychotherapie, als eine Art Betäubungsmittel in der Chirurgie und hilft Personen, die unter Gedächtnisverlust leiden, traumatische Erlebnisse aufzudecken. Hypnotisiert werden kann aber nur derjenige, der den Willen dazu besitzt. Handlungen, die dem moralischen Empfinden widersprechen, sind auch im Trancezustand gewöhnlich nicht auszulösen.

Nach wie vor eine Streitfrage

Trotzdem ist die Hypnose bis heute als Therapieform unter vielen Wissenschaftlern, Ärzten und sogar Psychologen noch immer umstritten, da mit naturwissenschaftlichen Methoden nicht nachzuweisen ist, wie sie funktioniert. Manche Forscher sehen deshalb in ihr nur eine Art Rollenspiel, mit dem der Patient versucht, dem Therapeuten zu gefallen.

EIN UNIVERSUM WIRD ERFORSCHT

Eine Billion Nervenzellen, 1,5 kg Gewicht, etwa 100 Billionen Schaltstellen: Ob wir den kleinen Finger heben, uns an Tage voller Glück erinnern oder eine Gleichung lösen – das menschliche Gehirn ist die Steuerzentrale all dieser Vorgänge. Aber noch immer gibt uns sein Mechanismus Rätsel auf.

Der Chirurg Paul Broca (1824–80) erkannte als Erster, dass eine geistige Fähigkeit eng mit einer bestimmten Gehirnzone verknüpft ist. Zu dieser Feststellung gelangte er, als er an seinem Patienten mit Spitznamen Tan-Tan nach dessen Tod eine Autopsie des Gehirns durchführte. Dieses fand man 1960 im Keller der ehemaligen medizinischen Fakultät.

In der Anstalt von Bicêtre erhielt der Patient Leborgne den Spitznamen Tan-Tan, weil diese beiden Silben die einzigen Wörter waren, die er auszusprechen vermochte. Dennoch verstand er genau, was man ihm sagte. Er spielte Schach, las Zeitung und zeigte ein vollkommen normales Verhalten. Sollte man ihn nun als geisteskrank einstufen? Dieser Frage ging der französische Arzt Paul Broca nach, als er sich im Jahr 1861 beim Tod seines Patienten Leborgne entschied, eine Autopsie des Gehirns durchzuführen. Die Diagnose ergab eine deutliche Verletzung der linken Hirnhälfte auf Höhe der dritten Stirnwindung. Broca zog daraus den Schluss, dass die in ihrer Funktion beeinträchtigte Hirnregion für das Sprechen zuständig sein musste.

Später durchgeführte wissenschaftliche Untersuchungen bestätigten seine Vorhersage: Der ermittelte Gehirnbereich stellt das motorische Sprachzentrum dar und heißt heute nach seinem Entdecker Broca-Zentrum. Durch dessen Vorgehensweise wurde außerdem eine neue Methode der Hirnforschung begründet: Funktionsausfälle des Gehirns aufgrund regionaler Gewebeschädigung, die man durch Markieren sichtbar macht, können der erkrankten Zone zugeordnet werden.

Der Mann mit dem durchtrennten Gehirn

Als überaus bedeutsam für die Enträtselung der menschlichen Denkprozesse erwies sich auch der Fall des Epileptikers Kevin. In den 60er-Jahren des 19. Jh. durchtrennten ihm Ärzte den Balken *(Corpus callosum)*, jenes Bündel aus Nervenfasern, das die beiden Hirnhälften verbindet. Doch statt der erwarteten Heilung des Kranken traten neue Komplikationen auf. Kevin konnte nur noch auf Befehl lächeln, wenn man in sein rechtes Ohr sprach. Über das linke, funktionell völlig intakte Ohr war er außerstande, die Botschaft zu verstehen. Zudem erkannte der Patient vertraute Gesichter nicht mehr, die in der rechten Hälfte seines Gesichtsfeldes auftauchten. Diese Behinderungen lieferten aber den Forschern wichtige Anhaltspunkte darüber, wie sich unsere beiden Gehirnhälften die geistigen Aufgaben teilen.

Dem Neurologen Guillaume Duchenne verdankt die Wissenschaft wichtige Erkenntnisse darüber, wie die Funktionsaufteilung und der Austausch zwischen den beiden Gehirnhälften vonstatten gehen. Mit der Elektrophysiologie wandte er ein Messverfahren für die Aktionsströme in Nerven und Muskeln an, das er hier bei seinem Patienten Kevin demonstriert.

Im Kreuzfeuer

Jeder einzelne Muskel einer Körperseite wird durch Nervenzellen der gegenüberliegenden Hirnhemisphäre gesteuert. Bewegt man z. B. eine rechte Zehe, geben Zellen der linken Gehirnhälfte den Befehl dafür. Auch die höheren intellektuellen Fähigkeiten haben eine seitenspezifische Lage, d. h., jede Hemisphäre ist offenbar auf die Erfüllung ganz bestimmter Leistungen ausgerichtet. Der rechten Hirnhälfte werden etwa die Analyse der Formen im Raum, das Erkennen von Gesichtern, das Klanggedächtnis und das Verständnis für Musik zugeordnet, wogegen die linke unter anderem für Lächeln, Rechnen und logische Problemlösungen zuständig ist. Die Fähigkeit de[r] Sprachbildung sowie das Hör- und Sprachverständnis gehören ebenfalls den Leistungen an, die ihr zugewiesen werden.

Obwohl jede Gehirnhälfte ihre spezifischen Funktionen besitzt, arbeiten beide Hemisphären in zeitlicher Übereinstimmung, um auch kleinste Nuancen unseres Verhaltens zu steuern. Die notwendige Verbindung liefert der bereits erwähnte Balken. So konnte Kevin zwar mit seinen gesunden Augen das Gesicht eines rechts von ihm sitzenden Freundes sehen, aber nicht erkennen. Denn seine linke Hirnhälfte, die den Seheindruck empfing, vermochte diesen nicht mehr zu entziffern, nachdem man sie ihrer Kommunikation mit der rechten Hirnhälfte be raubt hatte, die ihrerseits für das Erkennen von Gesichtern zuständig ist. Wird eine Hirnhälfte verletzt, kann die gegenüberliegende sie zuweilen ausreichend ersetzen, insbesondere bei jungen Menschen. Hirnareale, die keine spezifische Funktion besitzen und nach dem heutigen Stand der Wissenschaft sehr zahlreich sind, werden dann über Nervenzellen aktiviert. Sie dienen gewissermaßen als Reservegewebe.

Das Gehirn in Aktion

Doch nach wie vor ist die Aufteilung der Arbeit zwischen unseren beiden Gehirnhälften nicht entschlüsselt. Bislang waren die Forscher vornehmlich bestrebt, bestimmte Hirnareale mit den jeweiligen Funktionen zu verknüpfen. Allerdings stößt die Methode Brocas auf dieser Ebene der Untersuchung an ihre Grenzen, sodass an ihre Stelle das Studium lebender Gehirne in voller Aktion getreten ist.

Voraussetzung hierfür sind neuartige Bild gebende Technologien wie die Computertomographie (CT), Kernspintomographie (KST) und Positronenemissionstomographie (PET), die seit etwa 20 Jahren den Wissenschaftlern die Möglichkeit bieten, präzise Einblicke in aktive Organe zu gewinnen. Beim PET-Verfahren beispielsweise spritzt man radioaktiv markierte Glukose, also einfachen Traubenzucker, in die Blutbahn. Hirnareale, in denen dieser Energieträger vermehrt verbraucht wird, signalisieren eine erhöhte Aktivität, die am Bildschirm abzulesen ist.

Außerdem können Ärzte nun dank der Technik am lebenden Menschen Fehlfunktionen des Gehirns erfolgreich untersuchen. Bei einer Frau etwa, die trotz zweier gesunder Augen nur noch auf einem Auge sah, wurde eine Erkrankung der rechten Gehirnhälfte lokalisiert, während man bei einem Mann, der seine Angehörigen nicht mehr erkannte, exakt den Gehirnbereich ermittelte, der für diesen Schaden verantwortlich war.

Die Zonen und Felder des Gehirns

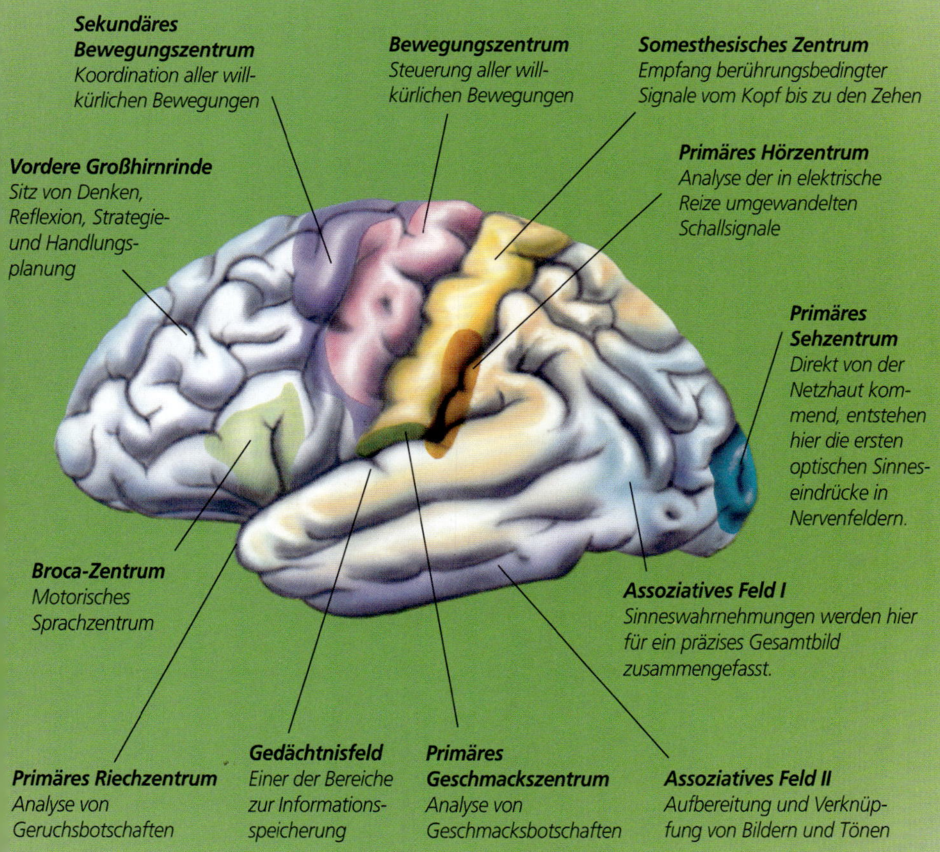

Ein richtiges Puzzle

Schließlich erlaubt die Technik den Forschern, Zug um Zug die sensorischen Felder, die Steuerareale unserer Bewegungen und andere Bereiche einzukreisen, die beim Sehen und Sprechen eine Rolle spielen. Für jede Tätigkeit gibt es nicht nur eine, sondern eine ganze Reihe spezialisierter Zonen, die bei bewusst durchgeführten Aktivitäten herangezogen werden.

So hat man schon über 20 visuelle Felder lokalisiert, die getrennt voneinander Form, Farbe und Abmessungen jedes Objekts analysieren, um daraus ein zusammenhängendes Gesamtbild zu rekonstruieren. Wenn auch nur eines dieser Dekodierelemente nicht funktioniert, kann unsere Wahrnehmung gestört sein. Das ist besonders bei jenen Menschen der Fall, die sprechen und schreiben, aber nicht lesen können, die Gegenstände, nicht jedoch deren Bedeutung erkennen oder die durch einen Tumor bzw. eine Verletzung die Fähigkeit verloren haben, Wortinhalte zu begreifen.

Kein Gehirn gleicht dem anderen

Die Entdeckungen der letzten Jahre haben eine respektable Anzahl von Mosaiksteinen in der Erforschung unserer Gehirnfunktionen geliefert. Immer detaillierter wird ihre kartographische Erfassung. An jeder unserer Verhaltensweisen sind Tausende von Neuronen und eine Vielzahl von Verbindungen beteiligt. Neben grundsätzlich individuellen Unterschieden im Gehirnaufbau müssen auch alters- und geschlechtsspezifische berücksichtigt werden. Bei bestimmten Übungen zum Wortverständnis etwa setzen Frauen häufiger beide Gehirnhälften ein, während Männer eher nur auf die linke zurückgreifen.

Das Gehirn eines Linkshänders

Für manche Hirnforscher hängt der bevorzugte Gebrauch einer Hand gegenüber der anderen eng mit den Sprachprozessen zusammen. Im Allgemeinen befasst sich die linke Gehirnhälfte mit Vorgängen wie Lesen oder Schreiben und ist auch für die anderen, mit dem Wort assoziierten Funktionen zuständig. Bei 40 % der Linkshänder hingegen übernimmt diese Aufgaben die rechte Hemisphäre. Außerdem ist das Planum temporale, eine kleine, mit Sprache assoziierte Zone in den zwei Gehirnhälften, bei 90 % der Rechtshänder linksseitig stärker entwickelt. Bei 70 % der Linkshänder wiederum hat sie auf beiden Seiten dieselbe Größe.

WAS IST INTELLIGENZ?

Zahlreiche Menschen unterziehen sich freiwillig Tests, die ihre Intelligenz bestimmen sollen. Nicht selten sind diese Studien entscheidend für den weiteren Lebensweg des Einzelnen. Doch wenn es einen Begriff gibt, der sich einer ganzheitlichen Prüfung entzieht, dann den der Intelligenz.

Die erste Aussage, die man über hoch begabte Kinder machen kann, ist, dass sie Fähigkeiten besitzen, die nicht ihrem Alter entsprechen. Psychologen bezeichnen sie deshalb als Frühentwickler und die große Masse sieht in ihnen kleine Genies. Diese Jungen und Mädchen faszinieren ihre Familien, ihre Spielkameraden, aber auch die Wissenschaftler, die sich mit dem Phänomen Intelligenz beschäftigen.

Von Mozart zu Nadia Comaneci

Bereits sehr früh sind hoch begabte Kinder zu unwahrscheinlichen Leistungen imstande: Sie lernen schnell und effizient, denken wie Erwachsene, jonglieren mit mathematischen oder physikalischen Formeln, lernen oft selbstständig sowie frühzeitig lesen und bedienen im Vorschulalter die Tastatur ihres Computers. Hervorragende, nicht dem Alter entsprechende Leistungen werden in den Naturwissenschaften, der Literatur oder in den Bereichen Kunst (Musik, Malerei) und Sport erreicht.

In der Musik beispielsweise brillierte mancher Virtuose schon im Kindesalter. So lernte Mozart mit vier Jahren Cembalo spielen, komponierte mit sechs Jahren seine erste Sonate und mit zwölf die erste Oper, *Bastien und Bastienne*. Auch Primo Conti, ein um 1900 geborener genialer Maler aus Italien, fertigte bereits im Alter von elf Jahren sein erstes Selbstporträt an. Und bei den Olympischen Spielen von Montreal heimste die rumänische Gymnastin Nadia Comaneci 1976 mit 14 Jahren als Erste die Traumnote ein – zweimal die 10,0.

Keine anatomischen Unterschiede

Liegt es nun an besonderen Merkmalen des Gehirns, dass jene Kinder im Rechnen, Zeichnen oder beim Sport so stark sind? Die Antwort lautet Ja. Dabei findet sich aber kein Unterschied bezüglich der anatomischen Gegebenheiten, sondern hinsichtlich der Fähigkeit Informationen zu verarbeiten. Es ist derzeit allerdings nicht möglich, den Feinbau des Gehirns mit den jeweiligen Fähigkeiten zu verknüpfen, da man über die Verschaltung der Nervenzellen bzw. Neuronen im Einzelnen noch nicht Bescheid weiß. Anatomisch und physiologisch messbare Besonderheiten bei erhöhter Intelligenz konnten bisher nicht entdeckt werden.

Erschwerend kommt noch hinzu, dass es keine allgemein akzeptierte Definition der Intelligenz gibt. Hinter diesem Begriff verbirgt sich vielmehr die Gesamtheit zahlreicher Hirnleistungen: die Fähigkeit zum Verstehen und Umsetzen von Ideen, das Abstraktionsvermögen, die Fähigkeit, sich auf neue Situationen einzustellen, die Kreativität sowie eine ausreichende Gedächtnis- und Wiedergabefähigkeit – um nur einige der Merkmale zu nennen. Auch seine Mitmenschen zu verstehen und ihr Verständnis untereinander zu fördern gehört zum Begriff der Intelligenz – die so genannte soziale Intelligenz. Der gesunde Menschenverstand, mit dem wir eine kritische Situation rasch erfassen und

Oben: Mit 14 Jahren avancierte Nadia Comaneci zum unangefochtenen Star der Olympischen Spiele von Montreal. Wie in den anderen Ländern des Ostens wurden in Rumänien alle sportbegabten Kinder schon im frühen Kindesalter systematisch aufgebaut.

Christian Heinecken, ein Wunderkind und Historiker des 18. Jh., starb 1725 im Alter von nur viereinhalb Jahren. Seine Kenntnisse in sakraler und weltlicher Geschichte, Geographie, Anatomie, Recht sowie seine perfekte Beherrschung der lateinischen und französischen Sprache hatten in seiner Umgebung für ungläubiges Staunen gesorgt (Bild Mitte).

Das Leben eines frühreifen Kindes ist nicht nur eitel Sonnenschein. Mozarts Vater z. B. reiste mit seinem Sohn durch ganz Europa, um ihn den Fürsten und Königen vorzuführen (unten).

Zwei Männer, bei denen in jungen Jahren nichts auf ein geniale Begabung hinzudeuten schien. Pasteur (großes Bild), der eher ein schlechter Schüler war, wurde dennoch einer der größten Biologen in Frankreichs Geschichte. Albert Einstein (kleines Bild) absolvierte das Gymnasium glanzlos. Trotzdem sorgte die Veröffentlichung seiner Arbeiten und Theorien für eine Revolution in Wissenschaft und Philosophie.

beseitigen können, muss ebenfalls dieser Sparte zugerechnet werden.

Da sich die Intelligenz in überaus vielgestaltiger Weise präsentiert, weigern sich viele Geistes- und Naturwissenschaftler, hierzu eine exakte Definition abzugeben. Ihrer Ansicht nach wäre diese grundsätzlich unvollständig.

Was ist ein Genie?

Wie dem auch sei – es gibt bestimmte Kriterien für die Intelligenz und in diesem Punkt sind sich alle einig. So haben z. B. quer durch die Geschichte immer wieder herausragende Physiker von sich reden gemacht. Zu den berühmtesten unter ihnen zählt Albert Einstein. Während viele andere seiner Kollegen zwar ebenfalls über ein enormes Wissen verfügten, mehr oder weniger kreativ, einfallsreich und schlau waren, zeichnete sich Einstein darüber hinaus durch seine Genialität aus. Durch seine Arbeiten und deren Ergebnisse wie auch durch seine Ideen wurden unser Weltbild und die Philosophie entscheidend verändert.

Hoch begabte Faulpelze

Mäßig Hochbegabte sind natürlich viel häufiger als die so genannten Genies. Laut Statistiken sind etwa 5 % aller Kinder mit sechs Jahren ihren Altersgenossen in der geistigen Entwicklung um anderthalb Jahre voraus. Man bezeichnet sie als intellektuell früh. Daher dürfte statistisch gesehen auf etwa 20 Kinder eines kommen – was einem Schnitt von ungefähr einem bis zwei pro Klasse entspricht –, dessen geistige Leistungen jene seiner Kameraden übertreffen. Trotz dieser hohen Quote haben die Lehrer oft erhebliche Mühe, die Hochbegabten in ihrem Klassenzimmer ausfindig zu machen.

Tatsächlich geben sich diese Kinder vielfach unauffällig. Weil sie sich selbst an ihrem Anderssein stören, sind sie im Allgemeinen schüchtern und trumpfen nur selten als Klassenbeste auf. Hochbegabte brillieren auch nicht mit außergewöhnlichen schulischen Leistungen, sondern zügeln meist ihre geistigen Fähigkeiten, um nicht zum neunmalklugen Prügelknaben der Klasse zu werden. Manchmal können sie sich aus Langeweile nicht mehr konzentrieren, sodass ihre Schulleistungen rapide sinken. Da sie im Handumdrehen die mathematischen Demonstrationen verstehen oder den Lauf der Geschichte lernen, indem sie einfach dem Lehrer einmal zuhören, verbringen viele Hochbegabte schließlich ihre Zeit mit Träumen oder Kaspereien.

Die Kehrseite der Medaille

Zunächst in der Entfaltung gebremste Wunderkinder mögen in der Schule vielleicht noch gehemmt und tief verunsichert sein. In einer Umgebung jedoch, wo ihre Fähigkeiten aufblühen können, erwachen einige von ihnen geradewegs zu einem neuen Leben. Der berühmte

Ein erstaunlicher Virtuose

Leslie Lemke ist kein menschlicher Computer. Sein Gehirn jongliert weder mit Daten noch Zahlen, sondern mit Noten. Er ist ein Künstler. Nicht genug, dass er wenige Monate nach der Geburt erblindete, kaum sprechen kann und geistig stark zurückgeblieben ist – Leslie ist darüber hinaus auch spastisch gelähmt.

Trotz seiner schweren Behinderungen verzaubert er aber sein Publikum, sobald er hinter dem Klavier Platz nimmt. Hymnen, Konzerte oder volkstümliche Weisen: Leslie spielt alles perfekt, ohne dass er je Musik studiert hätte. Um ein Lied oder das Werk eines Komponisten zu erlernen, muss er es nur einmal hören. Danach trägt er es absolut fehlerfrei vor.

Minderbegabt und doch Genie?

Manche Menschen können zu jedem beliebigen Kalenderdatum den zugehörigen Wochentag benennen oder verfügen über ein anderes außergewöhnliches Talent. Doch davon abgesehen gelten sie als minderbegabt.

Wie etwa im Fall von Charles und George, zwei amerikanischen Zwillingen. Diese wurden trotz ihrer Fähigkeiten als Rechenkünstler und Kalenderexperten als geistesschwach beurteilt. 1964 – die beiden Brüder waren 24 Jahre alt – ermittelte man ihren IQ, der zwischen 60 und 70 lag. Ihre geistige Reife wurde auf die eines etwa neunjährigen Kindes eingestuft.

Biologe Pasteur war offenkundig ein schlechter Schüler. Aber nachdem er sich beruflich mit seinem Labor etabliert hatte, bewies der Erfinder des Tollwutimpfstoffs durch seine Arbeiten, dass er mit einer ungewöhnlich hohen Intelligenz gesegnet war.

Obschon geistig hoch begabte Kinder in bestimmten Fächern, z.B. Rechnen, Logik oder Chemie, sehr stark sein können, weist ihre motorische Entwicklung häufig Schwächen auf. Schwierigkeiten bei Bewegungsabläufen stellen deshalb nicht selten eine Begleiterscheinung dar. Dasselbe gilt auch beim Schreiben – es ist, als könne ihre Hand einem Gedanken noch nicht folgen, der schon weiter vorn tänzelt. Eine weitere Ursache für Probleme bildet der Umstand, dass ihr um mehrere Jahre höheres geistiges Alter nicht der emotionalen Entwicklung entspricht, die auf Gefühlen beruht. Mit der Zeit nimmt dieser Abstand noch zu. Viele dieser Kinder haben daher ein starkes Bedürfnis nach Zärtlichkeit und benötigen kindliche Spiele.

Ein fragliches Kriterium: der IQ

Letztlich ist es sehr schwierig, hoch begabte Menschen zielsicher zu erkennen. Zu diesem Zweck verlassen sich Psychologen vorzugsweise auf Tests, die den Intelligenzquotienten (IQ) ermitteln sollen. Diese Befragungen, mit denen man die geistigen Fähigkeiten zu messen versucht, sind im Allgemeinen eher auf das Merk- und Vorstellungsvermögen, die Kombinationsgabe sowie die Schnelligkeit ausgerichtet. Da sie die Kreativität und Phantasie unberücksichtigt lassen, messen sie also nicht die Intelligenz in ihrer Gesamtheit. Das Ergebnis von Intelligenztests wird dann in einer Punkteskala angegeben. Das Überprüfungssystem selbst geht auf den französischen Psychologen Alfred Binet zurück, der 1905 den ersten Test vorgestellt hatte. Mithilfe vieler kleiner Aufgaben wollte er herausfinden, welche lernschwachen Kinder in eine Sonderschule überwiesen werden sollten.

Ganz offensichtlich muss man sich vor zu weit gehenden Interpretationen hüten und die Resultate der IQ-Tests mit Vorsicht genießen. Eine geringe Punktzahl ist somit nicht gleichbedeutend mit einer grundsätzlich niedrigen Intelligenz, da lediglich Teilfunktionen des Gehirns prüfbar sind. Die geistigen Frühstarter gehören zur Kategorie der IQ-Cracks. Der Durchschnittswert beträgt ungefähr 100, ein Hochbegabter indessen übertrifft oft bereits früh die 125er-Marke.

Das große Lotteriespiel

Worauf gründen sich nun die besonderen Fähigkeiten dieser Kinder? Ist es die Frucht der Vererbung oder jene des Zufalls? Zweifellos ein wenig von beidem. Sicher ist, dass die Natur nicht alle Menschen mit den gleichen Gaben ausstattet. Für die Intelligenz gilt dasselbe wie für andere körperliche Merkmale: Man hat entweder Glück – oder eben weniger. Was den Intellekt betrifft, ist unbestreitbar, dass der Kombination der elterlichen Gene bei der Empfängnis eine große Bedeutung zukommt. Ebenso wie gewisse geistige Schwächen vererbbar sind, trifft dies auch auf Aspekte der Intelligenz zu. Nur sind wir noch weit davon entfernt, die Gesetze dieser Vererbung zu begreifen. Unsere Chromosomen tragen mindestens 50 000 Gene. Etliche davon müssen eine Rolle bei der Entstehung und Entfaltung unserer geistigen Fähigkeiten spielen. Vergleicht man die Intelligenz mit dem Aufbau einer Maschine, wird verständlich, dass ein einziges defektes Rädchen einen Stillstand herbeiführen kann. Andererseits sind gewöhnlich viele Teile nötig, um sie zum Laufen zu bringen.

Der IQ-Test – ein umstrittenes Maß für Intelligenz

Wer seinen Intelligenzquotienten (IQ) messen will, braucht ein paar Stunden Zeit. Die Aufgaben mit wechselndem Schwierigkeitsgrad erforschen unterschiedliche Bereiche der Intelligenz, z.B. logisches Denken, Rechnen mit Zahlen, räumliches Vorstellungsvermögen und Gedächtnisleistung. In der Regel sind die Fragen in Gestalt von Bildern, Zahlen- oder Wortreihen, geometrischen Formen, Puzzles, Labyrinthen und isolierten Wörtern verpackt, um den Einfluss des Sprachniveaus des Prüflings weitgehend auszuschalten. Natürlich ist die Bearbeitungszeit pro Aufgabe begrenzt. Übungen mit solchen Tests ermöglichen eine persönliche Resultatsverbesserung. Die Tests sind so ausgelegt, dass die Mehrheit der Bevölkerung (70 %) ein Ergebnis zwischen 85 und 115 Punkten erreicht. Rund 3 % liegen über 130 bzw. unter 70 Punkten.

Der Intelligenzquotient des Menschen, über eine hohe Untersuchungszahl gemittelt, beträgt 100.

Der Schwindel mit den Nobel-Babys

Was ist nun von jenen Samenbanken zu halten, die auf die Zeugung von großen Wissenschaftlern, Spitzenführungskräften und Nobelpreisträgern spezialisiert sind? Diese Einrichtungen, welche seit einigen Jahren in den Vereinigten

Oben: Die berühmten Nobel-Babys. Ein Vorteil in der Ausbildung von Begabungen durch das Sperma ihrer illustren Erzeuger wurde nie bewiesen.

Der Einfluss des familiären Umfelds bestimmt maßgeblich die geistige Entwicklung des Kindes.

Staaten existieren, bieten den Frauen an, sich mit Sperma von besonderer Qualität befruchten zu lassen.

Inzwischen wurden mehrere Hundert dieser so genannten Nobel-Babys geboren. Enttäuschung für die Mütter: Ihre Kinder sind hoffnungslos normal. Auch IQ-Tests haben keine ungewöhnliche Häufung von Hochbegabten zutage gefördert. Was niemand erstaunen wird, denn zwischen den Genen der Mutter und denen des Vaters gibt es eine hohe Anzahl von Kombinationsmöglichkeiten. Außerdem liegt eine weitgehend beliebige Verteilung zwischen den großelterlichen Genen vor, sodass das Ergebnis in hohem Maß Zufallscharakter hat. Hans Albert und Edward Einstein, die beiden Söhne des berühmten Physikers, sind z. B. nicht durch außergewöhnliche naturwissenschaftliche Leistungen in Erscheinung getreten.

Unumstritten ist die Tatsache, dass sich die Umgebung, in der ein Kind aufwächst, auf seine geistige Entwicklung nicht weniger prägend auswirkt als seine Gene. Die Erziehung, die Familie und das soziale Umfeld haben einen nachhaltigen Einfluss auf die Entfaltung eines Individuums. Seinen Begabungen und Bedürfnissen entsprechend gefördert, hat ein Kind alle Chancen, bestimmte Fähigkeiten zu entwickeln. Im gegenteiligen Fall wird der Intellekt nicht vorangetrieben und bleibt in der Ausprägung eines Talents unentdeckt.

In eine Familie hineingeboren, die seiner in den Genen fixierten Begabung wenig Aufmerksamkeit widmet und kulturell desinteressiert ist, kann sich das hoch begabte Kind nicht entfalten.

Die Jagd auf die Elite

Staaten wie Großbritannien, Deutschland und Frankreich gestehen den Hochbegabten nur sehr beschränkt zusätzliche Fördermöglichkeiten zu. In anderen Ländern dagegen verfolgt man bewusst eine Politik der Auslese und Förderung frühreifer Kinder.

In der früheren Sowjetunion etwa fanden alljährlich Mathematik-Olympiaden statt mit dem erklärten Ziel, Hochbegabte zu ermitteln und ihnen einen Platz in einer Eliteschule zu bieten. In den USA profitieren inzwischen über eine Million frühreifer Kinder von Sonderprogrammen. Und Israel hat ein Verfahren zur systematischen Auswahl entwickelt. Jedes Jahr führt der Staat eine landesweite dreimonatige Kampagne durch, um frühreife Kinder auszumachen. Das israelische Kultusministerium investiert 1 % seines Haushalts in die Hochbegabten.

Der aus Israel stammende Chagaï Skolminkof, der sich durch seine hohe Begabung in den Fächern Chemie und Physik auszeichnet, studiert außerdem Staatskunde.

Mithilfe eines von seinen Eltern entwickelten, speziell auf ihn zugeschnittenen Lernprogramms gelang Arthur Ramiandrisoa mit zwölf Jahren die Aufnahme an eine Universität.

Über den Anteil an angeborenen sowie erworbenen Fähigkeiten wird jedoch bereits seit langer Zeit ein wissenschaftlicher Disput geführt.

Die Eliteschule

Die Eltern eines hoch begabten Kindes sehen sich plötzlich Problemen gegenüber, die mit dem Ausnahmetalent verbunden sind. Wie soll man seine Entfaltung optimal fördern, wie seinen speziellen Bedürfnissen, seinem Wissensdurst, seiner raschen Auffassungsgabe und seiner nie versiegenden Neugier Rechnung tragen? Manchmal lässt man das kleine Genie eine oder sogar mehrere Klassen in der Schule überspringen und richtet dort eine besondere Fördergruppe ein, damit es seinen Fähigkeiten entsprechende Anforderungen erhält. Diese Lösung birgt aber auch ihre Nachteile. Dem Jungen oder Mädchen drohen Beeinträchtigungen in einer Klasse, in der seine Kameraden alle älter und reifer sind als es selbst.

Eine weitere Möglichkeit besteht darin, dass man das Kind auf eine Eliteschule gibt. Über diesen Punkt herrscht ein Dauerstreit zwischen den Befürwortern einer schulischen Einrichtung, die auf die speziellen Bedürfnisse der frühreifen Kinder ausgerichtet ist, und denen, die ein Schulmodell fordern, bei dem alle gleichaltrigen Schüler mit unterschiedlichen Fähigkeiten in einem Klassenverband unterrichtet werden. In vielen Ländern, darunter auch Deutschland, existieren Eliteschulen nicht oder nur in sehr begrenzter Zahl.

Bleiben noch die so genannten Vertiefungsgruppen, die z. B. in Israel sehr verbreitet sind und außerschulische Aktivitäten aller Art und auf breitem Niveau anbieten. Anstatt den Schulstoff lediglich schneller zu erlernen, vertieft das Kind hier seine Kenntnisse in den jeweiligen Lieblingsfächern, etwa Mathematik, Astronomie, Physik, Chemie, Biologie, Literatur oder Musik. Dieses System, das weitaus flexibler ist als die Sonderklassen für Hochbegabte, berücksichtigt zudem die talentierten Kinder, die sich speziell in einem einzigen Fach besonders hervortun. Dank dieser vielfältigen Zusammensetzung, bei der Kreativität und Motivation ebenso gefördert werden wie die schulischen Leistungen, können sehr viele Kinder an diesen Vertiefungsgruppen teilnehmen.

Schließlich gibt es noch eine Variante: die Arbeit zu Hause. Arthur Ramiandrisoa, ein junger Franzose, der kürzlich von sich reden machte, hat beispielsweise nie eine Schule besucht und dabei alle seine Prüfungen als externer Kandidat bestanden. Seit seiner frühesten Kindheit haben seine Eltern ein Lernprogramm nach Maß für ihn aufgestellt. Das Ergebnis dieser umfangreichen Bemühungen war, dass er im Alter von zwölf Jahren zum ersten Mal einen Hörsaal betrat, und zwar an der Universität. Doch ob die emotionale Entwicklung Arthurs mit seiner geistigen, die offenbar stark gefördert wird, Schritt halten kann, bleibt abzuwarten.

Bodybuilding fürs Gehirn

Einen Zaubertrank zur Intelligenzsteigerung gibt es leider nicht. Wer jedoch seine geistigen Fähigkeiten optimal nutzen will, sollte einige vernünftige Regeln beachten. Dazu gehört vor allem eine gesunde Lebensweise, z. B. wenig Alkohol trinken und auf das Rauchen verzichten. Am wichtigsten ist aber die regelmäßige Aktivierung oder Anregung des Gehirns, indem man geistige Leistungen erbringt. Dies gilt besonders bei zunehmendem Alter.

Eine hohe Begabung erkennen

Liu Ting besucht die Schule Nummer 8 für Hochbegabte in Peking. Mit 13 Jahren wandte er mathematische Formeln an, welche die Kenntnisse seiner Lehrer bereits überstiegen.

Die sprachlichen Fähigkeiten eines hoch begabten Kindes entwickeln sich meist sehr früh und schnell, mit einer kurzen Übergangsphase einer Babysprache.

Noch bevor die Eltern es bemerken, ist es in die Welt der Bücher vernarrt und lernt sehr häufig selbstständig lesen. Seine Vorliebe gilt den Lexika und Wörterbüchern, die eine begierig genutzte, unerschöpfliche Quelle des Wissens darstellen. Nicht selten kann man beobachten, dass Hochbegabte lieber allein als unter Aufsicht arbeiten.

Können Maschinen denken?

Bereits seit Jahrzehnten träumen Informatiker davon, eine Maschine zu konstruieren, die so leistungsfähig ist wie das Gehirn des Menschen. Moderne Großrechner bewältigen inzwischen spielerisch Millionen von Rechenoperationen in der Sekunde. Werden zukünftig Computer die menschliche Intelligenz gar übertreffen?

Roboter in Menschengestalt – diese Prophezeiung taten Medien, Autoren von Sciencefictionromanen und einige Forscher schon vor nunmehr rund drei Jahrzehnten kund. Damals glaubte man, die Denkmaschinen würden bald zur Imitation ihrer Erschaffer imstande sein. Tatsächlich haben einige Erfindungen seitdem die Gemüter bewegt: der erste Schachcomputer oder der erste Rechner, der komplizierte Gleichungen lösen bzw. mathematische Formeln beweisen konnte. 1961 kam Unimate, ein für die Industrie entworfener Roboter, in einer amerikanischen Autofabrik zum Einsatz. Dank seiner ausgeklügelten Programmierung war er in der Lage, schwere Metallteile so geschickt wie eine Gruppe von Arbeitern zu transportieren. Kurz gesagt: Neu entworfene Denkmaschinen drangen zunehmend in alle Bereiche des Alltags vor.

Diese ersten Schritte auf dem Weg zur künstlichen Intelligenz erschienen gleichzeitig viel versprechend und erschreckend. Barg die Entwicklung nicht die Gefahr in sich, den Menschen zu entthronen, indem man beispielsweise Schraubverbindungen mittels gedruckter Schaltungen statt mit Geisteskraft produzierte? Der amerikanische Biochemiker und große Sciencefictionautor Isaac Asimov dürfte das Problem vorausgesehen haben, denn er stellte bereits für die elektronischen Humanoiden der Zukunft Benimmregeln auf. So lautete etwa sein „Gesetz Nummer eins: Ein Roboter darf einen Menschen nicht gefährden noch durch passives Verharren diesen Menschen der Gefahr ausgesetzt lassen."

Seit einigen Jahren spricht man in bestimmten Forscherkreisen nicht zuletzt vom Zeitalter der Posthumanität, einer Roboterkultur, die das geistige Erbe der Menschheit antreten soll.

Nicht der kleinste Funken Phantasie

30 Jahre später erschrecken die so genannten intelligenten Maschinen jedoch niemanden mehr, vielmehr haben sie die Hoffnungen der Wissenschaftler lediglich bis zu einem gewissen Grad erfüllt. Manche von ihnen erweisen sich mittlerweile als brillante Rechenkünstler. Andere hingegen wärmen das Essen auf, reinigen die WC-Becken, machen die Betten und rufen „Feuer", sobald ihre elektronischen Nasen Rauch wahrnehmen. Diese künstlichen Arbeiter sind aber nur auf die Verknüpfung einer bestimmten Anzahl ständig wiederkehrender Bewegungsabläufe und die Erfüllung einfacher Aufgaben programmiert. Jenseits ihres winzigen Wirkungskreises kann man nichts mehr mit ihnen anfangen: Sie sind nicht zum kleinsten Funken Phantasie oder Erfindungsgabe in der Lage.

Gegenwärtig müssen sich die Forscher eingestehen, dass der elektronische Mensch noch nicht das Licht der Welt erblickt hat. Denn was den Robotern fehlt, das ist die Intelligenz, die Fähigkeit zur Anpassung und die Intuition. Wie soll man z. B. Maschinen beibringen, ihre Erfahrungen, Beobachtungen oder Irrtümer auszuwerten, um sich neue Verhaltensweisen anzueignen? Aber die Wissenschaftler lassen sich durch diese sichtlich schwer zu lösenden Probleme keineswegs entmutigen. Sämtliche Quellen der Informatik werden ausgelotet und weiterentwickelt. Während sich die so genannten Roboter der ersten Generation darauf beschränkten, Befehle wortwörtlich und blind auszuführen, können die der zweiten, die seit Beginn der 80er-Jahre im Einsatz sind, bereits ihre Fähigkeiten durch Lernvorgänge erweitern oder sogar nach einer Zielvorgabe ihre Methode selbst finden und optimieren.

Experten sind gefragt

Die Tatsache, dass Daten nicht nur gespeichert, sondern auch sinnvoll miteinander verknüpft sein müssen, bildete bei den Bemühungen um künstliche Intelligenz ein entscheidendes Kriterium. Gezielt machten sich die Forscher zunächst daran, Maschinen zu entwerfen, die Aufgaben eines Sachverständigen erfüllen können. Das Prinzip dieser Expertensysteme besteht darin, auf einem bestimmten Gebiet eine beträchtliche Menge an Wissen zu sammeln, in einem Speicher abzulegen und sie dann mit Werkzeugen der analytischen Logik – so genannten Problemlösungsstrategien – auszustatten. In einer vorgegebenen Situation wirft ein solcher Computer Fragen auf, erstellt eine Analyse und empfiehlt die beste Taktik für das weitere Vorgehen. Vor allem aber kann das System seine Datenbank in Abhängigkeit vom jeweiligen Ergebnis ändern. Man kann also sagen, dass es in gewisser Weise lernt.

Derartige Geräte sind heute alltägliche Hilfsmittel geworden. Manche erstellen medizinische Diagnosen, andere führen Finanzanalysen durch. Bei voller Ausnutzung seiner technischen Kenntnisse übergeht das Programm jedoch zahlrei-

Sie sind selbstständig, clever, anpassungsfähig und manchmal lästig, also kurz gesagt intelligent. Doch die Roboter aus Krieg der Sterne gehören ins Reich der Phantasie.

che Details, die nicht in sein Leseraster passen. So ist es z. B. nicht in der Lage, bei einem Patienten Krankheitsanzeichen, wie etwa eine heisere Stimme oder fiebrig glänzende Augen, zu erkennen, die einem Arzt wichtige Hinweise liefern. Außerdem legt sich ein System, sobald es seine Grenzen überschreitet, augenblicklich selbst lahm, weil es jenseits seiner Daten nichts über die Welt weiß.

Nervenzellen vergleichbar

Wird es also jemals Maschinen mit wirklicher Intelligenz geben? In der letzten Zeit hielten neue Systeme in den Labors Einzug. Sie gehören der dritten Rechnergeneration an, die eine Zukunft auf höherem geistigem Niveau verheißt. Nach dem Vorbild der Nervenzellen des menschlichen Gehirns sind ihre elektronischen Bauteile nicht mehr in Reihe hintereinander, sondern vernetzt geschaltet: bis zu 10 000 Mikroprozessoren oder Chips, die gleichzeitig parallel arbeiten können und dabei nach Art unserer kleinen grauen Zellen fortlaufend Informationen austauschen.

Dank dieser Technik werden die Systeme nun Aufgaben erledigen, die ihnen bis jetzt verwehrt waren, etwa ihre Umwelt zu sehen. In der Praxis eine komplizierte Angelegenheit, denn einen Roboter mit einer Kamera zu bestücken, damit er seine Umgebung filmt, ist so sinnlos, wie ihm ein Glasauge einzusetzen, wenn man ihm nicht die Mittel zur Bildauswertung mitgibt.

Der Loebner-Preis

Können Maschinen die menschliche Intelligenz so weit imitieren, dass kein Unterschied zum Menschen erkennbar ist? Einer der Väter der Informatik, der Brite Alan Turing, dachte sich in den 50er-Jahren einen Test aus, den Computer bestehen müssten, um als intelligent zu gelten. 1990 rief dann der Amerikaner Hugh Loebner den nach ihm benannten Preis ins Leben.

Hierbei befinden sich hinter einer Sichtblende ein Mensch und ein Computer. Mit beiden können Jurymitglieder über Bildschirm kommunizieren. Wenn man selbst mit geschickten Fragen nicht herauszufinden vermag, welcher von beiden der Mensch oder der Rechner ist, dann besitzt die Maschine intelligente Fähigkeiten.

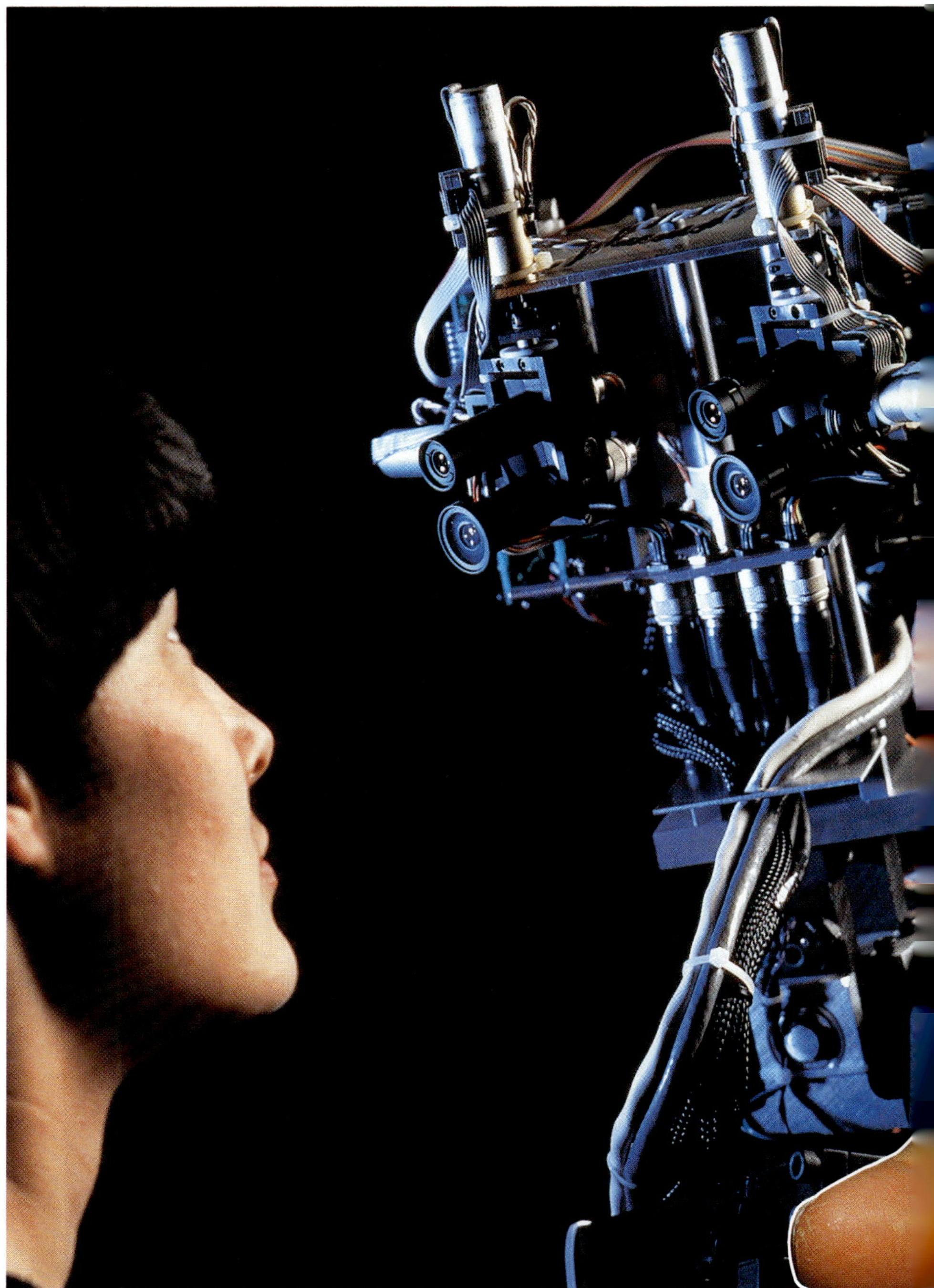

Um dem Menschen ähnlicher zu werden, müssen Roboter viel lernen. Eine Maschine namens COG kann sogar Gesichter erkennen.

Demzufolge haben die Forscher optische Erkennungssysteme entwickelt, welche an die des Menschen angelehnt sind. So können heute schon manche Roboter Gesichter ausfindig machen und identifizieren.

Kollektive Intelligenz

In den 80er-Jahren begannen die Forscher auch damit, sich für einen wesentlichen Aspekt zu interessieren, der bislang vernachlässigt wurde, weil die Mittel fehlten: die Kommunikation oder den Austausch von Informationen.

Ein neuer Forschungsansatz tat sich auf: Statt danach zu streben, eine große Maschine zu entwickeln, die versuchen würde, alle Leistungen des menschlichen Gehirns zu imitieren, haben sich einige Erfinder von der kollektiven Intelligenz der Insekten leiten lassen. Als Einzelwesen glänzen diese Tiere nicht durch intellektuelle Fähigkeiten, in der Gemeinschaft aber vollbringen sie wahre Wunder. So wurden z. B. Roboterameisen entwickelt. Diese sehr einfachen Maschinchen haben zwar nur ein elementares Programm, sie kommunizieren aber via Ultraschall, ermitteln die Position ihrer Artgenossen, registrieren Geräusche sowie Bewegungen und orientieren sich unter Berücksichtigung sämtlicher gesammelter Informationen. Mittlerweile können sie sogar im Gänsemarsch laufen oder sich bei Aufforderung, möglichst schnell den Raum zu verlassen, Informationen über die beste Route übermitteln. Neu ist auch, dass sich derartige Roboter Verhaltensweisen ausdenken können, für die sie ursprünglich nicht programmiert waren. Eine solche Koordination, die auf kreativer Phantasie beruht, markiert einen echten Fortschritt auf dem Gebiet der künstlichen Intelligenz.

Fisch ohne Gräten

Ein Schwimmroboter namens Robothon wurde entwickelt, um zu erforschen, wie Thunfische mit annähernd 50 km/h durch die Gewässer gleiten. Mit Tests im Becken gelang der Nachweis, dass sich die Fische dank ihrer Schwanzflosse mühelos einen Weg durch die Turbulenzen bahnen, die infolge der Wasserverdrängung des Körpers auftreten. Dieses Antriebssystem erweist sich gegenüber Schiffsschrauben als effizienter.

Der Robothon soll präzise die Schwimmbewegungen des Thunfischs, eines der schnellsten Fische, anaylsieren, um neue Schiffsrumpfprofile daraus abzuleiten.

Das Fliegenauge

Insekten stellen eine der ergiebigsten Inspirationsquellen für die Entwickler von Robotern dar. Wissenschaftler verstehen etwa durch ihre Arbeit mit Fliegen immer besser, welcher Methoden sich die Tiere bedienen, um zu sehen und sich fortzubewegen. Die Erforschung der rund 3000 Seheinheiten des Facetten- oder Komplexauges der Insekten mit ungefähr 24 000 lichtempfindlichen Sinneszellen, die wiederum mit mehr als 1 Mio. Nervenzellen verknüpft sind, ermöglichte den Bau eines künstlichen Robotermodells, das über ähnliche visuelle Fähigkeiten verfügt. Anstatt ihre gesamte Umwelt zu analysieren, kartographisch zu erfassen und sich schließlich zu entscheiden, welche Richtung einzuschlagen ist, ortet die Roboterfliege bewegliche Objekte und richtet sich sofort entsprechend aus. Derartige Geräte stoßen vor allem beim Militär auf großes Interesse, das bestimmte Fahrzeuge gern mit solchen ultraschnellen Augen ausgestattet sähe. Künftig will man diese Roboter mit Werkzeugen zur Farb- und Formerkennung sowie zur Entfernungsmessung bestücken.

Kleine Schritte für einen Roboter, aber ein Sprung auf dem Gebiet der künstlichen Intelligenz: Mit ihren sechs Beinen imitiert die Maschine in Kleinformat exakt den komplexen Gang der Ameisen.

Kommt bald die Menschmaschine?

Trotz all dieser Fortschritte scheint die künstliche Intelligenz angesichts der enormen Schwierigkeiten noch weit davon entfernt, es mit den geistigen Fähigkeiten des Menschen aufnehmen zu können. Heute sind weltweit ungefähr 250 000 Industrieroboter im Einsatz und nur eine Hand voll der entwickelten Systeme zeigt intelligente Verhaltensweisen.

Entmutigt, eines Tages Maschinen mit menschlichem Aussehen herzustellen, träumen manche Forscher mit überschwänglicher Phantasie davon, den Menschen nach dem Bild der Maschine umzugestalten. Etwa, indem man ihm Schaltkreise von Neuronengröße ins Gehirn einpflanzt, die, wenn sie mit den grauen Zellen verbunden werden, die Leistungen der Großhirnrinde steigern und ihr sagenhafte Merkfähigkeiten bescheren könnten.

Klein, aber oho!

Winzige, extrem kompakte Miniroboter von nur wenigen Milligramm Gewicht können überallhin vordringen. Schon bald dürften sie zum Sturm auf den menschlichen Körper blasen – und das nur zu seinem Besten. Ihr Vorbild: die Insekten, die ihre Beute zielgenau orten und ansteuern können.

Diese Mikromaschinen würden sich über das Blutgefäßsystem genau dorthin begeben, wo man sie benötigt, Tumore angreifen oder mit absoluter Genauigkeit ein Medikament deponieren, ja sogar den Ärzten Innenansichten des Körpers liefern. Einige befinden sich schon in der Erprobungsphase.

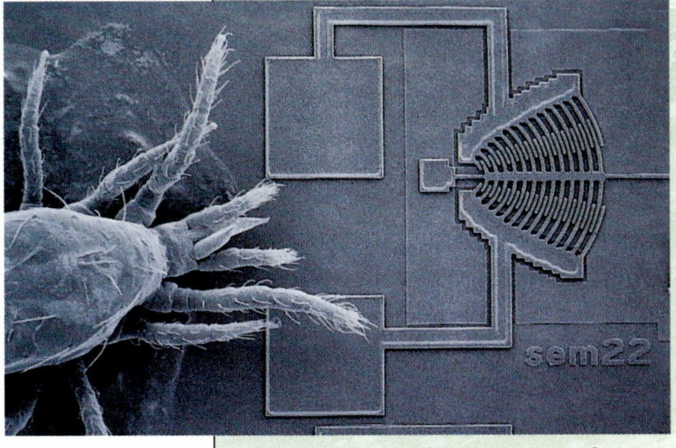

Mikrogreifer von weniger als 0,5 mm Größe könnten schon bald für Präzisionsaufgaben in den menschlichen Körper geschickt werden.

IN DER SPEICHERSTADT DER ERINNERUNGEN

Die ausreichende Gedächtnisleistung ist eine der Vorbedingungen für Intelligenz. Kein Lernen, kein Nachdenken, keine Verständigung ohne Gedächtnis. Die Forscher beginnen gerade erst zu verstehen, wie der Mensch die Bibliothek seiner Erinnerungen anlegt und benutzt.

Während Jeanne Moreau singt: „Mein Gedächtnis lässt nach, ich erinnere mich nicht mehr allzu gut", kann der Birmane Bhandata Vicitsara 16 000 Seiten buddhistischer Texte auswendig rezitieren, der Japaner Hideaki Tomoyori in einem Zug die ersten 40 000 Dezimalstellen der Zahl Pi aufsagen und die Französin Dany Sirejean zu jedem beliebigen Datum des 20. Jh. den zugehörigen Wochentag benennen. Diese Beispiele zeigen, dass der Mensch über ganz unterschiedliche Fähigkeiten, sich zu erinnern, verfügt.

Doch so sehr sich die Forscher auch in die Windungen unseres Gedächtnisses vertiefen, sie entschlüsseln erst langsam, wie der riesige Speicher in unserem Kopf funktioniert. Dieser birgt nämlich ein unvorstellbar komplexes Archivierungszentrum, das auf dem gemeinsamen Zusammenspiel von Milliarden von Nervenzellen beruht. Dabei genügt oft schon ein einziger Blick auf ein grobes Raster, um ein Bild daraus vollständig zu reaktivieren.

Unauslöschlich

In jeder auftretenden Situation durchforstet das Gedächtnis seine Schubladen nach bereits bekannten Erinnerungen, um uns aufgrund bestehender Erfahrungen Anhaltspunkte für die optimale Reaktionsweise zu liefern.

Ob man sich darüber bewusst ist oder nicht: In einem solchen Fall wird eine Kettenreaktion aus verschachtelten und mit Gefühlen verbundenen Erinnerungen in Gang gesetzt. So erzählt der französische Schriftsteller Marcel Proust in seinem Roman* A la recherche du temps perdu, *wie ihn allein der Geschmack eines Plätzchens um Jahre zurückführt, und zwar in das Wohnzimmer seiner Großmutter. Und er empfindet das gleiche Vergnügen wie damals. Ebenso wenig ist verwunderlich, dass bei jemandem, der schon mal schlimm von einem Hund gebissen wurde, bereits beim Anblick eines Zwergpudels die Haare vor Angst zu Berge stehen.

Marcel Proust: eine neue Art, die Zeit zu befragen

Kurz- und Langzeitgedächtnis

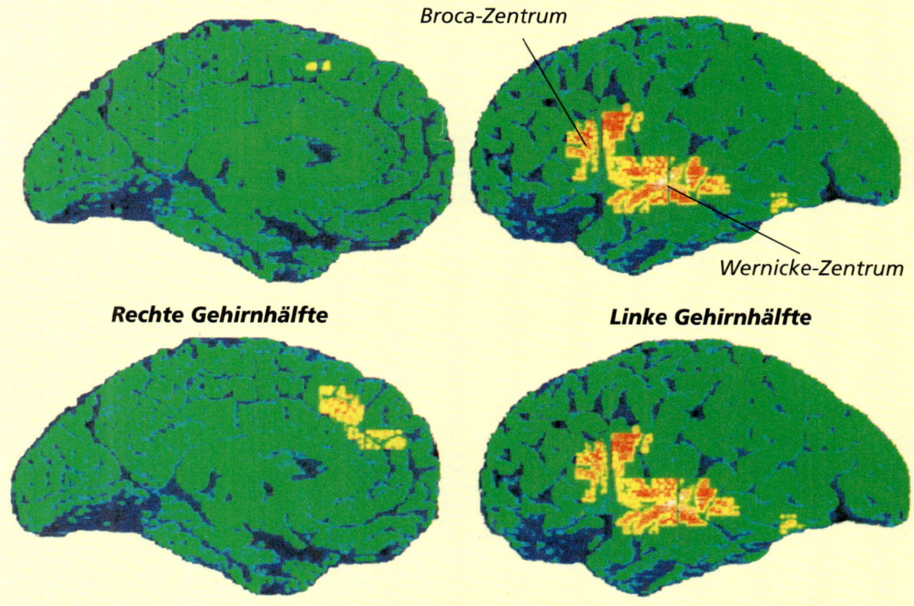

Dank moderner bildgebender Verfahren in der Medizin, wie z. B. der Positronen-Emissions-Tomographie (PET), lässt sich das Wortgedächtnis in Aktion beobachten. Hier sind, abgestuft nach ihrer Intensität, die aktivsten Zonen des Gehirns gelb, orange und rot dargestellt:

Geht es darum, einen soeben gehörten Satz zu wiederholen, tritt das Kurzzeitgedächtnis (links oben) samt den Sprachregionen, dem Broca- und Wernicke-Zentrum (rechts oben), in Aktion.

Bei der Wiedergabe langfristig gespeicherter Informationen (untere Bildhälfte) sind ebenfalls beide Hemisphären tätig. Allerdings ist die aktivierte Region der rechten Hemisphäre (links unten) nun wesentlich größer.

Abspeichern: ja oder nein?

Es gibt nicht einen einzigen Moment im Leben, der unserem Gedächtnis entgeht: Lesen lernen, die erste Liebe in Erinnerung rufen, einen Duft wieder erkennen, sich eine Telefonnummer merken, selbst Traumerlebnisse im Schlaf können teilweise reproduziert werden. Vom Tag unserer Geburt an – ja sogar schon davor – registriert, sortiert und ordnet es pausenlos mithin die kleinsten Informationen, die es für speicherungswürdig befunden hat. Dank dieser wertvollen Fähigkeit können wir uns Erlebnisse merken und uns daran erinnern.

Ob eine Information im Gedächtnis verankert wird oder in Vergessenheit gerät bzw. mit der Zeit verblasst, ist eine Frage der Aufmerksamkeit, die als eine bewusste Erhöhung der Merkfähigkeit

Die Griots (frz.: Zauberer bei den Schwarzen) sind Erzähler, Dichter und Sänger, die überlieferte Geschichten von Generation zu Generation weitergeben. Sie stellen sozusagen das lebende Gedächtnis mancher afrikanischer Volksstämme dar.

interpretiert wird. Ohne sie rauschen die über Nervenverbindungen ankommenden Daten einfach nur vorbei und werden binnen Zehntelsekunden im Gehirn ausgelöscht. Zum Glück übrigens, denn das Vergessen ist ein wertvoller Verbündeter für die Ordnung der Gedanken und unverzichtbar, um unbedeutende Informationen herauszufiltern. Denn wollten unsere grauen Zellen ebenso bereitwillig die Worte eines geliebten Menschen wie alle hier und da aufgeschnappten Gespräche oder Eindrücke behalten, so wüssten wir bald nicht mehr, wo uns der Kopf stünde. Unser Gedächtnis ist daher ständig mit der Selektion von Informationen beschäftigt, und zwar abhängig von ihrem aktuellen oder zukünftigen Interesse sowie von den mit ihnen verknüpften Gefühlen. Auch in welcher Beziehung sie zu unserer Persönlichkeit und unserem Erfahrungsschatz stehen, wird dabei berücksichtigt. Manche Botschaften werden nur für rund zehn Sekunden gespeichert – so viel Zeit ist z. B. nötig, um sich eine Telefonnummer zu merken, nachdem man sie gelesen hat –, danach verschwinden sie sofort wieder und es gelingt selten, sie ins Gedächtnis zurückzurufen.

Das Geheimnis der Superhirne

Bleiben noch die vielen tausend Kenntnisse und Erinnerungen, die wir uns für immer einprägen. Ihre Allgegenwärtigkeit ist darauf zurückzuführen, dass sie in unser Langzeitgedächtnis übernommen wurden. Diese einzigartige Speichereinheit untersucht und archiviert ausgewählte Informationen für eine langfristige Aufzeichnung.

Dabei werden die neuen Elemente erst auf ihre Bedeutung hin geprüft und in Abhängigkeit von der Anzahl an Wiederholungen zugelassen. Das so genannte Büffeln oder Pauken, das scheinbar endlose Wiederkäuen eines Lernstoffs ist also keine vom Bildungssystem ausgeheckte Folter, sondern stellt ein Grundprinzip des Merkprozesses dar. Bei außergewöhnlichen Erinnerungsleistungen handelt es sich deshalb in sehr vielen Fällen nur um antrainierte Fähigkeiten. Will man sich jedoch mit Gedächtnisgenies wie Bhandata Vicitsara oder Hideaki Tomoyori messen, muss von vornherein eine gewisse Veranlagung vorliegen.

Lesen und nochmals lesen, hören und nochmals hören: Die Wiederholung ist das beste Rezept, um sich Informationen einzuprägen.

Bei den meisten Menschen ist allerdings nach drei Jahren von einigen hundert gespeicherten Informationen nur noch rund ein Zehntel vorhanden. Dieser Rest bleibt dann meist bis zum Lebensende erhalten. Wo aber werden die Mitteilungen abgelegt, während sie auf ihren Abruf warten?

Ein Katalog mit Vielfacheinträgen

Die Antwort auf diese Frage ist kompliziert, da unsere Erinnerungen nicht an einem anatomisch exakt festgelegten Ort lokalisiert sind. Der Beweis hierfür sind z. B. Patienten, die zwar an einer Erinnerungsstörung (Amnesie) leiden, ihr Gedächtnis jedoch nicht völlig verloren haben. Manche Menschen wiederum vergessen prinzipiell, was sie am vorigen Abend oder vor ein paar Stunden, im Extremfall sogar erst vor ein paar Minuten taten. Hier spricht man von einer so genannten Merkstörung. Bei anderen Personen hingegen sind ganze Teilstücke aus einem bestimmten Lebensabschnitt nicht mehr erinnerbar. Alle Fehlfunktionen des Gedächtnisses deuten darauf hin, dass Ereignisse, die uns prägen, gleichzeitig mehrere Hirnregionen ansprechen.

Und mit Recht! In jeder Sekunde findet nämlich die genaue Überprüfung der Umwelt durch unsere fünf Sinne statt. Von der Ohrmuschel bis zum Augenhintergrund, auf der Zungenspitze, in der Nasenschleimhaut oder auf der ganzen Haut verstreut sind spezialisierte Sinneszellen damit beschäftigt, über Nervenleitungen alle Außenreize ans Gehirn zu übermitteln. Eine Vielzahl von Sinnesmeldungen, die dann im Gehirn mit einer großen Zahl schon gemachter Erfahrungen verknüpft wird. Mehrere Bibliotheken – die Eindrücke sind dort geordnet gespeichert – bedingen schließlich unsere Erinnerungen: So gibt es z. B. jeweils eine für Bilder, Geschmackseindrücke, Farben, Wörter, Musik, Formen und Gerüche.

Viele Fähigkeiten werden in spezialisierten Bereichen des Gehirns wie dem Seh- oder Riechzentrum verarbeitet. Darüber hinaus ist die Aufgabe ausgedehnter Hirnabschnitte, die man auch als Assoziationsfelder bezeichnet, Sinnes-

Das Gedächtnis trainieren

Um seine geistigen Fähigkeiten voll auszuschöpfen, muss man sich intellektuell belasten. Regelmäßiges Lernen, Einprägen und das Üben von Fertigkeiten ist dabei von entscheidender Bedeutung. Denn ähnlich dem körperlichen Trainingszustand bleiben intellektuelle Leistungen nur dann erhalten, wenn man sie regelmäßig praktiziert. Das Gehirn benötigt fast 20 % des gesamten im Körper umgesetzten Sauerstoffs. Deshalb trägt eine gesunde Lebensweise, einschließlich einer ausgewogenen Ernährung, zur geistigen Frische bei.

Der Sitz der Erinnerungen

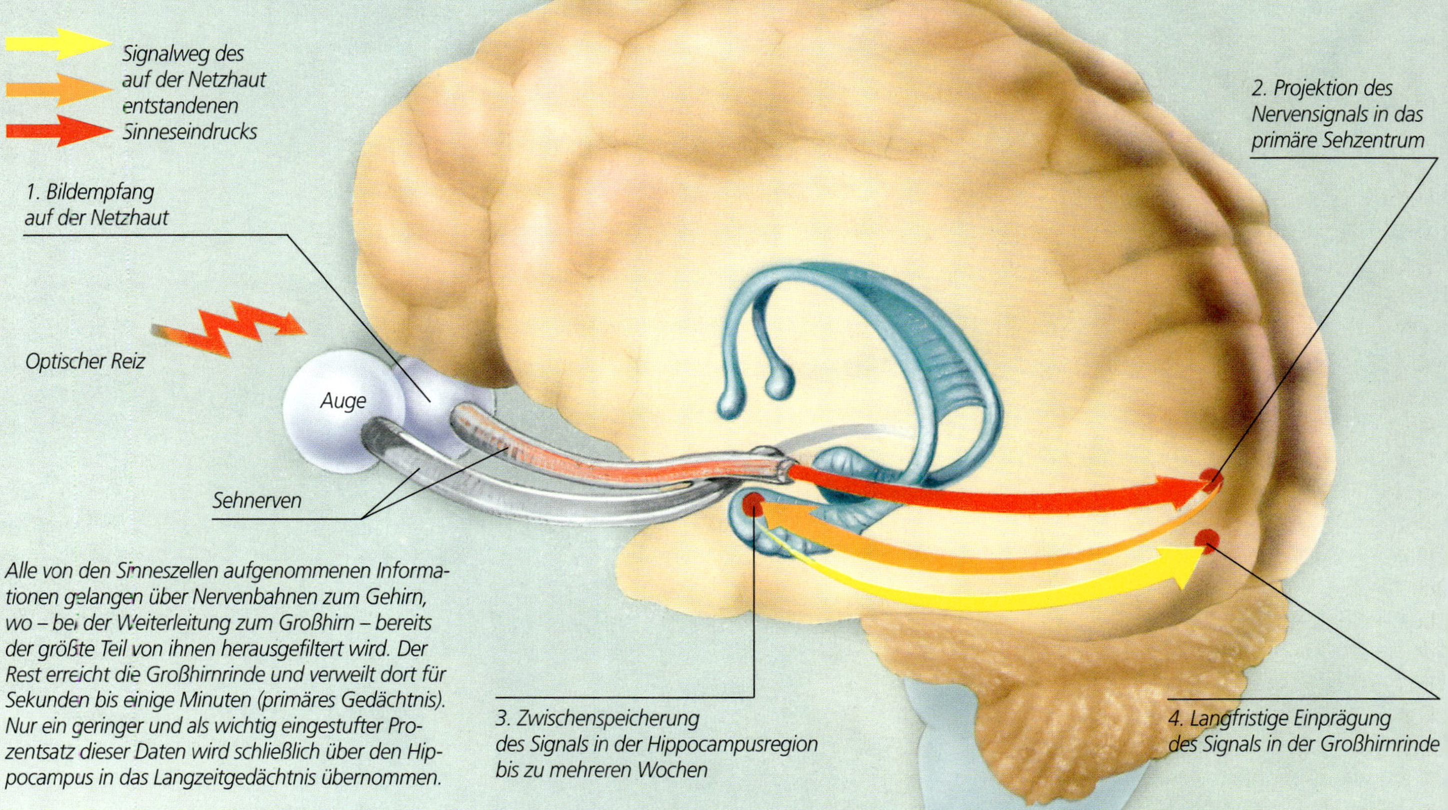

Alle von den Sinneszellen aufgenommenen Informationen gelangen über Nervenbahnen zum Gehirn, wo – bei der Weiterleitung zum Großhirn – bereits der größte Teil von ihnen herausgefiltert wird. Der Rest erreicht die Großhirnrinde und verweilt dort für Sekunden bis einige Minuten (primäres Gedächtnis). Nur ein geringer und als wichtig eingestufter Prozentsatz dieser Daten wird schließlich über den Hippocampus in das Langzeitgedächtnis übernommen.

eindrücke bewertend zu verknüpfen. Unabhängig davon, ob man sich direkt daran erinnern kann, wie etwa das erste Milchfläschchen schmeckte oder wann man erstmals eine Katze oder einen Hund gesehen hat, genügt eine neuerliche Stimulation durch ähnliche Vorkommnisse, um unser Gedächtnis aufzufrischen. Dann setzen sich über die Assoziationsbahnen die einst aktivierten Bereiche des Gehirns in Gang und lassen ein Wiedererkennen zu.

Komplizierte Weichenstellung

Mithilfe neuer bildgebender Verfahren in der Medizin konnte man bei Patienten, die an Gedächtnisschwund, Epilepsie oder Gehirnverletzungen leiden, bestimmte Hirnregionen bei den verschiedenen Gedächtnisleistungen ausmachen.

Danach kommt offenbar einer in den Schläfenlappen gelegenen Region, dem so genannten Hippocampus, eine übergeordnete Funktion beim Langzeitgedächtnis zu. Als obligatorischer Durchgangsspeicher für alle neuen Wissensdaten nimmt er diese bis zu einigen Wochen auf, bevor sie zur dauerhaften Einprägung an Regionen der Großhirnrinde weitergeleitet werden. In jenem Gehirnbereich werden auch Erinnerungen mit den jeweils spezifischen Emotionen verbunden. Tatsächlich steht der Hippocampus in enger Verbindung mit dem limbischen System, einem der „Schlüssel" zu unserer Gefühlswelt. Der vordere Stirnlappen beinhaltet Regionen, die dem Kurzzeitgedächtnis zuzuordnen sind. Die zwischen Gehirn und Rückenmark gelegene, so genannte Retikularformation hingegen wirkt am Erhalt von Wachsamkeit und Aufmerksamkeit mit, die sowohl für das aktive und passive Lernen als auch für das aktive Aufleben von Erinnerungen unverzichtbar sind. Das in der hinteren Schädelgrube liegende Kleinhirn beherbergt das Gedächtnis für konditionierte, also erlernte Reflexe.

Der Mechanismus des Merk- und Erinnerungsprozesses ist derzeit nur in Ansätzen bekannt. Fest steht, dass Nervenzellen untereinander Verbindungen (Synapsen) ausbilden, die bei geistigen Leistungen spezifisch neu gebildet bzw. aktiviert werden. Zusammen mit der Anordnung spezieller Nervenzellengruppen entsteht so ein neuronales Netzwerk zur Informationsspeicherung. Wie aber die Gedächtnisleistung letztlich zustande kommt, ist noch immer Gegenstand intensiver Forschungen.

Der Zahn der Zeit

Wenn man immer öfter etwas vergisst, die Gedächtnislücken größer werden und die Aufmerksamkeit stetig nachlässt, wird meist das Älterwerden dafür verantwortlich gemacht. Bei diesem natürlichen Vorgang, der bereits ab etwa 30 Jahren beginnt, lösen sich Verbindungen (Synapsen) zwischen unseren Milliarden von Nervenzellen. So hat ein geistig gesunder 80-Jähriger schon 5–30 % seiner Neuronenzahl eingebüßt, was sich auf seine Merkfähigkeit auswirken kann. Dies vermag aber unsere geistigen Fähigkeiten nicht ernstlich zu beeinträchtigen, weil hohe Anteile von Gehirnarealen wenig beansprucht sind.

Durch tägliches Gedächtnistraining kann sich ein Kellner viele Bestellungen auf einmal merken.

Welchen Sinn haben Träume?

Gut ein Viertel seiner Lebenszeit verbringt der Mensch im Schlaf, davon etliche Jahre träumend! Dieser Umstand stachelt die Neugier der Traumforscher an, die noch immer nach Sinn und Ursache von Träumen suchen.

Schon seit sehr langer Zeit haben die Menschen versucht, ihre Träume auf eine bestimmte Weise zu deuten. Im Alten Testament etwa wurden sie als Prophezeiungen interpretiert, wie es bei Jakob, dem Pharao, Josef oder den Heiligen Drei Königen der Fall war, deren Träume bis heute berühmt sind. Auch für den Philosophen Platon stellten sie göttliche Zeichen dar, die sich auf zukünftige Geschehnisse bezogen. Seiner Zeit weit voraus war dagegen der große römische Redner Cicero, der bereits im 1. Jh. v. Chr. die Idee verwarf, unsere Träume könnten göttliche Botschaften sein. Doch sollte sich diese Vorstellung noch lange halten.

Erst im 17. Jh. begann man in Europa, den Traum als eine Reflexion des Seelenlebens und der Persönlichkeit zu sehen. Die Menschen fingen an ihre Träume aufzuschreiben und nachfolgend zu deuten. Manche – wie etwa Hervey de Saint-Denys, Lehrer am Collège de France im ausgehenden 19. Jh. – glaubten sogar, sie beeinflussen zu können. Später meldeten sich auch die

Carl Gustav Jung, einer der bedeutendsten Psychoanalytiker, interpretiert den Traum als Ausdruck aller archaischen und universellen Gefühle des Menschen.

Für Sigmund Freud stehen manche unserer Träume in enger Verbindung mit den Empfindungen aus der frühen Kindheit und bringen unerfüllte Wünsche sowie Triebe zum Ausdruck.

Philosophen zu Wort. Für Henri Bergson z. B. handelte es sich um innere Bilder auf der Netzhaut; für andere waren es seelische Spiegelbilder.

Psychoanalytische Deutungen

Erst gegen Ende des 19. und zu Beginn des 20. Jh. wurde durch Sigmund Freud und Carl Gustav Jung die Bedeutung des Träumens systematisch erforscht. Für Freud, der als Begründer der Psychoanalyse gilt, bilden Träume den Ausdruck unbewusster Triebe und Wünsche, die man im Wachzustand verdrängt. Nächtliche Bilder und Geschichten sind deshalb seiner Meinung nach oft bizarr oder chaotisch, weil das Unterbewusstsein darauf achtet, bestimmte Elemente zu negieren, zu verlagern oder zu verzerren, damit sie nicht so leicht wieder erkennbar und dadurch annehmbarer sein sollen. Für Jung öffnet der Traum den Zugriff auf wichtige Urbilder, wie sie in allen Zivilisationen ähnlich vorkommen.

Die drei Phasen des Schlafs

Die Ansätze der Psychoanalyse wurden inzwischen durch neurophysiologische Erkenntnisse ergänzt. Seit 40 Jahren hat sich mit der Traumforschung eine Disziplin herausgebildet, die versucht, die Mechanismen des Träumens zu entschlüsseln. Mit ihrer Hilfe konnte man als Erstes präzisieren, in welchem Moment des Schlafs der Traum einsetzt. Anhand der Aufzeichnung der Gehirnstromkurven, dem Elektroenzephalogramm (EEG), und anderer physiologischer Messgrößen unterscheiden die Traumforscher vereinfacht drei Schlaftypen: den leichten Schlaf, den Tiefschlaf sowie den REM-Schlaf, in dessen Verlauf die Gehirnströme höherfrequente Wellen zeigen. Während des leichten Schlafs und Tiefschlafs hingegen liegen niederfrequente oder langsame Wellen vor.

Das erste Stadium ist dadurch gekennzeichnet, dass sich die Gehirnwellen stetig verlangsamen. Der Schläfer reagiert noch auf Geräusche und kann relativ leicht geweckt werden. Sein Organismus beginnt sich indessen zu beruhigen und gleitet dann in die Tiefschlafphase ab, in der die Augen unbeweglich sind, der Muskeltonus (-spannung) aber bestehen bleibt. Im REM-Schlaf schließlich erwacht das Gehirn aus seiner Starre und sendet Folgen von schnellen Wellen. Die Augäpfel bewegen sich unter den geschlossenen Lidern (daher rührt auch die englische Bezeichnung *Rapid Eye Movement*, kurz REM), der allgemeine Muskeltonus sinkt ab. Es treten jedoch Muskelzuckungen auf, die vor allem die mimische Muskulatur, Finger und Zehen betreffen. Die Person befindet sich nun im Stadium des Traumschlafs und ist schwer aufzuwecken.

Auch Tiere können träumen

Der REM-Schlaf ist ein Privileg der Säuger und Vögel. Bei den übrigen Tiergruppen hingegen, einschließlich der Fische, Amphibien und Reptilien, lassen sich die dafür charakteristischen Hirnstromwellen nicht nachweisen. Man vermutet daher, dass sich der Traumschlaf mit dem Auftreten der höheren Wirbeltiere vor mehr als 130 Mio. Jahren entwickelt hat.

Biologen stellten fest, dass jene Tierarten die längsten Traumphasen aufweisen, deren Kindheit sich über einen großen Zeitraum erstreckt. So träumen Hühner und Kühe 25, Schimpansen 90 und Katzen sogar 200 Minuten lang. Beim Menschen dagegen dauert der REM-Schlaf pro Nacht etwa 100 Minuten. Vögel wiederum haben wenige und sehr kurze Traumphasen, die jeweils nur zwischen 5 und 15 Sekunden dauern.

Fliegen wie im Traum

Träume, in denen man wie ein Vogel fliegt oder von der Schwerkraft befreit im Raum schwebt, hinterlassen beim Aufwachen meist ein angenehmes Gefühl der Leichtigkeit. Deshalb wurden sie von den Psychoanalytikern auch als Ausdruck sexueller Triebe angesehen.

Für die Neurophysiologen indessen hilft die Entspannung des Körpers – die Muskulatur wird im Schlaf ausgeschaltet – der betreffenden Person, den Trauminhalt zu entwickeln. Diese fühlt sich dann von allen physischen Zwängen befreit und kann sich nun fast mühelos in die Lüfte erheben.

Diese Phase wiederholt sich etwa alle 100 Minuten und dauert jeweils 10–20 Minuten.

Bei einem Erwachsenen besteht eine durchschlafene Nacht zu etwa 75–80% aus Nicht-REM-Schlaf und zu 20–25 % aus REM-Schlaf. Bei einem Fetus hingegen macht Letzterer nahezu 90% der Nacht aus. Hieraus wurde verschiedentlich gefolgert, dass die REM-Schlafphasen in den ersten Lebensmonaten an der Strukturreifung des Gehirns beteiligt sind. In der Tat zeigen Kinder – und zwar am häufigsten im Schlaf – alle sechs grundlegenden, für die menschliche Rasse kennzeichnenden Gesichtsausdrücke: Freude, Angst, Überraschung, Wut, Trauer und Abscheu.

Die Phasen des Schlafs

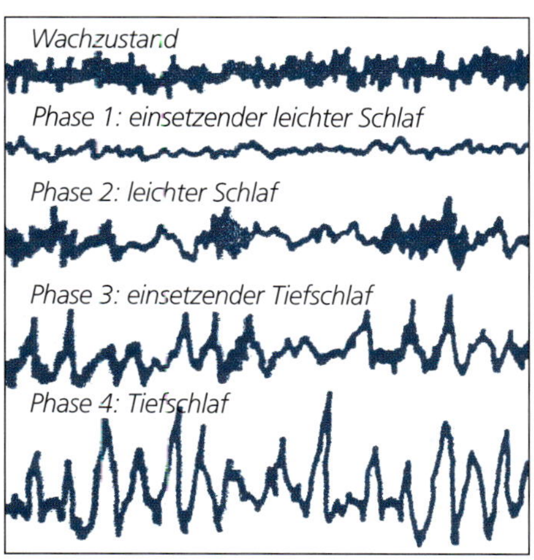

Anhand von Gehirnstrommessungen (Elektroenzephalogramm oder EEG) kann man verschiedene Schlafphasen unterscheiden, die sich jede Nacht in mehreren Zyklen wiederholen. Jedes Stadium zeichnet sich dabei durch ein spezifisches Hirnwellenmuster aus. Im so genannten Non-REM-Schlaf (Phasen 1–4) schraubt das Gehirn seine Aktivität stetig weiter zurück, die Wellen werden immer langsamer.

Diese Mimik ist eine Folge der vom Kind intensiv durchlebten emotionalen Traumerlebnisse, d.h., sie reagiert auf die gefühlsbetonte Stimulation im Traum sichtbar mit.

Lernen im Schlaf?

In jüngster Zeit versucht man herauszufinden, ob ein Zusammenhang zwischen dem REM-Schlaf und der Lernfähigkeit besteht. Der Franzose Michel Jouvet, einer der Begründer der Traumforschung, unterstützt diese Hypothese. Nach seiner Deutung soll der Traum ein geeigneter Zeitpunkt sein, an dem Elemente des arteigenen Gedächtnisses und die angeborenen Merkmale der Persönlichkeit zugleich zum Ausdruck kommen. Dadurch würden, gewissermaßen genetisch bedingt, stammesgeschichtlich alte Verhaltensweisen aktiviert und das Gehirn allnächtlich neu unterwiesen.

Das Vorkommen des REM-Schlafs bei Säugern und Vögeln sowie sein Fehlen bei anderen, weniger hoch entwickelten Tiergruppen scheinen diese Theorie zu untermauern. Beobachtungen zeigen, dass bei den Tieren, die träumen, bereits mit der Geburt das Gehirn weitgehend strukturell festgelegt ist. Die Funktion der Träume wäre es demnach, die neuronalen Netzwerke regelmäßig zu programmieren. Im Gegensatz dazu teilen sich bei kaltblütigen

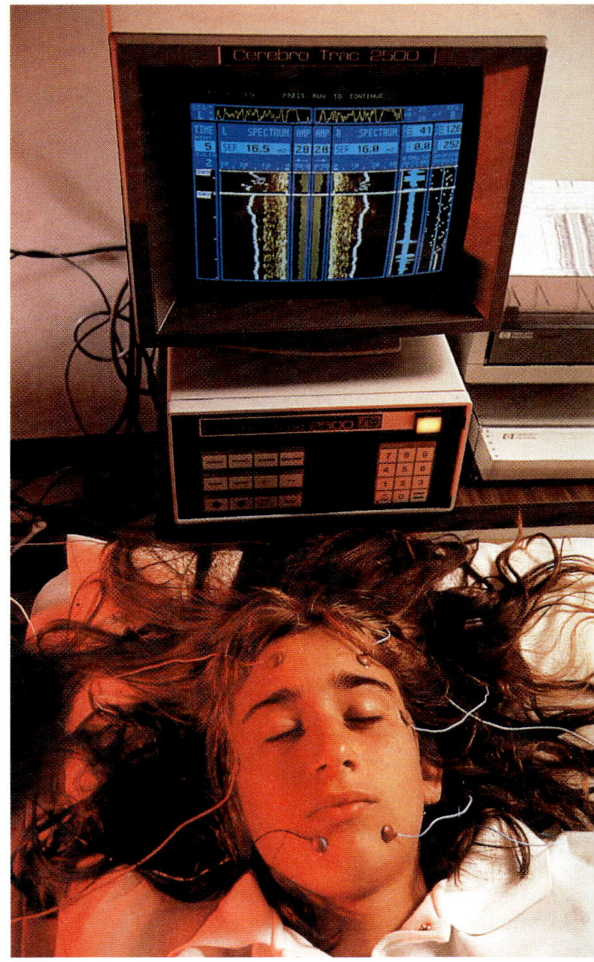

Über Elektroden, die man am Kopf der Patientin platziert hat, werden die Gehirnsignale in Form von Hirnstromwellen gemessen und auf dem Monitor dargestellt.

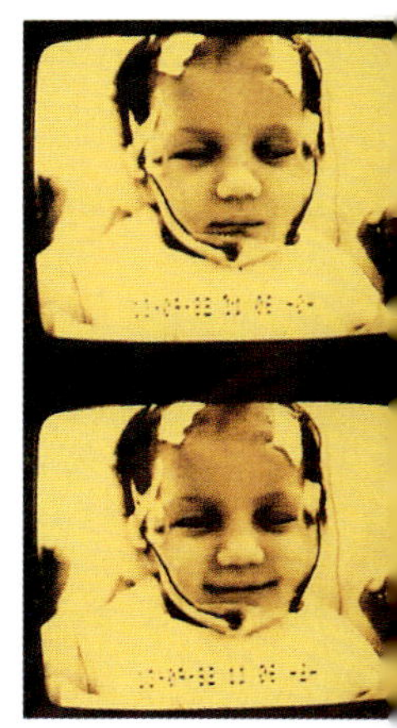

Rechts: lächelndes Mienenspiel eines fünf Tage alten Mädchens während der REM-Phase. Der Säugling wird über gefühlsbetonte Traumerlebnisse zu dieser genetisch festgelegten Mimik veranlasst.

Am Ende eines jeden Schlafzyklus zeigen die Hirnstromwellen für etwa 20 Minuten einen höherfrequenten Verlauf, der sich demjenigen im Wachzustand wieder annähert. Hier beginnt die traumaktive REM-Phase, die man auch als paradoxen Schlaf bezeichnet. Als scheinbar widersprüchlich an diesem Stadium gilt, dass das Gehirn zwar äußerst aktiv ist, der Körper bzw. seine Muskeln sich aber gänzlich entspannt haben.

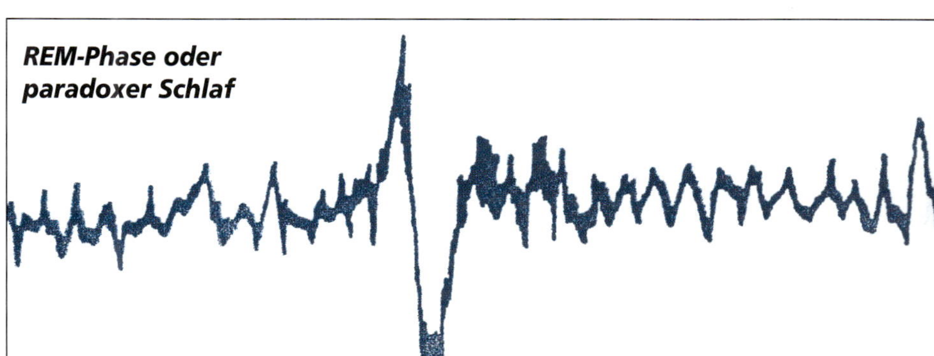

Wirbeltieren – z. B. Fischen und Reptilien – die Nervenzellen ein Leben lang, sodass eine regelmäßige Aktivierung möglicherweise nicht sinnvoll wäre.

Dennoch dürfte der Traum nach einer in Fachkreisen weithin akzeptierten Hypothese ein Lernwerkzeug sein: der Moment, wo das Langzeitgedächtnis die endgültige Speicherung der im Lauf des Tages gesammelten Informationen vornimmt. Während des Tages könnte der erforderliche Wachheitsgrad diese neuronale Aktivität behindern, da sehr große Gehirnregionen die bewussten Sinneseindrücke verarbeiten.

Voller Kopf heißt viele Träume

Wer lernt, träumt viel. So ist typischerweise bei Studenten während der Examenszeit, wenn das Gedächtnis stark beansprucht ist, eine Zunahme des REM-Schlafs zu beobachten. Außerdem belegen Versuche mit Ratten, dass Lernen Träume auslöst. Müssen sich Nager etwa den Weg durch ein besonders kniffliges Labyrinth einprägen, nimmt bei ihnen der REM-Schlaf um 50–60 % zu. Erst nach sicherer Einübung des Weges erreicht die Länge der Traumphasen wieder Normalwerte.

Angesichts dieser Resultate scheint der REM-Schlaf unerlässlich, um erworbene Kenntnisse zu festigen. Wenn man übrigens, so die Wissenschaftler, eine Katze oder eine Ratte am Träumen hindert, z. B. mittels geeigneter Medikamente, dann entwickeln die Tiere Lernschwierigkeiten. Dasselbe gilt auch für den Menschen: Bei denjenigen Personen, die man aufweckt, sobald sie zu träumen beginnen, nimmt die Lernfähigkeit ab. Nach einigen Tagen zeigen sie außerdem eine Störung, die Fachleute als futurograde Amnesie (Denkschwäche für zukünftige Ereignisse) bezeichnen. Diese Menschen sind nicht mehr imstande, den zu erwartenden Ablauf von Ereignissen, die unmittelbar bevorstehen, zu erkennen.

Wenn der Mond ruft

Sie wandeln nachts im Schlaf und unternehmen bisweilen sogar gefährliche Ausflüge auf die Treppe oder das Dach. Am nächsten Morgen aber können sie sich an ihre Spaziergänge, die oft bei Mondschein erfolgen, in der Regel nicht mehr erinnern.

Statistisch gesehen kommt Schlafwandeln vor allem bei rund 20 % der Kinder im Alter zwischen fünf und zwölf Jahren vor, die Mehrzahl von ihnen (70 %) sind Jungen. Die Analyse der Gehirnströme ergab, dass dieses Phänomen nicht während des REM- oder Traumschlafs auftritt, sondern das EEG zeigt wie beim Tiefschlaf niederfrequente Hirnstromwellen. Das Bewusstsein ist ausgeschaltet, die Muskeln erhalten aber aus dem Bewegungszentrum koordinierte Befehle. Als mögliche Ursachen gelten eine erbliche Vorbelastung, Stress sowie der Einfluss des Mondes.

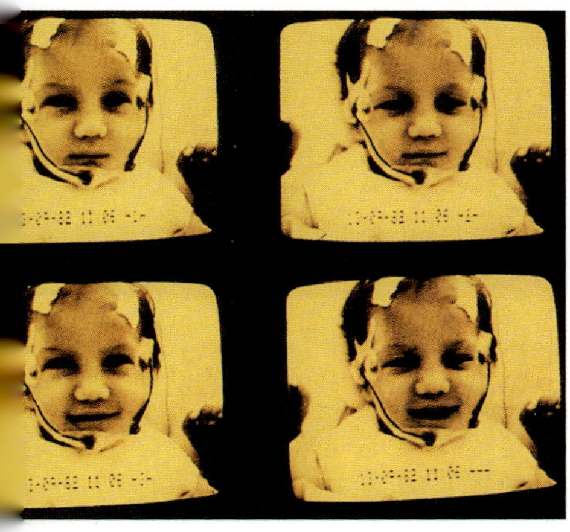

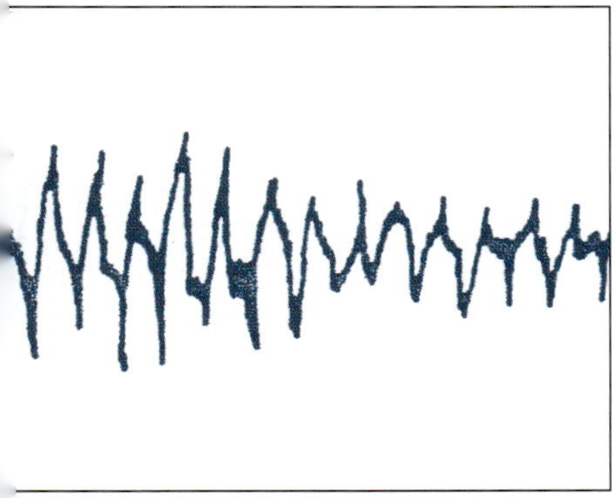

Zweierlei Ansätze

Ist nun ein Brückenschlag zwischen den Fakten der Neurophysiologie und den psychoanalytischen Traumtheorien denkbar? Die Antwort lautet Ja, doch nähern sich beide Disziplinen dem Phänomen von unterschiedlichen Ansätzen her. Man ist sich aber darin einig, dass Träume den Zweck haben, die vielfältigen Ereignisse, Gefühle und Entdeckungen des täglichen Lebens zu verarbeiten.

Kleinkinder befinden sich mehr als die Hälfte ihrer Schlafzeit in der REM-Traumphase.

So erklären die Psychoanalytiker, dass wir in unseren Träumen die tagsüber verdrängten, unbewussten Wünsche und Ängste erkennen. Für den Neurophysiologen dagegen ermöglicht der REM-Schlaf, die im Tagesverlauf erworbenen Erkenntnisse, Informationen und Fähigkeiten sowie Verhaltensweisen mittels Nervenzellen zu fixieren. Außerdem treten stammesgeschichtlich alte Emotionen und Verhaltensmuster auf.

Von unterschiedlichen Blickwinkeln aus wollen beide Disziplinen sagen, dass wir uns mithilfe der Träume neue Situationen einprägen, emotional bewerten und verarbeiten, sodass nachfolgende ähnliche Situationen im Alltag besser bewältigt werden können.

Gibt es eine Rückkehr aus dem Jenseits?

Dem Tod ins Auge blicken, die Schwelle zum Jenseits überschreiten und dann wieder umkehren – ist das möglich? Manche Zeugenaussagen von Überlebenden, seien es nun Männer oder Frauen, die fast gestorben wären, legen diese Vermutung nahe. Doch die Ärzte sind eher skeptisch ...

Über solche oder ähnliche Visionen vom Jenseits, wie auf diesem Gemälde von Hieronymus Bosch, berichten auch Menschen, die eine Nahtodeserfahrung hatten.

Ein wuchtiger Aufprall und der Unfall ist geschehen. Der Fahrer sitzt eingeklemmt in den Trümmern seines Wagens, unfähig, sich zu bewegen. Sein Leben scheint zu Ende. Plötzlich spürt er, wie ihn eine Kraft nach oben zieht. Während die Retter sich noch am Fahrzeug zu schaffen machen, fliegt er davon. Nur sein Körper bleibt als Hülle unter ihm zurück. Vom Beteiligten des Dramas wechselt er in die Rolle des Zuschauers. Dann wird alles schwarz. Ein düsterer Tunnel öffnet sich und verschlingt ihn. Ein langer Gang, an dessen Ende ein unwirkliches Licht schimmert. Man glaubt sich in ein Gemälde von Hieronymus Bosch versetzt. Und in dem Licht hört man Laute und Töne, die ein Gefühl des Friedens und der Ruhe vermitteln. Dann wieder der Tunnel, die Rückkehr zum Unfallort und menschliche Stimmen – die der Retter. Und der Schmerz des verletzten Körpers, der sich nun bemerkbar macht.

Was also ist passiert? Der verunglückte Autofahrer hatte gerade eine *Near Death Experience,* kurz NDE – eine so genannte Nahtodeserfahrung.

Glaubwürdige Zeugenaussagen?

Kann man einen Abstecher ins Jenseits unternehmen und danach in die Welt der Lebenden zurückkehren? Seltsamerweise gewinnt diese Frage, die den Menschen schon seit langer Zeit beschäftigt, mit der Entwicklung der modernen Wiederbelebungstechniken erneut an Aktualität. Es kommt vor, dass Männer und Frauen, die nach einem schweren Unfall dem Tod gerade noch einmal entronnen sind, eine Reise schildern, die sie ins Jenseits gemacht haben wollen.

Solche Berichte, wie sie durch Raymond Moodys Bestseller *Leben nach dem Tod* einer breiten Öffentlichkeit bekannt wurden, sind seit rund 20 Jahren Gegenstand heftiger Diskussionen. Manche glauben, dass hier der alte Streit um die Existenz eines Schattenreiches wieder aufgewärmt wird. Andere hingegen vermuten, dass die Überlebenden dem starken Einfluss der Tagespresse ausgesetzt waren, die es auf vergleichbare Schilderungen abgesehen hat. Sie fragen sich, ob die Patienten derartige Erfahrungen äußern würden, wenn sie keine entsprechende Anregung erhalten hätten. Für einen dritten Personenkreis wiederum, der mit den Verfahren wissenschaftlicher Gut-

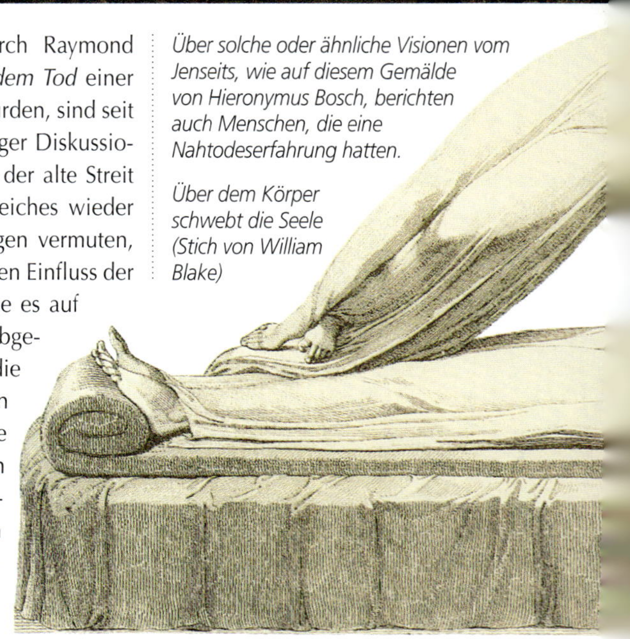

Über dem Körper schwebt die Seele (Stich von William Blake)

achten vertraut ist, handelt es sich um bloße Halluzinationen und es geht ihrer Meinung nach nur um die Frage, wodurch diese intensiven Wahrnehmungen ausgelöst werden.

Eine unwirkliche Reise

Für die Skeptiker geben jene Menschen zwar wahre Sinneseindrücke und Empfindungen wieder, doch sind sie niemals vom Tod ins Leben zurückgekehrt. Sollte die NDE den Spiegel einer Wirklichkeit darstellen, so hat Letztere nichts mit dem Jenseits zu tun. Worum handelt es sich dann aber in solchen Fällen?

Angenommen, die Opfer hätten tatsächlich ihren Körper verlassen – dies würde bedeuten, dass sich ein unabhängiger Teil des Individuums vom physischen Leib lösen könnte. Die Überlebenden sind natürlich hiervon überzeugt. Freilich ist ihre Objektivität durch nichts garantiert.

Der Großteil der Psychologen und Physiologen vertritt die Ansicht, dass sie vielmehr Erfahrungen gemacht haben, die mit von Halluzinationen begleiteten Trancezuständen vergleichbar sind. So schüttet das Gehirn unter dem Einfluss eines starken seelischen Schocks einen Schwall Endorphine aus – körpereigene Hormone, die Glücksgefühle erzeugen und schmerzstillend wirken. Diese Botenstoffe vermitteln der Person dann Sinneseindrücke, die jenen ähneln, die man unter dem Einfluss bestimmter Drogen machen kann, darunter ein verklärendes Gefühl von Frieden, wie es von den Überlebenden manchmal geschildert wird. Nach einer solchen Reise ins Jenseits haben einige der Betroffenen scheinbar nicht nur die Angst vor dem Tod verloren, sondern bedauern sogar – auch wegen der Schmerzen – nochmals zurückgekommen zu sein. Letzten Endes gibt also eine NDE die Sinneseindrücke wieder, die das Gehirn im Zustand einer körperlich lebensbedrohlichen Erkrankung oder Verletzung macht.

Was ist von traditioneller Heilkunst zu halten?

Stets hat der Mensch nach Mitteln und Wegen gesucht, um seine Gesundheit zu erhalten und Krankheiten zu bekämpfen. Eine schon seit Jahrtausenden erfolgreiche Methode ist dabei die Verwendung von Kräutern zu Heilzwecken. Selbst in den Industriestaaten sind immer noch mehr als die Hälfte aller Präparate pflanzlicher Natur.

In den westlichen Industrieländern wird nicht selten die Behauptung laut, zwischen traditionellen Heilpflanzen und modernen Medikamenten lägen Welten. Befasst man sich jedoch eingehender mit dem Thema, stellt man fest, dass ihre Geschichten meist eng miteinander verknüpft sind. Oft stammen die auf chemischem Weg hergestellten Präparate sogar von pflanzlichen Wirkstoffen ab. Beispielsweise das Aspirin. Dieses Standardmedikament in jeder Hausapotheke wirkt schmerzstillend, gerinnungshemmend und fiebersenkend. Es wird besonders erfolgreich zur Vorbeugung gegen bestimmte Herz-Kreislauf-Erkrankungen eingesetzt. Aber wer weiß heute noch, dass Aspirin direkt aus dem Mädesüß *(Filipendula ulmaria)* gewonnen wird, einer in Mitteleuropa sehr verbreiteten Pflanze, die an Flussufern und auf Schwemmlandflächen gedeiht? Ihrer alten wissenschaftlichen Bezeichnung, *Spiraea ulmaria,* verdankt das Medikament nicht zuletzt seinen Namen.

Solche Beispiele gibt es zuhauf: Morphium etwa, das zugleich für seine schmerzstillende Wirkung als auch für seine Anwendung als Betäubungsmittel bekannt ist, wird aus Opium gewonnen, das wiederum ein Extrakt des Schlafmohns *(Papaver somniferum)* darstellt. Chinin, zu empfehlen bei der Malariatherapie, stammt aus der Chinarinde *(Cinchona pubescens),* einer in den Anden heimischen Baumart. Digitalin wiederum, ein wirksames Herzmedikament, kommt insbesondere im Roten Fingerhut *(Digitalis purpurea)* vor, einem Vertreter der montanen Regionen, sowie in der Meerzwiebel *(Urginea maritima),* die im Mittelmeergebiet an relativ trockenen Standorten anzutreffen ist.

Doch wie kam man eigentlich darauf, solche Pflanzen als Heilmittel zu verwenden? Welche Erfahrungen mussten hierzu gemacht werden?

Magische Pflanzen

Für die ersten Menschen war die Nahrungssuche ein Akt des Ausprobierens. Durch persönliche Erlebnisse mit sowohl negativem als auch

Ein erster Schritt bei der Herstellung traditioneller Heilmittel ist das Zerstampfen der Pflanzen im Mörser.

positivem Ausgang lernten sie zwischen Pflanzen zu unterscheiden, die als Nahrungsmittel geeignet waren oder wegen ihrer Giftstoffe und in Abhängigkeit von einer bestimmten Dosis eine heilende Wirkung entfalteten. Das so er-

worbene Wissen wurde von Generation zu Generation weitergegeben.

Erheblich erweitert hat sich der Erfahrungsschatz des Menschen, als er damit begann, die Tierwelt zu beobachten und daraus bestimmte Rückschlüsse zu ziehen: etwa dass Pflanzen, von denen sich so schnelle Tiere wie das Pferd oder starke wie der Bison ernährten, sehr energiereich sein mussten. Warum sollte diese Eigenschaft nicht auch den Jägern mehr Kraft verleihen können? Sehr bald gab es zu jeder Tierart eine so genannte magische Pflanze. Ihre Zuordnung erfolgte zunächst anhand der Wirkung, die sie hervorrief, sowie aufgrund ihrer Form, die wenigstens zum Teil dem tierischen Körperbau ähnlich war. Die Waldindianer Brasiliens bemerkten z. B., dass die Zwiebel der Piripirioca-Pflanze, die wie ein

Aus dem Mädesüß (oben), einer Feuchtigkeit liebenden Pflanze, gewinnt man Azetylsalizylsäure. Dies ist der wissenschaftliche Name für das Medikament Aspirin.

Aus den Kapseln des Schlafmohns, die man hier z. B. in Thailand erntet, wird Opium gewonnen. Dieser Saft ist reich an Alkaloiden, deren wichtigster Vertreter Morphium ist. Es wirkt einschläfernd und beruhigend, ist aber auch ein Rauschgift, weshalb der Opiumanbau strengen Kontrollen unterliegt.

Der fliegende Tod

Unfälle bei der Anwendung von Pflanzen, die sich im Nachhinein als giftig herausstellen, können durchaus lehrreich sein. So haben die Indianer Venezuelas gelernt, die Kraft des Kurare zu nutzen.

Mehr als 30 Pflanzen enthält die Rezeptur dieses starken Pfeilgifts, wie es die Naturvölker bis heute zubereiten. Vor seinem Gebrauch durch die Krieger wird es an Affen erprobt. Die lähmende Wirkung des Kurare, das die Verbindungsstellen oder Synapsen zwischen Nerven und Muskeln blockiert, hat der Physiologe Claude Bernard (1813–78) untersucht.

Ein Medizinmann aus dem Mato Grosso (Brasilien) bereitet mithilfe von Pflanzen seine Heilmittel zu.

Tapirauge aussieht, auf das Tier eine betäubende Wirkung hat; dieser Umstand gestattet es ihnen, sich ihm anzunähern. Und sie hatten die Idee, ihren Körper, ihre Pfeile und die Pfoten ihrer Jagdhunde damit einzureiben.

Die Theorie der Signaturen

Dass sich auch die Menschen in den alten Hochkulturen mit der Heilkraft der Natur auskannten, belegen zahlreiche überlieferte Schriften. Für Theophrast, der sich im 1. Jh. v. Chr. mit botanischer Philosophie beschäftigte, wie auch zwei Jahrhunderte später für Plinius d. Ä. war jede Droge – infolge einer Art göttlicher Eingebung – Trägerin einer Botschaft. Im 16. Jh. stellte dann der Schweizer Arzt und Alchemist Paracelsus seine Theorie der Signaturen auf, mit deren Hilfe er glaubte, die Wirksamkeit einer jeden Pflanze anhand eines Erkennungszeichens ablesen zu können.

Für unseren wissenschaftlich geprägten, modernen Verstand ist es schwer, hier zwischen Magie und Einbildung auf der einen und Wirksamkeit auf der anderen Seite zu trennen. Wer sich allerdings in Botanik auskennt, weiß, dass Letztere eher zufällig durch grundsätzliche Strukturmerkmale von Pflanzen begleitet wird. Wie etwa im Fall der aufgeblähten Wurzeln des Scharbockskrauts *(Ranunculus ficaria)*, die übermäßig vergrößerte, so genannte hypertrophierte Venen hervorrufen. Sie enthalten Saponine, wirksame Substanzen zur Behandlung von Hämorrhoiden. Oder der Gemeine Efeu *(Hedera helix)*, welcher die Silhouette der Bäume schlank zu machen scheint, die er umrankt. Seine Wirkstoffe finden bei der Behandlung von Fettleibigkeit und Zellulitis Anwendung. Und schließlich die Mistel *(Viscum album)*, die in kompakten Büscheln als Halbschmarotzer auf den Ästen anderer Bäume lebt und somit an einen Tumor erinnert. Sie enthält Eiweißstoffe, die in der Krebsmedizin eingesetzt werden.

Lebensraum und Farbe

Die Wirksamkeit der Pflanzen kann aber nicht nur durch ihre Form, sondern auch durch andere Merkmale wie etwa den Lebensraum bestimmt werden. Die Rinde der Silberweide *(Salix alba)* z. B., die bevorzugt in moorigen Feuchtgebieten, an Wasserläufen und Teichufern gedeiht, enthält mit der chemischen Substanz Salicin einen antirheumatischen Wirkstoff, ein Mittel also, das gegen Beschwerden hilft, die unter solchen Bedingungen begünstigt auftreten.

Die Kornblume soll blaue Augen zum Strahlen bringen: ein Beispiel für einen hartnäckigen, jedoch unbegründeten Volksglauben.

Ein weiteres Indiz: die Farbe. Die Chinesen, die Wirkstoffe anhand ihrer Farbe und Wärme klassifizieren, führen deren Heileffekt mehr auf diese Eigenschaften zurück statt auf ihre chemische Zusammensetzung. Ein Beispiel hierfür ist der in China häufig verwendete Süßholzstrauch *(Glycyrrhiza glabra)*: Die für seine Gelbfärbung verantwortlichen Moleküle wurden bestimmt und isoliert; seine entzündungshemmende und krampflösende Wirkung auf den Darm hat man nachgewiesen. Trotzdem messen die Anhänger der traditionellen chinesischen Heilkunde diesen Fakten keinerlei Bedeutung bei, sondern beharren vielmehr darauf, dass die Wirksamkeit der Pflanze allein von ihrer Gelbfärbung herrühre. Ihre Überzeugung geht sogar so weit, dass sie Süßholz, wenn es nicht in ausreichender Menge zur Verfügung steht, durch Kurkuma *(Curcuma zanthorriza)* ersetzen, wobei die einzige Gemeinsamkeit die gelbe Farbe ist. Und ihrer Meinung nach tritt die gleiche Heilwirkung auf.

Auf den ersten Blick mag man über einen derart festen Glauben schmunzeln. Ist aber der Unterschied zum Placebo-Effekt, dessen Wirksamkeit außer Frage steht, wirklich so groß? Im Fernen Osten ist man seit jeher der Überzeugung, dass Gelb für gute Gesundheit, Gleichgewicht und funktionale Harmonie der Organe steht. Wenn der Arzt eine gelbe Arznei verschreibt, zeigt er damit seinem Patienten, dass er dessen Sorge verstanden hat und auf seine Erwartung reagiert. Die auf der gelben Farbe beruhende Besserung des Gesundheitszustands kann damit ebenso dem Placebo-Effekt zugeschrieben werden, wie es auch in unserem Kulturkreis bei der Wirkung vieler Medikamente der Fall ist.

Um genau zu sein ...

Der Begriff Droge wird oft als Abkürzung für „pflanzliche Droge" verwendet. 1870 definierte man ihn als Gattungsbezeichnung für die Rohstoffe, aus denen die Apotheker Arzneien zubereiten. In der Praxis handelt es sich um jenen Teil der Pflanze – frisch oder zumeist getrocknet –, der Arzneiwirkstoffe enthält. Daher wird selbst ein Kamillen- oder Lindenblütentee gewissermaßen aus Drogen zubereitet.

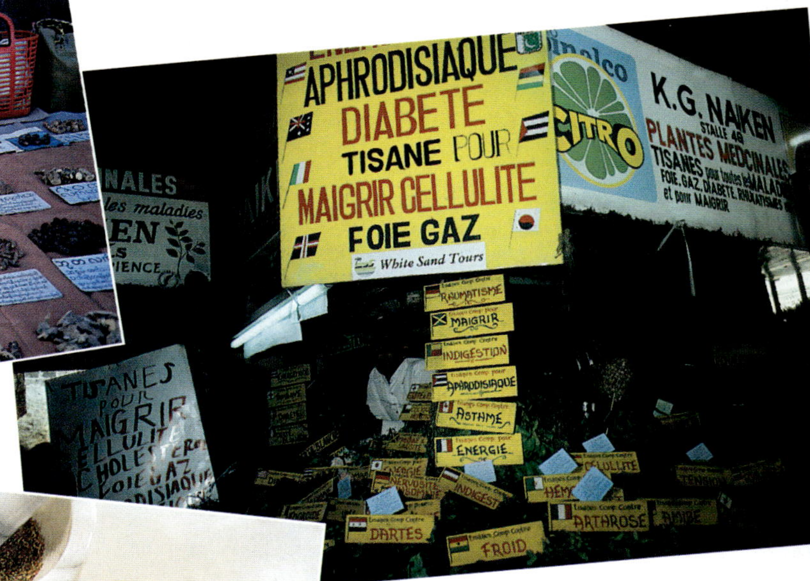

Oben: Auf einer Straße in Rangun (Birma) bietet eine Händlerin ihre zahlreichen Heilkräuter feil.

Rechts: Gelatinekapseln, Tabletten und Ampullen sind zeitgemäße Darreichungsformen der Pflanzenheilkunde, auch Phytotherapie genannt.

Oben: Ob die Wirkungen der Tees, die von diesem Kräuterhändler auf dem Markt in Port-Louis (Mauritius) angepriesen werden, auch tatsächlich eintreten, ist eher zweifelhaft.

Fehlschläge inbegriffen

Die Theorie der Signaturen hat auch einen positiven Aspekt. Da sie den Menschen auf bestimmte Pflanzen aufmerksam machte, konnten eine ganze Reihe wirksamer Arten ermittelt und aus diesen wiederum vielerlei Medikamente gewonnen werden. Doch nicht bei allen Heilkräutern hat sich die ursprünglich angenommene Wirksamkeit als begründet erwiesen, wenn auch der Volksglaube oft hartnäckig daran festhält. So weisen z. B. die Wurzeln des Gelben Enzians *(Gentiana lutea)* eine gallenähnliche Bitterkeit auf, weshalb man dieser Pflanze einen choleretischen Effekt zuschrieb, der die Gallenabsonderung fördert. Blaue Augen wiederum sollen ihren strahlenden Blick der Kornblume *(Centaurea cyanus)* verdanken und in Afrika glaubt man, dass die phallusförmigen Früchte des Leberwurstbaumes *(Kigelia africana)* aphrodisische oder potenzsteigernde Eigenschaften verleihen.

Das Beispiel Schwarzafrika

Viele Afrikaner schreiben allen Naturerscheinungen, ob gut oder schlecht, eine Seele zu und suchen durch eine Fülle magischer Praktiken die Gunst der Geister zu beschwören. Die einheimischen Pflanzen, darunter auch Heilkräuter, dienen ihnen als Mittel, um böse Geister zu bekämpfen, die Krankheiten schicken.

Nach pharmakologischer Prüfung besitzt jedoch nur ein Teil der traditionellen Heilpräparate eine Wirksamkeit, die mit der synthetisch hergestellter Medikamente zu vergleichen ist.

Zuverlässige Medikamente

Nachdem man mit Beginn des 20. Jh. zunehmend synthetisch hergestellten Arzneimitteln den Vorrang einräumte, hat inzwischen allgemein eine Rückbesinnung auf natürliche Präparate stattgefunden. Sanfte Arzneien wie Tees oder Gelée royale, der von den Arbeitsbienen für ihre Königin produzierte Futtersaft, stehen wieder hoch im Kurs. Man darf jedoch in keinem Fall annehmen, dass pflanzliche Mittel weniger gefährlich seien als chemische Medikamente. Tatsächlich variiert ihre Zusammensetzung in Abhängigkeit davon, unter welchen Bedingungen die Pflanzenaufzucht, -ernte und -lagerung erfolgten; im Einzelfall können also ihre Wirkstoffe einmal in sehr hoher und dann wieder in minimaler Konzentration vorliegen. In der Folge sind Unfälle nicht ausgeschlossen, die entweder auf einer Überdosierung oder einer Unwirksamkeit der Behandlung beruhen.

Angesichts dieser Fakten ist es ein Ziel der pharmazeutischen Labors, der Öffentlichkeit wirksame Substanzen, aber auch zuverlässige, auf natürlicher Basis aufbauende Medikamente verfügbar zu machen. Hierfür nehmen sie unter anderem die Dienste von Ethnologen in Anspruch, welche die entlegensten Winkel Schwarzafrikas, Südamerikas oder Zentralsibiriens durchkämmen, um Proben von Medizinmännern zu sammeln. Mit Unterstützung von Botanikern nehmen sie dann die wirksamen Pflanzen genau unter die Lupe – in der Hoffnung, die Arzneimittel der Zukunft zu finden. Bis heute ist die Wirksamkeit vieler Pflanzen nicht untersucht.

Die Wahrheit über Voodoo

Mit dem Begriff Voodoo verbindet man häufig die Vorstellung von Zombies – den lebenden Toten –, unheilvollen Zauberern und gruseligen Ritualen. Meist sind uns jedoch nur die dunklen Seiten dieses magischen Geheimkults bekannt, der in Westafrika weit verbreitet ist und durch den Sklavenhandel auch in die Karibik und nach Südamerika gelangte.

Während der Orakelbefragung malt der Voodoo-Priester magische Zeichen auf eine mit Pflanzenpulver bedeckte Tafel (Anloga, Ghana).

Stellen wir uns einen in Westafrika lebenden jungen Mann vor, den wir Kofi nennen wollen. Dieser hat genügend Grund, bekümmert zu sein: Alles läuft bei ihm schief, er hat sich verschuldet, zudem ist seine Ehefrau kürzlich erkrankt. Kofi fragt sich, ob er auf einen Weg geraten ist, der sein Schicksal nachteilig bestimmt. Hat man ihn vielleicht verhext? Ist er ein Opfer der Boshaftigkeit, ja sogar der Rache sichtbarer oder unsichtbarer Wesen? Hat er etwa ein moralisches Gesetz übertreten oder es versäumt, den Geist eines verstorbenen Ahnen mit einem rituell notwendigen Opfer zu ehren?

Kofi weiß, dass nur ein Voodoo-Priester, der über die Gabe des Wahrsagens und der Geisterbeschwörung verfügt, sein Schicksal interpretieren kann. Jener wird durch eine Orakelbefragung Auskünfte von verschiedenen Gottheiten sowie von Ahnengeistern einholen und dann versuchen, Kofi mithilfe weiterer magischer Praktiken von bösen Einflüssen zu befreien.

Wege zu den Voodoo-Göttern

Nehmen wir an, dass Kofis Probleme durch Voodoo-Rituale zu lösen sind, dann stehen ihm verschiedene Möglichkeiten offen.

Da Kofi aufgrund seiner Jugend vor allem Hilfe zur Stärkung seiner Persönlichkeit braucht, wird er vermutlich den Rat bekommen, sich einem Voodoo-Heiligtum anzuschließen. In solch einer Kultstätte, die von einem erfahrenen Priester geleitet wird, setzen sich die Gläubigen aus mehreren Großfamilien zusammen. Dort wird Kofi in die Riten eingeweiht, die ihn spirituell empfänglich machen sollen. Die Voodoo-Gottheiten können ihn dann in Trance versetzen, ja sogar von ihm Besitz ergreifen, indem sie sich seines Geistes bemächtigen. Dieser ekstatische Zustand ist erreicht, wenn Kofi plötzlich ein mythisches Wesen verkörpert, das einem bisher unerkannten Aspekt seiner Persönlichkeit entspricht. Dieser darf nun in befreiender Weise hervortreten, da er während der Zeremonie von der Gemeinschaft gebilligt wird.

Es kann aber auch sein, dass es Kofi nur an einer dauerhaften Unterstützung von außen fehlt. Dann wird der Priester ihm wahrscheinlich raten, dass er sich einen auf Privatpersonen übertragbaren Voodoo-Fetisch „einrichten" lässt. Davon können seine nahen Angehörigen gleichermaßen profitieren. Meistens wird Kofi die völlige Kontrolle über diesen heiligen Gegenstand, der eine Gottheit symbolisiert, behalten: Er wird mit ihm weder eine mystische Verbindung eingehen noch von ihm je besessen sein. Eine einfühlsame Frau aus seinem näheren Um-

Die jeweiligen Gegenstände eines Voodoo-Altars, die in bestimmter Weise angeordnet sind, lassen erkennen, welche Gottheit dargestellt und gewürdigt wird.

kreis kann jedoch die mystische Gattin seines Schutzgottes werden, dem sie dann als Medium dient, um ihr zum „Sprechen" zu bringen.

Wenn Kofis Probleme lediglich auf einem ungünstigen Zusammentreffen verschiedener Umstände beruhen, wird ihm der Priester in der Regel raten, mit diesem oder jenem Voodoo-Gott etwas zu tun, d.h., ihn um Verzeihung zu bitten oder sich möglichst unter seinen Schutz zu stellen. Möchte Kofi ihn um einen speziellen Gefallen bitten, so wird er diesem Gott versprechen müssen, ihm nach zuteil gewordener Güte ein Opfer darzubringen. Anschließend ist er ihm nichts mehr schuldig; das hindert Kofi allerdings nicht daran, auch weiterhin die der Gottheit gewidmeten Zeremonien zu besuchen in der Hoffnung, zukünftig bei Bedarf leichter von ihr erhört zu werden.

Oben: Bei dieser Voodoo-Zeremonie wird der von einem Gott Besessene von mehreren Kultteilnehmern festgehalten.

Ein Fetisch verleiht Schutz

Nehmen wir an, der Priester hat Kofi aufgetragen, einen Voodoo-Fetisch bei jemandem zu erwerben, der bereits ein solches Exemplar besitzt. Der junge Mann wird diese Person also aufsuchen und sich, gegen Bargeld und eine Flasche Schnaps, genau beschreiben lassen, was er alles für die Einrichtungszeremonie beschaffen soll. Außerdem lässt Kofi sich informieren, was man für die Anfertigung des heiligen Gegenstandes benötigt, anhand dessen sein Voodoo-Schutzgott identifiziert wird. Das können sein: unterschiedliche Pflanzenblätter, Mineralien und diverse Bestandteile des menschlichen oder tierischen Körpers (Haut- oder Knochenstückchen, Vogelfedern, Haare, Zähne usw.). Solch ein Sammelsurium wird der den Fetisch Übermittelnde sorgsam vor den Berührungen und Blicken anderer schützen, indem er es unter einem Hügel vergräbt, in einem Gefäß versteckt oder in Stoffe bzw. Häute wickelt. Der Voodoo-Gläubige geht davon aus, dass die Zutaten eines Fetischs von der spirituellen Kraft jenes Geistes geprägt sind, der sie zuvor belebte. Sie sollen eine Aura ausstrahlen, die auf bestimmte Geister anziehend, auf andere hingegen abstoßend wirkt. Die geschickt anzuordnenden Fetischbestandteile dienen als eine Art Antenne, d.h., sie sollen in der Lage sein, mit einer übersinnlichen Macht Verbindung aufzunehmen, falls sich diese in Harmonie mit ihnen befindet.

Wenn der den Fetisch Übertragende den Kultgegenstand schließlich weiht, wird er Kofi in Kontakt mit der korrespondierenden höheren Macht bringen und ihn eine spezielle Zauberformel lehren, mit der er jene erfolgreich anrufen kann. Solch eine Formel ist nur im Rahmen eines derart geschlossenen Bündnisses zwischen Übermittler und Empfänger, d.h. zwischen Meister und Jünger, wirksam. Nach der Übergabe des heiligen Gegenstandes wird ein großes Opfer dargebracht und ein Fest gefeiert, um der höheren Macht für ihre Bereitwilligkeit zu danken, dass sie sich einem neu Einzuweihenden zur Verfügung stellt.

Die Voodoo-Götter Haitis

In Haiti, der Hochburg des Voodoo, werden die Loas genannten Götter in Wasser-, Luft-, Feuer- und Erdgeister eingeteilt. Zahlreiche dieser Gottheiten tragen afrikanische Namen und einige werden mit katholischen Heiligen identifiziert. Papa Legba, der Herr der Kreuzwege, gilt als Mittler zwischen den höheren Mächten und den Menschen. Andere wichtige Loas sind Ogun, der Gott des Eisens, Feuers und Krieges, Agwe, der Gott der Meere, und Erzulie, die Göttin der Liebe und des Reichtums. Baron Samedie nennt sich der Herr der Toten, der dem Teufel des Christentums ähnelt.

Wie man ein angesehener Voodoo-Priester wird

Es besteht auch die Möglichkeit, dass Kofi mit seinem Schutzgeist nicht gleich zufrieden ist. Dann wird er seinem Lehrmeister noch einmal einen Besuch abstatten. Dieser kann Kofi empfehlen, die Wirksamkeit seines Voodoo-Fetischs durch das Hinzufügen einer oder zweier Zutaten zu verstärken. Oder er schlägt ihm vor, wei-

tere Schutzmächte zu erwerben, die sich den bösen Geistern widersetzen können, welche den Gebrauch des Fetischs stören.

Wenn alles gut geht, wird Kofi an Ansehen hinzugewinnen. Denn in seiner Umgebung weiß man nun, dass er einen Schutzgeist besitzt, der den Menschen diese oder jene Form von Hilfe anbieten kann. Deshalb kommen etliche Leute zu ihm und bitten ihn inständig um den Beistand seines Schutzzaubers.

In dem Bestreben, seine Klienten zufrieden zu stellen, wird sich der junge Mann in den Heil- und Zauberkräften bestimmter Pflanzen und Kräuter unterweisen lassen. Mit dem Erwerb mehrerer Schutzmächte kann er den Menschen für viele Probleme Lösungen anbieten. Um seine Kunden bestmöglich beraten zu können, sollte sich Kofi außerdem bei einem erfahrenen Priester die Kunst des Wahrsagens aneignen und sich in die Geisterbeschwörung einweihen lassen.

Damit er auch den unheilvollen Zauberern trotzen oder gleichberechtigt mit ihnen verhandeln kann, muss er sich dafür speziell einen Voodoo-Schutzgeist zulegen. Dieser wird ihm Gewalt über die bösen Mächte verleihen, die Misserfolg, Leid und Tod verbreiten und Menschen in den Wahnsinn treiben, wenn diese ihren negativen Einfluss zugelassen haben. Kofi kann die bösen Mächte zu seinem Vorteil nutzen oder aber sich ihnen widersetzen – d. h., er ist imstande, selbst als Zauberer zu agieren. Damit hat er die Wahl, entweder nach dem Willen eines höchsten Wesens zu handeln, indem er mit all seinem Tun ein gutes Ende anstrebt, oder sich auf die Seite der dunklen Mächte zu schlagen, die durch mutwillige Zerstörung ihre Bedeutung zu mehren glauben.

Verbreitung des Voodoo

Sehr stark vertreten ist der Geheimkult Voodoo, der ursprünglich aus dem Süden Togos und Benins stammt, auf der Karibikinsel Haiti, wo ihn westafrikanische Sklaven im 16. Jh. einführten. Verbreitung fand der magische Volksglaube auch in den Südstaaten Amerikas. Eine große Ähnlichkeit mit dem Voodoo weisen die kubanische Religion Santeria und die in Brasilien praktizierte Macumba auf.

Oben: Zu Beginn der Einweihungsriten begeben sich Gläubige mit verbundenen Augen zu einem heiligen Ort im Wald. Dort werden sie die Offenbarung empfangen, dass Voodoo – in diesem Fall Héviéso, der Gott des Blitzes – eine innere Macht ist, die niemals optisch sichtbar wird (Dzolo, Togo).

Links: Der Voodoo-Tanz auf dem Dorfplatz von Kovié (Togo) versetzt die Kultteilnehmer in Trance.

Aufgaben der Voodoo-Götter

Kofis Geschichte zeigt, dass die Voodoo-Götter die Aufgabe haben, Menschen gemäß ihrem Temperament und ihren Fähigkeiten zu helfen, ein besseres Leben zu führen, in welcher Lage sie auch gerade sind. Man bittet sie, Ereignisse günstig zu beeinflussen oder aber den Lauf der Dinge zu verhindern. Damit erweisen sie sich als Bevollmächtigte im Spektrum der Möglichkeiten, die jedem Menschen offen stehen.

Über den vielen afrikanischen Voodoo-Schutzgeistern, die miteinander konkurrieren, thront unerschütterlich als Oberhoheit Mahou. Dieser motiviert die Menschen, die Verantwortung für ihr Leben in die Hände der einzelnen, ihm untergebenen Gottheiten zu legen. Das komplexe religiöse System des Voodoo bekennt sich also zu einem so genannten Höheren Wesen und erkennt gleichzeitig die Existenz einer Vielzahl von Göttern an, die jeweils eine mehr oder weniger wichtige Rolle einnehmen.

Die Voodoo-Götterwelt ist kein Abbild überirdischer Vollkommenheit. Sie hilft vielmehr, die wesentlichen Kräfte des Menschen zu erkennen und zu bändigen. Diese Kräfte stacheln mitunter zu Wut, Raserei, Gewalt und Gerissenheit an. Diese Eigenschaften werden jedoch weder verteufelt noch verachtet oder verdrängt, sondern respektiert, gedämpft und in den Dienst ehrenwerter Angelegenheiten gestellt.

Streng kontrollierte Praktiken

Die Menschen sind nicht jederzeit offen dafür, Voodoo-Götter zu empfangen und die damit verbundenen Rituale auszuführen. Daher unterliegen die Voodoo-Praktiken nach wie vor einer strengen Kontrolle. Dafür sorgen das Brauchtum, die Kultverantwortlichen und die Geister der verstorbenen Ahnen, welche die Interessen der Gläubigen vertreten, und nicht zuletzt die von den Priestern befragten Schutzgötter, die um das aufblühende Seelenwohl des Menschen besorgt sind.

Die Voodoo-Priester sind gegen die Verlockungen der bösen Mächte erst dann wirklich gefeit, wenn sie die Konfrontation mit ihnen gewagt haben. In dieser Freiheit liegt zugleich die Gefahr des schädlichen Missbrauchs, die der Voodoo-Kult mit sich bringen kann, wenn er mit seinen magischen Praktiken in das Gebiet der Hexerei vorstößt.

TRANCEN UND VISIONEN IM AFRIKANISCHEN CHRISTENTUM

Im Lauf der Zeit verschmolz die christliche Heilslehre der europäischen Missionskirchen in Schwarzafrika mit Elementen einheimischer Naturreligionen. Uralte Kulthandlungen dienen dort den gläubigen Christen zur Demonstration der Stärke Jesu Christi. Zugleich sollen die geheimnisvollen Zeremonien die Gemeindemitglieder vor bösen Mächten schützen.

Als europäische Missionare zu Zeiten der Kolonialexpansion im 19. Jh. das Christentum nach Afrika brachten, trafen sie auf eine fremdartige Welt rätselhafter Kulte und Sitten. Die Verbreitung der abendländisch geprägten Religion und dazugehörigen Zivilisation bedeutete für die Bewohner des Schwarzen Kontinents ein massives Eindringen in ihre jahrhundertealten Wertsysteme.

Unter den zum Christentum bekehrten Afrikanern entstand daher zunehmend das Bedürfnis, die neuen Glaubensinhalte ihren religiösen und sozialen Traditionen anzupassen. Sie lösten sich nach und nach von den Missionskirchen, um selbstständige christliche Gemeinschaften unter der Leitung von einheimischen Geistlichen zu gründen. Daraus entwickelte sich im Lauf unseres Jahrhunderts ein authentisches afrikanisches Christentum, das den Glauben an Jesus Christus mit Ahnenkult, Magie, Opferriten, Fetischzauber und Animismus verbindet und dabei den religiösen Gemeinschaftssinn stark betont.

Heutzutage sind in den etwa 60000 so genannten unabhängigen afrikanischen Kirchen nahezu alle christlichen Konfessionen anzutreffen, die sowohl in den ländlichen Gebieten wie in den Großstädten regen Zulauf haben.

Christentum und afrikanische Traditionen

Anders als in Europa versammeln sich in Afrikas christlichen Kirchengemeinden die Gläubigen nicht zur stillen Andacht; sie suchen vielmehr mit den ihnen eigenen religiösen Ausdrucksformen einen unmittelbareren, lebendigeren Kontakt zu Jesus Christus, um ihn mit voller Kraft ihres Herzens zu loben oder anzuflehen.

Ihre uralten, geheimnisvollen Kulte, die in Visionen, Offenbarungen und tranceartige Träume eingebettet sind, steigern sich in den Gottesdiensten bisweilen zu ekstatischer Besessenheit. So kann es beispielsweise geschehen, dass sich eine Kirchengemeinde versammelt, um ihre Mitglieder von bösen Dämonen zu befreien, die verhindern, dass die Wünsche Einzelner in Erfüllung gehen – seien es Kinder, ein Ehepartner oder ein dringend benötigter Arbeitsplatz. Bald schon tritt die von dem Priester gerufene göttliche Macht in Aktion. Die Teilnehmer beginnen zu schreien und zu stöhnen, manche wälzen sich am Boden, andere müssen festgehalten werden. Ein Gläubiger summt in Ekstase einen Gesang vor sich hin. Plötzlich richtet sich eine von Krämpfen geschüttelte Frau auf. Wie aus dem Unterbewusstsein presst sie einige Warnungen und Ratschläge hervor. Gleich neben ihr notiert jemand sorgfältig ihre Äußerungen.

In einer anderen Gemeinde warten am Eingang eines kleinen Kirchensaales etliche Männer und Frauen, dass sie endlich an die Reihe kommen. Es sind unruhige, unzufriedene Menschen, die einen Hellseher befragen wollen, woher ihre Leiden rühren und durch welche Gebete oder Zeremonien göttlicher Beistand zu erhalten ist.

Oben: In der afrikanischen Kirche des Himmlischen Christentums notiert ein „Berichterstatter" die Worte einer Gläubigen, die gerade eine Vision hat.

Rechts: Eine Frau fällt in religiöse Trance.

Angesichts solcher Beispiele mag sich mancher die Frage stellen, ob die neuen christlichen Kirchen Schwarzafrikas wirklich die Botschaft des Evangeliums angenommen haben oder ob die von ihnen praktizierte Religion nicht eher eine sonderbare Mischung aus traditionellem Geisterglauben und Christentum ist.

Anders als es der erste Eindruck vermuten lässt, haben die afrikanischen Kirchen radikal mit den heidnischen Göttern der Naturreligionen gebrochen, um sich vorbehaltlos Jesus zuzuwenden. Ihr Kredo ist die Bibel. Allein in der Heiligen Schrift finden sie die Rechtfertigung für ihre religiösen Handlungsweisen, mit denen sie an die geistige Frische des Evangeliums der Frühzeit anknüpfen wollen.

Für die afrikanischen Christen ist es jedoch nicht leicht, mit ihrem traditionellen Milieu z brechen, da sie als Vergeltung alle möglichen okkulten Aggressionen befürchten. Denn die Macht der Fetischzauberer wird dort von niemandem angezweifelt, auch nicht von den Christen. Daher ziehen sie fortwährend geistig gegen die bedrohlichen Magier zu Felde, wozu Paulus sie auffordert: „Legt die Waffen an, die Gott euch gibt, dann können euch die Schliche des Teufels nichts anhaben." (Epheser 6,11)

Da die europäischen Missionsgesellschaften unfähig waren, auf das Schutzbedürfnis der Neubekehrten einzugehen, bildeten sich Anfang des 20. Jh. lokale Kirchengemeinden heraus, die den

Gläubigen wirksame Rituale vorschlugen, um ihnen die Angst vor feindlichen Zaubermächten zu nehmen. Ziel der neuen afrikanischen Kirchen war es nicht, eine Spaltung im Christentum herbeizuführen, sondern die unermessliche Kraft Christi anschaulich vorzuführen. Dadurch gab es nicht mehr die Notwendigkeit, sich Hilfe suchend an die traditionelle Götterwelt der Region zu wenden, denn die Gläubigen konnten nun getrost auf den Schutz des christlichen Schöpfers vertrauen.

Visionen des Heiligen Geistes

Manche Christuskirchen Schwarzafrikas haben sich nicht gescheut, den Heiligen Geist zu bemühen, um Böses von den Menschen abzuwenden. Die Gläubigen fallen zuweilen in Trance, um seine prophetischen Botschaften zu empfangen, die häufig vor bevorstehenden

Oben: Ein katholischer Priester zeigt der gläubigen Gemeinde das heilige Altarsakrament, das ihm als göttliches Instrument zur Krankenheilung dient.

Gefahren warnen. Insgesamt wird der Heilige Geist als eine Macht aufgefasst, die in das irdische Geschehen eingreift, Krankheiten heilt und Reichtum schenkt. Nicht selten fordert er die Gemeinde auf, ihre Hingabe beim Gebet zu verdoppeln oder besondere Rituale durchzuführen, und animiert dadurch die Gläubigen zu vielfältigen Formen religiösen Brauchtums.

Bisweilen werden zu einer Gebetsversammlung Wahrsager eingeladen, um das Wirken des Pastors während des Gottesdienstes zu erleuchten. Ihre Gabe, Aussagen über verborgene gegenwärtige Ereignisse oder zukünftiges Geschehen zu machen, haben sie vom Heiligen Geist empfangen. Vom traditionellen Hellseher einer Stammesgemeinschaft unterscheiden sie sich dadurch, dass sich ihre Weissagungen allein auf Akte christlicher Frömmigkeit beziehen.

Nach Auffassung des afrikanischen Christentums kann prinzipiell jeder Gläubige einen unmittelbaren Zugang zum Heiligen Geist haben. Ist dieser in ihm, zeigt sich dies in Bewusstseinsverlust, in krampfartigen körperlichen Erregungszuständen und im so genannten Zungenreden, d. h. einem ekstatischen, unverständlichen Reden, das der religiösen Deutung bedarf. Nur solch spektakuläre Erscheinungsformen, die auf Gläubige wie Nichtgläubige einen sichtbaren Eindruck machen, gelten den protestantischen Kirchen Schwarzafrikas als sicheres Zeichen für die unmittelbare Anwesenheit des Heiligen Geistes.

Wundertaten im Namen Gottes

Großes Aufsehen erregen in Afrikas Dörfern und Städten vor allem Wunderheilungen im Namen Jesu oder Gottes, da sie besonders anschaulich die Stärke des christlichen Glaubens demonstrieren. Hat der Priester einen Kranken durch Handauflegen oder Gesundbeten von den bösen Dämonen im Körper befreit, wird der „durch ein Wunder Geheilte" zu einer Spende aufgefordert, um Gott für dessen Beistand zu danken und die Kirche für ihren außerordentlichen Seelsorgerdienst zu entlohnen.

Es scheint, dass in diesen Ländern, wo nichts zufällig, sondern immer mit Erlaubnis der Geister oder auf deren Anregung hin geschieht, fast jedes beliebige Ereignis als wundersam empfunden werden kann. Eine schwindende Krank-

Geistige Erneuerung durch das Christentum

Das Christentum eröffnete Afrika neue Horizonte. Verdienst der Unabhängigen afrikanischen Kirchen war es, der ursprünglichen Fremdreligion aus kolonialer Vergangenheit eine eigene Identität zu geben. Auf diese Weise konnten die neuen Kirchen zur Bewahrung der afrikanischen Kultur und gleichzeitig zur schnelleren Überwindung überholter religiöser und gesellschaftlicher Traditionen beitragen. Denn im Gegensatz zu den Göttern der einheimischen Naturreligionen, die dem unabwendbaren Schicksal unterliegen, stellt die christliche Heilslehre die individuelle Rettung der Seele in den Vordergrund und gibt dem Gläubigen dadurch mehr Möglichkeiten zur Selbstbestimmung.

heit, eine Schwangerschaft ohne Zwischenfälle, ein Geschäft, das plötzlich floriert, ein Unfall, den man überlebt hat, oder die wohlverdiente Bestrafung eines Gotteslästerers bieten zahlreiche Gelegenheiten, über Gottes Wirken zu staunen.

Die christlichen Wundertäter betonen, dass bei ihrem Wirken keine schwarze Zaubermagie im Spiel sei, sondern dass Gott sie mit solch spiritistischen Fähigkeiten ausgestattet habe. Diesen Umstand begründen sie damit, dass Christus jedem zu helfen versprach, der ihn gläubig darum bitte.

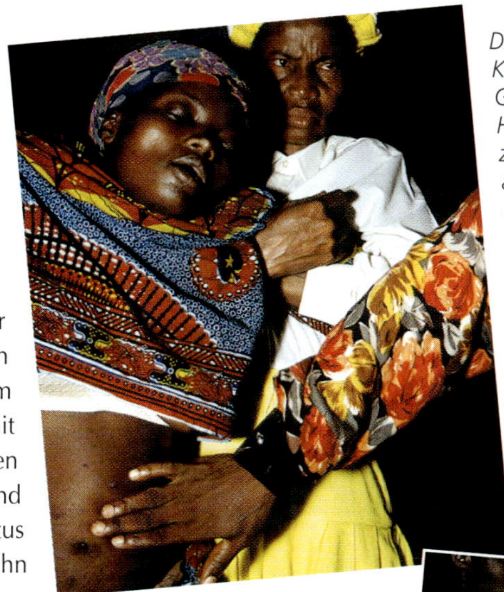

Die afrikanische Kirche der Weisheit Gottes in Christus: Hier wird ein Exorzismus öffentlich als Kulthandlung durchgeführt.

Schwarzafrikas erneut seine Lebenskraft und Anpassungsfähigkeit bewiesen hat und dadurch um eine Variante bereichert wurde.

Trotz ihrer vielfältigen Ausprägungen und Kultformen dienen die afrikanischen Kirchen ein und demselben Gott und ihre Aktivitäten unterliegen allgemein gültigen Moralprinzipien. Indem die einzelnen christlichen Konfessionen jeder Machtausübung entsagen, die den jeweils anderen Gruppierungen schaden könnte, lassen sie ihre Gläubigen in einer Atmosphäre leben, in der gegenseitiger Argwohn ausgeschlossen ist. Afrikas Kirchen sind weltoffen geworden; sie bündeln gemeinschaftlich ihre Kräfte, um eine neue Gesellschaft aufzubauen.

Afrikas Kirchen auf dem Weg in die Moderne

Befürworter des traditionell praktizierten Christentums werfen den neuen afrikanischen Kirchen eine vereinfachte Vorstellung von der christlichen Lehre vor. Ihrer Ansicht nach wird Gott als universelles und unendliches Wesen entthront, wenn er nur über personalisierte Heilige, die zuvor mit seinen übernatürlichen Kräften ausgestattet werden, in das irdische Geschehen eingreifen kann, um den Menschen vor Unfällen, Blitzschlag, Armut oder Krankheit zu bewahren. Dem mag man entgegenhalten, dass das weltweite Christentum im Fall der Kirchen

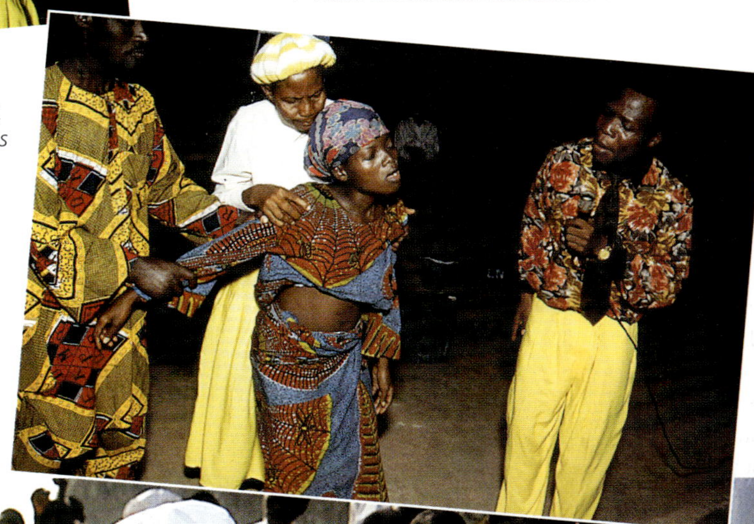

Rechts: „Weiche, Satan! Fort mit dir!", schreit der Priester ins Mikrofon, um den bösen Dämon aus dem Körper der Gläubigen auszutreiben.

Unten: Gebet gegen Hexenzauber am Strand von Sémé (Benin) anlässlich eines internationalen Treffens der Himmelschristen an Weihnachten

DIE MAGISCHEN KRÄFTE DER SCHAMANEN

Eine mit Bärenklauen verzierte Lederhaube, Augen mit Kupferintarsien, Hundezähne, Augenbrauen und ein Oberlippenbart aus Pelz zieren diese Kultstatue eines Schamanen (British Columbia).

Magische Geisterbeschwörungen und Seelenreisen, ekstatische Besessenheit und Trancezustände kennzeichnen den uralten Schamanenkult, der seit jüngster Zeit verstärkt Interesse in der westlichen Welt findet. Sind seine Rituale nur primitiver Zauber oder eine sinnvolle Möglichkeit menschlicher Erfahrung?

Die magisch-religiösen Glaubensvorstellungen des Schamanismus, die aus grauer Vorgeschichte stammen und auch heute noch bei den Eskimo am Polarkreis, den Indianern Nordamerikas, den australischen Aborigines und zahlreichen anderen Naturvölkern Afrikas, Asiens, Ozeaniens und Südamerikas anzutreffen sind, wurden in Europa vor allem durch Berichte Reisender sowie durch ethnologische Forschungen bekannt.

Bereits im 17. Jh. schilderte der russische Gesandte Isbrand Ides ein sonderbares Erlebnis, das er während eines Jagdausfluges in Sibirien nahe der Grenze zur Mongolei hatte. Dort beobachtete er einmal des Nachts in einer Holzhütte seinen Jagdführer mit einem tungusischen Schamanen bei rätselhaften Ritualen. Umgeben von Furcht erregenden Statuen, die Geister darstellten, trugen die beiden Männer Pfeilspitzen in ihren durchbohrten Nasen und tanzten zum Klang der Trommel im Kreis. Dabei bellten sie wie Hunde. Seiner Erzählung nach sollen sich an diesem ungewohnten Schreikonzert auch Raben und andere Vögel in der näheren Umgebung beteiligt haben.

Noch Wundersameres berichtete der deutsche Forschungsreisende Johann Georg Gmelin, der im Jahr 1733 unter der Schirmherrschaft der russischen Zarin Anna Iwanowa an einer wissenschaftlichen Expedition zur Erkundung Sibiriens, des Ural sowie der Halbinsel Kamtschatka teilnahm. Unterwegs wurde er Zeuge, wie eine jakutische Schamanin sich den Bauch aufschnitt, ein Stück Gewebe entnahm, es dann kochte und verzehrte. Anschließend behandelte sie die Wunde, die nach nur sechs Tagen völlig verheilt war, mit Verbänden aus Harz und Birkenrinde.

Werdegang eines Schamanen

Was sind das für Männer und Frauen, die solch unglaubliche Dinge tun? Entweder erben die Betreffenden das Amt des Schamanen oder sie erhalten einen besonderen Ruf durch übermenschliche Wesen – das kann durch einen Traum, eine Vision oder durch das Erleben größten Leids, wie etwa einer schweren Krankheit, geschehen. Nach derartigen Jenseitserfahrungen knüpft der zum Schamanen Auserkorene dauerhafte Kontakte mit dem Reich der Geister, um übersinnliche Erkenntnisse zu gewinnen und die wahre Natur der Dinge zu sehen. Dieses mystische Wissen verleiht ihm große Macht, die er als Vermittler zwischen irdischer und übernatürlicher Welt seinem Stamm zur Verfügung stellt.

Im Amazonastiefland begibt sich der angehende Schamane zur Initiation längere Zeit fastend in die Einsamkeit der tropischen Regenwälder. Dort wird er von Ohnmachtsanfällen und bedeutungsschweren Träumen heimgesucht. Durch diese leidvoll erlebten Prozesse erhält er Zugang zur jenseitigen Welt. Um mit den Jagdgeistern des Waldes, der Meereslagunen oder der heiligen Andenberge in Verbindung zu treten, improvisiert er in zuweilen überwirklichen Stimmlagen den so genannten *Ikaro*-Gesang. Diesen ekstatischen Bewusstseinszustand erreichen die Inuit-Schamanen der Arktis durch eine keuchende, von kehligen Schreien unterbrochene Atmung. In Sibirien vollendet der Schamane seine Einweihungsriten durch eine symbolische zweite Geburt, indem er mit dem Kopf nach unten von einem Baum herabsteigt. Der Schamane der Anden muss dagegen einen Blitzschlag überlebt haben, um damit seine Fähigkeit im Umgang mit der Natur und den übersinnlichen Mächten zu beweisen.

Während ihrer Lehrzeit erwerben die zukünftigen Schamanen bestimmte Ausrüstungsgegenstände, wie Trommeln, Rasseln, Schilfrohrflöten, Tiermasken, Fellumhänge und

Der Hirschgeweihkopfschmuck des tanzenden tungusischen Schamanen erlaubt ihm die Seelenreise ins Jenseits.

Tiermaske und rabenförmige Rassel dienen den Inuit-Schamanen als kultische Requisiten für rituelle Zeremonien. Die symbolischen Motive auf dem Schamanenmantel stellen die Jahreszeiten und Fruchtbarkeitszyklen dar (Alaska).

Peitschen aus Zweigen, mit denen sie dann bei kultischen Zeremonien das ekstatische Erlebnis steigern und das rituelle Geschehen symbolhaft darstellen.

Die soziale Rolle des Schamanen

Die meist als hohe Autoritäten geachteten Schamanen leben abseits der Gemeinschaft, um in totaler Stille das übernatürliche Universum meditierend zu erfassen.

Dank ihrer besonderen Beziehungen zu den Geistern sollen sie fähig sein, Kranke zu heilen, Jagderfolg und Wetter in Bezug auf gute Ernten zu beeinflussen sowie ihr Volk vor Naturkatastrophen zu bewahren. Außerdem kommen dem Schamanen, der Medizinmann, Zauberer, Wahrsager und Stammespriester zugleich ist, die Aufgaben zu, religiöse Feste abzuhalten, die urzeitlichen Mythen zu erzählen, bei sozialen Spannungen in der Gemeinschaft zu vermitteln und den Menschen die Angst vor den jenseitigen Mächten zu nehmen.

Zauberer oder Seelenspezialist?

Lange Zeit erschienen die magischen Praktiken des Schamanismus der „aufgeklärten" westlichen Welt äußerst befremdend und wurden oft als primitive Rituale eingestuft. In den letzten Jahren entdeckte man jedoch gewisse Gemeinsamkeiten zwischen der mystischen Erfahrungswelt der Schamanen und bestimmten Formen der modernen Psychotherapie.

Wenn ein böser Geist von einem Stammesmitglied Besitz ergriffen hat, begibt sich der Schamane im Trancezustand auf eine so genannte Himmelsreise, um die „geraubte" Seele zurückzuholen. Das faszinierende Phänomen einer solchen Seelenfahrt wurde in Amazonien in folgender Art beobachtet:

Der südamerikanische Schamane bietet den Teilnehmern einer rituellen Séance ein halluzinogenes Rauschmittel an, das sie in Form eines Trunks schlückchenweise zu sich nehmen. Danach stimmt der Zauberpriester im Rhythmus der Trommeln einen monotonen Gesang an, der aus magischen Beschwörungsformeln besteht, während sich die Anwesenden schütteln, Grimassen schneiden und wild gestikulieren.

Eine Patientin mit verängstigtem Gesichtsausdruck sieht aus, als wolle sie unter dem Eindruck erschreckender Visionen davonlaufen. Die Geister der Pflanzen sollen über sie gekommen sein. Die Besessene stößt kurze, heisere Schreie aus und dreht sich dabei immerfort im Kreis. Mit einem Schlag seines *Chonta* genannten Stabes hält der Schamane die Frau an, die nun wie gebannt stehen bleibt. Obwohl sie aufstoßen und niesen muss, fordert er sie auf, einen Pflanzensud durch die Nase einzuziehen, wobei er jeden Zug mit einem langen Pfiff begleitet. Die Frau windet sich seltsam, wirft die Arme in die Luft und schüttelt die Hände, als wolle sie ein schreckliches Gespenst verjagen, bevor sie, der schamanischen Trance ausgeliefert, zu Boden fällt.

Der Schamane kniet jetzt neben seiner Patientin nieder, die inzwischen tief zu schlafen scheint, und lauscht den zusammenhanglosen Wortfetzen, die ihr zwischen schluchzenden Lauten über die Lippen kommen. Dann beschwört er abermals die Geister, zerkaut nachdenklich einige Kräuter, nimmt noch einen Schluck von dem Drogengebräu und verkündet der Versammlung, dass er eine Himmelsreise machen werde.

Von da an zieht er sich in sich selbst zurück, als wäre er eingenickt. In dem Zimmer wird die

Ein Schamanenheiler auf Borneo behandelt ein krankes Mädchen durch Handauflegen und Anblasen mit Sandelholzrauch.

Luft nun unerträglich stickig. Der Schamane ist blass geworden und seine Augen zeigen, wenn er sie nicht geschlossen hält, einen glasigen Schimmer. Seine Lippen bewegen sich schwach, als würde er mit unsichtbaren Gesprächspartnern plaudern. Danach glaubt er, die Ursachen des Problems zu kennen, worunter seine Patientin leidet. Kehrt der Schamane von seiner Jenseitsreise in den Raum zurück, wo die Zeremonie stattfindet, bringt er die von den bösen Geistern geraubte Seele der Patientin mit und gibt ihr anschließend therapeutische Ratschläge.

Seine bisweilen schonungslosen Diagnosen können z. B. lauten, dass der Betroffene unter einer Krankheit der Schande oder der Abweichung vom Schicksalsweg leidet. Ist es eine Erkrankung aus der Welt der Weißen, wie etwa eine Infektion oder Krebs, entzieht sich diese seinen Heilkräften.

Im schamanischen Trancezustand erfolgt so etwas wie ein Austausch mit den Geistern, eine Vereinigung mit dem Kosmos bzw. dem Göttlichen. Beim brasilianischen Macumbakult wird die in Trance befindliche Person von afrikanischen *Orixás*-Göttern geritten. Auf Bali verkörpert der *Sanghyang jaran* die Besessenheit eines Menschen von den Pferden Gottes.

Die Kunst des Wahrsagens und des Heilens scheint bei den Schamanen mit einem „heiligen Funken", d. h. einer Art emotionalem sechstem Sinn, verbunden zu sein. Mit ihren ungewöhnlichen seelischen Kräften können die Stammespriester Ursachen verschiedener Krankheiten aufdecken, indem sie die verborgenen Konflikte und Ängste des Menschen offen legen, die nicht nur seine psychische Ausgeglichenheit, sondern auch das körperliche Wohlbefinden beeinträchtigen.

Ist der Schamanismus also lediglich primitiver Aberglaube oder handelt es sich vielmehr um ein uraltes Wissen über Mensch, Natur und Kosmos, dessen Grenzen viel weiter gesteckt sind, als sich das die moderne westliche Welt vorstellen kann? Zum heutigen Zeitpunkt vermag die Forschung das Phänomen des Schamanismus noch nicht eindeutig zu erklären, doch wird auch in nächster Zukunft das Reich des Traums, des Heiligen und des Transzendenten dem Menschen am Rand des Mysteriums niemals Ruhe gönnen.

Oben: Beim brasilianischen Macumbakult tanzen sich die „heiligen Töchter" in Trance.

Rechts oben: Die Maya-Statuette stellt einen Halluzinationen hervorrufenden heiligen Pilz dar (Guatemala).

Links: Bei der Sanghyang-Zeremonie nehmen die „Pferde der Götter" Besitz von den Menschen (Indonesien).

Rauschmittel für die Geisterreise des Zauberpriesters

Schamanische Visionen treten meist durch die Einnahme halluzinogener Drogen auf. Die aus psilocybinhaltigen Pilzen oder anderen Pflanzensubstanzen hergestellten Rauschmittel verändern das Bewusstsein und öffnen so dem Schamanen das Tor zur Geisterwelt. Die auf das Zentralnervensystem wirkenden Halluzinogene rufen psychoseähnliche Zustände hervor, die den Symptomen bei Schizophrenie oder Epilepsie gleichen. Im Europa des Mittelalters bestand der Zaubertrunk eines Hexers aus Alraunwurzeln. In Peru werden halluzinogene Drogen aus San-Pedro-Kakteen, in Mexiko aus Peyotl und in Amazonien aus Ayahuasca gewonnen.

Im Mittelalter waren die menschlichen Gestalten ähnelnden Alraunwurzeln als Zauberkraut sehr begehrt.

BESESSENHEIT

Teufelsaustreibung ist nicht nur ein Ritual aus dem finsteren Mittelalter. Die katholische Kirche hält sich auch heute noch die Möglichkeit offen, den Exorzismus anzuwenden – wenn sie glaubt, dass Menschen von bösen Dämonen besessen sind.

Die Annahme, dass Dämonen bisweilen Besitz von einem Menschen ergreifen, ist ein uraltes und fast in allen Kulturkreisen verbreitetes Erklärungsmodell für auffällige Veränderungen der seelischen oder körperlichen Verfassung einer Person. Daher wurden früher vor allem Anfallskranke, die unter Epilepsie, Hysterie oder Schizophrenie litten, wegen ihrer wahnhaften Erregungszustände als Besessene betrachtet. Denn das gestörte Verhalten der Betroffenen ließ den Eindruck zu, dass in ihnen fremde, bedrohliche Wesenheiten wirkten.

Von solch Unheil bringenden Dämonen, die die Gesundheit des Menschen bedrohen oder ihn zu Bösem veranlassen, wird auch im Alten und Neuen Testament berichtet. An der Spitze dieser dunklen Mächte steht Satan, der als Urheber allen Übels und als Widersacher Gottes gilt. Von Jesus Christus ist überliefert, dass er von bösen Geistern heimgesuchte Menschen durch Dämonenaustreibung heilte.

Aus diesen biblischen Quellen leiteten die christlichen Kirchenväter die leibhaftige Existenz des Teufels ab, der ihrer Ansicht nach tatsächlich Körper und Seele einer Person beherrschen kann. Im Kampf gegen das Böse vollzogen sie daher jahrhundertelang die beschwörenden Rituale des Exorzismus, von deren segensreicher Wirkung die katholische Kirche auch heute noch überzeugt ist.

Ein Milliardenheer von Teufeln

Monsignore Corrado Balducci, der früher unter Papst Johannes Paul II. Chefexorzist der Diözese Rom war, veröffentlichte 1988 in einer Schrift sein Wissen über den Satan. Exakt 1 758 640 176 Teufelsaustreibungen verzeichnete zu dieser Zeit das Melderegister der römischen Diözese, wie er bekannt gab. Seiner Ansicht nach habe Satan aber nur in 15 von 1000 Besessenheitsfällen die Hand im Spiel. Er schätze, dass heutzutage 40 % aller Padres die leibhaftige Existenz des Teufels anzweifeln.

Das beliebte Thema des Teufels, der mit den Menschen einen Pakt abschließt, stellt diese Statue aus dem 19. Jh. dar.

Unten: Szene aus dem amerikanischen Film Der Exorzist *(1973). Das besessene Mädchen erhält durch den innewohnenden Dämon die übernatürliche Kraft, frei im Raum zu schweben.*

Gott und seine dunklen Widersacher

Grundlage für den im christlichen Glauben verankerten Dualismus Gott–Teufel bildete die Lehre des persischen Propheten und Religionsstifters Zarathustra aus dem 6. Jh. v. Chr. Indem jener in der heiligen Schrift *Awesta* den Weltschöpfer und alleinigen Gott Ahura Masdah als Widersacher den dämonischen Geist Ahriman gegenüberstellte, schuf er das gegensätzliche Prinzip Gut–Böse, das den Menschen zur ethischen Entscheidung herausfordert. Diese für die damalige Zeit neue Erkenntnis einer gegengöttlichen Macht gab das Judentum, das Zarathustras religiöser Vorstellung in babylonischer Gefangenschaft folgte, an das Christentum weiter. Satan, der schönste und klügste unter den Engeln, den Hochmut und Stolz zu Widerstand und Aufruhr gegen Gott trieben, wurde Beherrscher des Dämonenreiches.

Das Phänomen dämonischer Besessenheit und der Glaube an das Böse üben in jüngster Zeit wieder eine große Faszination aus. 1973 wurde der von dem amerikanischen Regisseur William Friedkin gedrehte Kinofilm *Der Exorzist* weltweit zum Publikumsmagneten.

Anfang 1998 gab Paolinenpater Gabriele Amorth, der im Auftrag des Papstes in der Diözese Rom als Exorzist tätig ist, in der katholischen Monatszeitschrift *Vita Pastorale* an, dass sich pro Jahr mehrere Tausend Menschen wegen Besessenheit Hilfe suchend an ihn wendeten, aber nach sorgfältiger Prüfung nur ein Bruchteil mit einer Teufelsaustreibung behandelt werde. In diesem Zusammenhang berichtete er zudem von ansteigenden Anfragen aus Deutschland, Österreich und der Schweiz.

In jüngster Zeit kommt der Glaube an das Böse auch durch Satanskult und schwarze Messen, die eine obszöne Verhöhnung christliche

> ***Tod durch Exorzismus***
>
> ***Welche schlimmen Folgen der Glaube an Besessenheit haben kann, zeigt der tragische Fall von Amy Burney, der sich 1997 in New York zugetragen hat. Mutter und Großmutter verabreichten dem fünfjährigen Mädchen, in dessen Körper angeblich der Teufel gefahren war, eine Mischung aus Ammoniak, Cayennepfeffer, Essig und Olivenöl und peitschten es anschließend aus, um den Dämon zu vertreiben. Den Exorzismus bezahlte die kleine Amy mit dem Leben.***

Werte darstellen, zu neuen Ehren. Die Teufelsanbeter haben sich in ihren Sekten meist nach dem Vorbild der katholischen Kirchenhierarchie organisiert.

Die mittelalterliche Kunst verwendete zur Abbildung besessener Menschen meist das Stilmittel der Nacktheit und Verrenkungen. Die dank des bischöflichen Segens zuteil gewordene Heilung wird hier durch Entweichen eines Teufelchens aus dem Leib des Opfers dargestellt.

Die Existenz des Bösen in der Welt

Im 18. Jh. setzt mit dem beginnenden Zeitalter der Aufklärung die Entmystifizierung satanischer Mächte ein. Angeregt durch die Erfahrungen des französischen Neurologen Jean Martin Charcot (1825–93) auf dem Gebiet der Hysterie, Neurose und Hypnose sowie Sigmund Freuds Theorien der Psychoanalyse, sehen heutzutage Psychiater, Psychologen und Soziologen im Teufel ein vom menschlichen Unterbewusstsein geschaffenes Konstrukt der Seele, eine Personifizierung unserer modernen Übel. Der Niedergang traditioneller Werte, eine krisengeschüttelte Zukunft und das Gefühl von Ohnmacht angesichts der Tragödien unserer Zeit treiben manchen zur Flucht ins Religiöse, das außerhalb wie innerhalb der bekannten Gefilde gedeiht. Das offenkundige Bedürfnis der Menschen, negativen Kräften einen Namen zu geben, zwingt sie seit dem Wegfall des historischen Feindes Kommunismus dazu, diesen anderweitig zu ersetzen.

Es gibt heute zwar etliche Theologen, die den Teufel nur symbolisch deuten, die katholische Kirche verwirft jedoch die Thesen weltlicher Seelenexperten und hält weiterhin an der leibhaftigen Existenz des Satans fest. Für sie sind bestimmte Formen der Besessenheit nicht mehr medizinisch oder psychiatrisch, sondern nur noch mit dämonischen Kräften zu erklären.

Ein Teil der Exorzistenpriester, die mitunter Träger eines eigenen Amtes sind, befolgt bei Teufelsaustreibungen streng die Vorschriften des *Rituale Romanum*, das im Jahr 1614 von Papst Paul V. festgelegt und Ende des 19. Jh. von Papst Leo XIII. überarbeitet worden war. Danach kann man die Gegenwart Satans an bestimmten Merkmalen der besessenen Person erkennen: an ihrem Geruch, ihrer ausgeprägten Abneigung gegen religiöse Werte, ihrer plötzlichen Redegewandtheit in einer fremden Sprache und schließlich an ihrer überdimensionalen Kraft, die in keinem Bezug zu ihrer körperlichen Verfassung und ihrem Alter steht.

Durch Handauflegen, Gebete, Beschwörungsformeln und Präsentation des Kreuzes versuchen die Exorzisten, den bösen Dämon zu vertreiben. Sie wissen sehr wohl, dass solche Heilungsgottesdienste, wie sie das *Rituale Romanum* vorschreibt, bei sensiblen Menschen einen schweren Schock hervorrufen können. Daher ist es für die katholische Kirche heute unabdingbar, dass während des Exorzismus ein Arzt anwesend ist.

Von einigen ganz unbeugsamen Klerikern abgesehen, scheint jedoch die Mehrzahl der amtlichen Exorzisten kirchliche Dogmen sowie neuere medizinische und psychologische Erkenntnisse in Einklang zu bringen. Ihr Ziel ist es, wieder Vertrauen einzuflößen und denjenigen zur Eigenständigkeit zu verhelfen, die Gott ablehnen, ihr Seelenheil verwerfen und sich in einer Logik der Selbstzerstörung einrichten. Diese Exorzistenpriester stützen ihre Meinung zu den einzelnen Fällen meist auf die wissenschaftlichen Untersuchungen eines Psychiaters. Besteht Einigkeit über die Notwendigkeit eines Exorzismus, führen ihn die Priester mithilfe des seit dem 2. Vatikanischen Konzils (1962–65) üblichen Rituals durch, indem sie Gott um die Befreiung der leidenden Person bitten.

Zu hoffen ist, dass diese gemäßigte Form des kirchlich betriebenen Exorzismus auf Dauer nicht Sekten und privaten Teufelsaustreibern, die mit überkommenen Vorstellungen finsterer Höllenmächte und obskuren Ritualen für sich werben, den großen Zulauf bringt. Denn in den letzten Jahren starben zahlreiche Menschen an den Folgen wilder Exorzismen oder landeten anschließend in der Psychiatrie.

Das Flachrelief einer italienischen Taufkapelle aus dem 8. Jh. zeigt einen Gruppenexorzismus mit Gebetsgottesdienst und Berührung des Bischofskreuzes.

DIE ORAKEL DER ANTIKE

Seit jeher maß der Mensch dem zukunftsdeutenden Orakel eine wichtige Bedeutung zu. In der Antike ernährte die göttliche Wahrsagekunst zahllose Priester. Einige Jahrhunderte später entstand mit der Astrologie eine wissenschaftlich orientierte Form des Orakels.

Fast alle Kulturen und Religionen kannten Orakel. Denn in Zeiten, wo es weder Informationssysteme noch statistische Prognosen gab, spielten göttliche Weissagungen zur Erkundung des künftigen oder räumlich entfernten Geschehens eine beträchtliche Rolle.

In der Antike waren zwei Ausprägungen der Wahrsagekunst bekannt: zum einen die in Griechenland und im alten Israel (Kanaan) einst übliche inspiratorische Weissagung, bei der die Menschen eine göttliche Eingebung empfingen; zum andern die deutende Weissagung, die aus Beobachtungen der Natur, in der die Götter bestimmte Zeichen hinterließen, ihre Offenbarungen bezog. Letztere Form des Orakels war in den Kulturen der Babylonier, Etrusker und Römer weit verbreitet.

Das Vorkommen des einen oder andern Wahrsageverfahrens hing in erster Linie von den jeweiligen Gesellschaftsformen ab: So entsprach die inspiratorische Weissagung vorwiegend den eher nomadischen Zivilisationen mit einer Mythologie, bei der vor allem das gesprochene Wort zählte, während die deutende Weissagung besser zu den sesshaften Kulturen mit schriftlich fixierten Mythen passte.

Weissagung durch Inspiration

In Griechenland hatte die inspiratorische Weissagung ihre berühmtesten Heiligtümer. Seit dem 5. Jh. v. Chr. griff in Epidauros das Orakel des Heilgottes Asklepios in die Träume der im Tempel schlafenden Pilger ein, die sich zuvor einer ganzen Reihe von Reinigungsritualen unterziehen mussten. Nach dem Erwachen wurden ihre Träume von den im Dienst des Heiligtums stehenden Priestern gedeutet.

Größtes Ansehen genoss einst die Orakelstätte von Delphi, die im 7. Jh. v. Chr. bis ins 2. Jh. n. Chr. ungeheure Menschenmengen anlockte. Sie kamen alle, um an der Erleuchtung des Gottes Apollon teilzuhaben, der hier durch die Priesterin Pythia seine Weissagungen kundtat. Plutarch, der dem Priesterkollegium angehörte, das mit der Überwachung des Kults beauftragt war, hat dessen Ablauf beschrieben. Mit Unterstützung der Tempeldiener prüften die Priester zunächst, ob die Rat Suchenden die ihnen

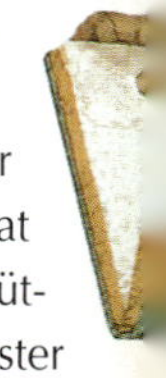

Im Orakelraum von Delphi, wo sie der Atem Apollons inspirierte, verkündete die Pythia Rat suchenden Pilgern geheimnisvolle Prophezeiungen.

auferlegten Pflichten, wie etwa kultische Reinigung und Opfergaben, korrekt erfüllt hatten. Danach wurde ein Tier geopfert; seine Reaktionen vor der Tötung spiegelten den seelischen Zustand der Priesterin Pythia wider. Blieb das Tier ruhig, wurde das Orakel auf einen anderen Tag verschoben, zuckte das Tier dagegen, fand das Orakel sogleich statt.

Pythia vollzog nun ihrerseits Waschungsrituale und nahm Dampfbäder, bevor sie in das Adyton hinabstieg, den unterirdischen Orakelraum des Heiligtums, der über einer Erdspalte lag, aus de ein übernatürlicher Windhauch wehte

Ein römischer Haruspex, ein Priester für die Eingeweideschau, liest aus den Innereien eines Stiers göttliche Informationen. Vor allem die Leber der Opfertiere galt als besonders aussagekräftig für Zukunftsvorhersagen.

Die sibyllinischen Bücher, eine bedeutende Orakelsammlung, werden der legendären Seherin Sibylle von Cumae – hier gemalt von Michelangelo – zugeschrieben. Der Sage nach soll Tarquinius Priscus, der fünfte König von Rom, jene prophetischen Bücher von der Wahrsagerin selbst erworben haben.

Dort befand sich ein Stein, auf dem sich Pythia niederließ. Berauscht durch die aus der Erdspalte strömenden Dämpfe, fiel sie in Trance und stammelte Unverständliches, was die anderen Priester anschließend in rätselhafte Prophezeiungen übersetzten.

Deutende Weissagung

Rom zeigte kaum Interesse an der inspiratorischen Wahrsagekunst, die einzig in den nach der griechischen Priesterin Sibylle benannten prophetischen Büchern Erwähnung findet.

Die deutende Weissagung, die sich auf die Wahrnehmung von Naturzeichen gründet und dabei das Göttliche um besondere Erkenntnisse bittet, war dagegen stark verbreitet. Diese Form der Prophezeiungen, deren Vorliebe der Deutung tierischer Innereien galt, war zunächst eine Domäne der Babylonier (18. Jh. v. Chr.). Dieses Verfahren wurde elf Jahrhunderte später von den Haruspizes genannten etruskischen Priestern und schließlich ab dem 4. Jh. v. Chr. von den römischen Eroberern übernommen. Jene drei Kulturen maßen jedoch der Eingeweideschau von Opfertieren eine unterschiedliche Bedeutung zu.

Für die Babylonier entsprach die jeweilige Beschaffenheit von Tierorganen der topographischen und funktionalen Aufteilung ihrer Stadt. Für die Etrusker stellten die Eingeweide bildhaft die Wohnorte der Götter in den verschiedenen Himmelsregionen dar; die Haruspizes, die große Meister der Sühnung waren und eine den Wahrsagern ähnliche Funktion innehatten, untersuchten die Eingeweide, um göttliche Entscheidungen in andere Bahnen zu lenken.

In Rom hatte diese Wahrsagekunst geringen Einfluss: Der Repräsentant der Stadt teilte das Ergebnis einer Orakelbefragung dem Senat mit, welcher dann über notwendige Maßnahmen entschied.

Zeichen des Götterwillens

Wunder, d. h. ungewöhnliche Naturerscheinungen, waren die andere Stütze der von den Römern übernommenen etruskischen „Wissenschaft". Im Gegensatz zu den Etruskern, die Wunder nicht nur negativ bewerteten, brachten diese in den Augen der Römer unabänderlich den Zorn der Götter zum Ausdruck, die es dann zu besänftigen galt. Insbesondere die unheilvollen Himmelserscheinungen, beispielsweise die heftigen Blitze Jupiters, erschienen ihnen als Zeichen göttlichen Unmuts, der zu vernichtenden Gefahren für die Menschheit führen konnte.

Als wichtigstes Zeichen des Götterwillens galten im alten Rom jedoch der Flug und Ruf von Vögeln, die damals beobachtet und gedeutet wurden. Diese Auspizien genannte Kunst der Weissagung überwachten die Auguren, ein aus 16 Mitgliedern bestehendes Priesterkollegium. Nur sie kannten den komplizierten und geheim gehaltenen Vorgang der Auspizien; mit einem Krummstab umgrenzten sie den zu observierenden Himmelsraum. Aus der Beobachtung des Vogelflugs und den daraus resultierenden Voraussagen leiteten die Römer die Rechtmäßigkeit allen politischen Handelns ab.

Orakel im Kreuzfeuer der Kritik

Weissagungen durch Orakel haben seit ihrem Bestehen Vorbehalte bei Skeptikern erweckt. Kritisch hervorgehoben wurden die politischen wie finanziellen Interessen des Priesterstandes, dem die Verwaltung der Orakelstätte oblag. Zweifel kamen auch auf, als man bei den Ausgrabungen von Delphi weder die aus der griechischen Mythologie überlieferte Erdspalte noch die dort angeblich aufsteigenden Dämpfe entdecken konnte.

Da sich übernatürliche Phänomene meist rationaler Kritik entziehen, sollte man nicht zuletzt die psychologische Dimension als wichtigen Faktor bei Orakelbefragungen einräumen; denn bekanntlich trägt der Mensch durch das Vertrauen auf das Omen zu dessen Erfüllung bei.

Im Zeitalter der Renaissance begann der Siegeszug der Astrologie, welcher der Schulterschluss zwischen Wissenschaft und übernatürlichen Erkenntnissen gelang.

Im berühmten Apollontempel von Delphi, dessen noch verbliebene Säulen einst das Allerheiligste umgaben, befand sich der Omphalos, ein kultisch verehrter Stein, den die Griechen stolz als Nabel der Erde bezeichneten.

DIE PROPHETEN

Als Verkünder und Interpreten göttlichen Willens besaßen Propheten für zahlreiche Religionen eine äußerst wichtige Mittlerrolle zwischen den Menschen und der himmlischen Macht.

Buddha erhob sich durch seine „Erleuchtung" aus der unreinen Welt. Aus seiner Lehre entwickelte sich eine Religion, die weltweit von 333 Mio. Menschen ausgeübt wird.

Propheten, die Empfänger und Verkünder eines höheren Willens waren, gab es in allen großen Kulturen. Im antiken Griechenland hatten beispielsweise die Priesterinnen der Orakelstätten solch weissagende Funktionen. Doch nirgendwo kam dem Prophetentum eine so wichtige Rolle zu wie im alten Israel.

Handeln in göttlichem Auftrag

Ob Abraham, Mose, Nathan oder Jesaja – all den Propheten des Alten Testaments wurden göttliche Offenbarungen zuteil, die sie durch Worte und Taten zum Volk trugen. Im Auftrag Gottes forderten sie soziale Gerechtigkeit, kritisierten sie Könige, mahnten sie das sündige Israel zur Umkehr, kündigten sie bevorstehende Strafgerichte des Allmächtigen an oder weckten sie die Hoffnung auf den kommenden Messias.

Die durch ein großes Sendungsbewusstsein ausgezeichneten Propheten erhielten ihre Berufung zumeist in Form von Visionen, die mit einem inneren Hören der Stimme Gottes verbunden waren. Oft empfingen sie die Botschaften des Herrn in der Einsamkeit der Berge und Wüsten. Dem Propheten Mose erschien Gott in einem brennenden Dornbusch mit der Weisung, das schmachtende Volk Israel aus ägyptischer Fronherrschaft zu befreien und in das Gelobte Land zu führen. Eine besondere charismatische Begabung machte es den auserwählten Männern möglich, die göttlichen Missionen wahrzunehmen und diese der Menschheit zu verkünden.

Furchtlose Kämpfer für die Gerechtigkeit

Die Vorhersage von Zukünftigem war nur eine Teilaufgabe der göttlich inspirierten Seher, die in ihren Offenbarungen vielmehr dem Menschen verborgene Wahrheiten aufdeckten. Endzeitliche Vorstellungen äußerten die Propheten oft, wenn es um politische Ereignisse ging. Ihre mutigen Versuche, zeitgenössische Geschehnisse zu beeinflussen, brachten die Propheten oft in schwere Konflikte mit den Obrigkeiten. Jeremia beispielsweise, der unter König Jojakim den Untergang des Reiches Juda predigte, entging nur knapp einem Todesurteil.

Jesus und Mohammed zu Besuch bei Jesaja: Diese persische Miniatur bezeugt den gemeinsamen Ursprung der drei großen monotheistischen Religionen.

Nicht immer gelang es den Propheten des Alten Testaments, Gerechtigkeit unter den Menschen in jener Zeit zu erwecken. Dennoch formten sie durch ihr ethisches Verhalten Ideale, die heute die Erbschaft aller westlichen Nationen sind.

Den hebräischen Propheten am ehesten vergleichbar ist Mohammed. Der Religionsstifter fühlte sich zum gottgesandten Propheten erwählt, um die Araber zum Islam zu führen. Als unbeirrbarer Bote des Wortes und des Willens Allahs wies er sie im Kampf gegen Vielgötterei und unsoziale Zustände warnend auf das baldige Kommen des Jüngsten Gerichts hin. Außer Mohammed werden im Islam auch Mose und Jesus als Propheten angesehen, deren Wirken für den gläubigen Muslim den Leitfaden für das rechte Handeln bildet.

Die großen und kleinen Propheten des Alten Testaments

Die Worte der „früheren" oder auch vorklassisch genannten Propheten des alten Israel, die zwischen dem 13. und 15. Jh. v. Chr. lebten, wurden erst viel später schriftlich niedergelegt. Ihre Äußerungen und Handlungen sind in den biblischen Büchern Josua, Richter und Könige überliefert. Die „späteren" Propheten,die vom 8. bis 6. Jh. v. Chr. lebten, werden je nach Umfang ihrer meist selbst verfassten Verkündungsschriften in „große" und „kleine" eingeteilt. Die großen Propheten sind Jesaja, Jeremia, Ezechiel und Daniel, die zwölf kleinen Propheten heißen Hosea, Joel, Amos, Obadja, Jona, Micha, Nahum, Habakuk, Zephanja, Haggai, Sacharja und Maleachi.

Das Geheimnis der tanzenden Derwische

Die symbolische Bedeutung des ekstatischen Derwischtanzes geriet mit dem Niedergang des Osmanischen Reiches zunehmend in Vergessenheit. Wer seine Geheimnisse kennen lernt, auf den wirkt der mystische Frömmigkeit verkörpernde Wirbeltanz faszinierend.

Als der persische Dichter und Mystiker Dschalaloddin Rumi in die türkische Stadt Konya kam, gründete er dort den Orden der Melewije, der so genannten tanzenden Derwische. Diese bald große Popularität genießende Bruderschaft strebte durch Musik, Tanz und Ekstase die mystische Vereinigung mit Gott an. Als Anhänger des Sufismus, einer mystischen Glaubenslehre des Islam, trugen die Derwische schlichte Wollgewänder *(suf)* und hoben sich dadurch bewusst von der feinen Gesellschaft am Hof ab. Die politische Haltung des Ordens, der während des Osmanischen Reiches über erheblichen Einfluss verfügte, war recht wechselhaft; mal standen seine Mitglieder aufseiten der Regierung, mal leisteten sie als Rebellen erbitterten Widerstand. Unter dem türkischen Staatspräsidenten Kemal Atatürk wurde die Bruderschaft der Melewije 1925 verboten. Dennoch finden jährlich am Todestag des Dichters Rumi (gestorben 17. Dezember 1273) Feierlichkeiten zu Ehren des Meisters statt, wobei die Derwische ihren mystischen Reigen tanzen.

Mystik der Erinnerung

Die Frömmigkeit der Derwische beruht auf der Vorstellung, dass die Seele tief im Innern die Ahnung des Göttlichen besitzt und dass dieses verborgene Wissen zutage gefördert werden muss, damit der Mensch Vollkommenheit erlangen kann. Der Gläubige braucht eine geistige Führung, d. h. einen Meister, der ein grundlegendes Wissen über das Ritual der *sama* (wörtlich: Musikhören) besitzt – damit ist eine mystische Tanzkomposition gemeint.

Zum Klang der Musik laufen die Derwische mit ihren markanten Filzhüten auf dem Haupt zunächst drei schnelle Runden. Danach legen sie ihren schwarzen Mantel ab und erscheinen darunter weiß gekleidet. Nun folgen drei Tänze mit ausgebreiteten Armen, wobei die rechte Hand zum Himmel, die linke zur Erde weist. Dabei drehen sich die durch den Saal wirbelnden Tänzer immer schneller im Kreis. Der Meister beteiligt sich nur an der letzten Runde, indem er sich auf der Mittellinie dreht, die den von den Derwischen beschriebenen Kreis halbiert.

Diese türkische Miniatur des 16. Jh. zeigt verschiedene gestische Elemente des Derwischtanzes, die jeweils eine symbolische Bedeutung haben.

Dieser Wirbeltanz dient der spirituellen Schulung zur Erfahrung des Göttlichen. Denn seine verschleiernde Bildersprache drängt den Geist zu entdecken, wie die Welt ihren Schöpfer zugleich verbirgt und offenbart.

Die Komposition der *sama* gliedert sich in drei Abschnitte. Der erste Teil symbolisiert die Verblendung des Bewusstseins. Dann setzt die Musik ein, die durch einen Umwandlungsprozess der Sinne (vom Hören zum Sehen) zur göttlichen Kontemplation führt. Schließlich vollzieht sich die Läuterung der Seele; die irdische Einheit von Gott und Mensch ist himmlisch geworden, erneuert und vollkommen. Das Aufleuchten der weißen Gewänder unter dem schwarzen Mantel versinnbildlicht die Erlösung des Derwischs von seiner leiblichen Hülle, bereit für eine zweite Geburt.

Das Kreisen der Derwische steht für das Rotieren der Planeten im Weltall. Die Position des Meisters zeigt, dass alles, was sich bewegt, Illusion ist: Er tanzt, verlässt aber nie das Gott versinnbildlichende Zentrum; Gott ist die einzige Wirklichkeit, die jeder vollkommene Mensch darstellt. Die Haltung der Hände während des Tanzes – die eine empfängt die göttliche Gnade, die andere gibt sie weiter an die Welt – symbolisiert die Übertragung der göttlichen Weisheit vom Meister auf seine Schüler. Der neue Mensch ist der Spiegel des Himmels, der Berührungspunkt von Himmel und Erde.

Im Finale der von Musikern vorgetragenen sama gelangen die Derwische unter Anleitung des Meisters (Mitte) zur höchsten Wahrheit.

WUNDERTATEN DER SADHUS

Indiens heilige Männer, die Sadhus, tragen zottiges Haar, meditieren auf dem Nagelbrett und üben sich in strenger Askese. Sie unterwerfen sich seltsamen Torturen und verfügen über wundersame Fähigkeiten, die bislang logisch nicht zu erklären sind.

In islamischen Ländern werden Bettler und fromme Asketen, die als arm vor Gott gelten, als Fakire bezeichnet. Dazu zählen auch Angehörige der moslemischen Derwischorden. In Europa dagegen bürgerte sich der Begriff Fakire für indische Gaukler ein, die Zauberkunststücke und erstaunliche Experimente der Körperbeherrschung vorführen. In Indien selbst nennt man Hindus, die aus religiösen Gründen als Eremiten oder Wanderasketen leben, nicht Fakire, sondern Sadhus (wörtlich: Die Guten).

Die einzige Sorge der Sadhus gilt der Erfahrung des *samadhi,* jenes Augenblicks der vollkommenen Vereinigung mit Brahma, in dem sie erkennen, dass ihre Seele ganz in dieser Schöpfergottheit ruht. Andere Lebensziele erscheinen ihnen sinnlos und unnütz.

Solche Männer, die ein Armutsgelübde abgelegt haben, werden bei den Hindus als Heilige verehrt. Sadhus achten alles Lebendige und ernähren sich daher streng vegetarisch. Sie verzichten freiwillig auf irdische Vergnügungen und folgen dem schwierigen Weg der Askese, der zur Erlösung und ewigen Freude führt. Da sie an Seelenwanderung glauben, ist ihr Ziel, sich aus dem endlosen Kreislauf der Wiedergeburt zu befreien.

Die Sadhus sind aus allen Kasten der hinduistischen Gesellschaft hervorgegangen.

Rätselhafte Seelenkräfte

Sadhus sind meist ältere Hindus, die für das hohe Ideal, der Welt zu entsagen, ihren Beruf und ihre Familie aufgegeben haben. Manche unterwerfen sich strengsten Bußübungen und leben allein, andere dagegen begeben sich gemeinsam auf religiöse Wanderschaft.

Das Streben, sich mit einer Gottheit zu verbinden, die das gesamte Universum beseelt, scheint den Sadhus außergewöhnliche Kräfte zu verleihen. Sie können wochenlang fasten, über glühende Kohlen gehen und sich selbst Verstümmelungen zufügen, ohne dabei Schmerz zu verspüren. Angeblich besitzen sie die Fähigkeiten des Gedankenlesens und der Gedankenübertragung sowie die Gabe, den Geist Verstorbener wiederkehren zu lassen. Man sagt Sadhus auch eine besonders ausgeprägte Phantasie nach, mit der sie z. B. Blumen einen Duft geben können, den diese in Wirklichkeit gar nicht haben. Außerdem sollen sie in der Lage sein, die Schwerkraft aufzuheben und den menschlichen Körper frei im Raum schweben zu lassen. Manche Sadhus sollen sogar imstande sein, sich selbst zu duplizieren und an zwei weit voneinander entfernten Orten gleichzeitig zu erscheinen.

Forschungsinstitute für Parapsychologie haben die rätselhaften Fähigkeiten dieser heiligen Männer genauer beobachtet und die meisten dieser verblüffenden Erscheinungen bestätigt. Die Tendenz der westlichen Wissenschaft ist es jedoch, derartige Berichte über Sadhus zu verwerfen, da sie aufgrund ihres rein rationalen Denkens solche übersinnlichen Phänomene nicht akzeptiert. Die Hindus hingegen halten die für uns geheimnisvollen Kräfte der Sadhus nicht für außergewöhnlich. Denn alle bedeutenden heiligen Schriften des Hinduismus (die Weden, die Upanischaden und die Bhagawadgita) stimmen darin überein, dass die menschliche Seele, das Selbst *(atman),* mit dem kosmischen Prinzip, dem Absoluten *(brahman),* identisch ist.

Insgesamt gilt bei der Anerkennung okkulter Phänomene folgende Grundeinstellung: Je tiefer man in den Menschen vordringt, umso näher kommt man den rätselhaften Kräften, die jedem Individuum innewohnen, derer es sich aber die meiste Zeit über nicht bewusst ist.

Meditierende Sadhus findet man oft am Ufer des heiligen Flusses Ganges bei Benares.

Die heiligen Orte der Erde

In allen Religionen trat die Erhabenheit des Göttlichen an irdischen Orten in Erscheinung. Solche Plätze jenseitiger Offenbarung haben die Menschen zu heiligen Stätten erhoben, die oft auch viel besuchte Pilgerziele sind.

Schon in frühester Zeit war die Vorstellung verbreitet, dass Götter in der Natur wohnen oder sich dort offenbaren. Daher wurden zunächst Berge und Steine, Bäume und Haine, Flüsse und Seen, Höhlen und Quellen als heilige Stätten angesehen, bevor die Menschen dazu übergingen, ehrwürdige Tempel zu errichten. Dafür wählten sie häufig Orte, an denen sich bedeutsame Ereignisse für die jeweilige Religion zugetragen haben. An diesen heiligen Stätten sucht der Gläubige die Verbindung zum jenseitigen Göttlichen, das ihm hier gegenwärtiger erscheint als in der profanen Alltagswelt.

Apostelgrab und Kirchenstaat

Roms Geburtsstunde als religiöses Zentrum der Christenheit schlug, als der römische Kaiser Konstantin der Große hier auf dem Mons Vaticanus, einem Hügel am rechten Ufer des Tiber, im Jahr 324 eine Basilika über dem mutmaßlichen Grab des Apostels Petrus errichten ließ. Zuvor hatte Konstantin die bis dahin verfemte Sekte der Christen im Edikt von Mailand öffentlich als Religion anerkannt. Bald schon wurde die Stadt eine bedeutende Wallfahrtsstätte und Sitz der Päpste, die sich allesamt nach der katholischen Lehre als Nachfolger Petri auf dem Bischofsstuhl in Rom verstehen.

Heute strömen Pilger aus aller Welt in die Peterskirche, die mit ihrer imposanten Kuppel Anfang des 16. Jh. neu entstand und als größtes Kirchenbauwerk überhaupt den architektonischen wie geistlichen Mittelpunkt der ummauerten Vatikanstadt mit ihren Palästen und Parkanlagen bildet. Nach wie vor zelebriert der Papst in der Grabkirche des Apostels Petrus seine heiligen Messen und ist zugegen, wenn Kandidaten die Priester- oder Bischofsweihe empfangen. Als Oberhaupt des – im Zentrum Roms gelegenen – kleinsten Staates der Erde gebietet der Heilige Vater weltweit über beinahe 1 Mrd. Katholiken und somit über die größte Religionsgemeinschaft der Erde.

Oben: Jerusalem – im Vordergrund der Felsendom – beherbergt bedeutende heilige Stätten des Judentums, des Islam und des Christentums. Unten: Der Petersdom in Rom zählt zu den wichtigsten Wallfahrtsorten der Christenheit.

Heiligtum der Juden, Araber und Christen

Im Lauf seiner fast 4000-jährigen Geschichte wurde Jerusalem zur heiligen Stadt gleich dreier Weltreligionen; ein Phänomen, das ihr weltweit einzigartige Bedeutung verleiht.

Seit König David die Bundeslade als ein Zeichen der Gegenwart Gottes nach Jerusalem überführt hatte und dank des Tempelbaus des Königs Salomo entwickelte sich die Stadt ab dem 10. Jh. v. Chr. zum kulturellen und religiösen Mittelpunkt des Judentums. Nach der Zerstörung Jerusalems durch die Römer im Jahr 70 blieb vom Tempel Salomos nur noch die Westwand übrig, die zu einer bedeutenden Wallfahrts- und Gebetsstätte für die Juden geworden ist. An der so genannten Klagemauer beweinen sie den damaligen Verlust ihres Heiligtums und die Vertreibung ihres Volkes.

Ebenfalls in der Altstadt befinden sich die heiligen Stätten des Christentums, die in Zusammenhang mit dem Leidensweg Christi stehen. Die großartige Grabeskirche ließ Kaiser Konstantin der Große zwischen 326 und 353 über der Stelle errichten, wo man die Kreuzigungs-

Israels heilige Bundeslade

Bevor König Salomo den Tempel in Jerusalem errichten ließ, war die von Mose gefertigte Bundeslade das bedeutendste Heiligtum Israels. Sie diente vermutlich zur Aufbewahrung der Gesetzestafeln, auf denen die Zehn Gebote geschrieben waren. Dieser an zwei Tragestangen befestigte Akazienholzkasten, der als Stätte der Gegenwart Gottes galt, wurde von den Israeliten auf allen Kriegszügen mitgeführt. Die später im Tempel verwahrte Bundeslade verschwand für immer, als die Babylonier im 6. Jh. v. Chr. Jerusalem eroberten und Salomos Bauwerk niederbrannten.

und Grabstätte Jesu vermutete. Danach blieb Jerusalem etwa 300 Jahre eine christliche Stadt, bis sie 637 von den Arabern erobert und zum heiligen Ort des Islam erklärt wurde. An jenem Platz, wo nach dem biblischen Bericht Abraham die Opferung seines Sohnes Isaak vorbereitete und wo nach der Überlieferung des Korans der islamische Prophet Mohammed gen Himmel fuhr, erbauten sie den Felsendom. Diese herrliche Moschee mit Goldkuppel ist seither das Hauptheiligtum der Muslime in Jerusalem.

Für Ungläubige Zutritt verboten

Als Geburtsort des Propheten Mohammed ist Mekka die heiligste Stadt und die bedeutendste Wallfahrtsstätte des Islam. Daher wenden sich die Gläubigen fünfmal am Tag, egal an welchem Ort der Erde sie wohnen, beim rituellen Gebet mit verbeugendem Haupt nach Mekka.

Mindestens einmal im Leben sollte jeder Muslim einen Hadsch, d. h. eine Reise zu den heiligsten Stätten des Islam auf der Arabischen Halbinsel, machen – nur Armut oder eine schwere Krankheit entbinden ihn von dieser religiösen Pflicht. Also pilgern alljährlich etwa 2 Mio. Gläubige aus aller Welt nach Mekka; Nichtmuslimen ist dagegen der Zutritt zur heiligen Stadt streng untersagt.

Den Höhepunkt des Hadsch bildet das siebenmalige Umschreiten der Kaaba, eines würfelförmigen Bauwerks im Innenhof der Großen Moschee. Gegenstand der religiösen Verehrung ist der in der Südostecke der Kaaba eingemauerte Schwarze Stein, ein Meteorit unbekannter Herkunft, den die Pilger berühren und küssen.

Der heilige Strom Indiens

Da die vorwiegend in Indien anzutreffende Religion des Hinduismus keinen Begründer kennt, sondern das Resultat einer Jahrhunderte dauernden Entwicklung ist, umfasst sie eine Vielzahl von unterschiedlichen Glaubensgemeinschaften, von denen jede ihre Lieblingsgottheiten und verehrungswürdigen Stätten hat.

Der meistbesuchte Pilgerort der Hindus ist die heilige Stadt Benares, die einen riesigen Tempelbezirk mit mehr als 1500 Kultstätten besitzt. Von hier oben führen 47 hundertstufige Steintreppen hinab zu den Fluten des Ganges, die nach der hinduistischen Mythologie aus dem Fuß des gütigen Gottes Wischnu entspringen und daher von den Indern als heiliger Fluss verehrt werden.

In Benares, einer der sieben heiligen Städte Indiens, gelten die Wasser des Ganges als geweihter Ort. Zu Tausenden kommen die gläubigen Hindus hierher für ihre rituellen Waschungen.

Die Pilger kommen nach Benares, um sich im Wasser des Ganges rituell zu reinigen, um am Flussufer zu beten und zu meditieren oder auch, um hier zu sterben – im Glauben an die Befreiung von der Wiedergeburt. Die in Tücher gehüllten Leichen werden am Ufer verbrannt und als Asche in den heiligen Fluss gestreut.

An all diesen heiligen Orten der Erde sucht der Mensch nach Spuren der Göttlichkeit, die seinem Leben einen höheren Sinn verleihen. Eine Pilgerreise zu den heiligen Stätten mit dem Atem der Unendlichkeit lässt ihn ein wenig an der Unsterblichkeit im Jenseits teilhaben und nährt seine Hoffnung, dass es einen Übergang zwischen Himmel und Erde gibt.

Als maßgebende Kulturzentren der Weltreligionen haben die heiligen Städte Rom, Jerusalem, Mekka und Benares notwendigerweise auch politische Dimensionen erhalten. Schon allein aufgrund ihrer Existenz stellen sie eine unerschütterliche Manifestation des Glaubens nach außen dar. Eine Pilgerfahrt zu diesen Stätten vermittelt jedem Gläubigen das Gefühl, in der Gemeinschaft mit anderen Gläubigen große Geborgenheit und Anerkennung zu finden. Denn die Kirchen, Moscheen und Tempel verbreiten göttlichen Glanz und demonstrieren zugleich die immense geistliche Macht, die von diesen Religionen ausgeht.

In Mekka umrunden die muslimischen Pilger dicht an dicht gedrängt die Kaaba. An diesem heiligen Ort wird für den Gläubigen die Gegenwart Gottes offenbar, denn das würfelförmige Gebäude symbolisiert Allahs Haus auf Erden.

Wunderheilungen

Zu allen Zeiten gab es die Bereitschaft zum Wunderglauben. Hilflos gegenüber Krankheiten, schrieben die Menschen göttlichen Mächten eine heilende Kraft zu. Das änderte sich mit den großen Fortschritten der Medizin im 19. Jh. Seither beschränkt sich die religiöse Heilung meist auf solche Leiden, für die die moderne Wissenschaft bislang keine effektiven Behandlungsmethoden kennt.

Lange bevor die ersten Wallfahrtsorte des Christentums entstanden, gab es bedeutende religiöse Stätten, die für Wunderheilungen bekannt waren. In der Antike strömten riesige Pilgerscharen zum damals weltberühmten Kurort Epidauros. Dort hofften sie, im Heiligtum des Asklepios, der nach der griechischen Mythologie der Sohn Apollons war, durch göttliche Kraft gesund zu werden. Diese dem Gott der Heilkunde geweihte Kultstätte im Nordosten des Peloponnes erlebte als therapeutisches Zentrum im 4. Jh. v. Chr. seine große Blütezeit. Erst nach einer gründlichen Vorbereitung durch Fasten, Beten, Waschungen in der heiligen Quelle und Darbringung von Opfergaben durften die Kranken den Tempelbezirk betreten. Im Abaton, einer eigens dafür gebauten Liegehalle, ließen sich die Patienten auf Tierfellen nieder und erwarteten im Traum die Weisungen des Gottes Asklepios. Die Trauminhalte erzählten sie anschließend den Priestern, die daraus Schlüsse für die jeweils geeignete Heilbehandlung zogen.

Der Kult des Asklepios wurde um 291 v. Chr. von Epidauros nach Rom übertragen, wo man ihn als Äskulap verehrte. Sein damaliges Wahrzeichen, ein schlangenumwundener Stab, ist bis heute Standessymbol der Ärzteschaft. In der griechischen Welt fanden im 3. Jh. v. Chr. auch die Heiltempel des ägyptischen Gottes Serapis Verbreitung und wurden dem Asklepioskult gleichgestellt.

Christianisierung heidnischer Kultstätten

In Gallien, das im 1. Jh. v. Chr. römische Provinz wurde, ehrte man besonders keltische Muttergottheiten, unter deren Schutzherrschaft Quellen und Brunnen mit heilenden Kräften standen. Die auf Bäumen wachsenden Misteln dienten den Galliern als Abwehrzauber und fanden zudem als Heilmittel Anwendung. Diese heidnischen Kulte wurden ab dem 2. Jh. unserer Zeitrechnung nach und nach christianisiert. Daher lässt sich z.B. der Pilgerbrauch, in die Wasserbecken des berühmten französischen Wallfahrtsortes Lourdes einzutauchen, wo das Bauernmädchen Bernadette Soubirous in einer Grotte 1858 einige Marienvisionen hatte, eindeutig auf uralte keltische Riten um heilige Quellen zurückführen.

Die Verkünder des Urchristentums errichteten damals ihre neuen, Gott geweihten Stätten oft an den einst heidnischen Kultorten, deren heilende Kräfte nun katholischen Schutzpatronen zugesprochen wurden. Schriftliche Überlieferungen aus jener Zeit berichten, wie christliche Heilige durch Handauflegen oder Segnung Menschen mit nervösen und infektiösen Leiden spontan heilten. Eine wundersame Genesung konnte auch eintreten, wenn sich der Kranke eine Nacht lang vor das Grab eines Heiligen gelegt hatte, um dort im Traum eine göttliche Offenbarung zu erfahren. Bei der Berührung von Heiligenreliquien sollen Wunderheilungen durch die Übertragung himmlischer Kräfte vorgekommen sein. Von ihren Wallfahrten brachten Pilger religiöse Erinnerungsstücke, wie etwa Steinchen vom Heiligen Grab, in dem Glauben mit, dass deren übernatürliche Kräfte nachhaltig auf sie wirken.

Im Spätmittelalter wies das Volk den Königen von Frankreich die erstaunliche Fähigkeit zu, Skrofulose (tuberkulosebedingte Hautabszesse) heilen zu können. Diese Meinung entstand fälschlicherweise, da das Monarchengeschlecht der Kapetinger damals Reklame für sich machte, mit einem vom Himmel gesandten Öl gesalbt zu sein, das ihrer Dynastie einen heiligen Charakter verleihe.

Fragwürdiger Praktiken bedienen sich auch in heutiger Zeit manche selbst ernannte Heiler und Scharlatane, die mit dem Wunderglauben kranker Menschen ein einträgliches Geschäft machen. Denn zumeist ist die Erfahrung des Wunderbaren, wie schon die religiösen Verwalter früherer Heiligtümer wussten, in ein Wirtschaftssystem aus Spenden (Opfergaben) und Gegenleistungen (Wunder) eingebunden.

Im antiken Epidauros erschien der griechische Heilgott Asklepios den schlafenden Patienten im Traum, wie dieser Marmorfries aus Piräus zeigt.

Wunder als Zeichen der Gottesherrschaft

Seit jeher haben Wunder, die das Existieren überirdischer Mächte offenbaren, eine wichtige Rolle im Glauben aller Völker gespielt. Im Allgemeinen versteht man unter einem Wunder ein außergewöhnliches Ereignis, das der menschlichen Erfahrung und den Naturgesetzen widerspricht. Im religiösen Sinn stellen Wundererlebnisse eine Begegnung des Menschen mit dem „ganz anderen", dem Heiligen dar, das sich gegenüber der alltäglichen Welt abgrenzt.

In der Bibel des Christentums treten Wunder als helfende oder zürnende Macht Gottes in Erscheinung. Nach den Schriften des Alten Testaments verlieh Gott beispielsweise Mose die Gabe, Wunder zu tun, um das auserwählte Volk Israel mithilfe neun schwerer Plagen aus ägyptischer Knechtschaft zu befreien und durch die Wüste in das gelobte Land Kanaan zu führen.

Im Neuen Testament wird ganz selbstverständlich vorausgesetzt, dass Jesus Wunder wirken kann. Seine Fähigkeit, Tote zum Leben zu erwecken, Blinde wieder sehend und Lahme wieder gehend zu machen, steht als Zeichen für die Barmherzigkeit Gottes und weist gleichzeitig auf Jesu himmlische Mission als künftiger Retter und Erlöser der Menschheit hin. Seine Wunderheilungen sollen all jenen, die „mühselig" und „beladen" sind, verkünden, dass das Reich Gottes auf Erden angebrochen ist, um die Ordnung der irdischen Welt wiederherzustellen.

Oben: Der französische König Heinrich II. (1519–59) legt seine Hand auf die mit Skrofulose befallenen Stellen eines Untertanen, betet und segnet ihn. Seit dem 16. Jh. heißt die Formel der Kapetinger-Dynastie: „Der König berührt dich, Gott heilt dich."

Rechts: Durch seine Wunderheilungen – hier sind es zwei Blinde – kündigt sich Jesus Christus als Retter und Erlöser der Menschheit an.

Psychologische Dimension der Heilung

Religiöse Heilpraktiken lieferten den Menschen früher mannigfaltige Vorstellungen über Ursachen, Diagnosen und Behandlungsformen von Krankheiten. Dieser pragmatische Aspekt spielt jedoch im modernen Christentum nur noch eine untergeordnete Rolle. Grund dafür sind die großen Errungenschaften in der Medizin, die seit der Mitte des 19. Jh. gemacht wurden.

In den 70er-Jahren unseres Jahrhunderts ist es allerdings wieder zu einem Aufleben verschiedener alternativer Heilmethoden gekommen, wobei religiös gefärbte Lebensanschauungen vielfach von zentraler Bedeutung sind.

Eine besonders wichtige Funktion nehmen bei Wunderheilungen psychologische Faktoren, wie etwa die seelische und körperliche Vorgänge stark lenkende Autosuggestion, ein. Rufen sich beispielsweise Menschen, die von Krankheiten betroffen sind, beim Besuch einer heiligen Wallfahrtsstätte die dort bereits geschehenen Wunder in Erinnerung, schürt das in ihnen höchstwahrscheinlich die Hoffnung, wenn nicht sogar die Gewissheit, dass auch ihnen diese göttliche Gnade zuteil wird. Nicht umsonst strömen jährlich über 2 Mio. gläubige Pilger nach Lourdes, wo rund 60 Heilungen von der katholischen Kirche als Wunder anerkannt wurden.

Mehr und minder stark erkrankte Menschen, die mit ihrem Leiden bei den Ärzten keine Hilfe fanden oder von der Schulmedizin bereits aufgegeben wurden, suchen auch heute noch im rätselhaft göttlichen Heilwunder Rettung aus körperlicher und seelischer Not. Sie glauben dann auf einmal wieder an das Wunderbare, das alles Geschehen jenseits der rationalen Erfahrbarkeit umfasst.

Der für Marienvisionen und Wunderheilungen bekannte französische Wallfahrtsort Lourdes zieht seit 140 Jahren Pilger in riesigen Scharen an.

Moderne Heilkunst in der griechischen Antike

Viele Wunder des Altertums können heute wissenschaftlich erklärt werden. Aufgrund des heutigen Wissensstandes der Medizin ist sicher, dass die berühmten Wunderheilungen des antiken Therapiezentrums von Epidauros auf den damaligen Einsatz psychosomatischer und psychotherapeutischer Methoden zurückzuführen sind. Aus den zahlreichen noch erhaltenen Heilberichten geht hervor, dass die Priester und Ärzte des griechischen Asklepios-Heiligtums die meist nervenbedingten Leiden ihrer Patienten mit Fasten- und Schlafkuren behandelten.

Die Wallfahrt – eine überholte oder eine zeitlose Glaubensdemonstration?

Alljährlich ziehen Millionen von Gläubigen zu den Wallfahrtsorten der Christenheit wie Lourdes, Fátima, Tschenstochau oder Altötting. Manche Menschen finden solche Reisen jedoch nicht mehr zeitgemäß und fragen sich, was die Pilger dazu veranlasst.

Soziologen und Psychologen, die die Denkmuster und Verhaltensweisen der Menschen an der Schwelle zum dritten Jahrtausend erforschen, haben sich bisher mit dem Phänomen der christlichen Wallfahrt noch nicht sehr ausführlich beschäftigt. Deshalb gibt es zu diesem Thema wenig ernsthaftes Informationsmaterial, dafür aber umso mehr Vorurteile. So sehen viele Zeitgenossen in der Wallfahrt nicht mehr als ein Relikt aus der Vergangenheit, in der Religion und Kirche noch für alle Christen den Mittelpunkt des Lebens bildeten. Oder sie halten die Pilger für hoffnungslos naive Menschen, die auf Scharlatanerien hereinfallen und zudem noch von einer florierenden Wallfahrtsindustrie ausgenommen werden.

Doch wer so denkt, macht es sich zu leicht, denn immerhin begeben sich jährlich Millionen von Menschen auf eine solche Reise. Und zu den Teilnehmern gehören nicht nur diejenigen, die sonntags in der Kirche zu finden sind, sondern auch viele Leute, die sich in der übrigen Zeit vermutlich weniger mit religiösen Fragen auseinander setzen – wie etwa die 7000 Motorradfahrer, die jedes Jahr am 15. August nach Porcaro in der Bretagne fahren, um ihre Maschinen von der Heiligen Jungfrau segnen zu lassen.

Auch handelt es sich bei den Pilgern um Angehörige aller sozialen Schichten und keineswegs nur um Personen, die man eher als leichtgläubig bezeichnen würde. Nach Santiago de Compostela beispielsweise führen Schüler- und Studentenwallfahrten, nach Chartres begeben sich regelmäßig Gruppen von Pariser Hochschülern und in Lourdes finden sich alljährlich 20 000 Soldaten ein, um über den Sinn ihres Berufs nachzudenken. Steckt also möglicherweise hinter den Wallfahrten mehr als nur eine überkommene Glaubensdemonstration?

Heilige Stätten

Ziele für die Pilger gibt es zuhauf, in ganz Europa befinden sich rund 6000 Heiligtümer. Dabei handelt es sich in der Regel um Orte, an denen entweder einem Menschen die Jungfrau Maria erschienen ist oder an dem sich (angeblich) das Grab eines Heiligen befindet.

Einige dieser heiligen Stätten genießen weltweites Ansehen, andere dagegen sind hierzulande kaum bekannt. Ein Wallfahrtsort z. B., von dem in Deutschland fast niemand je gehört hat, liegt inmitten der französischen Metropole Paris, in der Rue du Bac. Dort soll in der Kapelle des Konvents der Barmherzigen Schwestern des heiligen Vinzenz von Paul im November 1830 der Ordensschwester Cathérine Labouré die Madonna erschienen sein und deshalb pilgern noch heute rund 1 Mio. Menschen jährlich zu dieser Stelle.

Lourdes und Fátima

Zu den weltbekannten Marienwallfahrtsorten gehören vor allem Lourdes in Südfrankreich und Fátima rund 100 km nördlich von Lissabon. Lourdes ist eine der zahlreichen Stätten, an denen sich die Heilige Jungfrau im 19. Jh. zeigte. Sie erschien dort angeblich im Jahr 1858 in

In langen Prozessionen strömen die Polen zur schwarzen Madonna von Tschenstochau, die seit Jahrhunderten die Schutzpatronin ihres Landes ist.

einer Grotte mehrmals der 14-jährigen Bernadette Soubirous. Bald schon nach diesem Ereignis erlaubte die Kirche an dieser Stelle ein Heiligtum als ein Ziel für Pilger zu errichten. Zwar wurde die Gottesmutter danach nie wieder dort gesehen, aber es geschahen zahlreiche Wunder, meist unerklärliche Heilungen. Mit der Zeit entwickelte sich das Dorf am Fuß der Pyrenäen zum wichtigsten europäischen Wallfahrtsort, der mit 5,5 Mio. Pilgern jährlich den größten Zulauf zu verzeichnen hat.

Ähnlich wie in Lourdes geht es auch in dem portugiesischen Dorf Fátima zu, in das jedes Jahr über 1 Mio. Pilger einfallen, wenn hier jeweils am 12. und 13. Tag der Monate von Mai bis Oktober die Wallfahrten zur Erscheinungskapelle stattfinden. An dieser Stelle wollen 1917 drei Hirtenkinder die „Mutter Gottes vom Rosenkranz" gesehen haben.

Die Botschaft Marias

Neben diesen Orten, die an frühere Erscheinungen erinnern, gibt es auch solche, an denen sich die Madonna angeblich bis heute regelmäßig zeigt. Dazu gehört unter anderen San Damiano bei Piacenza in Norditalien. Dort erblickte an einem schönen Herbsttag im Jahr 1964 die Bäuerin Rosa Quattrini mehrmals die Heilige Jungfrau in einem Frucht tragenden Birnbaum, der sich sogleich mit Blüten bedeckte. Die Erscheinungen wiederholten sich täglich bis zum Tod von Mamma Rosa im Jahr 1981. Seitdem – so heißt es – erscheint die Madonna jeden Samstagmittag. Manche der Wallfahrer behaupten ihre Gegenwart zu spüren, andere strecken ein Mikrofon in die vermutete Richtung oder machen Fotos in der Hoffnung, auf dem Abzug die Madonna zu entdecken. Selbst ernannte Propheten hören Botschaften, die sie mündlich oder schriftlich wiedergeben.

Im ehemaligen Jugoslawien soll es ebenfalls heute noch Marienerscheinungen geben. In Medjugorje in der Herzegowina zeigte sich die Madonna Anfang der 80er-Jahre sechs Kindern und rief zu Bekehrung und Gebet auf.

Die Pilger, die zu Tausenden ins italienische Civitavecchia kommen, verehren die blutige Tränen weinende Madonna von Medjugorje.

Nach ihren eigenen Bekundungen erblicken einige der sechs Seher auch jetzt noch die Madonna und nach offiziellen Angaben sollen dort schon über 500 Wunder stattgefunden haben. Entsprechend groß ist natürlich der Andrang der Pilger in dieser vom Bürgerkrieg stark in Mitleidenschaft gezogenen Region.

Wundersame Tränen

Anlässlich einer Wallfahrt nach Medjugorje im Jahr 1994 kaufte ein Pfarrer aus Civitavecchia, einer Kleinstadt unweit von Rom, ein Bildnis dieser Madonna und schenkte es einem jungen Paar aus seiner Gemeinde. Die beiden stellten das Bild im Garten auf und sahen am 2. Januar 1995 zu ihrem größten Erstaunen, wie ihre Maria warme rote Tränen weinte, die, wie eine Untersuchung ergab, aus menschlichem Blut bestanden. Nachdem die Tränen wohl ein Dutzend Mal geflossen waren, geschah ein weiteres Wunder: Der kommunistische Bürgermeister der Stadt regte den Bau eines Heiligtums an.

Die blutigen Tränen der Madonna von Civitavecchia sind keineswegs eine Einzelerscheinung – seit 1990 wurden der Kirchenbehörde rund 60 Bilder und Statuetten gemeldet, die angeblich blutige Tränen vergossen. Während Papst Johannes Paul II. von Zeichen spricht, vermuten Kritiker Betrug dahinter. Doch ungeachtet solcher Bedenken ziehen die Blutstropfen immer wieder Hunderte von Pilgern in ihren Bann.

Schwarze Madonnen

Eine Besonderheit unter den Gnadenbildern stellen die schwarzen Madonnen dar. Eine von ihnen, wohl die berühmteste, ist die Madonna in der Marienkapelle von Tschenstochau im südlichen Polen. Sie bedeutet für die Polen mehr als nur ein religiöses Zeichen, sie ist das Symbol der Unabhängigkeit des Landes. Als im Jahr 1656 die protestantischen Schweden das katholische Polen einzunehmen drohten, widerstand dem Ansturm allein die Festung Tschenstochau. Beflügelt von diesem Durchhaltevermögen schlugen die Polen ihre Feinde und ernannten Maria zur Mutter des Sieges und Königin des Vaterlandes. Seither pilgern sie zu ihrer schwarzen Madonna und nichts konnte während der vergangenen Jahrhunderte den Strom der Wallfahrer aufhalten, weder die mehrfachen Teilungen des Landes noch die Schrecken zahlreicher Kriege oder die jahrzehntelange Herrschaft des Kommunismus.

Traditionell wird die im 14. Jh. entstandene Ikone der schwarzen Madonna von Tschenstochau als ein Werk des Evangelisten Lukas angesehen.

Auch in Deutschland wird eine schwarze Madonna verehrt: die Mutter Gottes von Altötting in Oberbayern. Die zu Ehren der rußgeschwärzten Madonnenstatue veranstaltete Wallfahrt findet seit 1498 statt, als ein kleine

Johannes Paul II. auf Pilgerfahrt

Johannes Paul II. ist ein reisefreudiger Papst. Er hat nicht nur zahlreichen Ländern einen Besuch abgestattet, sondern auch Pilgerfahrten zu vielen Wallfahrtsorten auf der ganzen Welt unternommen. So war er beispielsweise im Frühjahr 1987 auch im niederrheinischen Kevelaer. Im September 1995 versammelten sich auf seinen Aufruf hin 300 000 Jugendliche aus 35 Ländern im italienischen Wallfahrtsort Loreto südlich von Ancona. Bei diesem Ereignis trat der Papst über eine Konferenzschaltung mit anderen Pilgern, die in Kirchen in Belfast, Paris, Dresden, Santiago de Compostela und Sarajevo vor dem Bildschirm saßen, in Verbindung.

Jugendliche aus der ganzen Welt trafen sich im September 1995 im italienischen Loreto.

Junge in einem nahe gelegenen Bach ertrank, jedoch wieder zu sich kam, nachdem ihn seine Mutter auf den Marienaltar gelegt hatte.

Neben Altötting ist in Deutschland Kevelaer am Niederrhein das bevorzugte Ziel von Pilgerprozessionen. Obwohl es hier keinen direkten wundertätigen Anlass gab, existiert die Wallfahrt zur Lieben Frau von Luxemburg, deren Bildnis in der Kevelaer Gnadenkapelle aufbewahrt wird, schon seit über 300 Jahren.

Die Gräber der Heiligen

Zahlreiche Stätten wurden auch deshalb zu Wallfahrtsorten, weil sich dort das Grab eines Heiligen befindet oder wenigstens befunden haben soll. In Rom beispielsweise gehen die Pilgerzüge zum Petersdom, der über dem Grab des heiligen Petrus errichtet wurde, und rund 5 Mio. Pilger ziehen jedes Jahr zur letzten Ruhestätte des heiligen Antonius in Padua oder zum Grab des heiligen Franziskus in Assisi. Auch die Begräbnisstätte des heiligen Martin in Tours an der Loire ist ein viel besuchter Wallfahrtsort.

Eine der europaweit bekanntesten Wallfahrten führt nach Santiago de Compostela in Nordspanien, wo im 9. Jh. das vermeintliche Grab des heiligen Jakobus entdeckt wurde. Zwar weiß man schon lange, dass der Apostel in Wirklichkeit nie in Spanien gepredigt hat, aber die Wallfahrt hielt sich als Fortsetzung eines überkommenen Heiligenkultes und in der Nachfolge der Pilger früherer Zeiten.

Der so genannte Sankt-Jakobs-Weg nach Santiago de Compostela, den viele Menschen – wenigstens teilweise – zu Fuß oder mit dem Fahrrad zurücklegen, wurde vom Europarat zum Europäischen Kulturgut erklärt und das spanische Teilstück ab Puente la Reina, die Hauptroute, *camino francés* genannt, sogar zum Weltkulturerbe der Menschheit. Beides unterstreicht die kulturelle Dimension dieser Wallfahrt und der einzelnen Stationen.

Das große Geschäft

Die Vielzahl der Heiligtümer und vor allem das Millionenheer der Pilger bringen es mit sich, dass sich das Wallfahrtswesen zu einem blühenden Geschäftszweig entwickelt hat. Das Dorf Lourdes etwa erlebte durch die Marienerscheinungen und die daraufhin einsetzenden Wallfahrten einen ungeahnten Aufschwung: Jedes Jahr verbuchen die Hotelkomplexe über 5 Mio. Übernachtungen, die jährlichen Geldspenden belaufen sich auf rund 30 Mio. DM und an die 800 t Kerzen finden ihre Abnehmer. Auch in Altötting und in Kevelaer sowie den ungezählten anderen Gnadenstätten hat sich eine rege Wallfahrts-

Im nordspanischen Santiago de Compostela drängt sich die Menge der Pilger vor der Barockfassade der Kathedrale, hinter der sich mit dem Pórtico de Gloria eines der bedeutendsten Werke europäischer Romanik befindet.

Seit 1935 ziehen zahlreiche Studenten und Hochschüler aus Paris jedes Frühjahr auf den Spuren des französischen Dichters Charles Péguy (1873–1914) nach Chartres.

zubehörindustrie entwickelt, die hauptsächlich Andenken und Devotionalien verschiedenster Art feilbietet.

Die Beweggründe der Pilger

Die große Anzahl der heiligen Stätten, die teilweise schon seit dem Mittelalter das Ziel von Gläubigen sind, und die Millionen von Wallfahrern machen aber vor allen Dingen deutlich, wie wichtig auch der moderne Mensch noch die Pilgerzüge nimmt. Die Motive allerdings, die den Einzelnen zu seiner Wallfahrt veranlassen, haben sich im Vergleich zu denen der Gläubigen aus lang zurückliegender Zeit wohl weitgehend geändert. Während die Menschen im Mittelalter die Strapazen eines Pilgerzuges auf sich nahmen, um ihrer Seele die ewige Seligkeit zu sichern, gibt es heute viele unterschiedliche Gründe, ein solches Unternehmen zu beginnen. An erster Stelle stehen ganz persönliche Anliegen. So wollen zahlreiche Pilger die Mutter Gottes oder den verehrten Heiligen um Kraft bitten oder um Fürsprache bei Gott, dass dieser sie von einer Krankheit heilen oder doch wenigstens ihre Beschwerden lindern möge. Aber selbst wenn das nicht geschieht, gewinnen viele nach der Wallfahrt die Überzeugung, ihr Leid sei gemildert worden. Sie fühlen, dass ihre Gebete an der heiligen Stätte nicht vergebens waren, sondern dass Gott ihnen sein Ohr geliehen hat.

Andere Pilger wiederum erbitten etwas für Angehörige oder wollen Gott und Maria bzw. dem Heiligen danken, weil sie von einer Krankheit genesen sind oder ihnen eine große Sorge abgenommen wurde. Die zahlreichen Votivtafeln, wie man sie in Altötting und anderswo sehen kann, geben davon bildhaft Zeugnis.

Nähe zu Gott und den Menschen

Über die Erfüllung der Wünsche des einzelnen Pilgers hinaus hat jede Wallfahrt noch eine tiefere Bedeutung. Sie ist eine Art Aufbruch aus dem Alltag, um Gott wahrhaftig zu erfahren und dem eigenen Leben so eine ganz neue Dimension zu verleihen.

Außerdem bieten Wallfahrten von jeher das Erlebnis besonderer mitmenschlicher Gemeinschaft. Viele Pilger sind überwältigt von dem Zusammengehörigkeitsgefühl während der Reise, von der Hilfsbereitschaft und Zuwendung, die sie in dieser Zeit von anderen Menschen erfahren haben, und gewinnen daraus Zuversicht und Halt für ihr ganzes Leben.

Das jüngste Wunder von Lourdes

Seit dem Jahr 1858 gab es in Lourdes 3500 Heilungen, die von Ärzten bestätigt wurden. Die Kirche hat allerdings bisher nur 65 davon als Wunder anerkannt. Die letzte wunderbare Heilung widerfuhr Mitte der 70er-Jahre einem jungen Mädchen, der Sizilianerin Delizia Cirolli.

Die Diagnose nach der Untersuchung ihres rechten Knies war niederschmetternd: Die elfjährige Delizia Cirolli aus Sizilien litt an Knochenkrebs. Daraufhin unternahm ihre Mutter mit ihr vom 7. bis 11. August 1976 eine Wallfahrt nach Lourdes, die allerdings zunächst keine Besserung brachte. Kurze Zeit später jedoch konnte das Mädchen wieder völlig schmerzfrei gehen und die Röntgenaufnahmen zeigten, dass der Tumor verschwunden war.

Wissenschaftlich nicht erklärbar

Im Sommer 1977 begann die Arbeit einer Ärztekommission in Lourdes, die feststellen sollte, ob die Heilung tatsächlich endgültig und auf unerklärbare Weise zustande gekommen war. Bis zum Jahresende hatte man die dazu notwendigen Untersuchungsergebnisse über Delizias Erkrankung zusammengetragen. Alle beteiligten Mediziner, die die Krankenakten studierten, waren sich einig: Bei einem bösartigen Tumor von der Art, wie das Mädchen ihn hatte, waren noch nie spontane Heilungen aufgetreten. Die Kommission kam deshalb am 28. Juli 1980 zu dem Schluss, die Heilung sei „unter den Bedingungen, wie sie eintrat und anhielt, ein Phänomen, das allen Beobachtungen und den Vorhersagen der medizinischen Erfahrung widerspricht und wissenschaftlich nicht zu erklären" ist.

Delizia Cirolli als Pilgerin in Lourdes nach ihrer Heilung

Im Frühjahr 1982 gelangte eine Gruppe von Ärzten aus der Diözese Catania, aus der Delizia stammt, zu den gleichen Erkenntnissen. Sie teilte ihren Bericht dem medizinischen Komitee von Lourdes mit sowie anderen medizinischen Kapazitäten, die mit dem Bischof von Tarbes und Lourdes in Verbindung standen. Auch diese bestätigten die Befunde.

In einer derartigen Situation ist die Kirchenleitung zu einer Stellungnahme verpflichtet. Der Bischof der Heimatdiözese der ehemaligen Kranken musste sich also dazu äußern, ob die unerklärliche Heilung einem göttlichen Eingreifen zuzuschreiben war oder nicht. Daraufhin erklärte Monsignore Luigi Bommarto im Jahr 1989, dass die Krankheit Delizias wirklich bestanden habe und dass ihre Heilung wundersamer Natur sei.

Debatte der Mediziner

Das Urteil der Geistlichkeit hängt vom Spruch der Ärzte ab, denen damit also letztlich die Entscheidung obliegt, ob im jeweiligen Fall ein Wunder geschehen ist oder nicht. Die Mediziner können dabei unterschiedliche Haltungen einnehmen: Die einen leugnen den außergewöhnlichen Charakter der Heilung, indem sie beispielsweise vorbringen, dass es in der Pathologie sowieso keinerlei Normen – also weder einen normalen noch einen unnormalen Vorgang – gäbe. Die anderen akzeptieren, dass eine außergewöhnliche Heilung eingetreten ist. Diese ordnen sie entweder in die Kategorie der spontan geheilten Krankheiten ein, für die es keine wissenschaftliche, sondern nur eine religiöse Erklärung gibt, oder sie sehen die Ursache in bestimmten persönlichen Seelenkräften des Kranken – ein Fall von heilsamem Glauben oder Autosuggestion also. Die Ärzte sind folglich gezwungen, sich zwischen dem Glauben an die Kräfte Gottes oder die des Menschen zu entscheiden.

Das Blutwunder des heiligen Januarius

Das Blut des heiligen Januarius, der im Jahr 304 bei den Christenverfolgungen unter dem römischen Kaiser Diokletian umkam, verflüssigte sich erstmals elf Jahre nach seinem Tod. Seit 1389 geschieht dies mehrmals im Jahr an bestimmten Tagen, doch bis jetzt konnte nicht nachgewiesen werden, ob es sich um ein naturwissenschaftlich erklärbares Phänomen oder um ein Wunder handelt.

Ein Bild aus Blut

Auch in Deutschland gab es Blutwunder, allerdings anderer Art als das von Pozzuoli. Eines geschah der Überlieferung nach um 1330 in Walldürn südwestlich von Würzburg. Damals stieß ein junger Priester während des Messopfers aus Versehen den Kelch um und der Wein, das Blut Jesu, ergoss sich über ein Leinentuch, das auf dem Altar lag. Wunderbarerweise formte sich aus der Flüssigkeit ein Bildnis des gekreuzigten Christus, umgeben von elf kleineren Darstellungen des göttlichen Hauptes mit der Dornenkrone. Zum Gedenken an dieses Geschehnis wurde in Walldürn die Heilig-Blut-Kirche erbaut.

Der Legende nach wurde Januarius, der Bischof von Benevent, nahe bei Pozzuoli enthauptet. Eine Frau fing sein Blut auf und barg es in einigen Phiolen, die sie aufbewahrte. Als im Jahr 315, elf Jahre nach der Enthauptung, der Leichnam des Märtyrers in das einige Kilometer östlich gelegene Neapel transportiert werden sollte, entschloss sie sich, die Gefäße dem Bischof zu übergeben. Während der Überführung platzierte dieser sie zufällig neben dem Kopf des Heiligen und stellte fest, dass sich das in den Phiolen geronnene Blut verflüssigte.

Mehr als 1000 Jahre wurde dann nichts Bemerkenswertes mehr über die Reliquie bekannt. Als man jedoch im 14. Jh. Januarius zu Ehren in Neapel den Dom San Gennaro – so lautet der italienische Name des Heiligen – errichtete, wiederholte sich das Blutwunder und seit dieser Zeit tritt es regelmäßig an den Feiertagen des Märtyrers ein, unter anderem am Samstag vor dem ersten Maisonntag, am 19. September und am 16. Dezember. An diesen Tagen werden die Kopf- und die Blutreliquie des Heiligen auf dem Hochaltar ausgestellt und ein Priester kehrt eine der mit dem Blut gefüllten Phiolen mit der Öffnung nach unten, um zu zeigen, dass die darin enthaltene Substanz völlig geronnen ist. Dann beginnen die Gläubigen zu beten, dass das Wunder eintreten möge, und schon bald gleitet die Substanz an den Glaswänden herunter.

Ist Manipulation im Spiel?

Immer wenn echte oder vermeintliche Wunder geschehen, stehen sich zwei Parteien gegenüber. Für die Gläubigen erklärt sich das Geschehnis durch den übernatürlichen oder göttlichen Charakter des Objekts, in dem Fall das Blut des Märtyrers; sie benötigen keine weiteren Begründungen. Anders die Skeptiker. Sie bezweifeln die göttliche Natur der Vorfälle und suchen nach einer plausiblen Ursache.

Manche der Zweifler vermuten hinter dem Blutwunder des heiligen Januarius eine Manipulation. Sie verweisen darauf, dass von den Blutreliquien anderer Heiliger in Süditalien Ähnliches berichtet wird und dass es sogar Fälle gab, in denen das Märtyrerblut sozusagen auf Bestellung flüssig wurde. Ihrer Meinung nach kommt das Wunder dadurch zustande, dass Wasser und ungelöschter Kalk oder ein anderes chemisches Mittel in die Ampulle gefüllt wird oder dass ein Eingeweihter die Ampulle im Reliquienschrein gegen eine andere, mit einer Flüssigkeit gefüllte austauscht. Einige nehmen auch an, dass sich in den Gefäßen rote Wachspartikel befinden, die durch die Wärme der vielen Kerzen schmelzen.

Andere Skeptiker wiederum wollen niemandem Betrügereien unterstellen. Sie sind der Überzeugung, dass die Gläubigen in der überfüllten Kirche einer kollektiven Halluzination zum Opfer fallen.

Die Kopf- und die Blutreliquie des heiligen Januarius werden mehrmals im Jahr unter großer Anteilnahme der Bevölkerung in einer Prozession durch die Straßen von Neapel getragen.

Die Erscheinungen der Jungfrau Maria

Marienerscheinungen sind ein erstaunlich häufig auftretendes Phänomen. Während die Visionäre selbst und andere Gläubige darin ein Wunderwerk Gottes sehen, halten Skeptiker sie für Halluzinationen. Auch die katholische Kirche ist zurückhaltend in der Beurteilung und erkennt nur wenige Erscheinungen an.

Seit der Entstehung des Christentums gibt es Berichte von Marienerscheinungen, also Begebenheiten, bei denen auf unerklärliche Weise die Heilige Jungfrau sinnlich fassbar wahrgenommen wurde. Während in den ersten 1700 Jahren unserer Zeitrechnung jedoch nur insgesamt etwas mehr als 300 solcher Vorkommnisse verbürgt sind, stieg ihre Zahl ungefähr ab der Mitte des 19. Jh. auffallend an und allein im 20. Jh wurden 455 Fälle gemeldet. Nach Ansicht vieler Wissenschaftler hat dieser Anstieg zwei verschiedene Ursachen: Zum einen begann man im vorigen Jahrhundert mit der systematischen Erfassung der Marienerscheinungen und zum andern verkündete Papst Pius IX. im Jahr 1854 das Dogma von der Unbefleckten Empfängnis, welches besagt, dass Maria von Anbeginn ihres irdischen Lebens ohne Sünde und im Stand der Gnade war. Auch die Kirche sieht einen direkten Zusammenhang zwischen der Veröffentlichung des Glaubenssatzes und den Erscheinungen, obwohl sie grundsätzlich dem Phänomen eher zurückhaltend gegenübersteht.

Oben: Am 27. November 1830 erschien in Paris die Madonna der Nonne Cathérine Labouré in der Kapelle der Barmherzigen Schwestern.

Großes Bild: In der Grotte von Massabielle bei Lourdes sah Bernadette Soubirous mehrmals die Mutter Gottes. Das Wasser der hier sprudelnden Quelle hat heilkräftige Wirkung.

Parallelen und Symbole

Bei der Beschreibung der Marienerscheinungen zeigen sich, auch wenn die Umstände sehr unterschiedlich sind, viele Gemeinsamkeiten. Beispielsweise erscheint die Heilige Jungfrau sehr häufig unter freiem Himmel, meist in einer ländlichen Umgebung, manchmal in einer Höhle und oft über den Köpfen der Seher – entweder auf einer Wolke, einem Berggipfel, in einem Baumwipfel oder einem Busch.

Bisweilen kündigt sich nach Aussage der Visionäre das Nahen Marias durch bestimmte Vorgänge in der Natur an: durch einen Lufthauch, einen brausenden Wind, einen Blitz oder einen sanften Lichtschein. Besonders spektakulär waren die Lichtphänomene, die sich im portugiesischen Fátima ereigneten. Dort sahen 70 000 Anwesende und viele andere in einem Umkreis von bis zu 50 km, wie sich die Sonne dreimal um sich selbst drehte.

In den meisten Fällen wird die erschienene Frauengestalt von den Sehern als jung und lieblich beschrieben. Fast immer trägt sie ein langes Gewand, manchmal noch einen Mantel darüber in den bevorzugten Farben Weiß und Blau, der ihr den Beinamen Schutzmantelmadonna gegeben hat. Oft ist Maria mit weiteren symbolträchtigen Attributen ausgestattet wie einer Krone, einem Kreuz, einem Schwert oder einem flammenden Herzen, das sie in Händen hält.

Bemerkenswert ist auch, dass die Madonna keineswegs statuenartig erscheint, sondern lebendig wirkt. Sie bewegt sich und spricht mi den Sehern, wendet sich mit einer Bitte an si oder gibt sogar Befehle. Oft fordert sie beispielsweise die Menschen auf, dass sie mehr fü die Erhaltung des Friedens beten sollten. Un sie verlangt bisweilen, dass man eine Kapelle oder ein anderes Heiligtum errichten möge, um den Gläubigen das Geschehen handgreiflich zu machen und eine steinerne Erinnerung zu schaffen.

Am 13. Mai 1917 erschien die Heilige Jungfrau drei Hirtenkindern aus Fátima. Sie forderte die drei auf, täglich für den Frieden in der Welt den Rosenkranz zu beten, und versicherte ihnen, dass sie in den Himmel kämen.

Aufgrund der äußeren Gestalt und der Botschaft der Erscheinung war den meisten Sehern trotz der außergewöhnlichen Situation blitzartig klar, dass sie es nicht mit einer historischen Person, einem echten Menschen, zu tun hatten, sondern dass es sich um ein übernatürliches Wesen handelte.

Die Persönlichkeiten der Seher

Während die Seher der ersten christlichen Jahrhunderte zumeist Männer waren, hatten ab dem 18. Jh. mehr Frauen und in den letzten 100–120 Jahren vor allem Kinder Marienerscheinungen. Allen Visionären war jedoch ihre tiefe Frömmigkeit gemeinsam. Oft stammten sie aus sehr einfachen ländlichen Familien und es war manchmal nicht leicht für sie, ihrer Umgebung den Vorfall begreiflich zu machen. Vielleicht lässt sich damit erklären, dass es bisweilen, wie beispielsweise im Fall von Fátima, noch nach Jahren zu Widerrufen kam.

Für Wissenschaftler und Theologen sind besonders die Erscheinungserlebnisse von Kindern interessant, weil diese noch „unbeschriebene Blätter" sind und deshalb die Botschaft wahrscheinlich unverfälscht übermitteln, während Erwachsene möglicherweise mehr oder weniger unbewusst ihre eigenen religiösen Vorstellungen in die Vision mit einbringen.

Verschiedene Standpunkte

Selbst äußerst skeptische Menschen geben zu, dass es geheimnisvolle Dinge „zwischen Himmel und Erde" gibt, aber sie versuchen eine rationale Erklärung dafür zu finden. Ihrer Meinung nach kommen die Erscheinungen aus dem Unbewussten der Seher. Ihnen erscheint ein Wunschbild, das aufgrund ihrer übermächtigen religiösen Bindung in ihrem Innern entstanden ist, auch äußerlich. Nach Ansicht mancher Wissenschaftler kreiert so die Erwartung ihr Objekt, dessen Gestalt sich häufig nach traditionellen Vorbildern, beispielsweise Darstellungen in der Kunst, richtet.

Anders als früher verhält sich die Kirche heute gegenüber den zahlreichen Erscheinungserlebnissen ebenfalls sehr reserviert. Bevor sie eine Vision anerkennt, müssen verschiedene Punkte geklärt sein. Unter anderem überprüft sie, ob der betreffenden Person auch tatsächlich zu trauen ist, ob die Erscheinung nicht im Widerspruch zur Lehrmeinung steht und ob die Auswirkungen der Botschaft positiv sind.

Zu den bekanntesten Beispielen, die diese strengen Kriterien erfüllt haben, gehören die Marienerscheinungen im südfranzösischen Lourdes und im portugiesischen Fátima. Während die Madonna in Lourdes mehrmals einem jungen Mädchen, der 14-jährigen Bernadette Soubirous, erschien, waren an den sechs Visionen von Fátima drei Kinder beteiligt: die zehnjährige Lúcia dos Santos, ihr neun Jahre alter Vetter Francisco Marto und dessen siebenjährige Schwester Jacinta.

Doch auch wenn die Kirche die Anerkennung verweigert, entwickeln sich manche Orte, in denen es angeblich zu Erscheinungen kam, zu Wallfahrtsstätten. Dazu gehören unter anderen San Damiano in Italien und Zeitoun in Ägypten. In der Volksfrömmigkeit üben solche Plätze eine ungeheure Anziehungskraft aus.

Nicht zuletzt aus diesem Grund halten manche Theologen die strenge kirchliche Vorgehensweise für falsch. Sie meinen, dass es nicht ausschlaggebend sei, ob man eine Erscheinung als echt bezeichnen dürfe oder nicht. Wichtig sei vielmehr, dass sie für den Visionär ein Glaubenserlebnis darstelle, das ihn die Gegenwart Gottes unmittelbar und sinnhaft erfahren lasse. Und für den „Durchschnittsgläubigen" seien solche Ereignisse oft eine Art Katalysator, durch den das Wirken Gottes in der Welt erfahrbar gemacht würde. Die Seher spielten somit eine wichtige Rolle als Mittler zwischen göttlicher und menschlicher Wirklichkeit.

Mariä Himmelfahrt

Rund 100 Jahre nach dem Dogma von der Unbefleckten Empfängnis entstand ein weiterer Glaubenssatz der katholischen Kirche, der die Gottesmutter betrifft: An Allerheiligen (1. November) 1950 verkündete Papst Pius XII. „als von Gott geoffenbarte Wahrheit", dass Maria mit Leib und Seele in den Himmel aufgenommen worden ist. Dieser Lehrsatz, der die besondere Stellung Marias als Mutter des gottmenschlichen Sohnes dokumentieren soll, knüpft an eine schon im 6. Jh. unter den Christen weit verbreitete Überlieferung an, nach der Maria ähnlich wie Jesus am Ende ihres irdischen Lebens in den Himmel auffuhr. Der Feiertag, an dem die Katholiken dieses Ereignisses gedenken, wurde auf den 15. August gelegt.

Das Mysterium der Stigmatisation

Seit der Entstehung des Christentums vor 2000 Jahren gab es immer wieder Menschen, die an Körper und Gliedmaßen die Wundmale des gekreuzigten Jesus trugen. Bis jetzt bleibt unklar, ob diese Male selbst zugefügte Blessuren oder ein Zeichen Gottes sind.

Im profanen Sinn versteht man unter einem Stigma ein Brandmal, das beispielsweise in frühen Kulturen manchen Menschen als Schmuck bzw. Stammesabzeichen oder Sklaven und Verbrechern als Erkennungsmerkmal zugefügt wurde. Im christlich-religiösen Sinn werden Hautblutungen so genannt, die zumeist regelmäßig an den gleichen Körperstellen auftreten: an Händen und Füßen, Seite und Stirn, aber auch an Schultern oder Rücken. Die Entstehung dieser Zeichen steht in Zusammenhang mit einer ekstatischen Erfahrung der Passion Christi. Schon Paulus schreibt im Brief an die Galater, er trage die Stigmata Jesu am Leib. Gemeint sind damit die Narben der Wunden, die er im apostolischen Dienst erlitten hat.

In den Kunstwerken der Renaissance wurde der heilige Franz von Assisi häufig während der Stigmatisation dargestellt.

Der erste Stigmatisierte

Der erste sicher nachgewiesene Fall von spontaner Stigmatisation betraf den heiligen Franz von Assisi (um 1182–1226), den Begründer des Franziskanerordens. Mitte September des Jahres 1224 hatte sich der Heilige unweit von Arezzo in der Toskana in die Einsamkeit des Berges Laverna zurückgezogen, um dort zu fasten und zu beten. In einer Vision erblickte er über sich einen gekreuzigten Engel. Tief erschüttert begann er über die Passion Christi zu meditieren und bemerkte, wie auf seinem Leib die Kreuzigungsmale erschienen. Seinen Mitbrüdern gegenüber versuchte er seine Wunden zu verbergen, aber einige sahen sie dennoch schon zu seinen Lebzeiten. Im Augenblick seines Todes konnten sie viele betrachten, denn er ließ sich zum Sterben nackt auf die Erde legen.

Laut Bruder Elias, dem Generalminister des jungen Ordens, waren die Stigmata Wunden in Gestalt von Nagelspitzen an beiden Händen und Füßen. Thomas von Celano, der Verfasser der ersten offiziellen Franziskus-Biographie, spricht von durchgehenden Nägeln, die plastisch aus Fleischauswüchsen gebildet wurden.

Die Vorbehalte der Kirche

Obgleich die Franziskaner lange Zeit den einzigartigen Charakter der Stigmatisation des heiligen Franziskus betonten und die Kirche diesen Phänomenen gegenüber große Zurückhaltung übt, wurden dennoch viele weitere Fälle bekannt. Bis heute zählt man 320, wobei es sich in der Regel um Frauen handelt.

Im Mittelalter gehörten zu den berühmtesten Stigmatisierten die Begine Elisabeth von Spalbeck, die 1274 starb, der Dominikaner Gauthier von Straßburg (1324–1390) sowie Caterina von Siena (1347–1380), die ihre Visionen und Ekstasen im so genannten *Dialogo,* dem *Buch der göttlichen Vorsehung,* niederschrieb. Zu den bekanntesten Stigmatisierten der jüngeren Zeit zählen die aus Konnersreuth in der Oberpfalz stammende Therese Neumann (1898–1962) sowie ein italienischer Franziskanermönch namens Pater Pio (1887–1968).

Caterina von Siena war stigmatisiert, durfte aber nach päpstlichem Willen nicht mit ihren Wundmalen dargestellt werden.

Verborgene Ursachen

Nahezu alle Stigmatisationen weisen Gemeinsamkeiten auf. Meist erscheinen die Wundmale in regelmäßigen Abständen an bestimmten Tagen, vor allem freitags und ganz besonders am Karfreitag, der an das Sterben Christi erinnert. Im Verlauf seiner Entrückung sieht oder erlebt der Stigmatisierte innerlich die einzelnen Abschnitte der Passion noch einmal, mitunter stellt er die Leidensszenen nach oder er erzählt ausführlich davon. Auch die Wunden selbst haben einige gemeinsame Merkmale: Sie eitern und entzünden sich nicht, sie bleiben offen und reagieren nicht auf ärztliche Behandlung.

Die Fachleute sind zu verschiedenen Erklärungen des Phänomens gelangt. Die einen halten die Stigmatisierung für Betrug, andere sehen darin die Auswirkungen hysterischer Neurosen und wieder andere meinen, dass ein psychophysiologischer Mechanismus dahinter steckt: Bei übersteigerter Passionsfrömmigkeit wird die intensive Vorstellung der Kreuzigung in körperliche Vorgänge umgesetzt. Die Kirche räumt bei aller Zurückhaltung ein, dass sich Gott unter Umständen aber auch solcher speziellen Anlagen eines Visionärs bedienen könnte.

Die Schwerelosigkeit in der Ekstase

Zuweilen ist es vorgekommen, dass Mystiker beim Gebet in höchster Ekstase die Bodenhaftung verloren haben und durch die Luft geschwebt sind. Stecken hinter solchen Erlebnissen eigene mediale Fähigkeiten oder hat Gott die Naturgesetze außer Kraft gesetzt?

Die meisten Berichte über Levitationen – so lautet der wissenschaftliche Name für die Überwindung der Körperschwere – finden sich in den Heiligenlegenden bzw. -biographien. So wird beispielsweise in einer Lebensbeschreibung des Franz von Assisi (um 1182–1226) aus der Mitte des 13. Jh. Bezug darauf genommen, dass der Heilige manchmal den Körperkontakt mit dem Boden verloren habe. Und in einer rund 100 Jahre nach seinem Tod entstandenen Biographie steht, dass Franziskus beim Gebet in den Baumkronen geschwebt sei.

Anders als bei diesem Heiligen muss man sich bei Teresa von Avila, die im 16. Jh. gelebt hat, nicht auf vage Überlieferungen verlassen: Sie hat ihre Erlebnisse selbst niedergeschrieben, also auch von ihren Levitationen berichtet. Während sie in der Ekstase intensiv die Nähe Gottes spürte, schwebte sie manchmal eine halbe Stunde lang einige Zentimeter, zuweilen sogar 0,5 m über dem Boden. Als es zum ersten Mal geschah, packte die Heilige ein großer Schreck. Sie versuchte sich mit allen zu Gebote stehenden Kräften gegen das Phänomen zu wehren, aber es war stärker als sie und vermittelte ihr später ein Gefühl von „köstlicher Leichtigkeit".

Ebenfalls verbürgt sind die Ekstasen des Joseph von Copertino, der im 17. Jh. lebte; rund 100 Zeugen haben über seine spektakulären Levitationen berichtet. Sie begannen schon in seiner frühen Jugend und es handelte sich dabei um regelrechte Flüge, bei denen er senkrecht abhob, in 3 m Höhe einen Schrei ausstieß, sich flach in der Luft ausstreckte und, allein oder in Begleitung, so beachtliche Entfernungen zurücklegte.

Levitationen sind jedoch nicht auf den spirituellen Bereich des Christentums beschränkt, sie kommen manchmal auch bei Mystikern anderer Religionen oder Weltanschauungen vor, etwa im Yoga, im Buddhismus, Taoismus und Islam. Besonders aus Indien wird immer wieder von solchen Geschehnissen berichtet.

Interpretationen der Mystiker

Für die meisten Betroffenen ist die Levitation eine der körperlichen Manifestationen der Ekstase – ihr bestimmendes Element ist die unmit-

Auf einem seiner 28 Fresken über das Leben des Franz von Assisi stellte Giotto den Heiligen dar, wie er in der Ekstase des Gebets von einer Wolke erhoben wird.

Die direkte Erfahrung der Gegenwart Gottes erlebte die heilige Teresa von Avila in der hier von Bernini dargestellten Ekstase. In höchster Verzückung erhob sich die Heilige dabei zuweilen vom Boden.

telbare Erfahrung der Gegenwart Gottes. Sie tritt also nur dann ein, wenn die Seele sich völlig über die äußerlichen Dinge erhebt, um ganz in Gott zu ruhen.

Die Levitation gilt jedoch nicht als ein Vorgang, der zwangsläufig zur religiösen Kontemplation oder Ekstase gehören muss. Deshalb sieht die Kirche darin auch weder ein Wunder noch ein Kriterium, das für die Heiligkeit eines Menschen spricht.

Mediale Kräfte?

Das Phänomen der Levitation betrifft nicht ausschließlich Mystiker. Es soll auch bei Menschen vorkommen, die sich nicht in religiöser Verzückung befinden, sondern die als eine Art Medium über eigene psychophysiologische Kräfte verfügen, die sie eventuell sogar systematisch einzusetzen versuchen.

Ein Beispiel dafür sind die Levitationen des Schotten Daniel Dunglas Home, die um die Mitte des vorigen Jahrhunderts von vielen Zeugen bei den unterschiedlichsten Gelegenheiten bestätigt wurden. Der angesehene Chemiker und Physiker Sir William Crookes untersuchte diese Vorkommnisse wissenschaftlich und veröffentlichte die Ergebnisse seiner Forschungen im *Quarterly Journal of Science*. Er kam darin zu dem Schluss, dass Home über Kräfte verfügte, die er als integralen Bestandteil des menschlichen Organismus ansah. Plastisch beschrieb Crookes die spektakulärste Levitation: „Einmal stieg Home bis in 20 m Höhe auf; er entschwebte durch ein Fenster im dritten Stock eines Hauses und kehrte durch ein anderes wieder zurück."

Eine wertvolle Reliquie: das Turiner Grabtuch

Seit dem Jahr 1578 birgt der Dom von Turin ein Leinentuch, auf dem sich in schwachen Umrissen Gesicht und Körper eines gekreuzigten Mannes abzeichnen. Viele Christen halten es für das Grabtuch Jesu, doch bisher konnte seine Echtheit noch nicht wissenschaftlich bewiesen werden.

Wenn das Grabtuch von Turin tatsächlich das Leichentuch Christi ist und damit die Züge des Heilands trägt, handelt es sich um die bei weitem kostbarste Reliquie des Christentums. Die am besten gehütete ist es jedenfalls schon jetzt. Dennoch war es trotz aller Vorsichtsmaßnahmen vor noch gar nicht langer Zeit, im April 1997, in höchster Gefahr. Damals brach im Turiner Dom ein Brand aus und seither ist das Tuch, das dabei glücklicherweise nicht beschädigt wurde, ausgelagert.

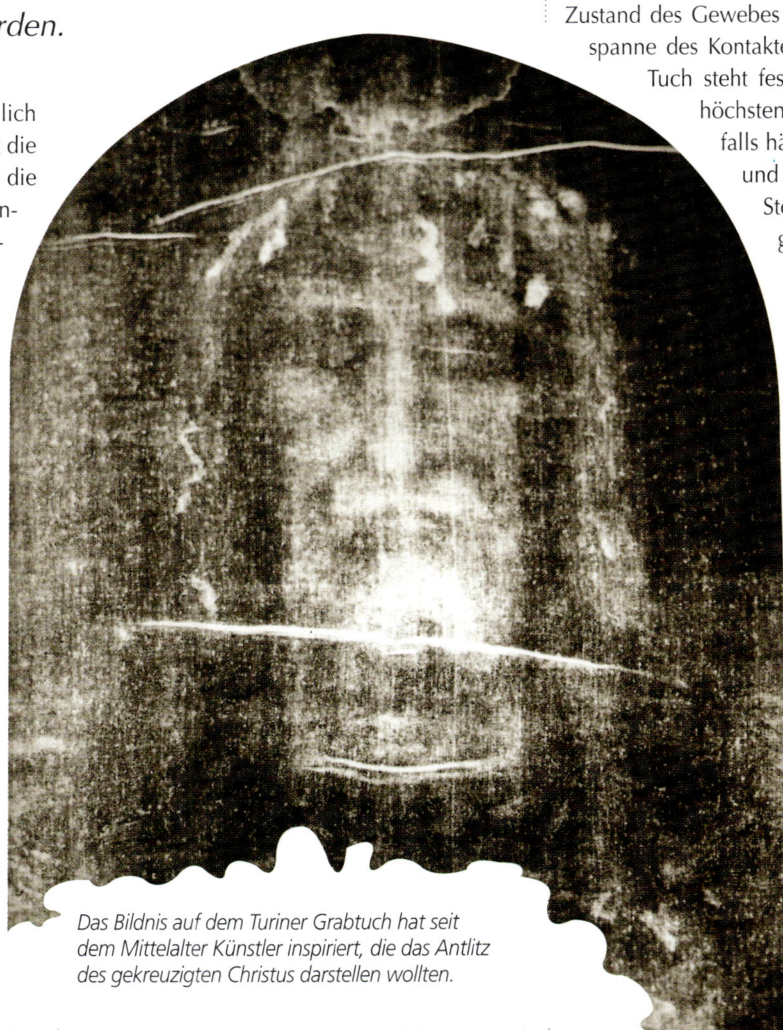

Das Bildnis auf dem Turiner Grabtuch hat seit dem Mittelalter Künstler inspiriert, die das Antlitz des gekreuzigten Christus darstellen wollten.

Eine umstrittene Datierung

Um die Echtheit des Turiner Grabtuches nachzuweisen, haben sich Forscher immer wieder darum bemüht, mit modernen Mitteln das Alter des Gewebes feststellen zu können. Als potenziell erfolgreiche Untersuchungsmethoden boten sich den Wissenschaftlern chemische und mikroskopische Analysen, Röntgen-, Ultraviolett- und Infrarotaufnahmen sowie die Radiokarbonmethode an. Nachdem die Reliquie 1983 von ihrem bisherigen Besitzer, dem Haus Savoyen, an den Vatikan vermacht worden war, erfolgte schließlich 1988 eine gründliche Prüfung durch das Britische Museum, die von drei Labors im nordamerikanischen Tucson, in Oxford und in Zürich durchgeführt wurde. Sie kamen zu dem Ergebnis, dass das Tuch aus dem 13. oder 14. Jh. stammen müsse, somit also nicht mit Christus hatte in Berührung kommen können.

Andere Forscher widersprachen dieser Datierung. Bei zwei Kolloquien 1989 in Paris bzw. 1993 in Rom gaben sie bekannt, dass sie anhand der Analysen, die aus denselben Labors stammten, zu anderen Erkenntnissen gekommen seien. Ein russischer Wissenschaftler wies nach, dass das Gewebe bei dem Brand, der das Tuch 1532 an seinem damaligen Aufenthaltsort im französischen Chambéry in Mitleidenschaft gezogen hatte, durch Einlagerung von Kohlenstoff „verjüngt" worden war. Und weitere Wissenschaftler hielten die Datierung für fehlerhaft, weil die aus Pilzen und Bakterien bestehende Patina des Tuches nur ungenügend berücksichtigt worden sei. Der Vatikan ordnete daraufhin die Fortsetzung der Forschungsarbeiten an.

Gibt es gesicherte Erkenntnisse?

Obwohl also noch viele Fragen über das Grabtuch von Turin offen bleiben, konnte auch einiges definitiv geklärt werden. So handelt es sich bei der Reliquie keinesfalls um eine bemalte Leinwand und das Bild des Gekreuzigten ist unauslöschlich. Anhand der Blutspuren ließ sich feststellen, dass der Leichnam spätestens zweieinhalb Stunden nach dem Tod darin eingewickelt wurde. Das Blut selbst stammt von einer Person männlichen Geschlechts, denn es konnten X- und Y-Chromosomen isoliert werden, und es hat die Blutgruppe AB. Der Körper ist nicht in dem Leichentuch verwest, das konnte man am Zustand des Gewebes ablesen. Auch die Zeitspanne des Kontaktes zwischen Leiche und Tuch steht fest: Der Körper lag darin höchstens 36 Stunden; andernfalls hätten sich durch die Aloe und Myrrhe, mit denen der Stoff getränkt war, die Blutgerinnsel aufgelöst und das Gewebe verklebt.

Ungeklärt aber bleibt weiterhin, wie der Leichnam von dem Tuch weggenommen wurde, denn die Sauberkeit des Abdrucks schließt jegliche Reibung aus. Ferner kann man auch die wichtigste Frage noch nicht beantworten, nämlich wie der Körperabdruck auf das Gewebe gelangt ist, und schließlich weiß man ebenso wenig, warum sich auf der Rückseite außer den Blutflecken keine Spur des Bildnisses findet. Darüber hinaus ist bemerkenswert, dass man den Abdruck im Original nur sehr schlecht erkennt, wohingegen das Negativ eines Fotos deutlich Gesicht, Körper und Gliedmaßen zeigt.

Zur Klärung dieser entscheidenden Fragen hat ein französischer Nuklearmediziner eine neue Hypothese aufgestellt. Er nimmt als Ursache eine Protonenstrahlung an, die ein menschlicher Körper unter Einwirkung einer noch unbekannten Energie freisetzt. Wenn es gelänge die genaue Natur dieser Energie herauszufinden, erhielte man nicht nur Auskunft über die Entstehung des Turiner Grabtuches, sondern auch wichtige Hinweise zu seiner Erhaltung.

Eine geheimnisvolle Leidensgeschichte

Marthe Robin, eine einfache Bäuerin aus Frankreich, trug angeblich die Wundmale Christi und ernährte sich 50 Jahre lang nur von einer Hostie am Tag. War sie tatsächlich eine von Gott Auserwählte oder nur das Werkzeug einer theologisch verblendeten Clique?

Im Jahr 1902 erblickte Marthe Robin auf einem Bauernhof bei Châteauneuf-de-Galaure im Departement Drôme südwestlich von Grenoble als fünftes Kind ihrer Eltern das Licht der Welt. Noch im Kindesalter erkrankte sie an Typhus, wodurch ihre körperliche Konstitution auf Dauer geschwächt wurde. Nachdem sie sehr früh die Schule verlassen hatte, half sie den Eltern auf dem Hof. Mit 16 fiel sie jedoch als Folge einer Gehirnentzündung ins Koma und als sie nach mehr als zwei Jahren wieder erwachte, zeigte ihr Körper erste Lähmungserscheinungen. Nach einer erneuten Bewusstlosigkeit im Jahr 1927 und einer schweren Magenerkrankung aß und schlief sie allmählich immer weniger.

Die Dorfbewohner und auch der Pfarrer der Gemeinde kümmerten sich während des Krankenlagers um Marthe, besuchten sie häufig, redeten und beteten mit ihr. Mit der Zeit kamen jedoch Gerüchte auf. Die Leute begannen zu tuscheln, dass mysteriöse Dinge geschähen, dass Marthe die Wundmale Christi trüge und dass am Karfreitag Blut von ihren Händen, ihren Füßen, ihrer Stirn und aus der Seite tropfe. Andere wollten erfahren oder bei einem Besuch sogar selbst festgestellt haben, dass Marthe vom Teufel besessen sei, der sie immer wieder aus dem Bett werfe. Und schließlich hieß es: Marthe isst nicht mehr und trinkt nicht mehr, sie lebt nur von einer Hostie täglich und nimmt dennoch nicht ab, Marthe ist jeden Freitag stigmatisiert, Marthe kann Schwerkranke heilen und hat Visionen. Die Menschen kamen zu Hunderten, um das vermeintliche Wunder mit eigenen Augen zu sehen. Der Pfarrer benachrichtigte den Bischof und lenkte derweil die Besucherströme.

Die Gründung eines Hilfswerkes

1936 wurde ein gewisser Pater Finet an Marthes Krankenbett beordert. Er sollte einen Auftrag ausführen, den Gott Marthe angeblich gegeben hatte, nämlich im Zeichen der Nächstenliebe eine Schule und ein Heim zu gründen. Er organisierte einen ersten Spendenaufruf und erhielt dadurch die Mittel zum Bau des Heims, das von frommen Laien betrieben wird.

1981 hatte man so viel Geld beisammen, dass es zum Bau einer prachtvollen Basilika reichte und dass außerdem ein landwirtschaftliches Kolleg mit 1500 Schülern und ein Altersheim der Stiftung angeschlossen werden konnten. Diese Institutionen bildeten die Keimzelle für ein katholisches Hilfswerk, das mittlerweile weltweit über Niederlassungen verfügt.

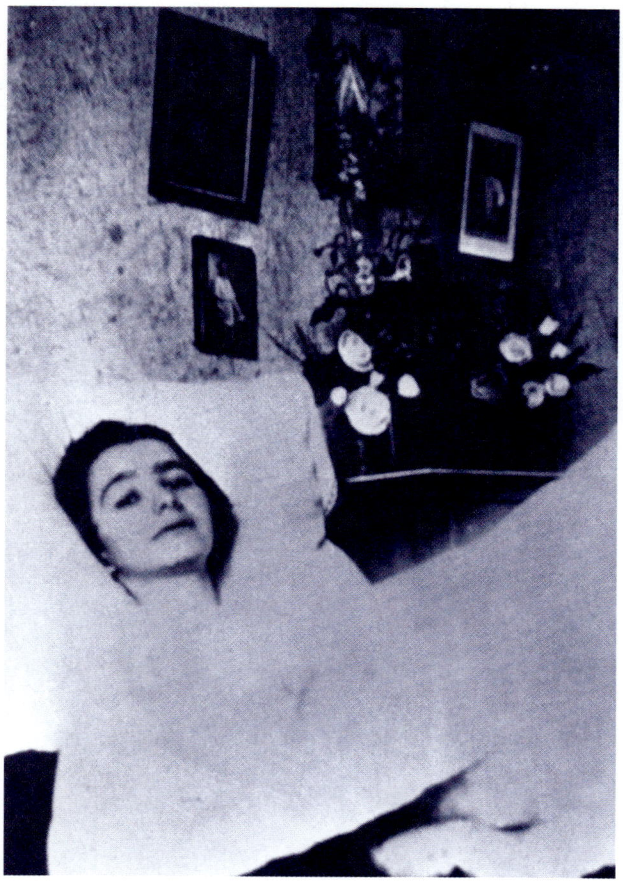

Marthe Robin, von der nur wenige Fotos existieren, lag wegen ihrer extremen Lichtempfindlichkeit in einem stark abgedunkelten Raum.

Doch trotz dieser unbestritten positiven Folgen rief das Wirken der Marthe Robin und ihrer Gefolgsleute Kritiker auf den Plan, selbst in Kirchenkreisen. Es wurde bemängelt, dass fast nur noch von Pater Finet bestimmte Personen an Marthes Bett treten durften und dass man vor allem diejenigen, die sie gut kannten, nämlich die Einwohner von Châteauneuf-de-Galaure, immer stärker ausgrenzte. Für den Besuch bei Marthe musste man Eintritt bezahlen und als Vorbedingung außerdem mehrtägige geistige Exerzitien absolvieren. Diese stießen nahezu einhellig auf Ablehnung, weil man nach Aussage von Teilnehmern dabei täglich in achtstündigen Vorlesungen unerträglich indoktriniert wurde. Wem es trotz dieser Erschwernisse gelang, in Marthes Haus vorzudringen, der konnte in der Regel ihre Stigmatisierung nicht bestätigen, da es wegen der vorgeschriebenen Entfernung unmöglich war, Wundmale zu erkennen. Ebenso wenig konnte nachgewiesen werden, ob sich Marthe tatsächlich nur von einer Hostie täglich ernährte. Zwar hatte die Kranke stets gesagt, dass sie sich in ärztliche Beobachtung begeben würde, wenn ihr der Bischof dazu den Befehl gäbe. Doch die Anordnung kam zu spät. Marthe starb im Jahr 1981, bevor sie verlegt werden konnte.

Was ist davon zu halten?

Aus heutiger medizinischer Sicht ist es unmöglich, dass ein Mensch einige Jahrzehnte ohne Essen und Trinken überleben kann. Sollte es sich also bei der Geschichte der Marthe Robin um ein unbekanntes Phänomen handeln? Darf man von einem Wunder sprechen? Neun Jahre nach Marthes Tod begann die vorbereitende Untersuchung für ihre Seligsprechung. Einer nach dem anderen erzählten die Zeugen von der Passion, die Marthe Woche für Woche von Donnerstagabend bis Montagmorgen durchlebte. Alle berichteten, dass sie jede Nacht blutige Tränen weinte und dass ihre Seele ihren Körper verließ. Aber natürlich handelt es sich bei den Zeugen nur um jene handverlesenen Personen, die Marthes Gefolgsleute vorgelassen haben.

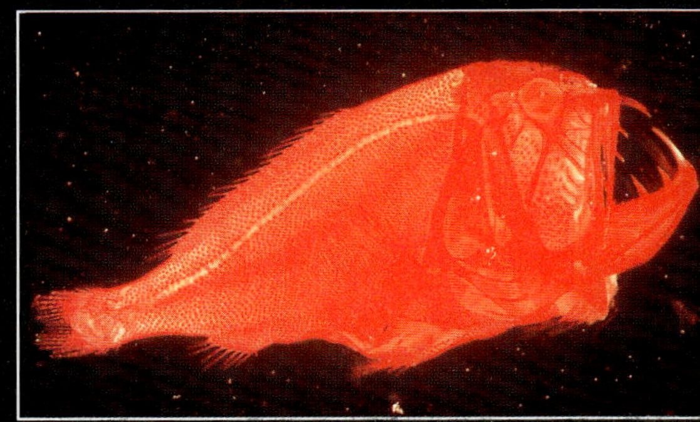

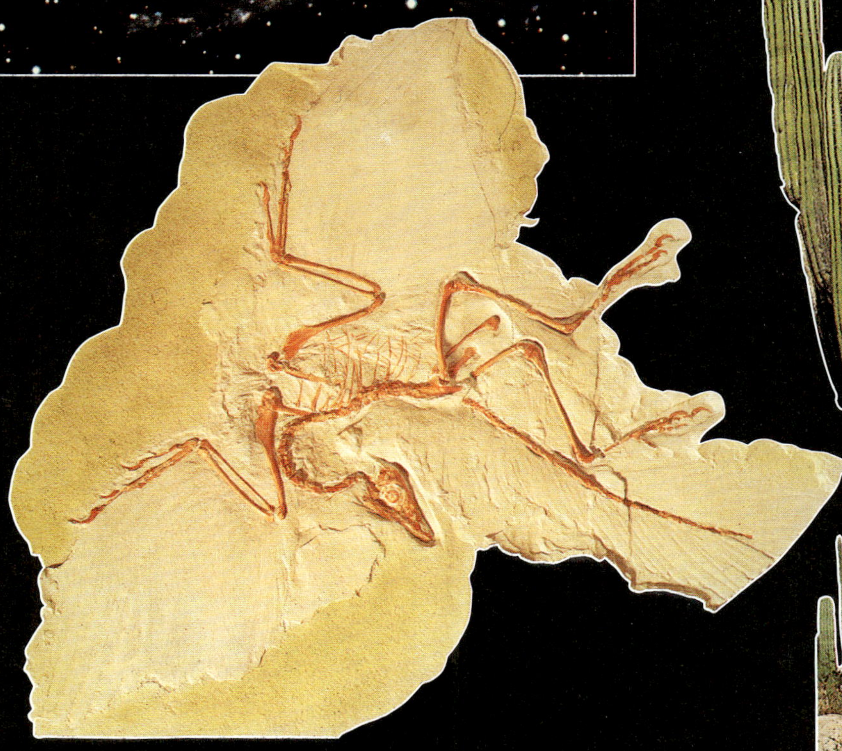

Offene Fragen an Erde und Weltall

Unermüdlich suchen die Wissenschaftler nach den Schlüsseln zur Enträtselung der Welt, die uns umgibt. Angefangen von den winzigsten Bausteinen der Materie bis zu den unendlichen Weiten des Weltraums versuchen sie, mit modernsten Geräten und Verfahren die Geheimnisse der Tiere und Pflanzen, der Erde und des Alls zu lüften. So werden die Organisationsstruktur eines Ameisenvolkes erkundet, die Hänge von Vulkanen vermessen, Probebohrungen im ewigen Eis gemacht oder nach schwarzen Löchern gefahndet. Doch bei all den Kenntnissen, die man schon über sie gesammelt hat, bleibt die Natur letztendlich unberechenbar und der Mensch, der sich ja als Krone der Schöpfung versteht, ist ihr nach wie vor ausgeliefert. Und auch die Wissenschaft muss sich trotz der vielen Erkenntnisse, die sie tagtäglich gewinnt, immer wieder neue Fragen stellen. So kommt mancher Forscher zu dem Schluss, dass das Weltall, ja selbst unser Heimatplanet noch immer ein großes Rätsel darstellt.

Haben Tiere die Fähigkeit zu denken?

Auch im Tierreich ist es möglich, Vertretern ganz unterschiedlicher Berufssparten wie Künstlern, Forschern, Erfindern und Architekten zu begegnen. So sieht man sich unverhofft der Frage gegenüber, ob wirklich der Mensch allein über Intelligenz verfügt.

Ist der Umstand, dass dieser Schimpanse Symbole auf einer Tafel kombinieren kann, ein Beweis für seine Intelligenz?

Kanzi liebt Milchkaffee, Orangensaft und Bananen Wonach es ihn gelüstet, das verlangt und bekommt er. Er kennt etwas mehr als 200 Wörter und hat etwa die geistige Reife eines zweieinhalbjährigen Kindes. Kanzi versteht auch, was man zu ihm sagt, selbst am Telefon. Nicht ungewöhnlich? Im Gegenteil. Kanzi ist ein junger Bonobo, ein Zwergschimpanse, der im Sprachforschungszentrum der Universität von Georgia (USA) in Gefangenschaft lebt. Seine Lehrer sind ein ganzes Team von Psychologen unter Leitung der amerikanischen Wissenschaftlerin Sue Savage-Rumbaugh. Sie alle widmen ihre Zeit ausschließlich diesem Tier: Sie leben, arbeiten und schlafen sogar bei Kanzi, sollte er einmal krank werden.

Um sich mit seinen menschlichen Kameraden zu verständigen, zeigt der staunenswerte Primat mit dem Finger auf die geometrischen Zeichen einer Tafel – jedes Symbol entspricht dabei einem Wort. Kanzi kann nämlich, wie alle Affen, nicht sprechen. Dank dieses Systems gelingt es ihm jedoch, sinnvolle Sätze zu bilden, indem er zwei oder drei Wörter nacheinander auf der Tafel drückt. Ist er deswegen intelligent? Die Antwort ist nicht so einfach, aber sicherlich handelt es sich hier um das Ergebnis einer hohen geistigen Leistung. Allerdings wird Kanzi in dieser Richtung kaum noch weitere Fortschritte machen, sein Denkvermögen erreicht zweifellos nie das menschliche Leistungsniveau.

Clevere Energiesparer

Selbst wenn es sich um den Menschen handelt, lässt sich eine befriedigende Definition der Intelligenz nur schwer finden. Gedächtnis, Aufmerksamkeit, Logik, räumliche Wahrnehmung und Sprachbeherrschung sind jedoch Wissenschaftlern zufolge unabdingbare Bestandteile des Denkvermögens. Verfügen nun Tiere über eine solche Konstellation?

Wenn der Schmutzgeier an den Inhalt von Straußeneiern gelangen will, ergreift er mit seinem Schnabel einen Stein und lässt ihn von oben herabfallen, um die Schale zu knacken. Nach mehreren Jahren im Meer kann der Lachs mithilfe seines so genannten sechsten Sinnes den Fluss wieder finden, wo er zur Welt kam. Noch beeindruckender sind aber die Verhaltensweisen der Schimpansen von der Elfenbeinküste. Da die Nüsse, die sie als Nahrung bevorzugen, eine extrem harte Schale besitzen, verwenden sie zum Aufbrechen kleine Granitbrocken. Müssen sie, um die Steine heranzuschaffen, nur eine relativ kurze Strecke – z. B. 20 m – zurücklegen, greifen die Affen systematisch zum schwersten Stein. Bei Entfernungen von über 40 m hingegen wählen sie den leichtesten, um beim Tragen nicht zu ermüden.

Bei den beiden erstgenannten Fällen, Schmutzgeier und Lachs, besteht kein Anlass, von Genialität zu reden, denn hier handelt es sich um einen angeborenen Automatismus, also um instinktiv ablaufende Handlungen, die auf einem genetischen Programm beruhen. Wenn dagegen Schimpansen ihre Kräfte einzuteilen suchen, ist offenbar Urteilsvermögen mit im Spiel. Würde man nämlich in dieselbe mathematische Gleichung das Gewicht der Steine, ihren Fundort und die zurückzulegende Entfernung als Variablen einsetzen, erhielte man bereits einen Beweis für intelligentes Nachdenken.

Diese Feststellung überrascht kaum unter Berücksichtigung der Tatsache, dass die Schimpansen neben den Gorillas und Orang-Utans unsere nächsten lebenden Verwandten im Stammbaum der Primaten sind. Übrigens ler-

Die dicke Schale eines Straußeneis zu knacken ist für den Schmutzgeier ein Kinderspiel.

nen die Tiere schon vom frühesten Alter an deutlich schneller als Menschenbabys. Für diese hervorragenden Nachahmer sind das Essen mit einem Löffel, der Gebrauch eines Schraubenziehers und sogar Fahrradfahrer Fähigkeiten, die sie durchaus erlernen können. Obwohl die frühreifen, durch Dressur entwickelten Talente leicht zu der Annahme verleiten, dass sich Menschenaffen zu zivilisierten Wesen im menschlichen Sinn erziehen lassen, gewinnt nach der Geschlechtsreife

tapultieren sie sich in einer Gischtfontäne aus dem Wasser heraus und speien dabei einen mächtigen Wasserstrahl aus, bevor sie wieder gleichzeitig in den Fluten verschwinden.

Handelt es sich hier nun um eine wohl inszenierte Dressur? Ja und nein. Denn dieses perfekte Kunststück wird zwar auf Befehl des Trainers dargeboten, ist aber in der Art und Weise, wie es ausgeführt wird, das Werk der Delphine. Sie und kein anderer haben die Nummer choreographiert. Mit anderen Worten: Die beiden Tiere mussten sich verständigen und ihre Bewegungen koordinieren, damit sie parallel schwimmen, Wasser schlucken und es gleichzeitig wieder ausspeien konnten. Am interessantesten ist jedoch die Tatsache, dass die Meeressäuger von Hawaii nicht immer in gleicher Weise auf den Befehl ihres Trainers reagieren: Manchmal beschließen sie, rückwärts zu schwimmen oder Runden im Becken zu drehen – als käme hier eine Art tierische Entscheidungsfreiheit ins Spiel.

Ein erstaunliches Gedächtnis

Ist der Gewöhnungseffekt bei solchen Übungen dafür verantwortlich, dass sich die Delphine in dieser nahezu vollkommenen Weise aufeinander abstimmen können? Oder imitiert nur einer perfekt den anderen? Noch stellen derartige Verhaltensmuster die Forscher vor ungelöste Rätsel. Geht man aber davon aus, dass die Intelligenz mit der Auffassungsgabe eng verknüpft ist, dann sind die Delphine eindeutig hoch begabt.

Selbst in freier Wildbahn vollbringen die Meeressäuger beachtliche Leistungen. Percy beispielsweise wurde erstmals 1981 weit draußen vor der Küste Cornwalls entdeckt. Wie

Die nahezu perfekte Synchronisation der beiden Delphine erinnert an ein Wasserballett. Während die Aufforderung zum Tanz ein Akt der Dressur ist, wurde die Choreographie von den Tieren selbst übernommen.

ihre natürliche Aggressivität wieder die Oberhand und die erwachsenen Tiere, vor allem die Männchen, werden für den Menschen schnell zur Gefahr.

Kunststücke im Wasser

In der Forschungsstation für Meeressäuger auf Hawaii führen zwei Delphine eine artistische Nummer vor, die umso erstaunlicher ist, weil es sich dabei in gewisser Weise um ihre eigene Kreation handelt. Den Kopf aus dem Wasser gereckt, beobachten die Tiere aufmerksam die Bewegungen, die der Trainer in ihre Richtung macht. Dieser signalisiert ihnen zunächst mit überkreuzten Zeigefingern das Wort Tandem. Dann wirft er die Arme mit einer Gebärde in die Luft, die kreativ heißen soll. Kaum haben die beiden Delphine die Botschaft registriert, tauchen sie zum Grund des Beckens hinab und schwimmen dicht nebeneinander her. Dann ka-

Der Weg ins Freie

Laborratten erweisen sich als wahre Meister, wenn es darum geht, möglichst schnell den Ausgang aus den verwinkelten Gängen eines Labyrinths zu finden. Doch lässt diese Begabung auf ein hohes Denkvermögen schließen? Natürlich nicht. Aber Ratten haben eine außergewöhnliche Raumintelligenz entwickelt: ein unverzichtbares Werkzeug, um in dem unterirdischen Gängesystem, in dem sie natürlicherweise leben, nicht die Orientierung zu verlieren.

Nichts Leichteres für eine Laborratte, als sich in diesem Labyrinth zu orientieren, das ihrem natürlichen Lebensraum nachempfunden ist.

Im Interesse der Gruppe

Um zu überleben, ist es für Tiere in erster Linie wichtig, Fressfeinde zu erkennen und ausreichend Nahrung zur Verfügung zu haben.

Das Zusammenleben in einer Gemeinschaft erfordert darüber hinaus strenge Regeln, die von den einzelnen Gruppenmitgliedern eingehalten werden müssen. Während z.B. bei Insekten chemische Duftstoffe das Funktionieren garantieren, sind bei hoch entwickelten Tieren wie den Affen außerdem Lernvorgänge von großer Bedeutung.

viele seiner Artgenossen suchte er gern die Gesellschaft des Menschen und hatte seinen Spaß daran, dem Kielwasser von Fischerbooten zu folgen oder sich Tauchern zu nähern. Für einen von ihnen hegte er dabei eine besondere Sympathie und schwamm deshalb oft stundenlang neben ihm her. Außerdem liebte es der Delphin, mit den Reusenleinen der Fischer zu spielen.

Oben: Ameisen – wie hier die Rote Waldameise – leben in Kolonien. All ihre Aktivitäten unterliegen strengen Regeln, die das Leben in der Gemeinschaft erforderlich macht.

Selbst Hühner haben Vorlieben

Obwohl weniger spektakulär, ist das Verhalten bestimmter Tierarten dennoch weit differenzierter, als es den Anschein hat. Wie im Fall des Hahns und seinen Hennen.

Hennen besitzen die erstaunliche Fähigkeit, das je nach Futterqualität unterschiedliche Gackern des Hahns spontan zu entschlüsseln.

Ein amerikanischer Forscher, der sich intensiv mit dem Sozialverhalten der Hühnerartigen beschäftigt hat, stellte nämlich anhand von Beobachtungen fest, dass ein Hahn im Hühnerstall durch sein Gackern nicht nur den Hennen anzeigt, dass es hier etwas zu fressen gibt, sondern – indem er seinen Ruf variiert – auch seine Einschätzung darüber kundtut, wie interessant die Nahrung ist. Jeden Tag fütterte der Wissenschaftler sein Geflügel mit Mehlwürmern, Erbsen und Erdnüssen. Beim Anblick der beiden ersten Speisen rief der Hahn seine Hennen mit kurzen, schnellen Gackerlauten herbei und die Schar stürzte sich auf das Futter. Wurden den Hühnern aber einzig Erdnüsse als Nahrung angeboten, ließ der Hahn ein langsames Gackern hören, auf das nur jede zweite Henne reagierte.

Meister der Nachahmung

Sind unsere Haustiere, allen voran Hunde und Katzen, intelligent? Manche ihrer Verhaltensweisen scheinen den Schluss nahe zu legen, vor allem wenn sie unseren menschlichen Maßstäben entsprechen. Wer hat nicht schon von Hunden gehört, die, nachdem sie sich am Urlaubsort verlaufen hatten, auf der Suche nach ihrem Zuhause ein riesiges unbekanntes Gebiet durchquerten? Oder von Katzen, die ihr Geschäft auf der Toilette verrichten und anschließend die Spülung betätigen? Doch solche Verhaltensmuster bedeuten laut Aussagen von Experten nicht, dass Tiere denken können. Viele ihrer Handlungen lassen sich etwa auf Lernen durch Beobachten zurückführen und ebenfalls wichtig ist die Tatsache, dass sie uns Menschen gern nachahmen.

Kollektive Intelligenz

Insekten, die über ein vergleichsweise einfaches Nervensystem verfügen, vollbringen im Schwarm wahre Meisterleistungen. Manche Wissenschaftler behaupten gar, dass sie selbst so abstrakte und komplexe Begriffe wie den der Zeit erfassen können. Forscher haben z. B. in Toulouse Ameisen beigebracht, ihr Futter zu ganz bestimmten Zeiten an festen Orten einzunehmen. Dreimal am Tag kommt die kleine Kolonie aus ihrem Bau heraus, um an drei präzisen Stellen Brotkrumen aufzulesen.

Ebenso beeindruckend ist die Leistung der Honigbienen, die Zellen für Brut und Vorräte bauen, indem sie aus ihren eigenen Körpern Gerüste bilden. Außerdem sorgen so genannte Fächlerinnen dafür, dass der Stock nicht überhitzt.

Das Stranden der Meeressäuger

Sie schwimmen wie die Sirenen, legen unter Wasser mühelos größte Entfernungen zurück, sind Meister in der Bestimmung des Standorts und können mit Leichtigkeit den gewählten Kurs einhalten. Doch hin und wieder – einem gewaltigen Schiffbruch gleich – stranden die Wale ohne jede Vorwarnung. Ein Kompassfehler? Die Experten sind bislang ratlos.

Meeressäuger, allen voran die Wale, üben eine ungebrochene Faszination auf den Menschen aus. Nicht nur, dass sich in ihren Reihen die größten Tiere unseres Planeten tummeln und manche von ihnen menschenähnliche Verhaltensweisen zeigen – sie haben obendrein ein vorzügliches Ortungsvermögen. Jedes Jahr unternehmen Delphine, Barten- und Pottwale lange Wanderungen zwischen ihren Fortpflanzungsgründen, wo sie sich im Sommer aufhalten, und den arktischen Gewässern, die im Winter ein reiches Angebot an Fischen und Krill liefern. Einige Arten, wie etwa Blauwale, können dabei eine Wegstrecke von etlichen Tausend Kilometern zurücklegen. Und trotzdem geschieht es ab und zu, dass die Tiere durch ein bislang nicht verstandenes Phänomen von ihrem Kurs abkommen und in großer Zahl an unseren Küsten stranden.

Vielleicht ein kollektiver Selbstmord? Es gibt allerdings keinerlei Hinweise für eine derartige Annahme. Die Wissenschaftler vermuten vielmehr einen technischen Defekt, der mit dem Ortungssystem der Tiere in Zusammenhang steht. In der Tat setzen bestimmte Wale – so Delphine, Pott- und Schwertwale – ein Sonar ein, ein Verfahren also, um sowohl Hindernisse, wie z. B. Untiefen, als auch Beute aufzuspüren. Die Echopeilung funktioniert dabei folgendermaßen: In kurzen Stößen sendet das Tier Klicklaute im Ultraschallbereich aus, die auf die Konturen der Umgebung treffen. Von dort werden die Schallwellen zurückgeworfen und vom Empfangsteil der Wale, den Ohren, aufgenommen. Aus Daten wie Stärke, Richtung und Art der Reflexion berechnet dann das Gehirn die Entfernung des Objekts und vergleicht es mit den bereits im Gedächtnis gespeicherten Sonarbildern – ein auf 800 m wirksames Suchradar, mit dessen Hilfe z. B. Pottwale ihre bevorzugte Nahrung, nämlich Kalmare, in der völligen Dunkelheit der Tiefsee jagen können.

Der Lärm der Schiffe, ein Sturm, die Meeresverschmutzung oder sogar eine Ohrenerkrankung könnten jedoch, so vermuten Forscher, das Sonar in seiner Funktion beeinträchtigen und somit den „Blick" der Wale trüben.

Ein unauffindbarer Kompass

Und was machen Arten ohne Echolot, wie etwa Blauwale? Nach neuesten Erkenntnissen der Wissenschaft verfügen diese eventuell über ein Ortungssystem, das den Verlauf der Feldlinien des Erdmagnetfelds registriert. Tatsächlich weist das irdische Magnetfeld innerhalb sehr langer Zeiträume Schwankungen auf, die in den Gesteinsschichten unter dem Meeresgrund unauslöschlich eingeprägt sind. Aus den Tiefen der Ozeane dringen also unterschiedliche magnetisch bedingte Signale, je nachdem, welche Schicht zutage tritt. Und diese Zeichen gleichen Bojen, anhand derer die Wale ihren Kurs einstellen.

Leider kommt es vor, dass die geomagnetischen Routen auf die Küste zu verlaufen. So waren etwa im Golf von Wash, an der Ostküste Großbritanniens, Wale dort gestrandet, wo die magnetischen Feldlinien einen Bogen beschreiben, der senkrecht zum Ufer ausgerichtet ist.

Hinweise, welche die Theorie vom eingebauten Kompass erhärten, mehren sich. Doch niemand weiß bisher, wie er funktionieren soll. Man vermutet lediglich, dass der magnetische Empfänger hoch empfindlich sein muss, da er selbst in großen Tiefen noch ganz geringe Schwankungen des Erdmagnetfelds wahrnimmt. Neuesten Untersuchungen zufolge ist er möglicherweise in der Netzhaut dieser großartigen Meeressäuger lokalisiert.

Da Wale sehr häufig an denselben Orten stranden, könnte eine magnetische Fehlmeldung aus den Tiefen des Meeres die Ursache dafür sein.

DIE HEITERE SEITE DES LEBENS

Sie spielen gern – wie wir. Gleich den Menschenkindern zeigen viele Tiere Freude am Spiel, obwohl nicht selten die Gefahr damit verbunden ist, sich zu verletzen oder sogar von Fressfeinden erbeutet zu werden. Welcher Zweck steckt also dahinter?

Noch im Mutterleib, lange bevor es die Welt erkundet, zappelt, stupst und pocht das Säugerbaby gegen die ihn umgebende Bauchwand. Gut geschützt bereitet es seinen Körper auf neue Lebensumstände wie Springen, Laufen oder Klettern vor.

Nach der Geburt ist es dann sogleich einer feindlichen Umgebung ausgesetzt. Räuber mit gefährlichem Gebiss oder scharfem Schnabel warten schon auf den Neuankömmling, der gänzlich unerfahren, aber abenteuerlustig, neckisch und überschäumend vor Energie zu einer idealen Beute wird. Hungrige Hyänen, Füchse, Löwen, Adler oder Albatrosse stürzen sich auf das unvorsichtige Jungtier, das – in sein Spiel vertieft – sich fern vom Nest oder Bau ohne mütterlichen Schutz vergnügt, und verschlingen es mit wenigen Bissen.

Für die Wolfsjungen ist der spielerische Kampf eine gute Vorbereitung für die Auseinandersetzung um die zukünftige Rangordnung im Rudel.

Rollenspiele

Spielen ist also zwangsläufig mit Gefahren verbunden. Doch nach den Erkenntnissen von Wissenschaftlern trägt das eingegangene Risiko letztlich seine Früchte. Denn das Spiel ist ihrer Meinung nach für Tiere eine gute Möglichkeit, sich für den Ernst des Lebens zu rüsten.

Erste Beobachtung: Spielen erhöht die Überlebenschancen. Sibirische Steinböcke etwa, die wahre Kletterkünstler sind, springen mit Leichtigkeit über Schluchten hinweg oder jagen sich an felsigen Abhängen – alles nur im Spiel, aber dennoch hart an den Grenzen der physischen Machbarkeit. Für ein Jungtier indessen scheinen diese Belastungen enorm. Ein Ziegenkitz jedoch, das den gefährlichen Turnereien nicht schnell genug nachkommt, wird sehr rasch von seiner Mutter auf Trab gebracht. Denn im Fall einer echten Gefahr, wo es um sein Leben rennen muss, hat es mit den einstudierten, sicheren Tritten deutlich bessere Chancen, einen tödlichen Sturz zu vermeiden. Deshalb ist dieses harte Training zwingend erforderlich.

Zweite Beobachtung: Spielen ist ein gutes Mittel, um das Leben in der Gemeinschaft zu erlernen. Während das Jungtier heranwächst, muss es seinen Platz in der Gruppe finden, einen sozialen Status erringen oder ein Revier erobern. Wenn sich beispielsweise Wolfswelpen aus einem Wurf um eine Feder oder ein Holzstück balgen, lernen sie, sich entweder Respekt zu verschaffen oder sich zu unterwerfen. Es ist ein ganzer Verhaltenskatalog, der jedem Tier im Lauf der Zeit seinen Platz in der Rangordnung zuweist und gleichzeitig den guten Zusammenhalt des Rudels sichert.

Vorzugsweise allein spielen dagegen jene Tiere, die, sobald sie ausgewachsen sind, ein Leben als Einzelgänger führen. Dies trifft unter anderem auf Fuchswelpen zu, die später auf sich gestellt sind und nicht wie die Wölfe im Rudel jagen.

Spieltypen

Obwohl man den Begriff des Spielens nicht leicht definieren kann, ist der Vorgang selbst für jedermann offenkundig. Wenn ein Tier spielt, bleibt es immer an angeborene sowie erlernte Verhaltensmuster gebunden. Es gibt demnach keine zwei Tierarten, die in der gleichen Weise spielen.

Fachleute unterscheiden drei Formen des Spiels: das soziale Spiel, zu dem man einen Artgenossen braucht; das Objektspiel, bei dem die Aufmerksamkeit einem leblosen Gegenstand gilt, und das lokomotorische Spiel, bei dem sich das Tier veranlasst fühlt, die schützende Nähe der Mutter, das Nest oder den Bau zu verlassen und sich in seiner Umgebung zu bewegen.

Mit offenen Karten

Wer spielt, will sich grundsätzlich nicht wehtun. Der Kampf zwischen zwei Löwenkindern z. B. wirkt nur auf Außenstehende wild. Denn die zu beobachtenden Bisse und Tatzenhiebe

Fuchswelpen spielen oft allein. Hier lässt sich bereits ihre spätere Lebensform erkennen: Sobald sie ausgewachsen sind, werden Füchse zu Einzelgängern.

stellen Scheinhandlungen dar, gespielt brutale, aber gleichzeitig perfekt kontrollierte Gesten. Das Spiel ist ein Ritual, bei dem allen Bewegungen eine klar umrissene Bedeutung zukommt und an dem der Stärkere wie der Schwächere ihren Spaß haben, indem sie abwechselnd die Verlierer- bzw. Siegerrolle übernehmen. Alles geschieht gewissermaßen mit einem Lächeln oder vielmehr mit dem so genannten Spielgesicht, jenem entspannten Ausdruck, der die freundschaftliche Absicht signalisiert. Bei jungen Wölfen z. B. ist in einem solchen Fall die Schnauze geöffnet, die scharfen Zähne indessen sind nicht gebleckt, sondern bleiben von den Lefzen bedeckt.

Knurren, Tatzenhiebe, Bisse: Mit Verhaltensweisen, die oft gefährlich aussehen, aber normalerweise harmlos sind, trainieren die Löwenjungen für den Ernstfall.

Diese Art von Zweikämpfen, die nur aus Freude am Herumbalgen geschehen, erweisen sich aus dreierlei Gründen als vorteilhaft: Erstens ermöglichen sie den Abbau von Gewalt und Aggressivität, und zwar unabhängig von der Stärke und dem Rang der beiden Partner innerhalb der Gruppe. Zweitens fördern sie die körperliche Ausdauer und Geschicklichkeit im Kampf, ein gutes Training also für die spätere Herausforderung mit echten Rivalen. Und drittens bieten sie die hervorragende Gelegenheit, mit einem Artgenossen, der als williges Versuchskaninchen dient, die eigenen Jagdtechniken zu perfektionieren. Dazu zählen Verhaltensweisen wie Lauern, Hetzen, Anspringen, Niederwerfen und der so genannte Todesbiss.

Glücklich beim Spielen

Erwachsenwerden schließt auch Erfahrungen im Bereich der Sexualität mit ein. Bei den jungen Seeelefanten etwa erfolgt die Einführung in das Geschlechtsleben durch sexuelle Handlungen zwischen Geschwistern. Im Fall der Affen wiederum ahmen junge Männchen, die durch die Anwesenheit paarungsbereiter Weibchen erregt wurden, unter den nahezu gleichgültigen Blicken der dominanten Männchen die Begattung nach. Diese immer wieder in derselben Form dargebotenen Gesten, die keinerlei Fortpflanzungsfunktion erfüllen, werden von den Erwachsenen allerdings nur bis zu einem gewissen Alter geduldet, danach folgt auf der Stelle die Bestrafung. Später muss das Jungtier seine Dominanz gegenüber anderen Männchen unter Beweis stellen, wenn es sich paaren will.

Im Übrigen scheinen bei genauerem Hinsehen die beiden Geschlechter höchst unterschiedliche Lieblingsbeschäftigungen zu haben.

Ein junger Seebär zieht zum Spaß eine Meerechse am Schwanz. In einem solchen Fall dient das Spielen ausschließlich dem eigenen Vergnügen.

Zunächst einmal spielen Weibchen allgemein seltener als Männchen. Sie widmen sich, wie z. B. bei den Makaken, vor allem der Fell- und Kinderpflege, während die männlichen Gruppenmitglieder nur eins im Kopf haben: Fangen spielen. Beobachtet man Murmeltiere, so stellt man fest, dass die Männchen bei einer Rauferei mit einem Weibchen rasch die Oberhand gewinnen. Infolgedessen ziehen es die jungen Burschen oft vor, mit ihresgleichen zu raufen, nach Möglichkeit sogar mit einem kräftigeren Partner.

Spielen ist aber nicht nur eine gute Lehre fürs Leben, sondern macht obendrein Spaß, wie manches Beispiel zeigt: ein junger Galápagos-Seebär, der eine Meerechse am Schwanz zieht, ein Rabe, der immer wieder auf dem Rücken ein kleines Schneefeld hinabrutscht, oder ein Affenkind, das seine Mutter an der Nase kitzelt.

Von Spielern und Nichtspielern

Spielen ist bisher nur bei Säugern und Vögeln beobachtet worden. Allen übrigen Tiergruppen wie Reptilien, Amphibien, Fischen oder Insekten scheint ein solches Verhalten fremd zu sein. Intensität und Dauer des Spiels sind aber offenbar vom Nahrungsangebot der Umgebung abhängig. Ist der Tisch reich gedeckt, können die Jungen Energie im Spiel vergeuden. In kargen Zeiten reduzieren sie jedoch von selbst ihre Vergnügungen, denn nun müssen sie mit ihren Kräften Haus halten.

Steht Tieren, wie diesen verspielten Pavianen aus Kenia, genügend Nahrung zur Verfügung, sind Scheinkämpfe und Balgereien an der Tagesordnung.

Kommunikation bei Tieren

Bienen, die ihren Stockgenossinnen den Weg zu einer ergiebigen Futterquelle weisen können; Papageien, die uns verstehen, wenn wir das Wort an sie richten; Wale, deren Gesänge sirenengleich betören; Nachtigallen, die fremde Stimmen perfekt imitieren: Die Möglichkeiten der Tiere, sich zu verständigen, sind vielfältig. Doch kann man deswegen von Sprache reden?

Die Nachtigall, ein Meister der Imitation, kann den Gesang anderer Vogelarten nachahmen.

In der Tiefe einer regenfeuchten Nacht erfüllt ein Froschkonzert die Dunkelheit. Eine Waldlichtung hallt wider vom wohltönenden Gesang einer Nachtigall. Da, ein unheimliches Heulen zerreißt die Stille über der staubtrockenen Wüste … Senden sich die Tiere mit diesen Lautäußerungen, die uns oft sonderbar vorkommen und die die Natur mit Leben erfüllen, verschlüsselte Botschaften zu? Ist in solchen Fällen der Begriff Sprache angebracht? Schwer zu beantwortende Fragen, selbst für die Experten.

Denn Sprache ist nach Meinung von Wissenschaftlern eine Form der symbolischen und kreativen Verständigung, d. h., sie stellt nicht nur eine bloße Folge von Signalen dar, die auf eine sofortige Wirkung abzielen. Tiere hingegen, so mag es auf den ersten Blick scheinen, „ergreifen das Wort" nur in drei ganz bestimmten Situationen: um Informationen über Nahrungsquellen auszutauschen, während der Paarungszeit zur Festigung der partnerschaftlichen Bande oder um bei Gefahr Hilfe herbeizurufen.

Ein Freudentanz weist den Weg

Manch tierische Kommunikation erfolgt aber auf einem so hohen Niveau, dass die Forscher sich veranlasst sehen, von Sprache zu reden. Eine bemerkenswerte Art der Verständigung trifft man z. B. bei den Honigbienen *(Apis mellifica)* an. Wenn eine von ihnen eine Futterquelle entdeckt hat, kehrt sie zum Stock zurück und gibt Informationen darüber an andere Sammlerinnen weiter. Und zwar durch ganz bestimmte Tänze, wie der österreichische Naturforscher und Zoologe Karl von Frisch erst in den 20er-Jahren unseres Jahrhunderts herausgefunden hat.

Liegt die Futterquelle weniger als 100 m vom Stock entfernt, macht die Biene durch einen Rundtanz auf sich aufmerksam. Bei Nahrungsquellen, die in größerer Distanz liegen, wird ein Schwänzeltanz in Form einer Acht aufgeführt: Die Tanzgeschwindigkeit drückt dann die Entfernung aus, wobei die Zahl der absolvierten Runden mit zunehmender Distanz abnimmt (z. B. bei 100 m etwa 40 Runden, bei 500 m etwa 24 Runden). Die Richtung wird dadurch symbolisiert, wie die gerade, mittels Schwänzeln betonte Tanzstrecke ausgerichtet ist. Eine Aussage über die Ergiebigkeit der Futterquelle liefern Intensität und Ausdauer beim Tanzen. Schließlich infor-

Nicht die betörenden Weisen der Sirenen erfüllen die unendlichen Weiten der Ozeane, sondern der erhabene Gesang der Buckelwale.

miert die Tänzerin ihre Artgenossen auch über die Qualität der Nahrung, denn sie brauchen nur ihren Pelz zu beschnuppern, um den Blütenduft zu erkennen. Sobald die Botschaft verstanden wurde, geben sie die neuen Nektarsammlerinnen mithilfe der gleichen Technik weiter. Und man stellt fest – was wirklich beeindruckend ist –, dass binnen etwa einer Stunde rund 10 000 Insekten an Ort und Stelle eintreffen können.

Ein hoch begabter Papagei

Für den Menschen sind allerdings jene Tiere noch verblüffender, die – wie die Papageien – unsere eigenen Worte übernehmen. Als exzellente Imitatoren macht es diesen Vögeln Spaß, beliebige Laute nachzuplappern. Doch handelt es sich hier um eine echte Form der Kommunikation?

Geduldig brachte die Psychologin Pepperberg einem Graupapagei bei, verschiedene Gegenstände zu benennen.

Um eine Antwort auf diese Frage zu erhalten, brachte die amerikanische Psychologin Irene Pepperberg einem Graupapagei *(Psittacus erithacus)* aus Gabun einige ganz simple Wörter bei, wie etwa Korken für sein bevorzugtes Spielzeug oder Möhre für seine Lieblingsspeise. Bei jedem dargebotenen Objekt wartete sie so lange, bis der Papagei die korrekte Bezeichnung wiedergab, bevor sie es ihm als Zeichen der Belohnung in den Schnabel schob. Ziemlich schnell lernte der Vogel auf diese Weise rund ein Dutzend Wörter, ja er war schließlich sogar imstande, einen Gegenstand namentlich anzufordern, der außerhalb seiner Sichtweite lag.

Als er richtige Sätze wie „Will turnen gehen" zu sprechen begann, weitete die Forscherin das Lernprogramm aus. Über 300 Objekte lernte der Papagei anhand ihrer Form, Größe und Farbe einzuordnen. Auf Fragen wie „Was ist gelb?" oder „Welche Farbe hat diese Schachtel?" gab der Vogel in vier von fünf Fällen die richtige Antwort.

Wal und Nachtigall – begabte Sänger

Das Tierreich kennt die verschiedensten Arten, sich Gehör zu verschaffen. Jedes Piepsen, Wiehern und Krächzen dürfte somit eine versteckte Botschaft beinhalten. Eine der faszinierendsten Lautäußerungen sind indessen die stimmgewaltigen Gesänge der Wale, der Wanderer der Ozeane. Besonders vielfältig gestalten Buckelwale *(Megaptera novaeangliae)* und Belugas *(Delphinapterus leucas)* ihre Lieder. Sie können mehr als eine halbe Stunde lang ohne größere Unterbrechungen singen, doch anders als bei anderen Arten variiert ihr Gesang stark: Gebell, Quietschen, kanarienvogelähnliches Pfeifen, Schnauben, Raspeln, Quäken, Summen und Trillern werden immer wieder neu kombiniert. An die Stelle eines monotonen Refrains treten melodiöse Strophen, deren Bedeutung noch völlig unbekannt ist. Lange glaubten die Seeleute, in den geheimnisvollen Klängen den Ruf der Sirenen oder Meerjungfrauen zu erkennen.

Was den Gesang der Vögel betrifft, so haben Wissenschaftler herausgefunden, dass dieser drei so genannte Identitätsebenen umfasst: die artspezifische, die regionale und die individuelle Ebene. Das Lied der Nachtigall z. B. besteht aus mehreren Abschnitten, von denen manche dazu dienen, Lock- oder Warnmeldungen zu übermitteln. Andere Gesangsteile wiederum sind ohne spezielle Bedeutung und stellen entweder Eigenkompositionen oder Anleihen bei anderen Vögeln dar. Sogar Laute fremder Tiergruppen werden eingebaut, denn die Nachtigall ist ein Meister der Imitation.

Aus Sicht der Sprachwissenschaftler

Bleibt letztlich die Frage, wodurch sich die Sprache grundsätzlich auszeichnet. Zu einem wichtigen Wegbereiter in der Sprachforschung wurde der Schweizer Ferdinand de Saussure, der zu Beginn dieses Jahrhunderts die moderne Linguistik begründete.

Seinen Thesen zufolge findet Sprache dann statt, wenn Signale auf einer von ihm als „doppelte Artikulation" bezeichneten Ebene gesandt werden. Gemeint ist damit, dass sich unsere Sprache zwar nur aus einer sehr begrenzten Anzahl sinnloser Einheiten, wie z. B. Vokalen und Konsonanten (Alphabet), zusammensetzt, die sich aber durch beliebige Kombination in eine unbegrenzte Anzahl sinnvoller Einheiten, nämlich unseren Wortschatz, umwandeln lassen.

Außerdem kann man mit mehreren verschiedenen sprachlichen Signalen eine außersprachliche Wirklichkeit bezeichnen: So gibt es etwa, um eine Wegstrecke zu beschreiben, den Begriff Pfad, Straße, Autobahn oder Gasse. Andererseits ist es möglich, mit einem einzigen Zeichen bzw. Wort (z. B. Blatt) unterschiedliche Gegenstände zu benennen wie ein Blatt Papier oder das Blatt eines Baumes.

Tierische Kommunikationssysteme hingegen sind vor allem dadurch charakterisiert, dass jedem Signal nur eine Botschaft entspricht und umgekehrt. Deshalb müssen beispielsweise Schimpansen, Gorillas und Orang-Utans jedes Mal ihren Grundwortschatz erweitern, sobald sie etwas Neues sagen oder verstehen wollen.

Fünf Arten der Kommunikation

Jede Tierart besitzt eine eigene Form der Verständigung, die jedoch alle den folgenden fünf Kategorien angehören:

- ***Akustische Botschaften wie Gesang, Schreie, Ultra- oder Infraschallrufe;***
- ***Optische Signale wie Fellmuster, Farbwechsel oder Gebärdensprache;***
- ***Duftabsonderung mittels chemischer Stoffe, wodurch viele Tiere z. B. ihren Weg markieren;***
- ***Berührungsreize, die etwa Vogelküken anwenden, um von ihren Eltern Futter zu erbetteln;***
- ***Elektrische Signale, wie sie von etlichen Fischen zur besseren Orientierung ausgesandt werden.***

Trotz ihrer relativ hohen Entwicklungsstufe bedienen sich Orang-Utans nur einer sehr einfachen Sprache.

Verfügen Insekten über kollektive Intelligenz?

Beobachtet man die Menschenmassen, die sich tagein, tagaus in den Straßen unserer Megastädte bewegen, so wird es einem nicht gelingen, Sinn und Zweck dieses scheinbar endlos dahinfließenden Stromes auszumachen. Dagegen kann man beim Studium eines Bienenstocks oder Ameisenhaufens nur fasziniert sein von den gemeinschaftlich vollbrachten Werken dieser Insekten, deren Gehirn dennoch zu den einfach gebauten zählt.

Zwei Kieferzangen zum Greifen, ein Paar Antennen, die als Tast- und Geruchssinnesorgane dienen, dazu sechs Beine und eine spindeldürre, gelenkig verbundene Taille – zahllose Insektengruppen hat die Natur nach diesem Bauplan in die ganze Welt verstreut. Doch neben einem sehr anpassungsfähigen Körpermodell war für den Verbreitungserfolg vor allem ein System verantwortlich, bei dem der Staat, nicht aber das Individuum im Vordergrund steht.

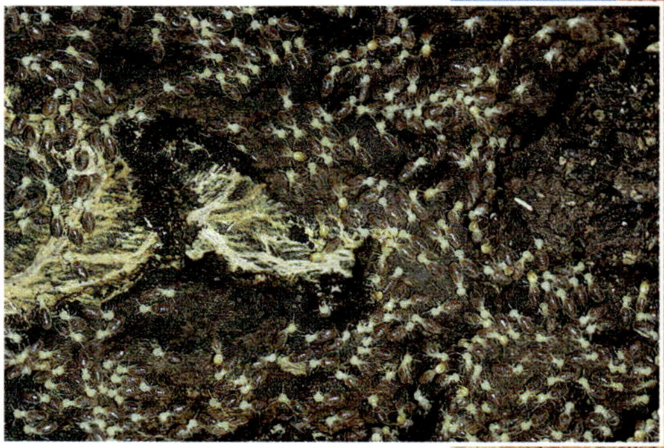

Diese Termitenarbeiter aus dem Senegal (kleines Bild) haben nicht die leiseste Vorstellung, wie der Termitenhügel später aussehen soll …

Staaten bildende Insekten

In einen Termitenbau vorzustoßen bedeutet, die Tore eines Monuments zu durchschreiten, das einer Festung, einem Labyrinth, ja selbst einem Wolkenkratzer gleicht, denn einige afrikanische Arten errichten bis zu 7 m hohe Türme. Das Innere ist von einem raffinierten Netzwerk aus Gängen und Kammern durchzogen, das ein reibungsloses Funktionieren der Gemeinschaft gewährleistet. Sogar ein leistungsfähiges Belüftungssystem ist vorhanden, das die Kohlendioxidmengen abführt, die Abertausende Angehörige des Termitenstamms ausatmen. Nach dem Architekten, der dieses Gesamtbauwerk geplant hat, würde man dennoch vergeblich suchen. Denn niemand dirigiert die Aktionen außer der Gruppe selbst.

Die Termiten, von Geburt an blind und aus menschlicher Sicht ohne individuelle Intelligenz, erweisen sich in der Gemeinschaft als wahrhaft geniale Baumeister. Mit den Ameisen, Bienen und

Tödliche Einsamkeit

Ist ein soziales Insekt erst einmal isoliert, hat es nahezu keine Überlebenschance. So besitzen z. B. Honigameisen der australischen Wüstenart** Camponotus inflatus **und Honigbienen in ihrem Verdauungssystem einen Vormagen oder Kropf, in dem sie die aufgenommene Nahrung (Nektar und Honigtau) speichern. Diese kann jedoch nicht selbst weiterverdaut werden, sondern wird nach Aufforderung durch eine Stockgenossin oder durch die Larven hervorgewürgt und an selbige verfüttert.

Honigbienen können sich Richtung und Entfernung einer Nahrungsquelle mitteilen. Nur noch der Mensch erreicht ein derartiges Leistungsniveau.

Wespen gehören sie zu jenen Staaten bildenden Insekten, deren Verhalten die Forscher fesselt. Diese erkennen hier zahlreiche Entsprechungen zu menschlichen Gesellschaftsformen, was die Unterteilung in Königin, Drohne oder König, Arbeiter und Soldaten verdeutlicht. Warum jene Gemeinschaften so gut funktionieren, erklärte man sich lange Zeit mit dem Phänomen der instinktiven Steuerung. Inzwischen ziehen es die Wissenschaftler vor, von Chemie bzw. Botenstoffen (Pheromone) zu sprechen.

Chemische Botschaften

Zu Beginn der Bauphase eines Termitenhügels formen Arbeiter der Art *Bellicositermes* Lehmklümpchen, die sie mit Speichel vermengen und dann in scheinbar größtem Chaos zu kleinen Kugelhäufchen anordnen. Da der Speichelgeruch stärker ist als jener der einzeln aufgenommenen Klümpchen, neigen die Termiten dazu, die Hügel immer größer zu machen, die nun allmählich kaminförmig gen Himmel wachsen. Stehen zwei Säulen dicht beieinander, werden die Arbeiter, die sich an der Spitze des einen Kamins befinden, vom attraktiven Duft der Gegenseite angelockt. Die zwischen ihnen aufgeschichteten Erdhäufchen markieren eine rudimentäre Brücke, die schon bald zu einem Bogen verstärkt wird.

Diesen Prozess, der ohne Chef und Zentralprogramm auskommt, hat man Stigmergie oder Ping-Pong-Effekt genannt. Mit anderen Worten, das Werk beeinflusst den Arbeiter und umgekehrt. Wenngleich diese Erklärung noch lange nicht alle Vorgänge erhellen kann – insbesondere den Bau der Königinkammer oder der harten Außenwand der Termitenburg –, enthüllt sie doch die wichtige Funktion der chemischen Substanzen beim Informationsaustausch zwischen Individuen, ohne den es kein Gemeinschaftsleben gäbe. In einem Bienenstock etwa sondert die Königin einen spezifischen Duftstoff ab, ein so genanntes Pheromon, das die Arbeiterinnen unfruchtbar macht, indem es die Entwicklung ihrer Eierstöcke hemmt. Durch Ablecken der Königin nehmen die Bienen die chemische Substanz auf und verbreiten sie, was Ersterer ihren Status als alleinige Gebärmaschine sichert.

... und dennoch zählt die Termitenburg (großes Bild, Australien) mit ihrem Belüftungssystem, den Kammern, Gängen und Pilzkulturen zu den kompliziertesten Bauwerken im Tierreich.

Ganz individuelle Duftnoten

Die Chemie erklärt auch, wie sich Ameisen untereinander auf Futterquellen aufmerksam machen. Wurde eine von ihnen fündig, dann markiert sie ihren Weg zum Bau, indem sie mit dem Hinterleib ein Pheromon am Boden absetzt. Sobald eine andere Ameise diesen Pfad kreuzt, reagiert sie in entsprechender Weise. Demzufolge schwillt das kleine Duftrinnsal immer mehr zum großen Fluss an.

Außerdem ermöglichen Pheromone den Insekten das Wiedererkennen zwischen Individuen derselben Gruppe. Termiten z. B. betasten die Kutikula – die wächserne Außenschicht oder der Wachsüberzug der Insekten – eines jeden Gegenübers mit ihren Fühlern, die mit Riechsinneszellen besetzt sind. Bei jeder Termitenart, ja selbst bei jeder Kolonie, besitzt dieses Exoskelett einen unverwechselbaren Geruch, der davon abhängt, aus welchen Kohlenwasserstoffmolekülen die Kutikula besteht.

Ein chemisches Abzeichen

Da der Wachsüberzug der Insekten einen spezifischen Geruch verströmt, können Wissenschaftler die Duftnote jeder Art, ja sogar jeder Kolonie bestimmen. Mithilfe organischer Lösungsmittel werden hierzu die Kohlenwasserstoffmoleküle der Kutikula extrahiert und anschließend von einem an ein Spektrometer angeschlossenen Chromatographen analysiert. Man erhält auf diese Weise das chemische Porträt der Tiere.

Gesellschaftsfähige Insekten

Mit Ausnahme des Menschen ist es bisher keinem anderen Vertreter der Wirbeltierklasse gelungen, sich dem Leistungsniveau sozialer Insekten wie etwa dem der Blattschneiderameisen der Gattung *Atta* anzunähern, die Blattteile heraustrennen und fortschaffen, um sie als Pilznährböden zu verwenden. Auch kein Affe ist in der Lage, einem Artgenossen mitzuteilen, in welcher Richtung sich eine Futterquelle befindet noch wie weit es bis dorthin ist. Honigbienen besitzen jedoch diese Fähigkeit – dank ihrer berühmten Schwänzeltänze, die erstmals in den 20er-Jahren beschrieben wurden.

Roboterinsekten

Informatiker der Fachrichtung künstliche Intelligenz widmen sich seit einiger Zeit dem Studium Staaten bildender Insekten. Sie gehen dabei der Frage nach, ob es nicht sinnvoll wäre, gemäß dem Vorbild der Termiten oder Ameisen eine Schar winziger Roboter zu entwerfen, deren Fähigkeiten zwar begrenzt sind, die aber kooperieren können.

Rodney Brooks, Roboterspezialist am Massachusetts Institute of Technology (MIT), hat der NASA bereits vorgeschlagen, 30 insektoide Roboter zum Mars zu entsenden, um den Planeten zu erkunden und Gesteinsproben einzusammeln. Der Vorteil läge in den verhältnismäßig geringen Folgen, sollte ein Mitglied der Truppe wegen eines Defekts ausfallen.

Am MIT, dem Massachusetts Institute of Technology, entwickelt der Wissenschaftler Brooks Roboterinsekten, die – wie Termiten – im Team agieren können.

Der Nachweis, dass Roboterinsekten in koordinierter Weise agieren können, steht allerdings noch aus.

DIE MEDIZIN DER AFFEN

Wäre es denkbar, dass die Affen wie unsere Vorfahren, die sich mit Heilkräutern kurierten, ihre Krankheiten durch pflanzliche Stoffe behandeln können? Haben sie womöglich die Pille erfunden? Und sollten sie sogar das Geschlecht ihrer Babys bestimmen können? Fragen von aktuellem Bezug für die Primatenforscher.

In Asien, genauer gesagt in Nepal, kann man mit einer ausreichenden Portion Geduld Zeuge erstaunlicher Szenen werden. In diesen Regionen leben Makaken (Vertreter der Meerkatzenartigen), die die seltsame Angewohnheit haben, mit ihren zarten Fingerchen Löcher in den Boden zu graben. Wenn ihnen diese tief genug erscheinen, greifen die Affen nach der Erde am Grund – und schieben sie sich in den Schlund. Makaken, die Erde fressen? Und wozu?

Bernadette M. Mariott, eine amerikanische Wissenschaftlerin, hat das Phänomen erforscht. Sie war zuerst der Meinung, die Affen wollten die in der Erde verborgenen Insekten oder Wurzeln fressen. Dann stellte sie fest, dass sich die Makaken an der Erde selbst gütlich taten. Mittels einer Bodenanalyse konnte die Forscherin das Rätsel lösen. Neben ihrem Reichtum an Mineralien enthalten diese Böden eine hohe Konzentration an Kaolin, einer Durchfall hemmenden Substanz. Diese Wirkung dürfte den Affen vermutlich bekannt sein.

Schimpansen wissen offenbar um die Heilkräfte der Natur. In Tansania pflegen sich manche von ihnen durch sorgfältig ausgewählte Pflanzen gesund.

Vermutlich um Durchfallerkrankungen vorzubeugen, die ihre Kost hervorrufen kann, nehmen die in Nepal lebenden Makaken – ihr bekanntester Vertreter ist der Rhesusaffe (oben) – Erde zu sich.

Selbstmedikation bei Primaten

Doch es gibt noch weit Erstaunlicheres zu berichten. Wir wollen nun eine Szene beobachten, die sich in Südostafrika ereignet, mitten in den Bergen Tansanias. Ein großes Schimpansenweibchen ist sichtlich krank und geschwächt. Es hat nicht einmal mehr die Kraft, nach einigen Ameisen zu greifen, die in Reichweite vorbeimarschieren. Doch unter Mobilisierung seiner letzten Reserven schleppt sich das Tier bis zu einem Wäldchen. Dort werden mit der Hand einige Blätter der tropischen Pflanze *Vernonia amygdalina* gepackt und sorgfältig durchgekaut, um an den bitteren Saft zu gelangen, der bei Magen- und Verdauungsbeschwerden hilft; anschließend spuckt die Schimpansin die Fasern wieder aus.

Forscher einer japanischen Universität, die als diskrete Beobachter postiert waren, stellten am folgenden Tag fest, dass sich das Weibchen bester Gesundheit erfreute und völlig normal fraß. Noch unter dem Eindruck ihrer Entdeckung wagten sie eine kühne Hypothese, dass nämlich Menschenaffen wie die Schimpansen imstande sind, sich selbst zu heilen.

Vorbeugen ist besser als Heilen

Weitere Beobachtungen, wie beispielsweise in anderen Schimpansenkolonien Afrikas, lassen ähnliche Schlüsse zu: Während sich die Affen gewöhnlich von Früchten aus der unmittelbaren Umgebung ernähren, nehmen sie

manchmal einen Fußmarsch von etwa 20 Minuten auf sich, um von einer Pflanze namens *Aspilia* zu kosten, die zur Familie der Asterngewächse gehört. Ob es sich hier vielleicht um einen besonderen Leckerbissen handelt? Offensichtlich nicht. Denn beim Zerkauen einiger Blätter rümpfen die Affen mit angewiderter Miene die Nase. Außerdem überraschten ihre menschlichen Beobachter sogar ein Männchen dabei, wie es sich der kaum verspeisten Pflanzenteile durch Ausspucken wieder entledigte.

Warum sehen sich also die Schimpansen dazu veranlasst, eine eher schlecht schmeckende Nahrung zu verspeisen? Gemeinsam mit Biologen haben die Primatenforscher den in *Aspilia* enthaltenen roten, ölhaltigen Saft analysiert. Zu ihrem Erstaunen konnten sie darin eine Substanz ausmachen, die Parasiten und Pilze vernichtet, d. h. eine antibiotische Wirkung besitzt.

Wissenschaftler aus Japan und den Vereinigten Staaten haben des Weiteren beobachtet, dass die Schimpansen in der Regenzeit vermehrt Heilpflanzen zu sich nehmen – in einer Periode also, in der vor allem Lungenentzündung und andere Infektionskrankheiten drohen. Lässt dieses Verhalten demzufolge die Interpretation zu, dass unsere behaarten Vettern ihre Gesundheitsprobleme vorausahnen? Obschon sehr gewagt, wurde diese Hypothese von den Wissenschaftlern bislang nicht verworfen.

Die Weibchen einer brasilianischen Affenart, genannt Muriki, fressen Blätter von einem Baum, die einer Antibabypille gleich ihre Fruchtbarkeit vermindern.

Empfängnisverhütung und Geburtenkontrolle

Etwas zurückhaltender geben sich jedoch die Forscher beim Phänomen der Empfängnisverhütung. Trotzdem zeigen die in Brasilien heimischen Murikis ein höchst erstaunliches Verhalten. Noch einige Zeit nach der Geburt ihrer Jungen suchen die Weibchen dieser Brüllaffenart einen von den Botanikern noch nicht benannten Baum auf, von dem sie eine beträchtliche Portion Blätter fressen. Diese enthalten eine bestimmte chemische Substanz, so genannte Isoflamine, die eine dem weiblichen Hormon Östrogen ähnliche Wirkung zeigen und vermutlich die Fruchtbarkeit der Weibchen herabsetzen. Eine Art Antibabypille in Pflanzenform?

Angesichts der Fülle von Überraschungen auf diesem neuen Forschungsgebiet organisierten die Fachleute Kongresse und dehnten ihre Studien aus. So fand man z. B. heraus, dass bei den Brüllaffen Costa Ricas manche Weibchen vor und nach der Begattung eine krautige Pflanze fressen, die sie sonst zu keiner Zeit zu sich nehmen. Obwohl der Beweis bis heute nicht erbracht wurde, vermuten die Forscher, die in einem solchen Fall keine Geburten registriert haben, dass jene Weibchen damit ihre Fruchtbarkeit steuern.

Können Brüllaffen (hier der Rote Brüllaffe, Alouatta seniculus) das Geschlecht ihrer Babys tatsächlich wählen, indem sie vor und nach der Begattung bestimmte Pflanzen fressen?

Mädchen oder Junge – ganz wie es beliebt

Schließlich – und das ist von den bisher aufgestellten Hypothesen zweifellos die unglaublichste – fragt sich die Fachwelt, ob die werdenden Brüllaffenmütter nicht imstande sind, das Geschlecht ihrer Jungen gezielt zu bestimmen. Denn über 20 Jahre der Beobachtung haben gezeigt, dass ein erheblicher Prozentsatz von ihnen innerhalb einer bestimmten Periode ausschließlich männliche Nachkommen zur Welt bringt, zu anderen Zeiten aber wiederum nur weibliche Tiere geboren werden. Erneut stellten die Wissenschaftler fest, dass diese Weibchen vor und nach der Begattung bestimmte Pflanzen verzehrt hatten, die – so wird vermutet – den Säuregrad ihres Vaginalschleims verändern.

Doch aus welchem Grund sollten die Affen das Geschlecht ihrer Babys gezielt wählen? Die Antwort liegt vielleicht in der komplexen Struktur dieser Primatengesellschaften begründet. Tatsächlich haben in einer Horde Brüllaffen nur Männchen die Chance, eine Führungsrolle zu übernehmen. Das Muttertier würde demnach durch männlichen Nachwuchs seine Rolle innerhalb der Gruppe festigen. In der gleichen Weise könnte dann jenes Weibchen, das bei akutem „Frauenmangel“ für weiblichen Nachwuchs sorgt (die dann ihrerseits wieder Mütter werden), seine Rangstufe verbessern, weil es damit den Fortbestand der Gruppe sichert.

Die Heilmittel der Tiere im Dienst des Menschen

Langjährige Beobachtungen lassen den Schluss zu, dass Affen nicht nur über die heilende Wirkung von Pflanzen Bescheid wissen, sondern auch in der Lage sind, sie situationsgerecht anzuwenden.

Warum also nicht ihren Spuren folgen, sagten sich deshalb amerikanische Biochemiker. Fasziniert von der Erkenntnis, dass z. B. Schimpansen eine tropische Pflanze namens Aspilia aus der Familie der Asterngewächse fressen, um gegen Parasiten und Pilze im eigenen Körper vorzugehen, haben sie deren Inhaltsstoffe im Labor getestet. Den ersten Ergebnissen zufolge besitzen diese wohl die Fähigkeit, bestimmte Krebszellen zu bekämpfen, insbesondere dürfte das bei Tumorbildungen der Fall sein, welche die Lungen und die Brust betreffen.

Nicht eben wohlschmeckend, aber nützlich: Aspilia befreit Schimpansen von Parasiten und Pilzen.

Der rätselhafte Untergang der Dinosaurier

165 Mio. Jahre lang waren sie die uneingeschränkten Herrscher auf unserem Planeten, den sie mit unzähligen Arten bevölkerten. Dann verschwanden sie plötzlich. Warum die Dinosaurier ausstarben, mit dieser Frage beschäftigen sich die Paläontologen seit langem.

Das Dinosaur National Monument *in den Vereinigten Staaten ist eine der weltweit bedeutendsten Fundstätten für fossile Überreste von Dinosauriern. In den Felswänden befinden sich vollständige Skelette. Links: das Skelett von* Archäopteryx, *dem möglichen Vorfahren aller Vögel*

Vor rund 230 Mio. Jahren, gegen Ende der Triaszeit, erschienen die Dinosaurier erstmals auf der Erde, die sie rund 165 Mio. Jahre lang beherrschten. Heute ist von ihnen außer einigen Fährten und fossilen Knochen nichts mehr vorhanden. Diese Reste sind die einzigen Anhaltspunkte für die Rekonstruktion der phantastischen Welt der Dinosaurier. Doch wie sahen die Riesentiere aus? Wie verhielten sie sich? Wie konnten sie so lange die Erde beherrschen und warum verschwanden sie? Seit nunmehr bald zwei Jahrhunderten bemühen sich die Paläontologen, auf die vielen noch ungeklärten Fragen eine Antwort zu finden.

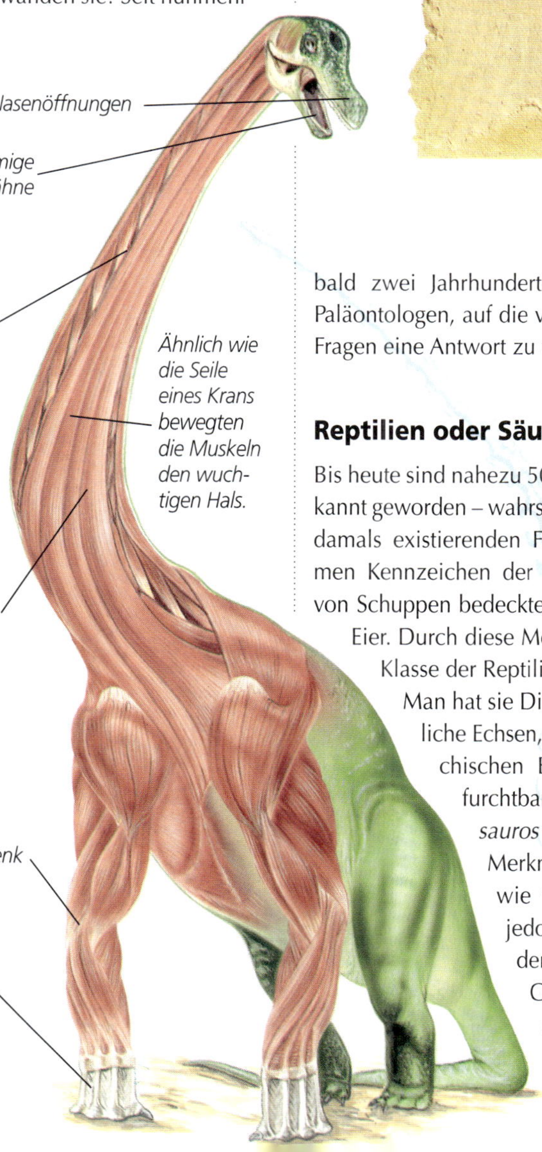

Reptilien oder Säuger?

Bis heute sind nahezu 500 Dinosaurierarten bekannt geworden – wahrscheinlich kaum 1 % der damals existierenden Formen. Die gemeinsamen Kennzeichen der Dinosaurier sind: eine von Schuppen bedeckte Haut und hartschalige Eier. Durch diese Merkmale können sie der Klasse der Reptilien zugeordnet werden. Man hat sie Dinosaurier, also schreckliche Echsen, genannt, nach der griechischen Bezeichnung *deinos* = furchtbar oder schrecklich und *sauros* = Echse. Bestimmte Merkmale sind für Reptilien, wie wir sie heute kennen, jedoch untypisch. So wurden z. B. die Beine beim Gehen senkrecht unter den Körper gestellt, eine Fortbewegungsart, wie sie bei heutigen Reptilien (hier stehen Oberarm und -schenkel seitlich vom Körper ab) nie beobachtet wurde und die eher dem Laufstil der Säuger und Vögel

Mit dem Gehirn eines Spatzen

Ein paar Gramm Hirnsubstanz an der Spitze einer tonnenschweren Masse – die riesigen Sauropoden hatten einen im Verhältnis zum übrigen Körper winzigen Schädel. Spitzenreiter ist hierbei Stegosaurus: 1,5 t Fleisch und Knochen, dazu ein Gehirn von der Größe eines Hühnereis. Um die Intelligenz eines Tieres beurteilen zu können, ist jedoch die Komplexität des Gehirns ebenso wichtig wie seine relative Größe. Sollten Annahmen von Forschern zutreffen, dass sich Dinosaurier um ihre Jungen kümmerten, Erkennungsrufe abgaben sowie Jagd- und Kampfstrategien entwickelten, so wäre dies ein Beleg dafür.

entspricht. Zudem weist ihr Skelettbau zahlreiche Übereinstimmungen mit dem der Vögel auf. Muss man daraus schließen, dass die Dinosaurier ebenfalls warmblütige Tiere waren?

In den späten 60er-Jahren versetzte der amerikanische Paläontologe Robert Bakker die Fachwelt in Aufregung. Er behauptete, dass – im Gegensatz zu den wechselwarmen Reptilien, deren Körpertemperatur sich ihrer Umgebung anpasst – die Dinosaurier ihre Körpertemperatur unabhängig von äußeren Schwankungen konstant halten konnten. Zur Untermauerung seiner Theorie führte Bakker mehrere Argumente an. Schon zu Beginn ihrer etwa 165 Mio. Jahre dauernden Herrschaft waren die Dinosaurier in der Lage, die vielen Klimaänderungen, die sich auf der Erde abspielten, zu überstehen. Die Beherrscher der noch jungen Landmassen zeigten dabei typische Merkmale warmblütiger Arten: Es waren sehr aktive Tiere mit großem Herz- und Lungenvolumen, die schnell wuchsen und sich rasch fortpflanzten. Außerdem förderten hoch präzise Untersuchungen von Knochenschnitten eindeutig eine Struktur zutage, die der von Säugerknochen gleicht, jedoch weit entfernt ist von jener der Reptilien.

Gegner von Bakkers Theorie machen indessen geltend, dass der Stoffwechsel warmblütiger Tiere eine regelmäßige Nahrungsaufnahme erforderlich macht, und zwar umso mehr, je größer deren Gewicht ist. Ein Löwe z. B. muss zehnmal mehr Fleisch fressen als ein Krokodil von gleicher Größe. Wenn man also bedenkt, dass manche Sauropoden größer waren als 15 Elefanten zusammen – und diese Dickhäuter ja schon 135–270 kg Nahrung täglich zu sich nehmen –, wie konnten dann die Dinosaurier die notwendige Energiezufuhr bewerkstelligen? Manche Spezialisten glauben mittlerweile, dass die Dinosaurier vielleicht einen besonderen Stoffwechsel hatten, den es so in der heutigen Natur nicht mehr gibt.

Das hier abgebildete Hinterbein von Ultrasaurus *lässt die Gesamthöhe dieses Dinosauriers erahnen.*

Compsognathus *zählt mit etwa 70 cm Länge zu den kleinsten bisher entdeckten Dinosauriern.*

Das Zeitalter der Giganten

Es ist außerdem völlig unerklärlich, weshalb sich Landtiere zu solch riesenhaftem Wuchs steigerten. Mit 23 m Länge bei 12 m Höhe war *Brachiosaurus* noch nicht einmal einer der größten Dinosaurier. *Supersaurus* und *Ultrasaurus* erreichten 30 bzw. 35 m Gesamtlänge und wurden 15 bzw. 17 m hoch; für sie berechneten die Forscher ein Gewicht von bis zu 100 t. Der Titel im Superschwergewicht gebührt aber zurzeit einem gewissen *Seismosaurus,* einem mutmaßlichen Vetter von *Diplodocus,* von dem man bisher nur einige Bruchstücke gefunden hat. *Seismosaurus* war möglicherweise 40 oder gar 50 m lang, was der Länge von vier oder fünf Omnibussen entspricht. Noch sind die Paläontologen mit dem Studium der Muskel- und Sehnenansätze an den Knochen beschäftigt, um zu klären, wie sich diese Riesentiere überhaupt bewegen konnten.

Am anderen Ende der Größenskala steht *Compsognathus,* der nicht größer als ein Truthahn wurde. Er maß 70 cm von der Schnauze bis zur Schwanzspitze, bei gerade einmal 30 cm Höhe. Eine Ausnahme? Nein. Vieles spricht dafür, dass manche Dinosaurier im Durchschnitt nicht einmal Hundegröße erreichten. Übrigens weiß man, dass die Furcht erregenden Echsen erst im Lauf der Zeit beträchtliche Größen erlangten. Dieser progressive Gigantismus könnte den Vorteil geboten haben, dass ein riesenhafter Organismus langsamer auskühlt. Denn mit steigendem Körpervolumen wird die Oberfläche eines Tieres, die Wärme nach außen abgibt, kleiner, d. h., es treten geringere Wärmeverluste auf. Die enorme Körpermasse der Sauropoden stellte somit zweifellos eine ausgezeichnete Methode zur Temperaturregelung dar, die man wissenschaftlich als Gigantothermie bezeichnet.

Das ungeklärte Aussterben

Bleibt noch die Frage, warum die Dinosaurier vor 65 Mio. Jahren von der Erde verschwunden sind. Hierzu stellte Walter Alvarez, Geophysiker an der University of Berkeley in Kalifornien, die Hypothese auf, dass die Herrscher des Mesozoikums infolge eines Meteoriteneinschlags ausgelöscht wurden. Als Beweis diente ihm eine kohlenstoffhaltige Tonschicht an der Grenze der Erdzeitalter Kreide/Tertiär, die er bei Gubbio in der Region Umbrien (Italien) entdeckt hatte. Mithilfe eines präzisen Datierungsverfahrens konnte das Alter dieser Gesteinsschicht auf 65 Mio. Jahre bestimmt werden. Sie stammte damit genau aus dem Zeitraum, in dem die Dinosaurier ausstarben. Weiherhin enthielt sie viel Iridium, ein seltenes Edelmetall, das normalerweise in winzigen Mengen in der Erdkruste vorkommt, jedoch in beträchtlicher Konzentration in Asteroiden und kosmischem Staub vorliegt. Die von Alvarez gesammelte Gesteinsprobe wies eine 35fach höhere Konzentration als normal auf.

Darüber hinaus fanden sich in der Tonschicht eigenartige glasige Quarzkörner, die unter dem Mikroskop Deformationserscheinungen aufwiesen, wie sie sonst bei Quarz nicht vorkommen. Diese Verformungen führte man auf einen

Der schreckliche Tyrannosaurus rex, einer der größten räuberisch lebenden Dinosaurier, machte Jagd auf Pflanzen fressende Artgenossen.

Aufprall mit sehr hoher Geschwindigkeit zurück. Alvarez folgerte daraus, dass ein Meteorit von etwa 10 km Durchmesser die Erde mit der vollen Wucht von über 100 000 km/h getroffen und einen im Durchmesser rund 150 km großen Krater geschlagen hatte. In der Folge hüllte eine extrem dichte Staubwolke den Planeten ein, der daraufhin in Dunkelheit versank. Ohne Sonnenlicht starb die Vegetation, was erst für die Pflanzenfresser und anschließend für die Fleischfresser den Tod bedeutete. Nachdem sich der dichte Dunstschleier gelichtet hatte, sahen sich die wenigen Überlebenden extremen Lebensbedingungen ausgesetzt. Die durch die kosmische Kollision freigesetzte Energie hatte nämlich neben einer Reihe von Naturkatastrophen, wie Stürme und Flutwellen, eine unerträgliche Gluthitze ausgelöst, die durch die Aufheizung der Atmosphäre noch verstärkt wurde. Sauerstoff und Stickstoff in der Luft erhitzten sich so stark, dass sich vermutlich salpetrige Säure bilden konnte, wodurch eine für viele Organismen lebensfeindliche Atmosphäre entstand. Tatsächlich starben etwa zeitgleich mit den Dinosauriern nahezu 50 % aller Lebensformen aus.

Wachstumsgeschwindigkeit

Unter Berücksichtigung der Körpergröße legten die Dinosaurier winzige Eier. Die größten bislang entdeckten stammen von Sauropoden mit über 10 t Gewicht. Die Eier selbst fassen etwa 3 l, also rund das Doppelte eines Straußeneis. Bezüglich der Entwicklung der Riesentiere ergaben Untersuchungen an fossilen Knochen, dass diese von zahlreichen Kanälen für Blutgefäße durchzogen sind, was ein rasches Wachstum garantiert. So dürfte es nur vier Jahre gedauert haben, bis ein neugeborener** Maiasaurus **von 36 cm Länge zu einem 8 m großen Alttier herangewachsen war.

Rekonstruktion eines Geleges von Maiasaurus, *basierend auf Funden fossiler Eier und Embryos aus der Kreidezeit in Montana (USA).*

Sein knöchernes Nackenschild diente Triceratops *nicht nur zur Verteidigung, sondern war vielleicht auch Imponiergebilde oder diente der Thermoregulation.*

Die Nachfahren der Dinosaurier

Die Hypothese von Alvarez scheint inzwischen einigermaßen gut abgesichert zu sein: Einige Fundstellen auf verschiedenen Kontinenten der Erde weisen die seltsame Iridium-Anomalie in spätkreidezeitlichen Gesteinen auf. Zudem wurde 1990 an der Küste von Yucatán in Mexiko eine gewaltige Einschlagstelle entdeckt, bei der es sich durchaus um jene des besagten Meteoriten handeln könnte. Die Theorie wird jedoch nicht allgemein anerkannt. Manche Wissenschaftler sehen im Vulkanismus des Hochlandes von Deccan (Indien) die Ursache für die Katastrophe an der Kreide-Tertiär-Grenze. Gegen Ende der Kreidezeit soll dort in weniger als 500 000 Jahren eine riesige Lavamenge abgelagert worden sein. Sie bedeckt eine Fläche von der doppelten Größe Frankreichs in einer bis zu 4 km mächtigen Schicht – es wäre der gewaltigste Vulkanausbruch der letzten 200 Mio. Jahre. Ungeheure Wolkengebirge aus Rauch und Staub hätten dann das Klima umkippen lassen und einen großen Teil aller irdischen Lebewesen vernichtet.

Ob Asteroiden oder Vulkane – einige Forscher betonen, dass die Dinosaurier ohnehin schon vom Untergang bedroht waren. 73–65 Mio. Jahre vor unserer Zeitrechnung waren 70 % von ihnen bereits evolutionsbedingt ausgestorben. Manche Paläontologen wiederum sind davon überzeugt, dass auch heute noch Nachkommen der Dinosaurier leben: die Vögel.

Nessie, Yeti und andere Monster unserer Tage

Angefangen beim Yeti bis hin zum afrikanischen Dinosaurier, dazu das Ungeheuer von Loch Ness – kaum noch zu zählen sind die fremdartigen Tiere oder Kreaturen, die vielleicht aus vorgeschichtlicher Zeit überlebt haben und auf unserem Planeten vorkommen sollen. Lebewesen aus Fleisch und Blut oder bloße Hirngespinste?

Im Jahr 1933 erfährt die Welt, dass in einem See in Schottland ein Ungeheuer hausen soll. Die Straße, die am Nordufer des Loch Ness entlangführt, ist soeben erst fertig gestellt worden und die Reisenden genießen nun eine unversperrte Aussicht auf den 35 km langen See. Bald melden sich Zeugen, die gesehen haben wollen, wie an der Wasseroberfläche ein seltsames Tier erschien. Oder besser gesagt sein Vorderende, da es sich im Wesentlichen um einen sehr langen Hals mit einem kleinen Kopf handelte, manchmal in Begleitung eines oder mehrerer Höcker, die einem umgedrehten Kanu ähnelten.

Seitdem taucht die Kreatur mit so unterschiedlichen Bezeichnungen wie *Plesiosaurus*, langhalsige Ohrenrobbe oder auch Riesenamphibie regelmäßig aus dem schwarzen Gewässer auf, um die Titelseiten der Tageszeitungen zu erobern. Die Presse versäumt darüber hinaus nicht, über die zahlreichen – bislang stets erfolglosen – Treibjagden zu berichten, welche im Lauf der Jahre veranstaltet wurden.

Schottlands Nessie, aufgenommen von Tony Doc Shields am 21. Mai 1977 nahe Urquhart Castle

eidenschaftlich geführte Kontroversen

Mag es sich um Nessie, wie die Schotten ihr Ungeheuer liebevoll nennen, Yeti oder um andere vergleichbare Geschöpfe handeln – die Erklärungen für diese Erscheinungen gehen in völlig verschiedene Richtungen. Alles Hirngespinste sagen die einen, fehlerhafte Wahrnehmungen die anderen. Für die Vertreter der noch jungen Forschungsdisziplin Kryptozoologie hingegen – der Lehre von den verborgenen Tieren – geht es um unbekannte Lebewesen, die noch auf eine zoologische Klassifizierung warten und möglicherweise sogar Überlebende aus der Urzeit darstellen. Diese Wissenschaftler mit ihrem etwas eigenwilligen Stil, die in Gesellschaften wie der International Society of Cryptozoology (ISC) mit Sitz in Tucson, Arizona, organisiert sind, sammeln zuerst Indizien, bevor sie den Geschöpfen selbst nachjagen. So versuchte man z. B. im Sommer 1989 mit hohem technischem Aufwand, wie Unterwasserkameras, ferngesteuerten Robotern und Sonargeräten, den Loch-Ness-Bewohner aufzuspüren. Doch bis heute sind nur unscharfe Aufnahmen gelungen. 1980 und 1982 startete der amerikanische Biologe Roy Mackal eine Expedition in die Regenwälder am afrikanischen Kongo auf der Suche nach Mokele Mbembe, einem von den Pygmäen beschriebenen Drachen, den er für einen überlebenden Dinosaurier hält und mit einer Art Zwergbrontosaurus vergleicht.

Okapi und Quastenflosser

Ein wichtiges Argument, das die Arbeit der Kryptozoologen zu bestätigen scheint, ist die Tatsache, dass regelmäßig neue Tierarten entdeckt werden. Warum also von vornherein die Existenz bisher unbekannter Wesen wie die eines Yetis oder eines Meerungeheuers in Zweifel ziehen? Wertvolle Indizien sind ihrer Ansicht nach Schilderungen und Illustrationen durch die lokale Bevölkerung sowie Augenzeugenberichte, die allerdings oft stark übertrieben sind.

Doch erwiesenermaßen kann hinter solch phantastischen Erzählungen durchaus eine

Am 17. Dezember 1819 wurde der Schoner Sally vor Long Island angeblich von einer Seeschlange angegriffen.

neue Tierart stecken. Wie im Fall der Berggorillas, die erst Anfang des 20. Jh. in Ostafrika entdeckt wurden. Die Eingeborenen sprachen von mächtigen Affenmonstern, die in den Virunga-Bergen hausten und ihre Frauen raubten. Heute, nach langjähriger wissenschaftlicher Beobachtung, kennen wir die Berggorillas als sanfte Riesen. Ähnliches trifft auf den Komodowaran zu, der auf den Kleinen Sundainseln lebt und dessen die Forschung 1912 habhaft wurde. Ihm gingen Geschichten von gewaltigen Drachen oder Landkrokodilen voraus, wie sie Fischer und Perlentaucher immer wieder erzählten. Auch das 1901 im dichten Kongourwald aufgespürte Okapi war der Bevölkerung wohl vertraut, ebenso wie der Quastenflosser (1938), ein Relikt aus urzeitlichen Tagen. Da dessen Fleisch jedoch für die Menschen auf den Komoren ungenießbar war und das Tier selbst in keiner Weise eine Bedrohung darstellte, rankten sich um es keine Legenden.

Wenn man eine Liste der Seeungeheuer erstellt, so ist Nessie nur der bekannteste Vertreter einer großen Familie. Von Irland bis China über Alaska und Patagonien kann man nur mit Mühe eine umfassende Aufstellung der Seen machen, in denen angeblich bizarre Geschöpfe hausen. Das gleiche Problem stellt sich beim Yeti. Unterschiedliche Varietäten von Affenmenschen, so genannten Hominoiden, sind auf Sumatra (Orang-Pendek), im Kaukasus (Almasti), in Australien (Yowie), Nordamerika (Bigfoot), Afrika und Südamerika anzutreffen. Zu viele, um alle authentisch zu sein, meinen die Skeptiker. Umso mehr, als jede dieser Kreaturen in ausreichender Zahl existieren müsste, um sich fortpflanzen zu können.

Im Kaukasus soll eine Art Yeti leben! Diesen Almasti – hier ein Phantombild – will Oberstleutnant Karapetian 1941 in Dagestan gesehen haben.

Tintenfisch, Krake oder Riesenkrabbe?

Für die größten, heute bekannten Vertreter der Wirbellosen, die Riesenkalmare *(Architeuthis)*, musste viel Zeit vergehen, um den Übergang vom bloßen Fabelwesen bis hin zur wissenschaftlich anerkannten Art zu schaffen.

Fasziniert von den Berichten der Matrosen von großen Seeschlangen und einer Kreatur mit langen Armen namens Krake (Tintenfisch) oder Kraben (Riesenkrabbe), versuchte bereits im 18. Jh. der norwegische Bischof und Naturkundler Erik Pontoppidan, diese in seine Erzählungen über die Naturgeschichte Norwegens mit aufzunehmen. Im Jahr 1854 gelangte dann ein mächtiger, papageienartiger Kiefer, der an die Küste Jütlands geschwemmt worden war, in die Hände des dänischen Naturforschers Japetus Steestrup. Dieser beschrieb anhand der Überreste die neue Gattung der Kopffüßer: *Architeuthis.*

Schließlich erhielt die Wissenschaft im Herbst 1873 ein fast 6 m langes Beweisstück für die Existenz der Riesenkalmare. Es handelt sich dabei um einen mit großen Saugnäpfen besetzten Fangarm, den Fischer nach einem wahrhaft ungeheuerlichen Erlebnis mit von Bord brachten. Zwei Männer waren vor Neufundland zu einem vermeintlichen Wrack hinausgerudert, doch als sie es mit einem Enterhaken

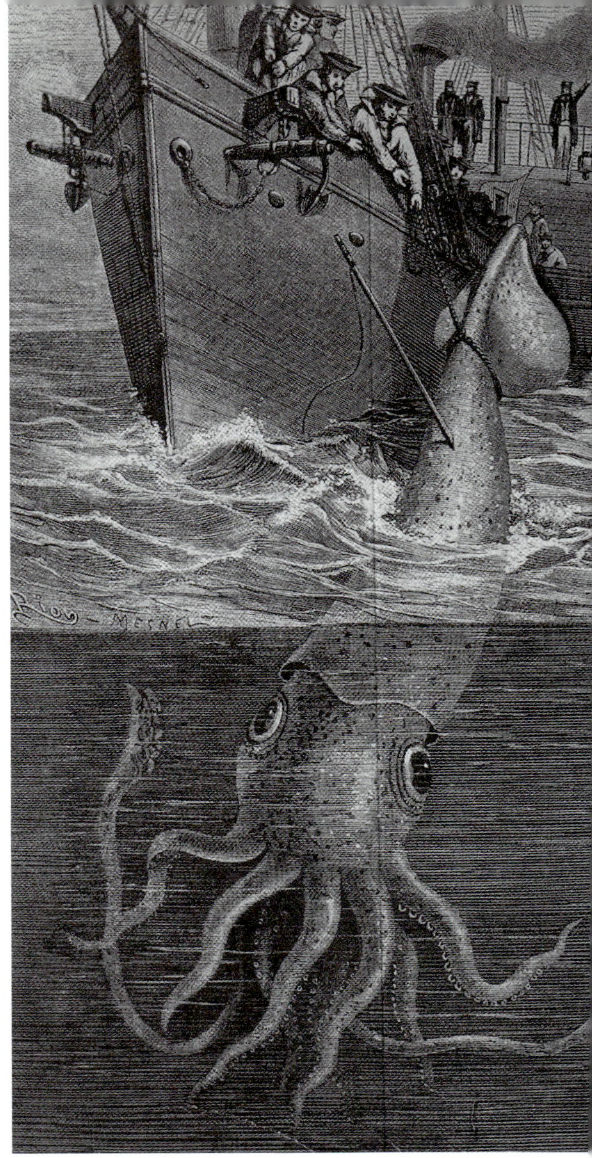

Gegen Mitte des letzten Jahrhunderts versuchte die Besatzung des französischen Schiffes Alecton, *einen Riesenkalmar zu fangen: Die Unternehmung brachte den Beweis für die Existenz des Tieres.*

Gipsabdrücke von der Fährte eines Bigfoot, die 1967 im Norden Kaliforniens entdeckt wurde

heranziehen wollten, verwandelte sich das Gebilde geradezu in eine Bestie. Ein großer, harter Kiefer schlug in die Bordwand und ein langer Tentakel umschlang das kleine Ruderboot. Nur durch das rasche Abhacken des Fangarms gelang es den Seeleuten, sich zu retten.

Der bislang größte, jemals gestrandete Kopffüßer hatte einen etwa 4 m langen Körper, wog rund 1 t und erreichte bis zum Ende seiner zehn Greifarme eine Länge von über 18 m. Die Augen mit über 20 cm Durchmesser sind die größten Sehorgane im Tierreich. Doch bis heute ist es noch nicht gelungen, einen lebenden Riesenkalmar bei seinen natürlichen Verhaltensweisen zu beobachten. Deshalb plant nun der Wissenschaftler Clyde Roper von der Smithsonian Institution in Washington, einer der führenden Forschungseinrichtungen weltweit, mithilfe eines Tauchbootes in den Lebensraum von *Architeuthis* in 400–1000 m Tiefe vorzudringen.

Auf der Suche nach dem Yeti

Über die Presse hörte die westliche Welt 1889 zum ersten Mal von einem Geschöpf namens Yeti. Ein britischer Forschungsreisender, Oberst Waddel, hatte im Himalaya rätselhafte Spuren im Schnee gefunden. Laut Aussagen der ihn begleitenden Sherpas gehörten sie zu einem behaarten Affenmenschen, dem Yeti. In den 30er-Jahren bliesen mehrere Expeditionen zum Sturm auf das Dach der Welt, an ihrer Spitze so berühmte Bergsteiger wie Sir Edmund Hillary oder Lord Hunt. Aber der Yeti entwischte allen Verfolgern und ließ nur Hände, Hautfetzen und Schädel unbekannter Herkunft zurück. Doch die Legende lebt weiter: Im Juli 1997 ließ der Bergsteiger Reinhold Messner verkünden, dass er dem Yeti begegnet sei ...

Für dieses Comicalbum wurden Anregungen aus dem Indizienschatz des französischen Wissenschaftlers Bernard Heuvelmans entnommen, dem Begründer der Kryptozoologie.

Haben Vertreter unserer Vorfahren überlebt?

Während man also Schilderungen von langarmigen Meeresungeheuern nicht länger ins Reich der Phantasie verweisen muss, stellen Berichte über so genannte Affenmenschen für die Kryptozoologen noch ungelöste Rätsel dar.

Von Bigfoot etwa, dem Hominoiden Nordamerikas, liegen bisher nur riesige Fußabdrücke aus Gips mit etwa der Schuhgröße 61 vor. Ob es sich dabei tatsächlich um die Spuren eines überlebenden *Gigantopithecus* handelt, der in prähistorischer Zeit in Südostasien lebte und über die Beringstraße nach Nordamerika einwanderte – diese Überlegung wird von Skeptikern zurzeit als reine Spekulation abgetan.

Almasti wiederum heißt die kaukasische Variante des Yetis, des Schneemenschen aus dem Himalaya. Seit dem Ende der 50er-Jahre interessieren sich russische Kryptozoologen für Erzählungen der kaukasischen Bevölkerung, nach denen Bauern behaarte, affenähnliche Wesen beobachtet haben wollen. Um eins dieser Geschöpfe aufzustöbern, wurde sogar 1992 eine Expedition von Frankreich aus organisiert, allerdings ohne handgreifliche Ergebnisse.

Und seit knapp zehn Jahren kehrt die englische Journalistin Deborah Martyr immer wieder nach Sumatra zurück, um Beweise für die Existenz des Orang-Pendek zu finden. Dort, im Dschungel des Kerinci-Seblat-Nationalparks im bergigen Westen, befragt sie Einheimische, sammelt Augenzeugenberichte und nimmt Spuren vom Urwaldboden auf. Inzwischen glaubt sie sogar den Speiseplan des „kleinen Menschen" samt seinen Lautäußerungen zu kennen. Doch nie länger als drei Sekunden war ihr und anderen Mitgliedern des Teams der Blick auf das sagenumwobene Wesen vergönnt.

Das Mammut der Eskimo

Mythos und Realität sind nach Meinung der Kryptozoologen eng miteinander verwoben, wie auch der Fall des Mammuts zeigt.

Nach dem Glauben der Inuit in Alaska und der Volksstämme Ostsibiriens leben die behaarten Dickhäuter, die von einem Seeungeheuer aus dem Meer gejagt wurden, unter der Erde weiter. Einst kamen sie recht oft wieder an die Oberfläche und man sah ihre Stoßzähne aus dem Boden hervorlugen. Dann stürzten sich die Jäger mit Harpunen auf sie und erschlugen sie.
Auch heute noch halten sich in diesen Regionen Berichte von überlebenden Mammuts, denen allerdings in der Fachwelt wenig Gehör geschenkt wird. Doch für die Kryptozoologen ist die Erde weiterhin voller unentdeckter Kreaturen ...

Die Ausgrabungen von Mammuts in den gefrorenen Sümpfen Alaskas und Sibiriens – hier 1977 bei Dima (Nepal) – gaben den Einheimischen reichlich Stoff für Legenden von unterirdischen Monstern.

Die vergessene Welt von Movile

Sie sind weiß, haben keine Augen und leben in einer Höhle in Rumänien. Woher kommen diese sonderbaren Lebewesen? Die Bewohner der Movile Grotte sind ein tierischer Mikrokosmos, der aus vorgeschichtlichen Zeiten erhalten geblieben ist und seit seiner Entdeckung die Forscher fasziniert.

Ein Tausendfüßer ohne Pigmentierung …

ein blinder Wasserskorpion …

Region Dobroudja, Rumänien, 1986. Geschützt durch einen Spezialanzug, erkundet Christian Lascu ein Höhlensystem, das mit schwefelhaltigem Wasser aus den Tiefen der

Vor Jahrtausenden hat sich in der Höhle von Movile eine einzigartige Lebensgemeinschaft gebildet.

Erde gefüllt ist. Als er schließlich in einem schlammigen Hohlraum auftaucht, traut er seinen Augen nicht: In einer Atmosphäre, die extrem viel Schwefel und kaum Sauerstoff enthält, tummelt sich eine ganz ungewöhnliche Tierwelt. Spinnen, Asseln, Krebstiere, Tausendfüßer und Würmer, wie es sie nirgendwo sonst gibt. Der rumänische Höhlenforscher hat die Grotte von Movile entdeckt, eine Oase des Lebens, seit Jahrtausenden von der Welt abgeschnitten.

Tatsächlich stellten die aus verschiedenen Erdteilen herbeigeeilten Biologen fest, dass der unterirdische Karsthohlraum, über dem etwa 25 m Kalkstein liegen, von einer dichten Lehmschicht ausgekleidet ist, die ihn seit mindestens 500 000 Jahren von der Erdoberfläche abschließt. Die Bewohner der Höhle leben also seit Urzeiten isoliert von der Außenwelt und bilden ein geschlossenes System von Lebewesen. Doch woher stammen sie?

Arten, älter als der Mensch

Die geologischen Hinweise lassen vermuten, dass die Höhle vor fast 5 Mio. Jahren durch einen Verkarstungseinsturz infolge eines Erdbebens entstanden ist. Es kann nicht ausgeschlossen werden, dass die ersten Bewohner von Movile zum Zeitpunkt dieses erdgeschichtlichen Ereignisses in diese Höhlenfalle gerieten.

In jener Zeit war Europa von tropischen Wäldern bedeckt. Die Spezies Mensch hatte sich noch nicht entwickelt, aber es gab bereits eine mannigfaltige Tierwelt. Somit ist wahrscheinlich, dass eine Anzahl dieser archaischen Tiere die Lebensgemeinschaft von Movile gebildet hat. Im weiteren Verlauf schlossen sich ihr dann andere Organismen an, bis die Höhle vor rund 500 000 Jahren durch eine Lehmschicht von der Außenwelt isoliert wurde. Heute findet man dort etwa 60 urzeitliche Arten vor, von denen fast die Hälfte bislang unbekannt war.

eine Spinne, die nach dem Entdecker der Höhle Lascona christiani *getauft wurde …*

ein farbloses Krebstier …

und eine durchsichtige Assel – Arten, die sonst nirgendwo auf der Erde vorkommen

Eine perfekte Anpassung

Im Lauf der Jahrmillionen musste sich die Lebensgemeinschaft den besonders schwierigen Umweltbedingungen der Höhle anpassen. Die meisten Tiere sind weiß oder hell, denn ihre Haut hat die Fähigkeit verloren Farbstoffe zu produzieren, die im Freien vor ultravioletter Strahlung schützen. Außerdem bildeten die Insekten ihre nunmehr nutzlosen Flügel zurück, und in der völligen Dunkelheit wurden Käfer und Spinnen blind.

Die erstaunlichste Leistung dieser Kleinlebewelt ist jedoch ihre selbstständige Ernährungsweise. In dem Lebensraum ohne Sonne ersetzen so genannte Schwefelbakterien die Pflanzen als Grundnahrungsmittel. Sie bilden an der Wasseroberfläche einen gallertigen Film, der als organischer Nährboden für Pilze dient. Diese werden dann von Würmern und Pflanzen fressenden Insekten abgeweidet. Letztere stellen wiederum Beute für Fleisch fressende Tiere dar und so schließt sich die Nahrungskette.

Eine Frage ist allerdings bislang ungeklärt, und zwar wie es den Tieren gelingt, in der stark schwefelhaltigen Atmosphäre praktisch ohne Sauerstoff zu überleben. Besondere Anpassungen des Stoffwechsels sind hier vonnöten, die man noch erforschen muss.

Der sechste Sinn – ein Mythos?

Haben Tiere einen besonderen Riecher, wenn es darum geht, drohendes Unheil vorauszuahnen? Verfügen sie vielleicht über ein drittes Auge oder haben sie gar einen sechsten Sinn? Angesichts der erstaunlichen Leistungen, die unsere tierischen Zeitgenossen vollbringen, ist eine nähere Untersuchung angesagt.

lefanten setzen Infraschall-öne ein, um miteinander u kommunizieren.

Das Abenteuer eines treuen Hundes, der eine Strecke von mehreren Hundert Kilometern zurücklegt, bis er wieder nach Hause findet; die Geschichte einer Katze, die eine Weltreise unternimmt, um zu ihrem Herrchen zu gelangen; Erzählungen von Kühen und Pferden, die bei einem nahenden Erdbeben wie kopflos davonstürmen, oder von Kamelen, die kurz vor einem Sandsturm in Panik geraten: Es gibt zahllose Anekdoten dieser Art, die alle von den erstaunlichen Vorahnungen oder anderen außergewöhnlichen Wahrnehmungen bei Tieren berichten. Sollten Letztere etwa über besondere Fähigkeiten verfügen, die dem Menschen fehlen? Hier liegt keine Hellsichtigkeit vor, wehren die Forscher indessen ab, denn Tiere verfügen über Sinne, die unseren sehr ähnlich sind: Sehen, Riechen, Hören, Tasten und Schmecken. Wie aber lassen sich dann solche Leistungen erklären, die der Mensch offensichtlich nicht vollbringen kann?

Hochsensible Schnurrhaare

Unter den Millionen Tierarten, die den Planeten Erde bevölkern, sind die unterschiedlichsten Formen der Sinneswahrnehmung anzutreffen. Während die Nacht für unsere Augen ein undurchdringliches Dunkel darstellt, sieht die Eule mithilfe ihrer besonders ausgestatteten Sehorgane wie am helllichten Tag. Die Klapperschlange kann nachts ungehindert auf Nahrungssuche gehen, da sie spezielle Sinnesorgane besitzt, die in der Lage sind, von Beutetieren ausgehende Wärmestrahlung zu registrieren.

Das menschliche Gehör nimmt Schallwellen in einem Frequenzbereich zwischen 20 und 20 000 Hertz wahr. Elefanten hingegen können auch niederfrequente Töne unterhalb von 20 Hertz, den so genannten Infraschall, auf mehrere Hundert Kilometer Entfernung hören und sich so über weite Strecken hinweg miteinander verständigen. Für Ultraschall, Schwingungen oberhalb von 20 Kilohertz, sind z. B. die Hörorgane von Hunden und Katzen empfänglich, die dadurch Feinde frühzeitig wahrzunehmen und Beute sicher aufzuspüren vermögen.

Die meisten, vor allem nachtaktiven Säugetiere haben Schnurr- oder Tasthaare, die sehr sensibel auf Berührungs- und Erschütterungsreize reagieren. Bei Vögeln übertragen barthaarähnliche Federn Informationen über Luftströmungen an das Gehirn, das daraufhin die Flugbewegungen entsprechend steuert. Manche Arten wiederum, z. B. der im Süßwasser lebende Wels, können Luftdruckschwankungen wahrnehmen – daher ihre Unruhe bei einem aufziehenden Gewitter.

Ihre Schnurrhaare melden der Katze selbst feinste Vibrationen der Luft.

Ein Kompass im Kopf

Wissenschaftlichen Studien zufolge sind beispielsweise Brieftauben und Zugvögel fähig, die Schwankungen des Erdmagnetfeldes zu registrieren. Auch Honigbienen benutzen beim Bau ihres Stockes einen magnetischen Sinn, denn neue Waben werden in der gleichen Richtung angelegt wie die zuvor gebauten. Andere Untersuchungen zeigen, dass sich Pinguine auf ihren saisonalen Wanderungen anhand der Position der Gestirne am Himmel orientieren. Einzige Gewissheit: Jede Art besitzt ihr eigenes Wahrnehmungsspektrum und verwertet die Informationen, die von ihren Sinnen angeliefert werden, in Abhängigkeit der eigenen Bedürfnisse und der Umgebung.

Die Klapperschlange kann mithilfe so genannter Thermorezeptoren Wärme- oder Infrarotstrahlung registrieren.

Mit dem Autopiloten auf grosser Tour

Werden Zugvögel mit einem Kompass und Landkarten im Kopf geboren? Welche Navigationssysteme stehen Tieren zur Verfügung, dass sie auf ihren langen und weiten Wanderungen nicht die Orientierung verlieren?

Möglicherweise orientieren sich Brieftauben mithilfe eines besonders feinen Geruchssinns.

Jedes Jahr im Frühling überqueren Millionen Vögel den Himmel über unseren Köpfen. Einem starren Ritual folgend, verlassen sie ihre Winterquartiere und begeben sich zu ihrem Sommerstandort, wo sie sich paaren und fortpflanzen. Die Reise kann sehr viel Zeit in Anspruch nehmen: So benötigen z. B. die europäischen Fischadler für ihren Zug von Westafrika im Durchschnitt 30–80 Tage; etliche Tausend Kilometer legt auch der Knutt oder Isländische Strandläufer zurück, ein Stelzvogel, der von Europa nach Grönland fliegt, oder der Kuckuck, der im Winter ins tropische Afrika ausweicht.

Trotzdem kommen die Zugvögel fast nie von ihrem Kurs ab. Stets brechen sie von der gleichen Stelle auf, um sich alle am selben Ort wie im Vorjahr wieder einzufinden. Mit einer bewundernswerten Präzision nehmen sie immer dieselbe Route und rasten meist an den gleichen Plätzen. Dieser erstaunliche Navigationssinn der Zugvögel stellt noch heute eines der größten Rätsel der Wissenschaft dar. Wie gelingt es den Tieren, um den halben Erdball zu fliegen, ohne sich zu verirren? Mit welchen Mitteln finden sie sich in der Grenzenlosigkeit des Luftraumes zurecht? Denn Zugvögel stehen vor demselben Problem, das Seefahrer, Piloten und Forschungsreisende lösen müssen: gleichzeitig zu wissen, wo man ist, wo es hingeht und wie man dorthin gelangt. Mit anderen Worten: Kenntnis davon zu haben, wie man die genaue Position ermittelt, aber auch die richtige Marschrichtung wählt.

Wie können sich nun Zugvögel ohne Kompassnadel orientieren? Manche halten ihren Kurs gen Norden, indem sie ihren Flug nach dem Stand der Sonne ausrichten. Dass dieses Gestirn ein wichtiges Hilfsmittel darstellt, haben Wissenschaftler anhand von Laborversuchen nachgewiesen.

Weltbester Langstreckenflieger

Ein kleiner, kaum 100 g leichter Meeresvogel hält den Rekord im Langstreckenfliegen. Zwischen dem Ort in der Bretagne, wo er beringt wurde, und dem südöstlichen Teil Australiens, wo man ihn aufgriff, hat er über 20 000 km Weglänge zurückgelegt. Wie alle ihre Artgenossen fliegt die Küstenseeschwalbe (Sterna paradisaea) zweimal im Jahr auf ihren Wanderzügen vom einen Ende der Welt zum anderen.

Eine innere Uhr oder der Kompass im Kopf

Brieftauben sind fähig, von unbekannten Orten aus mittels einer inneren Uhr viele Hundert Kilometer weit nach Hause zurückzufinden. Entscheidend ist dabei der Sonnenstand. Werden beispielsweise im Labor künstlich Dauer und Abfolge von Helligkeit und Dunkelheit, d. h. der Tag- und Nachtrhythmus, verändert, lassen sich die inneren Uhren der Vögel beeinflussen. Tauben, die man um 12 Uhr mittags freilässt, deren Zeitschalter aber um sechs Stunden gewissermaßen vorgestellt wurde, nehmen dann die Sonne schon in ihrer 18-Uhr-Stellung wahr, also viel zu weit westlich. Ihre Flugrichtung wird deshalb zu stark nach Osten ausgerichtet. Ein anderes Experiment: Präsentieren ihnen Forscher Sonnenlicht, dessen Strahlengang mit einem Spiegel umgelenkt wurde, versuchen die Tauben, sich auf die neue Richtung des Lichts zu verlassen und somit in die verkehrte Richtung loszufliegen.

Die genannte Erklärung gilt jedoch nur für die tagaktiven Vögel und nicht für die Nachtzieher. Was könnte deren Bezugspunkt sein? Die Sterne? Schwer zu sagen, denn weder bei Tag noch in der Nacht halten Wolken die großen Vogelzüge auf.

Inzwischen neigen die Forscher zu der Theorie vom Erdmagnetfeld. In der Tat verhalten sich der Nord- und der Südpol unseres Planeten wie die beiden Pole eines Magneten. Zwischen ihnen lenken Feldlinien die von der Sonne kommenden, elektrisch geladenen Partikel ab. Vor allem von Brieftauben weiß man, dass sie diese Linien zu ihrer Orientierung nutzen. Wird nämlich an ihrem Kopf ein Magnet befestigt, sind sie bei bedecktem Himmel völlig orientierungslos und außerstande, zu ihrem Schlag heimzufinden. Doch bisher hat niemand den Kompass, den die Vögel angeblich im Kopf haben, wirklich lokalisiert noch dessen Funktionsweise verstanden.

Ein vortreffliches Riechorgan

Ein weiteres Problem, mit dem sich die Wissenschaftler beschäftigen, ist die Frage, wie die eigentliche Routenfindung vonstatten geht. Was verrät den Vögeln, wo sie sind? Obschon manche Arten zweifellos über ein gutes visuelles Gedächtnis verfügen und mit Sehorganen ausgerüstet sind, die ein hohes Auflösungsvermögen haben, das den Tieren erlaubt, Gegenstände noch aus großer Entfernung scharf wahrzunehmen, ist die Sehleistung bei anderen Spezies eher unzureichend.

Nach Ansicht eines italienischen Forschers dürften sich Tauben auch zum Teil mithilfe ihres Geruchssinns orientieren. Danach legen sie eine geistige Karte der Gerüche rund um ihren Schlag an und können so dank der Winde, die bekannte Düfte heranwehen, ihre exakte Position erraten. Sturmtaucher, wie der Kappensturmtaucher *(Puffinus gravis)*, der im Sommer und Herbst den östlichen Nordatlantik besucht, nutzen ebenfalls die Geruchsorientierung, um zurück zu ihren Nisthöhlen auf der anderen Seite des Ozeans im Süden zu finden. Eine durchaus ernst zu nehmende Spur also.

Wanderungen im Tierreich

Vögel sind nicht die einzigen Mitglieder der Tierwelt, die weite Reisen unternehmen. Um sich satt zu fressen oder um einen geeigneten Lebensraum für ihre Fortpflanzung zu finden, begeben sich viele Tiere des Öfteren auf Wanderschaft.

Rekordverdächtige Entfernungen überwinden beispielsweise die Monarchfalter in Nordamerika, die über 4000 km weit fliegen; auch Meeresschildkröten legen auf dem Weg zu ihren Laichplätzen mehrere Tausend Kilometer zurück. Im Serengeti-Nationalpark in Tansania wandert das Streifengnu etwa 3000 km, um in der heißen Jahreszeit die grünen Sommerweiden im Norden aufzusuchen; danach kehrt es in den Süden zurück.

Bis zum Ort der Eiablage bewältigen Meeresschildkröten oft riesige Strecken.

Auf ihrer Nahrungssuche legen Gnus Tausende Kilometer zurück (rechts).

Monarchfalter (links) sind Weitflieger.

Rätselhafter Vogelzug

Was die Langstreckenwanderungen der Vögel betrifft, blieb das Rätsel bislang gänzlich ungelöst. Man nimmt jedoch an, dass Lernvorgänge hierbei eine wichtige Rolle spielen. Denn ein Experiment hat aufschlussreiche Verhaltensunterschiede zwischen jungen, noch unerfahrenen Vögeln und älteren gezeigt. Forscher fingen auf einer Insel in der Nordsee Nebelkrähen ein, als sich der Schwarm, der in südwestlicher Richtung flog, wie jedes Jahr zu seinem Winterstandort an der französischen Ärmelkanalküste begab. Die eingefangenen Altvögel und die „Neulinge" wurden 600 km weit mit dem Flugzeug in östlicher Richtung bis nach Polen transportiert, wo man sie wieder freiließ. Die jüngsten, weniger als ein Jahr alten Krähen, die noch über keine Geländekenntnisse verfügten, nahmen ihrem angeborenen Orientierungssinn entsprechend sogleich den alten Südwestkurs wieder auf. Die erfahrenen Altvögel dagegen konnten ihren Kurs korrigieren und steuerten zielstrebig auf die nordfranzösische Küste zu.

Doch welchen Zweck erfüllen die Wanderungen? Entgegen der landläufigen Meinung fliegen die Vögel nicht in den Süden, um sich in der Sonne zu wärmen. Die Mehrzahl von ihnen ist vielmehr kälteresistent. Der Vogelzug erfüllt zwei lebenswichtige Funktionen: Zum einen sorgt er dafür, dass stets ausreichend Nahrung vorhanden ist, zum andern garantiert er den Fortbestand der Arten, da sich die Tiere unter idealen Bedingungen fortpflanzen können. Langstreckenzieher, die meist sehr pünktlich sind, was den Abflugtag, die Flugdauer und den Ankunftstag am Zielort betrifft, nennt man Kalendervögel.

EXZENTRIKER IM TIERREICH

Obwohl man annehmen könnte, dass die Wissenschaft der Natur mit dem Einzug neuer Technologien auch die letzten Geheimnisse entrissen hat, gibt es immer noch zahlreiche Erscheinungen im Tierreich, die bei näherer Untersuchung den Betrachter erstaunen, wenn nicht gar verblüffen: angefangen bei wahren Überlebenskünstlern bis hin zu Säugern, die in einem diktatorisch regierten Staat leben.

Der rosafarbene Grottenolm hat sich perfekt an sein Leben als Höhlenbewohner angepasst. Er kommt in den unterirdischen Gewässern des Balkans vor.

Wenngleich der Schluss nahe liegt, dass große Organismen eigentlich als Sieger aus dem täglichen Kampf ums Überleben hervorgehen müssten, lehrt uns die Natur das Gegenteil: Denn im Tier- wie auch im Pflanzenreich sind es oft die kleinsten Vertreter, die sich letztlich als am widerstandsfähigsten entpuppen.

Ein anschauliches Beispiel hierfür liefern die Bärtierchen (Gattungen *Echiniscus* und *Macrobiotus*) – kleine Wirbellose, die meist unter 1 mm groß sind und eine walzenförmige Gestalt haben. Eine stabile Außenhaut, die so genannte Kutikula, umschließt ihren Körper und lässt die inneren Organe durchscheinen. Bärtierchen kommen vor allem im Süßwasser vor, sind aber auch im Küstenbereich der Meere anzutreffen. Sie leben bevorzugt in kleinen, vorübergehenden Wasseransammlungen, wie etwa in feuchten Moos- und Flechtenrasen von Felsen, Mauern und Dächern. Trotz oder gerade wegen ihrer geringen Körpergröße können sich die Tiere selbst den extremsten Lebensbedingungen anpassen. Herrscht z. B. akuter Wassermangel, geben sie aktiv durch Kontraktion den größten Teil ihrer Körperflüssigkeit nach außen ab und schrumpfen dabei zu eiförmigen Tönnchen. In diesem Zustand der Trockenstarre *(Anabiose)* können Bärtierchen lange Zeit überdauern und dabei die unglaublichsten Lebensbedingungen ertragen.

Bei Experimenten im Labor überstehen sie z. B. unbeschadet ein Bad in Äther, in 100%igem Alkohol oder Schwefelwasserstoff; im Vakuum oder in einem auf 150 °C vorgeheizten Ofen fühlen sie sich erst richtig wohl und wie durch Zauberei erholen sie sich von einem Kältebad in flüssigem Helium bei einer Temperatur von –272 °C. In allen Fällen genügt es, ihnen wieder etwas Wasser zuzuführen, und schon nach kurzer Zeit kehren die Bärtierchen ins aktive Leben zurück.

Unzertrennlich

Das etwa 6–10 mm lange Doppeltier (Diplozoon paradoxum) ist ein Saugwurm, der auf den Kiemen von Karpfenfischen schmarotzt und beim Wirt Blutarmut verursacht. Er zählt zu jenen Lebewesen, die nach der Begattung als Paar lebenslang vereint bleiben.

Die Begattung erfolgt sehr zeitig zwischen zwei noch im Larvenstadium befindlichen Individuen. Jungwürmer, die keinen Partner finden, werden hingegen nicht geschlechtsreif. Mittels eines Bauchsaugnapfes und einer kleinen Erhebung am Rücken heften sich die Tiere kreuzweise aneinander und kopulieren. Danach bleiben sie zusammen und verwachsen sogar an der Kreuzungsstelle.

Bei ihrem charakteristischen Schwirrflug verbrauchen Kolibris viel Energie, die sie aus Blütennektar beziehen.

Klein, aber oho!

Kolibris bilden eine weitere Tiergruppe, die rekordverdächtige Leistungen vorweisen kann. Mit einer Körperlänge von nur 6 cm und weniger als 2 g Gewicht ist beispielsweise der Helenen-Kolibri *(Calypte helenae)* der kleinste und leichteste Vogel der Welt. Außerdem sind Kolibris die einzigen Vögel, die den Rückwärtsflug beherrschen. Ihr Verbreitungsgebiet liegt in der Neuen Welt. Sie ernähren sich vorwiegend von Blütennektar, einer sehr energiereichen Flüssigkeit. Aufgrund ihres extrem schnellen Flügelschlags (rund 80-mal pro Sekunde) und ihrer unvorstellbar hohen Pulsrate (bei voller Aktivität schlägt ihr winziges Herz über 1000-mal pro Minute) haben diese Federgewichte einen beträchtlichen Energiebedarf. Dementsprechend müssen sie viel Futter zu sich nehmen: Die Menge an Nektarnahrung, die ein Kolibri täglich mithilfe seines Schnabels aufsaugt, entspricht etwa der Hälfte seines Körpergewichts.

Auf ewig jung

Eine Kuriosität im Tierreich stellt der Grottenolm *(Proteus anguineus)* dar, ein Vertreter der Froschlurche. Man findet ihn nur in den unterirdischen Gewässern des so genannten Dinarischen Karstes, einer kalkigen Gebirgslandschaft im ehemaligen Jugoslawien. Der bekannteste Fundort ist die Adelsberger Grotte bei Postojna. Der Salamander hat sich perfekt an seine lebensfeindliche Umgebung, die Welt der Höhlen, angepasst: Die zartrosa schimmernde Haut produziert keine Farbstoffe und ist durchscheinend, sodass man den Verlauf der Blutgefäße erkennen kann. Die Augen, die im Embryonalstadium noch vorhanden sind

werden später zurückgebildet und liegen dann unter der Haut verborgen. Trotz eines knappen Nahrungsangebots kann die Amphibie bis zu 30 Jahre alt werden.

Die ersten Wissenschaftler, die den Grottenolm zu Gesicht bekamen, hielten ihn anfangs für eine Larve, die sich gerade zum Alttier umwandelte. Doch weitere Studien ergaben, dass es sich hier um ein ausgewachsenes Tier handelt, das seine larvalen Merkmale, wie z. B. äußere Kiemen, beibehalten hat und in diesem Stadium – wissenschaftlich Neotenie genannt – Nachkommen zeugt.

Brutpflege der besonderen Art

Eine Absonderlichkeit im Paarungs- und Eilegeverhalten weisen die zungenlosen Wabenkröten auf. Diese Froschlurche kommen im nördlichen und östlichen Südamerika vor, wo sie im Einzugsbereich der großen Flüsse wie Amazonas oder Orinoko leben. Zu den größten Vertretern zählt die Art *Pipa pipa*, die einen stark abgeplatteten Körper und große Schwimmfüße besitzt. Sie hält sich fast ausschließlich im Wasser auf und lauert dort reglos auf Beute.

Seit Beginn des 18. Jh., als diese Wabenkrötenart zum ersten Mal beschrieben wurde, kursierten immer wieder neue Berichte über ihr merkwürdiges Fortpflanzungsverhalten, bis es schließlich 1960 einem Forscherpaar in einem zoologischen Garten gelang, Tiere bei der Paarung und Laichablage zu beobachten.

Im Verlauf des Hochzeitsrituals, bei dem das Weibchen vom Männchen mit den Armen vor den Hinterbeinen umklammert wird, macht das Paar eine halbe Drehung um seine Längsachse, sodass die Bauchseite zur Wasseroberfläche hin zeigt. Unter dem Druck einer sanften Massage ihres Partners legt das Weibchen etwa drei bis zehn Eier ab, die zwangsläufig auf den Bauch des weiter hinten sitzenden Männchens fallen. Durch eine erneute halbe Drehung in die Ausgangslage gelangen dann die Eier auf den Rücken des Weibchens; in diesem Augenblick befruchtet sie das männliche Tier und drückt sie fest. In den nun folgenden Stunden und Tagen verdickt sich die Rückenhaut der Mutter und bildet eine Art Tasche oder Wabe um jedes einzelne Ei. Nach einer gewissen Zeit schlüpfen dann die Larven oder Kaulquappen, die bis zu ihrer Umwandlung zur fertigen Kröte – etwa drei Monate lang – in der Wabe verbleiben.

Die Wabenkröte Pipa pipa *gehört zu den wenigen Froschlurchen, die fast ausschließlich im Wasser leben.*

Der Europäische Flussaal gibt den Wissenschaftlern bis heute Rätsel auf, denn noch nie ist es gelungen, seine Paarung und Fortpflanzung zu beobachten.

Heimliche Hochzeit

Obwohl viel Zeit verstreichen musste, ist es den Forschern letztlich doch gelungen, das Paarungsverhalten der Wabenkröte *Pipa pipa* zu entschlüsseln. Anders verhält es sich beim Europäischen Flussaal *(Anguilla anguilla)*, dessen Fortpflanzung ein ungelöstes Rätsel geblieben ist. Bis zum heutigen Tag konnten weder geschlechtsreife Tiere beobachtet noch die Entwicklung eines befruchteten Eis zur Larve studiert werden. Dennoch sind schon viele Fakten aus seinem Lebenszyklus bekannt.

Zum Laichen verlässt der Aal im Herbst die Brack- und Süßgewässer des europäischen Fest-

Der Quastenflosser – ein lebendes Fossil

Am 22. Dezember 1938 fing in der Straße von Mosambik ein Fischer in seinen Netzen einen sonderbaren Fisch von fast 2 m Länge, stahlblau, mit weißen Sprenkeln. Zufällig war die Naturforscherin Miss Latimer vor Ort, als der Fang in den Hafen eingebracht wurde. Neugierig inspizierte sie den Inhalt des Fischdampfers und entdeckte darin das ungewöhnliche Meerestier.

Nachforschungen ergaben, dass es sich hier um ein Lebewesen handelte, das seit rund 65 Mio. Jahren als ausgestorben galt – zu dieser Zeit verschwanden auch die letzten Dinosaurier. Das lebende Fossil erhielt nach seiner Entdeckerin den Namen* Latimeria chalumnae. *Inzwischen weiß man, dass der Quastenflosser im Seengebiet der Komoreninseln heimisch ist und den Eingeborenen dort unter dem Namen Kombessa wohl vertraut war. Als wenig geschätzter Speisefisch wird er auf ihren Märkten verkauft.

Die fleischigen, mit Knochen versehenen Brust- und Bauchflossen erinnern an Gliedmaßen. Der Quastenflosser gilt daher als naher Verwandter der Uramphibien, die als Erste das Festland eroberten.

lances und strebt dem offenen Meer zu, wo er spurlos in den Tiefen verschwindet. Man nimmt an, dass er sich dann im darauf folgenden Frühjahr im östlichen Teil der Sargassosee südlich der Bermudas paart – nach einer zurückgelegten Wegstrecke von rund 7000 km auf der anderen Seite des Atlantiks. Bei seiner Ankunft in den Tropen findet er in dem bis etwa 5000 m tiefen Meer Bedingungen vor, die er für seine Fortpflanzung benötigt: relativ warmes Wasser und einen geeigneten Salzgehalt – denn wie es scheint, erfordern sowohl die Geschlechtsreifung als auch das Schlüpfen der Eier eine Temperatur von mindestens 17 °C bei einem Druck, der 40-mal höher ist als der in den Gewässern des Festlandes.

Vom Golfstrom getragen, wandern dann die kleinen Aallarven, die eine weidenblattähnliche Form haben, drei Jahre lang der Heimat ihrer Eltern entgegen. Sobald die europäische Küste im Frühjahr erreicht ist, beginnt ihre Umwandlung in so genannte Glasaale. Mit der Flut gelangen diese in die Flussmündungen und steigen weiter die Flüsse hinauf. Auf der Suche nach einem geeigneten Lebensraum, z. B. einem Wassergraben, See, Teich oder Tümpel, überwinden die sich nun dunkel färbenden Tiere (Steigaale) große Hindernisse und können sogar kurze Landwege passieren, indem sie sich über feuchtes Gras schlängeln.

Eines Tages, für gewöhnlich im Sommer, stellt der Aal im Alter zwischen 7 und 20 Jahren die Nahrungsaufnahme ein. Seine Geschlechtsorgane entwickeln sich, die Stunde der großen Reise hat geschlagen. Nun kehrt er zu seinen Laichplätzen in der Sargassosee zurück, um dort nach vollzogener Paarung zu sterben. Denn man hat niemals einen ausgewachsenen Aal nach Europa zurückkehren sehen.

Rollentausch der Geschlechter

Seepferdchen der Gattung *Hippocampus* sind wahrlich besondere Fische: In meist senkrechter Körperhaltung bewegen sie sich schwimmend fort, den Kopf dabei rechtwinklig nach vorn gebogen. In die Haut sind Knochenplatten eingelagert, die einen schützenden Panzer bilden. Das Körperende ist zu einem flossenlosen, sehr beweglichen Greifschwanz ausgezogen, mit dem sich die Tiere an Pflanzen festhalten können. Die teleskopartigen Augen erinnern an ein Chamäleon. Was die Seepferdchen jedoch vor allem von der Mehrzahl der Fische unterscheidet, ist die Tatsache, dass sich hier die Männchen um den Nachwuchs kümmern, und zwar auf eine ganz besondere Art und Weise.

Jedes männliche Tier besitzt nämlich einen großen Brutbeutel auf der Bauchseite, in den das Weibchen bei der Paarung seine Legeröhre schiebt und dort ablaicht. Das Männchen befruchtet anschließend ein Ei nach dem andern. Die Wand der Bruttasche beginnt sich nun zu verdicken und wird vermehrt von Blutgefäßen durchzogen: Sie bildet eine Art nährende Plazenta. Nach dem Schlüpfen verbleiben die Larven in dem Beutel, bis sie nach einigen Wochen zu einer Größe von etwa 5 mm

Seepferdchen unterscheiden sich nicht nur im Körperbau von den übrigen Fischen. Die Brutpflege z. B. wird hier vollständig vom Männchen übernommen.

Mit seinen Vorderpfoten sorgt das Schnabeltier für den Vortrieb, die Hinterbeine dienen dem etwa 50 cm großen Säuger als Steuer.

herangewachsen sind. Danach werden die Seepferdchenjungen gruppenweise in die Freiheit entlassen.

Ein Säugetier mit Schnabel

In den stehenden und fließenden Gewässern Ostaustraliens und Tasmaniens lebt zweifellos eines der merkwürdigsten Säugetiere überhaupt: das Schnabeltier *(Ornithorhynchus anatinus)*. Sein Körper weist zahlreiche besondere Merkmale auf, die es zu einer einzigartigen Erscheinung im Tierreich machen. Auffällig sind vor allem der entenartige Hornschnabel, der maulwurfsähnliche Rumpf, die mit Schwimmhäuten und Grabkrallen ausgestatteten Füße sowie der große, biberartige Plattschwanz, der als Fettspeicher dient. Darüber hinaus legt der Bewohner der südlichen Hemisphäre auch noch Eier.

Das Männchen wird selten über 50 cm lang und wiegt meist weniger als 2 kg. Es besitzt zudem – was bei Säugetieren höchst selten vorkommt – einen Dorn an der Ferse, in den eine Giftdrüse mündet. Sein Stich ist für den Menschen überaus schmerzhaft, bei Hunden kann das Gift sogar tödliche Wirkung zeigen. Da Schnabeltiere keine Zitzen haben, säugt das Weibchen seine Jungen mithilfe von Milchdrüsen unter der Haut; die Milch sickert dabei auf den Bauch und läuft in eine kleine Kuhle in der Mitte.

Bei Tauchgängen sind Augen und Ohren in Hautfalten verborgen. Über winzige Poren, die rings um den Schnabel angeordnet sind und die elektrische Felder wahrnehmen können, welche durch Muskelbewegungen entstehen, kann das Schnabeltier seine gewöhnlich im Schlamm verborgene Beute, wie Insektenlarven und kleine Wirbellose, zielsicher aufstöbern.

Jenseits aller Kategorien

Ziemlich schwer lässt sich auch das Erdferkel *(Orycteropus afer)* einordnen, das in den Savannen Afrikas lebt und außerdem im Regenwald Kameruns sowie des Kongogebietes vorkommt. Sein Name leitet sich zum einen von der schweineähnlichen Schnauze ab, zum andern von der Tatsache, dass sich die nachtaktiven Tiere im Boden Höhlen graben, in denen sie tagsüber ruhen.

Das Erdferkel hat einen massigen Körper, der mit einem borstigen Haarkleid bedeckt ist. Ein relativ kurzer Hals verbindet ihn mit dem lang gezogenen, unbehaarten Kopf. Die großen Ohren ähneln denen eines Hasen oder Esels, während der dicke Schwanz wie bei einem Känguru lang und sehr muskulös ist. Das Erdferkel verfügt zudem über die erstaunliche Fähigkeit, seine Nüstern vollständig verschließen zu können, damit ihm beim Fressen keine Ameisen oder Termiten, seine bevorzugte Nahrung, in die Nase krabbeln.

Seine Zähne sind auf ihre Weise einzigartig. Von säulenförmiger Gestalt können sie zeit-

Das vorwiegend nachtaktive Erdferkel bricht mit seinen starken Klauen Termiten- und Ameisenhügel auf. Der durch dicke Borsten geschützte Grabrüssel und die weit vorstreckbare Zunge sind weitere Hilfsmittel, um an die gewünschte Beute zu gelangen.

Der Hoatzin, ein eher ungeschickter Flieger, flattert von Baum zu Baum auf der Suche nach schmackhaftem Futter. Er ernährt sich vor allem von Blättern.

lebens wachsen und sind an ihrer Oberfläche abgeschliffen. Jeder Zahn setzt sich aus vielen sechseckigen, parallel gestellten Prismen zusammen, in deren Mitte jeweils ein röhrenförmiger Kanal verläuft. Daher trägt auch die Ordnung, der die Erdferkel angehören, den Namen *Tubulidentata* oder Röhrenzähner.

Ein sympathischer Stinker

Unklar ist bis heute die systematische Stellung des Schopfhuhns oder Hoatzins *(Opisthocomus hoazin)*. Dieser Vogel, der in den überfluteten Wäldern des nördlichen Südamerikas heimisch ist, galt lange Zeit als prähistorisches Relikt. Manche Ornithologen sehen in ihm sogar ein lebendes Fossil am Schnittpunkt zwischen Reptilien und Vögeln. Als Beweis für diese Hypothese dienen die Krallen, mit denen die Flügel der Küken bewehrt sind – Krallen, wie sie schon beim ältesten bekannten fossilen Vogel, dem *Archäopteryx*, zu finden sind.

Neben seinem lebhaft blauen Gesicht, den roten Rundaugen und seinem Punkerschopf vereint der Hoatzin weitere Besonderheiten auf sich. Seine Nahrung besteht fast ausschließlich aus Baumblättern. Diese werden in einem riesigen, muskulösen Kropf und nicht wie bei anderen Hühnervögeln, zu denen man ihn rechnet, in einem Muskelmagen zu einem feinen Brei zerrieben. Die übel riechenden Gase, die dabei entweichen, haben ihm den Beinamen Stinkvogel eingetragen.

Schopfhühner leben gesellig in Trupps und stehen durch Krächzlaute in ständigem Kontakt. Zur Brutzeit baut sich jedes Paar ein Nest auf Ästen, die dicht über dem Wasser liegen, sodass sich die Jungen bei Gefahr in die Fluten fallen lassen können. Mithilfe ihrer Füße, den krallenbesetzten Flügeln sowie ihrem Schnabel klettern die Küken danach wieder reptiliengleich den Baum hinauf und ins Nest zurück.

Ein Staat im Untergrund

Das Leben in der Gemeinschaft ist ein im Tierreich häufig angewandtes Mittel, den Fortbestand der Art zu sichern. Nacktmulle *(Heterocephalus glaber)*, die unterirdisch in kleinen Kolonien die Steppen und Savannen Ostafrikas bewohnen, sind hierfür ein gutes Beispiel. Die knapp 10 cm großen Tiere haben einen gänzlich unbehaarten, pigmentlosen Körper, der einer rosaroten, schrumpeligen Wurst ähnelt. Die stark vorstehenden Schneidezähne weisen sie als Nager aus, die winzigen Augen deuten auf ihre lichtscheue Lebensweise hin.

Nacktmulle leben in unterirdischen Kolonien und sind bis auf wenige Tasthaare an der Schnauzenspitze gänzlich unbehaart.

Die Gemeinschaft funktioniert ähnlich wie in einem Insektenstaat: An der Spitze des Clans von etwa 70–80 Individuen bewahrt sich eine relativ große, aggressive Königin das Alleinrecht auf Fortpflanzung und führt ihre Untergebenen am straffen Gängelband. Die jüngeren Tiere haben sich um die Aufzucht des Nachwuchses zu kümmern, tragen Material für den Nestbau herbei, sorgen für ausreichend Nahrung wie Wurzeln oder Knollen und warten das weit verzweigte Gängesystem. Die Älteren müssen kilometerlange Tunnel graben und den Stamm gegen Eindringlinge verteidigen, vor allem gegen Schlangen, den Hauptfeind der Nacktmulle.

Bei all diesen Vorgängen ist die Verständigung untereinander von größter Bedeutung. Nacktmulle senden deshalb chemische, akustische und Berührungssignale aus. Ihr Lautrepertoire gilt als das umfassendste unter den Nagetieren.

Ein ganz besonderer Fisch

Schlammspringer (Gattung* Periophthalmus*) leben an tropischen Meeresküsten der Alten Welt. Sie sind Bewohner der Schwemmlandmangroven und kommen bei Ebbe zum Beutefang an Land.

Mit ihren Glotzaugen, dem dicken Kopf und dem kräftigen Schwanz erinnern die Schlammspringer an Riesenkaulquappen.

Robbend oder hüpfend bewegen sie sich über den Schlamm und stöbern dabei kleine Weichtiere sowie Insekten auf.

Während auf trockenem Grund die starken, armartigen Brustflossen zum Abstützen dienen, benutzen die Tiere auf morastigem Boden ihren muskulösen Schwanz gewissermaßen als Sprungfeder. Schlammspringer atmen an Land, begünstigt durch die hohe Luftfeuchtigkeit, weiterhin über die Kiemen und über die stark durchblutete Haut der Mundhöhle.

Kaltblütig bei Eis und Frost überleben

90 Jahre nachdem er sich im gefrorenen Untergrund Sibiriens eingegraben hatte, ist ein Salamander wieder ins Leben zurückgekehrt. Eine wahre Herausforderung an die Gesetze der Biologie – und eine Quelle des Wissens für die Forschung.

Zu Beginn unseres Jahrhunderts hatte sich ein Sibirischer Froschzahnmolch *(Ranodon sibiricus)* wie in jedem Winter zum Schutz vor dem frostigen Klima unter die Oberfläche des sibirischen Bodens zurückgezogen. In dieser Region der Erde kann die Quecksilbersäule des Thermometers bis auf –70 °C absinken. Die Kaltblüter unter den Tieren sind deshalb gezwungen, sich einen geschützten Platz zum Überwintern zu suchen, wenn sie den nächsten Frühling noch erleben wollen.

Dieser Winter muss nun ausgesprochen hart gewesen sein, da das Tier buchstäblich eingefroren wurde, obwohl es sich sehr tief eingegraben hatte: In fast 9 m Tiefe fand nach beinahe 90 Jahren ein Goldsucher den Lurch in einem Eisblock. Die herbeigeeilten russischen Biologen befreiten das etwa 12 cm lange Tier, das sich unter ihren staunenden Blicken zu bewegen begann und sich schließlich zu neuen Abenteuern in der arktischen Tundra aufmachte.

Um das Alter seines Ruhelagers bestimmen zu können, wandten Daniil Berman und seine Kollegen vom Biologischen Institut in Magadan in Ostsibirien die so genannte Radiokarbonmethode an. Mithilfe dieses Verfahrens wird ermittelt, wie viel des radioaktiven Kohlenstoffisotops ^{14}C, das auf natürlichem Weg ins Erdreich gelangt und zu Beginn dem ^{14}C-Gehalt der Atmosphäre entspricht, bereits zerfallen ist. Die Schlafperiode hatte demnach etwa 90 Jahre gedauert.

In Sibirien, in der Zone des Permafrostes, kann es im Winter bis –70 °C kalt werden.

Ein natürliches Frostschutzmittel

Nur wenige Tiere können unter solch extremen Bedingungen überleben, denn die Körperflüssigkeit, die in jedem Organismus reichlich vorhanden ist – der Mensch besteht z. B. zu 60 % aus Wasser –, gefriert bei frostigen Temperaturen. Es bilden sich Eiskristalle, die entweder ins Innere der Zellen eindringen, wodurch deren Membranen irreparabel geschädigt werden, oder sie entstehen außerhalb der Zellen, indem sie Letzteren durch eine Art Pumpeffekt das Wasser entziehen.

Über welch geniale Überlebensstrategie verfügt nun dieser Froschlurch? Untersucht man den Molch näher, so fällt vor allem die relativ stark entwickelte Leber auf, die rund ein Drittel seines Körpergewichts ausmacht und sehr viel Glykogen gespeichert hat. Wenn der Winter naht, wandelt sich diese Leberstärke in Glyzerin um, eine Alkoholverbindung, die den Kristallisationspunkt des Wassers senkt und so die Eisbildung verhindert. Dank eines natürlichen Frostschutzmittels kann sich der Molch daher bis in die Permafrostzone eingraben, eine Tiefe, in welcher der Boden der arktischen Regionen immer gefroren ist, und auf den Frühling warten.

Tiefgekühlt, aber lebendig

Ein anderes Tier mit „Tiefkühlerfahrung" stellt der in Nordamerika heimische Waldfrosch *(Rana sylvatica)* dar. Diese kleine Amphibie verträgt Temperaturen bis etwa –8 °C; bei ihrem Kälteschutzmittel dürfte es sich um Glukose oder Traubenzucker handeln.

Um den eisigen Temperaturen zu trotzen, produziert der nordamerikanische Waldfrosch ein Frostschutzmittel.

Wissenschaftliche Untersuchungen, die genauere Kenntnisse darüber vermitteln, wie sich Organismen an extreme Lebensbedingungen anpassen, sind für die Forschung überaus interessant. Denn obwohl man seit geraumer Zeit über zelluläre Frostschutzmittel verfügt, sind deren Einsatzmöglichkeiten bislang sehr begrenzt. Lediglich in flüssigem Stickstoff (bei –196 °C) kann man heute einige Gewebe und Zellen konservieren, etwa Blutgefäße, Spermien, Embryos und rote Blutkörperchen. Organe wie Leber oder Herz überstehen eine solche Behandlung hingegen nicht. Auch für die Biotechnologie sind solche Studien wichtig, etwa im Bereich der Landwirtschaft, um z. B. frostresistente Pflanzensorten züchten zu können.

Mit chemischen Waffen gegen den Feind

Giftstoffe dienen nicht nur im Tierreich als Waffe im Überlebenskampf. Auch zahlreiche Pflanzen setzen chemische Substanzen ein, um ungeliebte Fressfeinde abzuwehren. Und ihr Erfindungsreichtum erscheint bei näherer Untersuchung fast grenzenlos.

Die Geschichte begann im Jahr 1985, als der Zoologe Wouter van Hoven von der Universität Pretoria in Südafrika den Auftrag erhielt, die Hintergründe für den Tod von 4000 Kudus oder Drehhornantilopen zu erforschen. Doch nicht die im Krüger-Nationalpark frei lebenden Tiere waren von dem Massensterben betroffen, sondern eine Herde, die zu Zuchtzwecken auf relativ engem Raum, in einem von Zäunen begrenzten Gebiet gehalten wurde. Der Wissenschaftler führte bei einigen der verendeten Tiere eine Autopsie durch und stellte dabei an den inneren Organen Leber und Magen bestimmte Verletzungen fest, die auf eine Vergiftung hindeuteten.

Die nachfolgende Untersuchung des Kots erbrachte schließlich des Rätsels Lösung: Die Antilopen hatten von den Akazienbäumen gefressen, die in dem umzäunten Gelände wuchsen und die von dem Zoologen als giftig eingestuft wurden. Um seinen Verdacht zu erhärten, fügte der Forscher den Pflanzen künstlich Wunden zu. Der aus den verletzten Stellen austretende Saft enthielt einen sehr hohen Anteil an Gerbstoffen oder Tanninen, Substanzen also, die bei Verzehr Giftwirkung zeigen können.

Auf zum Gegenangriff!

Viele Pflanzen sondern Giftstoffe ab, um sich gegen Fressfeinde zu verteidigen. Diese Strategie ähnelt der unseres Immunsystems, das mit der Bildung von Antikörpern reagiert, wenn Krankheitserreger angreifen. So können von Schimmel befallene Tomaten manchmal Pilz tötende Stoffe absondern – Fungizide genannt –, um sich davon zu befreien. Eichen wiederum, in die sich Misteln als Halbschmarotzer eingenistet haben, die mithilfe von Senkwurzeln ihrer Wirtspflanze Wasser und Mineralsalze entziehen, produzieren einen Gerbstoff, der verhindert, dass sie überhand nehmen.

Eine überaus wirksame Abwehrmethode kann man bei der Mohrenhirse *(Sorghum)* beobachten, die in vielen tropischen und subtropischen Ländern angebaut wird. Sie hat in der äußersten Schicht ihrer Blätter, der Epidermis, die Vorstufe des Giftes Durrhin gespeichert. Dieses zyanogene Glykosid stellt eine Verbindung aus Zuckern mit Blausäurekomplexen dar. Sobald z. B. ein Pflanzen fressendes Tier die Blattspreite verletzt, sorgen spezielle Enzyme im Blatt dafür, dass Blausäure oder Zyanid freigesetzt wird. Die aufgenommene, hochgiftige Substanz blockiert die Atmung des Tieres und führt meist seinen Tod herbei. Eine bei uns heimische Pflanze, der Kriechende Klee *(Trifolium repens)*, setzt ebenfalls Blausäure ein, um sich gegen Fraß zu schützen.

Die in Südafrika vorkommende Akazie weiß sich nicht nur wirksam gegen Fressfeinde zu wehren, indem sie giftige Substanzen bildet, sondern scheint auch über Mittel und Wege zu verfügen, Warnbotschaften zu entsenden.

Eichen produzieren Gerbstoffe, um zu verhindern, dass Halbschmarotzer wie die Mistel überhand nehmen.

Der Wind als Bote

Doch es gibt noch Erstaunlicheres zu berichten. Die zu Beginn erwähnten Akazienbäume können offenbar ihren Artgenossen eine Art Warnung vor etwaigen Fressattacken zukommen lassen. Zu dieser Schlussfolgerung kam jedenfalls Wouter van Hoven, der beobachtete, dass die Gerbstoffzunahme nicht nur bei schon verletzten Bäumen auftrat, sondern ebenso bei den noch intakten Nachbarpflanzen. Es scheint, als ob die ersten Opfer Alarm geben würden, damit ihre bewurzelten Kollegen schneller den abschreckenden Giftstoff produzieren. Und wohl mit Erfolg, denn Tiere – in diesem Fall Antilopen – lassen gewöhnlich rasch von Pflanzen ab, deren Jungtriebe oder Blätter stark bitter schmecken.

Bleibt noch die Frage, welcher Art die pflanzliche Botschaft ist, die vom Wind übertragen wird. Nach Meinung der Botaniker handelt es sich wahrscheinlich um Äthylen. Diese chemische Substanz, so weiß man, spielt bei der Fruchtreifung eine wichtige Rolle und wie es scheint, wird sie hier von den verletzten Pflanzenteilen hergestellt und freigesetzt, sodass sie durch den Wind zu den Nachbarbäumen gelangt.

Das sensible Gedächtnis der Pflanzen

Vor allem Bäume dienen dem Menschen oft als ein Symbol für Wachstum und ungebrochene Lebenskraft – allen äußeren Anfeindungen zum Trotz. Wissenschaftliche Studien haben jedoch gezeigt, dass Pflanzen durchaus negative Erfahrungen, wie etwa Verletzungen, in einer Art Gedächtnis speichern können.

Es ist allgemein bekannt, dass die meisten Pflanzen auf Stressfaktoren wie Hitze, Dürre, starke Winde oder frostige Temperaturen sehr empfindlich reagieren. Doch ebenso wie Tier und Mensch versuchen sich auch Pflanzen möglichst optimal an die jeweiligen Lebensbedingungen anzupassen.

Ihre Überlebensstrategien lassen sich zu jeder Zeit und an jedem Ort beobachten. Ein sehr anschauliches Beispiel liefern viele unserer Bäume. Wachsen etwa Buchen in einem Wald, so treten im unteren Drittel des Stammes keine Verzweigungen auf und die Äste sind mehr oder weniger steil nach oben gerichtet. Als freier Parkbaum indessen beeindruckt die Buche vor allem durch ihre weit ausladende Krone und Äste, die fast den Boden erreichen. Sind die Bäume wiederum starken Winden ausgesetzt, wachsen ihre Zweige in Windrichtung, um den Naturkräften möglichst wenig Widerstand zu bieten. Gleichzeitig entwickelt sich ein überaus kräftiges Wurzelwerk, das die Buchen fest im Boden verankert.

Nicht wenige Pflanzen können ihren Stoffwechsel auf schwierige Verhältnisse einstellen. Tomaten oder Möhren beispielsweise scheiden eine giftige Substanz aus, sobald sie etwa von einem Pilz befallen oder von Fressfeinden verletzt werden. Eine ebenfalls sehr häufig zu beobachtende Verteidigungsstrategie sind Dornen oder Stacheln, mit denen sich so bekannte Vertreter wie unsere Rosen gegen mögliche feindliche Angriffe wappnen. Die entscheidende Frage ist jedoch, ob Pflanzen in irgendeiner Weise fähig sind, negative Erfahrungen bzw. Ereignisse zu speichern und eventuell sogar vorbeugend zu reagieren.

Gute und schlechte Erinnerungen

Um dies herauszufinden, haben französische Biologen das „Lernvermögen" der Zaunrübe *(Bryonia dioica)* getestet. Diese Pflanze aus der Familie der Kürbisgewächse verlangsamt systematisch ihr Wachstum, wenn man wiederholt ihren Stängel abreibt. Die hemmende Wirkung wird durch den gasförmigen Stoff Äthylen verursacht, den die Zaunrübe daraufhin produziert. Außerdem hat man beobachtet, dass der Stängel sich zunehmend festigt und verholzt, indem sich die Gerüstsubstanz Lignin in die Zellwände einlagert. Solche Merkmalsveränderungen, die durch Berührungsreize ausgelöst werden, heißen in der Fachsprache Thigmomorphosen.

Die Forscher wollten nun wissen, ob die Reaktionen der Zaunrübe auch im Erbgut fixiert wurden. Aus ihren Stängelteilen stellten sie deshalb so genannte Klone her, also genetisch identische Nachkommen. Ergebnis: Letztere wiesen die gleichen baulichen Eigentümlichkeiten auf wie die Mutterpflanze, d. h., zumindest für den Untersuchungszeitraum waren die Merkmalsveränderungen ins Erbgut aufgenommen worden.

Ein weiteres Experiment am Zweizahn, einem Vertreter der Korbblütler, bestätigte die Hypothese, dass Pflanzen eine Art von Gedächtnis besitzen. Keimlinge, deren erste Blätter mit einer Nadel verletzt wurden, erholten sich bei idealen Aufzuchtbedingungen wieder. Wies man den Feuchtigkeit liebenden Pflanzen aber im Anschluss daran einen eher trockenen Standort zu, gingen sie viel schneller ein als ihre Artgenossen, deren Wachstumsphase ungestört verlaufen war.

Auf Berührungsreize reagiert die Zaunrübe mit Veränderungen in Wachstum und Bau.

Bäume sind Meister der Statik. Selbst einem Lebensraum, in dem starke Winde und Trockenheit vorherrschen, wissen sie sich perfekt anzupassen.

Wassertransport entgegen der Schwerkraft

Seit Newton 1666 sein Gravitationsgesetz formulierte, ist bekannt, dass alle Körper durch die Schwerkraft zum Erdmittelpunkt hingezogen werden. Wie schaffen es also Bäume, Wasser ohne Energieaufwand bis in ihre Gipfelregion zu transportieren?

Die oberirdischen Sprossteile von Pflanzen – dazu gehören der Stängel bzw. Stamm und die Blätter – benötigen Wasser und die darin gelösten Mineralsalze zum Überleben. Beides wird aus dem Boden mithilfe von Wurzeln aufgenommen und in den Leitbündeln der Sprossachse bis in die Blätter transportiert. Dabei kann das Wasser tagsüber in den Leitungsbahnen von Bäumen mit Geschwindigkeiten von mehreren Metern in der Stunde steigen (bei der Buche etwa 1 m/h, bei der Eiche rund 43 m/h) und in Höhen bis über 100 m gelangen, wie es bei Mammut- oder Eukalyptusbäumen der Fall ist.

Ohne Energieaufwand gelingt es Riesengewächsen wie dem Mammutbaum, Wasser in große Höhen zu transportieren.

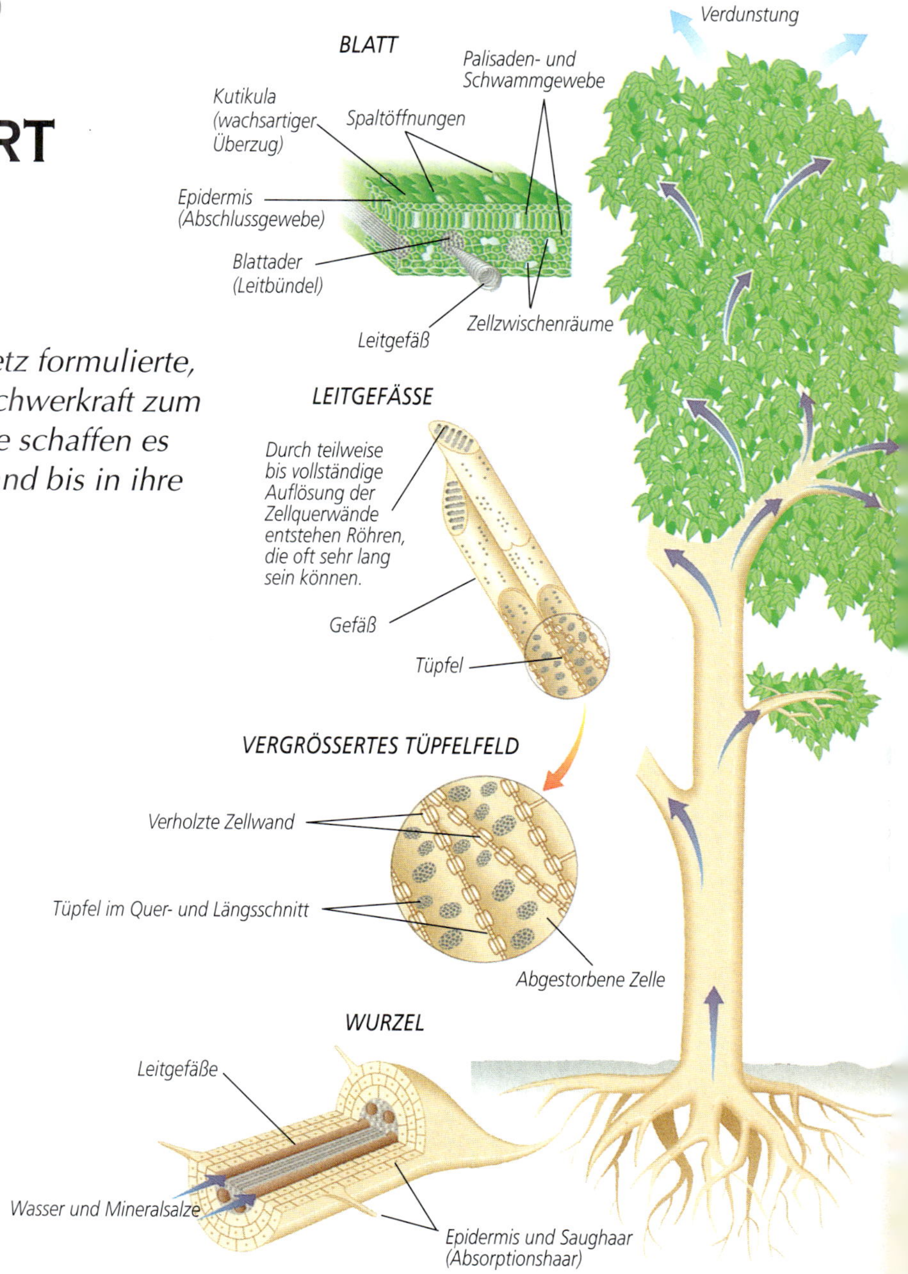

Pflanzen nehmen durch ihre Wurzeln Wasser und Mineralsalze aus dem Boden auf. Mithilfe von Leitgefäßen, deren Durchmesser auf dem Weg nach oben immer mehr abnimmt und schließlich nur noch etwa 0,1–0,5 mm beträgt, steigt der Saft über Stamm und Zweige bis in die Blätter auf. Durch so genannte Spaltöffnungen verdunstet dann das Wasser.

Die Endstation des Wassertransports bilden die Blätter, die über so genannte Spaltöffnungen mit der Außenluft in Verbindung stehen.

Ursachen des Wassertransports

Verantwortlich für die enorme Wasserbewegung in den Pflanzen entgegen der Schwerkraft ist ein rein physikalischer Prozess, den man als Transpiration oder Verdunstung bezeichnet. Über die Blätter wird ständig Wasserdampf nach außen abgegeben, und zwar umso mehr, je trockener die Luft und je größer die transpirierende Blattfläche ist. Eine Birke verdunstet z. B. täglich 60–70 l Wasser, an heißen Sommertagen sogar 300–400 l.

In den Blättern entsteht folglich ein Wasserdefizit, das mit einer Sogwirkung in den Leitungsbahnen der Pflanzen einhergeht. Die Zugspannung baut sich dort auf, weil die Wasserteilchen zum einen durch molekulare Anziehungskräfte (Kohäsionskräfte), zum andern durch die Haftung an den überaus feinen Kapillargefäßwänden zusammengehalten werden. Es bildet sich eine Wassersäule, die über genügend Zugfestigkeit verfügt, dass sie in mehr als 100–120 m Höhe gesaugt werden kann, ohne abzureißen und ohne dass der betreffende Baum dafür Energie aufzuwenden braucht.

Das Wasser wird in der Pflanze über die abgestorbenen Zellen der Leitbündel, den so genannten Holzteil oder das Xylem, und über die kleinen Hohlräume in den Zellwänden transportiert. Auf dem relativ langen Weg nach oben kann es leicht zu Störungen kommen, die für eine Unterbrechung des Wasserstromes sorgen. Häufig handelt es sich dabei um Luftblasen. Bei frostigen Temperaturen hingegen werden oft Gase, die normalerweise entweichen können, in den gefrorenen Pflanzensäften eingeschlossen, die sich dadurch ausdehnen und dann den Stofftransport blockieren. Auch Parasiten wie Pilze und Bakterien begünstigen einen Verschluss der Kanäle, indem sie die Leitgefäße verengen oder sogar zerstören.

Eine Kraft, die von unten kommt

Pflanzen sind jedoch in der Lage, manche der Gefäßblockaden zu beheben. Häufig wird eine Brücke über der verstopften Stelle gebildet, sodass die in den Leitbahnen enthaltene Flüssigkeit wieder ungehindert fließen kann. Bei den Eichen, unter anderem bei der aus Nordamerika stammenden Roteiche *(Quercus rubra)*, sterben in der Regel am Ende einer jeden Vegetationsperiode die großen Wasserleitbahnen ab und werden erst zu Beginn der neuen Wachstumsphase im Frühjahr wieder aufgebaut.

Die Roteiche, die wegen ihrer schönen Herbstfärbung gern angepflanzt wird, bildet jedes Frühjahr ihre Leitgefäße neu.

Zu dieser Jahreszeit spielt ein anderer Transportmechanismus eine wichtige Rolle. Weil noch keine Blätter entfaltet sind, gibt es keinen Verdunstungssog. Dafür wird von den Wurzeln aktiv ein Druck erzeugt, der das Wasser bis in etwa 25 m Höhe befördert. Er kommt dadurch zustande, dass Ionen oder Zuckermoleküle aus lebenden Wurzelzellen in die Wasserleitbahnen gepumpt werden. Es entsteht ein Konzentrationsgefälle, welches bewirkt, dass Wasserteilchen passiv nachströmen.

Wunder im Pflanzenreich

Das Reich der Pflanzen umfasst einige 100 000 Arten und die Liste wird stetig länger. Durch einzigartige Anpassungsstrategien ist es ihnen gelungen, sich in allen Klimaregionen der Erde einen Lebensraum zu sichern. Dabei nehmen sie Umweltbedingungen wie extreme Trockenheit oder Kälte in Kauf, entwickeln raffinierte Methoden, um sich fortzupflanzen, und schlagen sämtliche Altersrekorde.

Alle Westernfans kennen den Saguarokaktus *(Carnegiea gigantea)*. Einem Kerzenleuchter gleich schmückt er die Wüstenregionen Arizonas, Mexikos und den südöstlichen Teil Kaliforniens. Seine bis zu 15 m hohen Säulen bilden markante Zeichen in den sonst eher kargen und eintönig wirkenden, von starker Trockenheit geprägten Gebieten.

Die Pflanze ist ein anschauliches Beispiel für das Phänomen der so genannten Stammsukkulenz. Um sich an ihren niederschlagsarmen Lebensraum anzupassen, hat sie ihre Seitensprosse zu Haarpolstern umgewandelt und die Blätter sind zu Dornen reduziert. Außerdem befindet sich in der Sprossachse ein spezielles Gewebe, das in der Lage ist, auf einen Schlag große Wassermengen zu speichern.

Während der Dürreperioden wirft der Stamm viele Falten. Sobald jedoch der Regen kommt, nehmen die Speicherzellen einen großen Teil der Feuchtigkeit auf, das Gewebe beginnt sich auszudehnen und die Falten verschwinden. Auch über sein weit reichendes Wurzelsystem kann der Saguarokaktus seine Wasservorräte sehr rasch auffüllen. Damit möglichst wenig des kostbaren Nasses verdunstet, ist die Pflanze von einer relativ dicken, wachsartigen Schicht überzogen, der Kutikula, in die nur wenige Spaltöffnungen eingelagert sind.

Die Welwitschie ist in der Lage, mithilfe eines ausgeklügelten Wasserleitungssystems in der Namibwüste zu überleben.

Nebel als Lebensquelle

Entlang der Atlantikküste vom südlichen Angola bis Namibia verläuft die Namibwüste. Sie ist mit einer Niederschlagsmenge von weniger als 50 mm im Jahr und Temperaturen, die am Boden bis auf 70 °C klettern, eines der trockensten Gebiete der Erde.

Hier lebt eine einzigartige Pflanze namens *Welwitschia mirabilis*, die wie unsere Nadelbäume zu den Nacktsamern gehört und nach Meinung der Wissenschaftler zwischen 1000 und 2000 Jahre alt werden kann.

Sie besteht aus einem rübenförmigen, bis 1,5 m langen Stamm, der aber nur ein kurzes Stück über den Boden hinausragt,

In den amerikanischen Wüsten zeigt der Saguarokaktus eine erstaunliche Lebenskraft.

und zwei riesigen, bandförmigen Blättern. Diese wachsen zeitlebens am Grund nach, während ihre Spitzen, vom rauen Wüstenboden und Wind zerfranst, absterben.

Die einzigen Wasserlieferanten in der Namib sind der gelegentliche Tau und die Nebel, die vom Atlantik hereinziehen. Früher war man der Ansicht, dass die Welwitschie die so gespendete Feuchtigkeit über ihre Blätter aufnimmt. Inzwischen gilt diese Annahme als überholt. Das Wasser schlägt sich zwar bei Tagesanbruch an den Blattorganen nieder, läuft dann aber auf der

Die Arktische Weide hat sich an ihren Lebensraum, die Kälteregionen des Nordens, gut angepasst.

wachsartigen Außenschicht zu den Spitzen, wo es auf den Boden tropft und von den Wurzeln aufgesaugt wird.

Überlebenskünstler in Zwergengestalt

Tausende Kilometer davon entfernt trotzt die Arktische Weide *(Salix arctica)* der eisigen Kälte des hohen Nordens. Denn auf Island, den Färöer-Inseln, in Grönland und Sibirien – ihrem Verbreitungsgebiet – fällt das Thermometer oft bis auf –60 °C. Der Strauch wird nur etwa 5–20 cm hoch, kann aber mehr als 1 m lange Äste ausbilden. Der niedrige Wuchs lässt sich zum Teil durch den Abschliff erklären, den Bodenteilchen, durch starke Winde herangeweht, und Eiskristalle verursachen. Außerdem verringert ein verlangsamtes Wachstum das Bedürfnis der Pflanze nach Wasser und Nährstoffen, die in diesen Kälteregionen sehr knapp sind. Als Standort bevorzugt die Arktische Weide Fels- und Geröllspalten, die im Winter von einer wärmenden Schneedecke bedeckt sind und im Sommer vor den scharfen Winden Schutz bieten.

Im späten Frühjahr, wenn die Eisschichten zu schmelzen beginnen, setzt die Blütenbildung ein. Die Kätzchen der Pflanze sind stark behaart, wodurch ein wärmeres Mikroklima um die Blüten herum erzeugt wird. Die im Spätsommer reifenden Samen fallen zu Boden, wo sie eine Ruhepause einlegen, bis in der nächsten Vegetationsperiode bei steigenden Temperaturen die Keimung einsetzt. Dieses als Dormanz bezeichnete Phänomen entspricht dem Winterschlaf bei Tieren.

Diese Orchidee lockt ihre Bestäuber durch ihr Aussehen – sie gleicht einer weiblichen Biene – an. Männliche Bienen lassen sich auf der Blütenlippe nieder und versuchen sich mit ihr zu paaren.

Ehevermittlung nach Plan

Die geschlechtliche Fortpflanzung ist für viele Blütenpflanzen unabdingbare Voraussetzung für die Erhaltung ihrer Art. Im Zentrum des Geschehens steht dabei die Bestäubung, bei der Pollen auf die weiblichen Blütenorgane, die Narben, übertragen wird. Manchmal ist der Wind das maßgebliche Transportmittel, wie es z. B. bei den Gräsern und unseren Nadelbäumen der Fall ist.

Meist sind jedoch Tiere für die Bestäubung verantwortlich. Bei der Mehrzahl der Orchideen wird der Pollen von Insekten übertragen. Eine von ihnen, die Schnepfenragwurz *(Ophrys scolopax)*, hat eine besonders raffinierte Verführungsmethode entwickelt, um Wildbienen anzulocken. Ihre Blüten ahmen Duft, Farbe und Gestalt weiblicher Bienen so perfekt nach, dass Männchen unwiderstehlich angelockt werden. Sie lassen sich auf der Lippe nieder und versuchen sich zu paaren. Dabei kommen sie mit den Pollinien in Berührung, Gebilden, die Tausende von Pollenkörnern enthalten. Jene lösen sich ab und bleiben mit den klebrigen Stielenden am Kopf der Biene haften. Diese macht sich nach vergeblichen Paarungsversuchen zur nächsten Blüte auf und streift dabei ihre unfreiwillige Fracht an deren Narbe ab: Es kommt zur Bestäubung – der Griff in die Trickkiste hat sich gelohnt.

Manche Pflanzen sind sogar auf die Bestäubung durch eine einzige Insektenart angewiesen. So muss etwa die Vanille *(Vanilla planifolia)*, die aus Mexiko stammt und dort von einer bestimmten Bienenart bestäubt wird, außerhalb ihres ursprünglichen Verbreitungsgebietes von Hand bestäubt werden.

Ein Riese mit Aasgeruch

Die Riesenblume *(Rafflesia arnoldii)* kommt im Regenwald Borneos und Sumatras vor. Aufgrund ihrer parasitischen Lebensweise bildet sie typische Organe einer Blütenpflanze wie Stängel oder Wurzeln nicht mehr aus, sondern besteht nur noch aus Zellfäden, über die sie in den Wurzeln von Weinrebengewächsen Wasser und Nährstoffe bezieht.

Einen überwältigenden Anblick bietet jedoch ihre Blüte, die einen Durchmesser von bis zu 1 m erreichen kann und deren Blätter dick, rötlich und von weißen Tüpfeln übersät sind. In der Mitte ragt eine runde Scheibe mit wulstartigem Rand empor, die das weibliche Organ bildet. Aber anstatt die Luft wie bei den Orchideen mit wohligen Düften zu erfüllen, verströmt sie einen Geruch nach verwesendem Fleisch. Dieser lockt ihre Bestäuber, Aasfliegen, herbei.

Tödliche Fallen

Überall dort, wo ein Mangel an Nährstoffen herrscht – vor allem an Stickstoff und Phosphat –, findet man Pflanzen vor, die sich auf außerge-

In den Regenwäldern Borneos und Sumatras wächst die Riesenblume oder Rafflesia *mit der größten Blüte der Welt.*

Ein lebendes Fossil

Seiner prächtig goldenen Herbstfärbung wegen trug er früher den Beinamen Vierzigtalerbaum. Der einzigartige Ginkgobaum (Ginkgo biloba), mit seinen typischen fächerförmigen Blättern ist mit den heutigen Nadelhölzern verwandt. An seinen Kurztrieben entwickeln sich lang gestielte, große Samen, die fleischig umhüllt sind. Die Heimat des Baumes ist China; von dort wurde er Anfang des 18. Jh. nach Europa gebracht. Er ist der letzte Vertreter einer Pflanzenfamilie, die vor etwa 200–150 Mio. Jahren gelebt hat.

Die Heilkräfte des Ginkgobaumes sind wohl bekannt. Der konzentrierte Extrakt aus seinen Blättern z. B. bewirkt eine Erweiterung der Blutgefäße, außerdem hilft er bei Kreislaufbeschwerden.

Seit rund 200 Mio. Jahren kommt der Ginkgobaum auf unserer Erde vor.

wöhnliche Art ernähren. In gemäßigten Klimaten sind sie hauptsächlich an moorigen oder sumpfigen Standorten anzutreffen, in den Tropen hingegen leben sie meist epiphytisch oder aufsitzend. Die Rede ist von den so genannten Fleisch fressenden Pflanzen, die meist kleine Tiere wie Insekten als zusätzliche Stickstoffquelle nutzen. Um an ihre Beute zu gelangen, haben sie mannigfaltige Fangeinrichtungen entwickelt.

Zu den bekanntesten und beeindruckendsten Vertretern zählen die tropischen Kannenpflanzen *(Nepenthes),* deren Schlauchblätter am Ende zu bauchigen Kannen mit Deckel umgebildet sind. Am oberen, verdickten Rand liegen Nektardrüsen, die einen Zuckersaft ausscheiden, der Tiere anlockt. Eine daran anschließende Gleitzone sorgt dafür, dass die Beute ins Rutschen gerät und in der wässrigen Flüssigkeit am Grund des Blattes ertrinkt. Verdauungsenzyme, von Drüsen am Kannenboden abgesondert, schließen die Nahrung dann auf.

Riesige Fallenblätter besitzt die aus Borneo stammende Kannenpflanze *Nepenthes rajah,* die etwa 35 cm lang sind und einen Durchmesser von rund 15 cm haben. Zu ihren Opfern gehören neben Insekten auch Amphibien, Vögel und kleine Säuger.

Der Ameisenbaum heißt nach den Tieren, die er in seinem Stamm und Ästen beherbergt.

Gemeinsam sind wir stark

In einer ganz anderen Beziehung zu Tieren steht der Ameisenbaum *(Cecropia obtusa),* eine in Südamerika heimische Pflanze, die zur Familie der Maulbeerbaumgewächse gehört. Sie hat offenbar einen Pakt mit Ameisen geschlossen, denen sie Unterkunft und Verpflegung gewährt, während diese ihr im Gegenzug Schutz vor Fressfeinden bieten.

Kannenpflanzen gehören zu den größten Vertretern unter den Fleisch fressenden Pflanzen.

Um die Tiere anzulocken, bildet der Baum an der Basis seiner Blattstiele eiweiß- und fetthaltige Auswüchse in Gestalt von Insekteneiern (Müllersche Körperchen), die von seinen Gästen als Mahlzeit besonders geschätzt werden. Sein Stamm und die Äste sind, wie beim Bambus, hohl und mit Scheidewänden versehen. Nachdem sich die Königin an einer dünnwandigen, vorgeformten Stelle mit ihren Beißwerkzeugen Zutritt ins Innere verschafft hat, beziehen die Ameisen Quartier.

Ein Baum im Riesenformat

Zu den größten Bäumen der Erde gehört der Immergrüne Mammutbaum *(Sequoia sempervirens),* der auch unter dem amerikanischen Namen Redwood (engl.: rotes Holz) bekannt ist. Einst große Teile des Nordwestens der USA bedeckend, sind heute nur noch etwa 10 % des alten Waldbestandes erhalten. Rund die Hälfte davon steht in Nationalparks unter Naturschutz.

Niemand kann diese Giganten des Pflanzenreiches in den Schatten stellen: Der höchste Baum der Erde mit 112 m Höhe, das entspricht einem 36-stöckigen Hochhaus, steht im Sequoia-Nationalpark in Kalifornien. Der dickste Vertreter, mit Namen General Sherman, misst 90 m in der Höhe, hat einen Stammumfang von 25 m und wiegt etwa 2500 t – ein solches Gewicht brächte eine rund 500-köpfige Elefantenherde zusammen. Und die braunrote Rinde, die bis zu einem halben Meter dick werden kann, ist ein wahrer Schutzpanzer gegen jegliche Art von Angriffen.

Das größte Samenkorn der Welt

Berühmt zu sein hat nicht nur Vorteile, wie das Beispiel der Seychellenpalme (Lodoicea) zeigt. Ihr riesiger Samen war lange Zeit Ausbeutungsobjekt für den örtlichen Tourismus. Wegen seiner außergewöhnlichen Form und Größe – bis zu 20 kg schwer und etwa 30 cm im Durchmesser – wurde er zu Behältnissen aller Art verarbeitet. Die Seychellenpalme ist heute vom Aussterben bedroht.

Der Samen der Seychellenpalme ist ziemlich fettreich und manchmal äußerst hart.

DIE FREMDARTIGEN BEWOHNER DER TIEFSEE

Es ist kaum zu glauben, aber wahr: Der Mensch hat bisher mehr Daten über den Mond zusammengetragen als darüber, was sich in den Tiefen der Ozeane abspielt. Erst in den letzten Jahren begannen Wissenschaftler diese unergründlichen Welten zu erforschen.

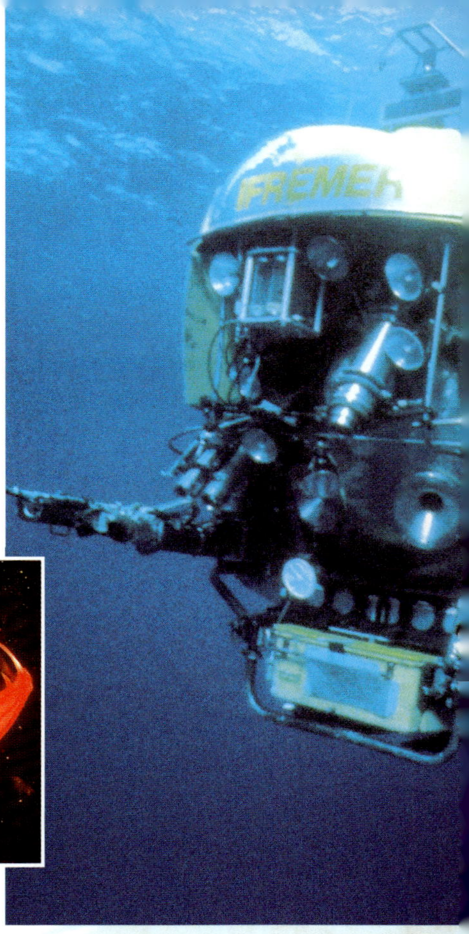

Eisige Kälte, völlige Dunkelheit, hoher Druck: Bis zur Mitte des letzten Jahrhunderts war man der festen Überzeugung, dass in den Tiefen der Ozeane keinerlei Lebensformen existieren. 1841 vertrat der englische Biologe Edward Forbes sogar die Meinung, unterhalb von 550 m Wassertiefe befände sich das große Meeresvakuum, eine unermessliche flüssige Hölle, so leer wie der interstellare Raum.

20 Jahre später sollte sich plötzlich das Gegenteil herausstellen. Zum allgemeinen Erstaunen wurden aus 1800 m Tiefe verschiedene Arten von Lebewesen geborgen, darunter auch Würmer, die fest an Telegrafenkabel angeheftet waren. In den nun folgenden Jahren warfen die Wissenschaftler überall auf den Meeren ihre Netze aus und zogen sie durchs Tiefenwasser. Aus unheimlichen Abgründen gelangten immer mehr monströse Fische, als Pflanzen getarnte Wirbellose und fremdartige Urzeitwesen ans Tageslicht.

Erstmals beabsichtigten die Ozeanographen, ein Verzeichnis der sonderbaren Tiefseebewohner zu erstellen. Eine Sisyphusarbeit, denn der Teil der Meere, der über 2000 m tief ist, bedeckt rund 60% der Gesamtoberfläche der Erde, mehr als alle Kontinente zusammen. Im Lauf der durchgeführten Expeditionen zeichnete sich jedoch die Karte der Tiefseefauna in groben Umrissen ab, trotz der riesigen weißen Flecken, die bislang noch völlig unerforscht geblieben sind.

Eine unwirtliche Welt

Um zu verstehen, wie sich Tiere in einem derart lebensfeindlichen Universum einrichten können, waren die Forscher gezwungen, sich ihrerseits in die unermesslichen Tiefen der Unterwasserwelt zu begeben.

Beim Abstieg Richtung Meeresboden sinkt die Temperatur rapide ab und stabilisiert sich unterhalb von 2000 m bei etwa 2 °C. Der Wasserdruck erhöht sich alle 10 m um etwa 1 bar (1 kg/cm²) – um das Gewicht des Luftdrucks

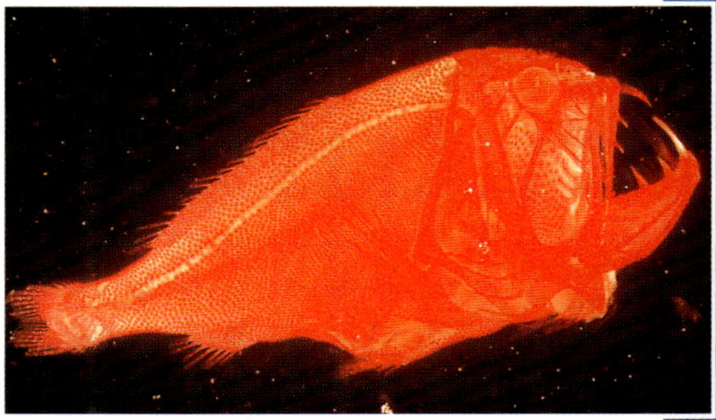

Zu den Bewohnern der Tiefsee gehört der Furcht erregende Fangzähner, der aber nur sardinengroß wird.

also, der im Mittel auf Meeresniveau herrscht. Bei 5000 m Tiefe beträgt er schon 500 kg/cm², bei 10 000 m, am Grund der Tiefseegräben, schließlich 1 t – dies entspricht dem Gewicht eines Autos auf dem Daumennagel eines erwachsenen Menschen!

Doch selbst in diesem ozeanischen Himalaya, über 10 km unter dem Meeresspiegel, soll es Leben geben. Hat nicht der schweizerische Tiefseeforscher Jacques Piccard 1969 an Bord der *Trieste* bei seinem Tauchgang in den Marianengraben (Pazifischer Ozean) bis auf 10 916 m – ein Weltrekord, der nie gebrochen wurde – einen Plattfisch eilig aus dem Scheinwerferkegel seines Unterwassertauchbootes huschen sehen?

Unter Druck

In den letzten Jahren haben Forscher vor allem das so genannte Mesopelagial oder die Mittlere Tiefe der Ozeane näher untersucht, die zwischen 100 und etwa 3000 m liegt. Mithilfe technischer Geräte, z. B. U-Boot-Kapseln und unbemannten, ferngesteuerten Tauchbooten, gelang es ihnen, einige Geheimnisse im Leben der Tiefseeorganismen zu lüften.

Erstens die Frage, wie es die Tiere schaffen, dem ungeheuer starken Druck zu widerstehen. Um nicht zerquetscht zu werden, haben die Bewohner der Tiefsee keine Körperhohlräume mehr, die mit komprimierbarem Gas gefüllt sind, sondern besitzen wassergefüllte Organe bzw. wasserreiches Gewebe, das sich nicht verformen lässt. Nach Schätzungen von Wissenschaftlern besteht etwa die Hälfte der Mittleren-Tiefen-Fauna aus gallertigen Lebewesen, viele davon sind Quallen.

Das zweite, bis dahin ungelöste Problem: Wovon ernähren sich die Organismen? Denn wegen der unzureichenden Lichtverhältnisse findet man unterhalb von 300 m Tiefe weder Algen noch Phytoplankton vor, die das Sonnenlicht für ihren Stoffwechsel benötigen. Die in der

Ein gigantischer Tintenfisch

Riesenkalmare, von denen Anfang 1997 erstmals komplette Tiere ins Netz gingen, leben wahrscheinlich in mehreren Tausend Metern Tiefe. Wie groß können diese Giganten der Ozeane werden? Von den Überresten, die bislang an die Strände angeschwemmt wurden, maßen die längsten rund 20 m. Berücksichtigt man aber die Größe der Narben, die ihre Saugnäpfe am Körper von Pottwalen hinterlassen haben, deren bevorzugte Beute sie darstellen und mit denen sie sich heftige Kämpfe liefern, so dürften manche Exemplare wohl an die 75 m heranreichen.

Die Nautilus (großes Bild) zählt zu den wenigen tauglichen Tauchbooten, die Wissenschaftler weltweit für ihre Tiefseeforschungen einsetzen.

Der räuberisch lebende Vipernfisch (links) besitzt überlange, fadenförmige Zähne, die an die Giftzähne von Schlangen erinnern. Der Schlinger (unten) kann mit seinem weiten Maul große Beutetiere als Ganzes verzehren.

Eine tiefe Fundgrube

Einige Tierarten haben große Zeiträume in den unermesslichen Tiefen der Ozeane nahezu unverändert überdauert. Zu ihnen gehört auch Neopilina galatheae, eine etwa 4 cm große Napfschnecke, die seit 250 Mio. Jahren als ausgestorben galt und erst 1952 aus rund 4000 m Tiefe vor der Westküste Mittelamerikas ans Tageslicht geholt wurde.

pelagischen Zone lebende Tierwelt labt sich an den Speiseresten, die vom Festmahl anderer Arten aus den oberflächennahen Schichten herabrieseln. Von dort, wo reges Leben herrscht, sinken einzelne Brocken in die Untiefen hinab. Tote Fische, pflanzliche Abfälle, winzige organische Schwebstoffe und Exkremente bewegen sich langsam Richtung Meeresboden. Dank dieses Umstands kann das Leben in der Tiefsee fortbestehen: Kleine Organismen, die sich vom Abfallregen ernähren, werden von größeren verschlungen. So dienen z. B. Krebstiere Fleisch fressenden Fischen als Nahrung, die wiederum die Beute von Großjägern wie Haien bilden.

Der Kampf ums Überleben

Die herrschende Nahrungsknappheit hat zur Folge, dass in größeren Tiefen vorwiegend räuberisch lebende Tiere anzutreffen sind. Um bei der selten stattfindenden Jagd möglichst erfolgreich zu sein, haben sich eigentümliche Formen entwickelt. Die Eingeweidefische (Brotuliden) etwa mit ihrem dicken Kugelkopf und ihrem dünnen, spitz zulaufenden Körper sehen aus wie Riesenkaulquappen. Andere Arten tragen Stacheln, die manchmal größer sind als ihr Körper und ihnen vermutlich als Tastorgane dienen. Viele der Tiefseebewohner verfügen über Leuchtorgane, mit denen sie ihre Beute anlocken bzw. Fressfeinde abschrecken können.

Doch die Mehrzahl der Räuber, z. B. die rund 30 cm großen Vipernfische (Chauliodontiden) oder der relativ kleine Fangzähner *(Anoplogaster cornuta)* fällt vor allem durch ihre waffenstarrenden Mäuler auf, die mit überlangen, fadenförmigen Zähnen gespickt sind. Bei nicht wenigen Arten aus der Familie der Pelikanaale (Saccopharyngoiden), beispielsweise dem etwa über 1,8 m großen Schlinger *(Saccopharynx ampullaceus)*, ist die Mundöffnung weit sowie der Schlund und Magen sehr dehnbar, was ihnen das Verschlingen von Beutetieren erlaubt, die fast doppelt so groß sind wie sie selbst. Danach schwillt ihr Bauch mächtig an, bis die riesige Mahlzeit schließlich verdaut ist.

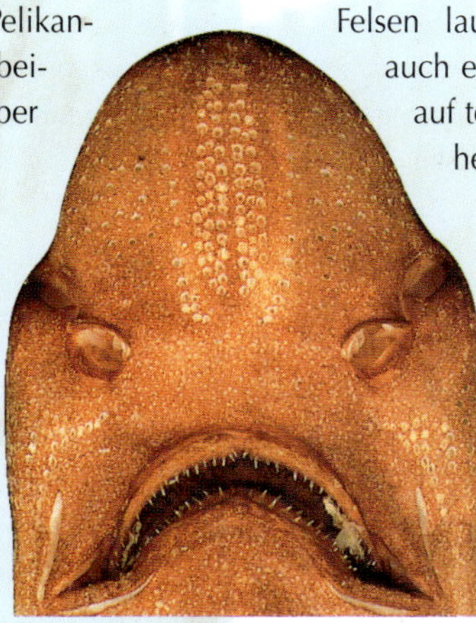

Bei seinen Streifzügen in der Tiefsee spürt der Katzenhai selbst Beutetiere auf, die von Sand bedeckt sind. Verantwortlich dafür sind elektrische Sinnesorgane, die sein Maul säumen.

Abtauchen in grenzenlose Tiefen

Steigt man weiter hinab, verändert sich die Umgebung, die Lebensformen werden noch seltener. Ab 4000 m beginnt die wirkliche Tiefseewüste: Nun findet sich kaum noch 1 g lebende Materie auf 1 m^2 Fläche.

Tiefseearten sind häufig größer als ihre Vertreter aus der pelagischen Zone: Nicht wenige Fischarten, so auch die Grenadierfische (Macrouroiden), können über 1 m lang werden. Ihre Haut ist oft dicht mit großen, stacheligen Schuppen panzerartig bedeckt, woher sich auch ihr Name herleitet. Noch weit größere Exemplare, etwa die zu den Tintenfischen gehörenden Riesenkalmare, die mindestens 18 m lang werden, ebenso wie jene unbekannten, 5–7 m langen Haie, die Kameras in 4500 m Tiefe überraschten, bilden dagegen eher die Ausnahme.

Als eine wichtige Nahrungsquelle erweisen sich in diesem Lebensraum Tierkadaver. Auf dem schlammigen Grund oder zwischen den Felsen lauern neben zahlreichen Fischen auch etliche Fleisch fressende Wirbellose auf tote Körper, die von der Oberfläche herabsinken. Denn ob Fisch, Robbe oder Wal – alle landen schließlich irgendwann unten auf dem Meeresboden.

Angelockt von den Verwesungsgerüchen oder von den winzigen Druckschwankungen, die kleinste Bewegungen verursachen, stürzen sich dann die Aasgeier der Meere auf ihre Beute, allen voran die Flohkrebse (Amphipoden), Vettern der an der Küste und im Süßwasser lebenden Arten, die hier bis 14 cm lang werden. Sobald der Kadaver bis zur letzten Gräte sauber abgenagt ist, legen alle eine ausgiebige Verdauungspause ein. Da nämlich der Zeitpunkt für das nächste Mahl ungewiss ist, werden die Körperfunktionen so lange auf Sparflamme

Als ausgesprochene Filtrierer ernähren sich Schwämme (links) von winzigen organischen Partikeln. Große Arten der Seeanemonen (oben) hingegen leben räuberisch, indem sie mit ihren Tentakeln Beute fangen.

geschaltet. Die rasch angelegten Fettreserver dienen nun als Speicherdepot, von dem die Tiere zehren können.

Pflanzen oder Tiere?

Nicht alle Arten der Tiefsee ernähren sich jedoch auf diese Weise. Die am Boden angehefteten Schwebeteilchenfresser beispielsweise nutzen den von oben kommenden Abfallregen. Mithilfe zahlreicher Fangarme, die sie in die Strömung halten, werden vorbeikommende Nahrungspartikel herbeigestrudelt.

Hinter ihrem trägen Erscheinungsbild verbirgt sich mitunter ein gesunder Appetit. Die Schwämme etwa, jene einfach gebauten Tiere, die man lange Zeit für Pflanzen hielt, ernähren sich, indem sie mit Schwebeteilchen angereichertes Wasser durch ihren röhrenförmigen Körper filtrieren. Erzeugt wird der Wasserstrom durch eine Vielzahl von Geißel tragenden Zellen.

Die Seelilien wiederum recken einen Kranz von Armen in die Höhe, die mit winzigen Füßchen bedeckt sind, an denen die Nahrungspartikel hängen bleiben. Diese werden dann eingeschleimt und durch den Schlag feinster Härchen über Nahrungsrinnen in Richtung der zentralen Mundöffnung transportiert.

Einer ganz anderen Ernährungsmethode bedienen sich die meisten Seeanemonen. Sie besitzen einen eindrucksvollen Tentakelschopf, der bis zu 1 m lang werden kann und mit Nesselkapselzellen versehen ist. Diese explodieren bei Berührung und entlassen ein Gift, das Beutetiere lähmt.

Unermüdliche Müllwerker

Die so genannten Detritivoren (Müllfresser) laufen dagegen den Meeresgrund ab und verspeisen die herumliegenden Abfälle. Oder aber sie verzehren Schlamm, der Nährstoffe enthält, die ihm auf seiner Wanderung durch den Verdauungstrakt entzogen werden.

Herren dieser Kaste sind die zu den Stachelhäutern zählenden Seegurken, die sich perfekt an das Leben in der Tiefsee angepasst haben und bis zu 80 % ihrer Fauna ausmachen. Ihr fleischiger, walzenförmiger Körper ähnelt einer Gurke oder Wurst. Bei der Nahrungssuche erkunden die Tiere große Areale und profitieren auch noch von kleinsten organischen Partikeln. Im Unterschied zu ihren nahe an der Oberfläche lebenden Vettern besitzen sie häufig merkwürdige Fortsätze, die ihnen als Schwimmflossen dienen und eine effektive Fortbewegung ermöglichen.

Oasen in der Wüste

Inmitten dieser endlosen Weiten, wo sich nur eine relativ kleine Zahl an Organismen einen Lebensraum erobert hat, finden sich dennoch Orte mit einer schier unglaublichen Artenfülle: Große, buschähnliche Ansammlungen langer, lebhaft rot gefärbter Würmer wiegen sich in der Strömung. Heerscharen von Krabben bewegen sich zwischen rosa Fischen und dicken, bis zu 25 cm langen Muscheln fort.

Von den rund 320 Arten, die man in diesen Oasen bereits registriert hat, waren 95 % noch nirgendwo sonst auf der Erde beobachtet worden.

Merkwürdigerweise erblühen die biologischen Inseln in den lebensfeindlichsten Zonen der Tiefsee, und zwar rings um heiße Quellen entlang den

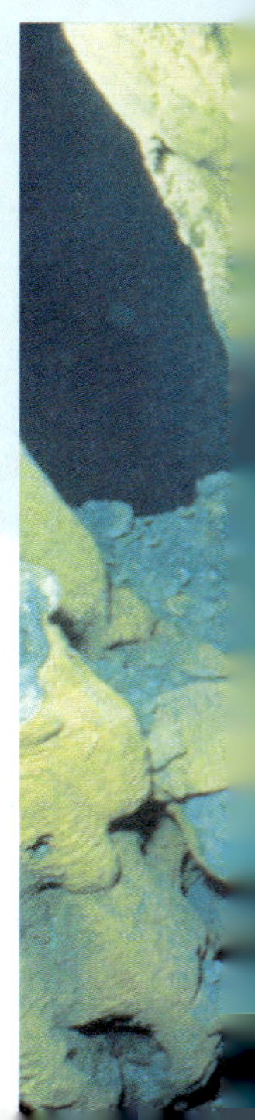

Lichter in der Nacht

Viele Arten der Tiefseefische sind in der Lage, mithilfe von Bakterien Licht zu erzeugen (Biolumineszenz). Die dabei

Tiefseefische wie der Schwarze Angler (Melanocetus) senden Licht aus, um Beutetiere anzulocken.

ablaufenden chemischen Reaktionen finden in speziellen Leuchtorganen statt. Die Gründe für diese verschwenderische Lichtfülle sind noch wenig bekannt und vermutlich artspezifisch. Bei einigen Fischen dient das Licht wie bei den Glühwürmchen dazu, den Sexualpartner anzulocken. Andere tragen wahre Lichterketten, mit denen sie Fressfeinde abschrecken. Die Anglerfische wiederum locken ihre Beute mit einem leuchtenden Faden an, der vor ihrem Maul hängt und als Köder fungiert.

Verdauliche Schwebstoffe werden in den Nahrungsrinnen der Fangarme von Seelilien gesammelt und durch Wimpernschlag der zentralen Mundöffnung zugeführt.

ozeanischen Rücken. Zu der hydrothermalen Aktivität kommt es, wenn das Meerwasser in die ozeanische Kruste eindringt. Dort nähert es sich dann dem glutflüssigen Magma und wird, siedend heiß und mit Schwefelwasserstoff gesättigt, von Kaminen oder so genannten Schwarzen Rauchern *(Black Smokers)* wieder ausgeschleudert. In der Umgebung dieser extrem heißen Quellen gedeiht eine beeindruckende Fauna.

Leben spendendes Gift

Normalerweise ist Schwefelwasserstoff für alle Lebewesen giftig. Das kochend heiße Wasser ist jedoch mit speziellen, schwefeloxidierenden Bakterien (*Sulfolobus*-Arten) bevölkert, die in dem feindlichen Milieu gedeihen können und daher für dieses einzigartige Ökosystem eine entscheidende Rolle spielen: Sie wandeln den giftigen Schwefelwasserstoff, der von den vulkanischen Quellen ausgestoßen wird, in Biomasse um. Mit anderen Worten: In dieser Welt ohne Licht übernehmen sie die Funktion der Pflanzen, die Tausende Meter weiter oben mithilfe des Sonnenlichts Photosynthese betreiben und dadurch Kohlenhydrate bereitstellen.

Als Erst- oder Primärproduzenten stehen die Bakterien am Beginn der Nahrungskette. Sie siedeln sich im Körper vieler Oasenbewohner an und stellen dort direkt energiereiche Verbindungen für ihren Wirt her. So haben z. B. die langen Röhrenwürmer der Gattung *Riftia* weder Mund noch Magen, Darm oder After. Stattdessen leben die Bakterien in einem besonderen Nährgewebe im Innern, wo sie über einen primitiven Blutkreislauf mit Sauerstoff und Schwefelwasserstoff versorgt werden.

Die Oasen der Tiefsee, die erst 1977 entdeckt wurden, bergen noch viele Rätsel. Unerklärlich ist vor allem, wie sich so viele Arten um die heißen Quellen ansiedeln können, die plötzlich entstehen und deren Lebensdauer ziemlich begrenzt ist. Denn die *Black Smokers* liegen räumlich sehr weit voneinander entfernt und man kann sich schwerlich vorstellen, dass ihre Bewohner derart lange Strecken überbrücken können.

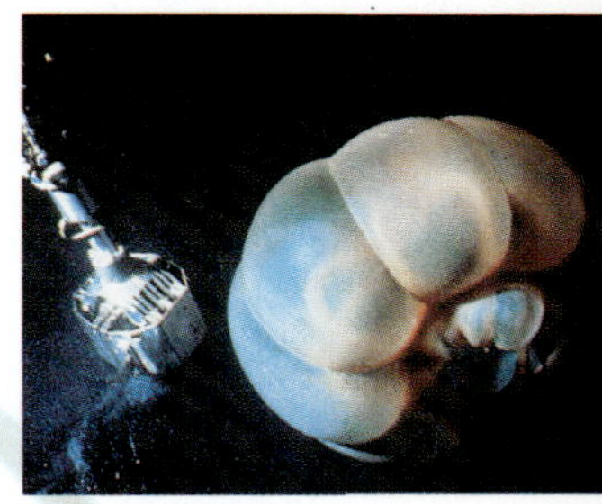

Dieser Tintenfisch, der in größeren Tiefen lebt, kann sich bei Gefahr aufblähen.

Offene Fragen

Auch was das Leben in der Tiefsee betrifft, suchen Forscher noch auf viele Fragen eine Antwort. Wie gelingt es z. B. den Tieren, sich fortzupflanzen? Oder wie kann in dieser Umgebung, wo Kälte und hoher Druck herrschen, ein gesundes Wachstum erfolgen? Leider gestaltet sich die präzise Beobachtung des Alltagslebens der Tiefseebewohner überaus schwierig. Tauchfahrten, die gefährlich wie kostspielig sind, werden selten unternommen. Doch die Vision der Wissenschaftler sind selbst gesteuerte Sonden, welche an bestimmten Stellen Unterwasserkameras absetzen, die dann rund um die Uhr Aufnahmen machen. Außerdem sollen schnell schwimmende Roboter bewegungsfreudigeren Tieren folgen und Daten zu ihrem Wander- und Fressverhalten liefern.

Rund um die heißen, vulkanischen Quellen der Tiefsee (unten) hat sich eine einzigartige Gemeinschaft von Lebewesen entwickelt. Dazu gehören unter anderem Krabben, Fische sowie Röhrenwürmer der Gattung Riftia (rechts).

Alvinella pompeiana *(rechts) lebt einträchtig mit Bakterien, die sich an langen Borsten auf ihrem Körper drängen.*

Eine Bestandsaufnahme des Lebens auf der Erde

Niemand kennt die genaue Anzahl der Tier- und Pflanzenarten, die unseren Planeten bewohnen. Ihre Erfassung ist eine langwierige Arbeit, die es trotzdem dringend abzuschließen gilt – in einer Zeit, in der viele Arten immer mehr zurückgehen und andere sogar vom Aussterben bedroht sind.

Seit mehr als zwei Jahrhunderten streben die Gelehrten danach, sämtliche Lebensformen zu sammeln, zu benennen und ihre charakteristischen Merkmale zu beschreiben, um sie bestimmen zu können sowie ihre Verwandtschaftsverhältnisse mit den bereits bekannten Arten zu ergründen.

Bis heute entdecken die Wissenschaftler dieser Forschungsdisziplin, der Systematik, noch immer neue Lebewesen. Denn die Bestandsaufnahme ist keineswegs abgeschlossen: Zwar sind inzwischen etwa 1,5 Mio. Tiere und Pflanzen bekannt, doch man schätzt, dass noch weitere 10–100 Mio. Arten ihrer Entdeckung harren. Aber die Zeit drängt, da überall auf der Welt weite Teile der Fauna und Flora durch Umweltzerstörung bedroht sind. Jede Art stellt dabei einen potenziellen Lieferanten von Genen und chemischen Substanzen dar, die vielleicht im Dienst der Menschheit eingesetzt werden könnten und nun Gefahr laufen, unwiederbringlich verloren zu gehen.

Rettung der Paradiese

Der tropische Regenwald ist Heimat von nahezu der Hälfte aller Pflanzenarten, rund einem Drittel der Vögel und einem beträchtlichen Teil der Insekten und Mikroorganismen unseres Planeten. Seine rasante Vernichtung gibt insbesondere den Ökologen Grund zur Besorgnis. Jedes Jahr werden rund 200 000 km² der Fläche, die er bedeckt, gerodet – das entspricht etwas mehr als der Hälfte Deutschlands – und Tag für Tag sterben 6000 der riesigen Urwaldbäume. Sollte dieser Trend anhalten, werden innerhalb der nächsten 30 Jahre schätzungsweise 60 000 Pflanzen- und mindestens ebenso viele Tierarten aussterben.

Auch andere Ökosysteme befinden sich in großer Gefahr, etwa die Mangroven oder die Korallenriffe, die eine ungeheure Vielfalt von Meerespflanzen und -tieren beherbergen, wie sie sonst nirgends zu finden sind. Verschmutzungen durch die Industrie und die ungeklärten Abwässer tragen die Hauptverantwortung für deren Zerstörung. So sind von den einstmals 500 000 ha Mangrovenwäldern, die 1920 die Küsten der Philippinen säumten, gerade noch 40 000 ha vorhanden. Desgleichen sind 90 % der Korallenriffe dieses Archipels der Umweltverschmutzung zum Opfer gefallen.

Der Regenwald ist eine unerschöpfliche Quelle genetischer Vielfalt (1).

Mangroven und Korallenriffe gehören zu den Lebensräumen mit dem größten Artenreichtum (2 und 4).

Die Inhaltsstoffe des Madagaskar-Immergrüns helfen, bestimmte Krebsformen zu bekämpfen (3).

Unbekannte Schätze

Daher ist rasches Handeln geboten, will man jene bislang unbekannten Arten kennen lernen, erhalten und nutzbar machen, die schon morgen neue Nahrungsquellen oder Arzneimittellieferanten sein können. Wäre z. B. das Madagaskar-Immergrün *(Vinca rosea)* bereits vor seiner Entdeckung durch einen Botaniker ausgestorben, würden heute seine Inhaltsstoffe Vinblastin und Vincristin, in der Medizin gegen bestimmte Krebsformen angewendet, nicht zum Einsatz kommen. Ebenso hat man etwa 500 im Meer lebende Arten wie Schwämme oder Korallen mit Krebs hemmenden Eigenschaften in letzter Sekunde gerettet. Von großer Bedeutung sind auch die essbaren Wildpflanzen, die, nachdem man sie in bestehende Kultursorten eingekreuzt hat, deren Resistenz gegenüber Krankheiten steigern oder ihnen zu einem besseren Geschmack verhelfen

KONTINENTE AUF WANDERSCHAFT

Es dauerte Jahrzehnte, sich das Unvorstellbare vorzustellen: Die Landmassen der Erde sind eigentlich keine „Fest"-Länder, sondern wie schlingernde Schiffe ständig in Bewegung. Angetrieben von gewaltigen Kräften, die ihre Wurzeln im Innern unseres Planeten haben, driften die Bruchstücke der festen Erdrinde langsam über den Globus.

Wer kennt nicht das Gesicht der Erde mit der vertrauten Anordnung der Ozeane und Kontinente? Doch weshalb liegt Afrika gerade dort auf der Weltkarte und nicht an irgendeiner anderen Stelle? Warum drängen sich die Kontinente vor allem auf der Nordhalbkugel? Welche Kräfte haben die riesige Lücke zwischen Amerika, Asien und Australien geschaffen? Ist sie vielleicht, wie manche Forscher früher annahmen, dadurch entstanden, dass sich der Mond in grauer Vorzeit vom Erdkörper löste und fortan seine eigenen Wege ging?

Bis zum Beginn des 20. Jh. erschien den Geologen der Gedanke, die Kontinente könnten vielleicht mobil sein, völlig absurd. In ihrem traditionellen Weltbild waren die Landmassen ortsgebunden, ihre Lage auf dem Globus über die Erdzeitalter hinweg festgeschrieben, allenfalls konnte man sich Hebungen und Senkungen der Festländer vorstellen. Und doch gab es Fakten, die dieser bis dahin gültige „Fixismus" nicht zu erklären vermochte, z. B. Fossilien, die zweifelsfrei belegten, dass eng verwandte Tier- und Pflanzenarten Regionen der Erde besiedelt haben mussten, die heute durch mehrere Tausend Kilometer breite Ozeane getrennt sind. So hat *Mesosaurus* nachweislich vor rund 280 Mio. Jahren zur gleichen Zeit die Flüsse und Seen Südamerikas und Südafrikas bewohnt. Da das kleine Reptil nicht in der Lage war, größere Strecken im Meer zurückzulegen, nahmen die Forscher an, dass seinerzeit eine große Landbrücke die beiden Kontinente über den Atlantischen Ozean hinweg verbunden haben musste. *Mesosaurus,* der sich auch auf festem Boden bewegen konnte, hätte diese Brücke trockenen Fußes passiert. Irgendwann im Lauf des Erdmittelalters wäre die Landbrücke dann vollständig in den Tiefen des Südatlantiks versunken.

Vor 200 Mio. Jahren

Vor 140 Mio. Jahren

Heute

In 50 Mio. Jahren?

Das unglaubliche Geo-Puzzle

Als Erster sollte ein deutscher Geophysiker die zwar durch Fossilien, aber keinerlei geologische Funde untermauerte Landbrückentheorie anfechten. 1912 sorgte Alfred Wegener in der Fachwelt für Aufregung, als er behauptete, alle Kontinente hätten im Erdaltertum eine einzige zusammenhängende Landmasse gebildet: den Urkontinent Pangäa. Sie seien also seit ihrer Entstehung keineswegs am selben Ort fest verankert, sondern drifteten mit einer Geschwindigkeit von einigen Millimetern pro Jahr über den Erdball. Noch zwei Jahre zuvor, als Wegener „bei der Betrachtung der Weltkarte unter dem unmittelbaren Einfluss von der Kongruenz der atlantischen Küsten Afrikas und Südamerikas ...

Alfred Wegener musste lange um die Anerkennung seiner Theorie der Kontinentaldrift kämpfen.

die erste Idee der Kontinentverschiebungen" kam, hatte er sie noch verworfen, weil er „sie für unwahrscheinlich hielt". Dann aber erfuhr er im Herbst 1911 von den ihm „bis dahin unbekannten paläontologischen Ergebnissen über die frühere Landverbindung zwischen Brasilien und Afrika" – und von da an ließ ihn die Idee nicht mehr los.

Vor Wegener war bereits mehreren anderen Forschern, beispielsweise Alexander von Humboldt, aufgefallen, dass die Küstenlinien des westlichen Afrika und des östlichen Südamerika wie die Umrisse zweier Puzzleteile zusammenpassen. Ähnliche Übereinstimmungen findet man auch bei anderen Erdteilen, wenn nicht bei ihren Küstenlinien, dann bei den Schelfrändern, die ja die eigentlichen Grenzen der Kontinente darstellen. Aber welche Kräfte hatten die überdimensionalen Puzzleteile aus ihrer ursprünglichen Lage verschoben? Wegener konnte die skeptischen Kollegen gerade in diesem Punkt nicht überzeugen und seine bahnbrechende Theorie wurde daher zu den Akten gelegt.

Die Renaissance einer Idee

Erst lange nach dem Tod Wegeners, der 1930 bei einer Expedition in Grönland umkam, griffen amerikanische Geologen die wegenersche Kontinentalverschiebungstheorie auf und bauten sie zur Theorie der Plattentektonik aus.

Wenn sich die Platten reiben, erzittert die Erde

Fast alle Erdbeben sind tektonische Beben, ausgelöst durch gewaltige Spannungen im Gestein, die sich durch die gegenseitige Reibung der Krustenplatten in Verwerfungszonen aufbauen und dann schlagartig frei werden. Besonders viele und heftige Erdbeben registrieren die seismischen Stationen an so genannten konvergierenden Plattenrändern, etwa unter den japanischen Inseln am Nordwestrand der Pazifischen Platte. Dort schiebt sich die größte Platte der Welt unter die Eurasische Platte, wird gewissermaßen im Erdinnern verschluckt, was verständlicherweise nicht ohne Komplikationen abläuft.

Im Januar 1995 wurde die japanische Hafenstadt Kobe von einem schweren Erdbeben erschüttert. Es verursachte Sachschäden in Milliardenhöhe.

Inzwischen hatte man nicht nur zahlreiche weitere überraschende Ähnlichkeiten in der fossilen Pflanzen- und Tierwelt heute weit entfernter Erdteile entdeckt, sondern mit neuer Technik auch die Tore eines neuen Forschungsreviers geöffnet, das Alfred Wegener noch völlig verschlossen gewesen war: den Meeresgrund. Die systematische Erkundung der Ozeane mit Spezialschiffen nach dem Zweiten Weltkrieg ergab, dass sich Abertausende von Kuppen und zigtausend Kilometer lange Rücken über den Boden der Tiefsee-Ebenen erheben. Dort, wo die Erhebungen bis über den Meeresspiegel reichen, werden sie wie in Island oder bei den Hawaii-Inseln von Vulkanen gekrönt.

Außerdem stellte sich heraus, dass die Erdkruste unter den Ozeanen, von den Schelfgebieten einmal abgesehen, aus ganz anderen Gesteinen als die kontinentale Kruste besteht. Während die Fundamente der Festländer von einer Vielzahl verschiedener und zum Teil sehr alter Gesteinsarten aufgebaut werden, ist der Gesteinsaufbau der ozeanischen Kruste hingegen recht eintönig: Vulkanische Gesteine der Basaltfamilie mit Übergängen zu Tiefengesteinen ähnlicher Mineralzusammensetzung beherrschen die Szene. Und im Unterschied zu den Kontinenten, auf denen mitunter mehr als 1000 Mio. Jahre alte Gesteinsschichten zutage treten, ist keines der Gesteine der ozeanischen Kruste älter als etwa 200 Mio. Jahre. Die jüngsten Gesteine sind dabei regelmäßig in der Scheitelzone der mittelozeanischen Rücken zu finden; mit zunehmender Entfernung von diesen untermeerischen Gebirgen nimmt auch das Alter der Kruste nach beiden Seiten hin zu.

Ein Förderband unter dem Meer

Offenbar erneuert sich der Meeresboden, d.h. die ozeanische Erdkruste, buchstäblich fortlaufend. Sie wird im Bereich der Rücken, riesigen vulkanischen Schmelzöfen der Tiefsee, hervorgebracht und dann aus ihrem Herkunftsgebiet verfrachtet. Wenn die ozeanischen Rücken im Lauf der Erdzeitalter jedoch ständig neue ozeanische Kruste produziert hätten, ohne dass

An der San-Andreas-Verwerfung in Kalifornien verschieben sich die Platten in annähernd horizontaler Richtung gegeneinander.

Hauptarten des Vulkanismus

***2)** Über Hot Spots, Stellen mit erhöhter Wärmezufuhr aus dem Erdinnern, ordnen sich die Vulkane oft zu Ketten an – eine Folge der Plattenbewegungen.*

***1)** und **4)** Wenn sich eine Platte unter eine andere schiebt, kann sie im heißen Erdinnern schmelzen. Dabei entstehen relativ zähflüssige Gesteinsschmelzen, die zu explosionsartigen Ausbrüchen führen.*

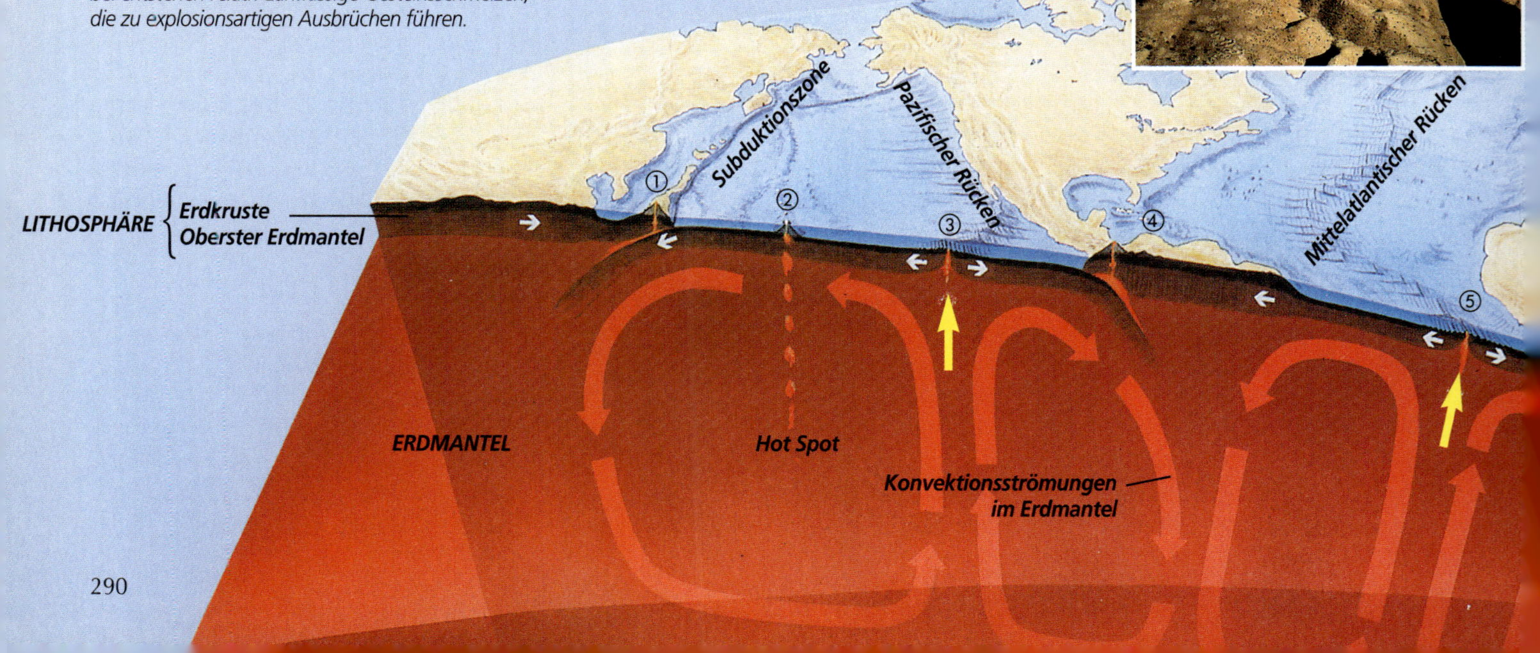

dafür ältere an anderer Stelle wieder im Erdinnern verschwunden wäre, müsste der gesamte Erdball längst mit einer geschlossenen Schicht überzogen sein. Aber wohin ist die Kruste früherer Erdzeitalter verschwunden? Sie muss in den so genannten Subduktionszonen, wo heute in verschiedenen Gegenden der Erde ozeanische Kruste mit einer Geschwindigkeit von 8–10 cm pro Jahr unter kontinentaler Kruste abtaucht, regelrecht verschluckt worden und im Erdmantel aufgegangen sein. Am Meeresboden zeichnen sich diese Zonen als lang gestreckte Senken oder Tiefseegräben ab; sie sind also auch von der Form her die Gegenpole der ozeanischen Rücken. Gigantische Massen werden wie durch ein Förderband tief unter dem Meeresspiegel pausenlos von den Rücken zu den Senken transportiert: pro Jahr schätzungsweise 40 Mrd. t, dazu noch ein paar Milliarden Tonnen Meerwasser, das in der ozeanischen Kruste mitgeführt wird.

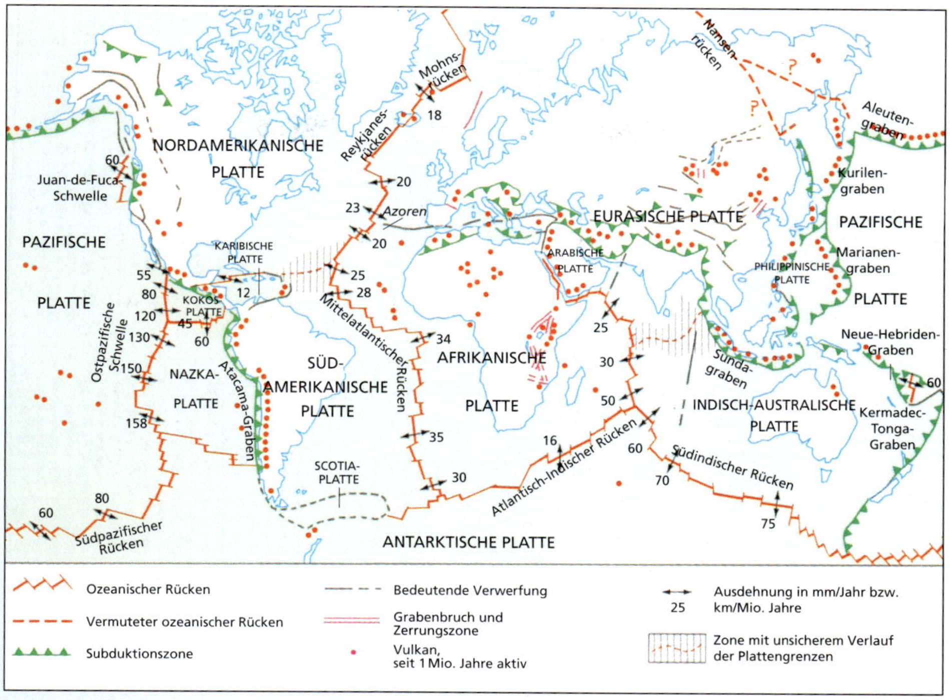

Spektakuläre Randerscheinungen

Seit den 60er-Jahren wurde die Theorie der Kontinentalverschiebung ständig ergänzt und verfeinert. Der wichtigste Unterschied der modernen Plattentektonik gegenüber den Vorstellungen Wegeners besteht darin, dass man heute nicht von sechs oder sieben driftenden Kontinenten, sondern von etwa einem Dutzend mobiler Platten ausgeht, welche die Landmassen der Erde gewissermaßen huckepack mit sich tragen. Diese oft riesigen Platten bestehen aus kontinentaler bzw. ozeanischer Kruste und dem obersten Erdmantel; gemeinsam bilden sie die feste Erdrinde oder Lithosphäre, die in der Regel 70–100 km dick und unter den Kontinenten mächtiger als unter den Ozeanen ist.

Außerdem kennt man heute die „treibenden Kräfte" der Kontinentalverschiebung, von denen Wegener noch nichts ahnte: Konvektionsströmungen, temperaturbedingte kreislaufartige Strömungen im Erdmantel, ähnlich den Bewegungen des Wassers in einem Kessel, in dem heißes Wasser mit geringer Dichte vom Kesselboden aufsteigt, sich an der Oberfläche abkühlt, dadurch schwerer wird und wieder hinuntersinkt. Im Erdmantel strömt freilich feste Materie, kein geschmolzenes Gestein; allenfalls die Asthenosphäre, die Erdschale, die direkt unter der Lithosphäre liegt, ist weniger starr als die feste Erdrinde und enthält einen Schmelzanteil von wenigen Prozent. Sie bildet sozusagen die gut geschmierte Gleitschicht, auf der die Platten verschoben werden – zuweilen mit einer für geologische Verhältnisse atemberaubenden Geschwindigkeit: mehr als 10 cm pro Jahr.

Von der rasanten Drift ist im Innern der Platten kaum etwas zu spüren. Zwar gibt es auch hier Verformungen der Kruste, doch die Bewegungsbeträge liegen meist im Bereich von wenigen Millimetern im Jahr. Die spektakulärsten geologischen Vorgänge – Vulkanismus, Erdbeben, Gebirgsbildung – spielen sich hauptsächlich an den Plattenrändern ab. Je nach der Bewegungsrichtung der angrenzenden Platten werden drei Arten von Plattenrändern unterschieden: divergierende (die Bewegung der Platten geht auseinander), konservative (die Platten gleiten aneinander vorbei) und konvergierende (die Platten stoßen gegeneinander, dabei wird eine durch absteigende Konvektionsströmungen nach unten gezogen).

Divergierende und konservative Plattenränder zeichnen sich durch rege vulkanische Tätigkeit und/oder kräftige Erdbeben aus, besonders dramatisch ist das tektonische Geschehen jedoch an den konvergierenden Rändern. Der Rand zwischen der (ozeanischen) Pazifischen Platte und den benachbarten kontinentalen Platten beispielsweise ist auf weite Strecken eine typische Subduktionszone und der Beiname „Feuerring" gibt eine Vorstellung von der Gewalt und Häufigkeit schwerster Vulkanausbrüche und Erdbeben, die sich dort in mehr oder weniger regelmäßigen Abständen ereignen. Extrem starke Hebungen und Krustenverformungen folgen dagegen der Kollision kontinentaler Platten. Sie bestehen aus relativ leichten Gesteinen und verstärken deshalb den Auftrieb. Nicht ohne Grund liegen die höchsten Kettengebirge der Erde in solchen „Knautschzonen" kontinentaler Platten.

3) *und* ***5)*** *An divergierenden (auseinander strebenden) Plattenrändern steigt dünnflüssiges basaltisches Magma auf und formt am Meeresgrund die ozeanischen Rücken.*

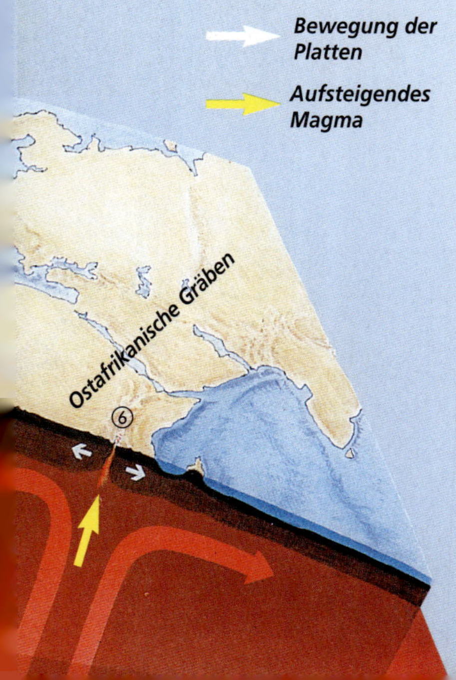

6) *Kontinentale Grabenbrüche, wie die ostafrikanischen Gräben oder auch der Oberrheingraben, zeigen die Zerspaltung kontinentaler Kruste und damit den Beginn der Kontinentalverschiebung an.*

Eine Reise zum Mittelpunkt der Erde ...

... haben bisher nur die Helden in Jules Vernes gleichnamigem Roman leibhaftig unternommen, während man in der wirklichen Welt auf die Technik angewiesen ist, um unserem Heimatplaneten auf den Zahn fühlen zu können. So konnte mit ausgeklügelten Verfahren der innere Aufbau der Erde inzwischen zwar in Grundzügen geklärt werden, doch manche Details sind noch immer rätselhaft.

Jules Vernes *Reise zum Mittelpunkt der Erde*, illustriert von Riou

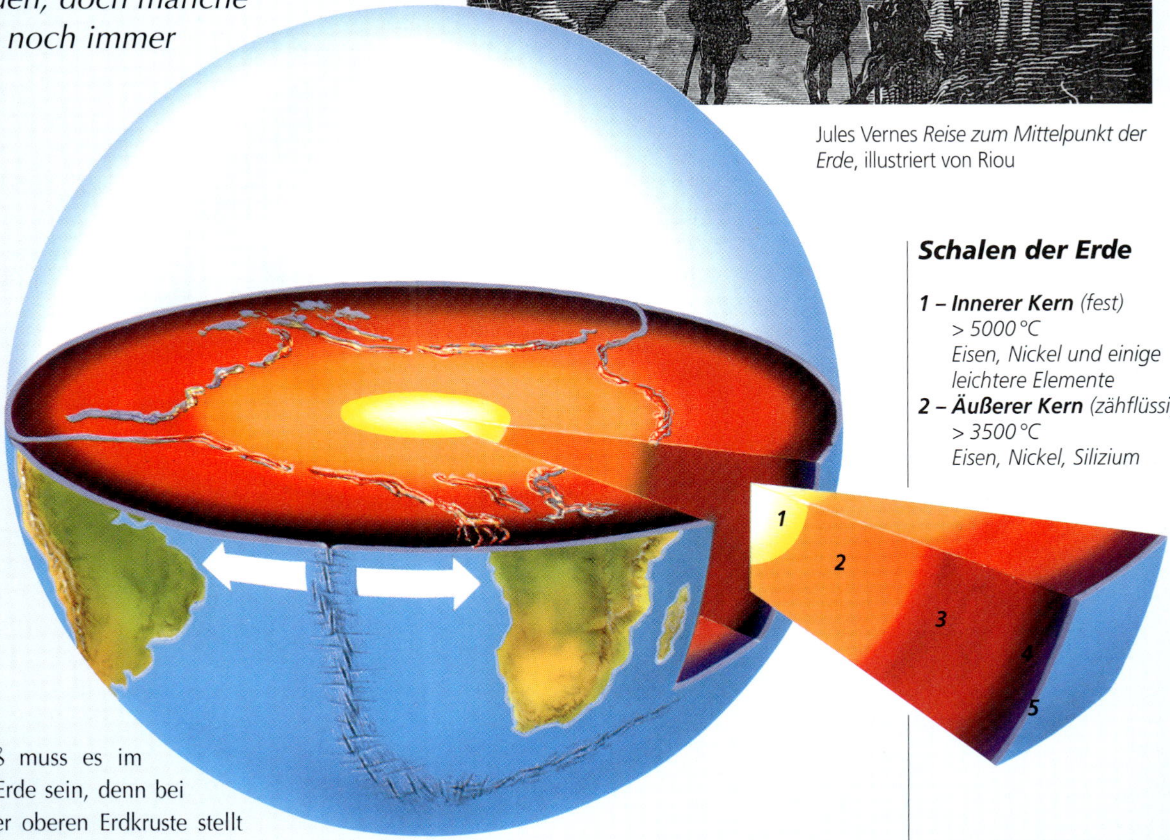

Schalen der Erde

1 – Innerer Kern *(fest)*
> 5000 °C
Eisen, Nickel und einige leichtere Elemente

2 – Äußerer Kern *(zähflüssig)*
> 3500 °C
Eisen, Nickel, Silizium

3 – Innerer Mantel *(fest)*
2100–2900 °C
Eisen-Magnesium-Silikate sowie andere Silikatmineralien mit sehr dichter Ionenpackung

4 – Äußerer Mantel *(überwiegend fest, geringer Schmelzanteil)*
> 1200 °C
Peridotite (Eisen-Magnesium-Silikate)

5 – Kruste: *kontinentale Kruste, vor allem Granit; ozeanische Kruste, Basalte*

Höllisch heiß muss es im Innern der Erde sein, denn bei Bohrungen in der oberen Erdkruste stellt man fest, dass die Temperatur, je tiefer man gelangt, durchschnittlich um 3 °C pro 100 m zunimmt. In 10 km Tiefe herrschen demnach bereits Temperaturen um 300 °C. Abgesehen von den enormen Kosten, scheitern Tiefbohrungen hauptsächlich an technischen Problemen durch die extreme Hitze. Bei der Erkundung des inneren Erdaufbaus müssen die Forscher folglich andere Wege gehen: Untersuchung der Gesteinsbruchstücke, die von aufsteigender Lava mitunter aus sehr großen Tiefen ans Tageslicht befördert werden, Laborexperimente unter ähnlichen Bedingungen wie im Erdinnern, d. h. bei sehr hohen Temperaturen und noch höherem Druck, vor allem aber die Auswertung von Erdbebenwellen, der Veränderungen ihrer Geschwindigkeiten und der Art und Weise ihrer Ausbreitung. Der Seismograph, das Gerät zur Aufzeichnung von Erdbeben, ist deshalb für den Geophysiker so wichtig wie das Teleskop für den Astronomen oder das Stethoskop für den Arzt. Er erlaubt einen Röntgenblick in das tiefste Innere der Erde.

Ganz innen, gut 5000 km unter der Erdoberfläche, muss unser Planet aus fester Materie bestehen, höchstwahrscheinlich einem Gemisch aus Eisen und Nickel, dem einige leichtere Elemente wie Schwefel, Sauerstoff oder Silizium beigemengt sind, denn die Dichte des inneren Kerns ist geringer, als man bei einer reinen Eisen-Nickel-Legierung erwarten könnte. Da die Ausbreitung der Erdbebenwellen im inneren Kern richtungsabhängig ist – eine typische Eigenschaft kristalliner Materie –, gehen viele Wissenschaftler davon aus, dass sich seine chemischen Bausteine zu Kristallen anordnen – bei Temperaturen von bis zu 7000 °C, unter denen die meisten Substanzen an der Erdoberfläche schon längst geschmolzen oder verdampft sind! Der äußere Kern zeigt sich dagegen undurchlässig für bestimmte Erdbebenwellen, was als Hinweis auf den flüssigen Zustand gedeutet wird; vielleicht handelt es sich aber auch um einen Aggregatzustand, den man an der Erdoberfläche nicht kennt.

Ein verschluckter Kontinent?

Neben natürlichen Erdbeben bieten vom Menschen ausgelöste Explosionen den Forschern die willkommene Gelegenheit, mit ihren Geräten ins Innere der Erde hineinzuhorchen. So war der „Big Bang", die gewaltige Sprengung, mit der im April 1947 die Insel Helgoland in die Luft gejagt werden sollte, für die Militärs (glücklicherweise) wenig erfolgreich, für die Geophysiker hingegen sehr aufschlussreich. Sie lieferte nämlich wichtige neue Erkenntnisse über den Aufbau der Erdrinde unter Mitteleuropa. Freilich kann die Flut neuer Daten, die bei solchen Gelegenheiten über die Forscher hereinbricht, auch Verwirrung stiften und neue Fragen aufwerfen. Ein unterirdischer Atomtest mit gewaltiger Sprengkraft, den die Volksrepublik China 1993 durchführte, erlaubte es den Wissenschaftlern z. B., ein recht genaues dreidimensionales Bild vom inneren Aufbau unseres Planeten zu erstellen, fügte jedoch gleichzeitig der Liste der irdischen Rätsel ein weiteres hinzu. Manche Forscher glaubten nämlich, in den Seismogrammen die Bruchstücke eines Kontinents zu erkennen. Konvektionsströmungen sollen die Landmasse von der Erdoberfläche bis in mehr als 2000 km Tiefe hinabgezogen haben. Wie dem auch sei: Eine Reise zum Mittelpunkt der Erde ist heute offenbar noch immer genauso spannend wie vor rund 140 Jahren, als Jules Verne, der französische Altmeister der Sciencefictionliteratur, seinen berühmten Roman schrieb.

Die einzigartige Lufthülle

Auf unserem Planeten atmen wir ein Gasgemisch, ohne das der Mensch und fast alle übrigen Geschöpfe nicht existieren könnten: die Luft. Doch genauso dringend brauchen die irdischen Lebewesen das Wasser. Kein anderer Himmelskörper im näheren Umkreis der Erde besitzt eine Luft- und Wasserhülle und aus diesem Grund ist der Blaue Planet höchstwahrscheinlich auch der einzige belebte im Sonnensystem. Woher aber stammen diese beiden wahrhaft elementaren Stoffe?

Ohne ihre hauptsächlich aus vulkanischen Gasen gebildete Luft- und Wasserhülle hätte die Erde kein Leben hervorbringen können.

Zu Anfang war unser blauer, heute zu fast drei Vierteln von Meeren bedeckter Planet keineswegs blau, sondern lavaschwarz und aschengrau. Und seine Oberfläche glich der des Mondes: mit zahllosen Kratern übersät, die fremde Himmelskörper, vom Mikrometeoriten bis zum Planetoiden, beim Aufprall in die dünne Kruste der jungen Erde geschlagen oder vulkanische Eruptionen aus dem Boden gesprengt hatten.

Jeder Vulkanausbruch förderte neben Laven und Aschen auch mehr oder weniger große Mengen vulkanischer Gase aus dem Erdinnern an die Oberfläche, in erster Linie Wasserdampf, der mit einem Anteil von etwa drei bis neun Zehnteln das weitaus wichtigste vulkanische Gas ist. Wie viel davon durch die Verdampfung von Grundwasser beim Kontakt mit der glühenden Gesteinsschmelze entsteht und wie viel unmittelbar aus dem Magma stammt, ist bis heute ungeklärt. Der Anteil mag je nach Art der Schmelze zwischen 0,1 und über 7 % liegen. Doch in geologischen Zeiträumen von Jahrmillionen und -milliarden summieren sich auch derart geringe Anteile zu riesigen Mengen. Gegenwärtig fördern alle Vulkane der Erde zusammen jährlich etwa 6–8 km³ Schmelzen; bei einem mittleren Wassergehalt der Schmelzen von 1 % würde die jährliche Zufuhr von juvenilem, jugendlichem, Wasser, wie das aus dem Erdinnern zugeführte Wasser genannt wird, ausreichen, um die Sorpe-Talsperre im Sauerland einmal pro Jahr bis zum Rand zu füllen. Und seit Beginn des Eiszeitalters

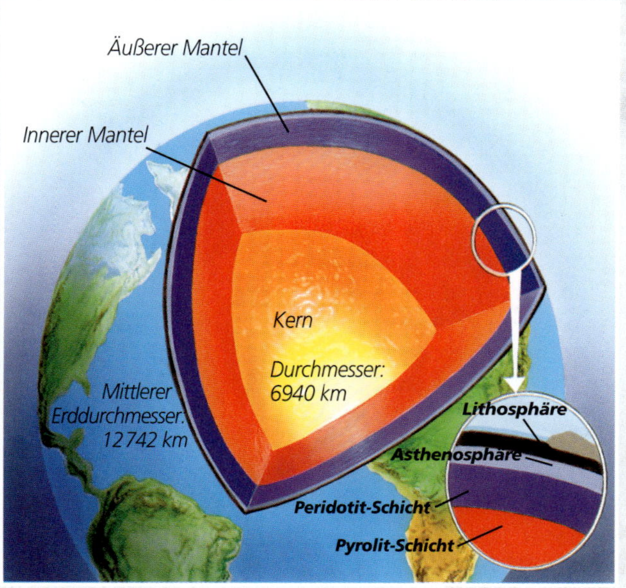

Die Erde besteht wie eine Zwiebel aus mehreren Schalen: im Innersten ein metallischer Kern, um den sich mehrere Schichten vorwiegend aus Silikaten und Oxiden legen. Aus diesen Schalen stammen die irdischen Wassermassen und der Großteil der atmosphärischen Gase.

hätten sich sämtliche Seen der Erde gefüllt. In der Urzeit der Erde war der Vulkanismus zweifellos stärker und der Ausstoß von Wasserdampf noch entsprechend größer. Zunächst dürfte die Erdoberfläche jedoch zu heiß gewesen sein, als dass sich flüssiges Wasser auf ihr hätte halten können. Erst als ihre Temperatur unter den Siedepunkt des Wassers gefallen war, konnte der aus den Vulkankratern strömende Wasserdampf kondensieren, woraufhin sintflutartige Regenfälle den Planeten überschwemmten und die Ozeane entstanden.

Das Himmelsblau

Der Himmel erscheint blau, weil der kurzwellige blaue Anteil des Sonnenlichts vor allem an den Luftmolekülen viel stärker gestreut wird als der langwellige (rote) Anteil. Die kurzwelligen Strahlen werden durch die sehr kleinen Teilchen aus ihrer ursprünglichen Richtung abgelenkt. Bei den größeren Wassertröpfchen, die in der Luft schweben, ist die Streuung dagegen kaum von der Wellenlänge abhängig. Wolken erscheinen deshalb gleichmäßig weiß oder grau.

O_2 kontra CO_2

Das mengenmäßig zweitwichtigste vulkanische Gas ist Kohlendioxid; sein Anteil könnte möglicherweise sogar noch größer als der des Wasserdampfs sein. Die Uratmosphäre der von ununterbrochenen Vulkanausbrüchen erschütterten Erde enthielt deshalb wahrscheinlich wesentlich mehr CO_2 als heute. Sauerstoff, der an der heutigen Erdatmosphäre einen Anteil von 21% hat, war dagegen vor 4–5 Mrd. Jahren in der Uratmosphäre noch kaum enthalten. Seither ist der Kohlendioxidgehalt gesunken (bis auf die jüngste Zeit, in der man wieder einen starken Anstieg registriert), der Sauerstoffgehalt aber auf den heutigen Wert gestiegen. Wie groß war der ursprüngliche Kohlendioxidgehalt und auf welche Weise konnte der Sauerstoff seinen Kontrahenten allmählich verdrängen? Auf diese beiden Fragen gibt es bis heute nur unbefriedigende Antworten, die sich in zwei Hypothesen zusammenfassen lassen. Die eine geht von biologischen Vorgängen aus. Danach hätten die primitiven Pflanzen seit der „Erfindung" der Photosynthese das Kohlendioxid nach und nach aus der Luft und den Gewässern entfernt und dabei gleichzeitig den Sauerstoff als „Abfallprodukt" der Photosynthese ausgeschieden. Nach der anderen Hypothese wurde das Kohlendioxid von den Regengüssen aus der Atmosphäre ausgewaschen, in die Ozeane gespült und dort in den kalkhaltigen Sedimentgesteinen in Form von Karbonaten festgelegt. Der ursprüngliche Kohlendioxidanteil, der bei der Bildung der ersten festen Erdkruste ähnlich wie heute auf unseren Nachbarplaneten Mars und Venus bei 95% gelegen haben könnte, sank so allmählich auf den heutigen Wert von weniger als 1%, während der Sauerstoffgehalt dagegen auf heute gut 20% kletterte. Das erste Indiz für einen höheren Sauerstoffanteil in der Erdatmosphäre sind rot gefärbte Sedimentgesteine, denn diese roten Gesteine erhalten ihre leuchtenden Farbtöne durch fein verteilte Eisenoxide.

Ein aufschlussreicher Blick zu unseren nächsten Nachbarplaneten

Mars, der wüstenhafte

Venus, die glühend heiße

Die Raumfahrt-Missionen der vergangenen Jahrzehnte haben eine Fülle neuer Erkenntnisse über die Himmelskörper des Sonnensystems und insbesondere auch über die Atmosphären der Planeten geliefert. Dabei stellte sich heraus, dass schon Mars und Venus, die beiden nächsten Nachbarn, eine Atmosphäre besitzen, die sich von der heutigen der Erde grundsätzlich unterscheidet. Auf beiden Planeten schwankt der Kohlendioxidgehalt in den unteren und mittleren Schichten der Atmosphäre um 95%, der Anteil des Sauerstoffs liegt dagegen unter 1%. So könnte auch die Uratmosphäre unseres Planeten vor 4–5 Mrd. Jahren zusammengesetzt gewesen sein.

Die Geburt des Lebens

Es dürfte freilich viele Hundert Millionen Jahre gedauert haben, bis sich die Lufthülle der Erde in der Grundzusammensetzung der heutigen näherte. In der Zwischenzeit herrschten Bedingungen, unter denen wohl kaum ein zeitgenössisches Lebewesen existieren könnte: Vulkanausbrüche erschütterten den Planeten, über dem ständig heftige Gewitter wüteten, auf dem die tödliche ultraviolette Strahlung der Sonne fast ungehindert die Gashülle bis zum Erdboden durchdringen konnte, saurer Regen aus der mit Schwefelwasserstoff, Ammoniak und Methan verpesteten Atmosphäre fiel und sich in einem fast siedenden Weltmeer sammelte. Und es gehört zu den größten Wundern der Natur, dass das irdische Leben wohl ausgerechnet in einer solch lebensfeindlichen Umwelt entstanden ist. Die beiden amerikanischen Chemiker Stanley L. Miller und Harold Urey lieferten in den 50er-Jahren dafür mit ihren bahnbrechenden Experimenten den entscheidenden Beweis. Sie reproduzierten im Labor die Uratmosphäre unseres Planeten und setzten das Gasgemisch elektrischen Entladungen aus, welche die Blitze darstellen sollten, die vor 4–5 Mrd. Jahren aus mächtigen Gewitterwolken auf die Erde niederzuckten. Das Wunder geschah: Nach ein paar Tagen fanden sie in den Reagenzgläsern in der „Ursuppe" größere Anteile der Aminosäure Glyzin, einem Baustein der Eiweißstoffe.

In der Natur haben sich die entscheidenden Schritte auf dem Weg zum Leben wahrscheinlich im Schlamm am Meeresboden vollzogen. Dort waren die frühen Lebensformen vor der schädlichen UV-Strahlung der Sonne geschützt, vor der noch keine Ozonschicht die ältesten Bewohner der Erde bewahrte; möglicherweise spielten bei der Vereinigung von einfachen zu komplizierteren Biomolekülen auch bestimmte Tonmineralien eine wichtige Rolle. Sie besitzen nämlich die Fähigkeit, chemische Substanzen an sich zu binden, und verhinderten auf diese Weise, dass die Bausteine des Lebens durch energiereiche Wellen zerstört wurden.

Die Verwüstung der Erde: Schuld oder Schicksal?

Weshalb dringt die Sahara unerbittlich in die fruchtbareren Landschaften an ihren Rändern vor? Weshalb ist weltweit ein Drittel der Landflächen von der Desertifikation bedroht? Liegt es an Umweltsünden des Menschen oder ist diese alarmierende Verwüstung unseres Planeten ein ganz natürlicher, unaufhaltsamer Vorgang?

Im Herzen Afrikas liegt die Sahara mit mächtigen Dünenfeldern, kahlen Felsplateaus und öden Geröllflächen. Seit geraumer Zeit breitet sich die größte Wüste der Erde anscheinend unaufhaltsam aus. In Nordafrika ist sie im Durchschnitt um 5 km pro Jahr vorgerückt. Und am Südrand der Sahara haben sich Dünen und Flugsandfelder Zug um Zug in die feuchtere Sahelzone vorgeschoben, die vom Atlantik bis zum Roten Meer quer durch Afrika verläuft. Insgesamt ist die Sahara seit 1900 um rund 1 Mio. km² größer geworden.

Die Ausbreitung der Sahara ist kein Einzelfall. In vielen Trockengebieten der Erde verwandeln sich einst fruchtbare Landstriche nach und nach in Wüsten. Was sind die Ursachen dieser fortschreitenden Desertifikation, durch die Jahr für Jahr Millionen von Menschen ihre Lebensgrundlagen verlieren? Sind es die Folgen des Raubbaus an der Natur, den der Mensch unter dem Druck der rasch wachsenden Bevölkerung immer hemmungsloser betreibt? Oder sind wir nur Zeugen einer natürlichen Ausbreitung der Wüstengürtel, ausgelöst durch Klimaschwankungen, die es im Lauf der Erdgeschichte häufig gegeben hat?

Ein Bild des Grauens: In den 80er-Jahren verdursteten und verhungerten in der Sahelzone Abertausende von Rindern und ihre Kadaver verwesten unter der sengenden Sonne.

Sahara

Sahelzone

Feuchtsavannen

Tropische Wälder

Seit Jahrtausenden ein ständiges Hin und Her

Um die gegenwärtige Ausbreitung der irdischen Wüsten verstehen zu können, erläutert Professor Marcel Boodt, der Leiter des Weltzentrums für Wüstenkunde, muss man in ihrer langen Geschichte nachforschen.

Vor 20000 Jahren, in der kältesten Periode der jüngsten Eiszeit, erstreckte sich beispielsweise die Sahara noch bis zu 500 km weiter südwärts als heute. Damals hätten in dieser Zone kaum Menschen leben können. Doch vor 9500 Jahren, gegen Ende der Eiszeit, wurde das Klima dort feuchter: Die tropische Sommerregenzone rückte nach Norden vor, und mit ihr der Savannengürtel. Landsenken füllten sich mit Seen, an deren Ufern Krokodile, Flusspferde und Nashörner miteinander lebten. Mit der deutlichen Abkühlung am Ende der nacheiszeitlichen Wärmezeit vor rund 4500 Jahren schlug das Klimapendel dann wieder zur trockeneren Seite hin aus und die Wüste gewann abermals die Oberhand.

Vermutlich hängt der Wechsel von feuchteren und trockeneren Klimaperioden mit globalen Temperaturschwankungen zusammen. Bei tiefen Lufttemperaturen sind die Verdunstung und folglich auch der Niederschlag geringer als bei hohen. Während der Eiszeiten dürften die Niederschlagsmengen deshalb nur etwa halb so groß gewesen sein wie heute.

Vorhersagen unmöglich

Was im Hinblick auf Jahrtausende stimmt, muss nicht zwangsläufig auch für kürzere Zeiträume gelten. Und wenn der Mensch wohl auch nicht allein für die Ausbreitung der Wüsten verantwortlich ist, so hat er aber die Verwüstung zweifellos durch Eingriffe in den Naturhaushalt gefördert und beschleunigt, wie in der Sahelzone, die in den letzten 100 Jahren vier dramatische Dürreperioden erlebte. Nach der letzten, von 1968 bis 1985, begrünte sich der südliche Rand der Sahara zum Teil wieder. Ob die nächste Dürre vor der Tür steht, kann niemand vorhersagen. Und es wird wohl noch etliche Jahrzehnte dauern, bis die vielschichtigen Ursachen der Wüstenbildung endgültig geklärt sind.

Die Sahelzone wird wieder grün. Manche Täler sind in der Regenzeit sogar überschwemmt!

DER TREIBHAUSEFFEKT

Ein Begriff, mit dem die meisten Menschen nur Negatives verbinden: abschmelzende Eismassen und überflutete Küsten, Hitzewellen und Jahrhunderthochwasser … kurz, die drohende Klimakatastrophe. Dabei ist das komplizierte Wechselspiel von Einstrahlung, Ausstrahlung und Gegenstrahlung, von Wärmegewinnen und Wärmeverlusten eigentlich eine segensreiche Erscheinung der Natur, denn ohne den Treibhauseffekt gäbe es wahrscheinlich kein irdisches Leben.

Düstere Aussichten

Wenn nicht endlich wirksame Schritte zur Senkung der Konzentration der Treibhausgase in der Atmosphäre unternommen werden, dann wird die mittlere Lufttemperatur weiter ansteigen. Doch die Ergebnisse der bisherigen Klimakonferenzen und -konventionen sind auf diesem Gebiet eher enttäuschend.

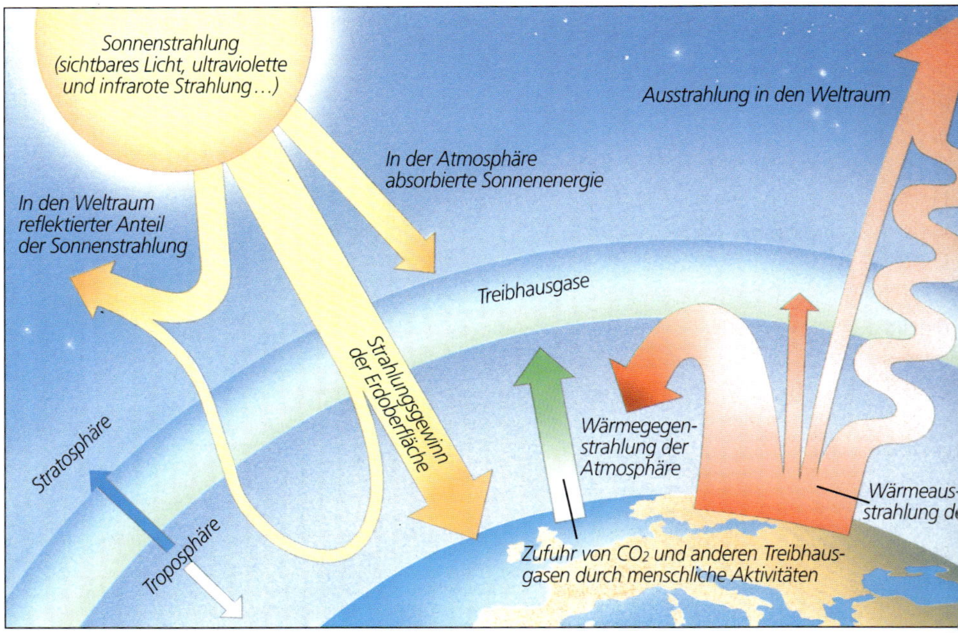

Durch die kurzwellige Sonnenstrahlung (gelb) erwärmt sich die Erde, die ihrerseits langwellige Wärmestrahlen (rot) aussendet. Die ausgestrahlte Energie verschwindet nur zum geringen Teil unmittelbar wieder in den Tiefen des Weltraums; sie wird von bestimmten Gasen in der Lufthülle absorbiert, die dadurch wärmer wird und wiederum einen Teil der Energie durch die Gegenstrahlung an die Erdoberfläche zurückgibt.

Vielleicht würden ohne den Treibhauseffekt auf der Erde ein paar primitive Lebewesen in engen ökologischen Nischen hausen, den Menschen gäbe es freilich nicht und folglich könnten wir auch nicht über diesen Effekt diskutieren (und ohne uns wäre er wohl auch überhaupt nicht zum Problem geworden). Worum handelt es sich dabei? Als Treibhaus- oder genauer Glashauseffekt wird der Erwärmungseffekt in der Erdatmosphäre bezeichnet. Er kommt dadurch zustande, dass die Atmosphäre die kurzwellige Sonnenstrahlung fast ungehindert bis zum Erdboden durchdringen lässt, jedoch die vom erwärmten Erdboden ausgesandte langwellige Strahlung aufnimmt, in Wärmeenergie umsetzt und sozusagen postwendend in die unteren belebten Schichten der Lufthülle zurückstrahlt. Ohne diesen Effekt wäre es an der Oberfläche unseres Planeten eisig kalt – im weltweiten Durchschnitt schätzungsweise –18 °C –, so aber beträgt die mittlere Lufttemperatur der Erde +15 °C – ein Plus von über 30 °C! Die irdische Lufthülle funktioniert also wie eine perfekte Wärmefalle und die Hauptrolle spielen dabei verschiedene Gase, die mengenmäßig neben den Hauptbestandteilen Stickstoff und Sauerstoff nur Statisten sind: Der Wasserdampf hat noch einen ansehnlichen, aber stark schwankenden Anteil, Kohlendioxid, Methan, Lachgas, Ozon und die übrigen Treibhausgase machen dagegen insgesamt nur etwa 0,01 % der trockenen (wasserdampffreien) Luft aus.

Zu viel des Guten

Die Treibhausgase, auch Spurengase genannt, weil sie normalerweise lediglich in Spuren, sehr geringen Anteilen, in der irdischen Atmosphäre vorkommen, wirken wie die Gewürze in der Kochkunst: Sparsam dosiert, verleihen sie den Speisen den richtigen Geschmack, doch eine Messerspitze zu viel davon und schon ist das Gericht ungenießbar. Gewiss: Die Gehalte an Treibhausgasen schwanken auch als Folge natürlicher Vorgänge, etwa des Vulkanismus, aber in beängstigendem Ausmaß sind sie erst angestiegen, seit der Mensch damit begonnen hat, Maschinen und Fabriken zu bauen, die Wälder zu roden und zu verheizen, seine Industrie auf den maßlosen Verbrauch von Erdöl, Erdgas, Kohle und anderen fossilen Brennstoffen auszurichten. Beispielsweise hat sich der globale Ausstoß des CO_2, des wichtigsten Treibhausgases, im Lauf der Industrialisierung durch den verstärkten Einsatz fossiler Energieträger von rund 340 Mio. t im Jahr 1860 um das 60fache erhöht. Hinzu kommt der Anstieg der

Ozonloch und Treibhauseffekt

Fluorchlorkohlenwasserstoffe (FCKW) wurden und werden bis in die jüngste Zeit hinein viel als Treibgase in Spraydosen sowie als Kühlmittel und in der Kunststoffproduktion verwendet. Sie gelten als die schlimmsten Ozonkiller, gehören darüber hinaus aber auch zu den so genannten Treibhausgasen, die in größeren Konzentrationen zur übermäßigen Erwärmung der unteren Erdatmosphäre führen.

Durch die Verbrennung fossiler Brennstoffe – hier Erdöl – wird die Atmosphäre Jahr für Jahr mit riesigen Mengen Kohlendioxid belastet.

CO_2-Konzentrationen durch die Abholzung von Wäldern, die bei ihrem Wachstum Kohlendioxid aus der Luft einbinden und so im CO_2-Kreislauf wie Schadstoffdeponien wirken. Bei den übrigen Treibhausgasen sieht es teilweise noch dramatischer aus, beispielsweise beim Methan oder Ozon, die jeweils zu ungefähr 15 % an der vom Menschen verursachten Störung des irdischen Wärmehaushalts beteiligt sind.

Kann die Natur sich selbst helfen?

In geschlossenen Treibhäusern ist oft zu beobachten, dass der Kohlendioxidgehalt deutlich unter den im Freiland sinkt, weil die rasch wachsenden Pflanzen sehr viel CO_2 benötigen. Häufig wird deshalb eine künstliche Begasung vorgenommen. Höhere Konzentrationen bewirken ein schnelleres Wachstum und folglich auch einen größeren Verbrauch von Kohlendioxid. Könnten wir uns auf diese Weise des überschüssigen Treibhausgases entledigen? Bei einer realistischen Betrachtung des Problems wohl kaum. Die Waldflächen, auf denen man den Überschuss langfristig deponieren könnte, wachsen gegenwärtig nicht, sondern schrumpfen im Gegenteil, gerade bei den tropischen Wäldern, die als die wichtigsten Kohlendioxidverbraucher (und Sauerstoffspender) unseres Planeten gelten. Und bei der Umwandlung der tropischen Wälder in Acker- und Weideland sinkt der CO_2-Verbrauch auf weniger als ein Viertel.

Für optimistische Forscher und Politiker sind diese Tatsachen freilich noch immer kein Anlass, das Übel an der Wurzel zu packen und den Ausstoß von Kohlendioxid endlich entscheidend zu verringern. Vielleicht helfen uns ja die Ozeane aus der selbst verschuldeten Misere. In der Tat ist das Wasser der Weltmeere der unangefochten größte Speicher, der am Kohlenstoffkreislauf auf der Erde teilnimmt. Seine Speicherkapazität beträgt sogar das 60fache der gesamten irdischen Landflora. Je kälter das Wasser ist, umso mehr Kohlendioxid kann es aufnehmen – diese physikalische Eigenart könnte allerdings die Hoffnungen der Menschen auf eine bequeme Lösung des CO_2-Problems zunichte machen, denn wenn sich die Atmosphäre erwärmt, wird sich zwangsläufig wahrscheinlich auch das Wasser der Ozeane erwärmen und seine Speicherkapazität für Kohlendioxid nimmt dadurch ab: ein Teufelskreis!

Unzählige Autos verpesten die Luft mit Abgasen und tragen so zum Treibhauseffekt bei.

Kettenreaktionen

Ein weiterer Akteur, dessen Rolle in diesem globalen Drama noch nicht mit Sicherheit geklärt werden konnte, ist das atmosphärische Wasser, genauer gesagt: der Wasserdampf. Fest steht nur, dass warme Luft mehr Wasserdampf aufnehmen kann als kalte. Der Anstieg des Kohlendioxidgehalts hätte also durch die allgemeine Erwärmung auch eine Zunahme des Wasserdampfgehalts der Luft zur Folge. Nun gehört Wasserdampf ebenfalls zu den natürlichen Treibhausgasen, die Barriere für die Wärmestrahlen würde zwangsläufig höher und die Erwärmung der unteren Atmosphärenschichten noch dramatischer. Manche Wissenschaftler befürchten, dass sich auf diesem Umweg die anfängliche Erwärmung um weltweit vielleicht 2 oder 3 °C leicht verdoppeln könnte. Der berechnete Temperaturanstieg gilt als Mittelwert immer für die gesamte Erde, in den Polargebieten würde er gewiss größer sein und die Gletscher-, Schnee- und Meereisflächen sozusagen wie Butter in der Sonne dahinschmelzen lassen. Und das würde wiederum dazu führen, dass ein größerer Teil der zugeführten Sonnenenergie in der irdischen Wärmefalle bleibt, denn bekanntlich reflektieren Eis und Schnee wesentlich mehr Sonnenstrahlung als z. B. Gras oder nackter Fels.

Jedes Jahr gehen Millionen Hektar Wald in Flammen auf: Kohlendioxidspeicher werden vernichtet und neue Abgaswolken erzeugt.

Methan, Wasserdampf, Kohlendioxid – doch nicht nur die Industrie, sondern auch die Landwirtschaft produziert in großem Stil Treibhausgase.

DAS WACHSENDE OZONLOCH

Ozon ist ein sonderbares Gas: In den bodennahen Luftschichten gilt es als Schadstoff, doch hoch über dem Erdboden bildet es einen Schutzschild, der die Lebewesen vor der gefährlichen ultravioletten Strahlung der Sonne schützt.

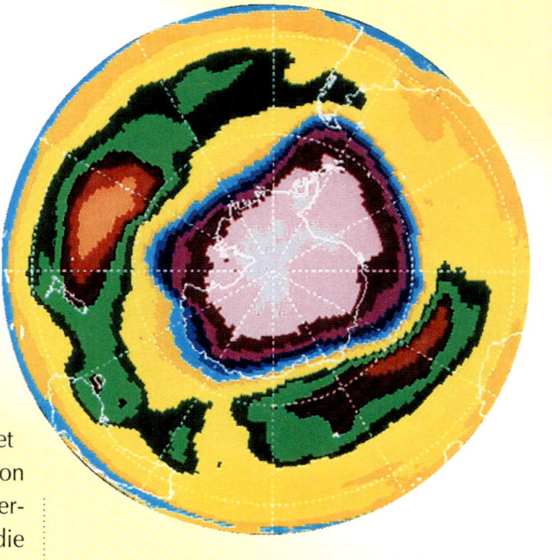

Diese NASA-Aufnahme von der Antarktis zeigt, dass die Ozonschicht über dem eisigen Kontinent in bestimmten Jahreszeiten nahezu verschwindet (innerhalb des violetten bis grauen Bereichs). Das Ozonloch hatte 1994 eine Ausdehnung von 24 Mio. km² und war damit mehr als dreimal so groß wie Australien.

Seit fast zwei Jahrzehnten wissen wir, dass der unsichtbare Schutzschild, der die Erde innerhalb der Stratosphäre umgibt, brüchig wird. Zuerst hatte sich über der Antarktis in jenem Stockwerk der Atmosphäre, das man als Ozonschicht oder Ozonosphäre bezeichnet, ein größeres Loch gebildet, ein Bereich, in dem der Gehalt an Ozon um mehr als 70% unter seinen Normalwert gesunken war. Ein alarmierendes Signal, denn die Ozonschicht wirkt wie ein Strahlenschutzfilter. Ohne diesen Schild wären die Lebewesen auf der Erde der energiereichen ultravioletten Sonnenstrahlung (solaren UV-Strahlung) völlig schutzlos ausgesetzt. Jetzt scheint der Ozonvorrat unaufhaltsam zu schwinden: auf die gesamte Erde bezogen um 3–4% im Jahrzehnt und in den mittleren und höheren Erdbreiten sogar mehr als doppelt so schnell.

Was geschieht in der Höhe?

Was ist eigentlich Ozon, wie entsteht es und wo befindet sich die Ozonschicht, von der das Leben auf der Erde abhängt? Die erste Frage ist kurz zu beantworten: Als Ozon bezeichnet man die dreiatomige Form des Sauerstoffs (O_3); drei Sauerstoffatome sind miteinander zu einem Molekül verbunden. Das Gas mit dem charakteristischen Geruch (griech. *ozon* = das Duftende) ist giftig und aggressiv und schon bei geringen Konzentrationen verursacht es Schäden an Pflanzen und Gebäuden; stark ozonverseuchte Luft kann bei Menschen zu Augenreizungen und Atembeschwerden führen. Deshalb werden in den Sommermonaten bei uns regelmäßig die Ozonmesswerte veröffentlicht, wird mitunter bei Überschreiten eines bestimmten Gehalts Ozonalarm ausgelöst. Normalerweise sind die Gehalte in den unteren Schichten der Atmosphäre jedoch sehr gering, zu einem bedrohlichen Anstieg der Ozonkonzentrationen kommt es erst, wenn bei bestimmten Wetterlagen vor allem aus Autoabgasen (Stickoxiden und Kohlenwasserstoffen) unter dem Einfluss der Sonnenstrahlung zusätzliches Ozon gebildet wird. Am Erdboden hat also das Zuviel an Ozon mit der vom Menschen verursachten Luftverschmutzung zu tun, in der Höhe bewirken die Schadstoffe offenbar im Gegensatz dazu eine drastische Abnahme des Ozongehalts. Man darf sich die Ozonschicht, die die Erde in Höhen zwischen 20 und 50 km umgibt, außerdem nicht als dauerhafte und fest verankerte Schicht vorstellen. Sie weist vielmehr jahreszeitliche und von der geographischen Breite abhängige Schwankungen auf, ist überhaupt eher ein himmlisches Labor, in dem ständig Ozon erzeugt wird, das dann wieder zerfällt. Wie ein Phönix stirbt das Ozon und wird aus seiner Asche neu geboren.

Tagsüber, wenn der Großteil der Sonnenstrahlung die obere Atmosphäre ungehindert passiert, treffen die energiereichen UV-Strahlen auf Sauerstoffmoleküle (O_2) und zerschlagen manche Moleküle in zwei Atome. Davon verbinden sich einige sofort wieder mit anderen O_2-Molekülen, die vom Bombardement der harten UV-Strahlen verschont geblieben sind. Auf diese Weise entstehen in zwei Schritten Ozonmoleküle. Dem Ozonaufbau steht ein natürlicher Ozonabbau entgegen, sonst würde ja der Anteil des Gases ins Unermessliche steigen. Dabei spalten geringfügig andere, weiche UV-Strahlen das Ozonmolekül auf, setzen einen atomaren Sauerstoff frei, der sich wiederum in einem zweiten Schritt mit einem anderen Ozonmolekül verbindet und zwei gewöhnliche Sauerstoffmoleküle bildet. Für diesen Vorgang sind allerdings bestimmte Substanzen (z. B. schwefelige Teilchen aus Vulkanausbrüchen) als Katalysatoren notwendig.

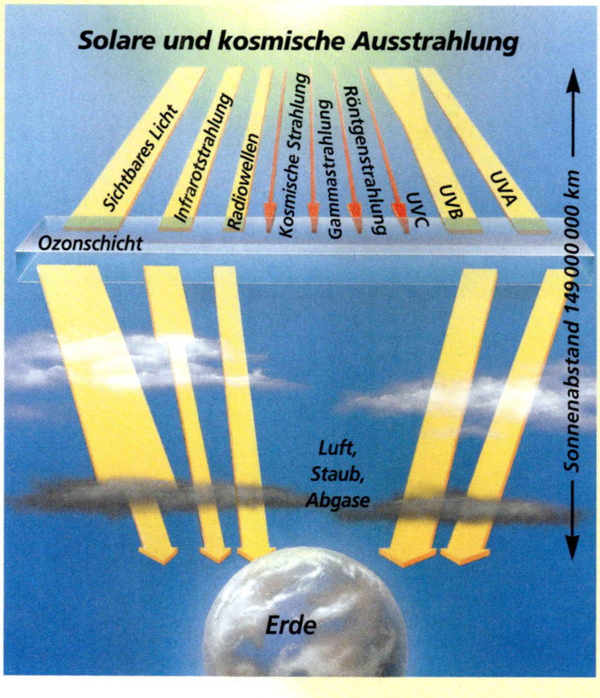

Gestörtes Gleichgewicht

Was konnte wohl diese in Jahrmilliarden eingespielten Reaktionen so nachhaltig stören, dass zuerst über der Antarktis und dann auch über dem Nordpolargebiet ein Ozonloch entstand? Bereits seit dem Ende der 70er-Jahre hatten britische Wissenschaftler regelmäßig zum Ende des Polarwinters über der Antarktis eine dramatische Ozonabnahme beobachtet. Zunächst vermuteten sie lediglich einen Fehler in der komplizierten Messapparatur, doch die Ergebnisse erwiesen sich als richtig und jetzt begann die fieberhafte Suche nach den Ursachen.

Die Atmosphäre allgemein und speziell das Ozon schützen uns wie ein Filter vor den schädlichen Strahlen der Sonne.

Eine ganze Reihe sehr unterschiedlicher Theorien wurde seither entwickelt. Die einen führen den Ozonverlust auf natürliche Vorgänge zurück, etwa auf Meteoritenströme, Sonneneruptionen oder Vulkanausbrüche, die anderen erklären hingegen die Störungen des Gleichgewichts von Ozonauf- und -abbau durch die Aktivitäten des Menschen. Buchstäblich am naheliegendsten ist die Theorie, dass der Ozonschwund durch Flugzeugabgase verursacht wird. Die modernen Jets verkehren mittlerweile in Höhen, die der Ozonschicht gefährlich nahe kommen. Möglicherweise wirken die Flugzeugabgase jedoch gerade wie „Gegengifte", bremsen den Ozonschwund. Und die Hauptquelle der Ozon schädigenden Substanzen liegt zweifellos dort, wo die Schadstoffe gewöhnlich herkommen: in den untersten Schichten der Lufthülle. Einer Gruppe von chemischen Substanzen wird eine enorme Zerstörungskraft zugeschrieben: den halogenierten (chlor-, brom- oder fluorhaltigen) Kohlenwasserstoffen und darunter wiederum den Fluorkohlenwasserstoffen, abgekürzt FCKW. Diese chemisch stabilen Verbindungen wurden und werden bis heute in vielen Bereichen der Industrie verwendet, in Kühlsystemen, als Treibmittel in Spraydosen sowie bei der Herstellung von Isolierschäumen, Halbleitern oder Aluminium.

Die in Bodennähe (soviel man bis heute weiß) harmlosen Gase verändern sich in der oberen Atmosphäre radikal. Kaum in der Ozonschicht angekommen, werden sie von den UV-Strahlen bombardiert und zerfallen. Hierbei werden Chlor, Brom und Fluor freigesetzt – drei Elemente, die in einer Art Kettenreaktion die Ozonmoleküle zerstören. Vor allem das Chlor wirkt sich verheerend aus: Ein abgespaltenes Chloratom kann an der Zerstörung von bis zu 10000 Ozonmolekülen beteiligt sein, ehe es wieder anderweitig gebunden wird.

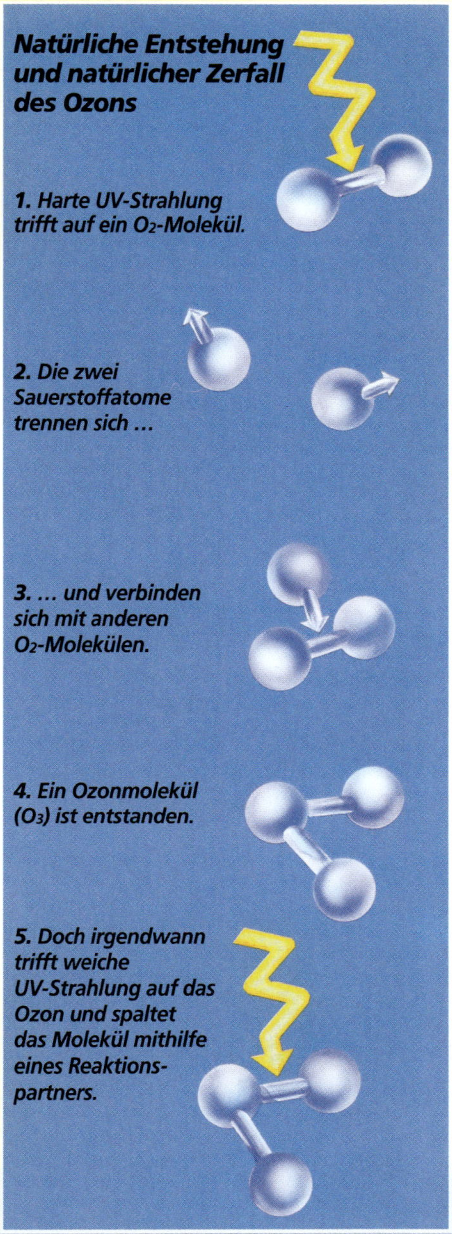

Flugverkehr und Ozonloch

Aus Flugzeugtriebwerken dringen wie aus den Auspuffrohren der Autos am Erdboden neben Wasserdampf und Kohlendioxid die verschiedensten anderen Gase, deren Rolle bei der Zerstörung der Ozonschicht noch weitgehend ungeklärt ist. Wenn man einer neueren Theorie glauben darf, dann sind z.B. die Stickoxide am Zerfall des Ozons beteiligt, erzeugen aber in einer komplizierten Verkettung von Reaktionen unter dem Einfluss der UV-Strahlung in der Höhe gleichzeitig auch neues Ozon.

Fünf Minuten vor oder nach zwölf?

Die Haupttäter sind also identifiziert, doch werden sie mit aller Entschiedenheit verfolgt? Schließlich hat der Ozonverlust katastrophale Folgen für das Leben auf der Erde: gesundheitliche, aber auch wirtschaftliche. Nach Modellrechnungen könnte z.B. eine Abnahme der Ozonkonzentration um 5% (wie sie in den höheren Erdbreiten innerhalb eines Jahrzehnts beobachtet wurde) ein um 10% erhöhtes Hautkrebsrisiko bewirken. Hinzu kämen Hautverbrennungen, Augenerkrankungen und eine allgemeine Schwächung des Immunsystems. Die Landwirtschaft müsste enorme Ernteeinbußen hinnehmen, bei besonders UV-empfindlichen Nutzpflanzen wie der Sojabohne um bis zu 20%. Und selbst wenn sofort alles gegen einen weiteren Abbau der Ozonschicht unternommen würde, muss man befürchten, dass uns das „dicke Ende" erst noch bevorsteht, denn die Schadstoffe benötigen Jahre, um in die Stratosphäre aufzusteigen.

Im Frühsommer der Südhalbkugel erreicht das Ozonloch über der Antarktis regelmäßig seine größte Ausdehnung.

Bis in die Stratosphäre steigen solche Ballonsonden auf, wo sie Messungen des Ozongehalts vornehmen.

Die erste internationale Vereinbarung wurde bereits 1985 unterzeichnet: die „Wiener Konvention zum Schutz der Ozonschicht". Zwei Jahre später folgte das von den meisten Staaten der Erde gebilligte „Montrealer Protokoll über Stoffe, die zu einem Ozonabbau führen". Inzwischen sind in den Industrieländern Produktion und Verwendung der gefährlichsten Substanzen verboten, für Ersatzstoffe wurden Ausstiegsfristen vereinbart, die in den Entwicklungsländern zum Teil bis zur Mitte des 21. Jh. reichen; bei anderen Substanzen konnten sich die Vertragspartner darauf einigen, Produktion und Verbrauch auf dem Niveau der Jahre 1995–98 einzufrieren. Nach wie vor werden jedoch in manchen Staaten große Mengen an FCKW produziert und bei anderen Ländern besteht der Verdacht, dass sie die Bestimmungen des Montrealer Protokolls nicht streng genug einhalten. Offenbar werden z. B. in den Nachfolgestaaten der ehemaligen Sowjetunion verbotene Substanzen in beträchtlichen Mengen hergestellt und in andere Länder geschmuggelt. Wohl nicht ohne Grund enthält die obere Erdatmosphäre heute z. B. noch etwa 50 % mehr Ozon schädigendes Chlor als zu Beginn des Ozonabbaus. Ist es etwa schon fünf Minuten nach zwölf?

Nun auch im Norden

Die Lage ist ernster denn je. In den vergangenen 25 Jahren hat die Ozonschicht etwa ein Zehntel des ursprünglichen Ozongehalts verloren und der Trend hält an. Eine deutliche Wende wird wahrscheinlich erst im nächsten Jahrtausend eintreten. Zwar wurde Mitte der 90er-Jahre in bodennahen Luftschichten erstmals ein Rückgang der Ozon schädigenden Stoffe beobachtet; da der Aufstieg der Gase bis in die Stratosphäre durchschnittlich drei bis vier Jahre dauert, wird dort jedoch die Entlastung frühestens nach dem

Mit diesem Flugzeug vom Typ ER-2 führt die NASA Untersuchungen bis in 20 km Höhe durch.

Jahr 2000 spürbar werden und bis dahin schreitet die Zerstörung der Ozonschicht wohl unvermindert fort. Abgesehen von den Tropen und Subtropen, wo übrigens fast das gesamte atmosphärische Ozon gebildet und dann durch Höhenwinde in die mittleren und höheren, von

Ein sehr bequemer Sündenbock

Seit seiner Entdeckung macht man das Ozonloch gern für alle Übel und Krankheiten verantwortlich. Seinetwegen, so heißt es, habe die intensivere UV-Strahlung Schafe in Patagonien erblinden lassen und Froschbestände gefährdet. Trotzdem sind die Amphibienpopulationen auch in Regionen mit intakter Ozonschicht so stark rückläufig, dass dort viele Arten als bedroht eingestuft werden. Die wahren Schuldigen könnten Agrarchemikalien und die Dürre sein.

Natur aus ozonreicheren Erdbreiten verfrachtet wird, geht der Ozonschwund überall weiter; mal kommt es dadurch nur zu einer allmählichen Ausdünnung der Ozonschicht, mal bildet sich ein regelrechtes Loch. Besonders dramatisch ist der Ozonabbau seit den 70er-Jahren über der Antarktis. Während der letzten Jahre war die Ozonschicht im antarktischen Frühling und Frühsommer (etwa von Anfang September bis Mitte November) in Höhen zwischen 15 und 20 km nahezu vollständig zerstört, dann schloss sich das Loch jedoch regelmäßig wieder. Der extrem rasche Abbau der Ozonschicht über dem Südpol hängt mit den extrem tiefen Temperaturen zusammen, die dort herrschen, denn die Ozon schädigenden Stoffe lagern sich an die winzigen Eisteilchen der Stratosphärenwolken an und je tiefer die Temperaturen sind, desto intensiver verläuft dieser Prozess. Über dem Nordpol ist es in der Stratosphäre durchschnittlich 10 °C wärmer als über dem Südpol, die Ozon abbauenden Vorgänge laufen hier deshalb wesentlich langsamer ab. Trotzdem wurden Mitte der 90er-Jahre über Grönland, Skandinavien und Sibirien erstmals Ozongehalte gemessen, die bis zu 45 % unter dem Normalwert lagen: Auch die Nordhalbkugel hatte jetzt ihr Ozonloch. Vielleicht waren ja die ungewöhnliche Winterkälte und die mehreren heftigen Eruptionen von Vulkanen auf der Nordhalbkugel in jener Zeit die Ursache – wollen wir es hoffen!

Die Verwendung von FCKW ist seit 1989 reglementiert.

VULKANE: LAUNISCHE FEUERBERGE

Es gibt in der Natur kaum etwas Faszinierenderes als einen Vulkan und auch nichts Unberechenbareres – trotz der modernsten Technik, mit der die Vulkanologen die Launen der Feuerberge zu ergründen versuchen. Immer wieder gelingt irgendwo auf der Erde einem Vulkan ein Überraschungscoup.

Als am 2. April 1991 aus dem Krater des Pinatubo auf den Philippinen die ersten Aschenwolken aufstiegen, waren die Vulkanforscher verblüfft, denn obgleich auf der Insel Luzon viele Vulkane überwacht werden, hätten sie gerade diesem seit Jahrhunderten ruhenden Feuerberg keinen Ausbruch zugetraut. Vor Ort stellten sie freilich fest, dass der Magmapegel von Tag zu Tag anstieg. Am 7. Juni schien die Katastrophe unmittelbar bevorzustehen und die Wissenschaftler konnten die Behörden davon überzeugen, dass die Bevölkerung evakuiert werden musste – keinen Tag zu früh, denn am 12. Juni begann einer der stärksten Vulkanausbrüche des 20. Jh. Innerhalb von drei Tagen entlud sich die 100fache zerstörerische Energie der Hiroshimabombe, mindestens 400 Menschen wurden getötet, Zehntausende obdachlos.

Reine Lavaeruptionen, wie hier aus dem Krater des Pu'u O'o auf Hawaii (oben), sind bei dünnflüssigen Schmelzen meist harmloser Natur.

Ein klassischer Schicht- oder Stratovulkan im Querschnitt: Typisch sind die wechselnden Lava- und Aschenschichten (unten) – daher der Name.

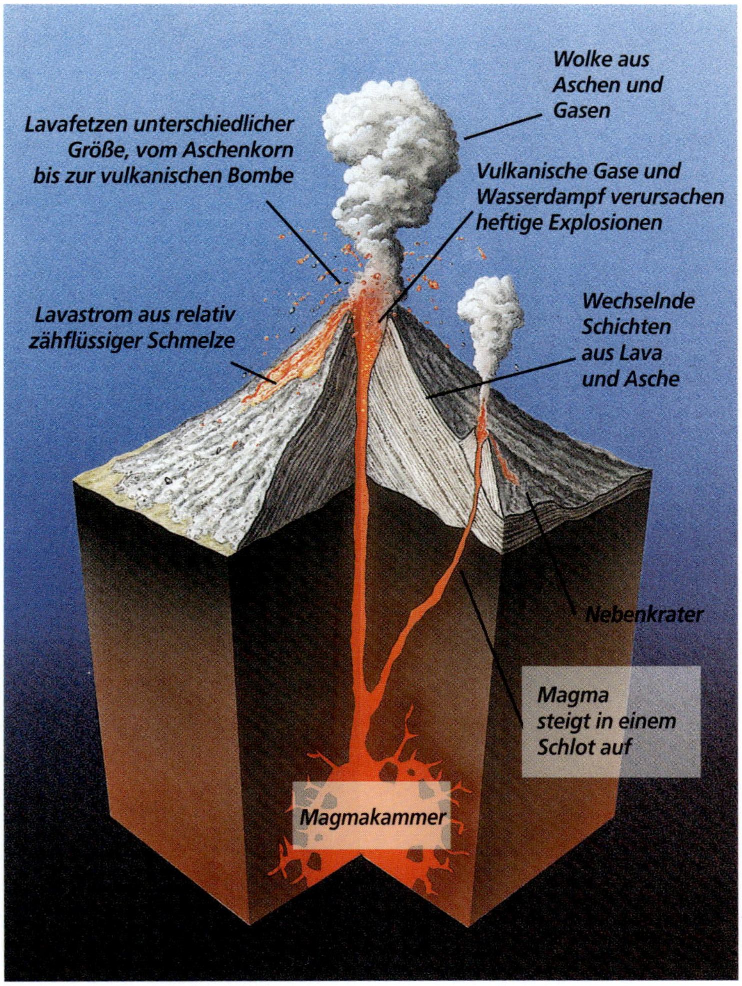

Jeder Ausbruch ist anders

Eigentlich hätte man mit einem heftigen Ausbruch des Pinatubo rechnen müssen, ihn nicht unvorsichtigerweise aus dem Verzeichnis der aktiven Vulkane der Philippinen streichen dürfen. Zu den Charaktermerkmalen der Vulkane jener Region der Erde gehört es nämlich, dass sie oft jahrzehnte- bis jahrhundertelange Ruhepausen einlegen, um dann ohne deutliche Vorwarnungen explosionsartig auszubrechen. Die Vorbereitungen zum nächsten Ausbruch spielen sich im Verborgenen ab: Magma, eine glutflüssige, mehr oder weniger gasreiche Gesteinsschmelze, steigt langsam in Förderschloten aus den Tiefen der Erde empor und sammelt sich zunächst in der Magmakammer, einem unterirdischen Hohlraum. Hier bleibt die Schmelze mal nur ein paar Wochen, mal etliche Tausend Jahre – so lange, bis dieser gewaltige Kessel bis an den Rand gefüllt ist. Nicht selten bläht sich dann der Vulkan wie ein Luftballon auf, es bilden sich Risse an den Flanken, durch die Wasser bis zum glühenden Magma vordringen kann und dort blitzschnell verdampft. Spätestens dann bricht der Vulkan aus.

Die Schmelzen, die in den Förderschloten der Vulkane aufsteigen, haben sehr unterschiedliche physikalische und chemische Eigenschaften, angefangen beim Gasgehalt über die Viskosität, die Zähigkeit der Schmelze, bis zur Temperatur. Entsprechend unterschiedlich verlaufen die Eruptionen. Da gibt es z. B. Vulkane mit überwiegend plinianischer (explosiver) Tätigkeit, die bei Aschenregen und in Glutlawinen hauptsächlich Lockermaterial auswerfen, Feuerberge, die wahre Lavafluten ausspeien, oder auch Vulkane, die je nach Laune mal Aschen, mal Laven fördern und die schönsten Kegel aufbauen.

Der Schein kann trügen

Nicht nur in der Art der Eruptionen, sondern auch in der Häufigkeit der Ausbrüche unterscheiden sich die Vulkane deutlich voneinander. Einige wenige sind gewissermaßen Dauerbrenner, wie der Stromboli vor der Südwestküste Italiens, der als „Leuchtturm des Mittelmeers" seit Menschengedenken ungefähr im Viertelstundentakt ein meist harmloses vulkanisches Feuerwerk veranstaltet. Andere hingegen sammeln ihre Kräfte über Jahrhunderte hinweg, um dann umso erbarmungsloser zuzuschlagen. Und manche Vulkane gaukeln dem Menschen offenbar höchste Aktivität vor, sind in Wirklichkeit jedoch Papiertiger, beispielsweise der Pichincha in Ecuador, der aus seinem Gipfelkrater ständig dicke Dampfwolken ausstößt, seinen letzten echten Ausbruch aber vor über 100 Jahren (1881) erlebte. In den Phlegräischen Feldern bei Neapel scheint die Natur gar ein vulkanisches Gruselkabinett eingerichtet zu haben: Äußerst bedrohlich blubbert es in grauschwarzen Schlammlöchern, beißender Schwefeldunst liegt über den Kratern, doch der letzte Ausbruch des Monte Nuovo fand schon vor über 450 Jahren statt.

Alarmsignale

Die Vulkanologen lassen sich freilich nur selten einmal täuschen, haben inzwischen eine ganze Reihe von Verfahren entwickelt, rechtzeitig Anzeichen für einen bevorstehenden Ausbruch zu entdecken. Und es gibt viele Alarmsignale, etwa Erdstöße, vom fast unmerklichen Zittern des Erdbodens bis zum heftigen vulkanischen Beben. Bei sehr aktiven Vulkanen treten die Beben eine Woche bis einen Monat vor der Eruption auf; bei Feuerbergen, die Ruhepausen von mehreren Jahrzehnten bis Jahrhunderten einlegen, beträgt die Vorwarnzeit mehrere Monate bis hin zu einem Jahr.

Die Beben entstehen durch den Aufstieg des Magmas, das sich gewaltsam seinen Weg zur Erdoberfläche bahnt und dabei auch die äußere Gestalt des Vulkanbaus verformt, um wenige Zentimeter bis zu Dutzenden von Metern. Mithilfe von Lasergeräten können selbst geringste Bodenbewegungen entdeckt und gemessen werden; Inklinometer, höchst empfindliche Neigungsmesser, registrieren Änderungen im Gefälle der Erdoberfläche; Magnetometer messen die Schwankungen des Erdmagnetfelds, die mit den Bewegungen des Magmas zusammenhängen; Extensometer verfolgen die Ausdehnung der Erdspalten, die sich beim Anschwellen des Vulkangebäudes bilden; Sensoren registrieren die Temperaturen innerhalb der Dampfquellen.

Derzeit überwachen die Vulkanologen weltweit knapp 1000 Vulkane, die meisten allerdings nur stichprobenartig. Um den Warndienst zu verbessern, müssten wenigstens an den aktivsten Vulkanen – davon gibt es auf der Erde rund 50 – ständige Observatorien eingerichtet und bei der Kontrolle auch jene Feuerberge berücksichtigt werden, die sich im Lauf der letzten 10 000 Jahre wenigstens einmal zu Wort gemeldet haben und urplötzlich wieder zu neuem Leben erwachen könnten. Technisch ist die ständige Beobachtung schon heute möglich, vor allem durch Satelliten, die Eruptionswolken schnellstmöglich entdecken, oder mobile Beobachtungsstationen, die ähnlich wie in der Meteorologie Daten automatisch erfassen und über Funk zu zentralen Stationen weiterleiten. Natürlich kosten solche Beobachtungsnetze viel Geld, doch angesichts der fast 100 000 Todesopfer, die Vulkanausbrüche allein seit Beginn des 20. Jh. forderten, und der immensen Sachschäden wäre es eine Investition in die Zukunft der Menschheit.

Um die Feuer speienden Ungeheuer besser zu verstehen, müssen sich die Vulkanologen oft dicht an ihren Schlund heranwagen (1).

Lasermessung von Bodenbewegungen, ein Frühwarnsystem für Eruptionen (2)

Die Entnahme von Gasproben, wie hier am Ätna, gehört inzwischen schon zu den vulkanologischen Routinearbeiten (3).

Die Kette der Puys in der Auvergne: Niemand weiß, ob sie endgültig erloschen sind (4).

1

2

3

4

Fernüberwachung

Allzu nahe sollten selbst erfahrene Vulkanforscher aktiven Feuerbergen nicht kommen, schon viele haben für ihren Wagemut mit dem Leben bezahlt, deshalb geht der französische Physiker und Vulkanforscher Michel Halbwachs auf äußerste Distanz und überwacht seine Sorgenkinder via Satellit. 1990 hörte er in seinem Labor in Chambéry das verdächtige Blubbern von Gasblasen. Ein Mikrofon, versenkt im Keludsee in Indonesien, übermittelte ihm das Alarmsignal eines bevorstehenden Ausbruchs. Sofort wurde die Gegend evakuiert ... gerade noch rechtzeitig.

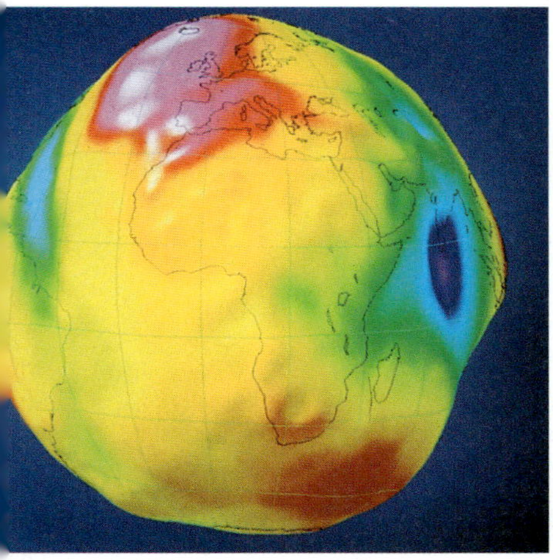

Die Erde: längst kein internationales Ellipsoid mehr, sondern ein unregelmäßig geformter Himmelskörper mit Vertiefungen (gelb, grün und blau) und Erhebungen (rot). So würde der Blaue Planet geformt sein, wenn er tatsächlich rundherum blau, d. h. völlig von Meeren bedeckt wäre. Diese durch Fliehkräfte und das irdische Schwerefeld bestimmte und mathematisch abgeleitete Gestalt des Erdkörpers wird als Geoid bezeichnet.

Ein Planet mit Beulen

Die Erde, eine riesige Kugel? Eher eine verschrumpelte Birne oder ein zu schwach aufgeblasener Fußball, der mit zahlreichen Buckeln und Dellen versehen über das kosmische Spielfeld rollt. Mithilfe der Satelliten, die über unseren Köpfen kreisen, konnte die Gestalt unseres Planeten in den vergangenen Jahrzehnten sehr präzise, praktisch bis auf den Meter genau, bestimmt und vermessen werden. Was sind die Ursachen dieser merkwürdigen Buckel und Dellen und warum hat die Erde zusätzlich noch einen Bauch?

Lange Zeit glaubten die Menschen, die Erde sei flach wie ein Pfannkuchen oder eine Diskusscheibe. Später sah man sie als perfekte Kugel, so wie heute noch der Globus geformt ist. Doch dann stellte sich heraus, dass unser Planet eher einem Ei gleicht, einen elliptischen Querschnitt hat und an den Polen deutlich abgeplattet ist – der Polradius misst rund 15 km weniger als der mittlere Erdradius. Dafür weist er beiderseits des Äquators eine Art Bauch auf – der Äquatorradius ist gut 7 km länger als der mittlere Radius. Wegen der Erdrotation um eine Achse und der dadurch auftretenden Fliehkräfte erfährt ein Punkt am Äquator eine größere Beschleunigung als ein Punkt an den Polen und im Lauf der Jahrmilliarden wurde der feste Erdball ähnlich wie ein rotierender Wassertropfen verformt. 1924 legte daher die Internationale Union für Geodäsie und Geophysik die Werte des internationalen Ellipsoids fest, um die Erdfigur möglichst exakt zu beschreiben.

100 m hohe Buckel

Seit einigen Jahren wissen wir nun, dass die wahre Erdgestalt deutlich von diesem Ellipsoid abweicht. Dank immer leistungsfähigerer Satelliten, die den Planeten vom All aus beobachten – GEOSAT, SEASAT, TOPEX-POSEIDON usw. –, erhalten wir ein zunehmend präziseres Bild von den Großformen der Erdoberfläche, den Meeresbecken und Gebirgen, aber auch von der Gestalt der gesamten Erde als Himmelskörper. Das Erdrelief wirkt sich bei der Bestimmung der exakten Erdfigur störend aus, deshalb lassen es die Geodäten einfach unter dem Meeresspiegel verschwinden, wenigstens theoretisch, und nehmen an, die Erde wäre ganz von Wasser bedeckt. Man könnte meinen, das Geoid, diese abstrahierte Grundform, wäre vollkommen ebenmäßig geformt, doch weit gefehlt: Das Geoid sieht recht verbeult aus und weist Unregelmäßigkeiten von bis zu 100 m Höhenunterschied auf. So ist z. B. Südindien von einer 100 m tiefen Delle entstellt, Indonesien liegt auf einem 75 m hohen Buckel und im Pazifischen Ozean erhebt sich ein weiterer Buckel rund 100 m über die berechnete Bezugsfläche des Sphäroids.

Innere Variationen

Woher kommen diese Abweichungen von der Idealgestalt? Die Forscher suchen die Ursachen im Innern der Erde, in Schwereanomalien, die mit dem Aufbau des Erdkörpers zusammenhängen. Schon die Erdkruste verrät, dass die Massenverteilung und somit die Schwerebeschleunigung über den Erdball hinweg sehr uneinheitlich ist: Mal bildet die feste Erdrinde eine wenige Kilometer dünne Schicht, wie unter den Ozeanen, mal ist sie viele Kilometer dick, wie unter den hohen Kettengebirgen, einmal besteht sie aus schweren Gesteinsarten, ein anderes Mal aus leichteren. Im Bereich der massiven Kontinentalkerne ist die Anziehungskraft überdurchschnittlich groß, hier bilden sich die Dellen, während die Buckel über den Meeresböden liegen.

Der französische Astronom und Mathematiker Alexis Claude Clairaut (1713–65) wurde 1736 nach Lappland entsandt, um die Erdabplattung zu bestimmen. Er entwickelte 1743 dazu eine wichtige Theorie, das clairautsche Theorem.

Purzelbäume des Erdmagnetfelds

Die Magnetpole der Erde wandern, das lernt man seit jeher in der Schule; doch dass das irdische Magnetfeld im Lauf der Erdgeschichte immer wieder Purzelbäume geschlagen und sich völlig umgepolt hat, das wissen wir erst seit ein paar Jahrzehnten.

Zahllose Vulkanausbrüche haben Hawaii, die größte Insel des Archipels, geschaffen.

Zugvögel auf Irrwegen, gestörte Funkverbindungen, reihenweise Navigationsfehler und ein in roten und grünen Farben leuchtender Nachthimmel: Das wären die Folgen, würde sich heute jenes rätselhafte Ereignis wiederholen, welches vor rund 780 000 Jahren geschah. Damals stellte sich die magnetische Welt gewissermaßen auf den Kopf. Das Erdmagnetfeld drehte sich um 180°, es kam zu einer Umpolung. Eine außergewöhnliche, einmalige Episode in der Geschichte der Erde? Keineswegs, seit einigen Jahrzehnten ist nachgewiesen, dass sich das erdmagnetische Feld in der geologischen Vergangenheit öfter gedreht hat – und in einem mit geologischen Zeitmaßstäben gemessen erstaun ich kurzen Zeitraum. Warum dieses Hin und Her? Wann finden die Wechsel statt? Fragen, auf die die Geophysiker noch keine befriedigende Antworten parat haben.

Ein Dynamo im Herzen der Erde

Man erinnere sich an seine Schulzeit: Schütten Sie eine Hand voll Eisenfeilspäne auf ein Blatt Papier über einem Stabmagneten. Sofort orientieren sich die Späne zu den Enden des Stabes hin und bilden um ihn herum durchbrochene Linien – die magnetischen Feldlinien. Auch die Erde verhält sich wie ein riesiger Stabmagnet. Die Verteilung der Kräfte ist etwa so, als ob im Erdmittelpunkt ein starker Magnet säße, dessen Achse allerdings nicht genau mit der Drehachse der Erde zusammenfällt, sondern um gut 11° dagegen geneigt ist. 200 cm³ magnetisierte Stahlstäbe in jedem Kubikmeter des gesamten Erdkörpers würden ausreichen, das erdmagnetische Feld zu erzeugen. Es wird freilich nicht durch starre Magnete, sondern durch elektrische Ströme erzeugt, die im äußeren Erdkern fließen und die Folge von sehr langsamen Materieströmungen sind. Die Vorgänge gleichen denen in einem Dynamo und man spricht daher von der Dynamo-Theorie.

Das Gedächtnis der Erdkruste

Wir wüssten von den zahlreichen Umpolungen überhaupt nichts, wenn manche Gesteine nicht die Fähigkeit hätten, die Magnetisierung über geologische Zeiträume zu erhalten. Bei der Entstehung dieser Gesteine wird die herrschende Richtung des erdmagnetischen Feldes gleichsam eingefroren. Verschiedene Gesteine enthalten magnetische Mineralien, vor allem Magneteisen oder Magnetkies. Bei den vulkanischen Gesteinen richten sich die magnetischen Partikel innerhalb der glutflüssigen Lava wie kleine Kompassnadeln nach dem erdmagnetischen Feld aus, aber auch in Sedimentgesteinen lagern sich die Teilchen dem Magnetfeld entsprechend ab. Sobald die Lava erst einmal erstarrt oder das lockere Sediment verfestigt ist, behalten die Partikel ihre Ausrichtung bei und mit hoch empfindlichen Messgeräten, den Magnetometern, kann diese remanente (zurückbleibende) Magnetisierung gemessen werden.

Die gegenwärtige erdmagnetische Epoche, die vor 780 000 Jahren begann, ist nach dem französischen Physiker Bernard Brunhes benannt. Er stieß 1906 im Zentralmassiv auf eine Folge von Lavaströmen mit umgekehrter Polarität – eine Aufsehen erregende Entdeckung, die aber erst mehr als ein halbes Jahrhundert später, in den 60er-Jahren, für die Wissenschaft praktischen Nutzen gewinnen sollte. Inzwischen hatte man nämlich zahlreiche weitere Umpolungen entdeckt, deren Zeitpunkte ermittelt und eine Polaritäts-Zeitskala erstellt, die bei der Altersbestimmung der Gesteine nützlich sein kann. Vor allem Gesteine, die keine oder nur sehr wenige Fossilien enthalten, können jetzt mit größerer Sicherheit den erdgeschichtlichen Zeitabschnitten zugeordnet werden. Für manche Gesteinsserien bieten die Umkehrungen des Erdmagnetfelds die einzige Möglichkeit der zeitlichen Zuordnung.

Epochen und Ereignisse

Die vorerst letzte vollständige Umpolung des irdischen Magnetfelds zur gegenwärtigen „normalen" Polarität erfolgte vor rund 780 000 Jahren. Davor gab es einen Zeitraum von fast 1,7 Mio. Jahren, in dem die Magnetpole gegenüber ihrer heutigen Lage invers (vertauscht) waren. Solche lang andauernden Zeiträume einheitlicher Polarität werden als Epochen bezeichnet und nach berühmten Erforschern des Erdmagnetismus benannt. Auch innerhalb dieser Epochen kehrte sich das Magnetfeld mitunter für einige Jahrtausende um. Solche recht kurzfristigen Ereignisse, wie vor 910 000–980 000 Jahren, benennt man nach ihren Entdeckungsorten.

Die eindrucksvollsten Ergebnisse erzielte man mit diesem Verfahren bei der Untersuchung des basaltischen Ozeanbodens beiderseits der ozeanischen Rücken. Dort zeichnen die Gesteinsserien mit normaler und inverser Polarität ein auffälliges, spiegelbildlich angeordnetes Zebrastreifenmuster, das den Breitenzuwachs des Ozeanbodens durch die in entgegengesetzter Richtung driftenden Platten eindeutig belegt.

Chaotische Zeiten

Die Polaritätsskala zeigt, dass die Ausrichtung des erdmagnetischen Feldes meist mehrere Jahrhunderttausende bis über eine Jahrmillion einheitlich bleibt, dann aber (verglichen mit der Geschwindigkeit vieler anderer geologischer Vorgänge) schlagartig die Umpolung eintritt. Innerhalb der erdmagnetischen Epochen kommt es ebenfalls hin und wieder zu einer relativ kurzfristigen Umkehrung, manchmal gerät das Magnetfeld auch nur für einige Jahrtausende aus dem Gleichgewicht, ohne dass eine vollständige Umpolung erfolgt. Die Verlagerung der Pole von der Nord- auf die Südhalbkugel bzw. in umgekehrter Richtung dürfte jeweils nur ein paar Jahrtausende gedauert haben. Ein französisch-amerikanisches Forscherteam vermutet sogar ein Umkippen in Rekordzeit: Die minutiöse Untersuchung von rund 16 Mio. Jahre alten Basaltproben ergab, dass der Pol damals um mehrere Grad pro Tag gewandert ist. Nach wenigen Wochen bis Monaten war also die Umpolung vollendet.

Dabei bevorzugen die Magnetpole offenbar bei ihren Wanderungen wie die Zugvögel bestimmte Wege: etwa in nordsüdlicher Richtung durch Amerika. Vor und während der Wanderung schwächt sich das Magnetfeld jeweils ab, mitunter gerät es ganz in Unordnung, so als ob es mehrere Nord- und Südpole gleichzeitig gäbe. Dieses Chaos kann mehrere Jahrtausende dauern, bis sich das Feld wieder stabilisiert. Gegenwärtig nimmt die magnetische Feldstärke allmählich ab. Kündigt sich damit eine neuerliche Umpolung an? Niemand weiß es.

Der brennende Himmel

Polarlichter gehören zu den faszinierendsten Naturschauspielen. Sie entstehen durch Protonen und freie Elektronen, die von der Sonne her mit einer Geschwindigkeit von etwa 1600 km/s durch den Weltraum rasen und in Höhen zwischen 80 und 1000 km über der Erdoberfläche mit den Atomen bzw. Molekülen der irdischen Lufthülle zusammenstoßen. Beim Aufprall werden die getroffenen Teilchen zum Leuchten angeregt. Polarlichter sind am häufigsten über den Polargebieten zu beobachten und dort vor allem in zwei ringförmigen Zonen im Abstand von 23° zu den magnetischen Polen, denn die Partikel geraten in Erdnähe unter den Einfluss des magnetischen Feldes und werden zu den Polen hin gelenkt.

Das äußere Magnetfeld der Erde spielt bei der Entstehung der Polarlichter eine wichtige Rolle.

Streifenmuster der ozeanischen Kruste beiderseits eines Rückens

Die Tiefsee wird von vulkanischen Bergketten durchzogen, die man als ozeanische Rücken bezeichnet. Beiderseits der Längsachse eines solchen Rückens folgen nach außen hin immer ältere Basaltdecken streifenförmig aufeinander und formen so neue ozeanische Kruste. Da die magnetischen Mineralien in der über geologische Zeiträume geförderten Lava je nach dem Zeitpunkt der Eruption oft eine gegensätzliche Polarität aufweisen, bilden die Basaltmassive wechselnde Streifen mit normaler (im Schnittbild schwarz) und inverser (weiß) Polarität – ein Hauptindiz für die Bildung der heutigen Ozeane seit dem Erdmittelalter.

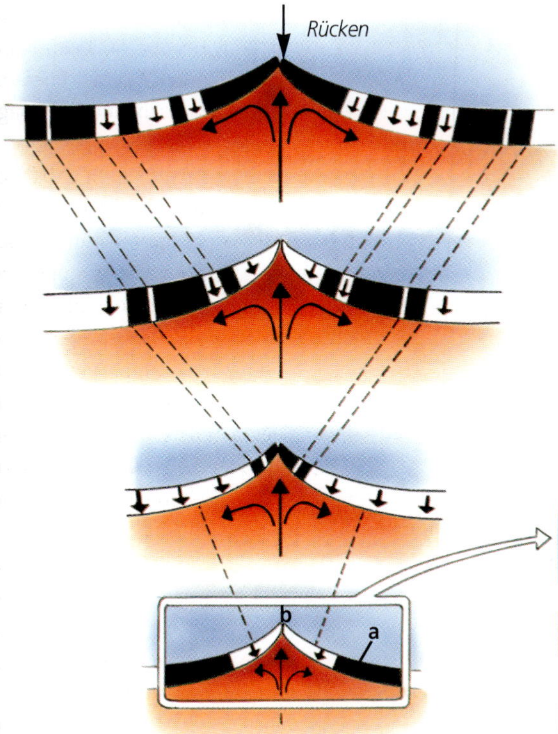

Rücken im Querschnitt

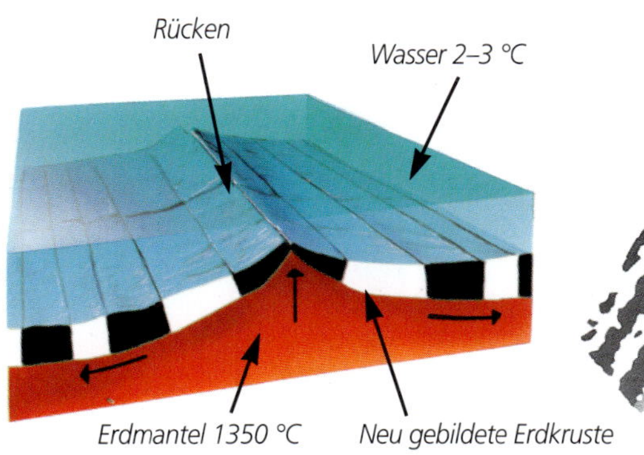

a *Meeresboden*
b *Ozeanischer Rücken*

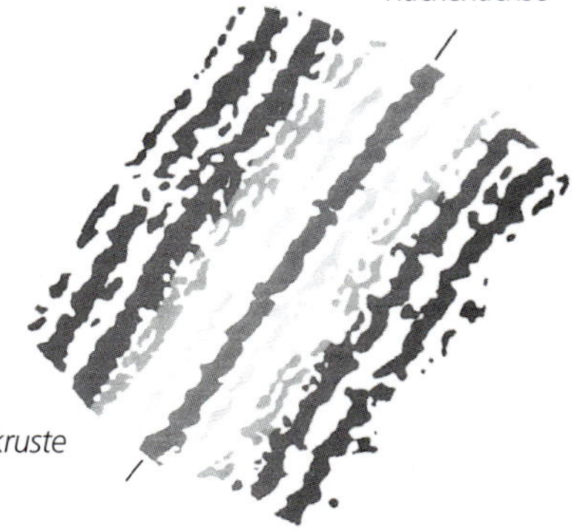

Rücken in der Aufsicht

Der Tag wird länger

Vor etwa 370 Mio. Jahren hatte das Jahr 400 Tage, heute nur noch 365, denn der irdische Tag wird allmählich länger. Wie ein ermüdender Kreisel dreht sich die Erde immer langsamer um ihre Achse. Wird sie eines Tages ganz zum Stillstand kommen?

Der Astronom Edmond Halley (1656–1742), nach dem der eindrucksvollste Komet im Sonnensystem benannt ist, kam als Erster zu dem Schluss, dass sich die Erde immer langsamer dreht. Freilich, die Geschwindigkeitsabnahme und damit verbunden die Verlängerung des Tages sind unvorstellbar gering, im Lauf eines Menschenlebens nicht wahrzunehmen: In 100 Jahren verlängert sich der Tag um weniger als zwei Millisekunden. Doch im Lauf geologischer Zeiträume macht sich die Abnahme der Rotationsgeschwindigkeit schon bemerkbar. Während unser Planet sich heute in 24 Stunden einmal um seine Achse dreht, brauchte er dafür vor knapp 400 Mio. Jahren nur 22 und da der Umlauf der Erde um die Sonne seither praktisch konstant geblieben ist, hatte das Jahr damals rund 400 Tage. Der Mond umrundet die Erde dagegen langsamer, entfernt sich dabei pro Jahr um einige Zentimeter von seinem Planeten und hat inzwischen seine Rotationsgeschwindigkeit so weit gedrosselt, dass er der Erde immer dieselbe Seite zuwendet – eine ganze Reihe miteinander verketteter Phänomene und Prozesse, die von komplizierten Wechselwirkungen im Erde-Mond-System, von den Gezeiten und der so genannten Gezeitenreibung herrühren.

Die Gezeiten entstehen durch das Zusammenspiel von Anziehungs- und Fliehkräften, vor allem durch die Gravitation des Mondes, in geringerem Maß durch die der Sonne. Diese Kräfte sind an verschiedenen Punkten auf und in der Erde unterschiedlich groß. Dadurch kommt es zu einer vorübergehenden Verformung, die bei der Wasserhülle der Erde am auffälligsten ist. Der Meeresspiegel sinkt und steigt im Rhythmus von Ebbe und Flut je nach den Formen des Meeresbodens, der Größe des Meeres und des Küstenverlaufs meist zweimal täglich um einige Zentimeter bis über 10 m. Die Gezeiten sind aber auch als Schwingungen in der Lufthülle und als Verformungen in der Größenordnung von einigen Dezimetern im festen Erdkörper nachweisbar.

Bremsen bis zum Stillstand?

Die ständige Verlagerung der Wassermassen rund um den Erdball, durch Meerengen und Archipele, verläuft nicht reibungslos, sondern kostet Energie, genauso wie die Verformungen der Erdrinde. Wegen der Reibungskräfte wird die Rotation der Erde langsam abgebremst. Außer dieser Gezeitenreibung spielt noch die Tatsache eine Rolle, dass sich der Mond immer weiter von der Erde entfernt, dadurch langsamer wird und seinem Planeten gewissermaßen hinterherhinkt. Daher hat die einmal in Schwung gebrachte Gezeitenfront das Bestreben, den Mond quasi zu überholen, statt ihm synchron auf seiner Umlaufbahn zu folgen. Der Mond zieht also ständig die Wassermassen aus hinterer Position an, wobei die ganze Erdkugel abgebremst wird. Deshalb schmilzt der wunderbare Schwung, den unser Planet bei seiner Entstehung erhielt, allmählich dahin und die Erde dreht sich immer langsamer um die eigene Achse. Gelegentlich wirken andere Vorgänge der Himmelsmechanik der Abbremsung entgegen, das Ziel ist jedoch klar vorgegeben: ein Planet, der irgendwann in ferner Zukunft seinen natürlichen Trabanten verlieren wird, dessen Drehung durch die Gezeitenreibung so weit verlangsamt wird, dass er der Leben spendenden Sonne stets dieselbe Seite zuwendet und so in zwei Hemisphären mit krassen Klimagegensätzen zerfällt. Wann wird dieses Stadium erreicht sein? Spätestens in 4–5 Mrd. Jahren müsste die Gezeitenreibung die gesamte Rotationsenergie der Erde aufgezehrt haben.

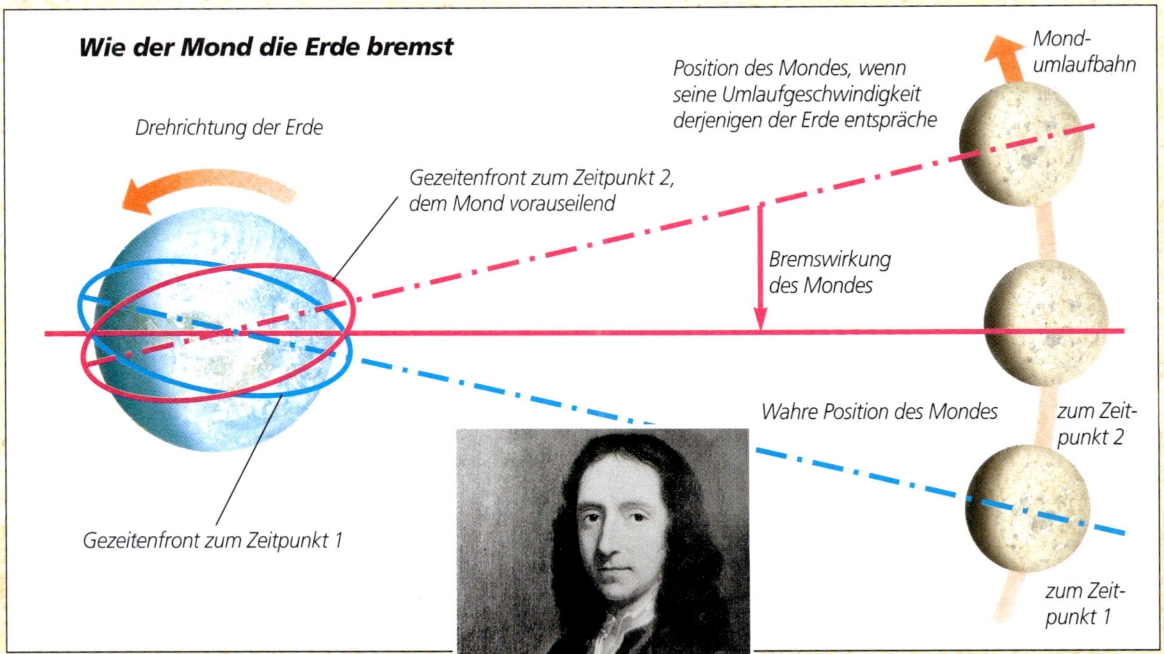

Im Lauf der Zeit verlangsamt sich die Rotationsgeschwindigkeit der Erde allmählich. Hauptverantwortlich ist hierfür der Mond. Er bewirkt nicht nur Ebbe und Flut, sondern auch andere Störungen. Sie haben zur Folge, dass die zum Zeitpunkt 1 entstandene Gezeitenfront zum Zeitpunkt 2 rückwärts angezogen wird, wodurch der Planet abgebremst wird.

Edmond Halley beobachtete als Erster, dass der irdische Tag länger oder – anders formuliert – die Erddrehung langsamer wird.

Vom Ursprung des irdischen Lebens

Noch lange nach der Bildung der ersten festen Kruste war die Erde ein öder, unbelebter Planet, wüst und leer. Wie das Leben auf ihm Fuß fasste, ist noch unklar. Kamen die ersten Mikroorganismen aus dem Weltraum? Oder entstanden sie auf der Erde durch chemische Reaktionen? Und wenn ja, welchen? Eine Fülle fesselnder Fragen!

Stanley L. Miller rekonstruierte im Labor jene Umweltbedingungen, unter denen die ersten Biomoleküle entstanden sein könnten.

Bis ins 19. Jh. hinein erklärten die Gelehrten die Bildung des Lebens durch die so genannte Urzeugung, eine erste und seither ständige Entstehung von Lebewesen aus leblosem Stoff ohne Einwirkung von außen. In der Antike und im Mittelalter glaubte man beispielsweise, dass die Würmer nicht aus Eiern, sondern unmittelbar aus verdorbenem Fleisch geboren würden, dass sich Kröten und Aale aus Schlamm und die Mäuse gar aus Weizenkleie und den Schweißausdünstungen getragener Hemden bildeten. Zahlreiche Wissenschaftler – und nicht die geringsten – waren überzeugt, eine rätselhafte Lebenskraft verwandle unbelebte Materie in Eier oder Keime, aus denen die künftigen Lebewesen schlüpfen würden.

Erst der französische Chemiker und Biologe Louis Pasteur (1822–95) widerlegte den Mythos der Urzeugung durch ein Aufsehen erregendes Experiment: Er füllte eine Lösung aus Wasser und organischen Materialien, die sich an der Luft bald zersetzen mussten, in einen Glaskolben, verschloss und erhitzte das Gefäß – und wartete ab. Doch nichts geschah, die Flüssigkeit blieb klar. Erst als er den Kolben öffnete, die Luft und – wie er vermutete – in der Luft schwebende Bakterien mit der Flüssigkeit in Berührung kamen, setzte der Fäulnisprozess ein und die Lösung wurde schon nach wenigen Stunden trüb.

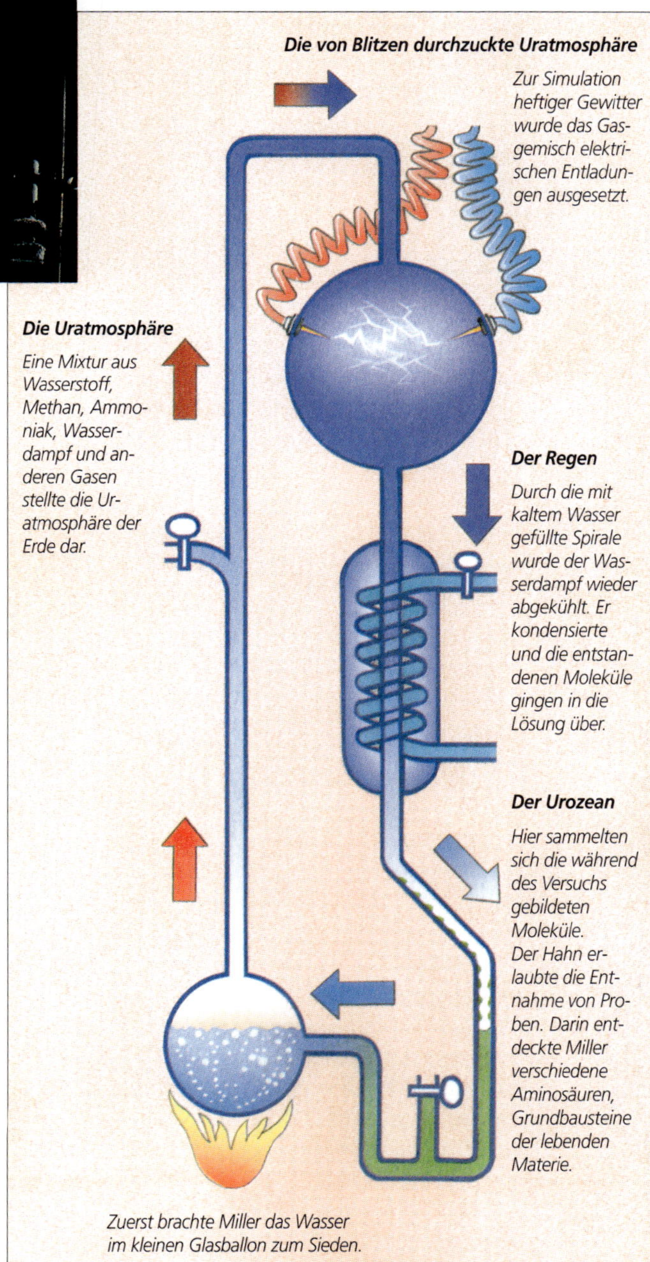

Ein Gemisch anorganischer Gase und zugeführte Energie genügten, um die Bausteine des Lebens neu zu erschaffen.

Leben aus leblosen Stoffen

Damit war freilich nur bewiesen, wie sich schon existierende irdische Lebewesen vermehren konnten, bei der Frage nach den allerersten Ursprüngen des Lebens auf der Erde hat dagegen die Theorie von der Entstehung des Lebens aus leblosen Stoffen nichts von ihrer Attraktivität verloren. Man bezeich-

Millers „Ursuppe"

1953 führte Stanley L. Miller, damals noch Student bei Prof. Hurey an der Universität von Chicago, im Alleingang ein Experiment durch: Er füllte einen Glasballon mit Wasser, brachte es zum Sieden, leitete den Wasserdampf durch ein Gemisch aus verschiedenen Gasen und setzte die rekonstruierte Uratmosphäre zur Simulation der Gewitter auf der jungen Erde eine Woche lang den elektrischen Entladungen eines Lichtbogens aus. Bei der Analyse seiner „Ursuppe" entdeckte er voller Staunen (oder vielleicht wie erwartet) unter den entstandenen Produkten größere Anteile der Aminosäure Glyzin, einen Baustein der Eiweißstoffe und damit ein Biomolekül.

net die von dem russischen Biochemiker Aleksandr Iwanowitsch Oparin (1894–1980) entwickelte Lehre heute allerdings nicht mehr als Urzeugung oder Archigonie, sondern als abiotische Synthese (griech. *abios* = ohne Leben). Und von den vielen ideenreichen Hypothesen über den Ursprung des Lebens verdient sie mit strengen naturwissenschaftlichen Maßstäben gemessen sogar als einzige das Prädikat „Theorie“, denn nur sie konnte in Experimenten bestätigt werden und wird heute weitgehend akzeptiert. Für den Laien ist sie allerdings schwer verständlich: Wegen der komplizierten chemischen Prozesse bei der Bildung der ersten Biomoleküle, vor allem aber weil nach Ansicht der Forscher das irdische Leben unter Bedingungen entstanden sein soll, unter denen kein heutiges Lebewesen längere Zeit existieren könnte.

Die „Ursuppe“

Wie sah die Erde vor etwa 4 Mrd. Jahren aus, zu jener Zeit, als sich die entscheidenden Schritte zum Leben abspielten: Vulkanausbrüche erschütterten pausenlos unseren Planeten; ständig wüteten heftige Gewitter über ihm; die tödliche ultraviolette Strahlung der Sonne durchdrang die Gashülle fast ungehindert bis zum Erdboden, weil die schützende Ozonschicht noch fehlte; saurer Regen fiel aus der mit Schwefelwasserstoff, Ammoniak und Methan verpesteten Atmosphäre, sammelte sich in den Senken der Erdoberfläche und bildete einen ursprünglich fast siedend heißen Ozean, in dem sich eine etwa 10%ige Lösung organischer Materialien sammelte: die „Ursuppe“. Nach Stanley L. Miller haben zahlreiche andere Forscher die Verhältnisse der Uratmosphäre nachgeahmt und aus ihren Bestandteilen unter Einwirkung verschiedener Energieformen, wie UV-Licht oder Elektrizität, die verschiedensten organischen Stoffe wie Aminosäuren, Adenin, Guanin, Thymin, Glukose oder Harnstoff geschaffen. Sie bewiesen damit, dass sich in der Uratmosphäre und im Urozean wie in einem überdimensionalen Reagenzglas organische Verbindungen aus anorganischen bilden konnten. Von diesen Stoffen bis zur Zelle und zum Lebewesen war es jedoch noch ein weiter Weg und viele Etappen liegen bis heute im Dunkeln.

Leben aus dem Weltall …

Schon ein halbes Jahrhundert vor Millers Experimenten hatte der schwedische Chemiker und Physiker Svante Arrhenius (1859–1927) einen völlig anderen Weg zu den Wurzeln des irdischen Lebens gewiesen: die Panspermie. Nach dieser Lehre soll das Leben auf der Erde dadurch entstanden sein, dass Lebenskeime von einem Himmelskörper zum anderen übertragen worden wären. Auch wenn Arrhenius' Vorstellungen heute weitgehend abgelehnt werden, ist an der Zufuhr organischer Stoffe aus dem Weltall nicht zu zweifeln, etwa durch Meteoriten, welche die Erde unablässig bombardieren. Tatsächlich enthalten manche von ihnen – wie der 1969 in Australien niedergegangene Murchison-Meteorit – mehr als 400 organische Verbindungen. Pro Jahr schlagen auf der Erde rund 100 t Meteoriten ein, zu denen noch 20 000 t so genannter Mikrometeoriten hinzugerechnet werden müssen. Und dieses kosmische Bombardement dürfte in der Urzeit unseres Planeten ungefähr 1000- bis 10 000-mal stärker gewesen sein.

Auch die Kometen kommen als Lieferanten von organischer Materie in Betracht. Jedes Mal, wenn diese ruhelosen Himmelskörper die Sonne in geringerem Abstand passieren, verlieren sie Gase und Staubpartikel, die bis zu uns

Wie ein gigantischer Staubsauger durch kosmische Staubwolken

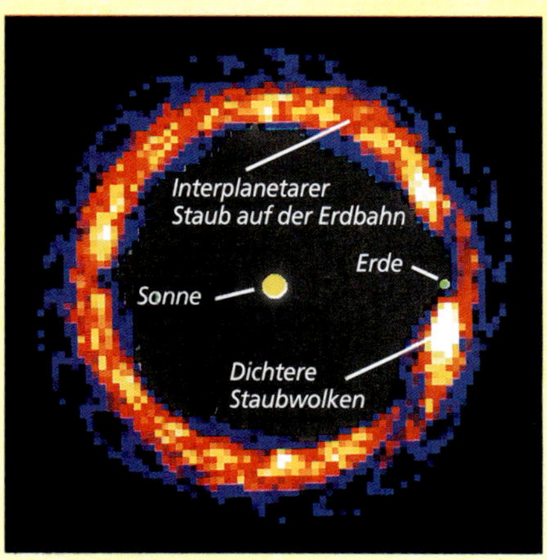

Als weitere mögliche Quellen für organische Stoffe auf der unbelebten Erde gelten neben bestimmten Meteoriten, den so genannten kohligen Chondriten, auch interplanetare Staubwolken, die zahlreiche organische Verbindungen enthalten und zum Teil innerhalb der Erdbahn liegen. Dieser Staubring konnte anhand der von dem Infrarot-Beobachtungssatelliten IRAS gelieferten Daten mit einem Computermodell rekonstruiert werden.

Die kosmische Materie besteht vor allem aus 0,001–0,1 mm großen Staubpartikeln, die höchstwahrscheinlich aus dem Sonnensystem stammen. Wie ein riesiger Staubsauger fängt unsere Erde mit ihrer ungeheuren Anziehungskraft Jahr für Jahr viele Tonnen dieser Materie ein.

Meteoriten sind gewissermaßen natürliche Raumschiffe für den Transport komplexer organischer Verbindungen zur Erde. Und wenn die Bausteine des Lebens aus dem All stammten?

gelangen können. Die „kosmischen Schneebälle" enthalten regelmäßig auch einen größeren Anteil organischer Verbindungen, so besteht beispielsweise der berühmte Halleysche Komet möglicherweise zu einem Drittel aus Kohlenwasserstoffen. Armand Delsemme, Astrophysiker an der Universität von Toledo (Ohio), behauptet gar – seine Hypothese ist jedoch umstritten –, dass die Existenz des irdischen Wassers und des Kohlenstoffs auf unserem Planeten einzig auf die ständige Zufuhr durch Kometen zurückzuführen sei.

... oder aus den Tiefen der Ozeane

In den finstersten Tiefen der Meere, so glauben andere Wissenschaftler, konnten sich die ersten Mikroorganismen am besten entwickeln: geschützt vor den Meteoriten, die den Planeten seit Jahrmillionen bombardierten, und der tödlichen UV-Strahlung der Sonne. In der Umgebung der heißen Tiefseequellen, wo versickerndes Meerwasser durch die Erdwärme zum Sieden gebracht wird, findet man besonders günstige Voraussetzungen zur Entstehung komplexer organischer Verbindungen: Grundbausteine wie Stickstoff oder Kohlenstoff, einen 200- bis 300-mal höheren Druck als den atmosphärischen Druck, dazu Temperaturen um 300 °C. Und bestimmte Tonmineralien im Schlamm am Meeresboden spielten vielleicht bei der Vereinigung von einfachen zu komplizierteren Molekülen eine wichtige Rolle. Sie besitzen nämlich die Fähigkeit, chemische Substanzen an sich zu binden, und verhinderten auf diese Weise, dass die ersten Grundbausteine des Lebens durch energiereiche Wellen zerstört wurden und so verloren gingen. Aber eine Reihe von Fragen bleibt offen: Wie konnten z. B. die am Meeresgrund entstandenen Biomoleküle solche Konzentrationen erreichen, die für die Entstehung komplexerer Organismen notwendig sind? Und wie wurde der alles entscheidende Schritt von den noch immer leblosen Biomolekülen zur Zelle, der elementaren Einheit aller Lebewesen, nun eigentlich vollzogen?

Leben – was ist das?

Eine Frage, die nicht einfach zu beantworten ist. Sicherlich gehört zu den allgemeinen Kennzeichen des Lebens der chemische Aufbau der Lebewesen aus makromolekularen Kohlenstoffverbindungen, also aus Molekülen, die aus sehr vielen Atomen (mindestens rund 1000) zusammengesetzt sind, wie bei den Eiweißen, Nukleinsäuren, Kohlenhydraten oder Lipiden. Grundsätzlich kann man bei diesen Biomolekülen die Funktionsmoleküle, welche die Lebensfunktionen erfüllen, von den Informationsmolekülen (DNA) unterscheiden, welche als Träger der Erbinformationen gelten. Und ein entscheidender Schritt zum Leben war das erfolgreiche Zusammenspiel dieser beiden Molekülarten. Überhaupt ist das Zusammenwirken der Grundbausteine zu größeren komplexeren Einheiten, wie bei der zellulären Organisation der Lebewesen, ein wichtiges Charaktermerkmal des Lebens.

Erst während des letzten Fünftels der Geschichte des Lebens auf der Erde traten vielzellige Organismen auf.

Die Analyse der so genannten Stromatolithen (oben) – geschichteter Kalkkrusten – beweist, dass es seit mindestens 3,6 Mrd. Jahren Leben auf der Erde gibt.

Sollte das Leben am Grund der Ozeane im Kontakt mit heißen Quellen entstanden sein?

Man nimmt an, dass sich innerhalb der Ursuppe Aminosäuren vielleicht unter Hitzeeinwirkung zu Ketten zusammenschlossen, die wiederum von Membranen umschlossene Kügelchen bildeten. Ihre Membranen ähnelten denen von Zellen und ermöglichten eine gezielte Stoffaufnahme bzw. Stoffabgabe, also einen Stoffwechsel. Schließlich entstand ein Mechanismus, mit dem sich diese Vorstufen des Lebens vermehrten und ihre Nachkommen mit den gleichen biochemischen Fähigkeiten ausstatteten.

Die ersten Bewohner der Erde waren noch auf die Nährstoffe angewiesen, die in ihrer Umwelt vorhanden waren, doch dann vor 3–4 Mrd. Jahren erschienen die ersten autotrophen Organismen: Lebewesen, die durch Photosynthese eigenständig aus anorganischer Materie energiereiche Substanzen erzeugen konnten. Und da bei der Photosynthese Sauerstoff als Nebenprodukt entsteht, veränderte sich danach auch die gesamte Erdatmosphäre.

DER URKNALL – DIE GEBURT DES UNIVERSUMS

Nach Ansicht zahlreicher Astronomen begannen Zeit und Raum mit einem kosmischen Paukenschlag, dem Urknall. Obwohl diese Bezeichnung für den Ursprung der Welt eher scherzhaft klingt, gilt die gleichnamige Theorie doch als sehr solide und wird von den meisten Himmelsforschern anerkannt. Allerdings gibt es auch Gegner, die mit interessanten Argumenten aufwarten.

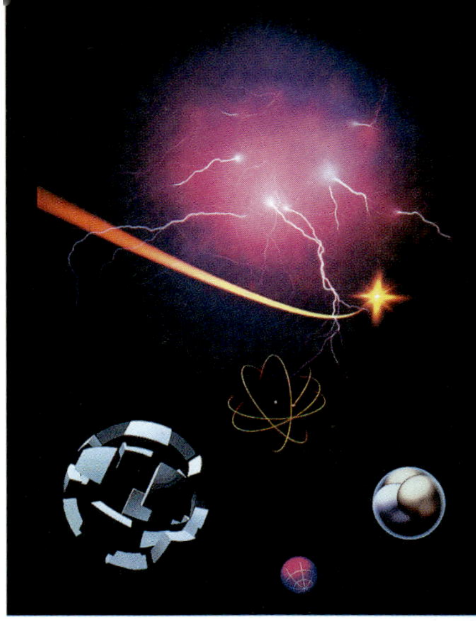
Künstlerische Interpretation des Urknalls

Wahrscheinlich begann die Geschichte des Weltalls vor 13 Mrd. Jahren, genau: 0,000000000000000000000000000000000000000001 Sekunden (10^{-43} s) nach dem Urknall. Was in dem unvorstellbar winzigen Zeitraum davor geschah, weiß niemand, denn damals hatten die uns bekannten physikalischen Gesetze keine Geltung. Um sich von dem, was dann folgte, ein Bild zu machen, stützen sich die Wissenschaftler auf die Erkenntnisse aus der Teilchenphysik und der Astronomie.

Die ersten drei Sekunden

Im „Alter" von 10^{-43} Sekunden ist das Universum unendlich dicht und heiß. Seine Temperatur beträgt knapp 10^{32} °C – das ist eine Ziffer mit 32 Nullen nach der Eins. Materie und Strahlung sind untrennbar verbunden und so stark komprimiert, dass das Gebilde keine 10^{-50} cm Durchmesser hat.

Aber das neugeborene Universum dehnt sich mit phantastischer Geschwindigkeit aus und je weiter es wächst, umso mehr kühlt es ab. Langsam nehmen in dem Energiebrei die Materie und ihr Gegenstück, die Antimaterie, Gestalt an. Bei 10^{-10} Sekunden beträgt die Temperatur „nur" noch eine Billiarde Grad, also immer noch unvorstellbare 1000000000000000 °C.

In diesem Stadium enthält der Kosmos alle Elementarteilchen – Quarks, Elektronen und Neutrinos – sowie auch deren Antiteilchen. Bei 10^{-6} Sekunden ist die Temperatur auf zehn Billionen Grad gefallen. Materie und Antimaterie prallen immer mehr aufeinander, denn je stärker die Temperatur sinkt, desto mehr Teilchen und Antiteilchen bilden sich, die zusammenstoßen und dann verschwinden. Da aber die Quarks und die Elektronen etwas zahlreicher vorkommen als ihre Antiteilchen, gewinnen sie am Ende die Oberhand. Nach ungefähr drei

Entwicklung des Kosmos

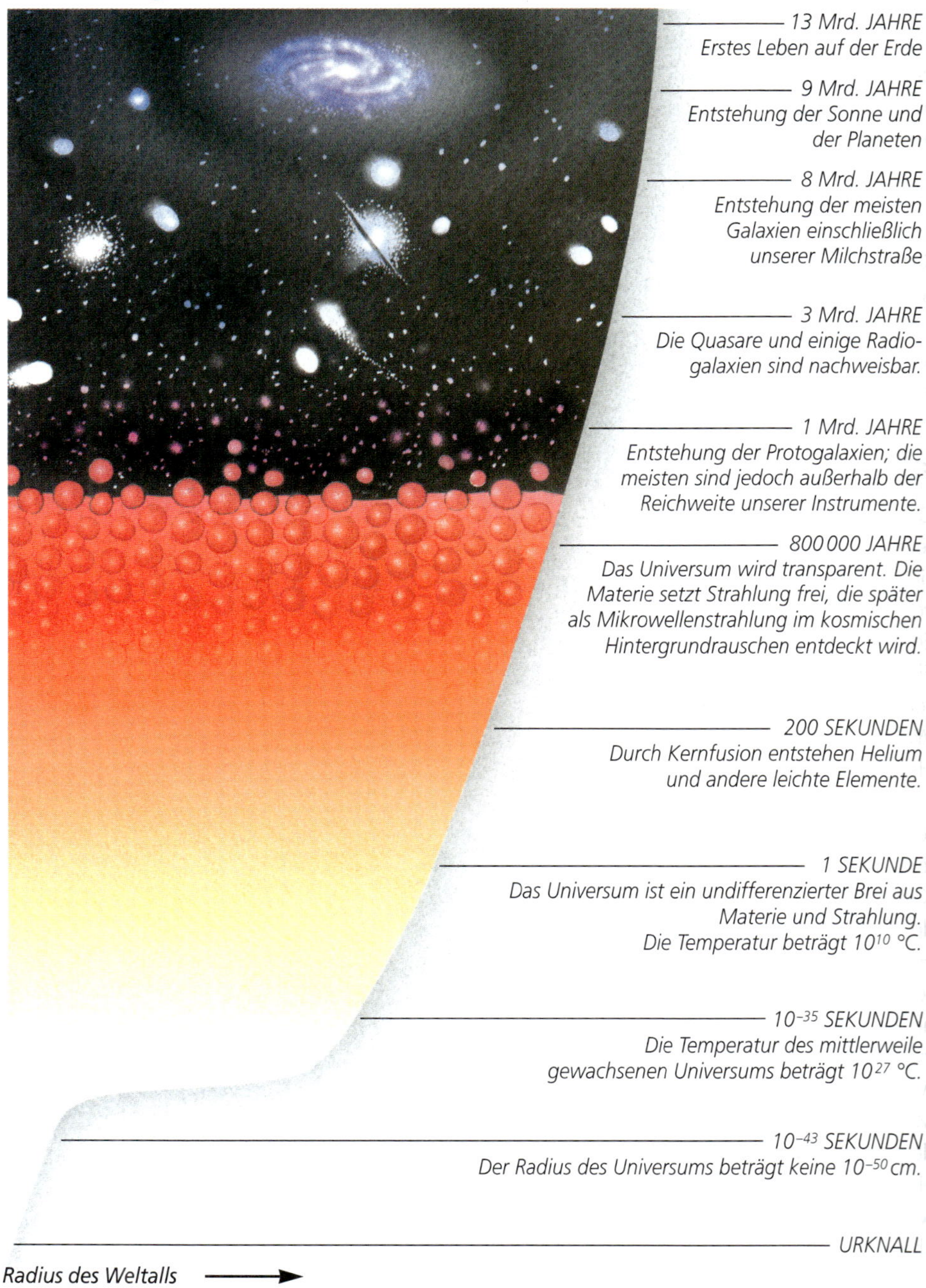

Sekunden sind die letzten Positronen (Antielektronen) vernichtet und die Materie besteht wie auch noch heute aus Elektronen, Protonen und Neutronen, den Grundbestandteilen des Atoms.

Die ersten Lichtstrahlen

Und weiter geht es mit der Ausdehnung und Abkühlung des Universums. Nur 800 000 Jahre nach dem Big Bang ist die Temperatur auf 3000 °C gefallen und es bilden sich aus Protonen und Elektronen Wasserstoffatome. Jetzt trennt sich die Strahlung von der Materie und die Photonen – Lichtquanten – verlassen den Urbrei.

Im Lauf von etwa 1 Mrd. Jahren nehmen die Sterne Gestalt an. In ihrem Innern entzündet sich das nukleare Feuer der Kernfusion.

Während die Temperatur weiter fällt, erscheinen die ersten Galaxien und die Quasare, extrem helle Objekte am Rand des Weltalls. Von Galaxie zu Galaxie wird das Universum allmählich seiner heutigen Gestalt immer ähnlicher und vor rund 4,5 Mrd. Jahren trat schließlich unser Sonnensystem auf den Plan.

Fliehende Sterne

Dieses Entstehungsmodell der Welt, das in mehreren Jahrzehnten entwickelt wurde, stützt sich auf drei wesentliche Beobachtungen: die von dem US-amerikanischen Astronomen Edwin Hubble (1889–1953) festgestellte Flucht der Galaxien, die Existenz der kosmischen Hintergrundstrahlung und die im Weltraum vorhandene Menge des Elements Helium.

1929 war Hubble einer besonders interessanten Entdeckung auf der Spur. Nächtelang fertigte er im Mount-Wilson-Observatorium in Kalifornien durch das damals größte Teleskop der Welt Fotografien an und stellte mit deren Hilfe auf der Basis der so genannten Rotverschiebung fest, dass die Galaxien sich anscheinend von unserer eigenen wegbewegen, und zwar mit umso höherer Geschwindigkeit, je weiter sie entfernt sind. Da die Erde nicht der Mittelpunkt des Alls ist, konnte das nur eins bedeuten: Alle Spiralnebel sind gleichermaßen in einer Expansionsbewegung begriffen, ähnlich wie Rosinen, die sich in einem aufgehenden Kuchen voneinander entfernen.

Das Mount-Wilson-Observatorium in Kalifornien (oben) besaß lange Zeit das größte Teleskop der Erde. Hier sammelte Edwin Hubble (links), der als der Begründer der Urknalltheorie gilt, Daten, die auf der Basis der Rotverschiebung die Fluchtbewegung der Galaxien und damit die Expansion des Weltraums dokumentierten.

Die logische Folgerung dieser Beobachtung ist, dass das Weltall irgendwann einmal in weit zurückliegender Zeit aus einer kleinen, aber unvorstellbar dichten „Ursache" hervorgegangen sein muss. Allerdings ist die Vorstellung, das Universum sei sozusagen von einem einzigen Punkt ausgegangen, wohl zu simpel – man darf nicht übersehen, dass sich die Vorgänge im Moment des Urknalls der Welt unserer Erfahrung entziehen.

Der britische Kosmologe Fred Hoyle führte den ursprünglich ironisch gemeinten Begriff Urknall ein.

Geprägt wurde der eigentlich ironisch gemeinte Begriff Urknall von einem Gegner dieser Theorie, dem britischen Astronomen Fred Hoyle. Er entwickelte als Gegenmodell die *Steady-State*-Theorie, nach der das All stets gleich bleibt, da sich die durch die Expansion hervorgerufene Verringerung der Dichte durch ständig neu erzeugte Materie wieder ausgleicht.

Die Hintergrundstrahlung

1946 behauptete der russisch-amerikanische Astrophysiker George Gamow, dass – wenn die Urknalltheorie richtig sei – die entwichene Strahlung Spuren hinterlassen haben müsse, und zwar in Form eines kosmischen Rauschens bzw. einer Hintergrundstrahlung. Auf ihrer etwa 13 Mrd. Jahre langen Reise müsste sie sich fast bis auf den absoluten Nullpunkt von –273 °C abgekühlt haben. Und tatsächlich konnte die Existenz dieser Spuren von den zwei amerikanischen Radioastronomen Arno Penzias und Robert Wilson bestätigt werden, die 1965 durch einen Zufall die Hintergrundstrahlung auffingen, die alle Punkte des Himmels überlagert. Ihre Temperatur beträgt –270 °C, liegt also nur 3 °C über dem absoluten Nullpunkt.

Die Rotverschiebung

Der Ton der Sirene eines Krankenwagens wird beim Näherkommen höher und beim Entfernen tiefer. Dieses Phänomen, der so genannte Dopplereffekt, kommt nicht nur in der Akustik vor, sondern auch beim Licht. Deshalb drückt sich die Fluchtgeschwindigkeit eines Sterns durch eine Verschiebung des von ihm ausgesandten Lichts zum langwelligen Teil des Spektrums – zum Rot hin – aus. Dank dieser Erscheinung konnte Hubble 1929 darlegen, dass die Galaxien voneinander wegstreben, und zwar umso schneller, je weiter sie entfernt sind. Somit kann die Rotverschiebung als Werkzeug für die Entfernungsmessung im Universum verwendet werden.

Jahre später bereitete die Gleichmäßigkeit der Temperatur den Anhängern dieser Theorie viel Kopfzerbrechen. Danach müsste nämlich die Materie gleichmäßig im Weltall verteilt sein, weil ja die Hintergrundstrahlung, der erste Zeuge des kosmischen Urzustands, im heutigen Universum überall von gleicher Art ist. Heute jedoch konzentriert sich die Materie in den Galaxien. Wie also konnten die Spiralnebel entstehen? Was hatte zur Klümpchenbildung im Einheitsbrei geführt?

George Smoot und seine Kollegen von der Universität Berkeley in Kalifornien, die sich eingehend mit der Hintergrundstrahlung beschäftigen, entdeckten 1992 dank der Daten des Satelliten *COBE* extrem kleine Temperaturunterschiede, die jedoch für sie ein Beweis dafür sind, dass das ursprüngliche Weltall nicht homogen war, sondern Zusammenballungen enthalten haben musste, die die Keime der zukünftigen Galaxien wurden.

1992 lieferte der Satellit COBE Daten, die Unregelmäßigkeiten in der Hintergrundstrahlung erkennen ließen.

Die leichten Elemente

Die dritte Säule der Urknalltheorie ruht auf der im Universum vorhandenen Heliummenge. Die Mehrzahl der chemischen Elemente, von denen wir umgeben sind, wird im Innern der Sterne geboren: Hier verschmelzen die Atomkerne zweier leichter Elemente, wodurch ein etwas schwereres Element entsteht, und so geht es weiter. Nun entfällt jedoch schon auf das Helium allein ein Anteil von 23 % an der Gesamtmasse des Universums. Es ist nicht möglich, dass alles davon in den Sternen entstanden ist. Erklärbar wird diese große Menge des Heliums erst dann, wenn man davon ausgeht, dass dieses Element schon lange vor der Bildung der Gestirne existiert hat.

Die Temperatur der Hintergrundstrahlung

Die Temperatur von Hintergrundstrahlung bzw. -rauschen liegt 3 °C über dem absoluten Nullpunkt. Was aber versteht man unter der Temperatur eines Rauschens? Wird ein Körper erwärmt, geraten seine Teilchen in Bewegung, so auch die elektrisch negativ geladenen Elektronen, die daraufhin elektromagnetische Wellen, also ein Funkrauschen, erzeugen. Da die Stärke dieses Rauschens temperaturabhängig ist, wird in Analogie dazu jedem Rauschen ein Temperaturwert zugeordnet.

Arno Penzias und Robert Wilson erhielten für die Entdeckung der kosmischen Hintergrundstrahlung 1978 den Nobelpreis für Physik.

Das Alter der Sterne

Zwar stehen die drei Pfeiler der Urknalltheorie fest und unverrückbar, aber dennoch erheben sich einige Fragen und Probleme, die noch nicht gelöst sind.

Ein großer Schwachpunkt dieser Theorie ist der Umstand, dass man die ersten Momente des Weltalls, also den Beginn von Raum und Zeit, nicht experimentell nachstellen kann. Hierzu wären Teilchenbeschleuniger von der Größe des Sonnensystems erforderlich. Und auch wenn es diese gäbe, so könnte man nicht auf direkte Beobachtungen zurückgreifen, denn das Universum war ja erst ab einem Alter von 800 000 Jahren an durchsichtig, weil es erst zu dieser Zeit Licht auszusenden begann.

Ein anderes Hindernis für die Annahme des Urknallmodells sehen manche Wissenschaftler in dem Phänomen der Quasare. Dabei handelt es sich um die Kerne aktiver Galaxien, deren Verhalten einigen Forschern als nicht vereinbar mit der Theorie erscheint.

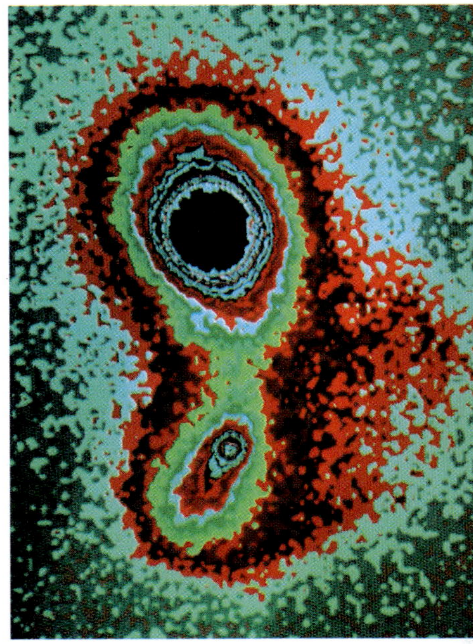

Falschfarbenbild von Quasar QSO 0351 + 026. Bei diesen weit entfernten Objekten handelt es sich um die Kerne aktiver Galaxien.

Und noch ein weiteres Problem: Beobachtungen des Weltraumteleskops *Hubble* lassen vermuten, dass das Universum noch relativ jung ist. Alle Entstehungstheorien der Astrophysik gehen jedoch davon aus, dass das All auf ein Alter von mindestens 13 Mrd. Jahren zurückblickt. Dieser Widerspruch konnte bis jetzt noch nicht beseitigt werden, aber möglicherweise entpuppt sich auch diese Ungereimtheit als eine der zahlreichen Fehlinterpretationen der vorliegenden Daten. Ein anderer Widerspruch jedenfalls, nach dem einige Sterne in unserer Milchstraße älter als das Universum sein sollten, wurde unlängst aufgelöst: Anhand der vom Satelliten *Hipparchos* gelieferten Messergebnisse ermittelten Forscher, dass die bewusster Gestirne etwa 3 Mrd. Jahre jünger waren als angenommen. Mithin passten sie doch in die Urknalltheorie, die trotz aller Bedenken immer noch die solideste, umfassendste und sicherlich am besten untermauerte aller Theorien über die Entstehung des Weltalls darstellt.

In einem Teilchenbeschleuniger – hier am CERN, dem Europäischen Labor für Teilchenphysik – lassen sich die Temperatur- und Druckverhältnisse erzeugen, die in der Frühzeit des Universums herrschten.

Wie kam es zur Entstehung des Mondes?

Bis heute sind die Astronomen fasziniert von der wunderbaren Partnerschaft im All zwischen Erde und Mond. Kein anderer Planet des Sonnensystems hat im Verhältnis zu seiner Größe einen derart umfangreichen Trabanten. Doch in welchem Verhältnis stehen die zwei Himmelskörper zueinander: Ist der Mond ein Bruder der Erde, ihr Gefangener oder sogar ihr Abkömmling?

Bei einem Blick auf das nächtliche, vom Mond erhellte Firmament fragt sich sicher mancher, woher eigentlich dieser große Himmelskörper kommt. Die erste Theorie, die zur Beantwortung dieser Frage entworfen wurde, stammt von George Darwin, dem Sohn des berühmten Naturforschers Charles Darwin.

Völlig losgelöst ...

George Darwin vertrat im ausgehenden 19. Jh. die Ansicht, dass sich Erde und Mond in weit zurückliegenden Zeiten einmal viel näher waren als heute, ja dass die beiden früher einen einzigen Himmelskörper gebildet haben müssen, der sehr schnell – in ein bis zwei Stunden – um die eigene Achse rotierte. Durch diese starke Rotation sei unsere Erde, die damals noch aus sehr heißen und somit flüssigen Stoffen bestand, am Äquator ausgebeult worden und mit der Zeit habe sich ein „Tropfen" irdischer Materie losgelöst und sei ins Weltall geflogen. Dieses Erdstück sei der Mond, der nun als erkalteter Trabant seinen Mutterplaneten umkreise. Nach Darwins Überzeugung ist der Pazifische Ozean mit seiner markanten Form einer gewaltigen Schüssel die Narbe, die diese Abtrennung hinterlassen hat.

Jahrzehntelang hielten Astronomen diese Theorie für richtig. Dann aber erkannte man, dass die Abspaltung so wohl nicht hatte vonstatten gehen können, denn die Erde hätte viel flüssiger sein müssen, als sie es tatsächlich war, und das Erde-Mond-System müsste sich anders bewegen, als wir es heute beobachten.

Vom Einfangen und Anwachsen

Eine andere Theorie wurde nach dem Zweiten Weltkrieg aufgestellt. Sie geht davon aus, dass bei der Entstehung des Sonnensystems der kleine, aber unabhängige Mond wie die übrigen Planeten die Sonne umkreiste. Auf einer seiner Rundreisen kam er dann der Erde so nahe, dass er von ihr eingefangen und auf ihre Umlaufbahn gezwungen wurde. Obwohl diese Theorie einen wichtigen Schönheitsfehler aufweist – sie bleibt die Erklärung dafür schuldig, durch welches Phänomen sich die Umlaufbahn des Mondes geändert hatte –, erfreute sie sich in Fachkreisen eine Zeit lang großer Beliebtheit.

In den 60er-Jahren wurde dann eine dritte Hypothese aufgestellt, die so genannte Akkretionstheorie, von Lateinisch *accretio*, Zuwachs. Dieses Modell geht davon aus, dass in der Anfangszeit des Sonnensystems zahlreiche „Planetenembryos", d. h. Asteroiden, in Erdnähe zerfallen sind und aufgrund der irdischen Schwerkraft in einem Ring um die Erde rotierten. Da diese teils nur staubkorngroßen Gebilde sich auch gegenseitig anzogen, ballten sie sich allmählich zusammen und bildeten schließlich den Mond, wie wir ihn heute kennen.

Aufschlussreiche Steine

Keines dieser Szenarien stellte die Forscher völlig zufrieden. Da die bemannte Weltraumfahrt aber inzwischen Fortschritte gemacht hatte und 1969 der erste Mensch den Mond betreten konnte, hegte man die Hoffnung, anhand eines Brockens Mondgestein endgültig Klarheit zu erhalten. Doch leider wurde das Rätsel auch durch die Mondlandungen nicht gelöst, denn die Analyse der 387 kg Gesteinsproben, die zwischen 1969 und 1972 von den Astronauten gesammelt wurden, widersprach allen bisher entwickelten Theorien.

Wäre der Mond ursprünglich ein Teil der Erde gewesen, wie Darwin behauptete, dann hätte die Mondoberfläche in der chemischen Zusammensetzung der Erdkruste ähnlich sein müssen.

ABSPALTUNG *Nach diesem Entstehungsmodell hat sich ein „Tropfen" Masse von der schnell rotierenden, noch glutflüssigen Erde gelöst und den Mond gebildet.*

EINFANGEN *Weil der Mond auf seiner Bahn der Erde zu nahe kam, wurde er durch ihre Anziehungskraft eingefangen und in eine Umlaufbahn gezwungen.*

AKKRETION *Kleine Materietrümmer auf der Erdumlaufbahn ballen sich infolge ihrer gegenseitigen Anziehung zu einem Himmelskörper zusammen, dem Mond.*

Nun weist das Mondgestein zwar durchaus gewisse Übereinstimmungen mit dem Erdmantel auf, insbesondere durch den Silikatgehalt, doch haben die Wissenschaftler auch wichtige Unterschiede aufgedeckt: Auf dem Mond gibt es keine flüchtigen Metalle wie Natrium und Kalium, die dazu neigen, in einen gasförmigen Zustand überzugehen, dafür aber große Mengen hitzebeständiger Oxide wie Aluminium- und Kalziumoxid – beides könnte darauf hinweisen, dass die Mondmasse einmal sehr stark erhitzt wurde. Außerdem findet sich auf dem Erdtrabanten nicht die kleinste Spur von Wasser und damit war die Theorie von der Abspaltung nicht länger haltbar.

Schließlich enthüllten weitere Gesteinsanalysen, dass der Mond nur zu 10% aus Eisen besteht; demgegenüber beträgt der Eisengehalt der Erde, bei der dieses Metall konzentriert im Kern vorliegt, 30%. Wenn der Mond jedoch gemäß des Einfangmodells im selben Bereich des Universums wie die Erde und somit aus denselben Materialien entstanden ist – wie erklärt sich dann der enorme Unterschied? Die gleiche Überlegung gilt für die Akkretionstheorie: Sofern es tatsächlich einmal einen um die Erde rotierenden Staubring gab, müsste er ebenso viel Eisen wie die Erde selbst enthalten haben.

Damit ist die Frage nach der Entstehung des Mondes also wieder völlig offen; allerdings gibt es heute eine Gewissheit: Unser Planet und sein Begleiter sind gleich alt.

Die von Astronauten gesammelten Mondsteine sind chemisch anders zusammengesetzt als irdisches Gestein.

Die Geburt des Mondes in einer Computersimulation

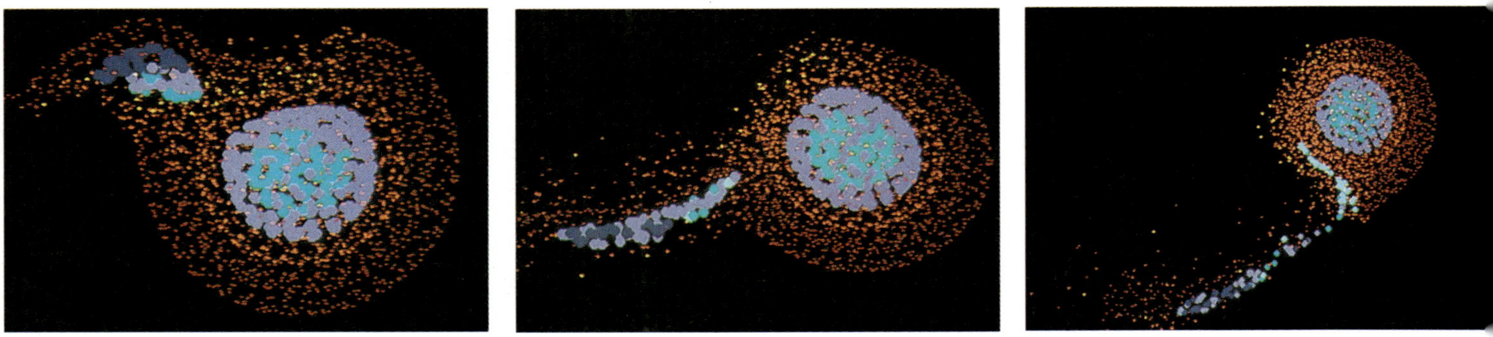

1 Minute nach der Kollision – Die Erde wird von einem Asteroiden getroffen ...

10 Minuten nach der Kollision – ... dessen Eisenkern (links) kurzzeitig in den Weltraum geschleudert wird ...

1 Stunde nach der Kollision – ... dann aber wieder auf die Erde zurückstürzt.

Ein außergewöhnlicher Zufall

Gegen Ende der 70er-Jahre präsentierten zwei US-amerikanische Astronomenteams unabhängig voneinander eine neue Version der Mondgeschichte. Danach soll unser Trabant bei einer Kollision zwischen der noch jungen Erde und einem anderen Himmelskörper entstanden sein. Obwohl diese Hypothese auf den ersten Blick wenig überzeugend wirkt, da ein solches Ereignis reichlich zufällig erscheint, sieht es so aus, als ob die zu Beginn der 80er-Jahre auf Hochleistungsrechnern durchgeführten Simu-

Jedes Jahr ein Stückchen weiter

Wenn zwei rotierende Himmelskörper wie Erde und Mond ein System bilden, muss nach einem physikalischen Gesetz der Drehimpuls dieses Systems erhalten bleiben. Darunter versteht man eine Größe, die sich aus dem Produkt von Masse, Winkelgeschwindigkeit und Entfernung zur Rotationsachse ergibt. Nun verlangsamen die Gezeiten Rotation und somit Winkelgeschwindigkeit der Erde. Folglich muss der Mond entweder seine Masse erhöhen – was unmöglich ist – oder aber seine Entfernung zur Rotationsachse. Er muss sich also von der Erde entfernen und das tut er tatsächlich um rund 2–4 cm pro Jahr. Das bedeutet, dass sich die beiden Planeten früher einmal näher waren.

Erde und Mond entfernen sich um einige Zentimeter im Jahr voneinander.

lationen diese amerikanische Theorie tatsächlich bestätigen würden.

Demnach soll vor 4,5 Mrd. Jahren ein Asteroid die Bahn der Erde gekreuzt haben. Dieser kleinere Himmelskörper – so die Berechnungen der Wissenschaftler – habe eine Geschwindigkeit von etwa 10 km/s gehabt und sei seitlich, nicht frontal, auf die Erde aufgeschlagen. Diesen Aufprall dürfte der Asteroid, der sich aus einem Eisenkern und einer Granitumhüllung zusammensetzte, wohl nicht überstanden haben; er zerstob vermutlich in unzählig viele Trümmerstücke. Bei der Kollision wurde der sehr schwere Kern zunächst in den Weltraum katapultiert, stürzte dann aber wieder auf die Erde zurück. Nach diesem zweiten Aufprall, der noch heftiger geriet als der erste, versank dann die Eisenmasse in dem jungen, noch nicht erstarrten Planeten. Gleichzeitig schoss eine riesige Wolke aus verdampftem Material, ein Gemisch aus den Mänteln beider Gestirne, in den Himmel. In der Gluthitze entwichen alle flüchtigen Elemente. Die Staubpartikel formierten sich allmählich zu einem Ring, der sich auf einer Umlaufbahn um die Erde bewegte. Mit der Zeit könnte aus diesen Trümmern ein neuer Planet entstanden sein – der Mond, festgehalten durch die Erdanziehungskraft.

Der Einfluss von Mond und Sonne

Der Mond und zu einem geringeren Anteil auch die Sonne bewirken, dass die irdischen Ozeane von Gezeiten aufgewühlt werden. Die beiden Himmelskörper üben auf die Wassermassen eine Gravitationskraft aus, die Ebbe und Flut erzeugt. Aufgrund der Erdrotation, der unterschiedlichen Gestalt der Küsten und Meeresböden sowie der verschiedenen Wassertiefen können sich große Schwankungen im Tidenhub ergeben: von wenigen Zentimetern am Mittelmeer bis zu 20 m in der Bay of Fundy in Kanada.

In der Bay of Fundy im Süden der kanadischen Atlantikküste beträgt der Tidenhub annähernd 20 m.

2–3 Stunden nach der Kollision

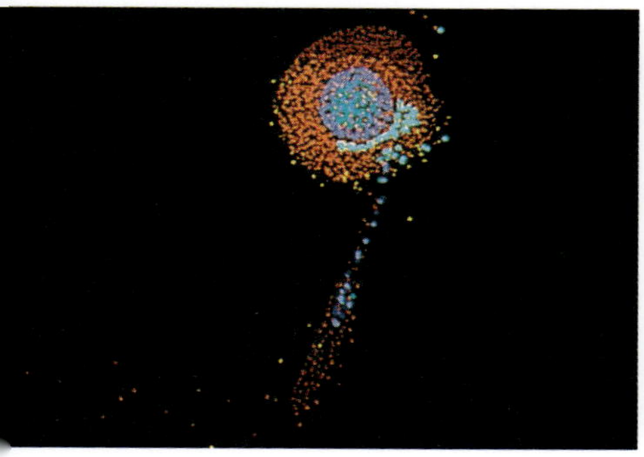

Langsam versinkt der Eisenkern in den Tiefen des glutflüssigen Planeten …

4 Stunden nach der Kollision

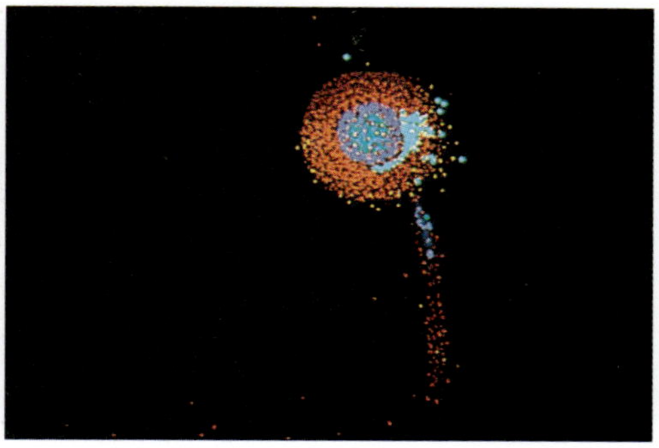

… wo er allmählich mit dem Erdkern verschmilzt.

24 Stunden nach der Kollision

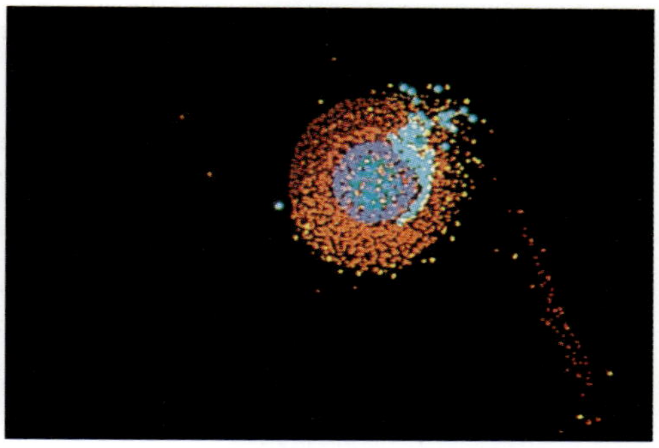

Aus den Trümmern der Explosion entsteht im Lauf der Zeit der künftige Mond.

Die ausgleichende Kraft des Mondes

Auch wenn die Entstehungsgeschichte des Mondes noch manche Frage offen lässt, so ist doch eines sicher: Die enge Nachbarschaft mit einem Satelliten hatte beträchtliche Auswirkungen auf die Erde. So verlangsamte sich aufgrund der Gezeitenkräfte ihr Rotationstempo.

Darüber hinaus wiesen französische Astronomen nach, dass der Mond eine entscheidende Wirkung auf das irdische Klima ausübt. Auf unserem Planeten gibt es eine regelmäßige Abfolge der Jahreszeiten, eine Erscheinung, die darauf zurückzuführen ist, dass die Rotationsebene der Erde nicht genau auf der Umlaufebene um die Sonne liegt, sondern zu dieser in einem Winkel von 23°27′ geneigt ist. Die Anwesenheit des Mondes bewirkte nun eine Stabilisierung der Schwankungsbreite dieser Erdneigung im Bereich von plus/minus 1°3′.

Ohne unseren Trabanten würde die Erdneigung andere Ausmaße und starke Schwankungen aufweisen – und das hätte weit reichende Folgen gehabt, wie beispielsweise Klimastürze und eine Tag- und Nachtdauer von jeweils sechs Monaten. Ob unter diesen Umständen irgendeine Form von Leben auf der Erde entstanden wäre, ist sehr fraglich.

Allein im Sonnensystem

Da auf der Erde Leben entstanden ist, glaubten manche Wissenschaftler, dass dies auch auf anderen Planeten des Sonnensystems geschehen (sein) könnte. Die Entdeckung der Rolle des Mondes als Klimaregulator verringert diese Chance jedoch, denn ein Planet, dessen Neigung nicht durch einen Begleiter stabilisiert wird, erlebt häufige Klimastürze. Berechnungen zeigen, dass beim Merkur schon Neigungsänderungen zwischen 0 und 90° und beim Mars solche von 0–60° aufgetreten sind. Selbst wenn dort also lebende Organismen vorkommen würden, könnten sie solche Klimaschwankungen wohl kaum überstehen.

DER MARS, UNSER NACHBAR IM ALL

Der Mars ist wie die Erde einer der neun Trabanten der Sonne. Da er uns relativ nah ist, hat man schon Sonden zu ihm gesandt, die seine Oberfläche auf Lebensspuren untersuchen sollten. Bei einer der jüngsten Missionen landete sogar ein fahrbarer Roboter, das Marsmobil, auf dem Roten Planeten.

Schiaparellis Marskanäle erwiesen sich für viele Produkte als werbeträchtig.

In den 80er-Jahren des vorigen Jahrhunderts befasste sich der italienische Astronom Giovanni Schiaparelli (1835–1910) intensiv mit dem Mars und er entdeckte bei seinen Beobachtungen auf der Oberfläche des Planeten mithilfe eines Teleskops geometrisch angeordnete Linienstrukturen. Schiaparelli hielt sie für riesige Bewässerungskanäle und erklärte folglich, dass es auf dem Mars intelligente Lebewesen geben müsse. Sciencefictionautoren griffen diesen Gedanken gern auf und bald entstand so der Mythos von den kleinen grünen Männchen, die die so genannten Marskanäle erbaut hätten. Doch auch in der Fachwelt fand Schiaparellis These bis um die Mitte des 20. Jh. zahlreiche Anhänger. Selbst viele der Astronomen, die nicht von der Existenz der Kanäle überzeugt waren, glaubten immerhin, dass es auf dem Mars irgendeine Form von Leben gäbe.

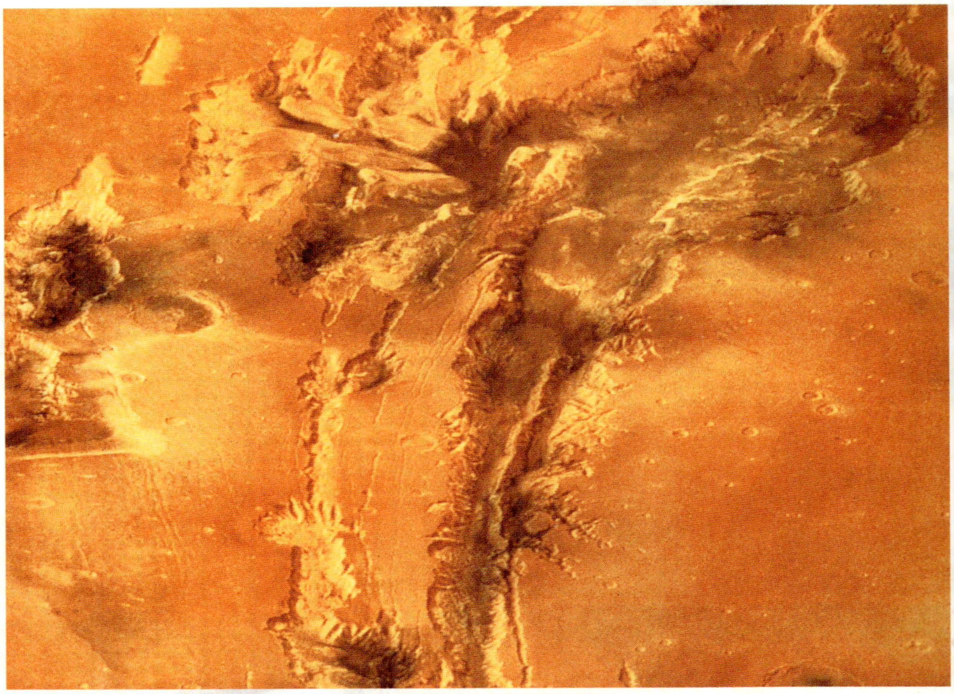

Auf dem Mars gibt es lange und tiefe von Wind und Wasser ausgehöhlte Schluchten.

Kalte rote Wüste

Erst zu Beginn der 60er-Jahre, als die USA und die Sowjetunion ihre Erkundungsmissionen starteten, erfuhr man Genaueres über die Topographie unseres Nachbarplaneten, der nur halb so groß wie die Erde ist. Entgegen der Erwartung Vieler zeigten die von den Sonden gelieferten Funkbilder jedoch keine Kulturlandschaft, sondern eine zwar beeindruckende, aber öde, rötlich schimmernde Wüstenei, in der einige Berge bis zu 27 km hoch aufragen, aber kein Tropfen Wasser und nicht der geringste Hinweis auf Leben zu finden ist. Auch die Temperaturen, die je nach Jahreszeit zwischen –125 und 0 °C liegen, und die nicht zur Atemluft taugende Atmosphäre, die praktisch nur aus Kohlendioxid besteht, wirken nicht sehr lebensfreundlich. Die meisten Marskanäle waren also wohl nur eine optische Täuschung und bei einigen handelt es sich um gewaltige Schluchten, die sich teilweise über nahezu 4000 km hinziehen. Nach Ansicht von Geologen waren diese *valles marineris* einst Flüsse, denn nur Wasser vermag den Boden in dieser Weise auszuhöhlen.

Das Wasser hat die Marslandschaft deutlich geprägt – allerdings vor Hunderten von Millionen Jahren.

Die hartnäckige Suche nach Wasser

Das heute nicht mehr auffindbare Wasser ist also früher sehr wohl auf dem Mars geflossen. Da es zu den Grundvoraussetzungen für die Entstehung von Leben gehört, bemüht man sich intensiv, seine Spuren zu entdecken.

1971 dokumentierte die amerikanische Raumsonde *Mariner 9* Eiskappen an den Polen, die aus Wasser und Kohlendioxid bestehen. Erneut keimte Hoffnung auf: Möglicherweise schmilzt das Eis während der Sommermonate in den Felsmulden, was für das Überleben besonders widerstandsfähiger Mikroorganismen ausreichend sein könnte.

Vier Jahre später, 1975, wurden von den USA zwei *Viking*-Sonden abgeschickt, die auf dem Roten Planeten landeten und unter den Staubschichten nach Lebensspuren suchen sollten.

Zu diesem Zweck wurden von ihnen Bodenproben eingesammelt, unter eine sterile Glocke gelegt und etwaige chemische Veränderungen in dieser abgeschlossenen Atmosphäre beobachtet. Denn falls dort wirklich Leben existierte, so musste sich die Kreatur ernähren und atmen oder, wenn es sich um eine Pflanze handelte, Energie mittels Photosynthese speichern. In jedem Fall würde das Leben die Zusammensetzung der umgebenden Atmosphäre verändern und gasförmige Anhaltspunkte von sich geben.

Als schließlich via Funk die ersten Ergebnisse vom Mars zu den Labors auf der Erde gelangten, waren die Forscher höchst unzufrieden, denn die Daten erwiesen sich als widersprüchlich. Während manche Hinweise auf die Existenz von Leben hindeuteten, ließen andere das Gegenteil vermuten. Die Suche nach Leben auf dem Mars erlitt einen herben Rückschlag.

Ein Fund in der Antarktis

Mitte der 80er-Jahre fand man in der Antarktis einen Meteoriten, der knapp 4 Mrd. Jahre alt sein soll und nach Ansicht britischer Geologen ursprünglich vom Mars stammt. Wissenschaftler der US-amerikanischen Raumfahrtbehörde NASA und der Stanford-Universität gelangten nach eingehenden Untersuchungen 1996 zu der Annahme, der Stein enthalte Spuren einfacher Lebensformen, und zwar einzelliger bakterienähnlicher Organismen. Man konnte also annehmen, dass auf dem Mars schon vor mehr als 3 Mrd. Jahren Leben entstanden war.

Aber auch diese Hoffnung währte nur kurz. 1997 erklärten Forscher aus den US-Bundesstaaten Ohio, Georgia und Tennessee, dass ALH84001, wie man den Meteoriten bezeichnete, doch keine Nachweise von Lebensspuren auf dem Mars liefern würde. Die Gebilde, in denen man Fossilien vermutet hatte, sähen zwar aus wie winzige Würmchen, wären aber nicht auf biologische, sondern auf geologische Vorgänge zurückzuführen. Es handle sich dabei höchstwahrscheinlich um die zerbrochenen Strukturen bestimmter Kristalle. Damit war die Frage nach Leben auf dem der Erde ähnlichsten Planeten immer noch offen.

Mini-Rover auf dem Mars

Inzwischen hatte man einen neuen Versuch gestartet, vor Ort fündig zu werden. Im Dezember 1996 wurde von der NASA die 890 kg schwere Sonde *Pathfinder* ins All geschickt, die nach sieben Monaten Flug pünktlich am amerikanischen Unabhängigkeitstag, am 4. Juli 1997, auf dem Roten Planeten landete. An Bord befand sich ein kleiner Mini-Rover mit sechs Rädern, *Sojourner* – Besucher – genannt, der über eine Rampe auf die gefrorene Marsoberfläche des *Ares Vallis* glitt und schon bald mit der Untersuchung der näheren Umgebung begann. Der Aktionsradius des fahrbaren Roboters betrug rund 100 m² und seine Lebenszeit, die mit mindestens sieben Tagen angesetzt war, währte mehrere Monate. Er war so konstruiert, dass er auf seinem steinigen Weg nicht so schnell vor Felsbrocken kapitulieren musste, sondern manche unbeschadet rammte oder sogar erklomm.

So stellten sich zu Anfang des 20. Jh. Karikaturisten die Landung von Marsbewohnern auf der Erde vor.

Der Kältetod des Roten Planeten

Bei seiner Entstehung hatte der Mars vermutlich ein ähnliches Schicksal wie die Erde. Damals konnte durch das von den Vulkanen ausgestoßene Kohlendioxid eine Zeit lang die Sonnenwärme gespeichert und dadurch die Oberfläche erwärmt werden. Folglich gab es Wasser in flüssigem Zustand und möglicherweise auch rudimentäre Lebensformen. Doch dann erloschen die Vulkane und die Kohlendioxidkonzentration nahm ab. Die Wärme verflüchtigte sich, das Wasser wurde zu Eis und der Mars gefror.

Der Mars ist wie viele Planeten nach einer römischen Gottheit benannt.

Sojourner war mit einem im Mainzer Max-Planck-Institut hergestellten Spektrometer ausgerüstet, mit dessen Hilfe die Beschaffenheit der Marsoberfläche untersucht werden konnte. Die Ergebnisse, die dadurch erzielt wurden, sind von größter Bedeutung für die Wissenschaftler, ergaben jedoch bisher keine Spur von irgendwelchen Fossilien. Manche Erkenntnisse warfen auch wieder neue Fragen auf. So kann man sich beispielsweise noch nicht erklären, warum in einigen Felsen, die *Sojourner* bisher unter die Lupe genommen hat, viel mehr Silizium vorkommt als in den Meteoriten, die vom Mars stammen, oder warum das vulkanische Marsgestein so viel mehr Schwefel enthält als das der Erde.

Die Arbeit von *Pathfinder* und *Sojourner* ist aber nur ein Vorspiel. Um ein noch genaueres Bild vom Roten Planeten zu erhalten und um doch möglicherweise Mikrofossilien aufzuspüren, sind für die Zeit nach dem Jahr 2020 bemannte Flüge zum Mars geplant.

Die Sonde Viking, die als Erste auf dem Mars landete, konnte keinerlei Lebensformen entdecken.

DER GEHEIMNISVOLLE PLANET X

In den unendlichen Tiefen des Weltalls dreht sich alles. Wie von Zahnrädern bewegt, umlaufen neun Planeten die Sonne und beschreiben dabei ihre ellipsenförmigen Bahnen. Es scheint jedoch ein wenig Sand in dieses Getriebe gekommen zu sein: Die Umlaufbahn des Uranus ist gestört. Als ob er von einem ganz in der Nähe liegenden, bisher unbekannten Himmelskörper angezogen würde … ein zehnter Planet vielleicht?

Es ist eindeutig: Uranus, der siebte Planet unseres Sonnensystems, fällt aus der Rolle. In den 84 Jahren, die er für seine Bahn um die Sonne benötigt, wechseln sich 42 Jahre Tag mit 42 Jahren Nacht ab. Zudem ist seine Umlaufbahn derartig unregelmäßig, dass sie bereits seit langem eine wahre Fundgrube für Astronomen ist. Übrigens führten diese seltsamen Irrwege auch zur Entdeckung der Planeten Neptun im Jahr 1846 sowie Pluto im Jahr 1930.

Dennoch kann die sonderbare Umlaufbahn des Uranus nicht allein auf Neptun oder Pluto zurückgeführt werden, denn 2% der Abweichungen bleiben unerklärlich. Es hat den Anschein, als ob ein unbekannter Himmelskörper mit seiner Masse Uranus anziehen würde. Anders gesagt: Es könnte sich möglicherweise ein zehnter Planet zu den neun bereits bekannten des Sonnensystems hinzugesellen – den erdähnlichen Planeten mit fester Oberfläche (Merkur, Venus, Erde und Mars), den Riesenplaneten mit flüssiger oder gasförmiger Oberfläche (Jupiter, Saturn, Uranus und Neptun) sowie Pluto, dem sonnenfernsten der Planeten.

Die Hypothese von Vulkanus

Und wenn es doch einen weiteren Planeten gibt, nicht an den Grenzen unseres Sonnensystems, sondern in unmittelbarer Nähe der Sonne? Im letzten Jahrhundert haben mehrere Amateurastronomen die Verschiebung eines kleinen Punktes zwischen Merkur und Sonne aufgenommen, der an einen Planeten erinnert. Man hat ihn voreilig als Vulkanus bezeichnet. Seither wurde er allerdings nie wieder beobachtet. Womöglich handelte es sich dabei um einen Staubring oder um vorüberfliegende Asteroiden.

Er zieht eine große Umlaufbahn und dann verschwindet er wieder: Manche Wissenschaftler sind der Ansicht, dass der zehnte Planet in bestimmten Abständen wiederkehrt und die Bahn des Uranus stört.

Der bekannte Astronom Clyde Tombaugh, der im Jahr 1930 den Planeten Pluto entdeckte, glaubt fest an die Existenz des geheimnisvollen zehnten Planeten.

Zu weit weg, um etwas zu sehen

Wenn solch ein geheimnisvoller Himmelskörper wirklich existierte, wie ist es dann zu erklären, dass die riesigen Teleskope, die von der Erde und vom Weltall aus das All erkunden – wie beispielsweise das Hubble-Teleskop –, diesen Körper noch nie erfasst haben? Die Antwort ist recht einfach: Sollte der zehnte Planet tatsächlich vorhanden sein, dann müsste man ihn am äußersten Ende unseres Sonnensystems suchen, und zwar noch mindestens 4 Mrd. km jenseits von Pluto. Das verdeutlicht die Schwierigkeiten bei der Beobachtung. Fest steht nur, dass es sich keinesfalls um einen großen Planeten handeln kann, denn sonst wäre er sicherlich bereits entdeckt worden.

Da die Forschungen bisher weitgehend ergebnislos verliefen, arbeiten die Wissenschaftler auch an Hypothesen, die den zehnten Planeten aussparen. So lassen beispielsweise Fotos, die zwischen 1992 und 1994 vom Sternenobservatorium auf Hawaii aus aufgenommen wurden, auf die Existenz von mindestens sechs primitiven Himmelskörpern in einer Entfernung von mehreren Milliarden Kilometern schließen. Wenn sich ihre Existenz bestätigen sollte, dann könnte man anhand dieser kleinen Sterne beweisen, dass sich jenseits von Neptun und Pluto niemals ein Planet hätte bilden können – weil es dort zu wenig Materie gibt, die zudem in zu geringen Konzentrationen vorkommt. Einige Astronomen wie Clyde Tombaugh, der Entdecker von Pluto, halten jedoch weiterhin unbeirrt an der Existenz des geheimnisvollen zehnten Planeten fest.

Hallo, Ausserirdische – bitte melden!

Die Vorstellung, dass wir die einzigen intelligenten Lebewesen im Universum sind, wirkt auf viele Menschen bedrückend. Sie fühlen sich verloren und setzen ihre Hoffnung auf die Existenz von Außerirdischen, die möglicherweise die Welt besser verstehen als wir. Um Kontakt mit einer solchen fremden Zivilisation aufnehmen zu können, wurde das so genannte SETI-Programm eingeführt, das nach Funkbotschaften lauscht.

Vor knapp 40 Jahren, nämlich 1960, begann die Geschichte des SETI-Programms (*Search for Extraterrestrial Intelligence*, Suche nach außerirdischer Intelligenz). In jenem Jahr unterbreiteten die Physiker Giuseppe Cocconi und Philip Morrison in der renommierten Wissenschaftszeitschrift *Nature* den Vorschlag, man solle bestimmte Radiofrequenzen abhören, um Botschaften von außerirdischen Zivilisationen aufzufangen.

Über die Erfolgsaussichten des Unternehmens äußerten sie sich nicht, aber da sie von der Existenz Außerirdischer überzeugt waren, schien es ihnen nur eine Frage der Zeit, wann man diesen auf die Spur kommen würde. Der Weg in die Zivilisation musste die Fremdlinge nämlich über die gleichen wissenschaftlichen und technologischen Pfade geführt haben wie uns. Daher müssten auch sie sich über die Existenz anderer intelligenter Wesen, in dem Fall uns, Gedanken machen und versuchen, Funkkontakt mit ihnen herzustellen. Wenn man dieser Logik folgt, ist es sinnvoll, sich auf Horchposten zu begeben.

Falscher Alarm

Ungefähr zur gleichen Zeit, als der *Nature*-Artikel erschien, richtete der junge Radioastronom Frank Drake das Radioteleskop von Green Bank in West-Virginia auf zwei interessante, rund zwölf Lichtjahre entfernte Sterne: Tau Ceti und Epsilon Eridani, die beide auch von Cocconi und Morrison als mögliche Kandidaten angesehen wurden. An die 150 Stunden dauerte der Lauschangriff, doch er förderte keine Signale fremder Intelligenzen zutage. Zwar erfüllte ein starkes Rauschen den Kontrollraum, aber es kam aus der Erdatmosphäre – vermutlich von einem amerikanischen Militärflugzeug.

Fünf Jahre später versuchten dann russische Wissenschaftler ihr Glück. In der Nacht vom 12. auf den 13. April 1965 verkündete die amtliche Nachrichtenagentur TASS, man habe ein viel versprechendes Funksignal von hoher Feldstärke aufgefangen. Doch auch hier machte sich bald Enttäuschung breit: Bei den himmlischen Radioquellen handelte es sich um Quasare, also um Objekte im Zentrum ferner Galaxien.

Angeblich sehen Außerirdische sehr fremdartig aus, vielleicht wie dieser großköpfige Zwerg.

Aufwändige Suchaktionen

Trotz dieser Misserfolge wurde SETI nicht eingestellt. Zwischen 1960 und 1990 folgten rund 60 weitere Lauschprogramme, die jedoch ebenfalls ergebnislos verliefen. Allerdings waren sie nur über sehr kurze Zeiträume durchgeführt worden und nahmen auch nur einige wenige Sterne aufs Korn. Den SETI-Spezialisten der US-Raumfahrtbehörde

Für das Mega-SETI-Programm der NASA wurde das Radioteleskop von Goldstone in Kalifornien eingesetzt.

Kommunikationsprobleme

Eventuelle Außerirdische unterliegen zwar den gleichen physikalischen Gesetzen wie wir, aber dennoch kann ihre Zivilisation sich beträchtlich von der unsrigen unterscheiden – sogar auf ein und demselben Planeten unserer Erde hat die menschliche Kulturgeschichte ja sehr unterschiedliche Verläufe genommen. So sind manche Verfechter des SETI-Programms überzeugt davon, dass es außerirdische Zivilisationen gibt, die der unseren technisch haushoch überlegen sind. Carl Sagan etwa schildert in einem Roman, dass die Fremdlinge nur aus Mitleid mit uns über Funk sprechen, dass sie sich quasi wie Völkerkundler beim Feldversuch zum Zweck der Kommunikation auf unser Niveau herablassen.

NASA fehlten einfach die technischen und finanziellen Mittel, um eine groß angelegte Suche zu starten. Im Oktober 1992 schließlich, als sich die Entdeckung Amerikas durch Christoph Kolumbus zum 500. Mal jährte, sprudelte eine neue Geldquelle und das Anschlussprojekt Mega-SETI wurde vorgestellt. Dabei kamen gleich zwei Radioteleskope, das von Arecibo auf Puerto Rico und das im kalifornischen Goldstone, zum Einsatz. Monate später meldete die NASA, man habe bereits insgesamt 164 nicht identifizierte Signale aufgefangen.

Bald aber folgte schon wieder eine Zeit der knappen Kassen. Es wurden keine weiteren staatlichen Kredite mehr bewilligt und die Betreiber des SETI-Programms schauten sich nach privaten Geldgebern um. Daraufhin erlebte Mega-SETI unter der Bezeichnung META ein Comeback – zu Recht, wie der inzwischen verstorbene Astronom Carl Sagan 1994 hervorhob, der abermals eine Anzahl fremder Signale empfangen hatte.

Zwei Versionen der Konfrontation mit Außerirdischen: oben im Film Unheimliche Begegnung der dritten Art *von Steven Spielberg, links in einem alten Science-fiction-Magazin aus den USA.*

Doch trotz der, wenn auch bescheidenen Erfolge gab es in Fachkreisen keineswegs nur Befürworter des Projektes. Beispielsweise widersprach der Mathematiker Frank Tipler vehement den Überzeugungen Sagans. Er glaubte nicht an die Existenz außerirdischer Zivilisationen. Seine Argumentation war simpel: Es kann keine intelligenten Außerirdischen geben, denn andernfalls hätten sie uns bereits kolonisiert. Sagan hielt dem entgegen, dass das Ziel eventueller Außerirdischer nicht unbedingt in der Besiedlung oder Eroberung unserer Galaxie bestehen müsse. Und vielleicht seien wir einfach zu primitiv, um etwaige Äußerungen einer nicht irdischen Intelligenz wahrzunehmen.

Banale Menschheit?

Die SETI-Befürworter gehen von der Annahme aus, dass die Entstehung des Lebens nichts Besonderes sei. Ihrer Meinung nach sind die Menschen im Prinzip das Ergebnis einer Reihe von keineswegs außergewöhnlichen Ereignissen, die sich genauso oder zumindest ähnlich in anderen Regionen des Kosmos etliche Male abgespielt haben müssen – eine ganz banale Existenzform also, die auf einem normalen Planeten entstanden ist, der einen ebenso normalen Stern umkreist. Sie untermauern ihre Ansicht mit der Tatsache, dass es im Universum an die 100 Mrd. Galaxien gibt, von denen viele wiederum über 100 Mrd. Sterne besitzen. Sicherlich werden Myriaden dieser Gestirne wie unsere Sonne von Planeten wie der Erde umrundet, sodass auf ungezählten Himmelskörpern lebensfreundliche Zustände herrschen.

Viele Biologen stehen dieser Auffassung allerdings sehr reserviert gegenüber. Sie glauben nicht, dass das Leben etwas so Gewöhnliches sein soll. Wenn man sich eingehender mit dem Ursprung der Lebewesen auf unserem Planeten befasst, so stellt man fest, sagen sie, dass ihr Erscheinen auf einer Folge komplexer und zufälliger Ereignisse beruht, also nicht geradezu zwangsläufig auftreten musste.

Außerdem ist es auch sehr fraglich, ob die Gesetze der Evolution automatisch zu Lebensformen führen müssen, die der unseren ähnlich sind, und ob die humanoide Ausprägung des Lebens, also das menschliche Dasein, tatsächlich einen Idealtypus darstellt. Die Dinosaurier hätten sehr wohl die Herrscher der Erde bleiben können, wenn sie nicht von einem Meteoriten oder einer anderen Naturkatastrophe dahingerafft worden wären.

Darüber hinaus gibt der französische Astronom Jacques Laskar noch zu bedenken, dass die Erde in Wirklichkeit eben kein ganz gewöhnlicher Himmelskörper ist, da sie mit dem Mond ein Doppelsystem bildet. Und unser Trabant hat infolge seiner außergewöhnlichen Größe – seine Masse beträgt beinahe ein Fünftel der Erdmasse – einen bedeutenden Einfluss auf unseren Planeten: Er stabilisiert seine Achsneigung, sodass unsere Heimat Erde im Universum nicht unkontrolliert ins Trudeln gerät. Möglicherweise wäre ohne den ausgleichenden Einfluss des Mondes das irdische Leben überhaupt nicht entstanden.

Die Menschheit gibt Laut

Die Menschen beschränken sich nicht darauf, nach fremden Signalen zu horchen, sondern machen auch selbst durch spezielle Botschaften eventuelle Außerirdische auf sich aufmerksam. Zu diesem Zweck schickten einige Radioastronomen in den 60er- und 80er-Jahren mehrere Funkbotschaften ins All. Es handelte sich dabei um nüchterne Informationen, die aus Folgen von 0 und 1 bestanden. Nach korrekter Interpretation sollen sie einige Fakten über uns liefern und einen Dialog eröffnen. Allerdings waren viele irdische Wissenschaftler, die man um die Entschlüsselung der Botschaften bat, dazu leider nicht imstande. Hoffentlich erweisen sich die Außerirdischen – so es sie gibt – als cleverer.

In der Botschaft von Arecibo, die aus einer Folge von 0 und 1 besteht, sind wichtige Informationen über uns und unsere Umwelt enthalten. Man erkennt in diesem Teil der Nachricht unter anderem das Radioteleskop von Arecibo, das Sonnensystem mit der Erde, die als unsere Heimat im Verhältnis zu den anderen Planeten hervorgehoben ist, eine schematisch dargestellte Menschenfigur sowie die Struktur der DNS.

Das Schweigen im All

Kritik an SETI meldet sich auch aus den Reihen der Techniker, die mit dem Instrumentarium der Radioastronomie vertraut sind. Ihrer Ansicht nach werden für SETI zu alte und zu wenig leistungsfähige Geräte eingesetzt. Außerdem gehe man von falschen Voraussetzungen aus, denn die Annahme, Radiowellen seien der beste Weg zur Kontaktaufnahme mit anderen Welten, sei durch nichts zu erhärten. Der technologische Fortschritt zeige im Gegenteil, dass die Nutzung der Funktechnik nicht in dem Maße zugenommen hat, wie sich die Kommunikationstechnik entwickelte, sondern dass inzwischen Kabel- oder Lasertechnik den Ton angibt. Ein von einer anderen Zivilisation bewohnter Planet könnte sich daher auf Radioebene möglicherweise als völlig lautlos entpuppen.

Komplizierte Konversation

Wenn es uns aber dennoch gelingt, mit Außerirdischen in Kontakt zu treten, stellt sich die Frage, wie wir uns mit ihnen unterhalten sollen. Während Optimisten glauben, dass sich unter intelligenten Lebewesen immer ein Weg der Verständigung eröffnet, weisen Pessimisten darauf hin, dass die heutigen Historiker trotz jahrelanger Arbeit beispielsweise kaum ein paar etruskische Wörter entziffert und die Schrift der Menschen auf der Osterinsel noch immer nicht entschlüsselt haben. Die Beschäftigung mit einer extragalaktischen Sprache würde also sicher kein leichtes Unterfangen sein. Und selbst wenn man in gemeinsamer Arbeit eine Art von kosmischem Grundwortschatz entwickeln könnte, weiß man nicht, ob die Gesprächspartner unsere Fragen überhaupt verstünden, d.h., ob die beiden Lebensbereiche nicht allzu verschieden voneinander wären.

Klar ist jedoch schon jetzt, dass ein solcher Dialog sich über einen riesigen Zeitraum hinzöge. Eine Funkbotschaft von einem Stern, der 100 Lichtjahre von uns entfernt ist, braucht 100 Jahre, bis sie uns erreicht hat. Unsere Antwort wird dann ebenfalls 100 Jahre unterwegs sein. Für Gespräche mit Außerirdischen wäre also ein extrem langer Atem vonnöten.

Die doppelte Suche nach Außerirdischen

Zwei verschiedene Personenkreise bemühen sich um Kontakte mit Außerirdischen. Da sind einmal Astrophysiker, die über Radioteleskope möglicherweise von fremden intelligenten Wesen ausgesandte Signale aufzufangen hoffen. Die andere Gruppe umfasst die große Zahl derer, die angeblich schon mit Außerirdischen in Berührung gekommen sind, sowie diejenigen, die ihren Berichten Glauben schenken. Während die Ersten also annehmen, dass es irgendwo in weit entfernten Bereichen des Alls eventuell noch weitere hoch entwickelte Wesen gibt, behaupten die Anhänger der zweiten Theorie, diese extragalaktischen Kreaturen wären mithilfe von fliegenden Untertassen schon längst bei uns gelandet. Allerdings könnten wir in unserer Beschränktheit ihre Existenz nicht beweisen. Die E.T.s seien für uns nämlich so unbegreiflich wie ein Primatenforscher für die Affen, die den Mann zwar sehen, nicht jedoch den Sinn und Zweck seiner Bemühungen erfassen würden.

Aus: Unheimliche Begegnung der dritten Art

WARUM IST ES NACHTS DUNKEL?

Obwohl die Nacht alle 24 Stunden wiederkehrt und uns daher keineswegs unbekannt ist, bleibt sie eine ganz besondere Zeitspanne. Durch die Dunkelheit kann sie in uns widersprüchliche Gefühle wie innere Ruhe und Erleichterung, aber auch Angst und Grauen hervorrufen. Sie verschluckt Farben, verwischt Formen und entfremdet, was uns vertraut ist. Doch aus welchem Grund ist die Nacht eigentlich so schwarz? Die Antwort auf diese Frage liegt in kosmischer Ferne.

Astronomen des 16. Jh. beobachten mit dem Instrumentarium ihrer Zeit die Bahn des Mondes.

Die Sonne ist ein Stern unter Milliarden anderen. Allerdings hat sie für uns eine besondere Bedeutung, denn wenn sie untergeht, erlischt bei uns das Licht. Obwohl uns dieser Vorgang sehr vertraut ist, könnte man sich eigentlich darüber wundern, denn wäre es nicht zu erwarten, dass nach dem Untergang der Sonne die zahllosen Sterne des Alls mit gleißendem Licht an ihre Stelle träten? Doch weit gefehlt, die Sterne am nächtlichen Firmament leuchten nur wie winzige Glühbirnchen und können die Dunkelheit nicht erhellen.

Der antike Sternenhimmel

Seit Menschen denken können, sind sie vom Wechsel zwischen hellem Tag und dunkler Nacht fasziniert und haben versucht sich einen Reim auf diese Naturerscheinung zu machen. Mehr als 300 Jahre vor dem Beginn unserer Zeitrechnung beschrieb der griechische Philosoph Aristoteles das Universum als einen großen Raum mit klar begrenzten Konturen, der schwarz bemalt und gespickt ist mit einzelnen Sternen, darunter die Sonne. Am Tag überstrahlt sie die anderen Gestirne, bei Nacht dürfen diese ihre Lichtlein leuchten lassen. 100 Jahre später sahen die Stoiker, die Anhänger einer griechischen philosophischen Schule, im Kosmos einen endlosen Ozean des Nichts, in dem die Sterne zu spärlich gesät sind, als dass sie unsere Nächte erhellen könnten.

Von Galilei zu Newton

Diese Vorstellung des Himmels hielt sich bis ins 17. Jh. hinein. 1610 jedoch richtete der italienische Naturforscher Galileo Galilei (1564 bis 1642) das von ihm erfundene Fernrohr auf den Himmel und stellte fest, dass es im Gegensatz zur herrschenden Wissenschaft eine riesige Anzahl von Sternen gibt.

Einige Jahrzehnte später, 1687, lieferte der englische Physiker, Mathematiker und Astronom Isaac Newton (1643–1727) eine Erklärung für Galileis Entdeckung. Er sagte, dass sich die Sterne nur deshalb am Himmel hielten, weil ihre Zahl unendlich hoch sei. Denn jede Masse ziehe eine andere Masse an, und zwar mit einer Kraft, die proportional zu ihrer Größe und ihrer jeweiligen Entfernung ist. Folglich müsse es überall Sterne geben, damit sie sich gegenseitig anziehen könnten. Andernfalls würde die Gravitationskraft jene, die am Rand stehen, auf die im Zentrum befindlichen stürzen lassen und die ganze Welt würde zusammenbrechen.

Sir Isaac Newton stellte die These auf, dass es aufgrund des Gesetzes der Massenanziehung unendlich viele Sterne geben müsse.

Kosmischer Äther

Das Geheimnis der schwarzen Nächte war mit Newtons Theorie allerdings noch nicht gelöst. 1823 brachte der deutsche Arzt und Astronom Wilhelm Olbers (1758–1840) diese Frage deshalb erneut ins Gespräch. Wenn es, so seine These, wirklich eine unendlich große Anzahl Sonnen gäbe, dann müsste jeder unserer Blicke, egal wohin wir auch schauten, bei einem Fixstern enden. Doch warum blendet uns eine solche Armada von Sonnen nicht? Auf diesen Widerspruch versuchte Olbers zu antworten, indem er die erst kurz zuvor dargelegte Hypothese des Schweizer Astronomen J.-P. Loys aufgriff. Der schrieb die Schwärze der Nacht einer im All verteilten, feinstofflichen Flüssigkeit zu, die einem dicken Löschpapier gleich das Licht der Sterne aufsauge. Die Fachwelt war beeindruckt von der neuen Erklärung, denn damals war man davon überzeugt, dass der Kosmos mit Äther angefüllt sei.

Um die Mitte des 19. Jh. wurde diese Ansicht durch die Entdeckung des Energieerhaltungssatzes allerdings widerlegt. 1848 gab der englische Astronom Sir John Herschel, der die Arbeiten seines Vaters Friedrich Wilhelm fortführte, zu bedenken, dass ein solches Fluidum, wenn es das Sternenlicht absorbierte, sehr heiß werden und noch mehr Licht aussenden würde. Zwar wäre das ein unsichtbares Licht, weil es sich im Infrarotbereich bewegte, doch die abgestrahlte Hitze wäre nicht nur spürbar, sondern geradezu unerträglich. Somit wurde die Vorstellung eines äthergefüllten Weltraumes bald aufgegeben.

Die Intuition eines Dichters

Um dieselbe Zeit kam einem Mann, der wenig mit der Wissenschaft, viel aber mit der Erfindung düsterer Geschichten zu tun hatte, eine geniale Eingebung: dem US-amerikanischen Schriftsteller Edgar Allan Poe (1809–49). In *Eureka* beschrieb er seine Vision des Nachthimmels: „Wenn der Sternenwald sich zur Unendlichkeit weitet, wird der Blick der Spaziergänger, wohin er auch schweifen mag, sicher dem Leuchten der himmlischen Bäume begegnen. Unter diesen Umständen lässt sich die Leere in unseren Teleskopen allein durch die Annahme erklären, dass diese hintere Ebene unsichtbar bleibt, weil sie so ungeheuer weit entfernt liegt, dass kein Lichtstrahl je bis zu uns vorzudringen vermochte." Mit anderen Worten: Die Nacht ist dunkel, weil das Licht vieler Sterne nicht genug Zeit hatte, zu uns zu gelangen. Die Idee des Dichters war brillant, doch sollten noch Jahrzehnte vergehen, bis sie wissenschaftlich abgesegnet wurde.

Edwin Hubble entdeckte die Expansion des Weltalls, die bewirkt, dass Milliarden von Sternen aus unserem Blick verschwinden.

In den 20er-Jahren des 20. Jh. nahm sich der amerikanische Astronom Edwin Hubble (1889–1953) der Frage an. Er legte dar, dass sich das Heer der Sterne weit über das hinaus erstreckt, was Augen und Teleskope erfassen können. Der Grund: Wie Edgar Allan Poe richtig vermutet hatte, ist das Licht, das die sehr weit entfernten Sterne aussenden, noch nicht bei uns angelangt. Denn obwohl es mit einem Tempo von 300 000 km/s dahinrast, braucht es Millionen von Jahren, um die gewaltigen Distanzen zu überbrücken, durch die die Galaxien voneinander getrennt sind. Von der uns nächstgelegenen großen Galaxie etwa, dem Andromedanebel, der mit Milliarden Sternen aus rund 19 Trillionen km herüberstrahlt, ist das Licht zu uns 2 Mio. Jahre unterwegs.

Wilhelm Olbers vertrat die Auffassung, dass ein interstellares Fluidum das Licht der Sterne verschlucke.

Edgar Allan Poe sah als Erster in den Dimensionen des Alls den Grund für die nächtliche Dunkelheit.

Die Flucht der Sterne

Mit seinen Beobachtungen bestätigte Edwin Hubble aber nicht nur die Idee Edgar Allan Poes, sondern kam gleichzeitig einem Aufsehen erregenden Phänomen auf die Spur: Alle Galaxien, darunter auch unsere eigene Milchstraße, entfernen sich unaufhörlich voneinander. Festgestellt hat er diese so genannte Flucht der Sterne anhand der Rotverschiebung: Das Licht der auseinander driftenden Sterne verschiebt sich umso stärker in den roten Bereich des Spektrums, je höher ihre Geschwindigkeit ist. Die am weitesten entfernten rasen immer schneller und werden immer röter, bis sie sich schließlich im Infrarotbereich bewegen und daher ganz unseren Blicken entziehen.

1927 kam der belgische Pfarrer und Astrophysiker Georges Lemaître (1894–1966) auf die Idee, sich den Lauf der Sterne in umgekehrter Richtung vorzustellen, und er schloss daraus, dass sie sich früher einmal sehr nahe waren. Damit stand die Tür zur Urknalltheorie bereits einen Spalt breit offen. Nach dieser Hypothese bildete sich das All vor 13 Mrd. Jahren in einer gigantischen Explosion. Anfangs setzte es sich nur aus einer unendlich kleinen Masse unvorstellbar heißer Teilchen zusammen, die sich seither immer weiter ausdehnt. Im Lauf der Zeit entstanden und entstehen ständig neue Sterne und Galaxien, während andere wiederum erlöschen.

Wie man sieht, hatte auch Aristoteles nicht ganz Unrecht. Das Universum ist tatsächlich begrenzt, weil es einen Anfang hat und seine Sternenpopulation nicht unendlich groß ist. Allein die nächstgelegenen Gestirne durchdringen den schwarzen Schild unserer Nächte. Je weiter wir mithilfe der Teleskope ins Weltall blicken können, desto länger ist das Licht, das wir sehen, unterwegs gewesen. Und wenn unser Auge weit genug in die Zeit zurücksehen könnte, würden wir die Anfänge der Welt erleben.

Unsichtbarer Anfang

Die Theorie vom Urknall wird zwar von vielen Astronomen anerkannt, ist aber nicht so leicht zu beweisen, da man die ersten Momente des Universums nicht „sehen" kann. Bislang lässt sich die Geschichte des Alls erst bis zum Zeitpunkt $t = 10^{-43}$ Sekunden zurückverfolgen. Was jedoch im Augenblick der Geburt der Welt, $t = 0$, geschah, bleibt ein Mysterium. In diesem unglaublich kleinen Zeitraum ruht das Geheimnis der Schöpfung.

Das Rätsel der schwarzen Löcher

Die wohl geheimnisvollsten Gebilde im Kosmos sind unsichtbare, unvorstellbar dichte Objekte, die prosaisch schwarze Löcher genannt werden. Wie aber soll man beweisen, dass sie wirklich existieren, da man sie ja nicht beobachten kann?

Ein schwarzes Loch in der Phantasie eines Künstlers

Ein kosmischer Abgrund, der alles verschlingt, was in seine Reichweite kommt – so könnte man sich ein schwarzes Loch vorstellen, einen Stern, der mehrmals unter seinem eigenen Gewicht zusammengebrochen ist und dabei jedes Mal kompakter wurde. Infolge seiner extrem hohen Dichte zieht dieser Schlund selbst das kleinste Staubkorn an, das in seine Nähe gerät. Nichts, absolut nichts kann ihm entkommen, nicht einmal das Licht – daher ist ein schwarzes Loch unsichtbar.

Schon lange versuchen die Himmelsforscher diesem kosmischen Rätsel, dessen Name von dem US-amerikanischen Astrophysiker John Weeler geprägt wurde, auf die Spur zu kommen. Selbst Albert Einstein, der in seiner allgemeinen Relativitätstheorie die Existenz schwarzer Löcher vorhergesagt hatte, war sich nicht ganz sicher, ob eine solche Absurdität tatsächlich Gestalt annehmen könnte.

Körperliche Anziehungskraft

Seit den Zeiten von Sir Isaac Newton (1643 bis 1727) weiß man, dass zwischen Körpern eine wechselseitige Anziehung besteht und dass diese umso stärker ist, je geringer ihr Abstand zueinander und je größer ihre Masse ist. Allerdings liegen Welten zwischen dieser Erkenntnis und der Vorstellung, es gäbe Sterne, die so kompakt sind, dass sich nichts ihrer Gravitationskraft zu widersetzen vermag.

Aber wenn die Vorstellungskraft versagt, kann man sich oft mit theoretischen Berechnungen weiterhelfen. Und diese ergeben beispielsweise, dass unsere Sonne, wenn sie ein schwarzes Loch werden würde, ihre Masse von 10^{30} kg (eine Eins mit 30 Nullen) in einer Kugel von 2 km Durchmesser unterbringen müsste. Und damit die Erde zum schwarzen Loch mutierte, müssten ihre 10^{25} kg in einem Kügelchen von 2 cm Durchmesser Platz finden. Völlig offen aber bleibt die Frage, wie man sich eine so unglaublich dicht gepackte Materie vorstellen soll und welche immense Kraft zu einer solchen Verdichtung imstande wäre.

Himmlische Hochöfen

Erkenntnisse über die Natur der schwarzen Löcher konnten erst gewonnen werden, nachdem bei den Astronomen das allgemeine Wissen über die Vorgänge im Kosmos und im Innern der Sterne zugenommen hatte. So weiß man, dass Sterne gewaltige, im Wesentlichen aus Wasserstoff bestehende Gasbälle sind, die wie Lebewesen im Verlauf ihrer Existenz eine Entwicklung durchmachen. Ihre Daseinskraft beziehen sie aus der Umwandlung des Wasserstoffs in Helium. Diese erfolgt durch Kernfusion, die erst bei extrem hohen Temperaturen und unter gigantischem Druck in Gang kommt, wobei diese Reaktionen aufgrund der dabei entstehenden Energie das Gewicht der äußeren Sternschichten kompensieren. Der Stern befindet sich also in einem Gleichgewicht und solange er genug Brennstoff für seinen nuklearen Hochofen hat, ist er nicht vom Kollaps bedroht.

Das nächste Stadium beginnt jedoch, wenn diese Ressourcen zur Neige gehen. Dann drückt das Gewicht der Außenhülle in Richtung Mittelpunkt und der Stern stürzt etappenweise in sich zusammen. Dabei steigen Temperatur und Druck im Innern jedes Mal so hoch, dass der jeweilige Heliumvorrat aufgebraucht wird. Nach mehreren solchen Zusammenbrüchen wird aus dem feurigen Himmelskörper schließlich ein alter, kompakter Stern. Unterschreitet dann sein Radius einen bestimmten Wert – den so genannten Schwarzschildradius –, so steigt seine

Ein Stern, der sich immer mehr zusammenzieht

Gravitation so weit an, dass er alle Materie und Strahlung unentrinnbar gefangen hält; er wird also ein schwarzes Loch.

Indirekte Spuren

So weit die Theorie zum Schicksal der Sterne mit mindestens der dreifachen Sonnenmasse, wie es manche wohl schon ereilt hat und andere irgendwann ereilen wird. Die Praxis jedoch ist noch viel komplizierter: Wie soll man im Weltraum eigentlich die schwarzen Löcher entdecken? Direkt beobachten kann man sie nicht, da sie ja unsichtbar sind. Folglich können die Astrophysiker nur nach indirekten Hinweisen auf ihre Existenz suchen. Als wahre Fundgrube erweisen sich in dem Fall Doppelsterne, die als Paar gemeinsam rotieren. Wenn sich einer der beiden zu einem schwarzen Loch entwickelt, beginnt für den anderen ein langsamer Todeskampf. Seine Materie wird von seinem Begleiter abgezogen, bis sie schließlich vollständig aufgesogen ist. Bis dahin jedoch bildet der Staubfluss eine so genannte Akkretionsscheibe um das schwarze Loch herum. Darin wird extrem heiße Materie stark beschleunigt und Radiowellen werden ausgesandt. Die Scheibe rotiert mit einer Geschwindigkeit, die direkt proportional zur Masse des schwarzen Lochs ist, welche damit nun berechenbar wird.

Einige schwarze Löcher sind so schon entdeckt worden, z. B. eines in der 21 Lichtjahre entfernten Galaxie M 106. Manche Astronomen nehmen sogar an, dass sich im Zentrum jeder Galaxie ein schwarzes Loch befindet.

Unsichtbare Materie

Vielleicht liefern die schwarzen Löcher den Schlüssel zu einem anderen kosmischen Geheimnis, dem der verborgenen Masse des Universums. Da die Galaxien wie in einer gigantischen Zentrifuge rotieren, werden alle randnahen Objekte nur durch die Gesamtmasse aller im Zentrum befindlichen Objekte festgehalten. Wie bei einem Karussell, auf dem man sich umso stärker festklammert, je schneller es sich dreht, muss die Kraft, die die Sterne am Rand zusammenhält, mit deren wachsender Fluchtgeschwindigkeit immer mehr zunehmen, also von einer größeren Masse ausgeübt werden.

Nach den Berechnungen der Astrophysiker reicht die Masse aller im Weltraum auffindbaren Materie jedoch nicht aus, um die entferntesten Sterne festzuhalten, die also theoretisch entschwinden müssten. Deshalb wurde die Idee von einer unsichtbaren Materie geboren, die eine ausreichende Anziehung auf die Gesamtheit aller Sterne ausüben könnte: ein oder mehrere gigantische schwarze Löcher im Zentrum des Universums.

Man kann ein schwarzes Loch über die Emissionen, die in seiner rotierenden Akkretionsscheibe stattfinden, aufspüren. Diese entstehen bei Zusammenstößen zwischen Partikeln.

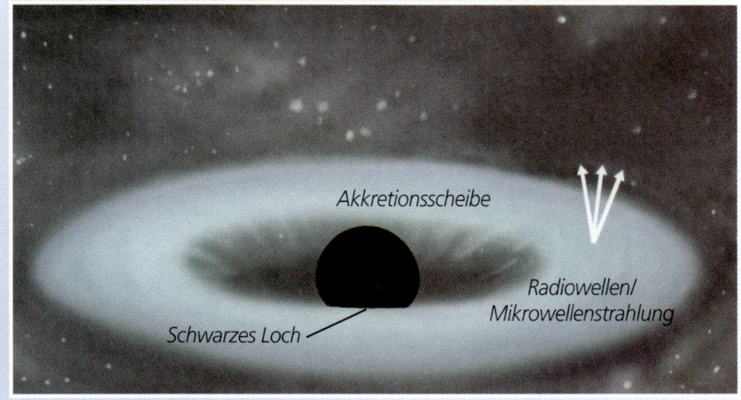

Entstehung eines schwarzen Lochs

Je mehr ein Stern unter seinem eigenen Gewicht kollabiert, umso größer werden seine Dichte und seine Anziehungskraft auf alles, was sich in seiner Reichweite befindet – einschließlich der von ihm ausgehenden Lichtstrahlen. Der Lichtkegel wird kleiner und verschwindet.

Was die Welt zusammenhält

Bis zum Beginn des 20. Jh. wurde die Himmelsmechanik durch Newtons Gravitationsgesetz erklärt: Zwei Körper ziehen sich umso stärker an, je größer ihre Masse und je geringer ihr Abstand zueinander ist. Dieses Gesetz trifft zu in der Welt, in der wir leben; in kosmischen Dimensionen erreicht man damit aber nur eine Annäherung. Einsteins allgemeine Relativitätstheorie jedoch ist auf das unendlich Große anwendbar. Danach sind Raum und Zeit verbundene Werte, die Zeit verläuft nicht überall gleich. Bei Annäherung an ein großes Gestirn vergeht sie langsamer und der Zeit-Raum wird deformiert. Im Innern eines schwarzen Lochs bleibt die Zeit sogar stehen, es ist also ein einzigartiger Punkt im Zeit-Raum-Gefüge.

DIE SUCHE NACH DER VERBORGENEN MATERIE

Die Astrophysiker sind überzeugt davon, dass das Universum etwas vor uns verbirgt. All ihren Berechnungen zufolge müssen sich an ungezählten Stellen des Weltraumes riesige Mengen unsichtbarer Materie befinden, deren genaue Natur jedoch noch völlig ungeklärt ist.

Selbst mithilfe der stärksten Teleskope können Himmelsforscher nur rund ein Zehntel des Universums erkennen. Der Rest entgeht ihnen einfach deshalb, weil er keine sichtbaren Lichtstrahlen aussendet. Diese Erkenntnis beruht auf Berechnungen. Nachdem die Wissenschaftler die Masse aller sichtbaren Objekte geschätzt hatten, verglichen sie sie mit der Mindestdichte, die das Universum haben muss, damit sein Zusammenhalt gewährleistet ist, und kamen zu dem Ergebnis, dass 90 % der Materie nicht zu entdecken waren.

Die Frage, wo sich diese so genannte verborgene Masse oder Dunkelmaterie wohl befindet, ist nicht ganz neu. Schon im Jahr 1933 konnte es sich der Astronom Fritz Zwicky vom California Institute of Technology nicht erklären, warum der 300 Mio. Lichtjahre entfernte Galaxienhaufen im Sternbild Coma Berenices nicht auseinander fiel. Nach seinen Messungen trotzten diese Galaxien allen Gesetzen der Schwerkraft und der elementarsten Himmelsmechanik; sie hätten sich schon vor einer Ewigkeit zerstreuen und jede ihr eigenes Schicksal durchleben müssen. Es sei denn – und hier wurde zum ersten Mal die Hypothese von der verborgenen Materie genauer in Augenschein genommen –, um sie herum befände sich eine gewaltige Masse nicht leuchtender Substanz, die durch ihre Anziehungskraft die Ansammlung von Milchstraßen unter allen Umständen zusammenhielte.

Als einer der ersten Wissenschaftler machte sich der Astronom Fritz Zwicky Gedanken über das Vorhandensein einer unsichtbaren Materie.

Von missratenen und toten Sternen

Mittlerweile hat sich Zwickys Verdacht bestätigt. Die Spiralgalaxien, die in ihren riesigen Armen ungezählte Sterne enthalten, hätten infolge ihrer Eigenrotation einige davon verlieren müssen. Da dies nicht der Fall ist, muss es irgendetwas geben, was die Zentrifugalkraft ausgleicht. Auch nimmt man an, dass in diesen Sternansammlungen die Rotationsgeschwindigkeit eines Körpers mit wachsender Entfernung zur Kernregion der Galaxie abnimmt. Nun behalten aber die sehr weit vom Innern entfernten Sterne ein erstaunlich hohes Tempo bei, so als ob die Kraft einer unsichtbaren Materie sie in diesem gigantischen Karussell gefangen hielte.

Um welche Art von Objekten könnte es sich bei der unsichtbaren Materie handeln? Da kommen zuerst einmal die so genannten braunen Zwerge infrage – dunkle Sterne, die ausreichend kompakt sind, um auch auf Distanz andere Sterne anzuziehen. Im Unterschied zur Sonne, die ihren Wasserstoff verbrennt und in thermonuklearen Reaktionen unter Freisetzung von Licht und Wärme zu Helium umwandelt, sind die braunen Zwerge „missratene" Sterne, die ihre Zündtemperatur nie erreicht haben. Sie sind klein, kalt, dunkel und infolgedessen völlig unsichtbar. Trotzdem gelang es den Astronomen, einige dieser maskierten Himmelskörper aufzuspüren, da ihre Masse, die sich zwischen der des Planeten Jupiter und derjenigen der Sonne bewegt, kompakt genug ist, das Licht anderer Sterne zu krümmen. Ob es freilich braune Zwerge in solchen Mengen gibt, dass sie die verborgene Materie des Universums bilden könnten, weiß man noch nicht.

Weitere unsichtbare Himmelskörper, die in der Lage wären, diese Rolle zu spielen, sind die schwarzen Löcher, ehemalige Sterne, deren Dichte so unvorstellbar hoch ist, dass sie alles verschlucken, was sich in ihrer Nähe befindet, einschließlich ihrer eigenen Strahlung. Auch

hier müssen die Forscher indirekt vorgehen, um sie zu lokalisieren. So fangen sie beispielsweise Radiosignale auf, die die Materie wie einen SOS-Notruf absetzt, wenn sie von einem solchen himmlischen Vielfraß verschlungen zu werden droht. Vermutlich aber reicht die Zahl der schwarzen Löcher nicht aus, um die Wirkung der Dunkelmaterie hervorzurufen.

Rasende Vagabunden

Man nimmt deshalb an, dass es innerhalb der Dunkelmaterie nicht nur große, massive Objekte, sondern auch Gase wie molekularen Wasserstoff oder sogar Partikel von unendlich kleinen Ausmaßen gibt. Dazu zählen beispielsweise die Neutrinos, das sind vor allem von der Sonne freigesetzte Elementarteilchen, die mit Lichtgeschwindigkeit, also 300 000 km/s, durch den Weltraum rasen. Nichts – oder fast nichts – kann diese Vagabunden aufhalten: Pro Sekunde durchsieben rund 65 Mrd. solcher Winzlinge jeden Quadratzentimeter der Erdoberfläche. Nur eines von 1000 Mrd. Neutrinos bleibt auf seinem Flug quer durch den Erdball stecken: Deshalb ist es auch trotz immer feinerer Detektoren so extrem schwer, sie abzufangen und zu messen.

Dennoch kann sich der Einsatz lohnen. Zwar sind nach den gültigen Theorien diese kosmischen Partikel masselos. Aber wenn es eines Tages gelingen sollte nachzuweisen, dass sie doch eine Masse haben, und sei sie auch noch so klein – beispielsweise 10 000-mal kleiner als die des Elektrons –, dann könnten sie angesichts ihrer Zahl durchaus rund 30 % der Dunkelmaterie stellen.

Möglicherweise beruht der Zusammenhalt der Spiralgalaxien, die wie Kreisel rotieren ohne zu zerfallen, auf der Existenz von Dunkelmaterie.

Big Bang oder Big Crunch?

Die Frage nach der verborgenen Materie ist auch eine Frage nach der Zukunft des Universums. Die Theorie vom *Big Bang* oder Urknall – jener Urexplosion, aus der vor 13 Mrd. Jahren das All entstanden sein soll – besagt, dass die Galaxien auseinander streben, so wie sich die Rosinen in einem Kuchen voneinander entfernen, wenn der Teig aufgeht. Enthält der Weltraum nun viel Materie, so wird die Gravitation zwischen den Körpern die Ausdehnung allmählich bremsen, bis sich schließlich die Bewegung sogar umkehrt. Dann kommt es zum *Big Crunch,* dem großen Knirschen: Das Universum erleidet eine Art Kollaps, es fällt in sich zusammen wie ein Ballon, aus dem die Luft herausgelassen wurde. Reicht jedoch die vorhandene Materie nicht aus, um die Fluchtbewegung anzuhalten, dann ist das Universum offen, was bedeutet, dass es sich endlos weiter ausdehnen wird.

Als dritte Version halten manche Astronomen eine Art Zwischenlösung für möglich, ein Universum, dessen Expansion durch die gegenseitige Anziehung der Körper zwar deutlich verlangsamt würde, jedoch nie völlig zum Stillstand käme. Berechnungen zufolge wäre in diesem Fall die theoretische Masse des Alls trotzdem etwa 100-mal größer als die des sichtbaren Weltraumes. Die Dunkelmasse spielt also auf jeden Fall eine ganz entscheidende Rolle.

Wie findet man im Weltall einen braunen Zwerg?

1990 startete das französische Team des EROS-Programms (Expérience de recherche d'objets sombres) und 1992 die amerikanisch-australische Besatzung des MACHO-Programms (Massive Compact Halo Objects) Beobachtungsreihen in der 170 000 Lichtjahre entfernten Großen Magellanschen Wolke. Monatelang wurden jede Nacht Fotos von mehreren Millionen Sternen aufgenommen und anschließend von einem Computer auf Helligkeitsschwankungen überprüft. Sobald nämlich ein massiver, aber unsichtbarer Himmelskörper, wie etwa ein brauner Zwerg, vor einem sichtbaren Stern vorüberzieht, verdeckt er dessen Licht nicht, sondern verstärkt es noch. Anhand dieses Gravitationslinsen-Effekts wurden drei Arten von Lichtschwankungen und somit vielleicht ebenso viele braune Zwerge registriert.

Die Große Magellansche Wolke liefert Hinweise auf braune Zwerge.

REGISTER

Die *kursiv* gedruckten Seitenzahlen verweisen auf eine Bildunterschrift.

A

B

C

D

E

F

M

N

O

P

Q

R

S

T

Abkürzungen:
Hg = Hintergrund, l. = links,
M. = Mitte, o. = oben, r. = rechts, u. = unten

Umschlagvorderseite:
l. Archives Nationales, Paris/J.P. Germain/S.R.D.
M. Tabourdeau-Bossut/S.R.D.
r. Strange/ZEFA

Umschlagrückseite:
Hg.: D. Malin/A.A.O./Ciel et Espace

Innenteil:
10 o.l. G. Dagli Orti; o.r. R. Tournus; M.l. P. Vauthey/Sygma; M.r. J. M. Francillon/Explorer; u.l. Dumontier/Artephot; 12 *Le Monde* vom 17.11.95; 13 o. L. Bessol/M.N.H.N.; M.l. M. Taraskoff; M.r. AP. Photo Color; 14 o. *Libération* vom 21.11.95; u. S.P.L./Cosmos (2); 15 o. The Bridgeman Art Library; M. E.T. Archive; u. Mary Evans Picture Library; 16 o. R. Pratta/Iconos/Explorer; u.l. Musée de l'Homme; u.r. R.M.N.; 17 P. Vauthey/Sygma; 18 o. J. Clottes/Ministère de la Culture/Gamma; u. Broadcoast-Pellissier/ Gamma; 19 o. Harlingue/Viollet; M. Viollet; u. J. L. Charmet; 20 o. British Museum; u. G. Dagli Orti; 20/21 E. Lessing/Magnum; 21 o. R.M.N.; M. Bibliothèque Nationale de France; 22 G. Dagli Orti; 22/23 Hg.: Novosti; 24 l. P. Hanny/ Gamma; M., r.: Sigma; 25 o. G. Dagli Orti; u. M. Hayaux du Tilly/Rapho; 26 J. L. Charmet; 26/27 Y. Travert/Diaf; 27 o. R. Burri/Magnum; u. Arch. Larousse/Giraudon; 28 Werner Forman Archive; 28/29 o. E. Lessing/Magnum; Hg.: R. Percheron/Artephot, 29 l. G. Dagli Orti; r. E. Lessing/Magnum; 30 l. R.M.N.; r. Bibliothèque Nationale de France; 30/31 E. Lessing/Magnum; 31 o. Scala; u. E. Lessing/Magnum; 32–33 D. Thierry/Diaf (4); 34 o., M.: G. Dagli Orti; u. Nimatallah/Artephot; 35 o. M. Oster/Musée de l'Homme; M. The Bridgeman Art Library; 36 Ch. Gleizal/Mitchell Library, Sydney; 37 o. G. Dagli Orti; u. A. Held/Artephot; 38 o. Bibliothèque Nationale de France; u. Fabbri/Artephot; 39 o. G. Dagli Orti; u. Lauros/Giraudon; 40 u. G. Dagli Orti; 41 o. Scala (2); u. G. Dagli Orti; 42 o. Dorka; u. G. Dagli Orti; 42/43 Hg.: G. Gerster/Rapho; 43 l. G. Mandel/Artephot; r. Kazemi/Safir/Rapho; 44 o. G. Camps; u. P. Le Floc'h/Explorer; 45 J. M. Francillon/Explorer; 46 l. Nimatallah/Artephot; r. G. Dagli Orti; 46/47 Nimatallah/Artephot; 47 G. Dagli Orti; 48 o. G. Dagli Orti; u. Oronoz/Artephot; 49 o., u.: G. Dagli Orti; M. R.M.N.; 50 o. Nimatallah/Artephot; u. E. Lessing/Magnum; 51 Lauros/Giraudon; 52 R.M.N. (2); 53 o. G. Dagli Orti; u. Coll. Viollet; 54 o. Babey/Artephot; u. R.M.N. (2); 55–57 G. Dagli Orti (4); 58 Bibliothèque Nationale de France; 59 o. R.M.N.; u. Roger-Viollet; 60 o. AKG Photo, Paris; u. Oronoz/Artephot; 61 o. Oronoz/Artephot; u. G. Dagli Orti; 62 R. Tournus; 62/63 Hg.: R. Tournus; 63 o. Lauros/Giraudon; u. Cidim/S.R.D.; 64/65 M. Silverstone/Magnum; 65 F. Jourdan/Explorer; 66 l. A. Thomas/Explorer; r. J. P. Courau/Explorer; 67 C. F. Baudry und P. Becquelin; 68 R. Nourry/ANA; 69 Bibliothèque Nationale de France; 70 Lauros/Giraudon; 70/71 Giraudon; 71 G. Dagli Orti; 72 o. Dorka; u. J. L. Charmet; 73 o. Dorka; u. J. L. Charmet; 74 o. Bibliothèque Nationale de France; u.l. S. Chirol; u.r. Lauros/Giraudon; 75 l. S. Chirol; r. Bibliothèque Nationale de France; 76 o. E.R.L./Sipa Icono; u. Bibliothèque Nationale de France; 77 o. Dumontier/Artephot; M., u.: S. Chirol; 78 Dorka (2); 79 l. J. L. Charmet; r. Dorka; 80 Dorka (3); 81 o. Kommunalarchiv Herford, Stadt Herford u. Bibliothèque Nationale de France; Hg.: Archiv Gerstenberg; 82 Scala; 83 o. G. Dagli Orti; u. Zentralbibliothek Zürich; 84 l. Scala; r. Österreichische Nationalbibliothek; 85 o. Dorka; u. R. Mazin; 86 J. Guillard/Scope; 87 o. J. P. Germain/S.R.D.; M., u.: Bibliothèque Nationale de France; 88 l. Bridgeman/Giraudon; o.r., u.: Bibliothèque Nationale de France; 89 Oronoz/Artephot; 90 X. Peron; 90/91 Hg.: F. Varin/Explorer; 91 X. Peron; 92 o. National Museum Kopenhagen; u. Ville d'Aurillac; 93 Bibliothèque Nationale de France; 94 Lauros/Giraudon; 95 r. Centre Jeanne-d'Arc; Hg.: Giraudon; 96 o. Centre Jeanne-d'Arc; u.l. Bibliothèque Nationale de France; u.r. Arch. S.R.D.; 97 Giraudon; 98 o. R.M.N.; u. Bridgeman/Giraudon; 99 o. Coll. Viollet; M., u.: Arch. S.R.D.; 100 o. Giraudon; u.l. Oronoz/Artephot; u.r. G. Dagli Orti; 101 l. G. Dagli Orti; r. Oronoz/Artephot; 102 o. Tabourdeau-Bossut/Arch. S.R.D.; u. Bibliothèque Nationale de France; 103 o.l., u.: Bibliothèque Nationale de France; o.r. NPG/Giraudon; 104 l. Oronoz/Artephot; r. G. Dagli Orti; 105 o. Schneiders/Artephot; u.l. Mary Evans Picture/Explorer; u.r. Hulton Deutsch; 106 E.T. Archive; 107 o. Dorka; u. Coll. Viollet; 108 o.l. Lauros/Giraudon; o.r. Coll. Viollet; u. H. Josse; 109 l. S.R.D./J. P. Germain/ Bibliothèque Nationale de France; r. Harlingue/Viollet; 110 P. Wysocki/Explorer; 110/111 o. J. L. Charmet; u. G. Dagli Orti; 111 Giraudon; 112 o. G. Dagli Orti; u. J. L. Charmet; 113–114 J. L. Charmet (5); 115 o. J. P. Germain/Photo S.R.D./B.H.V.P.; u. G. Dagli Orti; 116 o. G. Dagli Orti; u. Bibliothèque Nationale de France; 117 o. Coll. Viollet; u. Bibliothèque Nationale de France; 118 J. Guillard/Scope; 118/119 J. L. Charmet; 119 l. L. de Selva/Tapabor; r. G. Dagli Orti; 120 o. G. Dagli Orti; u. A.D.P.C./Artephot; 121 o. Lauros/Giraudon; u. G. Dagli Orti (2); 122 o.l. Vogel/Gamma; u.r. Duclos/Gamma; M. Liaison/Gamma; u.l. Gamma; u.r. Hashimoto/Sygma; 124 l. M. Laurent/Gamma; r. Vogel/Gamma; 124/125 o. D. Bruce/Cosmos; u. E. Baitel/Gamma; 126 o. Voulgaropoulos/Gamma; M. Photo News; u. Photo News/Gamma (2); 127 Keystone; 128 o. Keystone; M. Reglain/Gamma; u. Lochon/Gamma; 128/129 Roger-Viollet; 129 Coll. Viollet; 130 o. Museum Boijmans Van Beuningen, Rotterdam; u. Keystone; 130/131 Coll. Viollet; 131 o. Dorka; u. Labat-Viard/Jerrican; 132 l. Rapho; r. C.N.R.I.; 133 o. Achtner/Sygma; u. Sygma; 134 Ciric; 134/135 REA; 135 l. Ciric; r. Gamma; 136 S.P.L./Cosmos; 136/137 o. Keren/REA, Hg.: I. Berry/Magnum; 138 S.P.L./Cosmos; 138/139 Liaison/Gamma; 139 Franquin/Editions Dupuis; 140 o. Limier/Jerrican; M. Picture Group/REA; u. Saba/REA; 140/141 Leimdorfer/REA; 141 IDE; 142 l. S.E.P.L./Jerrican; 143 o. Gamma; M., u.: A.F.P.; 144 Gamma; 145 Giansanti/Sygma; 146 l. Giansanti/Sygma; M., r.: Gamma; 147 L. Christophe; 148 o., M.: Keystone; u. Associated Press/Tallandier; 148/149 L. Christophe; 149 Keystone (2); 150 o., u.: C. Angel/Gamma; M. Gamma; 151 o. Sygma; u. P. Chauvel/Sygma; 152 o. Max PPP/Reuter; u. A.F.P.; 153 o. Gamma; u. M. Abraityte/Sygma; 154 o. Morimoto/Gamma; M. Kurita/Gamma; u. Wada/ Gamma; 155 o. L. Christophe; u. M. Setboun/Sygma; 156/157–158: Ph. Madelin (3); 159 A. Duclos/Gamma; 160 o. R. Boss/Sygma; M. Gamma; u. L. Vautrin/Gamma; 161 Hashimoto/Sygma; 162 J. P. Guilloteau/Groupe Express; 163 o. Cosmos; u. *Waco Tribune Herald*/Sygma; 164 A.F.P.; 165 o. Max PPP/Reuter; M. Gamma; u. Epix/Sygma; 166 P. Marlow/ Magnum; 166/167 I. Berry/Magnum; 167 M. A.F.P.; Hg.: P. Marlow/Magnum; 168 Gamma; 169 o. Cosmos; M. Baldev/Sygma; u. Gamma; 170 o. Edimedia; u. H. Bamberger/Gamma; 170/171 Giraudon; 171 o. Starlight/Cosmos; u. P. Menzel/Cosmos; 172 o.l. G. Dagli Orti; o.r. Pagnotta/Cosmos; M. J. C. Chermann/Inserm; u. l. J. Burns/C.N.R.I.; u.r. Lavaud/Artephot; 174 Mary Evans/Explorer; 174/175 M. Manceau/Rapho; 175 M. F. Bouillot/Marco Polo; u. Labat/Jerrican; 176 o. Ph. Roy/Explorer; u.l. D.R.; u.r. Gaillard/Jerrican; 177 D. Aubert/Sygma; 178 Ch. Vioujard/Gamma; 178/179 o. J. C. Chermann/Inserm; u. D. Brack/Black Star; 179 D. Vo Trung/Eurelios; 180 o. Béranger/B.S.I.P.; u. Laurent/B.S.I.P.; 181 o. G. Dagli Orti; M. P. Aventurier/Gamma; u. J. P. Germain/S.R.D.; 182 Jean-Louis Verdier; 182/183 B.S.I.P.; 183 u.l. Abeles/B.S.I.P.; u.r. Ryman-Cabannes/TOP; 184 l. Bibliothèque Nationale de France; r. Coll. Viollet; ; 185 o. N. Le Roy/Jacana; M. R. König/Jacana; u. C. Carré/Jacana; 186 o. Taulin/B.S.I.P.; u. Goivaux/Rapho; 187 Spot/S.D.P.; 188 o.l. Coll. ES/Explorer; u. J. L. Charmet; 189 o. ZEFA; u. R. Michaud/Rapho; 190 Coll. Viollet; 191 l. A. Pol/C.N.R.I.; r. Publiphoto/C.N.R.I.; 192 o. J. Burns/C.N.R.I.; u. F. Gohier/Explorer; 193 o. APA/B.S.I.P.; u. T. Holt/Explorer; 194 o. Boyer/ Viollet; u. Coll. Viollet; 195 o. Harlingue/Viollet; u. Taulin/B.S.I.P.; 196 J. L. Charmet; 197 Jean-Louis Verdier; 198 o. J. Y. Ruszniewski/Vandystadt; M. Bibliothèque Nationale de France; u. Giraudon; 199 o. G. Dagli Orti; u. Coll. Viollet; 200 F. Bouillot/Marco Polo; 200/201 Ph. Plailly/Eurelios; 201 l. F. Bouillot/Marco Polo; r. R. Gaillarde/Gamma; 202 o. U. Andersen/ Gamma; u. R. Gaillarde/Gamma; 203 L. Christophe; 204 Sam Ogden; 205 o. Sam Ogden; u.l. Pagnotta/Cosmos; u.r. P. Menzel/Cosmos; 206 o. Dr. J. F. Demonet/455 Unit, Inserm/MRC Cyclotron Unit, London; u. Bibliothèque Nationale de France; 207 o. M. Huet/Hoa Qui; u. C. Abad/S.D.P.; 208 o. *Science et Vie Junior*/J.L. Verdier; u. M. Trigalou/PIX; 209 o. Harlingue/Viollet; u. Mary Evans/Explorer; 210 o. Phototake/ C.N.R.I.; u. Arch. S.R.D.; 210/211 M. J. Challamel/Inserm; 211 o. J. L. Charmet; u. H. Gritscher/Rapho; 212 G. Dagli Orti; 212/213 Mary Evans Picture Library; 213 Bibliothèque Nationale de France; 214 o. P. Nief/Jacana; M. P. Montbazet/Explorer; u. Musée de l'Homme; 215 Fr. Bonvoust; 216 o.l. J. L. Dugast/Hoa Qui; o.r. G. Boutin/Hoa Qui; M. A. Dex/Publiphoto/ C.N.R.I.; 217 A. de Surgy; 218 V. Hadengue/Hoa Qui; 218/219, 219: A. de Surgy; 220–222 E. Flandin (6); 223 o. D. Destable/Musée de l'Homme; u. Coll. Viollet; 224 o.l. F. Ancellet/ Rapho; o.M., u.: C. Lenars; o.r. M. Delaplanche/Musée de l'Homme; 225 o.l. Dr. F Luisblanc; o.r. Musée de l'Homme; M.l. Lelièvre/ Anako; u. J.L. Charmet; 226 o. J.L. Charmet; u. L. Christophe; 227 o. Coll. Viollet; u. G. Dagli-Orti; 228 o. G. Dagli-Orti; u. Alinari/Viollet; 229 o. Scala; u. G. Sioen/Rapho; 230 o. Lavaud/Artephot; 230 u.–232 o.: R. und S. Michaud/Rapho (4); 232 u. G. Sioen/Rapho; 233 o. S. Grandadam/Hoa Qui; u. Simeone/Diaf; 234 o. M. Verin/Diaf; u. M. Lounes/Gamma; 235 G. Dagli Orti; 236 o., M.: Bibliothèque Nationale de France; u. P. Dupin/Ciric; 237 C. Niedenthal/Rapho; 238 o. Sintesi/Sipa Press; u. Alpha Diffusion/Sipa Press; 239 o.l. F. Origlia/Sygma; o.r. Deville-Gaillarde/Gamma; u. A. Doclos/Gamma; 240 G. Bouquillon/Gamma; 241 G. Giansanti/Sygma; 242 J. L. Charmet; 242/243 *L'Illustration*/Sygma; 243 G. Giansanti/Sygma; 244 l. G. Dagli Orti; r. Oronoz/Artephot; 245 o. Giraudon; u. G. Dagli Orti; 246 G. Dagli Orti; 247 Keystone; 248 o.l. NASA/Cosmos; o.r. N. Wu/Gamma; M. A.A.O/Ciel et Espace; u.l. Bruce Coleman; u.r. M. Vautier/ANA; 250 l. E. Ferorelli/Cosmos; r. Denis-Huot/Bios; 251 o. G. Lacz/Sunset; u. Ph. Plailly/Eurelios; 252 o. N.H.P.A./Sunset; M. J. M. Labat/PHO.N.E.; u. Hermeline/Cogis; 253 o. R. Harding; u. F. Gohier/PHO.N.E.; 254 l A.M. Loubsens/Colibri; r. Varin-Visage/Jacana; 255 o. Tui de Roy/The Roving Tortoise; M. G. Lacz/Sunset; u. Labat/ Ferrero/Jacana; 256 o. A. Jouffray/Colibri; u. Watt/Bios; 257 o. B. Sanders/Nyt Pictures; u. Mc. Hugh/Jacana; 258 l. J. P. Hervy/Jacana; r. Audet/Sunset; 259 o. S. Cordier/Jacana; u. Menzel/Cosmos; 260 o. Remy/Cogis; u. PHO.N.E.; 260/261 Seitre/Bios; 261 o. Mc. Hugh/Jacana; u. Fournet/Jacana; 262 o. L. Psihoyos/Cosmos; M. Bruce Coleman; u. J.L. Verdier/*Science et Vie Junior* Nr. 62; 263/263 Hg.: L. Psihoyos/Cosmos; 263 o. D. Serrette/M.N.H.N.; u. L. Psihoyos/Cosmos; 264 o. J.M. Nicollet/*Science et Vie Junior;* u.l. Seitre/Bios; u.r. L. Psihoyos/Cosmos; 265 o. Fortean Picture Library; u. J.L. Charmet; 266 Fortean Picture Library; 267 o. HERGE/Moulinsart, 1996; u. A.P.N.; 268 l. Régis Macioszczyk; o.r., u.r.: J. C. Revy/Fovea; Rest P. Landmann/ Gamma (3); 269 o.l. Fovea; o.r. Lanceau/Cogis; u. N.H.P.A./Sunset; 270 Ziegler/Bios; 270/271 J. Warden/Sunset; 271 o. A.N.T./Sunset; M.l. Animals Animals/Sunset; M.r. L. Renaud/Bios; 272 Seitre/Bios; 272/273 B. Pambour/Bios; 273 o. D. Heuclin/Bios; u. G. Lacz/Sunset; 274 o. J. Schauer; u. D. Heuclin/Bios; 274/275 H. Klein/ Bios; 275 S.T.F./Sunset; 276 o. N.H.P.A./Sunset; u. Animals Animals/Sunset (2); 277 l. L. Weisman/ANA; r. Animals Animals/Sunset; 278 o. P. Petit/Jacana; u. Dr. P. van Wyk/A.B.P.L.; 279 o. N. Le Roy/Jacana; u. D. Heuclin/Bios; 280 l. F. Gilson/Bios; r. *Sciences et Avenir*, 281 l. D. Lecourt/Jacana; o.r. H. Klein/Bios; u.r. M. Vautier/ANA; 282 o. P. Pernot/Bios; M. Seitre/Bios; u. N. und P. Mioulane/MAP; 283 l. Y. Monel/MAP; o.r. Seitre/Bios; o.M. A. Descat/MAP; u. G. Martin/Bios; 284 N. Wu/Gamma; 284/285 Ph. Nargeolet/Ifremer; 285 o. P. Zahl/Jacana; M., u.: N. Wu/Gamma; 286–287: Ifremer (8); 288 l. Hoogervost/Bios; o.r. R. Morrison/Jacana; M.r. M. Gunther/Bios; u.r. P. Laboute/Jacana; 289 l. Jean-Louis Verdier; r. Bildarchiv Preußischer Kulturbesitz; 290 l. Hosaka Naoto/Gamma; r. D. Parker/Cosmos; 290/291 Yves Larvor/*Science et Vie Junior* Nr. 15; 292 o. Photo Hachette/Arch. S.R.D.; u. Jean-Louis Verdier; 293 o. S.P.L./Cosmos; u. Jean-Louis Verdier; Hg.: Ph. Bourseiller/Hoa Qui; 294 o. D. Frazier/Cosmos; u.l. NASA/Ciel et Espace; u.r. Arch. S.R.D.; 295 l. Rannou/Gamma; r. J.C. Martineau/Editing; Hg.: Régis Macioszczyk; 296 o. Régis Macioszczyk; u. Jerrican; 297 o. Van der Stockt/Gamma; M.l. Gamma; M.r. P. Lorne/Explorer; u. Schuster/Explorer; 298 o. NASA/Cosmos; u. Michel Loppé; 299 o. Jean-Louis Verdier; u. J. Warden/Cosmos; 300 o. Ph. Bourseiller/Sygma; u.l. NASA/Ciel et Espace; u.r. F. Chazot/Explorer; 301 o. Krafft/Hoa Qui; u. Yves Larvor/*Science et Vie Junior* Nr. 15; 302 v.o.n.u.: Krafft/Hoa Qui, r. Ressmeyer/Cosmos, F. X. Marit/Cosmos, J. Damase/Explorer; 303 o. G.R.G.S./C.N.E.S.; u. Harlingue/Viollet; 304 Krafft/Hoa Qui; 305 o. J. Warden/Cosmos; u. Jean-Louis Verdier; 306 o. Régis Macioszczyk; u. S.P.L./Cosmos; 307 l. R. Ressmeyer/Cosmos; r. Régis Macioszczyk; 308 o. A.P.B./Ciel et Espace; u. S.P.L./Cosmos; 309 o. Ch. Errath/Jacana; M. J. Reader/Cosmos; u. Ifremer; 310 o. M. Freeman/ANA; u. Régis Macioszczyk; 311 o.l. A. Barrington/Cosmos; o.r. R. Ressmeyer/Cosmos; u. S.P.L./Cosmos; 312 o.l. NASA/Cosmos; o.r. S.P.L./Cosmos; u.l. D.I.T.E.; u.r. CERN Photo; 313 Régis Macioszczyk; 314 o. S.P.L./Cosmos; u. NASA/Cosmos; 314/315 AGW Cameron und W. Benz/*Science et Vie Junior* Nr. 4; 315 R. Estall; 316 o. Mary Evans Picture Library/Explorer; M. S.P.L./Cosmos; u. NASA/Ciel et Espace; 317 o. G. Dagli Orti; M. Coll. Soazig/D.R./Explorer; u. NASA/Arch. S.R.D.; 318 o. D. Galland/*Science et Vie Junior* Nr. 25; u. S. Brunier/Ciel et Espace; 319 o. S.P.L./Cosmos; u. S. Brunier/Ciel et Espace; 320 o. L. Christophe; u. Mary Evans Picture Library; 320/321 Hg.: S. Brunier/Ciel et Espace; 321 o. NAIC/Ciel et Espace; u. L. Christophe; 322 o. Coll. Viollet; u. J. L. Charmet/Explorer; 322/323 Schad/Explorer; 323 o.l. Arch. S.R.D.; o.r. Bildarchiv Preußischer Kulturbesitz; u.l. Bettmann; 324 Manchu/Ciel et Espace; 324/325, 325: J. L. Verdier/*Science et Vie Junior* Nr. 72; 326 Coltech/Ciel et Espace; 326/327 S. Brunier/Ciel et Espace; 327 l. A.A.O./Ciel et Espace; r. Ciel et Espace

Illustrationen:
182, 197 Jean-Louis Verdier in *Science et Vie Junior* Nr. 67; 268 Régis Macioszczyk in G. Galland/*Science et Vie Junior* Nr. 42; 289, 292, 293 Jean-Louis Verdier in *Pour la Science* Nr. 206; 295, 296 Régis Macioszczyk in *Eureka* 28.3.1995; 298 Michel Loppé von Simone Laraque; 299, 305 Jean-Louis Verdier; 306, 307 Régis Macioszczyk in Ph. Fassier/*Science et Vie Junior* Nr. 2; 310 Régis Macioszczyk in *Pour la Science* Nr. 158; 313 Régis Macioszczyk in E. Noviant/*Science et Vie Junior* Nr. 4; 324–325 Jean-Louis Verdier